谨以此书献给

中华人民共和国成立75周年

中国科学院建院75周年

谨以此书献给

中华人民共和国成立75周年

中国科学院建院75周年

科技自立自强之路

中国科学院人的75个首创故事

中国科学院

科学出版社

北京

内 容 简 介

从"向科学进军"到"建设创新型国家"，从"创新驱动发展"到"建设科技强国"，党领导我国科技事业走出了一条中国特色自主创新、自立自强之路。一代代科技工作者不畏艰难，敢为人先，勇攀高峰，"上天、入地、下海"，基础研究、关键技术、大国重器……一项项"国内首个"打破国外封锁、夯实自主创新之基，一个个"国际首次"突破科技前沿、彰显中国创新贡献。如今，这些成果有的仍在开枝散叶，有的早已尘封于世，但那些攻坚克难、追求卓越的创新故事，那些矢志不渝、科技报国的科学家们，以及他们在我国科技自立自强之路上留下的闪光足迹，必将永远镌刻在强国建设和民族复兴的历史丰碑上。

本书讲述了中国科学院人的75个首创故事，希望以此致敬先行者，激励后来人，继承优良传统，赓续科学精神，在新时期加快抢占科技制高点的征途中，为实现高水平科技自立自强和建设科技强国再立新功。

图书在版编目（CIP）数据

科技自立自强之路：中国科学院人的75个首创故事 / 中国科学院编. -- 北京：科学出版社，2024.10
ISBN 978-7-03-079597-7

Ⅰ . K826.1

中国版本图书馆CIP数据核字第2024U6D563号

责任编辑：侯俊琳　朱萍萍 / 责任校对：韩　杨
责任印制：师艳茹 / 书籍设计：北京美光设计制版有限公司

科学出版社 出版
北京东黄城根北街16号
邮政编码：100717
http://www.sciencep.com
北京中科印刷有限公司印刷
科学出版社发行　各地新华书店经销
*

2024年10月第 一 版　开本：889×1194　1/16
2024年10月第一次印刷　印张：33　插页：1
字数：675 840

定价：298.00元
（如有印装质量问题，我社负责调换）

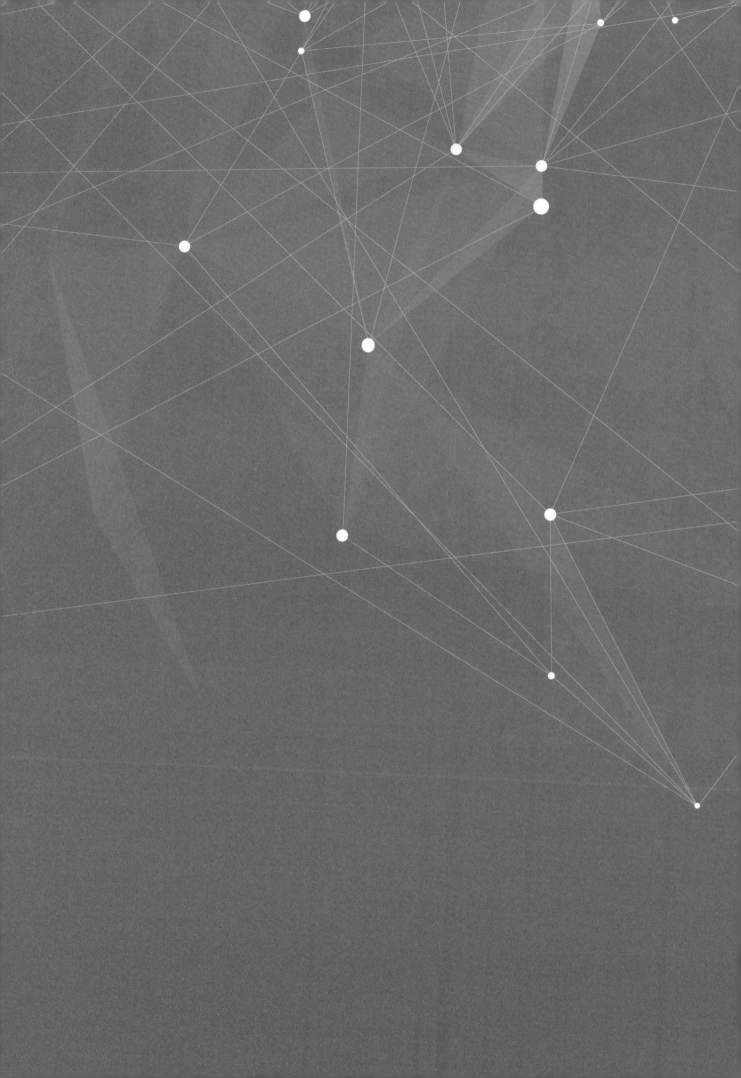

前　言

　　科技兴则民族兴，科技强则国家强。新中国成立75年来，党领导我国科技事业在艰难中起步、在探索中前行，从无到有、由弱到强，走出一条自力更生、自立自强的自主创新之路。党的十八大以来，以习近平同志为核心的党中央把科技创新摆在国家发展全局的核心位置，坚持走中国特色自主创新道路，推进高水平科技自立自强，加快建设世界科技强国。

　　75年来，一代又一代中国科学院人秉持"创新科技、服务国家、造福人民"的初心使命，与祖国同行，与科学共进，筚路蓝缕，勇攀高峰，上天、入地、下海，基础研究、关键技术、大国重器……一项项"国内首个"打破国外封锁、夯实自主创新之基，一个个"国际首次"突破科技前沿、彰显中国创新贡献。如今，这些成果有的仍在开枝散叶，有的早已尘封于世，但那些攻坚克难、追求卓越的创新故事，那些矢志不渝、科技报国的科学家们，以及他们在我国科技自立自强之路上留下的闪光足迹，必将永远镌刻在强国建设和民族复兴的历史丰碑上。

　　为庆祝新中国成立75周年和中国科学院建院75周年，中国科学院选择历史上部分重要首创故事，由中国科学报社组织采编力量进行深度采访，从浩如烟海的档案材料中搜罗挖掘，从对一线亲历者的深入访谈中探幽溯源，形成系列文章，从今年年初开始在《中国科学报》"科技自立自强之路"专栏中陆续刊发，受到社会各界的积极评价。这些故事或许只是新中国科技史上的一些吉光片羽，但都是我国科技自立自强进程中熠熠生辉的闪光片段；或许只是中国科学院人创新大合唱中的一些动人音符，但正是无数个这样的首创故事，汇聚成以自立自强为主旋律的磅礴乐章。现将其中75篇优秀作品以"四个面向"归类汇编成册，以此致敬先行者，激励后来人，继承优良传统，赓续科学精神，在新时期加快抢占科技制高点的征途中，为实现高水平科技自立自强和建设科技强国再立新功。

值此本书付梓之际，谨向关心、指导、支持本书编写工作的各位领导、专家和所有参与采访、编写、审读、编辑工作的同志们表示衷心感谢！需要指出的是，由于许多科技成果时间跨度大，相关史料或庞杂或缺失，所涉机构和人员众多，采访难度大，加之时间紧、任务重，虽在文章刊发后根据部分读者反馈意见作了修改完善，部分文章在收入本书时也根据最新科研进展作了修订和补充，但疏漏和不足之处仍在所难免，敬请读者批评指正。

回望历史，是为了更好地前行。站在新的历史起点，中国科学院人正在认真贯彻落实习近平总书记对中国科学院提出的"四个率先"和"两加快一努力"目标要求，以抢占科技制高点为核心任务，承前启后，继往开来，以更多关键性、原创性、引领性重大科技成果，续写高水平科技自立自强的新篇章，创造科技强国建设的新辉煌，为我国强国建设和民族复兴伟业而不懈奋斗。

自力更生是中华民族自立于世界民族之林的奋斗基点，科技自立自强是我们攀登世界科技高峰、建设世界科技强国的必由之路。谨以此书向党和人民汇报，向中华人民共和国成立75周年和中国科学院建院75周年献礼。

编　者

2024 年 9 月

Contents / 目 录

面向国家重大需求

面向经济主战场

面向人民生命健康

面向国家
重大需求

中国核事业的先行者

2024年恰逢中国第一颗原子弹爆炸成功60周年。

60年前的10月16日，中国独立发展核武器的成功，创造了历史奇迹。在"冷战"时期霸权主义横行的国际环境中，中国为自己争取到了能长期确保和平与发展的必要条件。

然而，人们通常只关注奇迹被创造时的辉煌一幕，那些披荆斩棘的奠基者、开拓者却鲜有人知。

在党中央作出研制核武器的重大决策后，对原子弹工程而言，难度最大、最核心的部分是科研系统。作为国家战略科技力量的中国科学院，先行探索、勇毅前行，作出了不可磨灭的重大贡献。

丰泽园谈话

1955年1月15日下午，中国科学院学术秘书处秘书长、近代物理研究所（简称近物所）所长钱三强陪同地质部①部长、中国科学院副院长李四光，地质部副部长刘杰来到中南海中一处古色古香的庭院——丰泽园。

当天举行的是一场注定会被载入史册的会议，毛泽东、刘少奇、周恩来和彭德怀、彭真、邓小平、李富春、薄一波等领导同志出席。

新中国诞生时，国际形势严峻。1953年，我们在抗美援朝战争中取得艰难胜利，如何确保新中国不被扼杀，力争和平与发展，需要中国共产党作出具有远见卓识的重大决策，而此次会议的主题与之息息相关。

毛泽东主席从北屋西头的书房走进会议室，落座前和李四光、钱三强握了手，微笑着对两位说道："今天我们这些人当小学生，就原子能的有关问题，请你们来上一课。"[2]

---

① 1982年，改为地质矿产部。1998年，地质矿产部、国家土地管理局、国家海洋局和国家测绘局共同组建国土资源部。

② 葛能全.钱三强传.北京：人民出版社，2023：317.

李四光和刘杰先对我国的铀资源情况作了全面汇报。紧接着，钱三强介绍了原子弹和氢弹的爆炸原理及国内外发展概况。其中提到，原子弹是两块半球形的浓缩铀-235（或钚-239），外面包一层中子反射体，隔开一定距离放置在弹壳里面；弹壳里还要有高能炸药作引爆，使两块半球形的铀在1/100秒的时间内骤然结合，发生快速链式反应。这样，在超临界状态下的原子弹就爆炸了。

1954年12月，钱三强（右一）陪同中国科学院院长郭沫若（右二），党组书记张稼夫（左三），副院长李四光（左一），竺可桢（左二）视察原子能楼时的合影

氢弹，是根据重氢和超重氢的热核反应原理制造的。简而言之，就是在原子弹的外面包围相当数量的重氢或超重氢，利用原子弹爆炸产生的极高温，使重氢或超重氢发生热核反应，从而引发爆炸。

钱三强建议，中国当务之急是建造原子反应堆和回旋加速器。这"一堆一器"是原子能事业起步的关键设备，但是由于科技水平和工业基础落后，成立初期的我国还没有能力自行建造，而苏联已有相关成熟技术。早在1953年，由钱三强任团长的中国科学院代表团在访苏期间就曾想尽办法寻求合作。

这一次，启动原子弹研制的时机终于到了。

这次会议正式拉开了中国研制原子弹的序幕。后来，在由多位中央主要领导和第二机械工业部（简称二机部）[①]领导班子组成的原子弹工程决策系统中，钱三强作为原子能科学界的代表，始终担任科技顾问的角色，为研制原子弹制定了技术规划与战略部署，为中央决策提供了重要参考。

预为谋

尽管1955年1月15日被记录为中国正式下定决心研制核武器的起始日，可事实上，自新中国成立起，我国科研人员就在为拥有原子弹的梦想而准备着。

_____

① 1982年改名为核工业部，1988年撤销。

1949年11月中国科学院成立后，在政府的有力支持下确立目标：让科学真正服务于国家工业、农业、国防建设。周恩来总理曾特别指示，要发展新兴学科，如原子核科学。①

"中国科学院从建院伊始，就把原子核科学作为发展重点之一。"中国科学院大学人文学院教授王扬宗介绍道，"中国科学院于1950年组建的第一批科研机构中就包括了近物所。它被称为新中国原子能科学技术的摇篮和基地。"

中国工程院原秘书长葛能全曾多年担任钱三强的专职秘书。他说道："亲手将近物所筹建起来的钱三强，除了布局学科方向外，关键是'招兵买马'，形成原子核科学研究全国'一盘棋'的格局。"

当时，钱三强就住在中国科学院第一宿舍。那是位于北京地安门东大街的一处大院，院子里的花圃种满了月季，"月季大院"因此得名。

没过多久，"月季大院"就又迎来了中国原子核科学研究的两员大将——来自清华大学的彭桓武和来自浙江大学的王淦昌。

无数个夜晚里，他们三个人促膝长谈，谈近物所发展的构想，谈中国原子核科学的前景和困难。也是在这里，他们为后来那段艰苦卓绝的奋斗历程抱定了初心和决心。

中国科学院原副院长竺可桢曾评价"钱三强是中国科学院建院初期的'灵魂人物'"。正是得益于当时他对全国科技专家的全面摸底和了解，近物所才能在很短的时间内云集群星，进而成为中国原子核科学工作者聚集的中心。

当时，金建中、忻贤杰、黄祖洽、肖振喜、王树芬、陆祖荫、李德平、叶铭汉、于敏、吕敏等陆续从全国各地加入近物所，金星南、郭挺章、肖健、邓稼先、朱洪元、杨澄中、杨承宗、戴传曾、陈奕爱等把它作为归国后的第一站，贝时璋、葛庭燧、李林、洪朝生、刘静宜、王竹溪、吴乾章、胡宁、胡济民等也来此做兼职研究。

在近物所的初创期，国家百废待兴，拿不出多少科研经费，再加上外国封锁，身为所长的钱三强只好发动大家到旧货市场去找零件，以自己制造科研仪器。有一次，彭桓武到天桥的垃圾堆里翻找零件时竟被警察误以为是小偷。

钱三强格外珍惜这段创业经历，悟出了一条研究所生存和发展的道理——吃面包得从种麦子开始。就这样，在短短几年的时间里，实验原子核物理、探测器研制、放射化学、宇宙线研究、理论物理研究等从无到有、从少到多、从低到高，一点一点积累起来。

在王扬宗看来，这为后来的中央决策及原子弹研制工作打下了非常扎实的学科和人才基础。

1956年，在中央正式启动原子弹研制工程后，近物所由中国科学院和二机部双重领导和管理。1958年，近物所二部更名为"原子能研究所"（简称原子能所），整建制交给了二机部。但

---

① 张劲夫. 请历史记住他们——关于中国科学院与"两弹一星"的回忆. 科学时报，1999-05-06.

是，它"出嫁不离家"。一年后，原子能所达到了3586人的规模，专业领域涵盖22个学科和60多个分支学科，是当时全国第一大研究机构。

"许多人在评价原子能所的历史作用时，习惯用'老母鸡'来形容。"葛能全解释道，"这是因为它作为中国第一个综合性原子核科学技术研究基地，逐渐派生出14个科研机构，并向外输出了大量人才。"

据统计，1959~1965年，原子能所共输送科技人员914人，同时为二机部各院、所、厂矿培训了1706名各种科学和工程技术人员。这些人才后来大多成为发展中国原子能事业的中坚力量。①

《核世纪风云录——中国核科学史话》一书中这样写道："历史已经证明：如果没有原子能研究所，就没有中国'两弹一艇'（原子弹、氢弹和核潜艇）。只是因为没有终端产品，它的历史性有时被忽略了。"②

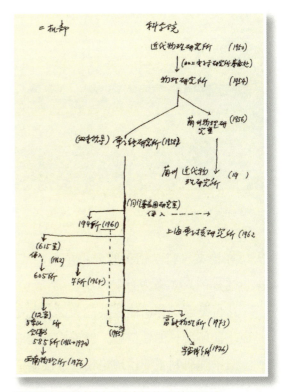

钱三强勾画的核科学技术机构沿革图手稿

排兵布阵

1958年9月，苏联援建的我国第一座原子能反应堆和回旋加速器在原子能所二部建成并正式移交生产。

尽管当时国内的原子能研究充满了生气，但朝气蓬勃的景象背后却暗流涌动。

1959年6月，苏联决定暂缓向中国提供原协议约定的原子弹教学模型和图纸资料。1960年8月，在中国核工业系统工作的233名苏联专家全部撤走，并带走了所有图纸和技术资料。

刚刚起步的中国原子能事业由此陷入严重困局。一批半截子项目上不能上、下不能下，工程技术设计、专用设备研制、新型原材料供应及生产等都遭遇重创。

也就是从这时起，中央决定自己动手，从头摸起，准备用八年时间"搞"出原子弹。

---

① 钱三强，朱洪元. 新中国原子核科学技术发展简史（1950—1985）//钱三强. 钱三强文选. 杭州：浙江科学技术出版社，1994：139-156.

② 王甘棠，孙汉城. 核世纪风云录——中国核科学史话. 北京：科学出版社，2006.

1964 年成功研制出点火中子源的简易工棚实验室

为了牢记1959年6月，原子弹研制工程被定名为"596工程"，目标是造"争气弹"。

苏联的毁约倒逼中国转而依靠自己的力量研制原子弹。在这种形势下，我国迅速调整了原子弹研制的工作部署，集中力量攻克原子弹技术难关。"而在这一过程中，最重要的因素是人——受过严格现代科学训练的高素质的科技人才，以及人才的合理使用。"上海交通大学马克思主义学院教授黄庆桥在论文《科学精英的多重角色：钱三强科技功业研究》中强调道。然而，在当时的中国，这样的人才极为有限。

这也是原子弹研制成功的关键。既是中国科学院副秘书长，又是二机部副部长，同时还是原子能所所长的钱三强，顺理成章地成为最重要的"操盘手"。

原子弹研制主要由理论设计、实验研究、生产制造及现场试验四个部分组成。其中，理论设计由彭桓武、邓稼先、周光召等领衔，实验研究主要由王淦昌、郭永怀、陈能宽等负责，现场试验由程开甲、吕敏等组织实施。他们全部由钱三强推荐上岗。

这些科学家以身许国，不辱使命。主要技术难关基本都在预定时间内攻克，唯独铀-235的生产进展缓慢。

铀是原子弹研制的"牛鼻子"。在苏联撤走技术援助后，铀浓缩工厂完全停摆，中国原子弹的装料面临"等米下锅"的窘境。

钱三强先后找到王承书、钱皋韵、吴征铠等，攻克气体扩散理论、六氟化铀制备和扩散分离膜的"卡脖子"难题。直至1964年1月，气体扩散工厂最终获得丰度90%以上的高浓缩铀-235，为中国第一颗原子弹提供了至关重要的原料。

此外，中国在第一颗原子弹爆炸成功后，仅用两年零八个月的时间就成功实现第一颗氢弹爆炸，成为世界上从原子弹到氢弹取得最快突破的国家，使全世界倍感惊诧。这是由于黄祖洽、于敏等早在1960年就开始了氢弹理论预研，从而大幅度缩短了研制历程，而这一切的部署者正是钱三强。

千军万马

在钱三强选拔的这些"良将"中，中国科学院的科学家是主力。

"在整个原子弹研制工程期间，钱老求之最多、给予其支持最慷慨也是最有效的，就是中国科学院。"葛能全坦言道，"这不单因为中国科学院是他的'娘家'，'出嫁不离家'，更因为这里有开明、识大局的领导，有群英荟萃的人才队伍，有解决各种问题的实力。"

尤其是在原子弹研制进入关键时刻的1961年，主管我国科学技术工作的国务院副总理聂荣臻指示成立二机部、中国科学院协作小组。[①]这个组由刘杰、钱三强和中国科学院党组书记、副院长张劲夫、副书记裴丽生及国防部国防科学技术委员会（简称国防科委）[②]副主任刘西尧等五人组成，目的是"充分发挥中国科学院有关研究所的力量，更密切地为'两弹'服务"。仅在1961年，中国科学院就承接了二机部的任务83项、课题22个。

在协作小组的统一部署下，张劲夫给了钱三强一张"通行令"——要人给人，要物给物。

原子弹的研制是一个庞大的系统工程。对于中国科学院这个聚集了全国最多科技人才且学科门类最齐全的科研机构而言，这张"通行令"可以调动"千军万马"。

其实，早在几年前，二机部部长宋任穷就曾亲自登门，向张劲夫搬"援兵"。他说道："劲夫，这个事太重要了，你要帮助呀！其他部门我也希望他们来支持，但主要靠科学院呐！"

张劲夫爽快地答应道："没有问题。这是中央的任务，是国家的任务，也是中国科学院的任务。我把原子能所全部交给你。另外，中国科学院其他研究所凡是能承担二机部的研究任务的，我们都无条件地承担。"[③]

苏联专家撤走后，最关键的几个技术难关——氟油、真空阀门（即扩散分离膜）、高能炸药，正是得益于中国科学院上海有机化学研究所、上海冶金研究所、长春应用化学研究所、金属研究所、化学研究所、大连化学物理研究所、兰州化学物理研究所等研究机构的支持才得以攻克。

值得一提的是，重大科研任务往往需要许多仪器设备的支撑。

从1956年开始，中国科学院就积极部署落实《1956—1967年科学技术发展远景规划纲要》（简称《十二年科技规划》）中提出的四项"紧急措施"[④]。在计算机领域，由中国科学院计算技术研究所研制的第一代电子计算机和中国科学院半导体研究所研制的第一台晶体管计算机，为后来二机部核武器研究所理论物理研究的大量计算工作提供了重要支撑。中国工程院首任院长、时任二机部核武器研究所副所长朱光亚后来提及，正是有了它们，计算工

---

① 周均伦.聂荣臻年谱（下卷）.北京：人民出版社，1999：778.

② 1982年5月，国防科委、国防工业办公室、中央军委科学技术装备委员会合并，组成国防科学技术工业委员会。

③ 张劲夫.中国科学院与"两弹一星"//罗荣兴.请历史记住他们——中国科学家与"两弹一星".广州：暨南大学出版社，1999：24-25.

④ 发展计算技术、半导体技术、无线电电子学、自动学和远距离操纵技术，并将新技术应用于工业和国防。

作才得以加速进行。[①]

　　截至1966年，中国科学院共有106个研究所和4个仪器厂，总人数达5.5万人。其中，主要承担国防任务的单位有47个，人数有近3.1万人，他们中的绝大多数人都参与了"两弹"研制。

　　"可以说，中国科学院不仅是中国核事业发展的先行者，而且是'两弹'研制中承担最多攻坚任务的机构。"王扬宗强调道。

请历史记住他们

　　1964年10月16日，中国人自己研制的第一颗原子弹终于爆炸成功，这个消息让全国沸腾。然而，事关国家机密，参与研制的科学家即便对自己的亲人也守口如瓶。这场集体的沉默，持续了整整35年。

　　1999年正值中国科学院建院50周年。张劲夫回顾了1956～1966年这10年中国科学院发展的故事，并整理成《在科学院辉煌的背后》一文，刊登在《科学新闻周刊》上。但是，文中并未提及"两弹一星"。

1999 年 5 月 6 日，《人民日报》《科学时报》[②]刊登《请历史记住他们——关于中国科学院与"两弹一星"的回忆》一文

[①]　朱光亚. 自力更生　铸起核盾//罗荣兴. 请历史记住他们——中国科学家与"两弹一星". 广州：暨南大学出版社，1999：116.

[②]　《中国科学报》的曾用名。

然而，这篇文章还是打开了许多老人的记忆闸门。

远在大洋彼岸的著名科学家杨振宁给张劲夫打电话，建议他正式披露中国科学院参与"两弹一星"研制的史实。

当时，张劲夫已是耄耋老人，他考虑再三，并征求了时任中国科学院院长路甬祥的意见，决定向全社会正式公开这段隐秘而伟大的历程。

1999年3月，张劲夫在接受《科学时报》记者刘振坤的采访时，打开了他那博大的记忆宝库，如数家珍地述说着那些年、那些人、那些事……

这篇访谈被整理成由张劲夫署名的1万多字的回忆文章《中国科学院与"两弹一星"》，最初以内部资料的形式分送有关领导。

令人意想不到的是，时任国家主席江泽民同志亲自致电张劲夫，表达了对这篇文章的肯定。他提出，应该在《人民日报》和其他报纸上发表这篇文章。①

1999年5月5日，新华社发出通稿《请历史记住他们——关于中国科学院与"两弹一星"的回忆》；第二天，《人民日报》《光明日报》《科学时报》等报刊媒体同时刊登了这篇重要文章。

张劲夫在这篇文章的最后写道："中国科学院在党中央的领导下参加'两弹一星'的研制，是在很特殊的时代背景下进行的。五六十年代，新中国成立不久，中国的工业化正在开展，我们的国力不强，科研力量不强，条件很艰苦，是真正的白手起家，是真正的创业。可是，我们有党的坚强领导，有中央的正确方针、政策，我们靠的是一批从国外回来的有高度爱国心的科学家，又靠他们带出一批年轻的科学家。他们靠的是一种崇高的精神，一种为了祖国富强而献身的精神，他们是'两弹一星'的真正功臣。"

如今，我们再一次回顾那段波澜壮阔而又鲜为人知的科研历程，还能深感其仍然有着不容忽视的时代价值。

一个民族的生存和发展，极大地依赖于科技界的觉醒和责任担当。当前，中国已经从当年"站起来"的历史阶段迈入"强起来"的新时代。中国科学院这支国家战略科技力量，正在组织科技人员继续攻坚克难，努力为高水平科技自立自强作出贡献。

（中国科学报社记者胡珉琦撰文；原文发表在《中国科学报》2024年7月31日第4版；文中图片由葛能全提供）

① 罗荣兴. 请历史记住他们——中国科学家与"两弹一星". 广州：暨南大学出版社，1999：3.

甩掉"洋拐棍"　中国迎头赶上

——创制"北京时间"攻关纪实

"北京时间7点整。"

当这熟悉的声音从广播电视中传来时，人们往往会好奇什么是"北京时间"、它是如何产生的、它的精度有多高、在国际上处于什么水平。

带着这些问题，我们走进产生、保持和发播"北京时间"的单位——中国科学院国家授时中心（简称授时中心）。在这里，我们了解到，看似寻常的"北京时间"背后，是中国科学家攻坚克难、甩掉"洋拐棍"的故事。

从最早使用进口钟，到如今掌握国际上最先进的原子钟技术，70余年来，几代"北京时间"守护者以有效满足国家需求为使命，将国家意志牢记于心，坚持追求"代表国家最高水平"，为国守时，无问西东。

如今，中国自主产生、保持的国家标准时间——"北京时间"能够运行6000万年不差1秒。它的准确度、稳定度及对国际标准时间产生的贡献权重稳居世界前列，并有望在近年内冲击全球第一。

时间要那么精确有啥用

阮军在授时中心读了6年博士才毕业。朋友们经常好奇地问他："你到底是干什么工作的？博士为什么要读这么久？"

"做原子钟，保证'北京时间'更加精准。"

朋友们听得似懂非懂，往往会追问一句："时间要那么精确有啥用？"

确实，在大众的观念中，时间精确到分钟就可以了，连秒都不需要，更不用说皮秒、飞秒、阿秒、仄秒了。

阮军告知，时间这个物理量之所以重要，不仅在于其本身，而且在于可以应用其提高相关物理量与物理常数的测量精度，检验一些基础理论，如相对论的正确与否。

其中最常见的需求是测距离。一座山到另一座山有多远？出海的舰艇离港口有多远？空中的卫星距离地面有多远？世界上没有一把长到能够测量出这些距离的尺子。然而，通过发射电磁波，并测量电磁波传输的时间，再乘以电磁波速度，就能得出任意两点间的距离。

重点是，由于电磁波的传播速度在自由空间高达每秒30万公里，那么如果计时器有1微秒（即百万分之一秒）的误差，最后得出的距离数据就会相差300米。

举例来说，假如载人飞船和空间站交会对接时出现了几秒误差，那么这并不意味着它们会比原定时间晚一点对接，而是根本无法对接了；发射和测控巡航导弹时更是"差之毫厘，谬以千里"；飞机、军舰、战车都需要测量信号从卫星到自身所用的时间，以确定位置、校正航向。

可以说，一个测不准时间的国家是没有条件打一场现代战争的。

"海湾战争时期，美国就打出了导航战。现在，授时战又成为一种新的战争形态。"授时中心党委书记窦忠指出，"最近世界上发生的几次战争中，当地上空的导航和时间信息都有被破坏的痕迹。"

在民用领域，高精度时间同样意义非凡。有了毫秒级的时间，电网可以高效运行；有了百纳秒级的时间同步，移动通信可以进入第五代移动通信技术（5th generation mobile communication technology，5G）时代；有了纳秒级的时间应用，卫星导航才能提供精准服务……

授时中心主任张首刚介绍道："时间是7个基本物理量中测量精度最高、应用最广的一个，精度比其他物理量高出至少四五个量级，且没有'天花板'。随着基础研究的不断深入和科学技术的发展，无论是国民经济还是国防建设、国家安全等，对时间精度的需求都在不断提高……这是一辈子都做不完的事，也是值得做一辈子的事。"

"北京时间"正式开始

时间回到70年前，在位于祖国东部沿海的上海，一位刚参加工作的女大学生同样在苦苦地追问：时间要那么精确到底有什么用？

她就是"北京时间"创制奠基人之一、中国科学院院士、中国科学院上海天文台（简称上海天文台）原台长叶叔华。

1949年9月召开的中国人民政治协商会议第一届全体会议通过了4项决议案，分别是确定首都、纪年、国歌和国旗，并将"中原标准时间"改为"北京时间"，以首都北京所在的东八时区的区时为标准。之后，中国科学院领命接管了徐家汇观象台，正式开始了"北京时间"的建立工作。

这项工作落到了20岁出头的叶叔华身上，工作内容似乎极其简单——白天做算术，晚上

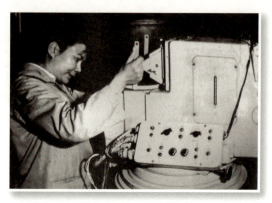

叶叔华在徐家汇观象台进行时间观测
（上海天文台供图）

长波授时台的技术人员在工作　（授时中心供图）

看星星。

　　当时全世界统一使用的世界时以地球自转为基准，要靠观测恒星的位置来确定。徐家汇观象台作为中国唯一可以发播标准时间的天文台，每天上午11点和下午5点准时通过租用的商业电台向全国播报时间，每次播报5分钟。

　　叶叔华从小成绩优异。高考完，父亲让她去打听自己考上没有。她不紧不慢地说道："不用打听，我肯定考上了。"果然，叶叔华以第一名的成绩考入中山大学数学天文系。

　　这么优秀的一个人，每天却要重复进行严格又枯燥的观测和计算工作。回忆起往事，已97岁高龄的叶叔华笑着告诉记者："来了3天就想走了。别人都以为搞天文的很浪漫，可一旦自己上手就讨厌死了，心里很不甘，难道一辈子就这样了吗？"

　　叶叔华后来之所以改变想法，是因为她了解到这份枯燥难耐的工作对当时正在进行的全国地图测绘至关重要。

　　"世界时实际上是地球在宇宙中的位置。"叶叔华说道，"绘制地图需要在统一的时间标准下测量位置，才能将分散的地图拼起来。而过去的中国，军阀混战，连一张统一的地图都没有。"

　　原来，在高山上、森林里、大漠中，每天都有许多人守在无线电设备前，通过听徐家汇观象台播报的时间来校准自己的小钟。只有这些小钟足够精准，我们的地图才足够清晰，一穷二白的新中国才能开展急需的基础设施建设。

　　从此，叶叔华仿佛打通了"任督二脉"，拼了命也要把工作做好。

　　很快，叶叔华施展才华的机会来了。1958年，徐家汇观象台开始筹建我国自己的综合世界时系统，31岁的叶叔华挑起了这个担子。

　　那时的徐家汇观象台设备老旧、技术过时，钟尤其老旧。叶叔华记得那是一台法国传教士留下的老式摆钟，摇摇欲坠，经常要用糯米糨糊修修补补。因此，在全球60多个天文台参与报时的国际标准时间中，中国的权重一直排在末尾。后来，在国家的支持下，徐家汇观象台"鸟枪换炮"，终于拥有了一台当时最先进的石英钟。

此外，中国还需要自创一套测时算法。经过反复试验，叶叔华采用独特的方法——根据观测员的误差变化取平均值，创立了一套独立的时间测量方案。

1965年，我国"综合时号改正数"通过国家技术鉴定；1966年初，正式作为我国的世界时基准（即"北京时间"）向全国发播。

"326工程"

1964年，我国第一颗原子弹爆炸成功，紧接着就要加紧研制"两弹一星"中的导弹和人造卫星了。这两项工作都极度依赖精准的时间系统，且需要每天连续24小时不间断发播时间信号。考虑到上海偏隅东部，信号间断且不能覆盖到西部边疆，也不符合战备安全要求，国家明确提出"在西安地区建立短波授时台"，并纳入国家第三个五年计划中的重点项目进行建设。

最终确定的台址在陕西省蒲城县金帜山，位于唐宪宗陵附近。此地距离中国的大地原点——陕西省咸阳市泾阳县不足100公里。除了建设短波授时台外，项目还开展了世界时和原子时研究工作，是代号为"326"的工程（即"326工程"）。

科技"国家队"——中国科学院再次领命，组织一批科学家和相关专业毕业的大学生，从上海、南京、北京等地奔赴大西北。大家怀着满腔热情，坐着大卡车进入金帜山。可到了现场，大家却傻了眼。

中国科学院陕西天文台[①]台长漆贯荣是当时的23名大学生之一，毕业于南京大学天文系。他和6名同班同学一起被分配到"326工程"工作，其他同学则留在南京、无锡等地参加工作。因为能参与国家重大项目建设，他们7个人感到既自豪又幸运。后来，一位留在苏州工作的同学坐火车到陕西，经过软磨硬泡才被同意留下工作。

然而，短波台选址在荒山野岭，宿舍建在山坡上。说是到短波台工作，可短波台在哪里呢？漆贯荣的同班同学王正明形容自己当时好像一盆冷水从头顶浇了下来。

大家首先要解决"三通"问题——通水、通电、通路。漆贯荣领到的任务是通路，人送外号"路局长"。他先找到一家设计单位画了图纸，再找附近农民帮助施工，不到3个月就铺通了一条石子路。

通水则麻烦得多，他们往地下打了100多米都没有找到水，后来不得不引水上山。山上老

[①] 授时中心的前身。

短波授时台地下发射机房入口 （陈欢欢／摄）

乡家用的是露天接下的窖水。他们有时渴了向老乡讨水喝，得到的却往往是一个馒头。当时的金帜山是名副其实的不毛之地，连一棵树都没有。有一次，漆贯荣被晒得受不了，只得找了一个地洞钻进去。他进去后才发现那原来是一个盗洞，墙上还清晰地保留着前人的手印。

就这样，不管是领导、科学家还是大学生，不管是男同志还是女同志，大家一起卸钢筋、拉水泥，不分昼夜地工作，不知道磨坏了多少副帆布手套。没有吊车，他们就在地上铺钢管，将几吨重的机器一点一点往前挪……

那时交通不便，他们去邻县办事要走三四天，除了搭老乡的马车，就是靠两条腿走。生活虽苦，大家的精神头却很足，就这么一块石头一块石头地搬。他们用不到3年的时间"搬"出了新中国第一座国家标准时间专用短波授时台。

1970年，"326工程"建成竣工，周恩来总理亲自批示，1971年1月1日起正式启用。从此，我国具备了自主可控、全国土覆盖、连续发播的陆基无线电授时能力。"326工程"也正式更名为"中国科学院陕西天文台"。这些来自天南海北的年轻人大部分留在了陕西，从风华正茂到白发苍苍，为祖国的时间频率科技事业奉献终身。

1998年，短波授时台经过技术升级，在新址重新建设运行，金帜山上的短波授时台结束了历史使命，停用封存，后被列为陕西省省级重点文物保护单位、国家工业遗产。如今，地面大厅作为国家科学家精神教育基地再次向公众开放。

今天来到位于山洞中的短波授时台发射机房，推开厚重的防核弹级别的大门，我们仍旧能闻到浓烈的柴油味儿，一些废旧仪器设备的表面还留有清晰的红字"人民，只有人民，才是创造世界历史的动力"。一般人在这里待上几分钟就会感受到密闭恐惧的压力，很难想象当时的技术人员是如何在这阴暗潮湿的山洞里每日三班倒、不分昼夜地工作的。

"326工程"竣工后不久，它的兄弟工程"3262工程"登上了历史舞台。

独立自主的工程

"3262工程"指的是1973年启动建设的长波授时系统工程。与短波相比，无线电长波信号稳定性好、抗干扰能力强，授时精度比短波高3个数量级，但技术复杂度也更高，美国和苏联也是在20世纪五六十年代才开始建设长波授时系统的。苏联曾提议和我国共建长波授时导航系统，但我国坚持认为授时系统必须掌握在自己手中，要走独立自主的道路。

缺乏参考资料，中国能不能搞起来？钱学森先生在方案论证会上的讲话鼓舞了大家，他说道："'3262工程'不光是科委①的需要，不光对尖端技术重要，而且与我国自然科学乃至整个科学的发展都有关系。"

就这样，与研制"两弹一星"一样，来自中国科学院等全国几十家科研单位的上千名科学家、技术工人如潮水般再一次涌向陕西蒲城。这一次，他们通过自力更生，在距离短波授时台不远处建设了一座颇为壮观的地下4层发播机房，深达25米，与地面宏大的天线系统一起构建了长波授时系统。

分别来自北京和上海的"3262工程"技术负责人戴中溶和苗永瑞在这时加入了建设团队。

戴中溶的一生颇有传奇色彩。他和钱学森是上海交通大学同一届的校友，1934年毕业后被分配到西安国民革命军。师长胡宗南对这个上海来的高才生非常器重，命他组建无线电通信网，后任机要室副主任，授少将军衔。但是，戴中溶在目睹了国民党的黑暗之后萌生去意，在妹妹的帮助下成为一名红色特工。1947年9月，由于叛徒出卖，戴中溶被捕入狱，但军统特务搜遍他的住所，也没有找到只言片语的证据，最后被判刑10年，在监狱中等到了解放。

1972年，任中国科学院二局副局长的戴中溶，在63岁时接下了主持建设长波授时台的重任。他技术精湛、为人和善，年轻人都称呼他"老戴"。也许是在隐秘战线工作中形成的风格，老戴做事从不张扬、不计名利，令人钦佩。

苗永瑞则是作为科研骨干从上海天文台被派至"3262工程"的。他曾在苏联天文总台进修过3年，对时间工作和天文观测都非常熟悉。在他的带领下，长波授时台将我国的授时精度提高了1000倍。工程竣工后，苗永瑞相继担任中国科学院陕西天文台副台长、台长等职，培养了一批科研骨干。1987年卸任台长后，由于家眷仍在上海，苗永瑞回到上海天文台工作，1991年当选为中国科学院学部委员（院士）。可惜天妒英才，1999年，苗永瑞因患胰腺癌去世。

叶叔华评价道："苗永瑞为建设陕西天文台立了大功，使我国时间服务工作既能满足国家需要，又成为国际上重要的授时台。"

1983年，长波授时台竣工，开始以全功率试验发播长波授时信号。1984年，长波授时台彩车参加了庆祝中华人民共和国成立35周年阅兵式，彩车上写了几个大字——同步精度百万分之一秒。

要知道，这样的时间精度是在系统器件国产化率100%的前提下取得的。整个"3262工程"，大到发射机、天线，小到二极管、电容，完全依靠我国科技工作者独立自主研制。他们在国外技术封锁的大环境下走出了一条自主创新之路。1988年，"长波授时系统的建立"荣获国家科学技术进步奖一等奖。

---

① 中华人民共和国国家科学技术委员会的简称，1998年改名为中华人民共和国科学技术部。

50多年来，从"东方红一号"到北斗导航卫星，从我国首枚运载火箭到"嫦娥"飞天，长短波授时系统为国家重大任务提供了可靠的高精度授时服务，多次受到国家嘉奖。

如愿

1969年新中国成立20周年国庆前夕，有关部门曾上报我国授时工作的成就。一位国家领导人看到后询问用的什么钟，答曰"进口钟"。周总理让先不宣传，要甩掉"洋拐棍"，下决心研制先进的标准钟，赶上并超过他们。

这里提到的标准钟便是原子钟。与传统计时仪器相比，它的先进性迈上了一个大台阶。

20世纪50年代，美国率先提出"原子钟"的概念，以原子的共振频率来计时。1967年，国际计量大会将时间单位"秒"的定义由此前的天文定义修改为原子定义——铯原子基态超精细能级间量子跃迁时所产生的电磁波，振动9 192 631 770个周期所持续的时间为1秒。5年之后的1972年，国际上又将通用的国际标准时间，从单纯基于地球自转测量的世界时，修改为结合了原子时和世界时的"协调世界时"。

张首刚介绍到，在时间科学领域，谁掌握更先进的技术，谁就处于领先地位、拥有话语权。继美国之后，法国发明了冷原子铯喷泉钟，将原子钟的精度又提升了一个数量级。我国也曾上马过小型铯束原子钟攻关项目，但由于种种原因未能取得成功。除了涉及多学科交叉的前沿理论外，还需要高精尖技术能力，包括材料和加工等，研发难度极大。

2004年从法国巴黎第六大学博士毕业后，张首刚回国工作，立志做出"中国制造"的铯喷泉钟。此举令他的法国导师极其不解，认为他在那里已经做了世界上最好的原子钟，为什么还要回国呢？

张首刚当时并没有回答，因为他的答案也许只有中国人才懂，这个答案就是"因为我的祖国需要"。

回国后，为了加快研究落地的进度，张首刚采用了与企业合作成立联合实验室的方式。在前期研发阶段，企业派驻两名职工全程参与；在后期生产阶段，科研人员则长期"泡"在企业里指导研制。一次，张首刚听见企业老领导问他们的年轻干部"什么时候能把国家需要的小铯钟做出来"，他便知道找对了合作企业。

小铯钟是目前最主流的守时原子钟，美国从20世纪50年代起就对这一技术严防死守，连欧洲都限制出口，中国想购买更是困难重重。

经过几年摸索，2017年，张首刚团队与企业合作，基于新理论和新技术，研制出国际首款激光抽运小铯钟产品，性能比美国产品还要好，除了装备我国的时间、导航、5G通信等系统外，还出口到欧洲。

2018年，美国宣布对中国彻底禁售小铯钟。我国幸好提前啃下了这块"硬骨头"，避免了一次"卡脖子"。

此外，团队还研发出性能先进的冷原子铯喷泉基准钟、冷原子锶光钟、世界上体积最小的高性能芯片原子钟，以及除美国外，只有我国研发出的铷原子喷泉守时钟。

授时中心的时间基准系统 （李子锋/摄）

如今，授时中心有40多台不同类型的守时原子钟在连续运行，综合产生着稳定的"北京时间"，并通过铯喷泉基准钟自主校准。"现在，世界上除了美国，就只有我们中国拥有产生国家标准时间的所有核心设备的研发能力。我们可以不受外界干扰，自主保持'北京时间'的准确性和稳定性。"张首刚说道。

2018年，国际权重和度量局致函授时中心，表示其"具有发达的守时能力，时间偏差稳定保持在5纳秒之内，已经进入国际领先行列"。如今，这一偏差已经稳定在2纳秒之内，位列全球前三，且偏差还在持续减小。

张首刚表示，世界时除了能提供标准时间外，还是实现地球坐标系与天球坐标系转换的重要参数，可以说是一种战略资源。20世纪90年代，我国在应用西方主导的联测数据后停止了自主测量，结果在后来的几次航天发射和军事活动中，都"巧遇"国外数据无法下载的情况。现在，授时中心建成我国自主的世界时测量与服务系统，满足了国家需求，实现了"北京时间"产生的科技自立自强，并正在建设更先进的星地交叉立体国家授时体系。

展望未来，国际上公认的光钟也许会取代铯原子钟，重新定义时间单位"秒"。"光钟比铯原子喷泉基准钟的精度还要高两三个量级，达到运行几十亿年误差不到1秒。"张首刚说道。

面对这样一个改写教科书的机会，世界各国都在加紧研发。

2022年10月31日，我国空间站梦天实验舱顺利发射，搭载了由3台钟组成的世界首套空间原子钟组，其中就包括世界上第一台空间光钟。中国科学院的建制化优势再次得到充分发挥，十几家单位、200多人、历时10余年的通力合作，共同研制出空间站高精度时频实验系统。

历时近半个世纪，重温当年甩掉"洋拐棍"的愿望，如果时间会说话，它应该会说：这盛世，如你所愿。

（中国科学报社记者陈欢欢撰文；原文刊发在《中国科学报》2024年3月7日第3版）

治沙"中国方案"，从沙坡头出发

　　沿着定武高速（G2012）一路向东，当道路与包兰铁路线平行时，只需再前行几公里，便能远远地望见黄河沿着群山的北面，在沙山下转了一个大弯，向东奔流。铁路线两侧的沙漠被条状的绿色长廊阻隔，像被两条结实的臂膀紧紧地保护着。

　　包兰铁路是我国发展国民经济的第一个五年计划时期修建的一级铁路干线，也是我国第一条穿越沙漠的铁路，成为连接包头与兰州两大工业城市的大动脉。铁路6次穿越腾格里沙漠，延长线达40多公里。其中，宁夏回族自治区中卫市沙坡头区西部的一段沙丘起伏最大，沙坡头地段更全是高大的新月形格状沙丘。"浮沙没胫，人马惮行"，是当时沙区交通的真实写照。要在这里修建铁路，相当困难。

　　怎样才能使铁路两侧的流沙固定，让线路不受风蚀和沙埋，列车运行畅通无阻？如何选择适宜的沙生植物？怎么有效防治沙害？隶属于中国科学院西北生态环境资源研究院（简称西北研究院）的宁夏沙坡头沙漠生态系统国家野外科学观测研究站（简称沙坡头站），就是为了解决这些问题于1955年建立起来的。一代又一代的沙漠科学家在这里耕耘，在解决许多沙漠科学基础问题的同时，为全球干旱区生态环境建设提供"中国方案"，写就了独特的治沙故事。

开路先锋，沙海扎根

　　1952年，我国已经开始筹划建设一条连接包头与兰州的铁路，并计划将其延伸至新疆，以推动西北地区经济社会的发展。为此，铁道部的设计局[①]与中国科学院地理研究所筹备处[②]合作，对包兰铁路沿线进行深入考察，发现黄河北岸的路线虽然能避开严重地质灾害，带来显著的经济效益，但穿越流沙是一个巨大的难题。

　　"沙坡头地区沙丘起伏，积沙深重，沙害频繁发生且强度大、方向多变，对铁路的威胁极大。"沙坡头站站长张志山提及那时的自然环境时说道。用当地人的话说就是，"一年一场

[①] 1953年成立了铁道部设计局西北设计分局，后改名为"铁道部第一设计院"。2007年改称中铁第一勘察设计院集团有限公司。

[②] 中国科学院地理科学与资源研究所的前身之一。

风，从春刮到冬"。据一些老人回忆，曾有大风将毛驴刮到黄河里，风的威力相当大。

彼时，在遥远的沈阳，中国科学院林业土壤研究所（简称林土所）①党委书记兼所长朱济凡收到一份铁道部②、林业部③和中国科学院联合下发的文件，指定该所参与包兰铁路防沙治害研究工作。

列车通过沙坡头草方格沙障路段 （西北研究院供图）

经过一系列调整和准备，一支涵盖地理、土壤、植物、林业等领域的包括12位专家的防沙治沙研究队伍组建起来了。他们先坐飞机抵达兰州，然后换乘卡车前往中卫，最后骑骆驼前往沙坡头。

研究团队的驻地童家园子村紧邻黄河，被沙山三面环绕，环境异常艰苦。从这里去往外界的唯一交通工具是羊皮筏子。每次从沙漠考察回来，他们都只能坐在沙地上，手脚并用，像坐雪橇一样顺着陡坡滑下来。

1955年，铁道部铁道研究所④、铁道部设计局西北设计分局和林土所相关研究团队合并，共同组建了铁路防沙研究工作站⑤。

建站当晚，所有成员齐聚一堂，展开了一场热烈的讨论。大家一致认为，应当先集中力量研究铁路两侧植物固沙的可行性。然而，要实现这个目标，必须解决几个关键问题：一是如何在风沙肆虐的环境中，确保植物成功扎根生长；二是如何确保沙漠腹地的植物获得足够的水分；三是如何找到合适的固沙植物，并确定适宜的苗木规格和栽植密度；四是如何判断沙地得到有效固定。

带着这些问题，林土所副所长刘慎谔和沙坡头站首任站长李鸣冈组织人员，前往黄河两岸进行实地考察，调查天然植被并采集种子和苗木。

经过艰辛考察，团队成员意外发现了两处茂密的油蒿群落和柠条群落。油蒿是一种半灌木，柠条则是一种灌木。刘慎谔深入分析后指出："在固沙方面，蒿子只能起到辅助作用，必须与灌木搭配栽种才能取得更好的效果。"

在试验区，团队成员将不同的固沙植物搭配栽种。为了保护这些植物免受风沙侵害，他们决定设置沙障。最初的想法是平铺鹅卵石，但这种方法不仅费工费料，而且难以获取材

---

① 中国科学院沈阳应用生态研究所的前身。
② 2013年3月，铁道部实行铁路政企分开，不再保留铁道部。
③ 1998年3月改为国家林业局。2018年3月，国务院机构改革，不再保留国家林业局。
④ 2007年更名为"铁道科学研究院"，现中国铁道科学研究院集团有限公司。
⑤ 沙坡头站的前身。

料。考虑到沙坡头区麦草资源丰富，他们便改用麦草作为沙障材料，先在沙丘上撒下植物种子，然后覆盖一层麦草，最后压上沙土。这样，试验区的固沙植物栽种就完成了。

抓住麦草，汽笛声起

天有不测风云。1957年春夏，沙坡头遭遇了前所未有的酷暑、干旱和大风。炽热的沙子的表面温度飙升到74℃，狂风以每秒19米的速度侵袭。全年降水量仅有88毫米。

在恶劣的环境下，沙坡头站又遭遇了一场罕见的黑风暴。风暴如猛兽般扑面而来，十一二级的狂风裹挟着沙粒，桌子瞬间被厚厚的沙子覆盖，黄河边碗口粗的树木竟也纷纷被折断。

风暴过后，队员们怀着沉重的心情上沙丘查看。只见，全铺式的沙障已被狂风吹得凌乱不堪，辛苦栽种一年多的树木和草本植物早已不见踪影。这无疑是一个沉重的打击，所有人都对实现无灌溉条件下的植物固沙目标产生了深深的怀疑。

紧接着，罕见的热浪席卷了试验区。一日清晨，一位科研人员因有急事穿着拖鞋就上了沙丘。太阳升起，沙面炽热如火。中午时，他被沙子烫得疼痛难忍，急挖沙坑避热，边挖边跳着走。最终，他跳着返回驻地。同事们见状大笑，戏称他为"沙漠跳鼠"。

科研人员一边笑，一边测量评估热浪的严重性。他们惊讶地发现，地面温度达到创纪录的74℃。在这样的高温下，植物难以生存。中午吃饭时，欢声笑语没有了，大家都在思考怎么攻克这个难关。

中国科学院黄河中游水土保持综合考察队的到来为他们带来了转机。考察队领队陈道明和随队专家苏联土库曼①科学院院士彼得罗夫观察试验沙障损毁情况后，提出了改进建议。

陈道明观察发现，全铺的麦草沙障如果压沙薄了易遭风毁，压沙厚了雨水不易下渗、不利于幼芽生长；带状沙障只能挡住垂直方向的风，不适应沙坡头复杂的风向。

彼得罗夫推荐了一种在苏联沙漠治理中取得显著成效的半隐蔽式草方格沙障模式。沙坡头站的科研人员受此启发，将现有的麦草铺成适当厚度的方格，用铁锹将麦草踩压到沙里，露出地表的部分像一把梳子，能够削弱风势，让沙子沉下来，达到"寸草遮丈风"的效果。

这种麦草方格沙障不仅不易被风吹毁，而且能有效地固定沙丘。"经过不断地试验和改进，我们认为沙坡头的自然条件和苏联的不同，半隐蔽式格状沙障什么规格合适，还要多试试。"李鸣冈说道。随后，团队系统研究了不同材料、形状、尺寸机械沙障的固沙效果。

1958年，沙坡头迎来了少有的丰水年，雨季提前到来，年降水量达到304毫米，是上一

---

① 现土库曼斯坦。

年的3倍多。雨水洒在干渴的沙丘上，使死寂的沙丘重焕生机。团队栽种在草方格中的固沙植物生长旺盛，为沙坡头的生态修复奠定了坚实基础。队员们总结出一条固沙经验：需要将灌木、半灌木搭配栽种。同年，团队计划修建防护带。在整条防护带中，乔、灌、草3种植物交互混种，选用十几种沙区生长植物组合搭配，把沙子固定在地表，形成有效的生态屏障。此时，铁路也已修到沙坡头。从中卫源源不断运来的麦草，在试验站堆成了一座座小山包。

人工扎的麦草方格 （李子锋/摄）

时任沙坡头站秘书王康富说道："治沙工程建设最终还是要依靠当地农民。我们创造了草方格，农民用20分钟就能学会施工方法。"通过大家的共同努力，一幅精美的植被画卷在沙漠上徐徐展开。

1958年八一建军节，包兰铁路正式通车，第一辆列车驶进沙坡头，拉响了长长的汽笛。这不仅是向铁路建设者致敬，也是对那些在沙漠中默默奉献的科研人员和群众的赞颂。

以固为主，固阻结合

1958年底，中国科学院治沙队①成立，沙坡头站划归中国科学院治沙队管理。科研人员创造性地运用不同尺寸的草方格稳定沙面，并在此基础上种植固沙植物，不仅为铁路安全运营提供了保障，也为沙漠治理开辟了新路径。

1962年，随着中国科学院治沙队改建为中国科学院地理研究所沙漠研究室，试验条件不断优化和完善。科学家们对草方格的风沙流蚀积原理进行了深入探索，发现1米见方的草方格的固沙效果最显著。张志山说道："经过风吹改造，这一规格的草方格能够自然形成光滑的凹曲面，形状宛如浅底锅，有效阻止了风沙的流动和侵蚀。规格过大，则方格中心掏蚀过深，不利于固沙植物生长存活；规格过小，则无法形成有效凹曲面，易被强风摧毁。"

科研人员由此正式创建了适应当地环境的半隐蔽式草方格沙障，作为1964年设计方案修订时的标准技术方案。这不仅提高了固沙效果，而且为后续的沙漠治理奠定了坚实基础。

然而，科学家们明白，麦（稻）草容易腐烂，因此草方格只能作为辅助、过渡性机械固沙措施。"当时老一辈科学家就意识到植物固沙才是主要的、长远的和有生命力的沙障。只有通过科学合理的植物种植和养护，才能真正实现沙漠的可持续治理和生态环境的改善。"

---

① 1978年在此基础上成立了中国科学院兰州沙漠研究所，是中国科学院西北生态环境资源研究院的前身之一。

张志山说道。

在长达8年的固沙植物试验中，刘慎谔最深的体会是"要深入研究植被，首先要明晰植被与环境条件之间的微妙关系"。他们正是通过不懈的试验与筛选，才发现土生土长的油蒿，大灌木花棒、柠条，以及引种的两种沙拐枣，是优质的固沙植物种类。

植物种类明确了，沙障问题就更加凸显了。科研人员发现，原有的沙障设计存在许多不足之处，如防护带过于宽广、施工量过大，防线结构配置过于松散，从而难以形成完整的防护体系，极易被风沙掩埋。

他们认识到，只有将阻沙与固沙措施相结合，才能实现沙漠治理的目标。于是，研究人员在防护带的最前沿设立起一米高的用柴草编织的既能透过气流、又能截留风中沙粒的疏透型阻沙栅栏，用以拦截流沙。经过精心设计，这些栅栏的孔隙控制在30%左右，能够拦截90%的沙量，使其在栅栏外堆积成沙堤，有效阻挡了流沙对固沙带的侵袭、阻止了沙丘移动。并且，他们还在沙堤上种植植物，进一步稳固了沙面。

采用阻固结合的措施，整个固沙体系成效显著。1958年的实测数据显示，沙坡头地区常见1～5米高度沙丘的年移动距离为2～4米，推算100年内沙丘的移动值不会超过400米。为确保铁路安全，北侧（上风向）设计防护带的宽度为500米、南侧的宽度为200米。这一优化设计在有效保障铁路行车安全的前提下，显著地减少了工程量和造价。

值得一提的是，最初的沙障工程措施主要用于稳定流沙床面，为植物的着生提供适宜的生境。待植物生长到足以固沙的程度后，这些措施便不再必要了。植物通过不断地更新与繁衍，逐渐将流沙固定，进而形成有生命的沙障。这个过程不仅实现了沙害的治理，更在荒漠上孕育出勃勃生机。

中国的沙漠科学研究是以流沙固定为开端的，连带着包兰铁路穿行腾格里沙漠沿线的防沙治沙任务。所以说，流沙治理是中国沙漠科学研究的起点，沙坡头则是中国沙漠科学的奠基地。

重新建站，恢复生境

1978年，沙坡头站升格为中国科学院院级科学研究站，使命不再局限于防治铁路沙害，而是扩展至沙漠科学研究的广泛领域，包括干旱沙漠地区生态过程研究、受损生态系统的恢复与重建，以及实验风沙地貌与沙漠环境的基础理论研究。王康富和赵兴梁相继担任站长，带领同事重整沙坡头站，重新确立其作为科学研究站的定位。

1981年，沙害再次肆虐试验区，掩埋了铁路两侧300米的区域，使灌溉造林带里的人工植被迅速退化。科研人员不得不从头开始，重建阻沙栅栏，重新测量沙中的水分含量。

"老一辈科学家们发现，灌溉浇水一方面造成了大量的资源浪费，另一方面，如果灌溉水分不足，则容易使乔木逐渐枯萎、沙层越发干燥。植物的根系就像一台巨大的抽水机。将沙层深层的水分抽干后，植物最终就只能默默死去了。"西北研究院生态与农业研究室主任李新荣说道。

20世纪60年代初，沙坡头站的科研人员进行野外测量 （西北研究院供图）

铁路林场当时采用了灌溉造林的方法，大量种植乔木。然而，乔木耗水量大，不但不能提升沙层水分，反而会迅速耗干沙层水分。最终，沙层水分甚至不如裸露沙丘的沙层含水量多。在干旱的年份，这种情况尤为突出。由于水分不足，植物的生长受到严重影响，最终可能死亡。要想改善这个状况，改种旱生灌木并依赖自然降水滋养，或许是一个明智且有效的选择。

与此同时，在探究为何人工植被会阻碍雨水下渗进而引起沙面径流时，研究人员观察到一个独特的现象——荒漠结皮。1984年秋，沙坡头站开展了一次大规模调查，实测人工植被区的结皮层厚度。统计数据显示，植被生长时间越长的地方，结皮层的厚度越大。通过显微镜观察，研究人员发现，这其实是微生物在起作用，是它们将散沙紧密地结合在一起。

更令人感到惊奇的是，研究人员竟然在沙质土中发现了地球上最早的绿色植物——蓝藻。只需滴上几滴水，蓝藻黑色的外表就会逐渐变绿。若是遇到降雨，整片荒漠就会被一层毛茸茸的绿毯覆盖。随后，沙变成土质沙，然后再变成沙质土，腐殖质逐渐增厚，天然植被上的藜科、禾本科植物陆续光顾人工植被区。各种小动物也陆续在这里安家，种类达30多种。

"土壤生境的恢复才是干旱沙区生态恢复的根本。"李新荣说道。

水量平衡，因地制宜

中国北方沙区的面积约为170万平方公里，横跨极端干旱、干旱、半干旱和半湿润气候带，年降水量不足400毫米，其中新疆塔里木盆地东南部的年降水量甚至不足25毫米。这片土地的自然环境严酷，是生态环境最脆弱的区域之一，极易受到气候变化和人类活动的冲击。这片沙区面临诸多挑战。

李新荣说道："沙坡头毗邻黄河，但是其他地区没有这样的优势。在干旱区和极端干旱区，有些人工植被在20年后出现大面积退化甚至死亡，当地的地下水资源被严重消耗，导致水量失衡，风沙危害仍然严重。这背后，是沙区生态水文过程研究的滞后。"

水分是沙区植被恢复和生长，以及生态重建中最关键的限制因素。不同沙区的水量平衡是不一样的，涉及降水入渗、土壤水动态、植物蒸腾、土壤蒸发等多个环节的水量转换。

为了维持植被-土壤系统的可持续性和稳定性,科学的水资源管理显得尤为重要。然而,不同沙区的植物种类繁多、分布呈斑块状、地表裸露,这些都给沙漠科学研究带来了极大的挑战。

2019年,沙坡头站建成了中国北方沙区水量平衡自动模拟监测系统——沙坡头Lysimeter群(简称蒸渗仪群)。这是目前我国规模最大的水量平衡自动模拟监测系统,它如同一双犀利的眼睛,紧盯着沙区的每处细微变化。

"沙坡头Lysimeter群以36台大型称重式蒸渗仪为核心,配备了一系列先进的监测设备,能够模拟降水和地下水,精确监测降水入渗、地下水补给、土壤水动态、蒸散发、植物生长等过程。"张志山说道,"这个系统的建成,意味着试验站能通过长时间观测,选择更适合不同沙区的植物种类,助力生态环境重建。"

沙漠科研,走向世界

时光荏苒,70多年匆匆而过。

在这片沙漠中,中国科学院和相关单位的一代代科学家传承接力,倾注无数心血,反复试验研究。他们不断摸索,提出"以固为主、固阻结合"的沙漠铁路防护体系建设理论与模式,指引和保护包兰铁路在风沙肆虐中畅通60多年。

在长期的沙漠科研工作中,治沙人铸就了"不为名利、忍耐寂寞、勇于创新、宽容失败、勇战沙魔"的"沙坡头精神"。从沙化土地治理,到植被重建,再到生态恢复,治沙人的使命持续更新,在防治沙害、生态环境恢复重建方面不断探索,开创了我国乃至世界沙化土地治理的先河,为世界环保事业作出了卓越贡献。

如今的沙坡头 (李子锋/摄)

现如今,沙坡头站的新一代科学家,基于前几代科学家对荒漠结皮的深入研究,成功研发出了人工生物土壤结皮的固沙技术。这个创新技术将结皮的恢复时间由原本的3年大幅缩短至1年。这彰显了他们在生态环境保护上的决心和不懈追求。

(中国科学报社记者叶满山撰文;原文发表在《中国科学报》2024年5月31日第4版)

中国从此"有了"计算机

　　代码0和1，是现代信息世界的源头。1958年8月1日，对于我国"二进制"时代来说，就是那个从"0"到"1"的起点。

　　那一天，在位于北京中关村地区的中国科学院计算技术研究所（简称计算所）的一间机房里，我国研制的第一台通用数字电子计算机"103机"以每秒30次的运算速度，成功地完成了一小段程序运行。科研人员对每个部件进行详细检查后，确认这台机器"活"了。

　　"有了！"在现场观看的中国科学院党组书记、副院长张劲夫按捺不住内心的喜悦，风趣地给"103机"取了这个小名。

　　"103机"的调试成功，标志着我国第一台现代电子计算机的诞生。中国从此"有了"计算机。

"垦荒"：举全院之力

　　新中国成立初期，国内的计算机学科还是一片"荒地"。1946年，我国著名数学家华罗庚在美国访学期间得知，世界上第一台通用数字电子计算机埃尼阿克（ENIAC）在美国宾夕法尼亚大学问世。当时，他在心中就埋下了一颗梦想的种子：中国绝不能失去研究计算机的大好机会，要在中国研制出计算机，实现中国的"计算自由"。

　　1950年，华罗庚回国，1951年担任中国科学院数学研究所（简称数学所）①所长。开展电子计算机的研制工作一直是他念念不忘的事。为此，1952年，华罗庚从清华大学物色了闵乃大、夏培肃、王传英3位才华横溢的青年学者，组

工作人员在操作"103机"

---

① 1998年12月，中国科学院数学研究所、应用数学研究所、系统科学研究所和计算数学与科学工程计算研究所4个研究所整合成立中国科学院数学与系统科学研究院。

"103机"的部分研制人员

建了一支年轻的"开垦队",开启了艰苦的计算机研制之旅。从设计基本电路到写出规划报告,每一步都是跨越未知的探索。

就这样,科学巨匠的真知灼见,让中国人的"计算机之梦"开始在中国科学院生根、发芽。

困难远超想象。尽管数学所对计算机小组的工作给予了很大支持,但随着技术路线的确定,困难也随之出现。当时的数学所,不仅缺乏技术积累,就连管理器材的部门和人员也没有,要开展电子线路试验,实在是太困难了。计算机小组发现,研制一台计算机不仅需要数学、电子学和物理学等多个学科知识,还需要将这些理论知识转化为技术,让工程师去实施。然而,他们所在的数学所缺乏懂电子学的人才和开展电路试验的基础条件。这项工作由此进入瓶颈期。

幸而,中国科学院的建制化优势能够为实现这个目标提供良好的支撑条件和组织保障。1953年冬天,为了把院内稀缺的电子学人才、经费和仪器设备集中在一起,中国科学院决定举全院之力,将院属各单位电子学方面的人员暂时统一安排到中国科学院物理研究所(简称物理所)开展工作。随后,队伍大幅壮大的计算机小组搬进了"中关村第一楼"——原子能楼里工作。在全院科研力量的加持下,计算机小组的电子学试验取得了重要进展,示波管储存器和基本逻辑电路试验都取得了成功。如今,许多学者认为这些工作为"103机"的成功研制打下了坚实的技术基础。

集结:会聚全国英才

1956年,周恩来总理亲自主持制定了《十二年科技规划》。其中,"计算技术的建立"被列为57项重大科技任务之一。计算技术、半导体、自动化技术、无线电电子学作为"四项紧急措施",更是重中之重。

国家层面的组织行动为中国人追逐"计算机之梦"注入了强劲动力。中国科学院有组织、成系统地开展攻关的优势则为"科学技术为国家建设服务"找到了具体的实现方式。

1956年,计算所筹备委员会成立。华罗庚担任筹备委员会主任;阎沛霖担任副主任,后被任命为第一任所长。

当时的筹备委员会办公室主任何绍宗回忆到,1956年6月19日,华罗庚主持召开了计算所筹备委员会的第一次会议。会议落实"先集中,后分散"的原则,宣布将中国科学院此前在物理所和数学所布局的工作小组的20多人都划归计算所。

此后，筹备委员会陆续从中国科学院其他研究所、总参三部、二机部和一些高校抽调了一批专业人才，计算所研究员张伟就是其中之一。他和夫人于桂芝在1954年大学毕业后，曾在苏联建设成就展览馆为计算机专家做过两年翻译工作。

张伟回忆到，1956年8月中旬的一天，他突然接到调令，让他尽快到中国科学院报到。一开始，他并不清楚到中国科学院做什么工作，直到8月20日报到当天才得知，中国科学院刚刚开始筹建中国第一个计算技术研究所，他被分配到计算所工作了。

"那时，中国没有一位计算技术专业出身的科技人员，我们都是从无线电、通信等和计算机相近的专业转过来的。"张伟说道。

新成立的计算所集结了包括张伟在内的全国有志之士，他们从此在这条大有可为的科学赛道上携手前行。到1956年底，计算所已有314位工作人员，其中研究技术人员185人，占总人数的一半以上。计算所组建了3个研究室，分别为计算机整机研究室、元件室和计算数学室。

直到2001年计算所成立45周年之际，已经90岁高龄的阎沛霖仍然深深怀念着那段时光。"有很多事至今记忆犹新。"他在《计算所初创时期的几点回忆》一文中写道，"大家来到计算所，工作不分彼此，拧成一股劲，同心协力，为开创我国计算机事业同舟共济，艰苦奋斗。"

目标：瞄准 M-3

踌躇满志地踏上追逐计算机梦想之路、意气风发的中国科学家们的心中萌生了一个问题：当时距离世界上第一台电子计算机研制成功已经过去10年，他们是尽快迎头赶上，还是一切从头开始？

面对现实，脚踏实地。大家一致的意见是，先学习并掌握苏联已有的技术，在此基础上根据我国的具体条件，开展自己的研究工作。于是，计算所筹备委员会提出"先仿制后创新，仿制为了创新"的思路，目的是尽快掌握整机技术。

1956年9月，我国派出高级专家考察团，全面深入地考察了苏联计算机的研究开发、生产制造、教学、应用及相关技术。在两个多月的时间里，考察团分别对莫斯科、圣彼得堡两地的计算技术的科研、生产和教育进行了观摩和学习，并重点学习了M-20计算机。何绍宗回忆道："通过那次考察与学习，我们受益匪浅。"但中国科学家在回国以后了解到，M-20计算机的调试不太顺利。鉴于此，计算所筹备委员会认为仿制其他已经成熟的计算机更加稳妥。于是，M-3小型计算机走进了他们的视野。

1957年4月，何绍宗作为中国科学院院长郭沫若的代表，拜访了苏联科学院，并获得了相关的图纸资料。同年11月底，正在通信兵部从事科研工作的张梓昌接到调令，让他参与M-3计算机仿制任务，第二天即去计算所报到。

计算所在租用的西苑旅社客房里宣布M-3工程组成立，由莫根生担任组长，张梓昌担任副组长，研制工作很快展开。由于客房里不能做实验，大家只好先集中精力学习资料。直到1958年1月下旬计算所在中关村的科研楼落成，科研人员才有机会真正干起来。

在张梓昌的记忆里，那是一段难忘的热闹时光。"大家情绪高涨，迅速建立了实验室，一边消化资料，一边进行必要的实验。"他在一篇文章中写道。同时，来自全国各地、各单位的科研人员陆续会集到计算所，"来去匆匆，川流不息"。

为了更加有序地开展研制工作，M-3工程组内部分设了电源小组、运算器小组、控制器小组、磁鼓小组及输入输出小组。5个小组既各司其职，又环环相扣。"从各单位来的人，无论年龄大小、资历深浅和协作时间长短，都在一起摸爬滚打，组内气氛是人与人真诚相处，没有隔阂。"张梓昌说道。

仿制：仍然是从"0"开始

M-3机作为第一代通用数字电子计算机，大约使用了800个电子管、2000个氧化铜二极管、10 000个阻容元件。这些部件被分装成400个插件插入3个机柜中。其中，主机是特宽型的，全机约有10 000个接触点和50 000个焊接点。用磁鼓做的内存容量为1024字，字长32位，运算速度为每秒30次；后改用磁芯作为内存，运算速度提升至每秒2500次。

要想仿制出这样一个复杂的电子"大脑"，光靠图纸和资料远远不够。中国科学家按照苏联提供的图纸亲身实践后，种种技术问题浮出水面，研制工作仍然需要从"0"开始。

例如，对张梓昌而言，整机逻辑就是一个新问题。"虽然以前也读过一些计算机方面的文献，但总觉得语焉不详。"他说道。又如，工作人员经过测试发现，以氧化铜二极管为主要逻辑元件会导致计算机的参数不稳定，多片叠成还会带来明显的安全隐患，并且响应速度太慢，与其他电路不匹配，应改用晶体二极管。对此，科研人员经过分析研究，对苏联的图纸进行了改良。

到了生产环节，由于苏联M-3机资料中没有关于生产工艺的文件，需要攻克的难关就更多了。试制生产工作由738厂（北京有线电厂）承担协作，遇到的一个大难题是磁鼓鼓体表面磁性介质工艺的实现。鼓体的光洁度必须达到最高的12级，才能保证装配后的鼓体安全运行，任何"百分之一"的小麻点都意味着"百分之百"的失败。面对严苛的标准，厂里的老工程师、技术员几经讨论，最终凭借老工人丰富的经验和手感等过硬的功夫实现了"百分之百"的成功。为实现电镀镍钴合金磁介质光滑均匀，表面处理实验室主任蒋宇侨日夜攻读外文资料，归纳出一个确保均匀光滑的滚镀法电镀工艺，达到了技术要求。

时不我待！为了让我国第一台计算机尽早"出世"，计算所召开了"打擂台"大会，各个室组之间争相挑战，时间表一次又一次被提前，原定于1958年6月底完成"103机"试制的计划被往前调整了一个月。

然而，到5月下旬第一台"103机"进入机柜内插件底板连线焊接阶段后，技术人员才意识到，如果按照最初设定的接线工艺，他们无法按时完成5月底交付的目标。关关难过关关过。作为技术员跟班生产的夏纪寅和738厂计算机技术科电路室主任钱基广"急中生智"，请熟练工人采取交换机总装

《人民日报》关于"103机"的报道

车间的扎缆型工艺，终于在5月31日凌晨2点全部完工，并经过通铃检查证明连线焊接全部正确。这一创新不仅解决了当时的研制问题，更为后续的生产积累了宝贵经验。

同年7月底，"103机"完成调机，比原计划提前了5个月。最后，科研团队于八一建军节当天试算成功，代表科技界完成了献礼，并将"103机"命名为"八一型"计算机。

"我国计算技术不再是空白学科。""103机"宣告调试成功后，《人民日报》在报道中如此写道。

此后，科研人员为进一步完善和提高"103机"的性能，又自主研制出比初始样机容量扩大1倍的磁芯储存器样机，命名为CX-1型磁芯存储器。这个零部件的创新让"103机"的运算速度从每秒30次提高到每秒上千次，配型后被命名为DJS-1型电子计算机。根据历史资料记载，从1958年起，"103机"迭代更新了DJS-1机、DJS-3机两代电子计算机，并先后生产了40多台，供全国用户单位使用。直到1966年2月晶体管计算机上马，我国第一代电子管计算机的生产才画上了句号。

"实践证明，'103机'的仿制过程，不但培养锻炼了一大批科技人员，而且将试验研究基地、生产制造基地以及配套部门全部带动起来了。"阎沛霖总结道。以今天的计算机技术来看，"103机"的结构简单，性能很低。然而，站在历史的角度看，"103机"实现了从无到有的突破。从试制到生产，是一段梦想和奋斗交织的路程，也是一个关键且重要的起点。虽然亲历者现在大多已经离我们而去，但他们艰苦奋斗的光辉岁月将永载史册。

"103机"的诞生深深地激发了科研人员的创新热情和奋斗精神。从20世纪60年代起，中国科学院的科研人员连续攻克了电子管、晶体管、集成电路、超大规模集成电路的种种难关，不断研制出性能更强、速度更快、存储容量更大的计算机，让中国在计算强国的道路上不断前进。

（中国科学报社记者甘晓、实习生李贺撰文；原文发表在《中国科学报》2024年4月1日第4版；文中图片由计算所提供）

红宝石"激发"中国之光

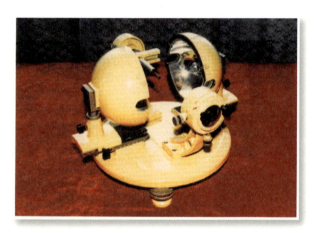

中国首台红宝石激光器　（长春光机所供图）

1961年9月，一束橘红色的亮光从吉林长春发出，照亮了中国的激光史。这束光发射自中国首台红宝石激光器，由光学科学家、中国科学院院士王之江、邓锡铭等研制而成。

这台红宝石激光器可不简单。它诞生于中国科学院光学精密机械研究所^①，只比美国物理学家西奥多·梅曼（Theodore Maiman）研制出世界首台激光器的时间晚了一年，使用了前所未有的创新设计，拥有更优良的性能和更高的效率。

这是属于中国的"光"，凝聚了科研人员的全部心血。在当时经济困难、工业基础薄弱的条件下，中国科学院长春光学精密机械与物理研究所（简称长春光机所）能在较短时间内成功研制出红宝石激光器，创造"中国第一""世界第二"的奇迹，实属不易。

"划时代"的发明

激光是20世纪以来继原子能、计算机和半导体之后的又一重大发明，因其独特属性而被广泛应用于诸多领域，如医学中激光近视手术等高精度、微创治疗方法，制造业中激光打标、切割与焊接三大技术，通信领域的激光光纤通信技术，以及国防中的激光制导武器、激光雷达与激光防御系统等，被称为"最亮的光""最准的尺""最快的刀"。

对于激光在人类科技发展史上的意义，王之江曾评价道："在20世纪的100年里，光学的发展经历了名副其实的飞跃，其中激光的发明起了划时代的作用。"

---

① 中国科学院长春光学精密机械与物理研究所的前身之一。

　　获得如此重要的激光，实属不易，因为它并不是自然界发出的光，而是通过"受激辐射"放大的光。激光的理论基础是阿尔伯特·爱因斯坦（Albert Einstein）在1917年提出的"受激辐射"理论，即原子在受到外部能量激发时可以发出光，并且这种光是相干的。

　　1958年，美国物理学家查尔斯·汤斯（Charles Townes）和阿瑟·肖洛（Arthur Schawlow）在《物理评论》（Physical Review）上共同发表论文《红外和光量子放大器》，提出第一个实际激光器的概念，预言了激光的可行性。

　　论文发表后，全球竞争分外激烈，许多国家的研究者都试图第一个做出激光器。

　　群雄逐鹿之下，中国科学家也不甘人后。当时，长春光机所的王之江、王乃弘、顾去吾等一批年轻科研人员已经察觉到经典光学的若干定律严重限制光学技术的应用，产生了打破经典光学定律、改革光源的创新物理思想。这些思想与《红外和光量子放大器》中的研究结论不谋而合。

　　在读到汤斯和肖洛的论文后，王之江等马上领悟到其精华。他们意识到，光激射器（后称激光器）的诞生具有划时代的革命意义——经典光学若干定律的限制被突破，相干性光波的产生和应用也有广阔的前景。他们当即决定，探索激光这个重要的新研究领域。

　　然而，当时的中国与英国、美国等发达国家几乎没有交流，只能通过一些国外学术刊物了解世界科技前沿。中国科学院电子学研究所[①]的黄武汉了解到国外微波量子放大器的研究信息，率先在国内开始了红宝石微波量子放大器的研制工作，并在1959年底做出了液氮温度下的10厘米波段和3厘米波段的量子放大器。

　　在黄武汉成果的启发之下，王之江、邓锡铭等开始研发光量子放大器，但当时这并不是他们的主要工作。于是，风华正茂的他们利用业余时间，在没有经费支持的情况下开展了自主研究。

　　1960年5月，梅曼在美国贝尔实验室制造出世界上首台激光器。该成果一经发布就令世界瞩目，也给了长春光机所的研究人员巨大鼓舞。因为当时世界上许多科学家都认为，应该使用气体物质作为激发介质，而梅曼制造出的红宝石激光器让大家看到了红宝石作为激发介质的可行性。

　　中国科学院长春分院分党组书记、院长金宏说道："首台激光器出现之后，王之江等给所领导写了一封信，他们的工作得到时任所长王大珩的高度重视与大力支持。1960年底，王之江等很快制定了产生红外激光的实验方案，可见他们的科学功底及对这个问题把握之深。这份手写的方案现在还保留在长春光机所的图书馆中。"

---

①　2019年4月，中国科学院空天信息创新研究院在中国科学院电子学研究所、遥感与数字地球研究所、光电研究院的基础上整合组建。

刻苦攻坚，砥砺前行

尽快做出红宝石激光器，对于当时长春光机所的研究人员来说，既是难得的机会，又是艰难的挑战。

由于新中国工业基础薄弱，国内能够提供的现成材料很少。例如，当时国外市场上很容易买到的脉冲氙灯，在国内却没有能够生产的厂家，所以王之江等只能从头开始设计制作红宝石激光器所需的脉冲氙灯。又如，当时国产红宝石在均匀性、透射率、散射颗粒等方面与国外红宝石的质量差距较大，不能满足光学要求，需要研究人员进一步改进技术。此外，长春光机所的研究人员没有无线电学科背景，并不熟悉谐振腔理论，在设计谐振腔时需要从头学起。

时任长春光机所研究部副主任的邓锡铭这样描述研制激光器时的条件："尽管我们不是世界上第一次尝试，但除了一两篇原理性的文章之外，当时只看到过一两篇新闻报道。要在我们自己的实验技术基础上把一种全新的设想变为现实，确实是不容易的。"

当时30岁的邓锡铭已到长春光机所工作8年，他下定决心要做出中国自己的激光器。于是，他利用业余时间学习大量与激光相关的知识，不分寒暑，废寝忘食，和王之江一起组织和参与中国第一台激光器研究。邓锡铭从小善于思考，动手能力极强，对物理学有着浓厚的兴趣与极强的直觉，1952年大学毕业后就立志终生从事光学研究。

与邓锡铭同年出生的王之江也是在1952年到长春光机所工作的，他还参与了中国科学院仪器馆[①]的创办。他们见证了老一辈科学家艰苦创业的精神，也把这种精神切实带到了工作中。

王之江在领导研制红宝石激光器之前，已经完成大量国家急需光学仪器的设计，并在1958～1959年开设了两期光学设计培训班，为中国培养了大批光学人才。他本人也积累了丰富的领导和实践经验。

王之江和邓锡铭带领团队，在红宝石激光器的研制工作中进行了3处结构上的技术创新，分别是直管状脉冲氙灯、球形成像照明器及内有聚焦装置的谐振腔。这些创新使我国研发的红宝石激光器比美国梅曼制造的红宝石激光器效率更高，相关工艺在此后的激光领域沿用了几十年。

首先是直管状脉冲氙灯设计。梅曼制造的红宝石激光器使用的是螺旋状氙灯，而王之江等在重新设计时根据所掌握的光学规律对氙灯做了改进。"国外使用的螺旋状氙灯实际并不科学，我们研究发现，灯的有用尺寸不能超过宝石棒，因此我们制作了直管状的脉冲氙灯。"王之江说道。在氙灯的制作过程中，科研人员还遇到了氙灯钨极与石英间的封接难题及氙气的供应难题。长春光机所的技术人员杜继禄凭借高超的技巧吹制了20多种过渡玻璃，

---

① 长春光机所的前身之一。

完成了对高功率石英管壁钨电极脉冲氙灯的封接，其创立的工艺被国内激光领域沿用几十年。而氙灯所用的几瓶氙气，则是由一位采购员走遍大半个中国，在一家不知名灯泡厂的库房中找到的解放前的库存。

其次是设计出球形成像照明器。当时，梅曼的椭圆漫射照明器在国外很流行，王之江却根据光学的基本原理分析得知，球形照明系统比椭圆照明系统更有效率，成像照明也比漫射照明更有效率。中国是世界上首次采用球形成像照明器的国家，这种设计的激发效率比梅曼的高。

最后是内有聚焦装置的谐振腔，这是针对国产红宝石晶体的缺陷进行的创新。长春光机所的研究人员一开始学习了汤斯和肖洛的平行平板反射谐振腔理论，但在后续试验中发现，国产红宝石缺陷导致谐振腔中的波形数估计值误差很大。因此，他们将宝石加工成两面不平行的不规则形状，并用冷阴极溅射法使宝石棒的一端全镀银，另一端镀银面的透射率在2%～15%。

1961年9月，中国第一台红宝石激光器诞生并成功实现激光输出。这是实至名归的"中国第一""世界第二"——比美国仅晚了一年多，比苏联造出的第一台早两个月。

王之江在谈及这台红宝石激光器的研制时，将成功的原因归结为三点——长春光机所的早期发展奠定了所需的技术基础；年轻科技人才学术水平的迅速提高奠定了所需的人才基础；国外研究的启发和中国学者创新精神的融合加快了研究进程。

中国之"光"，蒸蒸日上

红宝石激光器的诞生对我国科技领域具有重大意义。《中国科学院编年史》中写道："它的研制成功，在中国开辟了一个全新的研究领域。"

红宝石激光器对经济发展的意义也不可小觑。作为重要的支撑技术，自红宝石激光器研制成功后，各类激光器（如气体激光器、半导体激光器、化学激光器、固体激光器等）及其相关技术有如雨后春笋般竞相涌现。经过多年发展，激光产业已成为国民经济的重要组成部分。

随着国际和国内激光技术的应用与快速发展，1964年5月，中国科学院光学精密机械研究所上海分所[①]成立。中国科学院上海光学精密机械研究所（简称上海光机所）是世界上第一个专门从事激光研究的研究所，自此，中国的激光事业"开枝散叶"。王之江也以其敏锐的科学"嗅觉"继续为激光事业作出贡献。他始终站在激光科学技术的最前沿，密切关注世界激光科技发展的最新动态，及时组织力量进行跟踪和追赶，努力使我国在激光科技上的研究水平跟上国际发展的潮流。

---

① 中国科学院上海光学精密机械研究所的前身。

20 世纪 60 年代的上海光机所 　（上海光机所供图）

汤斯夫妇（左一和左二）参观长春光机所
（长春光机所供图）

　　上海光机所成立后，王之江担任该所固体激光器研究室主任，开展激光物理、激光单元技术和总体装置的研究。他和同事选定钕玻璃作为重要工作物质，通过提高效率和扩大规模提高其输出功率；通过多种措施改善方向性，使其成为高亮度器件。他们试制成的钕玻璃激光器达到国际先进水平。邓锡铭则牵头激光核聚变研究，开拓、发展高功率激光驱动器，建成我国最大的"神光"激光装置，并利用它在惯性约束聚变、X射线激光等高科技前沿领域取得了一系列重大研究成果。

　　时光飞逝，悄然间，中国之"光"，蒸蒸日上。2005年，国际光学委员会（International Commission for Optics，ICO）大会首次在中国举办。彼时，王大珩已92岁高龄，受邀来长春参会的汤斯也已92岁。在那次ICO大会上，两位老人都作了近两个小时的学术报告。汤斯对中国的第一台激光器十分赞赏，他说："你们这个比梅曼那台效率要高得多。"

　　正是多年前诞生在中国科学院的那台红宝石激光器发出的明亮光束，照亮了中国激光事业发展与研究人员的前行之路。金宏评价道："在起步阶段，我国的激光技术发展迅速，无论数量还是质量，都与当时的国际水平接近。一项创新性技术能够如此迅速地进入世界先进行列，在我国近代科技发展史上并不多见。"

　　中国激光事业的蓬勃发展，是一代又一代科学家和工程师默默耕耘的结晶。他们肩负起时代使命，敢于创新、勇于探索，将激光技术的辉煌发展成就化为国家实力的象征。

　　今日的中国，正站在科技创新的前沿。红宝石激光器"激发"中国之光，照亮中国梦的辉煌征程。

（中国科学报社记者王兆昱撰文；原文发表在
《中国科学报》2024年9月11日第4版）

自力更生，"从 0 到 1"
——中国第一块集成电路诞生记

王守觉12岁那年，抗日战争全面爆发。他目睹盘旋在苏州上空的日本飞机飞得很低，用机枪向下扫射。由于当时制造技术落后，我方高射炮极度短缺，也没有飞机，只能干着急。

那是他第一次真切体会到"落后就要挨打"的滋味。

"产业报国、自力更生！"从小萌发的志向和抱负，让王守觉在我国集成电路事业的初创期披荆斩棘，成为中国半导体器件与微电子技术研究的开拓者之一。

20世纪60年代，在刚刚起步的中国科学院半导体研究所（简称半导体所），王守觉和他的哥哥王守武等带领团队制成中国第一个（批）硅平面型晶体管和中国第一块（批）集成电路，直接支撑服务了"两弹一星"功勋计算机"109丙机"的研制。

顺着这具有历史意义的一步回望，我们可以清楚地看到，中国科学家从一开始就为祖国的事业发展注入了自立自强的基因。

那是一段"风霜雪雨搏激流"的峥嵘岁月。

中国半导体科学技术的原始积累

1950年，刚成立不久的新中国百业待兴。此时，我国在半导体科学技术领域的积累近乎为零。

这一年，25岁的王守觉没有跟随暂设在上海的研究单位迁回北京，而是重新开始找工作。大他6岁的三哥、刚刚在美国普渡大学获得博士学位并获得留校任教资格的王守武，也携妻带女搭乘"威尔逊总统号"邮轮，从旧金山出发经香港回到内地。

1950年底，王守武受聘于中国科学院应用物理研究所（简称应用物理所）[①]，并从一次偶然的修理氧化亚铜整流器开始，逐渐进入半导体研究领域。

---

① 现中国科学院物理研究所。

应用物理所半导体研究室一角

在王守武之后，黄昆、汤定元、洪朝生、谢希德、成众志、高鼎三、林兰英、黄敞、吴锡九……一大批海外科学家陆续回国。正是他们的接续奉献，奏响了我国半导体器件与微电子技术事业自力更生的序曲。

他们之中，黄昆、王守武、汤定元、洪朝生4个人回国时间较早且时间接近，都是在1950～1951年先后回国的，也是最早关注并身体力行从事半导体科学技术研究的。

自1953年起，他们4个人在半导体研究方面的讨论逐渐多了起来。当时，国外的半导体研究有了较快发展。1954年，商品晶体管出现。但是，当时以"巴黎统筹委员会"成员为首的西方国家对我国严密封锁，我国无法直接进口这些产品或相应的材料。

在他们4个人看来，如果不改变这种局面，就很可能耽误我国半导体事业的发展。1954年下半年，黄昆、王守武、汤定元、洪朝生每周会抽出一个下午的时间专门研讨如何发展我国的半导体科学技术。由于王守武、汤定元、洪朝生3个人当时都在应用物理所工作，因此当时在北京大学工作的黄昆每次都得从中关村骑自行车到位于东皇城根的应用物理所参加讨论会。

他们一起合作翻译了苏联半导体权威学者A.F.约飞的《近代物理学中的半导体》一书，并于1955年由科学出版社出版。1955年上半年，北京大学物理系开设"半导体物理学"课程，由他们4个人合作讲课。

为了引起国内对半导体的重视，他们还筹划召开一次"全国半导体物理学讨论会"。出于各种原因，这次会议直到1956年1月30日至2月4日才在北京召开。没想到，会期推迟也为此次会议产生更重大的影响埋下了伏笔。

"四大紧急措施"之一

1956年，新中国吹响了"向科学进军"的号角。

"要在第三个五年计划期末使我国最急需的科学部门接近世界先进水平。"1956年1月，周恩来总理在作《关于知识分子问题的报告》时这样疾呼。烈火中淬炼出的新中国，第一次如此迫切地拥抱前沿科学。

在不到3个月的时间里，全国上千位科学家在北京集结，共同制定《1956—1967年科学技术发展远景规划纲要》。8月，《1956—1967年科学技术发展远景规划纲要（修正草案）》编定，提出"发展计算技术、半导体技术、无线电电子学、自动学和远距离操纵技术的紧急措施方案"，这四项"紧急措施"的具体任务均由中国科学院承担。

中国科学院经过和有关部门协商，决定筹建专门的研究机构，分别开展4个新科学技术领域的研究，其中包括在应用物理所成立半导体研究室[①]。

筹建计划上报一周后，时任国务院副总理陈毅就作出批示："同意办。"

"向科学进军"的号召发出后，全国上下对半导体事业的发展倍加重视和关注。王守武等发起的"全国半导体物理学讨论会"，吸引了产业界代表、高校学者及无线电和电子学等方面的科技工作者，影响远远超出预期。

来自不同领域的专家学者通过广泛接触，建立了联系、交流了想法，为日后的合作创造了条件。

在这次会议上，王守武作了题为"半导体整流器"的报告。会议筹备期间，两位旅美科学家——高鼎三和成众志回国。他们在美国从事半导体相关研究，对半导体科学技术的应用更是洞若观火。他们在大会上报告了半导体相关器件和技术在海外的研究及应用情况，这对于刚刚起步、正在摸索中的中国半导体科学研究来说十分宝贵。

"这次半导体物理学讨论会的召开是甚为及时的。"中国物理学会理事长周培源在会议报告的"序言"中写道，"半导体物理学讨论会的举行，正好为制定这项任务[②]的规划做好准备工作。"

1956年8月，我国第一个专门的半导体研究机构——应用物理所半导体研究室成立，负责人是王守武。

不可或缺的一块"拼图"

1956年底，中国科学院派出以严济慈为团长的考察团，前往苏联考察学习半导体方面的工作。苏联的半导体研究工作始于1930年前后，当时已在多个方面处于世界领先地位。

此次考察十分顺利。王守武、洪朝生、成众志等9个人分成4个考察小组考察参观了8个研究所、1个实验室、4个工厂和5所高校，收获颇丰。他们不仅有了对半导体材料和器件制作的初步认识，还在我国发展半导体科学技术方面形成了切实的计划。

在考察中，大家虽然看到了苏联在半导体科学技术各个方面的成果，但是并没有转向完

---

① 半导体所的前身。
② 指《1956—1967年科学技术发展远景规划纲要》中有关半导体技术的建立的任务。

王守觉在调试设备

全依赖苏联的技术支持，并否决了苏联专家提出的"中国可以不必做半导体材料""不要把硅材料和器件的研制列入规划"等建议。

王守觉没有参加这次考察。1956年，他刚从上海调回中国科学院，到应用物理所半导体研究室工作。

基于过往的工作经历和成绩，应用物理所给他定职高级工程师，级别与副研究员相当。

1949～1956年，王守觉在同济大学毕业后的几年里两易工作，从做研究到在生产单位做设计，已经成长为一个视野开阔、经验丰富的杰出工程技术人员。他先后被评为上海市劳动模范和全国先进工作者。

多次工作调动的经历，对王守觉来说并非坏事。

"每次工作调动中，我都付出极大努力以适应新工作的需要。这些努力是否都白白浪费了呢？不，几次调动在知识面广度上打下的基础，都为我深入后来的研究工作创造了非常有利的条件。"王守觉说道。在他看来，对一个科学问题的深入研究，涉及的知识面往往越来越广，而科学知识面的广度往往是保证深度的必要条件。

实践证明了他的观点。王守觉正是凭借广阔的知识面与注重独立思考和创新、注重动手实践的特点，在中国第一块集成电路上刻下了自己的名字，成为我国半导体器件与微电子技术发展事业中"一块不可或缺的拼图"。

在"学科带任务"中大放异彩

被调入应用物理所半导体研究室的王守觉，在中国科学院对半导体技术"原始积累"的基础上逐步"武装"自己。

不久后，王守觉加入半导体器件研制的主攻方向中，任半导体高频晶体管课题组组长。那时的他只有31岁。

王守觉有其过人之处。半导体器件物理学家陈星弼曾在半导体研究室进修，当时就在王守觉的手下工作。据他回忆，王守觉的实验经验、动手能力"不是一般人能想象的"。他还记得，当时办公室的门打开后总是关不好，王守觉一出手就关好了；一块锡，王守觉用牙

"嘎巴"一咬，听声音就能判断是不是纯锡。

在王守觉的学生石寅眼中，他的老师超级睿智，有极强的学习能力、超强的记忆力和极强的自信心，而且比常人要聪明得多，很多知识都是自学的，较少记笔记，听过、看过就记住了。

1957年9月，王守觉接到赴苏联科学院学习的任务。在赴苏的短短半年里，他辗转位于不同城市的4个研究所，白天虚心请教，晚上消化吸收，很快就对半导体电子学器件的设计、制作和性能测试有了深刻认识。其间，他还因提出关键性建议被列为一篇论文的第二作者。

结束学习回国后，有了一定半导体知识积累的王守觉逐渐在研究室"学科带任务"的科研工作中大放异彩。

1958年，一项与我国第二代电子计算机息息相关的重要任务落在了王守觉的肩上。

当时，半导体研究室已在王守武等的组织下成功拉制出我国首根锗单晶、制备出我国第一个（批）锗合金结晶体管。但这种晶体管的性能还不能满足当时国家研制晶体管化电子计算机的需要。

王守觉受命研制的合金扩散晶体管是一款比锗合金结晶体管优越得多的半导体器件，截止频率比后者提高100倍，能够满足当时国家研制晶体管化电子计算机"109乙机"的急需。

仅用不到半年的时间，王守觉就带领团队破解了新型锗晶体管制备热处理过程中的精确调控、多元金属均匀性与配比控制等一系列难题，并于1958年9月成功研制出我国第一个锗合金扩散高频晶体管。

然而，这类晶体管的批量生产更难。为了配合"109乙机"的研制需要，应用物理所于当年组建了109厂[①]，专门生产"109乙机"所需的晶体管。但在建厂初期，技术工人很少，批量生产设备缺乏。王守觉就带领研究人员手把手地教工人每个生产环节的工艺，在109厂试产。

由于初期完全依靠手工操作，晶体管的生产进度缓慢。王守觉在带领工人试产的过程中研制出用于批量生产晶体管的设备，解了燃眉之急。

他的动手能力和勇于创新的优势，在这套设备的研制中得到充分体现。与王守觉在半导体研究室共事过的吴锡九在《回归》一书中写道："在当时国内技术基础十分薄弱的状况下，能够研制出设备，保证高效能晶体管的生产，确实是非常不易和甚为及时的。在这方面，是王守觉带领着团队为'109乙机'的研制作出了重大贡献。"

1965年，"109乙机"通过国家鉴定，成为我国第一台全部采用国产元件的大型晶体管通用数字计算机，为我国国防事业发展提供了有力的计算工具。

---

① 中国科学院微电子研究所的前身。

用双手在封锁和禁运中创造一切

1960年初，美国研制出"硅平面型晶体管"的消息传来。

在此之前，半导体材料科学家、宾夕法尼亚大学第一位女博士林兰英于1957年4月冲破阻挠回国并加入应用物理所，我国硅单晶拉制的研究工作大大加快。1958年国庆前夜，中国第一根硅单晶在应用物理所拉制成功。后来在中国科学院的安排下，应用物理所半导体研究室扩建为中国科学院半导体研究所，并将硅工艺的研究与硅晶体管的试制作为新的攻关方向。

在这个节骨眼上，国际形势风云突变，我国科技、经济等多个领域同时陷入中苏交恶与西方禁运的双重封锁和冲击之中。

彼时，我国科技人员只能从公开发表的学术论文中了解国际上在开展哪些研究，至于相关研究到了什么水平、具体工艺如何则不得而知了。

自力更生、艰苦创业成为我国半导体和电子科学事业开拓者们唯一的道路。

美国在硅晶体管方面的进展很快引起了王守觉的关注。此时，他已从锗器件研制转入硅工艺研究，但他领导的小组还是沿袭过去研究锗工艺的方案，采用双扩散台面工艺方案研制硅器件。然而，这种工艺的固有缺陷导致小组苦战一年未能取得实质性突破。

"要立即集中研究室力量投入对硅平面工艺的探索！"有着敏锐观察力的王守觉说道。他果断舍弃了已取得一定成果的硅台面工艺，带领团队转攻硅平面工艺，向高性能、小型化的硅器件发起"冲锋"。

此时，我国相关单位正因研制"两弹一星"所需的计算机在寻找到更高性能的半导体元器件。

王守觉深感这正是团队要啃下的"硬骨头"，毅然向这项重大任务发起了挑战。

"当时是签了合同的。半导体所必须按照人家给定的要求研制各类硅器件。"石寅说道。他觉得，在那种必须成功的情况下敢于揭榜挂帅，是需要超出十分的胆量和担当的，而王守觉就是这样的人。

硅平面型晶体管的研制成了半导体所的"一号任务"。当时主抓全所业务的副所长王守武也经常深入研究一线。遇到技术难关时，大家常会看到"大王小王齐上阵""全组上下一起干"的场面。

1961～1962年，国家给半导体所二室分配了40多名留学生和国内高校毕业生，补充新鲜血液。在王守觉等的组织下，他们建立了横向、纵向结合的研究队伍。横向小组主攻工艺问题，纵向小组主攻器件设计。

后来证明，这种纵横交叉、密切配合的组织形式十分有效。

"当时全体同志在王守觉先生领导下日夜团结奋战的情景，至今历历在目，记忆犹新。"吴德馨回忆道。她是清华大学第一批半导体专业学生，毕业后被分配至半导体所工作，跟随王守觉从事高速开关晶体管研制。

尽管已经过去半个多世纪，但每每回忆起那段时光，她总是感慨万千。

她说道："当年，我们一无资料，二无图纸，实验设备也是一穷二白，国家物资供应极度匮乏，但人们的精神却非常充实。"

在她的记忆中，面对重重难关，王守觉都能以自己的勇气和智慧创造性地攻克，带领大家披荆斩棘、一步步走向成功。比如，在攻克"光刻"这一难关时，国内当时根本没有光刻机，王守觉因陋就简，巧妙地用两台显微镜再加上一个紫外曝光灯搭建了一台"土光刻机"。

就这样，大家闯过一个又一个难关。1963年底，研究团队研制出第一批超小型硅平面高速开关管和高频晶体管的样管，样管的体积只有火柴头那么大。1964年进一步改进后，它更是小如芝麻，被称为"芝麻管"。

中国人自己的硅平面工艺晶体管研制成功了。

硅平面晶体管的成功振奋了国内产业界。国产光刻胶、器件封装材料、扩散炉、光刻机、压焊机、真空镀膜设备、晶体管测量仪等材料设备如雨后春笋般涌现出来，为硅产业服务的材料和设备制造业随之兴起。

1964年4月，半导体所提交的5种硅平面器件通过鉴定，顺利验收。1967年7月，已调整为半导体所下属机构的109厂完成了"两弹一星"任务功勋计算机"109丙机"[1]所需所有硅晶体管的生产任务。

时任中国科学院党组书记、副院长张劲夫后来在《请历史记住他们——关于中国科学院与"两弹一星"》的文章中写道："第二代计算机出来了，晶体管的，科学院半导体所搞的。从美国回来搞半导体材料的林兰英和科学家王守武、工程师王守觉两兄弟，是他们做的工作。第二代计算机，每秒数十万次，为氢弹的研制作了贡献。"[2]

黄昆、王守武、林兰英、成众志等后来撰

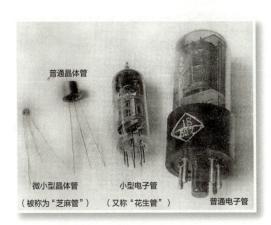

普通晶体管

微小型晶体管
（被称为"芝麻管"）

小型电子管
（又称"花生管"）

普通电子管

半导体所早期研制的硅平面晶体管

---

① 由中国科学院计算技术研究所设计。

② 张劲夫. 张劲夫文选：世纪回顾. 北京：中国财政经济出版社，2000：301-322.

写文章提到，硅平面晶体管的研制成功是"我国电子工业真正大发展和半导体事业发展的转机""为我国半导体器件从小型化进入集成化铺平了道路"。

补上集成电路"临门一脚"

硅平面晶体管技术实现突破后，集成电路只差"临门一脚"。

王守武（左）和王守觉　（摄于 1991 年）

据参与"109乙机"研制的吴锡九回忆，在研制"109乙机"的过程中，调试计算机的运算器、存储器时会遇到可靠性和稳定性问题。

原来，组装计算机需要把大量晶体管、电阻、电容等元器件装在插件板上，之后再将一个个插件板组成运算器和存储器。但是经常出现的情况是，单个组件检测没有什么问题，但组装成机后却不一定能调试成功，即便调试成功也不稳定。

于是大家想，如果能用先进的工艺把浩繁的部件集成为一个整体，那么是不是就能既减少接点，又缩小体积，计算机也能在获得更高的可靠性和稳定性的同时提高性能呢。

这正是集成电路的设计思路，只是更早起步的美国捷足先登了。

1958年9月，美国德州仪器公司的研究人员杰克·基尔比（Jack Kilby）将5个元器件组成的振荡电路焊接在一块微晶体基板上，制成世界上第一块集成电路。数月后，美国仙童半导体公司制成集硅晶体管、硅电阻、硅电容于一体的单片硅集成电路。

集成电路的发明是革命性的。很快，国内也掀起了研究的热潮。

当硅集成电路样品传到王守觉手中时，他便在已掌握的硅平面工艺基础上进行了半导体集成电路的研制。

1964年11月9日，一封不对外公开的《研究工作简报》被送至中国科学院。这份材料显示，半导体所在研制出超小型硅平面晶体管的基础上，于1964年11月制成一块具有6只晶体管、7个电阻、6个电容共19个元件的固体电路样品，大小"比最小的西瓜子还小"，集成规模超过国际上第一块集成电路，与当时的主流商用集成电路相当，并验证了技术可靠性。

不久后，中国科学院上海冶金研究所①和电子工业部②第13研究所等单位也相继在硅集成

---

① 中国科学院上海微系统与信息技术研究所的前身。
② 1998年3月，与邮电部一起组建信息产业部。2008年3月，信息产业部的职责整合划入工业和信息化部。

电路研制上取得突破。

只是，上述内部材料直到2005年1月13日才予以公开。这也意味着，王守觉等的我国第一块集成电路的发明人身份时隔40余年才公之于众。

据半导体所一些科学家回忆，隔年，也就是1965年，王守武、王守觉等的集成电路研究成果受到国家科委高度重视，后者拨款100万元人民币在半导体所修建实验楼（现固体楼），并增配200人开展后续的技术研发。

集成电路的出现是划时代的，其技术发展到今天，已经深入生产生活的方方面面。我国硅平面晶体管和集成电路的研制成功，使得国产电子计算机采用集成电路的时间仅比国外晚了两年。

"落后就要挨打"的教训，让王守武、王守觉这一代有志科学家勇于穿越战火、隐姓埋名，担负起强国的责任和使命。

王守觉常说："中国是发展中国家，只有自力更生才能发展自己、强大祖国。我们聪明智慧的中华民族，为什么科学上总是在学外国的东西？我的梦想就是什么时候能翻身，什么时候能让外国中小学生念中国人写的书。我觉得到那个时候，中国的科学就可以和发达国家平起平坐了。"

（中国科学报社记者赵广立撰文；原文刊发在《中国科学报》2024年3月14日第4版；本文图片由半导体所提供）

东方巨响下的快门：
我国第一台高速摄影机

　　虽已年过九旬，中国科学院西安光学精密机械研究所（简称西安光机所）研究员蒋森林仍然清晰地记得60年前那个初秋的下午。当时，他一动不动地趴在戈壁滩上，一阵热浪袭来，烤得他脊背发烫，紧接着狂风呼啸而过，席卷起的漫天黄沙落满全身。不久，欢呼声响起，他缓缓地抬起头，看到周围的人们跳跃、拥抱，把帽子高高地抛向天空……这一刻，蒋森林明白，试验成功了！

　　这是1964年10月16日的罗布泊，我国第一颗原子弹爆炸成功的现场。

　　"所有人都在庆祝，我的心里却很忐忑。"蒋森林回忆道，"一边为原子弹爆炸试验成功而欣喜若狂，另一边又很担心我们的设备是否完成了任务。"在度过了一生中最漫长、最难挨的2天后，好消息终于传来——西安光机所的两型高速摄影机均拍到图像了！"我当时高兴坏了，不知说什么好，甚至走路都有点摇摇晃晃。"蒋森林说道。这个让世界对中国刮目相看的历史性一刻，也成为西安光机所及与蒋森林一样参与这次任务科研人员职业生涯的"高光时刻"。

生逢其时：接下"天字第一号"任务

　　1956年，毛主席在《论十大关系》中提出："我们要不受人家欺负，就不能没有这个东西（原子弹）。"一场集结全国各方力量打造国之重器的攻关大作战，就此拉开序幕。

　　判断原子弹爆炸是否成功的一个关键判据，就是用科学手段来记录爆炸初期火球的扩展情况，这个手段非高速摄影技术莫属。

　　高速摄影，俗称"慢动作"摄影，即把瞬时高速的动作放慢，从而捕捉到人眼看不见的精彩瞬间，进而揭示底层物理规律，是光机电一体化的复合型高技术，可用于观测武器爆炸、弹道轨迹及核爆炸等高速瞬态过程。

　　为了解决用于核爆试验必需的高速摄影设备和耐辐照光学材料问题，1962年，中国科学院和第二机械工业部决定，在西部地区整合相关优势力量成立中国科学院光学精密机械研究所西安分所①。

至此，我国的高速摄影技术研究正式起航。

"研制高速摄影机的目的很明确，就是为第一次原子弹试爆服务。"蒋森林说道。西安光机所首任所长龚祖同有一句名言："以祖国的需要为我们的方向。"研制我国第一台高速摄影机，就是西安光机所在成立之初的首要任务。西安光机所首任党委书记苏景一也在动员大会上振臂高呼："这是我们所的'天字第一号'任务。为国出力的时候到了，我们砸锅卖铁也要完成！"时至今日，很多西光人仍然因这段振奋人心的话而心情激荡。

20世纪60年代初，苏联专家撤离中国重创了我国的原子弹研制事业。对于初生的西安光机所来说，面对一穷二白的科研条件和极其有限的技术积累，高速摄影设备的研制举步维艰。

高速摄影机，怎么搞？

时任电控课题组组长赵宗尧在他的回忆文章中写道："1963年初，龚祖同所长提出研制'三幅电光快门高速相机'计划，在一次瞬态过程拍摄中获得三幅不同时刻的图像照片，每台相机的曝光时间都要达到1微秒，填补国内高速摄影机空白。"这就是后来广为人知的单片克尔盒高速摄影机。

此外，等效帧频为20万帧的半周等待型转镜高速摄影机（即ZDF-20型高速摄影机）也被列入研究所的"天字第一号"任务。

"克尔盒高速摄影机是微秒量级，拍摄图片画幅更大，但只有4张；ZDF-20型高速摄影机虽然时间分辨率为亚微秒，但可以连续拍数十张照片。"西安光机所研究员陈中仁向记者解释了两种设备的特点。

西安光机所就此开始同步推进单片克尔盒高速摄影机、ZDF-20型高速摄影机的研制工作，准备用"双保险"的方式，以我国第一台高速摄影机之名，奔赴罗布泊，对准原子弹，记录历史性的一瞬。

时间紧迫："各显神通"攻克难关

单片克尔盒高速摄影机研制中的一个难题是解决克尔盒硝基苯提纯和盒体玻璃窗封结问题。这个重任落在了西安光机所研究员侯洵的肩上。

1962年，中国科学院西安原子能研究所并入西安光机所，侯洵也随单位一起来到西安光机所。侯洵后来回忆到，当时龚祖同找到他，希望他从理论研究转向实验研究，以保证"天

---

① 1970年更名为"中国科学院西安光学精密机械研究所"并沿用至今。

字第一号"任务顺利推进。尽管这个转化跨度较大，但侯洵当即表示："做实验就做实验，这是国家需要！"

侯洵的科研生涯是从一穷二白的年代走过来的。由于条件局限，自制实验设备可谓家常便饭。他认为动手能力是科研人员必备的重要技能。"因为只有独特的设备，才能做出创新的工作。"侯洵说道。不久之后，侯洵这种"自己动手"的技能就在攻克克尔盒高速摄影机技术难关中发挥了重要作用。

在解决克尔盒盒体玻璃窗封问题时，为将玻璃片粘在盒体上，科研人员必须使用煤气对其进行热加工。但是，当时西安根本没有煤气，于是侯洵和同事们想出一个"土办法"：他们在内装部分汽油的油桶的桶盖上插入两根管子，一根悬停在汽油液面之上，一根插入汽油之内直至接近底部，管子上端和空气压缩机相联，通过空气压缩机给桶内打气，从液面之上的那根管中出来的气体中就带有汽油气，可以进行燃烧了。

"煤气"配出来了，但设备还需要一个自动控制气压的器件。于是他们又自制了一根内装水银的U形玻璃管，将其装上电极，用管内水银控制电路，进而控制桶内气压。

与此同时，ZDF-20型高速摄影机的研制工作也在紧锣密鼓地进行。西安光机所研究员李育林现已年届90岁高龄，近两年身体状况还不太好，但一听到"ZDF-20"这个词，他的精神马上为之一振，声音也变得洪亮起来。

"没错，ZDF-20就是西安光机所研制的。它的最大特点是采用了类菱形棱镜分光元件和双层四面体棱镜反射扫描结构，组成了半周等待型工作结构。"李育林说道。他略微颤抖的手指在桌面上来回比画，想尽量将ZDF-20的工作原理解释得清晰易懂。

西安光机所在建所之初，为更好地兼顾国家任务研制与研究所发展，采取了"三边"建所方针，即"边科研、边建设、边培干"。李育林就是培干人员之一，主攻光学设计方向。"ZDF-20型高速摄影机的设计对我们来说并不难。"李育林自信地说道。ZDF-20型高速摄影机的研制难题更多地出现在生产制造上。虽然西安光机所自带研制工厂，可是对于生产如此高精尖的光学设备，其制造能力还无法匹配，但任务时间很紧迫，怎么办？最终所里调动多方面资源，经多方联系、全力争取，找到两家代工厂合作，成功地解决了生产制造难题，保障了如期交付使用。

柳暗花明：办法总比困难要多

当蒋森林回忆起当年那段激情燃烧的岁月时，他的思路格外清晰，浓重的江苏口音透露出不容置疑的坚决。他摩挲着手中的资料，将一串串印刻在脑海里的专业术语和数据娓娓道来："克尔盒高速摄影机基于意大利科学家克尔（Kerr）提出的克尔效应原理，通过光电倍增管，吸收原子弹爆炸瞬时产生的强光，并将其转换为电信号，进而控制快门，从而完成高速摄影。"

蒋森林回忆到，除了克尔盒硝基苯提纯和盒体玻璃窗封结工艺，研制克尔盒高速摄影机的另一个难题是快门的触发机制，即产生时长1微秒、电压3万伏的强电场高压脉冲。

如何产生这样连续、高强度、精确的高压脉冲呢？蒋森林和曹文钦等

由克尔盒型、ZDF-20型组成的我国第一台高速摄影机

研究小组成员都一筹莫展。他们尝试去全国各地寻找解决办法，但都无功而返。

正在蒋森林苦恼的时候，一场意外的偶遇却带来了转机。有一天，蒋森林在街上碰到了自己的大学舍友，在聊天中得知舍友所在单位是生产雷达的。"造雷达不就是做高压脉冲吗？我们只要对其进行改造，就可以解决时长1微秒、电压3万伏的强电场高压脉冲难题。这真是天无绝人之路！"蒋森林想道。他马上向苏景一书记汇报了这个想法。后经苏景一和时任中国科学院西北分院副院长华寿俊的努力沟通协调，西安光机所迅速组成5人小组，顺利进驻蒋森林这位大学舍友的工作单位并开始关键技术攻关。

"我们每天早上8点进厂，晚上10点出厂，下班后就在工厂门口的小摊吃一碗汤圆，就这样干了2个多月，终于解决了瞬时高压产生的难题！"蒋森林激动地说道。

科研就是过五关斩六将。忙完这一段，蒋森林以为可以稍微休息了，可谁知更大的难题还在后面。团队回到西安光机所在所里首栋综合科研楼621楼进行总装调试的时候，电干扰出现了。"搞电的人最怕干扰，偏偏又是在进驻试爆基地前这个关键时候。"蒋森林说道。

参与核爆试验的8台克尔盒高速摄影机共配备了13个快门，包括机械快门、克尔快门和爆炸快门。电干扰会使爆炸快门提前打开，这将直接导致摄影机停止工作。

蒋森林和团队开始了抽丝剥茧式的尝试，终于在设备出所前基本解决了电干扰中的线干扰问题。但是在试爆基地实验过程中，场干扰偶尔还会毫无规律地出现。蒋森林和同事们克服心理压力，一次又一次地排除可能造成干扰的风险点，最终保证核爆当天拍摄成功。

光荣时刻：万全准备万无一失

1964年6月初，核爆指挥部的命令下达，历史性的一刻终于到来。两型共10台高速摄影机被运到核爆基地进行最后调试，西安光机所派出蒋森林、赵宗尧、魏顺根、袁祖扬4人一

同到马兰。在这个以戈壁滩常见的马兰草命名的、地图上并不存在的地方，他们将为我国第一次核爆试验"保驾护航"。

试爆原子弹被安放在一百多米高的铁塔上，高速摄影机被布置于铁塔10公里外的工壕内，工壕很坚固，能抗击冲击波与光辐射。工壕内有专门的窗口，供各种测试设备瞄准铁塔顶部，以便在原子弹爆炸时捕捉有关信息。蒋森林等的前期工作就是配合模拟化学爆炸进行拍摄实验。他已记不清进行了多少场化学爆炸试验，他曾说道："我们很重视在化爆中发生的故障，切实排除，绝不放过任何微小疑点。"艰苦枯燥的日子就这样在不知不觉中度过，时间来到了10月16日。

"我们的设备分别被布置在两个工壕内。原子弹爆炸时，它们同时工作，互为备用，以确保拍摄万无一失。"蒋森林介绍道。单片克尔盒高速摄影机的时间分辨率可达微秒级，在爆炸时，它需要在0微秒、40微秒、70微秒和100微秒时各拍一次。戈壁滩干燥，电干扰问题出现得少了，但蒋森林的心里仍然在打鼓。

"这天早上，所有人接到紧急通知：打包所有东西撤离。后来我们被汽车拉到一个陌生的地方，大家下车后都脸朝地面趴下一动不动。"蒋森林回忆道。当时所有人都没说话，但彼此心里都明白，历史性的一刻就要到来了……

15时，中国第一颗原子弹爆炸试验成功。幸运之神也眷顾了西安光机所，两型高速摄影机成功拍摄到了原子弹爆炸初期火球扩展的系列图像（单片克尔盒高速摄影机拍摄到4张照片，ZDF-20型高速摄影机拍摄到62张照片），获得了早期火球表观温度变化和火球半径随时间变化等重要数据，圆满完成了光测任务。

怀抱信念：迈上自立自强之路

核爆试验成功的第二年，以龚祖同为团长的中国代表团受邀参加在瑞士举办的第七届国际高速摄影会议。这是我国首次参与该领域的最高国际学术会议。我国的高速摄影技术的发展，似那升腾而起的蘑菇云，开始引起世界的关注。

虽然顺利完成了任务，但对于参与高速摄影机研制的西安光机所的研究人员来说，这只是个开始，还有更多重要任务在等待着他们。蒋森林后来虽然身体欠佳，但仍然坚持参加并完成了接下来的我国首颗原子弹的空爆任务。之后，蒋森林又和团队设计研制出我国第一台电视-变像管高速摄影机，服务于我国首次地下核试验。他自豪地说道："我们研制出来的时间，比美国还要早。"1966年，西安光机所又研制出ZDF-250型高速摄影机，参加了1967年6月17日我国首次氢弹试爆并圆满完成光测任务。

"当时任务紧迫但条件有限，研究所就确定了'边科研、边建设、边培干'的建所方针。我们研究人员都挤在621楼，宿舍就是办公室，房间里放着几张二斗桌。光学设计靠翻五位对数表，机械设计全靠绘图仪、鸭嘴笔，电路系统靠电烙铁手工焊接。唯一一台手摇台式计算机就是所里最先进的设备了。"陈中仁回忆道。他说起当年的情景，仍然十分动情。

一部又一部高速摄影机走出621楼，完成了一项又一项国家重大任务，实现了一个又一个"第一次"，

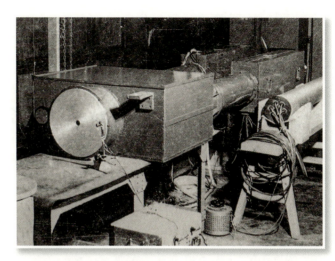

用于拍摄地下核试验早期爆炸现象的电视-变像管高速摄影机

在科技自立自强的征程上蹚出了一条中国人自己的道路。1985年，"现代国防试验中的动态光学观测和测量技术"项目荣获国家科学技术进步奖特等奖，其中包含了西安光机所的18种高速摄影机。

多年以后，蒋森林在回忆参加我国首次核爆试验的文章《戈壁滩上盛开的"马兰花"》中写道："我没有见过植物马兰，也不知它会不会开花，但我亲身感受过马兰的光辐射、冲击波。马兰的火球、蘑菇云，就是最壮观、最美丽的马兰花。"

（中国科学报社记者严涛撰文；原文发表在《中国科学报》2024年6月17日第4版；文中图片由西安光机所提供）

为国铸造

——"空心"叶片里的决心

飞机如何才能飞得更高、更快、更远？

60多年前，仅凭一张草图，一批来自中国科学院金属研究所（简称金属所）的科研人员就解决了其中的关键难题。他们采用铸造技术，研制出我国首个航空发动机的空心涡轮叶片。

如果把航空发动机比作飞机的心脏，那么空心涡轮叶片就是飞机的"心脏主动脉"。

当年，金属所的老一辈科学家不仅为我国研制出飞机强有力的"中国心"作出了重要贡献，而且将这门技术和手艺传承下去，使其不断开枝散叶、发扬光大。

没听过、没见过，一张草图接任务

"什么是'空心'叶片？我从来没听说过，也没见过。"师昌绪说道。

1964年的一个冬夜，航空研究院总工程师荣科敲开金属所高温合金课题组负责人师昌绪的家门，带来了一项在当时看来不可能完成的任务——邀请师昌绪参与研制航空发动机用的空心涡轮叶片。

几个小时前，在一场关于我国新型航空发动机的研讨会上，包括荣科在内的参会人员进行了一场激烈的讨论——如何将我国新型战斗机歼-8的推动力提高20%？

作为航空发动机的核心部件之一，涡轮叶片的承温能力直接决定了发动机的工作效率。此前，航空发动机采用的叶片大多为实心叶片。受叶片熔点温度的限制，发动机涡轮的进口温度无法得到进一步提高，影响了发动机效率的提高。

国外研究人员发现，空心涡轮叶片可以通过内部冷却通道内的空气实现对叶片的冷却，从而提升叶片的整体承温能力。不过，空心涡轮叶片结构复杂，制备难度极高。

1961年，美国成功研制出空心涡轮叶片，使战斗机的飞行速度和作战性能大幅提高。但是，当时中国空军的主战飞机还是用苏联技术组装的歼-5，只能达到亚音速（速度低于340米/秒）飞行水平。

美国干成了，中国也能干成吗？对此，荣科不确定，他想请他的好友师昌绪出马。

当听说国外已经有类似产品时，师昌绪就让荣科凭记忆画了一张空心涡轮叶片的草图。拿着这张简单得不能再简单的草图，师昌绪当场表示愿意接受这个任务。

师昌绪要铸造空心涡轮叶片的消息迅速传开，但质疑声却四起——"外国搞了多少年，现在才刚有眉目，我们能行吗？""铸造实心叶片还没做成，就想铸空心叶片，是不是步子迈得太大了？"

说实话，师昌绪对如何铸造空心涡轮叶片一无所知，能否在一年内攻关成功，也没有把握。

"虽然我心里没底，但国外已经有了，我们也一定能做出来。"师昌绪说道。强烈的责任感和使命感让他下定了决心。

另一个让他决定"放手一搏"的原因，是他背靠的金属所在高温合金材料研制领域已经积累了相当丰富的经验。20世纪50年代末，金属所就已经成功研制出涡轮叶片的铸造合金916合金，1962年又成功研制出具有国际水平的涡轮叶片材料M17合金，"实战"能力得到了充分验证。

次日，师昌绪向金属所时任党委书记高景之和所长李薰进行了汇报，获得了所领导的大力支持。他们迅速组织所内上百名科技人员成立AB-1任务组，由师昌绪任组长。这是一个包括冶炼、造型、脱芯、控制合金质量、疲劳测试，以及制定验收标准等重要环节在内的攻关组。

自此，空心涡轮叶片的攻关正式启动。

"通啦！通啦！"攻克型芯材料难题

但不久后，师昌绪带领的任务组就遇到一个大难题——如何在实心叶片中制出空心小孔。

常规的制孔方法是在模壳内的适当位置放置一些细丝（又称型芯）。待叶片浇出后，再将这些细丝溶解掉，就会形成带有小孔的叶片。

"空心涡轮叶片的空心直径只有0.8～1.2毫米，长度约为10毫米，叶片下边还有一个弯角。"师昌绪当年的助手、金属所研究员朱耀霄回忆道，"关键难点在于如何定位，在脱蜡以后又如何保证位置不变。在操作和浇铸过程中，还要保证型芯不能弯、不能断。"

这就对材料提出了严格的要求。合格的材料必须具备耐火度、高强度、化学稳定性、尺

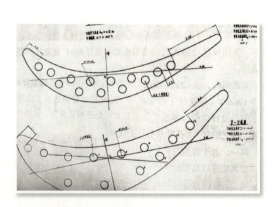

铸造空心涡轮叶片的图纸

寸精度和表面光洁度等5个特点。

根据上述要求，师昌绪带领任务组不仅尝试了钼丝、磷酸盐等，而且专门请中国科学院冶金陶瓷研究所[①]的科研人员研制了硫化铈型芯，但都失败了——不是型芯弯曲露芯，就是型芯太脆而折断，要么就是最后无法脱芯。

正当众人为型芯材料的选择一筹莫展时，一本外国杂志上的细石英管广告为大家打开了思路。

广告里的石英管带有弯角，与叶片小孔上的弯角非常相似。任务组对此专门进行了讨论——石英的熔点在1700℃以上，软化点很高，耐压和抗张强度较高，而抗冲击折断强度却很低，化学稳定性好，不与合金发生化学反应。另外，石英管的表面光洁度极高，符合制作空心涡轮叶片型芯的条件。

讨论分析后，任务组决定集中精力在石英管上下狠功夫。

当时，金属所刚好培养了一位技艺高超的玻璃技工任恒达。他很快就拉制出多种规格和形状的石英管，完全满足了任务组的要求。

此外，铸造空心涡轮叶片过程中的合金选择和冶炼也很重要。合金要求性能好、质量轻，最好不含贵重元素。师昌绪选择了金属所在1962年研发的铸造镍基高温合金——M17合金。这款合金不仅可以在低温条件下进行精炼、脱气、浇铸，性能还非常稳定、可靠。

经过金属所上下的集智攻关，1965年8月，师昌绪等在简陋的铸造实验室里试制出我国首个9小孔铸造空心涡轮叶片。

科研人员拿着叶片的试棒去给李薰看。他拿起烟斗，将烟从试棒的一端吹进去。在看到烟从另一端冒出来时，他高兴地用湖南方言大喊道："通啦！通啦！"

航空发动机叶片样片

有惊无险，试车从失败到成功

1966年11月，第一台套气冷空心涡轮叶片正式进行装机测试，车间外围满了人，大家都满心期待试车成功。

然而，装机测试才运行了不到5分钟，伴随着一阵爆炸声，叶片飞了，第一次试车宣告失败。朱耀霄记得，当时现场不少人流下了眼泪。

但是，师昌绪等顾不得懊恼，当即组成失效分析小组，深入查找失败原因。

作为失效分析小组的一员，朱耀霄回忆道："叶片有5个榫齿，第

---

① 现中国科学院上海硅酸盐研究所。

一个榫齿的根部既承受了疲劳应力，又承受了高速旋转时产生的离心力。因此，第一个榫齿受到的力最大。根据这个分析，第一个榫齿在设计上应该主要承受疲劳应力，而离心力则由后面的几个榫齿承受。"

师昌绪果断拍板，让大家按照这个思路进行紧锣密鼓的修改，二次试车非常成功。

1983 年，师昌绪（右一）与航空发动机厂的工程师讨论问题

"只要努力，肯定能做出来，除非你不努力。"朱耀霄至今还记得师昌绪挂在嘴边的一句话。

空心涡轮叶片的成功铸造，离不开任务组所有人的努力。这是一项具有开拓性意义的研究成果，它使得我国在涡轮叶片领域的发展一步迈上两级台阶——由锻造合金改为真空铸造，由实心叶片改为空心涡轮叶片。

这项工作也使我国成为继美国之后世界上第二个成功使用精铸气冷涡轮叶片的国家，时间上仅比美国晚5年。

如今，用铸造高温合金制备涡轮叶片的方法已经成为世界主流，空气冷却技术也成为提高涡轮进口温度的重要手段。一直关注叶片冷却技术发展的朱耀霄说道："先进涡轮发动机的燃烧室温度已经由原来的约800℃提高到约1800℃，飞机的性能由此大幅度提高。"

20世纪80年代初，国外一家知名发动机制造公司的总设计师到沈阳参观。他在看到我国历时两年自行研制的铸造空心涡轮叶片后感慨道："能亲眼看到这一成就，我就没有白来中国一趟。我们用了8年时间才研制成功，但一直不敢投入使用。"

不辞辛苦，深山老林中实现量产

时间转眼来到1975年，第三机械工业部①决定将空心涡轮叶片的生产转移到位于偏远山区的某工厂，并要求金属所派出一支小分队，由师昌绪带队支援该厂生产空心涡轮叶片。

那是一座位于深山老林的"三线"工厂，条件非常艰苦。

师昌绪带领小分队从沈阳出发，路上就用了两天时间。其间，他们遇到了买不到卧铺票，只能坐硬座，甚至在火车上连水都喝不上等情况。这些对于当时已年近60岁、患有糖尿病的师昌绪来说，是个不小的挑战。

---

① 现中国航空工业集团有限公司。

　　小分队成员之一、金属所研究员赵惠田回忆道："我们住的是最简易的招待所，水管里放出来的水都是浑的，必须沉淀一会儿才能饮用；我们吃的是用大米、玉米和地瓜干做的混合饭，连咸菜和酱油都没有，如果不用力去嚼，根本无法下咽。"

　　在这样的环境和条件下，师昌绪却毫无怨言。他带领金属所的小分队与工厂的科技人员和工人夜以继日地工作了好几个月。

　　一切从头开始。从原材料的选择、冶炼制度的确定、模壳的制造与浇铸，到产品检测与标准的制定，师昌绪带领金属所小分队深入工厂，牵头攻关。

　　工厂老厂长王新民回忆道："师先生不仅把关铸造技术，而且对合金成分也做了很大改造，增加了铝、钛的含量，使得铸造高温合金使用的温度比锻造高温合金使用的温度提高了200多摄氏度。"

　　当时，师昌绪给王新民安排了一项重要任务——每天跟着检验员一起检查叶片，并将报废的叶片拿回来给他看。

　　"一个叶片关系到一架飞机的存亡、一名飞行员的生命。"王新民说道，"每次师昌绪都可以从中挑出合格的叶片和真正要报废的叶片，并通过这样的挑选确定了标准和检验方法，最终确保叶片顺利实现批量生产。"

　　当金属所的科研人员离开时，工厂生产的铸造空心涡轮叶片的成品率实现了大幅提升，已经达到该厂实心叶片的生产水平。

　　在随后几十年的时间里，该厂生产的铸造空心涡轮叶片在使用过程中没有出过一次重大事故，已经成为国内生产量最大、最安全的航空发动机涡轮叶片制造商。直到现在，我国某些机种的发动机涡轮叶片仍采用该厂生产的材料。

　　因主持铸造空心涡轮叶片的研制和推广工作，师昌绪荣获2010年度国家最高科学技术奖。

"为国家做点事，是人生的第一要义"

　　1984年8月，师昌绪从沈阳调到北京工作，从科学研究岗位转到了科学管理岗位。虽然离开一线，但师昌绪一直关心着我国航空科技事业的发展。

　　对于一架飞机来说，发动机是"心脏"；对于一个国家来说，航空工业是关系到国家安全、国民经济发展和综合国力的战略性产业，其地位不亚于当年的"两弹一星"。

　　20世纪80年代初，朱耀霄在师昌绪的指导下，继续研制新一代航空发动机空心涡轮叶片。

　　"随着冷却孔腔的设计从简单到复杂，空心涡轮叶片的承温能力也变得更高，我们开发的第三代空心涡轮叶片的承温能力从原先的100℃提升至500℃，达到了更高的设计要求。"朱耀霄说道。

　　1991年，25岁的楼琅洪加入金属所。他参与的第一项工作就是36兆瓦级地面燃机一级动叶的国产化项目。在项目鉴定会上，他第一次见到师昌绪本人。

　　楼琅洪回忆道："这个叶片为13孔空心结构，和9小孔铸造空心涡轮叶片的相似度很高。这不仅延续了师昌绪先生当年设计材料制造一体化的攻关思维，还传承了空心涡轮叶片铸造的技术路线。"

　　这些年来，楼琅洪不仅成长为金属所研究员，还带领团队先后制备了可供航空发动机使用的系列高性能高温合金，以及可供燃气轮机使用的高温合金等。

　　燃气轮机有重型和轻型两类。其中，重型燃气轮机是能源领域的核心装备，被誉为装备制造业"皇冠上的明珠"。

　　在2024年的中关村论坛上，"300兆瓦级F级重型燃气轮机完成总装"被列为开幕式十大成果之一予以发布。在这台样机装载的所有透平叶片中，金属所科研团队研制生产的数量占70%以上。这是我国首次自主研制的最大功率、最高技术等级的重型燃气轮机，它将成为带动高端装备制造业发展的重要力量。

　　"F级重型燃气轮机的进气温度约1450℃，是目前国际、国内在役的主流机型。"楼琅洪介绍道，"在参与300兆瓦级F级重型燃气轮机首台样机的研制任务中，我们突破了目前国内最大的该系列燃机的等轴晶和定向空心透平叶片的精密铸造技术。"

　　虽然没能成为师昌绪直接指导的学生，但通过耳濡目染，楼琅洪从师昌绪的身上学到了很多东西，他说道："师先生非常和蔼，不仅没有架子，还处处为人着想。"

　　在师昌绪晚年住院期间，有一天由他的秘书陪床，师昌绪一夜没去卫生间。第二天，秘书问他夜里怎么没去卫生间。师昌绪笑着说道："我怕把你吵醒呀。"

　　为了表彰师昌绪作出的巨大贡献，2011年12月，国际小行星中心将第28468号小行星永久命名为"师昌绪星"。

　　"……有胆识、敢担当，空心涡轮叶片，是你送给祖国的翅膀。两院元勋，三世书香。一介书生，国之栋梁。"这是师昌绪获评感动中国2014年度人物时的部分颁奖词。

　　在师昌绪的一生中，他一直铭记着"为国家做点事，是人生的第一要义"。这句话也一直影响着金属所乃至中国科学院一代又一代的科研人员，激励着他们在前辈探索出来的路上勇往直前。

（中国科学报社记者沈春蕾撰文；原文发表在《中国科学报》2024年6月24日第4版；文中图片由金属所提供）

东方"巨眼"

——深空探测的幕后功臣

"嫦娥六号"回家啦！2024年6月25日，"嫦娥六号"携带1935.3克月背样品成功着陆于内蒙古四子王旗预定地区，实现了人类首次月背采样返回的壮举。这次任务也为中国探月工程立项20周年献上了一份大礼。

20年来，我国不仅成功实施了月球探测任务，而且成功实施了火星探测任务，开启了全面建设航天强国新征程。其中，甚长基线干涉测量（very long baseline interferometry，VLBI）技术发挥了重要作用。

中国科学家的智慧和勤奋，让这一技术大放异彩，也令国际学术界赞叹：将准实时VLBI技术应用于月球与深空探测，已经成为特色鲜明的中国招牌！

VLBI技术同中国结缘，归功于今年已97岁高龄的中国科学院院士叶叔华。

不跟上，就落后

射电望远镜的口径越大，看得就越清楚，但成本也越高，并且口径也不可能无限增大。于是，科学家想出了一个办法：把两台或多台望远镜组合成一台"巨型望远镜"。这就是VLBI技术。每两台望远镜之间的距离就是它的等效口径，也叫"基线"。基线越长，这只"巨眼"就看得越清楚。

例如，人类获得的首张M87黑洞照片就是天文学家利用全球8台VLBI射电望远镜获得的。其中，最长基线达到1.2万公里，接近地球直径，是人类在地球上能够获得的最长基线。

自20世纪60年代问世以来，VLBI技术一直是所有天文观测技术中空间分辨率最高的，比哈勃空间望远镜的分辨率高数百倍。

20世纪70年代初，时任中国科学院上海天文台时间纬度测量研究室负责人的叶叔华从一份国际学术期刊上看到，新出现的VLBI和人造卫星激光测距等技术，测量精度比传统技术提高1～2个数量级，推动天体测量界发生了革命性变革。

叶叔华判断，我国如果不及时发展这些新技术，将来势必要落后。

在她的积极建议下，上海天文台将VLBI、人造卫星激光测距及氢原子钟等新技术确定为新开拓领域，并于1973年组建射电天文研究小组，正式开启VLBI技术预研工作。

天文观测由于极度依赖设备，常被戏称为"富人的游戏"。叶叔华提出，先在上海佘山建设25米口径射电望远镜。

要建这么大的射电望远镜，首先要解决经费问题。

叶叔华单枪匹马地来到第四机械工业部（简称四机部）[①]，向相关工作人员询问能否支持建设一个25米口径射电望远镜。对方头都没抬就说"不行"。叶叔华站了一会儿，又提出"我能不能见部长？"对方这才抬起头来，仔细地打量了一下这位女科学家。没想到，主管相关工作的四机部副部长王士光真的接待了她，并同意支持。

这次的主动争取为上海天文台带来了一次发展机遇，也为30年后的中国探月工程埋下伏笔，但在当时却引起了不小的争议。

在那个经费紧缺的年代，学界流传着一个说法：天文学研究的经费都被叶叔华一个人用完了。还有人质疑：射电天文都是有钱人搞的，我们能搞吗？

事实证明，我们确实可以。回忆起往事，叶叔华笑着说道："我只要想做一件事，是会奋不顾身的。"

从无到有

要进行VLBI测量，至少需要两台射电望远镜形成干涉信号，最好是3台。

叶叔华根据我国国情，提出在上海、昆明、乌鲁木齐三地建设观测站，形成中国VLBI网。这一三角形组网基本覆盖我国国土面积，其中最长基线为从上海到乌鲁木齐，长约3200公里。

经过5年预研，1978年，在中国科学院和四机部联合召开的论证会上，上海天文台正式提出这一技术方案，并在1979年获准立项。

难度仍然很大。"当时只知道要做什么，却不知道怎么做。"叶叔华说道。VLBI技术是一项高精尖技术，在我国完全是空白，研究人员只能边学边干。

一次偶然的邂逅给这件事带来了转机。

1978年，叶叔华在接待归国访问的美籍华人科学家郭宗汾时介绍了自己的工作，对方非常惊讶地说道："这么难的东西难道你们要闭门自己做吗？"

---

① 现属于工业和信息化部。

在他的帮助下，叶叔华等第一次访问了美国。当得知中国准备发展VLBI技术时，美国同行吃了一惊，因为美国在该领域也仅发展了十多年，并不成熟。

"我到现在都很感谢他，因为是他加快了我们的研发进度。"叶叔华说道。这次经历打开了上海天文台"请进来、走出去"的大门。

1976年以来一直在上海天文台从事VLBI工作的钱志瀚至今仍清晰地记得，1979年时美元对人民币的汇率不到1∶2，后来一路上扬，最高达到1∶8，由于项目是按人民币编制预算的，导致经费总是不够用。于是大家想了很多办法，比如少买一点部件、安排专人自学自研等。

"VLBI是国际合作很密切的项目。"钱志瀚记得，他第一次去美国参加学术会议，报告了中国第一个VLBI观测站的建设过程，当展示上海天文台佘山25米口径射电望远镜天线的照片时，会场上响起热烈的掌声。

"当时他们觉得中国挺落后的，对中国能干这件事情感到很意外，但是也愿意跟我们合作。"钱志瀚说道。

1987年10月，上海天文台佘山25米口径射电望远镜终于建成，并于1998年开始参加国际联测。这是我国首个真正意义上达到国际先进水平的VLBI测量系统，1991年获得中国科学院科技进步奖一等奖，1993年获得国家科学技术进步奖二等奖。

随后，叶叔华又带领团队在新疆乌鲁木齐南山建设了中国第二台25米口径射电望远镜。在其于1994年建成后，中国VLBI网终于有了第一条基线。

由于地处欧亚大陆腹地，独特的地理位置和先进的配置使得该望远镜在国际VLBI观测中发挥着不可或缺的作用。后来，中国科学院新疆天文台全程参与了中国探月工程的测轨任务和火星探测任务，有力支撑了我国航天科技的发展。

国际首创

上海天文台佘山25米口径射电望远镜

20世纪末，国家正式组织探月工程论证，中国科学院是重要的参与单位之一。

当时，对探月航天器的测控成为重大难题：成熟的无线电测距测速技术，最远测控距离可达约8万公里；但"嫦娥一号"卫星进入绕月轨道后，距离地球的最远距离达40万公里。该如何突破这一技术瓶颈呢？

21世纪初，上海天文台提出，将

1994年，叶叔华（左二）参加乌鲁木齐25米口径射电望远镜揭幕仪式

VLBI技术应用于探月卫星实时跟踪测轨，并结合我国已有的航天测距测速技术共同完成高精度测定轨及定位任务。

上海天文台研究员、原台长洪晓瑜介绍道："原有的测距测速方法的长处是视向测量，而VLBI的长处是横向测量，两者结合，相辅相成，是'一加一大于二'，可以测定航天器的瞬时三维位置，实现短弧段精确定轨。"

这一提议极为巧妙，也极为大胆。在国际上，美国是首个将VLBI用于航天的国家，曾在"阿波罗计划"中用射电天文干涉的办法测量了月球车的路线。我国则是首个将VLBI用于航天器实时测轨的国家。

叶叔华回忆道："当时我们在国际会议上作报告，大家都听呆了，因为天文学界没有这么干过的。天文观测向来是今天观测不了就明天再看，但我们用到探月工程上要出实时数据，绝不能出任何差错。"

后来，能否及时提供测量数据也成为总体技术方案论证时受到的最大质疑。科研人员到底有没有十足的把握？

经过调研与分析，上海天文台的科研人员认为通过在国内建设数据网络，同时采用人工智能（artificial intelligence，AI）技术，可以大大节省观测时间。因此，上海天文台在首次探月工程的总体技术方案讨论会上郑重承诺：上海天文台向北京航天飞行控制中心提供VLBI测轨数据的滞后时间不会超过10分钟。

最终，中国探月工程总体领导采纳了上海天文台的建议。由此，上海天文台牵头联合中国科学院所属的其他几个天文台，于2007年建成了"四站一中心"的中国VLBI测轨网，涵盖上海佘山、新疆乌鲁木齐、北京密云和云南昆明四地的射电望远镜；同时，在上海天文台建设VLBI数据处理中心，并与电信部门合作建立高速数据通信线路，有效地保证了观测数据的实时传输。

2007年10月24日，我国首颗探月卫星"嫦娥一号"在西昌卫星发射中心成功发射。VLBI测轨分系统最终在6分钟内将VLBI测轨数据发送至北京航天飞行控制中心。

洪晓瑜感叹道："中国科学院这项长期的基础研究，终于在国家战略领域得到成功应用。"

但大家并未止步于此。依靠进一步的能力提升和技术进步，从"嫦娥三号"工程开始，通过改进算法、提高算力、改进流程，VLBI测轨的实时性已经缩短到1分钟以内，并保持至今，是目前国际最高水平。一个曾经想都不敢想的数据，中国科学家凭借自己的努力做到了。

中国探月工程首任总设计师、中国科学院院士孙家栋曾评价道："VLBI的加入使我国探月工程立项至少提早了5年。如果没有VLBI加入，解决短弧高精度定轨难题，还需要再建几个大型的测控站，至少要多用5年的时间。"

对于我国两种测轨技术的作用，中国探月工程首任总指挥、中国工程院院士栾恩杰有一个很形象的表述。他说道："VLBI测角和测距测速不是相加而是相乘的关系，缺少任何一项，最后的结果都是0"。

从未失手

在"嫦娥一号"之后，"嫦娥二号"实现了环月飞行，"嫦娥三号"在月面软着陆，"嫦娥四号"实现了人类首次月球背面软着陆，"嫦娥五号"获得了1731克月壤样品，"嫦娥六号"首次获得了月球背面月壤样品……其间，VLBI屡立战功。

2020年12月17日，"嫦娥五号"圆满完成了我国首次月球无人采样返回任务。那天凌晨，93岁的叶叔华来到上海天文台VLBI深空探测指挥控制中心，与年轻人一起见证这个激动人心的时刻。

当年那位为国家科技发展出高招的中年人已到鲐背之年。她叮嘱大家道："千万要记得，这是国家重要的事情。凡是国家需要的，我们都要做好。"

叶叔华清醒地指出道："国际评价是依据你做出了什么，现在国际上都在看着，做好了没人来夸我们，但是做坏了就影响国家的体面，好在我们从来没有失手过。"

从"嫦娥一号"到"嫦娥六号"，任务难度不断升级，中国科学院科研团队的能力也在不断提高。

上海天文台研究员郑为民在加入VLBI项目组后，主攻核心设备VLBI处理机的研发。在认识到软件处理机是趋势后，他用5年的时间瞄准了一件事——开发相关处理软件。他说道："只要是国家有重大需求的领域，都是我们值得做的。"

　　2012年，高约70米、重约2700吨的上海天文台65米口径天马望远镜落成。这是一台全方位可转动的大型射电望远镜系统，综合性能居世界同类型射电望远镜前三位。2013年，它作为主力测站参与"嫦娥三号"VLBI测定轨任务，使得测轨精度有较大提高，在后续任务中发挥了重要作用。

　　到"嫦娥五号"任务时，为满足对轨道器与上升器同时测轨的需求，上海天文台突破一系列关键技术，在国际上首创了"动态双目标同波束实时VLBI测轨系统"，采用一个VLBI网，助力我国首次月面起飞及人类首次月球轨道无人交会对接任务圆满完成。

　　"看人挑担不吃力。别人以为很容易的事情，其实很难做到。这些年轻人非常了不起！"叶叔华赞叹道。

　　洪晓瑜也表示，自己过去做天文学研究，喜欢自由探索；现在融入国家航天事业，他更深刻地感受到使命感。

　　正是因为满足了国家需求，该科研团队先后两次作为主要参加单位获得国家科学技术进步奖特等奖。

目标：星辰大海

　　"嫦娥探月"六战六捷，但这并不是极限。2020年，我国实施首次火星探测任务，"天问一号"在火星表面首次留下中国印迹。

　　从地球到火星，最远距离超过4亿公里，"天问一号"历时7个月进入环绕火星轨道，是谁在指路？答案还是VLBI与测距测速联合作业。

　　2021年2月10日，"天问一号"与火星交会，成功实施捕获制动，进入环绕火星轨道。

上海天文台65米口径天马望远镜

那一天，上海天文台的研究员刘庆会经历了人生中最难熬的11分钟。

由于月球距离较近，成功捕获后，地面几乎是实时知道消息。火星距离地球2亿公里，当信号成功传回地球时，已经过去整整11分钟了。

"在这难熬的11分钟里，整个大厅一片寂静，所有人的心都悬着。一直等到遥测数据显示捕获成功，大家才松了一口气。"刘庆会回忆道。其实当时紧张也没用，因为就算发现有问题，也已经过去11分钟了，地面也来不及做任何干预。也正因如此，在"天问一号"上天前，大家进行了200%的准备工作。

从中国开展探月以来，历次探测器发射均告成功，这是否意味着此事毫无悬念？

刘庆会表示绝非如此。"老百姓觉得咱们国家放上天的东西肯定能成功，其实我们现场的人都快吓死了。毕竟是第一次前往火星，心里没底。可能的影响因素太多了，我们拼命考虑了100个因素，还担心是不是有第101个。"他说道，"要是提前知道标准答案就好了，但那就不叫探索未知了，探索只能是摸黑往前走。"

未来几年，我国还将密集实施"嫦娥七号""天问二号"等任务。由于深空探测工程发展迅猛，VLBI网的观测目标从过去的几年一个，发展到一年几个，甚至一次任务中需要同时测量不同天区的两个目标探测器，现有的"四站一中心"模式已无法满足这一需求。

"虽然VLBI这个用法我们现在是世界第一，但是不能自满，还要再建两个站！"叶叔华说道。她在谈到未来时仍然壮心不已。

目前，上海天文台正在西藏自治区日喀则市和吉林省白山市建设两台40米口径射电望远镜。建成之后，中国VLBI网将形成"六站一中心"的局面，任意3个站一组形成两个子网，两个探测器像两只巨眼同时测量不同天区，综合测量能力将提升一倍，最长基线将延长至3800公里。

科学无止境，科学家永不满足。空间VLBI被认为是未来发展的必然趋势，也就是将VLBI望远镜发射至太空，大幅度延长基线。

2024年3月20日发射的"鹊桥二号"中继星就搭载了上海天文台研制的月球轨道VLBI试验系统，将使VLBI基线的长度延伸到地月距离。我国也将成为继美国、日本、俄罗斯之后，世界上第四个在空间开展VLBI科学试验的国家。

展望未来，随着航天科技的进步，中国VLBI技术的发展还将迎来新高潮。

（中国科学报社记者陈欢欢撰文；原文发表在《中国科学报》2024年7月12日第4版；文中图片由上海天文台提供）

面对封锁，走自己的路

——合成橡胶研发大会战

"停！快掉转船头开回去！战略物资严禁输出！"一艘满载5000吨合成橡胶的轮船在正要驶离日本海域时被日本当局截留了。

这可是20世纪60年代中国进口合成橡胶的最后一丝希望。可惜，希望又落空了。

橡胶被称为"世界交通的基石"。在生产生活中，橡胶制品几乎随处可见，汽车轮胎、蒸汽软管、绝缘手套、家具衬垫……可一棵橡胶树从栽种到流出浆液，至少需要七八年的时间。当时，我国天然橡胶的产量仅够生产鞋底。由于天然橡胶供不应求，各国纷纷开始研制合成橡胶。

轮船受阻的消息传到国内，周恩来总理立刻指示国家科委组织"一院四部"开展合成橡胶研发，其中的"一院"——中国科学院将任务下达至中国科学院兰州化学物理研究所（简称兰州化物所）、中国科学院长春应用化学研究所（简称长春应化所），要求两所尽快研制出合成橡胶。

尽管如今合成橡胶的市场价格被"打下来"了，每吨仅1.2万元左右，可在当时的国际市场上，20吨大米也换不来1吨橡胶。面对天然橡胶资源短缺、合成橡胶被"卡脖子"的困境，我国等不起，也不能等。

一场自主创新、突破封锁的"橡胶大会战"开始了。

"第98次，成了！"

"我们今天讨论的重点是，研制顺丁橡胶。"1962年初，兰州化物所副所长申松昌宣布了这项任务。

可顺丁橡胶该怎么制备？会场上，大家你看我、我看你。之前，兰州化物所尝试开展过合成橡胶的研究，可惜都失败了。

"顺丁橡胶是合成橡胶的一种，由丁二烯聚合而成，其顺式结构（有机化合物结构的一

顺丁橡胶　（中国石油锦州石化公司供图）

种）含量在95%以上，由此得名。与天然橡胶和丁苯橡胶相比，顺丁橡胶的耐寒性、耐磨性和弹性更优异。"申松昌解释道，"丁二烯是顺丁橡胶的单体。我们这次接到的任务，就是研究、制造、生产丁二烯。长春应化所负责研究单体的聚合成胶。"

大家七嘴八舌地讨论起来。"周望岳，你来说说。"兰州化物所二室（催化室）主任尹元根看见一言不发的研究实习员周望岳，直接"点名"。

"我有个不太成熟的想法，丁烯氧化脱氢制丁二烯在热力学上都是有利于左移反应，不利于右移反应的。我想反其道而行之，把反应往右移。"他说道。众人的目光聚焦到这位叫周望岳的年轻人身上。他一米七的个子，敢想敢做，是一个典型的浙江人。就在不久前，他追随爱人的脚步到了兰州化物所。

这绝对是一个大胆的提议，如果行得通，这项技术将领先世界。它不同于苏联方案——用乙醇催化转化法制丁二烯，乙醇要用粮食发酵而成，该方案在粮食供应短缺的年代显得"奢侈"；也不同于美国方案——用丁烷催化脱氢法制丁二烯，该方案所需的中试设备已被西方封锁。

丁烯氧化脱氢制丁二烯能否成功，并实现顺丁橡胶的工业生产，谁的心里都没有底。听说苏联的杂志上有相关报道，周望岳翻遍了图书馆的杂志，终于在20世纪50年代的杂志上找到了这篇文章，"可惜没有介绍使用什么催化剂，只说反应温度高达530℃，而且反应结果不太好。我们还是要走自己的路"。

在装回20升小钢瓶丁烯液化气后，周望岳一头扎进了实验室。新反应问世的曙光出现了。在450℃左右的温度下，自制的磷-铋催化剂通过正丁烯、水、空气后，经色谱分析，获得了相当高的丁二烯收率。然而，再精进，反应结果却总是显示"不达标"。

"再来，再来！"周望岳并没有留时间去平复失落的心情，马上带领顺丁橡胶科研小组开始下一次实验。他的灼灼目光中仿佛升起了一团火，那是顺丁橡胶科研小组成员的希望，也是国家的殷殷期待。"第98次，成了！"1962年中，新加入团队的李树本提醒大家。

第一代丁烯氧化脱氢制丁二烯所用的催化剂——磷-钼-铋催化剂终于在实验室获得了成功，所有人兴奋地抱在一起。

1963年夏天，周望岳代表单位在全国第一次催化报告会上报告了磷-钼-铋催化剂的研究进展。这是一个各国教科书上从未出现的新反应，是全世界没有先例的新工艺。与已经工业化的丁烷催化脱氢相比，其工艺简单，效果却好得多，在会场上立刻引起了不小的轰动。

冰火两重天

1983年顺丁橡胶工业化生产成功后，周望岳（右）和张国栋在锦州六厂大门前合影 （周望岳供图）

1965年8月，周望岳举着"锦州石油六厂"（简称锦州六厂）的牌子，在火车站口接锦州六厂的一行六人。恍惚间，他在锦州六厂的队伍中看到了一个熟悉的身影，高高大大、中原汉子面相，那不是他在大连工学院①的同学、锦州六厂的工程师张国栋吗？

"你来也不告诉我？晚上我请你吃兰州牛肉面。"同学见面分外亲切。

1963年，国家科委批准了"顺丁橡胶中试开发项目"，各大橡胶厂纷纷向兰州化物所抛来合作开展中试的"橄榄枝"。兰州化学工业公司研究院第一个采用固化床反应器完成了中试试验。

锦州六厂厂长王国斌此行是来商量能否采用另一种方式——恒温挡板流化床反应器，参与丁烯氧化脱氢制丁二烯中试合作。"多一条腿走路，自然是好事。"尹元根心想。他们马上请示中国科学院，请求批准在兰州和锦州分别开展两种反应器床型的中试。中国科学院立即复电允许合作。签完协议，王国斌当天就率队离开，周望岳、张国栋约好的兰州牛肉面也没吃上。

两个人再见面，是在当年10月的锦州。周望岳惊奇地发现，不到两个月的时间，锦州六厂丁烯氧化脱氢制丁二烯及丁二烯聚合的全部装置就已建成。"我们可是一回来，就一鼓作气搞建设。"张国栋告诉老同学。"那我们马上下车间！"周望岳也不甘落后。

11月的锦州，夜里-27℃、七级大风，雪仗风势，像一朵朵大棉花一样拍打在玻璃上。此时已进入钼系顺丁橡胶研制放大试验的关键环节——"点火"。引丁烯、空气和水蒸气进入催化床，装置开始升温运行。

突然，人群中有人大喊："反应系统的冷水管结冰堵塞了！"

"没有办法，只能人工解冻。"张国栋边说边张罗。

周望岳等进行了一场接力。最前面的人爬上2米高的管架，每个人小心翼翼地提着一个开水壶，浇完一壶开水，立刻撤下来进屋暖身子，再换另一个人上去。花了半天时间，水管

---

① 1988年更名为大连理工大学。

才解冻。"新中国第一代大学生全都冻成'冰棍'了。"周望岳打趣道。

还有一次，周望岳接到一通紧急电话，匆匆往车间赶。他一看，"不好！反应器差点变成了'炼钢炉'"。容器通红通红的，就像张开的血盆大口，准备吞噬一切。"所有人，快跑！"他大喊道。那一次意外，差一点儿把在场的所有人炸死。事后追查原因，发现原来是工程师监管疏忽。

冰火两重天，这对于科学家、技术人员来说是不同寻常的体验。

"橡胶大会战"

为给下一步工业化做准备，1965年，国家科委决定开展顺丁橡胶工业化研究与开发大会战，主战场就定在锦州六厂。

次年2月刚过完春节，中国科学院和石油工业部、化学工业部、机械工业部[①]、教育部一起组织全国34家科研机构在锦州"会师"。在红旗飘扬、人头攒动的"橡胶大会战"现场，参与人员上万。

各单位的科研骨干都拿出了"看家本领"。其中，长春应化所四室主任欧阳均、助理研究员沈之荃负责丁二烯聚合技术和工艺，兰州化物所派周望岳负责丁烯氧化脱氢用催化剂的制备工艺和技术、反应系统的工艺和运行参数的确定等。

"全流程物料平衡测试开始！"一声令下，大家各就各位，各司其职。终于，在周望岳解决了物料"进多出少"的问题后，第三次测试获得了预期中的理想数据。会战进入设计工业生产全流程阶段，再一次明确了各部门、各单位的分工。这一次，长春应化所负责对镍系纯溶剂、催化剂进料工艺、连续聚合挂胶堵管等三大问题进行攻关，锦州六厂负责建设万吨级工业装置，兰州化物所继续负责催化剂性能等攻关。

1966年9月30日，锦州六厂诞生了我国第一块合成顺丁橡胶。在一间不到200平方米的厂房里，灯火辉煌，一块顺式聚丁二烯胶料经挤压干燥成为一个新产品。这是我国诞生的第一块合成顺丁橡胶，共50公斤。后来，它被制成一个900-20型号的汽车轮胎，在工业学大庆展览会上展出。

决战 1000 小时

然而，受到政治形势影响，"橡胶大会战"于1966年5月被迫中止。回到兰州化物所

[①]　石油工业部于1988年6月撤销，化学工业部、机械工业部于1998年3月撤销。

后，周望岳发现顺丁橡胶科研小组解散了，他暂时无法继续从事科研工作了。

但是，他无时无刻不牵挂着顺丁橡胶。特别是当听说，1968年北京燕山石化总厂采用固定床生产顺丁橡胶时出现了"一堵、二挂、三污水"的问题——刺鼻的恶臭引来居民、公交车司机抗议，副产品挂焦严重、堵塞装置必须不断清理，污染物还需要用大量自来水稀释，该厂不得不宣布停产时，他更是坐不住了。

1973年下半年，周望岳恢复了课题组组长职务。"我想去锦州六厂开发第二代丁烯氧化脱氢催化剂。"渴望回到顺丁橡胶"战场"的他主动请缨。可当时他的妻子董坤年染上了肝炎，他不知道如何向她开口说去锦州的事。

"你去吧！这是你一直以来的科研梦想。"董坤年率先开口，全力支持丈夫。

"那你怎么办？"这是周望岳少有的"举棋不定"。

夫妻二人决定"分居两地"，董坤年带着大儿子回昆明娘家休养，周望岳带着一对7岁的龙凤胎和9名科研人员去锦州开发第二代锡系催化剂。可没过多久，紧张的科研工作让他不得不把龙凤胎也送到妻子身边。

周望岳和课题组成员陈献诚、杨凤琨等经过系统的实验研究发现，第二代锡系催化剂没有更好的应用前景，他们不得不马上投入第三代铁系尖晶石催化剂的研制中。

经过一年半的攻关，兰州化物所的科研人员终于成功地研制出用于流化床反应器的铁系催化剂——H-198。"198"这个数字，意味着重复实验做到第198次才取得成功。

H-198活性高、选择性高、强度高，且反应温度低，生成有害的含氧化合物和炔烃少。1981年，该催化剂经中国科学院鉴定，是国内首次成功开发的丁烯氧化脱氢用无担体铁系尖晶石催化剂，成功解决了"一堵、二挂、三污水"问题。

化学工业部还将其写进战略决策："根据国情，在我国利用石油气裂解分离碳四组分制取丁二烯不会有更多增加，比较现实地依靠我们自己的力量发展丁烯氧化脱氢法生产丁二烯，势在必行！"这给周望岳领衔的课题组吃了一颗"定心丸"。

与美国采用的固化床生产工艺相比，流化床的优点在于可以大幅度降低有害含氧化合物的生成。这就意味着该工艺的污染小很多，但也存在催化剂强度差、易粉化等要害性问题。1000小时以上催化剂寿命实验（简称1000小时实验）是确定其长期反应性能的关键。

1982年2月，1000小时实验正式启动。

科研人员现场指导生产 （中国石油锦州石化公司供图）

锦州六厂顺丁橡胶脱氢反应装置 （兰州化物所供图）

1000小时实验必须连续进行，中途不能停车。课题组以三班倒的方式工作，谁都不能请假。第六次实验运行到700小时，流化床里一向平稳的催化剂突然沸腾起来。凌晨4点，夜班人员急忙把睡在一楼的周望岳叫醒。

"不好，是连接预热器和反应器的硅橡胶管裂开了，反应气正在漏出。"周望岳顾不上想太多，马上躺在地上，挖干净硅橡胶，再换上新的硅橡胶管。这个过程远比想象中漫长，历经37个小时，他中途只喝了几口水。同事们都赞他"真是条铁打的汉子"。

铁打的汉子炼出了"真金"，经过科研团队不懈努力，1000小时实验最终获得了成功。

举起特等奖奖杯

然而，实验室中的1000小时，与大工业中的1000小时放大实验相比，仍是小巫见大巫。在失败中一路摸爬滚打过来的周望岳，遭遇了项目中最大的"雷"。

1000小时实验成功后，兰州化物所再一次成为齐鲁石化橡胶厂、岳阳橡胶厂、燕山橡胶厂等争抢合作的"香饽饽"。周望岳、兰州化物所科技处副处长方展盛还是选择了"老伙伴"——锦州六厂，进行铁系第三代催化剂工业放大实验。

1982年4月，第一次开车就出现"熄火"现象，仅运转54小时就被迫停车。第二次、第三次……开车到第五次仍不成功。

"周望岳到底行不行？"下午3点，工人议论着跑光了。空荡荡的车间里只剩下周望岳和张国栋两个人。

平时抛硬币猜正反面、打篮球，科研人员和工人总能玩到一块儿，可是双方这一次却各执一词。

"有可能是反应器老化造成的，我们希望检查设备。"

"也有可能是催化剂的问题，之前的检查都没问题，我们拒绝拆装。"

夜里北风呼啸，周望岳、张国栋回忆往昔，无心入睡。

为了节省成本，他们下班后骑着自行车"淘"遍了锦州大小工厂，从自行车铃盖、热水瓶外壳厂商手中购买薄铁皮废料，硬是将中试成本从10万元降至1万多元。

杨凤琨的儿子出生了两个月，还没有见过爸爸；陈献诚的妻子卧病在床，父亲患有严重眼疾，右眼已失明；周望岳更是连续两个春节留守锦州，对影自酌，饮尽对家人的思念……

20多年的青春倾注在顺丁橡胶上，他们已不再是当年风华正茂的小伙子模样。

失败的消息传到兰州。兰州化物所副所长金振声急得当天就率队赶赴锦州六厂给科研人员打气："实验室里有成百上千的催化实验项目，能上中试、投入工业化的实验屈指可数，这点失败算得了什么？"

张国栋对周望岳信任有加，这一次他仍然选择站在科学家这边。见道理说不通，他一狠心撤换了车间主任，又重新配备了技术人员。

周望岳终于可以静下心来一一排查问题了。当排查到反应器时，他们发现8组内冷管中有5组的封头掉在底板上了，导致5根管子的冷水泼到了催化剂上面，催化剂无法达到所需的300℃，因而熄火了。原因终于找到了。

1983年5月，第六次开车顺利运行到第60天、1372小时。"成功了！"泪水模糊了周望岳、张国栋的双眼。

试生产获得成功！正式生产获得成功！当年就上了万吨装置！年产量翻番，一年收益千万元……好消息频传。

1983年12月，在丁烯氧化脱氢新催化剂H-198中间试验鉴定会上，鉴定委员会主任、国家计划委员会①副主任林华郑重宣布："H-198催化剂流化床技术在反应温度低、水比小、炔烃生成量少、无有机酸生成及含氧化合物等方面，优于美国Petro-Tex绝热固定床技术，已跨入世界先进水平。"

1985 年度国家科学技术进步奖特等奖奖杯 （兰州化物所供图）

---

① 2003年3月，将原国务院体改办和国家经贸委部分职能并入，改组为国家发展和改革委员会。

　　截至1984年底,我国顺丁橡胶总产量达47.63万吨,总产值达22.86亿元。顺丁橡胶工业生产新技术的问世,打破了国外的封锁和垄断,是我国石油化工领域第一个完全自主完成的生产工艺。

　　1986年,周望岳、张国栋再次来到人民大会堂。4年前,他们在这里接过国家自然科学奖二等奖的证书。

　　这一次颁布的是1985年度国家科学技术进步奖,"顺丁橡胶生产新技术"项目荣获特等奖。兰州化物所和锦州六厂为并列第一完成单位,周望岳和张国栋为并列第一完成人,获奖主要单位为兰州化物所、锦州六厂、长春应化所等7家。

　　举起5公斤重的奖杯,周望岳、张国栋这对"顺丁橡胶兄弟"相视而笑。20年前没有吃成的兰州牛肉面,兄弟俩终于可以一起踏踏实实地吃上一顿了。

（中国科学报社记者温才妃撰文；原文刊发在《中国科学报》2024 年 2 月 26 日第 4 版）

从望天到测天

——他们用中国力量破解气象难题

1954年，一场猝不及防的晚霜席卷河南，超四成小麦被冻死田间，严重影响了当地的粮食产量。农民们纷纷扼腕叹息：如果能提前知道天气情况就好了！

70年后的今天，情况却完全不同了。70年来，从静观风起云涌的经验判断，到以严格推理计算为凭据的数值预测，我国数值天气预报实现了从感性认识到理性认识的蜕变，已经赶上世界先进水平，同美国、欧洲、日本等地全球气象中心并驾齐驱，可为全世界气象监测预警提供可靠参考。

其中，以国家最高科学技术奖获得者、中国科学院院士曾庆存为代表的中国科学院大气物理研究所（简称大气所）的科学家和中国气象局的气象专家一起努力，为满足国家和人民的需要持续创新，为数值天气预报和气候预测的发展提供了源源不断的动能。

原始方程：一块"难啃的硬骨头"

1956年，刚从北京大学毕业的曾庆存被选拔派遣至苏联科学院应用地球物理研究所攻读研究生，主攻气象学。

彼时，新中国成立不久，百废待兴，国内外形势严峻，国家急需气象科学人才。

现已89岁高龄的曾庆存回忆道："流体动力学、数学物理方法和计算数学，都是当时新兴的学科，我几乎没学过，但它们对研究气象学非常重要，得下狠心补习。"

于是，曾庆存常坐地铁到莫斯科大学去听数学课，去相关研究所听讲座和学术报告。那些披星戴月的日子，为他以新的视野开展气象学研究奠定了坚实基础。

20世纪初，国际上提出描述大气运动的完整原始方程式组（简称原始方程），认定用这些方程组可以做定量天气预报。

原始方程中需要计算的大气物理变量很多，包括温度、气压、湿度、风向、风速等，还包括涡旋和各种波动的运动过程。但是，在当时的条件下，要想以"追上天气变化的速度"

将其计算出来，实现真正的"预报"，是不可能的事。

面对这块"难啃的硬骨头"，研究人员纷纷另辟蹊径，想要大大简化原始方程，以适应当时的计算能力。1950年前后，美国气象学家查尼（Charney）用计算机做出了世界上第一幅"数值预报天气图"。"数值天气预报"一词由此正式使用。

但在接下来几年的大规模应用验证中，研究人员发现，不管是在欧美地区，还是在苏联，当时任何一种模式的预报正确率均低于50%，无法实现业务应用。

气象科学界认识到，真正实用的数值天气预报还要依靠求解原始方程。

打破僵局：首创"半隐式差分法"

1960年，计算机能力得到提升。一开始，曾庆存想用准地转模式做气候预测（即长期天气预报）试验，但他的导师——国际著名气象学家、苏联科学院通讯院士基别尔告诉他，中国不应该跳过短期天气预报理论化的阶段。

基别尔建议曾庆存先加入破解原始方程难题的研究队伍。曾庆存的研究论文题目是"应用斜压大气动力学原始方程组做数值天气预报研究"，但这是理论分析十分困难、计算极其复杂，必须同时在气象科学和计算数学理论方面都有所突破才能解决的世界难题。

"当时所有的师兄都反对，认为我不一定能研究出来，可能拿不到学位。"曾庆存说道。但凭借"初生牛犊不怕虎"的劲头，以及学成报国的热情，他义无反顾地踏上了荆棘之路。

啃上这块"硬骨头"，曾庆存犯了难。"真是一点儿办法没有，到处都是问题，怪不得人家不敢动手。"曾庆存说道。彼时，苏联计算机的内存只有2048个单元，他面临的头一个难题就是如何把原始方程里那么多的变量都放入这么小的内存中。他左试右试，终于找到了方法。

接下来，更大的难题来了——怎样才能使计算速度满足做预报的要求？经过无数次思索和试验，曾庆存意识到，大气里有波动、涡旋，波动变化很快，涡旋变化则比较慢。既然难以兼顾，那为什么不先分开计算，过一段时间后再把两者综合起来呢？

这种分开计算的方法即是曾庆存首创的"半隐式差分法"。其中，激发快波的项用隐式表示，时间步长小些；描述慢波

曾庆存和"半隐式差分法"原理

的项则用显式表示，时间步长可较长些。在快波计算若干步后再算一步慢波过程，这样构成差分格式，在保证计算稳定性的基础上，再相叠加，逐步前进。有了差分法这个解法，就能实现应用斜压大气动力学原始方程组做数值天气预报研究的最终目的。

1960年冬天的一个深夜，窗外下着鹅毛大雪，计算机发热的电子管却烘得整个机房热乎乎的。午夜12点，轮到曾庆存使用计算机了，他迫不及待地想要验证他的算法。由于计算量大幅减少，计算机算完时时针刚指向凌晨1点。"用那么小内存的计算机也可以算"，世界上第一幅以原始方程做真实预报的天气图成功问世。经过反复认真检查，确认结果无误的曾庆存不顾莫斯科冬天的彻骨寒风，抓起外套就往外冲，只想赶紧让老师知道这件事。此时天还没亮，曾庆存走了很长一段路，才终于坐上了开往研究所的地铁，沉浸在无限的喜悦中。慢慢地，他的记忆出现了一段空白——一夜未睡的曾庆存一出车厢就晕倒在地。清醒后，他迫不及待地走出地铁站，在及膝深的雪地里前行，鞋袜都被浸湿了。当他向导师和同事报告成功的消息时，大家都欣喜若狂。那天夜里，曾庆存又发起高烧，鼻血落在搪瓷洗脸盆里，叮当有声。

最后，曾庆存只用10小时的计算机机时就把论文做完了。这个方法成为当年苏联科学院的重大成就之一。

基别尔立即让曾庆存的师弟用这个方法做每天的数值天气预报。该模式在莫斯科世界气象中心试用了一年，准确率超过60%，符合天气预报实际业务要求。1962年，莫斯科世界气象中心开始用该方法向全球发布数值天气预报。这是世界采用斜压原始方程做天气预报业务的开端。

没有计算机就先打好理论"地基"

1961年，曾庆存从苏联学成归国。当时，我国高速计算机资源缺乏，无法用原始方程做短期数值天气预报业务。

"我当时想，大计算机中国将来必定也会有，为了未来更好地做短期数值天气预报，以及做长期的全球的延伸数值天气预报[①]，我要转入更深入、更抽象的基础研究，以做准

曾庆存（左二）与叶笃正院士（右二）等外出考察

---

① 今称短期气候预测。

备。"曾庆存说道。

在那段艰苦又充实的日子里，曾庆存与合作者实现了一个又一个"首次"，创立了数值天气预报与地球流体力学的数学物理系统理论和计算方法，研制了数值天气和气候预测模式，建立了大气遥感系统理论，发展了定量信息提取方法。

1979年，曾庆存撰写的《数值天气预报的数学物理基础》一书出版，开创了大气和地球流体力学的数学物理系统理论，在国际学界引起广泛关注。日本气象局原局长新田尚于1980年发表评论："这是世界上第一本这样的书，是气象学理论化的完成。"国际数学家联盟原主席利翁斯（Lions）也大力推介这项成果。此后，应用数学界就形成了研究大气和地球流体力学问题的数学分支。

2012年，在曾庆存的倡议下，中国气象局和广东省人民政府共同成立了区域数值天气预报重点实验室。中国科学院院士戴永久说到，该实验室研发建立了热带区域"9-3-1"高分辨数值预报系统，建成了我国首个1公里分辨率的业务数值预报模式，其台风预报模式业务的评分跻身世界前列。

从天气预报到气候预测

1988年的夏天，酷热难当。每天的固定时间点，大气所的博士生王会军都会推着自行车，驮着一个巨大的纸箱往返于公共计算机房和办公室之间。当时他们用的还是国外退役的两台计算机，运算性能加起来还不到美国一台在役计算机的1/4。

纸箱里通常装着几个或十几个偌大的计算机存储用磁盘。"我们在公共计算机房里运算完以后，需要用磁盘把计算机硬盘里的数据拷出来。计算机房空间有限，不能存放磁盘，得运回办公室。下次用的时候再驮过来。"王会军说道。

如今已是中国科学院院士的王会军，当年成为曾庆存的学生后，对气候变化、古气候数值模拟很感兴趣；他的同学、大气所研究员胡非更关注大气和地球流体边界层；他的师弟戴永久主要负责陆面过程模式的研发；他的另一位师弟、国家卫星气象中心首席科学家李俊主要研究气象卫星和相关的大气红外遥感。他们师从同一个人，研究方向如此不同，却都成长为我国气象研究领域的骨干。

戴永久回忆道："那时候，曾先生很忙，把一个问题交给我们的时候，会给我们足够的自由，并不要求马上出结果、发文章，而是非常耐心地给予指导。他的言传身教，为我今后的科研生涯树立了榜样。"

胡非记得很清楚，当时曾庆存很重视人才培养和研究队伍的组建。那时，曾庆存每个月给胡非30元，让他买糖果瓜子，把研究生组织在一起搞学术沙龙，畅谈学术和科学理想。

"对我们来说，这是科学家精神的传承。"胡非说道。

1990年前后，随着中国的经济发展和社会建设，中期天气预报和短期气候预测对决策与规划越来越重要。同时，世界气候变化问题研究的急迫性也日益凸显。

有了团队，大气所气象科学研究的布局逐渐成形。曾庆存带领团队开始进行跨季度气候预测研究。他们设计出大气环流模式、大洋环流模式，独创的动力框架跻身国际先进行列。该模式从1990年开始连续5年用于季度和跨季度气候预测，都取得了成功。1994年，他们建立了世界第一个实际应用的短期气候预测系统。

做中国人自己的地球系统模式

"陋巷雌风压语低，阔人高调与天齐。科坛似是容争辩，政界分明竞画皮……"1990年的一个深夜，在瑞士日内瓦参加第二次世界气候变化大会的曾庆存辗转反侧，忧心忡忡，写下了这首诗。"我们当时还没有意识到气候变化问题已经演变为政治问题了。"他说道。

回国后，曾庆存立刻给当时的国家科委写了一封信，建议我国也要及时研究相应问题，免得被动，并把在日内瓦的所见所闻告诉了学生们。王会军主动请缨挑大梁，研究气候变化与二氧化碳的关系。

他们很快得出大气中二氧化碳含量翻番后会导致大气升温1.75℃的结论，完成了我国第一个基于自己的气候模式的全球变暖定量研究。这是当时全球最优计算结果。

1992年，这一结果被联合国政府间气候变化专门委员会（Intergovernmental Panel on Climate Change，IPCC）第一次评估报告补充报告所引用。这是我国第一个被IPCC正式引用的结果。

也就是从那时起，曾庆存萌生了建立我国地球系统模式的念头。

地球可以简单归为大气圈、水圈、冰雪圈、岩石圈、生物圈（包括人类活动），它们相互作用。地球系统模式既要揭示各圈层的演变，又要通过"耦合器"将各个独自运行的模式有机联合在一起，模拟出自然界相互作用的演变过程。这是数值天气预报的延伸——大规模的数值模拟研究。

当时，国际上已经存在一些大体成型的气候变化研究模式。例如，美国国家大气科学研究中心向全球提供公用的气候系统模式，并开放共享源代码。有人指出：与其费那么大劲开发自己的系统，为什么不直接使用现成的开源系统？

曾庆存坚定地认为，中国必须有自己的地球系统模式。姑且不说哪个好，重要的是自己的，是"自主可控"的。"我们自己有模式、有计算数据，就有气候谈判的底气！"曾庆存说道。

地球模拟实验室展厅

"一方面，由于我国天气和气候具有独特性，如西北地区干旱、江淮流域梅雨天气等，在他国的气候系统模式中不一定能得到很好体现。"王会军解释道，"另一方面，如果天气和气候的预报预测不能自主可控，将来会有一定的风险。"

2003年，大气所正式提出研制地球系统模式的建议，2007年获中国科学院立项支持，其后又获得国家的大力支持，并被命名为"中国科学院地球系统模式"（CAS-ESM）。

历经14年攻关，2021年，"寰"诞生了。它是我国首个研制成功的地球系统数值模拟大科学装置，能通过计算模拟真实地球的风云变幻和规划人类的一些建设方案。

戴永久说道："在'寰'中输入某一时刻的观测数据，就能通过大规模数值计算推演出地球不同圈层的变化，就好像给地球做可视化CT①一样。"

这种推演有什么用？中国科学院地球系统数值模拟科学中心副主任、大气所研究员曾晓东以生态系统演变为例解释到，小到一棵树能不能茁壮生长，大到在某种气候条件下植被如何自然分布，大科学装置都能为人们提供可靠的参考。

李俊说道："它可以帮助科研人员更好地读懂地球，更精准、更全面地认识地球变化，研究全球变化的机制和机理，预知地球的未来。"

"我国已经向IPCC提交了'寰'的模拟数据。"胡非说道，"我们的模拟结果是比较好的，因为我们的模型构建有优势。"

除了为实现"双碳"目标提供科学支撑外，"寰"还被广泛应用于防灾减灾、环境治理、可持续发展和生态安全等重大科学领域，显著提升了我国地球科学的整体创新能力。

"我国大规模数值模拟研究在分辨率方面还需要下大功夫，但我相信，中国的气象科学和地球系统科学事业的前途一定光明！"曾庆存说道。

（中国科学报社记者李晨、杨晨撰文；原文发表在《中国科学报》2024年7月24日第4版；文中图片由大气所提供）

---

① 计算机断层扫描，computed tomography。

重走腾冲遥感路

云南腾冲，一个铁血又柔情的极边之地，历朝历代都有重兵把守。这里有火山、密林、温泉、古镇，也是旅行爱好者的乐园。

2023年冬天，88岁的中国科学院院士童庆禧和他的老朋友、中国科学院院士薛永祺等又一次来到腾冲。合影留念时，有同行人展开一条6米长的横幅，上面写着"45周年弹指一挥间 重走腾冲遥感路"。这一刻，往事在童庆禧的脑海里浮现。

那是在1978年冬天，当时云南正值温润少雨的时节，来自全国68家单位、50多个学科领域的706名科技人员，陆续集结到腾冲和保山。小道消息很快在当地传开："他们的本事大着呢，在飞机上用他们的'镜子'往地上一照，马上就能知道哪里有金子。"

科技人员听了微微一笑，彼此心照不宣：他们在做一件比找金子更前所未有的事——完成中国第一次综合性遥感探测试验。

"摇杆？怎么摇？"

遥感技术兴起于20世纪60年代，是一种通过传感器探测物体电磁波辐射、反射和吸收特性的技术，能在无接触情况下获取影像，分析地表信息，在农业、林业、水文、地质、测绘、气象等领域发挥着重要作用。

然而，在20世纪70年代初时，国内了解遥感的人还很少。童庆禧记得，那时曾有朋友问他是做什么工作的，他回答"做遥感的"。对方一脸困惑："摇杆？怎么摇？"

接触过遥感技术的人就更少了。很多资源调查数据要靠调查队员的两条腿跑出来。

1972年，中国科学院从院属各所抽调人员，成立了地球资源卫星调研组，并联合全国几家科研单位共同发展地球资源卫星相关技术。此后不久，地图学家陈述彭跟随中国科学院代表团，赴墨西哥参加"人类与科学"大会。他发现，国外在遥感技术领域发展迅速。在深受震动的同时，他敏锐地觉察到遥感技术具有广阔的发展前景。

1975年，陈述彭率先将美国陆地卫星的影像引入国内，用于编制全国影像地图和陆地卫星影像图。同年，在时任国防科委副主任钱学森的建议下，中国科学院凭借多学科优势，将发展遥感技术列为重点工作之一。

　　两年后，一个难得的机遇出现了。外交部提出，希望中国科学院提供合适的科研项目，用以开展国际科技合作。

　　得知消息后，同在中国科学院地理研究所（简称地理所）工作的陈述彭和童庆禧向中国科学院建议，希望以国际合作的方式开展航空遥感联合试验。

　　很快，他们的建议获得了国际合作伙伴的认可。之后，中国科学院迅速成立了联合试验筹备组，由地理所二部负责统筹。

　　经过多方面协调和综合考虑，联合试验地点选在了云南腾冲。"这里素有'地质博物馆'之称，地质、地貌、水文及生物多样性等条件非常好，是一个十分理想的遥感试验基地。"童庆禧回忆道。

　　然而，1978年，国际合作突然中止。原本满怀希望的中方科研人员像是被泼了一盆冷水："没有合作'老师'了，怎么办？"

　　"不如趁热打铁，自己做下去！"陈述彭和童庆禧铁了心。他们撰写报告，通过中国科学院呈报国务院，申请自主开展腾冲遥感试验。

　　很快，国家相关部门批准同意中国科学院自主开展腾冲遥感试验，不少单位的积极性随之被调动起来。

　　当时，全国电话资源稀缺，地理所专门在"917"大楼①为腾冲遥感试验布设了一条分机

1978年，陈述彭在腾冲现场考察温泉喷口的石灰华　（地理所供图）

---

① "917"大楼是中国科学院在北京大屯路建的一座大楼的俗称，分配给了中国科学院自然资源综合考察委员会、中国科学院地理研究所和中国科学院遗传研究所。

线，分机号码为648。此后的40多年里，童庆禧一直对数字"648"情有独钟，因为"它联系起全国68家单位"。中国科学院上海技术物理研究所、西安光学精密机械研究所等相关院所，北京大学、北京师范大学等高校，林业部、冶金工业部[①]等国家部委所属的研究机构，通过"648"分机线联结成一张无形的协同网。

陈述彭的助手、地理所研究员励惠国对当时此起彼伏的电话铃声记忆深刻："搞遥感的'火'一下子就'点'起来了。"

1978年12月，童庆禧在"米-8"型直升机上打开机舱门测量地物波谱　（童庆禧供图）

遥感界的"黄埔军校"

热闹归热闹，要想自主开展腾冲遥感试验，还需要解决一系列问题。

第一个问题是，参试人员的知识储备不足，他们几乎从未接触过遥感技术。1978年7月初至8月中旬，中国科学院和北京大学联合举办"遥感技术应用研究班"，为试验培训专业技术骨干，前后参加研究与培训的有200余人。

第二个问题是，大家对腾冲的具体资源分布情况不熟悉。1978年4月，中国科学院派出地理所等5个研究所，联合冶金工业部等6个部委所属的13家单位的22名科技人员，赴腾冲开展任务调研与实地踏勘。同时，他们还与云南省、保山地区和腾冲县（现腾冲市）各级政府沟通协调，落实腾冲遥感试验部署事宜。

第三个问题是，参试单位和人员多，需要建立有效的组织协调机制。1978年10月，中国科学院在北京召开由相关部委和地方负责人参加的"腾冲航空遥感试验"协调会议，决定成立试验领导小组和现场指挥部及其办事机构。

根据试验安排，腾冲、保山两地同时设立地面和空中指挥部，陈述彭担任试验副总指挥和地面总指挥，童庆禧担任空中总指挥。

从1978年底起，100多名航空遥感技术相关参试人员陆续集结到保山，空军先后派出4架飞机支持，开展航空遥感飞行和数据采集。同时，600多名地学研究和遥感应用领域的参试人员陆续集结到腾冲，开展地面调查、验证和遥感试验数据判读工作。

---

① 1998年3月改组为国家冶金工业局，2003年撤销。

"大家憋着一股劲，要好好发展我国自己的遥感事业，所以做了很多准备。"童庆禧说道。

不过，到试验现场后，新的难题还是出现了。"我们的仪器不够先进。"童庆禧回忆道。比如，遥感试验中的重要探测设备——地物波谱测量仪器，不能固定在飞机上。测试人员只好打开直升机的舱门，手持貌似机枪的仪器瞄准地面，一边测量，一边把测试的地物和方位告诉同事。地物波谱测量仪器的负责人田国良带着试验员们，在直升机上配合操作并记录下试验数据。机舱外的风吸力大，拍摄人员就用一根绳子把自己拴住；机舱里的噪声大，大家就扯着嗓子报数据。

在试验期间，危险常在不经意间出现。有一次，童庆禧等在飞越高黎贡山时突然遭遇强烈气流，飞机急剧下坠，几乎撞上山体。化险为夷后，一位飞行负责人跟参试人员半开玩笑地说道："可得给老童打个招呼，我们脑袋都拴在裤腰带上，不要再加航次了。万一哪天摔了，大家都完了。"

还有一次，童庆禧和从事多光谱与成像光谱技术的薛永祺等一起从保山机场起飞。没想到，不到半个小时，飞机就进入雷雨区，天空漆黑一片，舱外雨声、雷声和螺旋桨的轰鸣声混在一起，闪电不时划过舷窗。机长紧张地和童庆禧说道："再往前飞就到玉龙雪山了，我们现在的飞行高度是3000米，玉龙雪山可是5500多米高啊！"为安全起见，童庆禧决定返航。他回过头看了看薛永祺，只见薛永祺面色不改，淡定地操作着仪器。

就这样，空中试验做了50天，飞行了46个架次、136个小时。

地面试验也常遇到艰难险阻。"区域地理信息分析方法与应用"课题参与者、地理所

1978年12月，"米-8"型直升机光谱测量及空地勤人员落地后合影 （童庆禧供图）

研究员傅肃性记得，从昆明到腾冲，地图上的直线距离只有420公里，但实际上要先过澜沧江、怒江，再翻过海拔3000多米的高黎贡山。翻山时，长途汽车紧挨着悬崖峭壁，每个人的心都提到了嗓子眼。汽车走了3天，终于安全抵达腾冲。大家欢呼雀跃，不仅因为走过了最危险的一段路，也因为亲眼看见了腾冲的地物丰富性，试验信心更足了。

最终，试验队伍完成了当时我国规模最大、学科最多、涉及技术和应用领域极为广泛的综合性遥感试验。我国在遥感新领域迈出了具有历史意义的第一步。

腾冲遥感试验像一个摇篮，既哺育了新生的遥感技术与应用，又孕育了萌芽中的地理信息系统。腾冲遥感试验也成为中国遥感事业的"黄埔军校"。其中，陈述彭、童庆禧、薛永祺分别于1980年、1997年、1999年当选为中国科学院学部委员（院士）。

经此一役，1979年，地理所参与腾冲遥感试验的科研人员分为两部分。一部分留在地理所，从事资源与环境地理信息系统研究；另一部分加入地理所二部，独立组建为专门从事遥感技术与应用研究的机构——遥感应用研究所，后与相关研究单位合并成立了中国科学院空天信息创新研究院。

"我们从此有了自己的遥感人才。"进入遥感应用研究所工作的田国良感慨道。在很长一段时间里，"腾冲遥感试验"一直是里程碑般的存在，"参与过腾冲遥感试验"成为相关领域科研人员职业生涯中浓墨重彩的一笔。

一次试验，多方受益

腾冲遥感试验的现场工作于1979年初完成，不仅检验了中国科学院研制的九波段多光谱仪、六波段红外扫描仪、四波段多光谱照相机、激光测高仪、地物波谱仪等第一批国产航空遥感仪器，也对当时保定胶片厂生产的新型彩色红外感光胶片进行了飞行检验。

试验积累了大量第一手遥感技术资料，累计遥感面积约3万平方公里，拍摄胶片长达1100米，录制磁带共90盘，包括黑白全色、黑白红外、天然彩色、彩色红外、多光谱5种航空摄影像片，以及多光谱、热红外、激光测高等一系列资料。参试人员在地面和飞机上测得100余种树木、作物、土壤、水体、地质体等目标地物波谱曲线1000多组，为以后制定统一的标定、测试规范，选择最佳波段、开发特定波段及开展遥感基础研究打下了基础。

这些资料成为中国遥感事业发展的"第一桶金"，相关数据分析和科研工作一直持续到1980年12月。

科研人员共完成71项应用基础研究课题，写出120多篇学术论文和技术方法总结，其中58篇收入《腾冲航空遥感试验总结资料汇编》，包括空中试验、地质应用、农林应用、水资源应用、测绘制图5个分册，总计20余万字。

1979年1月，薛永祺在"伊尔-14"飞机上操作遥感仪器　（童庆禧供图）

此外，他们还编制了1∶10万比例尺系列专题地图26幅，出版《航空遥感图集（腾冲试验区）》《腾冲县农业统计地图集》等，实现了区域综合性遥感制图，使我国第一次拥有了基于自主航空遥感数据的资源环境系列计算机制图。

"这是综合性成果，对腾冲地方的经济社会发展起到重要作用。这些成果放到今天恐怕都不落后。"童庆禧说道。

腾冲遥感试验成果为国民经济发展带来了立竿见影的社会效益：林业部修订了森林储积量的估量模式，将估量参数从13个减少到9个，可信度由85%提高到93%，森林资源调查的精度和效率由此提升；核工业部修订了热液成矿机理和构造控矿模式，圈定2个二级成矿远景区和1个三级成矿远景区，经钻探验证后，为我国增加了铀矿储量；铁道部在遥感模拟选线设计中调整了原有设计，避开了4平方公里的大滑坡，隧道长度缩短2公里，节约工程投资数百万元；云南省利用试验结果在腾冲县进行农业区划试点，核实了水田面积，查明森林覆盖率在20年内由50%降到34%，荒山荒地增加37.6万亩[①]，并以此为依据调整了农业生产布局和结构……

陈述彭在一篇回忆文章中写道："腾冲遥感试验估算总投资不到70万元，共完成71项专题，平均每个专题不到1万元，取得了'一次试验，多方受益'的组织经验和经济效益。"

腾冲遥感试验的一部分成果曾在国际会议上发布，外国专家对此给予了高度评价。参试人员、地理所研究员张仁华记得，他在1980年4月带着腾冲遥感试验成果《遥感土壤水分研究》论文，应邀参加在哥斯达黎加召开的一次国际会议。一位美国教授用"非常棒"来形容他的研究，请求把论文带回去仔细阅读。

1983年，以腾冲遥感试验资料为基础的"腾冲区域地理信息数字分析方法与应用研究"荣获中国科学院科技成果奖一等奖。1984年、1985年，"腾冲区域航空遥感应用技术"先后荣获中国科学院科技进步奖一等奖、国家科学技术进步奖二等奖。

完成腾冲遥感试验后，陈述彭、童庆禧等又组织和实施了两次大规模遥感应用示范工程——天津城市环境遥感监测和二滩水电站遥感试验。这三次试验被誉为"为中国遥感发展奠基的三大战役"。

---

① 　1亩≈666.67平方米。

回顾腾冲遥感试验，童庆禧感慨良多："第一，国家的重视和支持是科学研究成功的关键；第二，腾冲遥感试验是自力更生的结果，我们要有志气，任何时候都不要忘记自立自强；第三，要对标先进技术水平，做到知己知彼；第四，有志同道合的伙伴才有可能成就大的事业。到现在，这些经验仍使我们受益无穷。"

现如今，我国遥感从平台、传感器到数据处理能力，再到应用，都有了飞跃式发展：我国在轨运行的遥感卫星超过300颗，数量与质量均达到世界先进水平，在自然资源调查、生态环境保护、重大工程监测、灾害监测与预警、风险评估、应急救援等方面发挥着巨大作用。

不约而同地，腾冲遥感试验的亲历者们都期盼着，未来有一天，我国遥感卫星每天都能将广袤的国土"扫描"一遍，获得全天候的高分辨率遥感数据，为经济社会发展提供更多、更及时的信息支撑，成为国家新质生产力的重要组成部分。

腾冲火山地貌遥感影像，红色部分表示植被 （童庆禧供图）

（中国科学报社记者倪思洁撰文；原文发表在《中国科学报》2024年7月8日第4版）

孕育"龙芯"的 478 个日夜

"八五""九五"期间，我国连续十年没有部署通用型中央处理器（center processing unit，CPU）研制项目。于1999年底出任中国科学院计算技术研究所（简称计算所）所长的李国杰为此心急如焚。

"错过这5年，以后就没机会了！"李国杰到处奔走呼告，"'十五'期间要花大力气做通用处理器。"

通用处理器是芯片中的"珠穆朗玛峰"，是信息领域的基础和核心——没有它，计算机系统及各类电子设备都将受制于人。

但国内在论证要不要做通用处理器时并没有统一意见。不少专家认为我国不会做也不用做，还有人觉得国内没有能力做。

申请不到经费，计算所只能破釜沉舟，于2001年下决心拿出1000万元的"家底"，设立CPU研制项目。

启动资金有了，下一步就是找人。李国杰一开始琢磨着找有经验的老同志来牵头，直到30岁出头的胡伟武进入他的视野。

立下"军令状"的年轻人

"十五"初期，国内比较主流的观点是我国应以研制专用的嵌入式处理器为主：一是许多人认为我国还不具备研制高性能通用处理器的能力；二是专用的嵌入式处理器需求量更大，市场更广阔。

"折中"的建议认为应该先从芯片封装入手，等挣到一些钱、学到一些本事后再考虑先进的芯片设计。

李国杰坚持认为，中国的芯片产业不能再走个人电脑产业以组装为主的老路，如果只重视低端芯片或用别人的产品组装，"前途不会太美好"。

"如果我们不敢碰CPU，就只能永远处于技术的下游。"李国杰说道。几年前，他曾在上海参观过一个飞机设计所，所里展厅的一幅题词让他大感震撼。

那是两院院士、时任中国工程院院长宋健的题词，只有四个字——"站起来吧"。

"认为中国不可能做出通用处理器的人，缺少的正是'站起来'的自信心。"李国杰说道。

在年轻的胡伟武身上，他看到了这种自信心。

胡伟武于1991年从中国科学技术大学毕业后即进入计算所攻读博士学位，之后留所工作。一个偶然的机会让他与通用处理器项目命运相连。

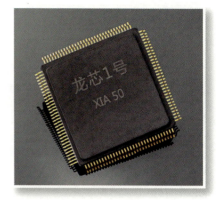

"龙芯1号"芯片

2000年10月，胡伟武被派往母校招生。回到原来待过的实验室，他和同学10年前用400多个元器件搭起来的电路还静静地躺在那里。

熟悉的操作台映入眼帘，让胡伟武产生了一种"重操旧业"的冲动——那些没日没夜地与逻辑门、触发器等"玩命"的日子，对他"有一种深深的诱惑"。

他想到了所里正在筹备的处理器设计项目，拨通了计算所系统结构室主任唐志敏的电话，半开玩笑地立下"军令状"："两年内不把通用操作系统启动起来，我提头来见！"

小名"狗剩"，英文名 Godson

年轻的负责人可能对完成课题任务没有百分之百的把握、不十分清楚"水有多深"，但正是这些不确定性才能激发创造潜力。李国杰后来说道："我相信人才是可以逼出来的。"

处理器设计项目开始后，李国杰在全所会议上制定了"高起点、一步到位"的目标，要求设计团队从高性能通用处理器入手，走跨越式发展的技术路线。

2000年11月，唐志敏和胡伟武着手拉起队伍，成立"龙芯课题组"。

课题组非常简陋，只有十来个人、100万元经费和一间50平方米大小的实验室。36岁的唐志敏负责整个处理器设计的总体规划；33岁的胡伟武作为项目负责人，带着七八名研究生做具体设计。

课题组后来还加盟了一位工程经验丰富的"老大哥"——38岁的计算所客座研究员张志敏。他放弃出国的机会和高薪工作，在处理器设计中负责工程管理。

张志敏个性沉稳，与胡伟武一张一弛，非常互补。每周一上午开例会，胡伟武总要慷慨激昂地动员一番，张志敏却总是冷静地指出困难所在，适时地"泼冷水"，以至于有时候他不泼冷水了，大家都不习惯了。

龙芯课题组一开始面临的问题是，选择哪条技术路线？

技术路线正确与否不仅影响科研进度，而且还将决定龙芯处理器未来的命运。

经过对多种指令系统的仔细分析，唐志敏最终决定选择采用精简指令集计算结构（reduced instruction set computer，RISC）的无内部互锁流水级的微处理器（microprocessor without interlocked piped stages，MIPS）指令系统。这是一种兼容方案，主要是出于市场考虑：MIPS应用面比较广，服务器和嵌入式系统都可以用；技术壁垒比较低，知识产权障碍较少。

龙芯团队还给这个处理器取了一个很有传统特色的小名"狗剩"。

"名字贱一点容易养大。"胡伟武说道，"音译成英文，就是Godson。"

"狗剩"跑起来了

在努力攻坚"狗剩"的几个月里，课题组成员付出了难以想象的艰辛。

胡伟武记得，设计工作的全面铺开是在2001年"五一"假期后。当时所里通知10月份要展示处理器设计方面的成果。由此，团队开始了夜以继日的工作状态。

胡伟武说到，当出现一个错误时，应用程序、操作系统及处理器本身都是怀疑对象，需要多方面协调及分析，每次都是连续几天几夜鏖战。

最后一次联合调试（简称联调）尤为惨烈。"即使发现一个很小的错误，修改一次设计再形成新的烧制文件，都需要至少8小时。只有24小时不间断，才能保证一天有几次修改的机会。"胡伟武说道。在8月中旬的那个星期，为了赶进度，几个骨干决定冒险把联调时间提前一周。

他们周一晚上开始联调，周二凌晨4点写入烧制文件后没有任何动静；发现问题后，他们赶紧修改并赶在中午12点之前形成新的烧制文件，写入后仍无响应。晚上接着调试，发现处理器插卡上有两个焊点短路，擦除后，主板上的液晶显示器终于显示出"Godson"这几个字母。

"跑通了！"大家一片欢呼。

团队一鼓作气，于周三晚上成功启动了经过改造的基本输入输出系统（basic input output system，BIOS）。周四一早，他们又试图启动Linux操作系统。不巧，系统每次都在最后关头报错，大家直到周六晚饭时才发现问题，匆匆扒几口饭就又继续修改，改好已是8月19日凌晨2点多了。

2点42分，屏幕上终于出现了"login"字样，登录进去之后可以随便操作。

"龙芯1号"终于走通了关键的第一步。胡伟武兴奋地给唐志敏打电话："'狗剩'跑起来了！"

那天，在场的6位成员都极度疲惫，但都兴奋得毫无睡意，一起聊到了天亮。胡伟武回忆到，那个凌晨，北京电闪雷鸣、风雨交加，他回去后连续睡了20多个小时才把觉补回来。

"以我为主"的物理设计

第一步成功之后，"龙芯1号"的物理设计马上提上日程。

这期间，龙芯CPU的研发得到了中国科学院知识创新工程方向性项目500万元经费的支持，加上计算所匹配经费，龙芯课题组的经费从100万元增加到1000万元。

不过，不少人对龙芯团队做物理设计表示担忧。从历史上看，计算所并没有做过大规模芯片的物理设计。

胡伟武对团队有信心。鉴于计算所在物理设计上的空白，他提出了"以我为主"并联合相关单位进行物理设计的方针，并和唐志敏商量出将"龙芯1号"流片分两步走的策略。

第一步，委托有经验的第三方公司进行物理设计，作为"保底方案"；第二步，组织队伍进行独立的物理设计。

物理设计对龙芯团队来说是一个全新的领域。他们就如同刘姥姥进大观园，觉得既新鲜又不知所措。不过，大家用努力弥补了知识缺课，在整个物理设计中，人均看过一万页文档。

在2002年初的全所大会上，李国杰把"龙芯1号"的流片作为全所最重要的任务。

"老兵"驰援

从"不会"到"会"，胡伟武的心里慢慢踏实下来。更令他心安的是，龙芯团队迎来了物理设计的"行家+老兵"驰援——中国科学院微电子中心研究员黄令仪。

早在2001年12月，计算所就联系黄令仪，希望她能帮他们的处理器做物理设计。

黄令仪是中国"缺芯少魂"的亲历者——1989年，她被公派到美国，恰逢拉斯维加斯举办国际芯片展览会。她跑遍展会摊位，愣是没找到一个中国的展位。那时她暗下决心："一定要设计一块高水平的芯片来参展，为祖国洗刷耻辱。"

2002年1月21日，黄令仪敲开唐志敏办公室的门："我来和你们干物理设计。"

两天后，黄令仪带着4个同事一起来到龙芯实验室。胡伟武热烈欢迎，他告诉黄令仪道："我们要让全中国人都能用上自己的CPU。"这个话让她备感振奋。从这天起，他们两个人开启了长达近20年的密切合作。

计算所提出9月底之前完成流片的要求。2002年春节期间，龙芯团队的大多数人都留下来加班。腊月二十九，他们在"办公室卧室"贴对联，其中一副是：

上联：辞旧岁狗剩横空出世

下联：迎新春龙芯马到成功

横批：马跃龙腾

没有硝烟的战争

按照既定部署，交给第三方公司的方案为1A，龙芯团队自主设计的方案为1B。黄令仪出于经验，和胡伟武商量，龙芯团队要做两个芯片：1B确保打通全部流程，对时序和面积不必苛求；1C为力争的，对时序要严、面积要小。

本以为这套方案已经很周全了，孰料临近流片时，问题接踵而来。

"一天一个冲击波，如果是心脏病患者，肯定就要趴下。"黄令仪回忆道。1B和1C都"不省心"，全组十几个人几乎天天不睡觉，一个个面色苍白，嘴唇都没了血色，只有眼睛布满血丝。

看到大家的样子，黄令仪的心底升腾起一股悲壮感："这不就是一场没有硝烟的战争吗？"

在交付流片截止日期的前一天，巨大的挑战突然出现。

当天下午5点，测试组发现整个处理器1万多个触发器的扫描链由于一个失误而没有连出来。

胡伟武的脑袋"嗡"地一下，一句话没说，扎进食堂吃饭，边吃边想："只剩下一天的时间了，几乎没有修复的可能，必须放弃1C方案的流片了。"想到这里，整个人一下子颓了。

他回到机房，把大伙召集在一起说了情况。看着大家熬脱了相的脸，他几乎决定要放弃了。没想到，负责后端版图设计工作的杨旭却说道："我们可以手工再改版图。"

这让胡伟武眼窝一热。

晚上8点，他召集全组在机房开会，动员大家道："我们肩负的是历史使命，因为我们要做出第一台不依赖外国处理器的计算机。"

接下来的两天两夜，他们硬是把一万多个触发器分成十几条扫描链连了出来。

在连续加班的第七天凌晨，终于交付了所有流片文件后，胡伟武和黄令仪说道："我们没什么可后悔了。"

有那么一瞬间，胡伟武非常怀念在做龙芯之前的日子。那时候，他每天下班后可以接上女儿一起坐班车回家，给女儿讲故事、教她背《三字经》。回到家帮妻子做好饭后，他喜欢躺在躺椅上边看新闻边看妻子哄女儿吃饭。星期天，他还可以去爬香山。而今，这一切都变得很奢侈、很遥远。

"我有时候觉得自己比'周扒皮'还狠，我们课题组的成员也很玩命。"胡伟武说道。他记得，有好几次，他在早上六七点钟打开实验室的门，发现有人手里握着鼠标就靠在椅子上睡着了。"看到这样的场景，我忍不住想落泪，但还是叫醒他们接着干。"胡伟武说道。

有一次深夜聊天时聊到"赶超"话题，大家一致认为中国落后这么多，外国人不比我们笨，如果跟他们一样都一周5天、一天8小时上班，恐怕很难赶上，"唯有像当年搞'两弹一星'一样拼命才行"。

这一仗，打赢了

做处理器设计是"一锤子买卖"，不是满分就是零分。在这样的压力下，胡伟武经常凌晨三四点醒来就再也睡不着了。

在等待流片回来的一个多月里，他还常被噩梦惊醒——都是突然想起一个可能的疏忽，总也想不明白，就熬到天亮了。到单位后赶快翻出来看看，他才发现是虚惊一场。"这样的经历至少有10多次。"

黄令仪也是如此。坚持加工两块芯片后，她一直"心中沉甸甸的"，担心做不出来，好久都在心惊肉跳中度日。慢慢地，她的脖子竟不能动了。大夫嘱咐她"不能再用电脑"。

终于，2002年8月9日，吃过晚饭的胡伟武看到传达室信件通知栏上有了龙芯联系人的名字，赶忙叫人取回来。打开一看，里面正是他日夜盼望的芯片。

晚上，他们把带有"龙芯1号"处理器的子卡插到主板上，先运行一个简单的测试程序。胡伟武屏住呼吸按下电源键，数码管上瞬间显示出"Godson-1"字样。

经过一个晚上的调试，8月10日早上6点8分，"Godson Login"的字样终于出现在显示器上，大家激动得长时间欢呼。他们调试了几次，一切正常。

胡伟武上楼回到办公室，给李国杰打了电话。

"李老师，我是胡伟武。"

"怎么样？"

"成了。"

"我马上来。"不到10分钟，李国杰就赶来了。

8月29日，1C方案芯片也拿到了。

黄令仪不敢去现场看测试。胡伟武一个电话打到家，告知她"成功了！"。她顿时心花怒放，脖子也马上不疼了。

以2002年8月10日"龙芯1号"研制成功为标志，龙芯团队回答了"中国人能不能研制通用CPU"的问题。这一仗，计算所打赢了。

"龙芯1号"的诞生，结束了中国人只能用外国处理器制造计算机的历史，被誉为民族科技史上的一座里程碑。当年，该成果入选两院院士评选的"2002年中国十大科技进展新闻"。

龙芯课题组素有去天安门广场看升旗的传统。2004 年，黄令仪（右一）与胡伟武（右三）及龙芯课题组成员在龙芯 2C 芯片设计运行成功后到天安门广场看升旗

2002年9月28日，中国科学院举行了"龙芯1号"发布会。当"龙芯1号"在满场掌声中闪亮登场时，胡伟武在台下热泪盈眶。

从2001年5月8日到2002年8月29日，"龙芯1号"的孕育者投入了478个日夜。胡伟武明白，这虽然是万里长征的第一步，但它昭示着中国自主处理器的未来，今后还有无数个日夜等待着他们去奋斗。

历史也正是这样书写的：二十多年来，龙芯筚路蓝缕、艰难困苦、玉汝于成，在九死一生中活了下来、强大起来，实现了对个人电脑、服务器、高性能计算机上CPU的国产替代，成为一种标识、一座丰碑、一个民族品牌，巍然屹立于中国信息产业自立自强的历史中。

（中国科学报社记者赵广立撰文；原文发表在《中国科学报》2024 年 8 月 23 日第 4 版；文中图片由计算所提供）

"冷却"三峡，守护大国重器

2011年12月15日15时，三峡地下电站28号机组顺利完成72小时试运行。那天，75岁的中国工程院院士、中国科学院电工研究所（简称电工所）研究员顾国彪再次俯瞰三峡两岸，50多年潜藏的情绪如奔腾的江水，倾泻而下。

不同于采用空冷、水冷技术的国外传统大型发电机组，28号机组是我国首台、世界单机容量最大的大型蒸发冷却机组，采用自主创新的"定子绕组常温自循环蒸发冷却"技术，标志着我国大型水电装备研发走向国际领先。次年，蒸发冷却机组27号也正式投产发电。

十余年来，三峡地下电站27号、28号两台70万千瓦大型发电机的运行安如磐石，蒸发冷却技术大幅提高了电机的安全可靠性和维护便捷性，打破了国外厂商在大型水电装备领域的技术垄断，并整体拉低了其投标价格。

最早开始钻研蒸发冷却技术时，顾国彪只有22岁，刚加入成立不久的电工所。"不做与国外重复的事情，要做一两件超越国外的事。"这个一度被视为"很荒唐"的想法，成了他和团队成员一辈子的信念。数十年来，他们一直在思考如何将蒸发冷却技术应用到更广阔的领域，不仅要满足国家重大需求，还要在国民经济主战场发挥作用。

代号"601"

"更立西江石壁，截断巫山云雨，高峡出平湖。"这是毛泽东主席1956年在武汉畅游长江时写下的宏伟诗篇。

"高峡出平湖"的美好愿望，带来了对三峡水利枢纽工程（简称三峡工程）的热议。1958年，中共中央下发关于三峡工程的第一个重要文件——《中共中央关于三峡水利枢纽和长江流域规划的意见》，提出"从国家长远的经济发展和技术条件

三峡地下电站 28 号机组转子吊装

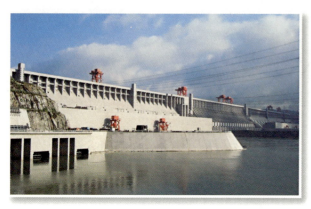

三峡水电站

两个方面考虑，三峡水利枢纽是需要修建而且可能修建的"。

中国工程院院士饶芳权回忆到，当年论证三峡工程的可行性时，中国只做过6万千瓦的水轮发电机组，但三峡这样量级的水利工程项目的机组至少需要50万千瓦。然而，当时世界最大的苏联古比雪夫水电站的单机容量也只有11.5万千瓦。

为了突破大型水利工程电力设备领域关键技术，电工所应运而生。一次攻克大容量电机冷却世界性难题的长征就此开始。

"一把老虎钳、一把锯子、几把螺丝刀，我们的蒸发冷却实验室就是这样干起来的。"刚刚从清华大学电机系毕业的顾国彪，就是在这个关键时刻加入的电工所。

当时，国际大型水轮发电机主要采用空冷和定子绕组水内冷技术。电工所的科研人员曾参与定子绕组水内冷技术的研究，逐渐认识到定子绕组水内冷技术的优势和缺点。这种技术最大的问题就是电气安全问题。由于这类发电机的额定电压一般高达2万伏左右，因此一旦电机内部发生水泄漏，就会严重破坏绝缘性，造成重大安全生产事故，后果不堪设想。然而，随着发电机容量不断增大，绝缘体增厚，发热量也不断提高，空冷这一外部冷却方式越来越满足不了需求了。

怎么才能既保证工程安全可靠，又进一步提高冷却效率？顾国彪将研究方向瞄准了当时发展前景尚不明朗的蒸发冷却技术。

不同于空冷和定子绕组水内冷的原理，蒸发冷却是基于相变换热原理的新型冷却技术，通过绝缘性能良好的介质汽化潜热带走热量。为了验证这种想法，他们还买来一台冰箱，不分昼夜地研究其中的冷冻机。

就这样，他们很快研制出一台15千瓦的压缩制冷电机，证明了压缩制冷在电机上应用的可行性。在后面的试验中，他们渐渐发现基于冰箱原理的压缩制冷技术很难应用于大型电机。这是由于外部的压缩制冷系统的消耗功率较大，发电机外部必须包上很厚的隔热层，不仅会增加后期的维护成本，也会影响冷却系统的可靠性。

在进行技术经济论证分析后，顾国彪另辟蹊径，钻研起热力学中的热功转换问题，并提出利用两相流的自循环原理，即利用液体和气体的混合产生比重差从而产生自循环的原理，将制冷压缩机改为液体循环泵或者索性取消，研制常温下的无泵自循环系统。然而，这个只有23岁的年轻人的想法，让不少人觉得有些"荒唐"。

所有质疑都无法干扰顾国彪。他们仅用了3个月的时间就在1959年底制作出一个立式可观察绕组模型，利用"垂直高度"将热量转化为"功"，从而产生自循环动力，替代了循环泵，形成了无须外界动力的"常温自循环蒸发冷却"系统，实现了蒸发冷却技术最基础和最关键的一步——原理性创新。

随后，中国科学院主持召开蒸发冷却电机工业推广会议，落实了蒸发冷却实验电机的任务，正式定名"601任务"。

随着电工所等单位联合研制的650千瓦水轮发电机在北京玉渊潭试验水电站试验成功，他们向着"三峡发电"的目标又迈进了一步。

"做工程技术，要有敢想的精神，不要外国人说什么就信什么，满足于国外的好东西。要敢于质疑，相信我们能做得更好。"这种深入骨髓的自信，让顾国彪勇往直前，带领团队不断挑战这件看似"不可能实现的事"。

这件事，贷款也要干！

1960～1968年，蒸发冷却技术研究被迫回到实验室。但在这8年里，这支团队并没有停滞不前，而是继续蒸发冷却基础试验研究，并掌握了与电机结构结合的两相流体的测量、散热能力。

1972年，新的转折点到来。他们与良乡发电设备厂共同制造的1200千瓦蒸发冷却汽轮发电机在厂内进行额定负载试验后，并网运行一举成功。至此，自循环蒸发冷却技术在水轮发电机和汽轮发电机上的结构方案都圆满地完成了小型工业机组样机试验，为更大容量等级的蒸发冷却机组研制打下了坚实的基础。

20世纪70年代末80年代初，电工所与东方电机厂[①]等开展合作，但由于立项进度等原因，安装运行资金十分紧张。顾国彪想到了向国家贷款。

"这件事，贷款也要干！科学试验最终要为国民经济服务，一定要实

1982年，云南大寨水电站1万千瓦蒸发冷却水轮发电机组测温装置调试

---

① 现东方电气集团东方电机有限公司。

现工业应用，才会给国家带来真正的好处。"顾国彪说道。当时很多人认为工程应用是企业的事，顾国彪的这一想法无疑是超前的。

凭着这股韧劲儿，顾国彪最终获得了160万元的国家贷款。当时电工所有几百个人，每年的研究经费和运行经费不到100万元。"现在想来，我们的胆子真的很大，当时工资才多少钱，我们居然想要贷款160万元。我大概是第一个用贷款方式筹集科研资金的人。"顾国彪感慨道。

有了这笔资金，两台1万千瓦的蒸发冷却水轮发电机组终于落地云南省大寨水电站。这是我国自主研发的、投入工业应用的首台自循环蒸发冷却水轮发电机。因为没有见过，就连资深的老工程师在首次启动时也倍感紧张。

最终，时间证明了蒸发冷却技术的安全可靠性。如今，这两台发电机组已安全运行40多年，先后获得1987年中国科学院科技进步奖一等奖、1988年国家科学技术进步奖二等奖。

凭借大寨水电站安全运行的基础，蒸发冷却技术团队又争取到在陕西安康火石岩电站建设5万千瓦水轮发电机的项目。为了确保每个环节准确无误，整个团队在工地上一干就是12个小时，吃饭时，大家就直接靠着墙。就连厂内的工程建设者都认不出来这些灰头土脸的"工友"竟是北京来的科学家。

蒸发冷却技术"安全高效"的形象使越来越多的项目主动找上门，但这群科学家的心里始终记着那个最大的梦想——走向三峡工程。

五十余年，圆一个"三峡梦"

1994年，三峡工程正式开工。顾国彪向三峡工程建设委员会提出使用蒸发冷却技术的建议。

委员会专家提出了一个挑战："你们的技术我了解过，你们搞了一个5万千瓦的发电机，但我们这是70万千瓦的。如果你能在四五年内完成40万～50万千瓦的电机，并且两年之内不出故障，我们就一定用。"

恰巧，青海李家峡水电站将启动一个40万千瓦的发电机组，这是当时国内单机容量最大的水轮发电机组。

当时，李家峡发电机组的1号机已经安装，2号机和3号机正在生产，只有4号机有可能性。顾国彪写了厚厚一沓关于李家峡水电站发电机应用定子绕组蒸发冷却技术的建议书，仅材料复印费就花了3万元。凭借之前项目的良好声誉，他们最终成功争取到这个机会，并成为"九五"国家科技攻关计划中的一项。

实际上，从5万千瓦到40万千瓦，对蒸发冷却技术团队而言是一个不小的挑战，常规而言，还应该再研制20万千瓦的机组，但这意味着又需要10年左右的时间，蒸发冷却技术走向三峡将无法实现。

"我当时心里憋着一股气，一定要把蒸发冷却技术应用到三峡工程中去！"顾国彪说道。

为了圆满完成任务，蒸发冷却技术团队夜以继日地奋战在工程前线。1999年末，李家峡40万千瓦蒸发冷却水轮发电机终于研制成功。

顾国彪至今仍记得，李家峡水电站正式运行的那天，虽然身处壮美的国家森林公园，可他根本无心欣赏风景，直到项目宣告成功，才发觉自己"腿都发软了"。

李家峡水电站40万千瓦蒸发冷却水轮发电机在之后于法国巴黎召开的国际大电网会议上被评为旋转电机领域四大进展之一，还与安康5万千瓦蒸发冷却水轮发电机联合获得国家科学技术进步奖二等奖。

自此，我国在电机领域的国际地位开始扭转。

但前往三峡的路，仍不平坦。

据顾国彪回忆，对于这项国内自主研发的蒸发冷却技术，三峡工程建设委员会在4年左右的时间里召开了7次技术评审会，直到2008年才正式决定用于三峡地下电站27号和28号机组。

3年后，三峡地下电站28号、27号定子绕组蒸发冷却机组相继投入运行。由电工所参与完成的"长江三峡枢纽工程"荣获2019年国家科学技术进步奖特等奖。

从最初的1万千瓦到5万千瓦、40万千瓦、70万千瓦，蒸发冷却技术走向世界最大容量的水轮发电机，赶超国外，蒸发冷却技术团队用了50多年。

至今，这些常年稳定运行、连定子线棒都没有更换过的蒸发冷却水轮发电机，"安静"得甚至让水电站的一线维护新人都不知道工程背后还隐藏着中国的"独门绝技"。

作为顾国彪的博士生开门弟子，电工所电力设备新技术研究部主任阮琳说到，在蒸发冷却技术工业应用之前，我国大型水利工程电力设备领域几乎采用的都是国外的技术。无论是装备容量还是技术指标，这两台采用了蒸发冷却技术的三峡发电机都超越了一些跨国公司，达到了国际领先水平。完全自主知识产权的技术确保机组更加稳定、可靠运行。

完成服务三峡的使命后，蒸发冷却技术团队又开启了新领域的"跨界"研究，尤其是向大科学仪器装置和超级计算、云计算等方向进军。

2010～2013年，电工所与中国科学院近代物理研究所合作，正式将蒸发冷却技术应用于重离子加速器领域的电子回旋共振（ECR）离子源。十余年来，集成一体化蒸发冷却ECR离子源运行稳定，冷却系统换热效率和可靠性高，在常导源中，其功率密度和磁场参数均达到国际领先水平，被誉为世界最好的常导源之一。

蒸发冷却技术还成为高海拔宇宙线观测站"拉索"的"降温利器"，成功支撑"拉索"数据采集系统和在站数据处理系统，真正实现了"无人值守"机房要求下的平稳运行。在

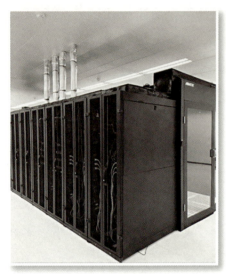

2019 年，稻城海子山表贴式蒸发冷却数据中心

关键指标实测服务器机柜电能使用效率方面，"拉索"数据中心消耗的所有能源与IT负载消耗的能源比值（PUE）为1.03，如此低的数值成为高性能计算中心冷却业内难以超越的成绩。

从2009年起，阮琳还带领团队持续探索蒸发冷却技术在耗能巨大的超算领域中的应用。如今，电工所电力设备新技术实验室的蒸发冷却技术，在祖国大地的各类大型工程项目中落地开花，新的技术生长点也在萌生。

在蒸发冷却技术蜚声国际之时，国外知名水电公司曾想高薪聘请顾国彪，但顾国彪婉拒了。蒸发冷却技术团队第二代、第三代科研骨干也曾收到国外大型企业抛来的"橄榄枝"——只要出去，就能赚更多的钱，但这个只有20多人的小团队始终十分稳定。科学家的"国界"一直在他们的心里。

是什么力量支撑着几代人接续奋进、支撑着几十年的持续攻关，让蒸发冷却技术打破国外垄断？又是什么力量让蒸发冷却技术团队的精神传承一以贯之，永不褪色？阮琳的答案是："使命感永远在心，而且在某种程度上，我们都是理想主义者"。

今年88岁的顾国彪，仍然牵挂着青年科学家的成长。他希望电工所乃至中国科学院所有的年轻人，心系"国家事"，肩扛"国家责"，不断创新，协力攻关，把越来越多的科研成果书写在祖国的江河和大地上。

（中国科学报社记者孟凌霄、田瑞颖撰文；原文发表在《中国科学报》2024 年 9 月 4 日第 4 版；文中图片由电工所提供）

提前布局　突破封锁

——红外探测器的自主创新之路

1951年初夏，"戈登将军号"海轮从美国旧金山码头出发，驶向中国。当祖国的大陆在眼前逐渐浮现时，甲板上的一个年轻人眼噙热泪地说道："祖国，您的游子终于回来了！"

这位对祖国母亲日思夜想的年轻人，便是日后成为中国半导体及红外学科奠基者、引路人和中国科学院院士的汤定元。

往后的很多年里，每每有人问他"为什么放弃那么好的科研条件回国"，汤定元的答案都只有一个——为振兴中华尽自己的绵薄之力。

写给元帅的三封信

现代红外科学技术研究起步于20世纪40年代的德国。第二次世界大战后，德国红外技术的研究中断，相关成果成为美国和苏联的战利品。由于红外技术最初主要应用于军事，因此美国长期在保密条件下开展相关研究，直到1959年9月才首次公开发表部分研究进展。

汤定元是新中国成立后第一批归国的留学生之一。回国后，他到中国科学院工作，以半导体光学及光电性能为研究方向。

那时，国内对"红外探测器"还处于认知启蒙阶段，技术研究更是一片空白。就连汤定元本人也仅仅是"听说它很重要，但不知道重要在哪里"。

但是，时刻关注国际前沿的汤定元知道，红外技术是一项必须跟进的新兴技术。他带领项目组在国内最早开展硫化铅红外探测器研究，"开展硫化铅等红外探测器的研究"被列入了《十二年科技规划》。

为响应党中央"向科学进军"的号召，汤定元提出，科学研究要基于国家实际，面向国家的现实需求；中国科学院不仅要做机制研究，而且要承担产品的试制甚至生产任务。

1958年，汤定元给时任国防科委主任的聂荣臻元帅写了一封信，力陈红外探测器对于国防及经济建设的重要性。很快，红外技术的研究任务被正式提出。

汤定元（左二）在实验室与学生交流科研进展

但不久后，由于经济困难，国内很多研究被迫停滞。忧心忡忡的汤定元再次致信聂荣臻："红外技术研究是大有发展前途的，不能让它中断，但也不能搞'一窝蜂'，要聚散为整，集中全国的科研力量进行攻关。"

在他的倡议下，国家将红外技术和应用光学并列作为我国的科研发展重点。中国科学院决定整合院内红外研究力量，并在1964年年初进行了布局调整——将昆明物理研究所及中国科学院上海技术物理研究所（简称上海技物所）转为红外技术研究专业所，同时将中国科学院物理研究所和中国科学院半导体研究所红外方面的工作分别调整到这两个所中。

肩负着"使上海技物所工作全面转向红外技术"的重任，汤定元同十余位同事共同前往上海技物所。

在早期的探索阶段，美国送来了"礼物"。1965年，一架美国战斗机在我国境内被击落，残骸中有机载红外探测器等部件。汤定元获悉后，再次致信聂荣臻，恳请由上海技物所承担该战斗机同类型红外雷达的研制任务，他的信心和决心再次得到支持。

从此，一个扎根于上海技物所的"红外传奇"徐徐展开。

冲向蓝天

上海技物所红外技术的生根发芽还离不开一个人——中国科学院院士匡定波。

在上海电子学研究所红外技术研究室工作期间，匡定波和同事接到一项紧急任务——研制出一种微波雷达以外的夜间飞机探测技术。后来，匡定波转入上海技物所工作，这项任务也随之移交至上海技物所。

在研制过程中，匡定波深刻认识到探测器作为红外装置"心脏"的重要性，强调"要做红外装置，首先要有红外探测器"。

没有任何资料可借鉴，也没有像样的仪器设备，团队下了很大功夫，终于了解到上海一家自动化仪表厂和中国科学院上海冶金研究所①有人在研究，便专门派人去学习，再回来自

---

① 现中国科学院上海微系统与信息技术研究所。

己做。

　　有了探测器，自主研制红外装置就有了可能。慢慢地，团队做出来的探测器可以接收到2米外一根点燃的卫生香的信号了，再往后，10米、70米……最终，我国首套用于歼击机的红外探测装置在上海技物所诞生！

　　20世纪60年代，上海技物所还参与了另一项重大任务——研制搭载于"东方红一号"人造卫星的红外敏感光学探头。

　　"东方红一号"人造卫星发射升空后，红外探头传来了清晰的信号。自此，我国自研航天用红外器件的实力得到证实。

匡定波参加"风云一号"气象卫星 B 星发射

拔"碲"而起

　　在周恩来总理"要搞我们自己的气象卫星"的倡议下，1972年，气象卫星预研工作开始。上海技物所承担了卫星红外扫描辐射计的研制任务，匡定波为主任设计师。这颗卫星就是后来的"风云一号"。

　　随着卫星参数逐步确定，匡定波等关注到，美国预告发射的新气象卫星搭载的扫描辐射计信号全部从模拟制式改成数字制式，地面分辨率提高64倍，将完全取代我国在研方案对标的高分辨率扫描辐射计。

　　"如果按原定指标，在发射前完成研制是有把握的。但是，方案已经在技术上落伍了，等卫星上天以后，世界各国不会再接收这样的云图。"匡定波指出，"必须提升指标，采用新一代技术方案。"

　　上海技物所的研究人员主动"自我加压"，着手提升核心部件的性能指标。其中，研究员龚惠兴[1]负责扫描辐射计整体研制工作，红外探测器的任务交给了研究员方家熊[2]。

　　多番研讨后，团队决定选用与国际接轨的先进方案，用碲镉汞器件观测地球。碲镉汞被誉为红外探测器的"天选"材料，其禁带宽度随组分变化，可以制备各种波段的红外探测器。

---

[1] 1995年当选为中国工程院院士。
[2] 2001年当选为中国工程院院士。

尽管上海技物所是国内最早开始研制碲镉汞的单位，但当时材料指标离要求还有很大差距，其中最突出的是工作温度问题。

实验室研制的碲镉汞红外探测器在液氮制冷（即–196.15℃）下工作性能良好，但在太空中，辐射制冷器只能为探测器提供–168.15℃的环境，在该温度下，探测器的性能急剧下降。

本着一股不服输的劲儿，方家熊带领29个人的小组迎难而上。为了以最高的效率攻克难题，他给团队立下了规矩："全力配合总体，出问题从自己身上反思原因。"

他们一一攻克材料提纯、合成、检测、应用环境模拟等难关，并专门搭建了测量温度变化的设备，详细分析了碲镉汞器件在不同温度下的性能，仔细研究参数和工艺。

当温度问题被基本解决后，团队又夜以继日地攻克了探测器封装难题。在1988年9月7日上海技物所建所30周年之际，"风云一号"气象卫星在太原卫星发射中心成功升空。不久后，红外扫描辐射计顺利获取清晰的图像。

这意味着，我国成为继美国之后第二个同时掌握光导型碲镉汞和辐射制冷技术的国家。同时期的欧洲早于我国起步，却迟迟未能做成。

自我施压，瞄准国际前沿

为何我国能在基础薄弱、技术被封锁的情况下一举攻下碲镉汞器件难题？这靠的是科学家自我施压、自我超越的拼搏精神。

随着红外探测器应用场景不断扩展，为了集中力量保证航天工程等国家重大任务的顺利完成，上海技物所将碲镉汞的材料与器件研究工作统一归并到第十研究室，由方家熊担任室主任。

研究室先后解决了材料预处理、质量控制和工艺规范等问题，建立了从碲镉汞材料生长到红外探测器元件制备的全链条流程。

"七五"期间，多元长波碲镉汞探测器预研项目的目标是做出一个超过10像元的线列器件。但是，方家熊瞄准当时国际先进水平，决定把目标定为60像元。

上海技物所的研究员龚海梅回忆道："当时能做出十几像元的红外探测器已经很不容易了，且有几家单位同时在做，竞争十分激烈。"

但是，方家熊并不畏惧。他带领实验室的同事克服经费不足、设备条件差等困难，成功研制出60像元器件。对此，国防科学技术工业委员会（简称国防科工委）发来贺信："60像元碲镉汞线列红外探测器的研制成功，证明了我们中国的科技人员完全有能力打破国外的禁运和封锁，完全能够依靠自己的智慧和创造力攻克这一难关……你们为国防工业的研究单位做出了榜样。"

随后，180像元的碲镉汞器件研制任务也交给了上海技物所。

关关难过，关关过。从10像元到60像元，再到180像元，方家熊带领团队在不到10年的时间里出色地完成了这些看似不可能完成的任务。回忆起那段持续攻关的日子，方家熊忍不住感慨道："精神上的高压让我常常感到腿像灌了铅似的，拖也拖不动。"

红外探测器是遥感卫星能够"看得清"的关键。60像元和180像元器件，为后续应用于"风云二号"气象卫星、"神舟三号"飞船等的碲镉汞红外探测器组件奠定了基础。

"我们有一批愿意为国家服务的工程师和科学家。"上海技物所研究员李向阳说道，"研究所'垂直整合'的架构为科研人员提供了一个舞台。同等条件下，我们可以通过付出尽可能少的时间和人力，做出满足不同应用需求的红外探测器。"

随着我国探测技术的发展和使用要求的提高，上海技物所"以任务带学科"，持续提升碲镉汞红外探测器性能，同时拓展铟镓砷、氮化镓等探测器的基础研究和应用。

"摸着石头过河"

红外焦平面探测器主要由红外像元芯片和读出集成电路两个部分组成，兼具感应红外辐射信号和信息处理功能。

早在多元红外探测器阵列研制的起步阶段，汤定元便强调道："由于我国红外技术起步比发达国家晚，因此应先增加这方面的投入，加快'红外焦平面阵列'的研制速度。"1987～1996年，上海技物所组织专家共同论证了红外焦平面成像等技术开发的重要性与紧迫性。

历史在此刻重演。1994年，在半导体材料和器件领域颇有建树的科学家何力毅然放弃国外的高薪工作，加入上海技物所，并在4年后成为新成立的材器中心的首任主任。

发展红外焦平面探测器，必须先有大尺寸的碲镉汞材料。何力认为，分子束外延技术或许可以满足条件。

"薄膜材料的外延生长得先有一个'桌面'，再在上面生长材料，这个'桌面'就是衬底。"上海技物所研究员周易解释道，"以往都用碲锌镉，因为它和碲镉汞的性质比较接近，材料容易生长，但大尺寸碲锌镉材料极难制备。"

考虑到硅的晶圆可以做得很大，除了发展大尺寸碲锌镉衬底材料外，何力创新性地提出采用砷化镓和硅基晶圆作为衬底的碲镉汞材料制备技术。与前辈们一样，他带领团队"摸着石头过河"，从琢磨路线、采购设备做起，不断摸索材料生长的最优方案。

把红外像元芯片和集成电路合二为一的工作，也在有条不紊地并行。上海技物所研究员

60 像元长波红外探测器

180 像元长波红外探测器

碲镉汞线列器件

丁瑞军回忆到，项目最初，他所在的团队经过两年多的辛苦努力，终于攻克了倒焊互连等技术难题，测试结果一切正常。当他兴致勃勃地将一块芯片送去封装时却瞬间傻了眼——当被放入模拟的真空、低温环境中时，芯片碎了。

"我向龚惠兴院士汇报了这件事。他提醒我，先调研低温下材料的各种参数，再做仿真模拟，把问题都分析清楚后，再做实验验证。"丁瑞军说道。他马上集合所有相关小组，经过3个月的分析调研，终于找到了问题所在。

在各个攻关小组的共同努力下，2005年，由上海技物所团队研制的大面积碲镉汞材料跟随卫星进入太空。这也是我国红外焦平面碲镉汞探测器首次应用于航天领域。

2014年，伴随着航天用红外探测器需求井喷式爆发，原有的实验室工艺生产线已无法满足大面积、超长阵列产品的生长需要，上海技物所决定在上海嘉定建立一条红外焦平面器件的工艺生产线。

上海技物所研究员林春、陈路和青年职工周昌鹤等齐上阵、两头跑，在兼顾日常研究工作的同时，集中搭建、调试生产线上的上百台设备，跟踪每一道工艺。这条生产线上诞生了迄今公开报道的国际上最长的红外焦平面探测器。

"我很幸运地参与并见证了这个领域的蓬勃发展。"林春感叹道。

"扛红外大旗"

1983年，以7位中国科学院院士为首的专家团队，对上海技物所进行了为期6天的深入考察与评议。评议报告指出："该所在国内红外技术发展中成绩显著，有一支具有一定水平的科研队伍，能承担国家有关的重大科研任务。"

近年来，上海技物所持续攻克大规模、高灵敏、高定量红外探测器关键技术，相关成果成功应用于民用气象卫星、探月探火、载人航天工程、高分专项、国家安全、科学卫星等领域的遥感仪器，保障了航天红外装备核心部件的自主可控。

材器中心研制团队在实验室进行检测

2023年，上海技物所牵头组建的红外探测全国重点实验室正式揭牌成立，以期进一步汇聚全国红外技术领域的顶尖力量，深入开展红外领域高水平应用和前沿研究，推进相关技术深入融合。

从早期艰难追赶外国，到如今多点开花，在这个跨越几十年的"红外传奇"中，国家需求是上海技物所不断发展核心关键技术的最大动力。上海技物所响亮地提出了"扛红外大旗"的努力方向，红外探测器也逐渐成为上海技物所的"法宝"。

"未来，我们不仅要解决现有难题，还要主动挖掘新问题，并且冲在最前面。"龚海梅期待越来越多的年轻人加入进来，一起为国家作贡献。

（中国科学报社见习记者江庆龄、记者徐可莹撰文；原文发表在《中国科学报》2024年9月6日第4版；文中图片由上海技物所提供）

筑梦高原　情牵天路

——青藏铁路冻土路基筑路技术攻关纪实

东起青海西宁，西至西藏拉萨——全长1956千米的青藏铁路，就像一条在阳光下熠熠生辉的长龙。它过草原、跨雪山、穿荒漠、越雅丹，途经辽阔壮丽的西部大地，蜿蜒攀向海拔4767米的昆仑山口、海拔5068米的唐古拉站……

这是世界上海拔最高的铁路，人们赠予了它一个浪漫的名字——"天路"。

即便是高入云端的"天路"，也要"脚踏实地"。然而，青藏铁路轨道下的土地，至少方圆550千米属于多年冻土区。

所谓冻土，是指0℃及以下的含冰岩土。在这种土地上修路，最怕的就是冻土随温度变化而反复冻融，导致路基变形、损毁。

小学生都能听懂的原理却困扰了全世界最优秀的工程技术专家百年之久。从俄罗斯的西伯利亚到美国的阿拉斯加，再到中国的大兴安岭，铺设着一条条颠簸不平的公路、铁路，展示着人类与自然环境抗争的艰难坎坷。

青藏高原一望无际的千年冻土，让修建铁路成了一项"几乎不可能完成的任务"，直到中国科学院的科学家提出了他们的大胆创想。

半个世纪，从布局到破局

"应该下决心尽快开工修建进藏铁路。这是我们进入新世纪应该作出的一个大决策。"2000年11月10日，中央领导同志在铁道部关于进藏铁路的报告上作出上述批示，预示着青藏铁路工程即将第三次上马。

近半个世纪的时间里，青藏铁路工程走过了"两上两下"的曲折历程。1984年，客观条件较好的青藏铁路西格段（西宁至格尔木）正式投入运营。但是，由于经济实力不足，高原、冻土等筑路技术问题没有得到解决，青藏铁路格拉段（格尔木至拉萨）自1978年第二次暂停修建后被搁置了20多年。

"青藏铁路成败的关键在路基，路基成败的关键在冻土。"这句话像紧箍咒一样，再次回响在每位科技工作者的耳畔。

这一次，能行吗？

刚担任中国科学院寒区旱区环境与工程研究所（简称寒旱所）第一任所长不久的中国科学院院士程国栋，就是在这种情况下接到中国科学院领导的电话。

青藏铁路

"院领导非常重视这件事情，让我赶紧写一份报告，论证冻土问题到底能不能解决、怎么解决。"他回忆道。

在此之前，中国科学家死磕青藏高原冻土已经40多年了。

早在20世纪50年代，国家派遣了一批年轻人留学苏联，其中就包括后来国内的第一代冻土专家。青藏铁路工程第一次筹划开工时，在莫斯科大学冻土教研室学习的周幼吾和童伯良等回到祖国，加入冻土研究队，开始了对青藏高原冻土的系统研究。

刚开始研究，大家就惊讶地发现：冻土这个在教科书中只占据很少篇幅的"特殊类土"，竟然是高原施工的最大"拦路虎"。

那是一段激情燃烧的岁月。在祁连山考察水资源的施雅风、在包兰铁路沿线对阵沙漠化的朱震达、在青藏铁路相关区域研究冻土的周幼吾等，从一次次历经艰险的科学考察中认识到，地广人稀的中国西部是一个充满科学奥秘的宝库。他们一拍即合，联名向中国科学院打报告，申请在甘肃省兰州市建立专门机构，长期探索西部特有的自然地理问题。中国科学院非常支持，很快就作出批复。

接下来的几年，在原有研究队伍的基础上，中国科学院分别成立了地理研究所冰川冻土研究室、地理研究所沙漠研究室。1965年，两个研究室合并成立了中国科学院兰州冰川冻土沙漠研究所，这就是寒旱所的前身，并于2016年以其为主体整合成立了中国科学院西北生态环境资源研究院（简称西北研究院）。与之相随的是，一批批科学家怀揣青藏之梦，齐聚兰州，为中国的冻土事业奉献终身。

也是在1965年，程国栋的命运发生了转折。他告别上海老家，来到中国科学院兰州冰川冻土沙漠研究所冻土研究室，然后被派往青藏高原调研，从此与这片满布冻土的广袤大地结下了不解之缘。

"从一开始，我们所有的研究就是与青藏铁路紧密相连的。"程国栋说道。

40多年间，尽管青藏铁路工程两度被迫搁浅，但科技工作者对冻土的研究从未中断。中国科学院等科研单位一直坚守在这个领域，积累了丰富的基础研究成果，特别是程国栋于1983年发表的"程氏假说"——多年冻土上限附近会发育厚层分凝冰，这种作用年复一年，让多年冻土上限附近形成了厚层地下冰——被国际同行誉为冻土学中的"相对论"，为破解冻土工程技术难题提供了重要的理论依据。

20世纪80年代末90年代初，中国科学院又依托中国科学院兰州冰川冻土沙漠研究所，积极组建了冻土工程国家重点实验室，搭建了世界先进的冻土研究平台，凝聚了重要的人才团队，积累了宝贵的研究成果。

养兵千日，用兵一时。当国家决定第三次启动青藏铁路工程时，那些漫长岁月中的坚守、准备和布局，终于迸发出巨大的力量。接到任务的那一刻，程国栋虽然有些紧张，但早已成竹在胸。如何解决青藏铁路建设面临的冻土和路基问题，他们已经想了很久。

师法自然，化被动为主动

2001年10月2日，中国科学院举行了重大项目答辩会。"主动冷却路基技术"是程国栋在此次答辩中的最大亮点。这一技术的精髓，就在于"主动"。

在此之前，人们面对冻土这个"拦路虎"已经"被动"了太久。国内外采用的传统方法主要是加高路堤或铺设保温材料。这就像过去老太太卖冰棍，为了防止冰棍融化，总是在冰棍箱上盖一层被子。但这种方法只能延缓冻土融化，无法从根本上解决问题。

程国栋的思路则直截了当：干脆把"棉被"换成"冰箱"，实现长期、稳定、可持续的路基降温。

但是，究竟如何给绵延千里的路基量身打造"小冰箱"呢？这时候，程国栋在冻土领域积累多年的基础理论研究派上了用场。

我国是全球第三冻土大国，多年冻土区占国土面积的1/5。与很多人想象的不同，多年冻土不仅分布在人迹罕至、气候严寒的边远地区，河北、山西等年平均气温较高的地方，在特殊环境条件下也能形成多年冻土。

程国栋团队见过一种很有意思的现象：在河北农村一些小山坡的地表和不足1米深的土层下，温差竟然能达到30℃以上。盛夏时节，当地人都跑到这些地方乘凉，扒开土层把西瓜放进去，不一会儿西瓜就成了清凉爽口的冰西瓜。

经过研究，团队发现河北冻土的奥秘在于藏在土层下的碎石层。碎石之间的空气对流形成"热半导体"效应，在夏天阻挡地表热气，在冬天又从地下排出热量，是真正的纯天然"冰箱"。

大自然精妙奇绝的设计让程国栋兴奋不已：既然夏日炎炎的华北地区都存在不融的冻土，那么青藏高原上的冻土应该也有办法保住。

程国栋关于"主动冷却路基"的设想，得到了中国科学院的认可。中国科学院设立重大专项，拿出2300万元基础研究经费支持他们开展工作。铁道部则出了"一道考题"，让他们的各种措施先行，在14千米的铁路正线上试行。

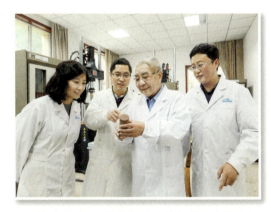

程国栋院士（右二）带领团队进行冻土试验研究

这14千米路堤特意选址在自然条件最不利的地区。青藏铁路先期开工建设3个试验段——清水河段、沱沱河段和北麓河段，其中北麓河段的条件最苛刻。这里的冻土层含冰量最大，土壤温度又相对较高，很多时候接近0℃，施工稍有不慎就会导致冻土融化。

科学家在实验室里钻研出的方案，在铁面无情的大自然面前真能行得通吗？

此时，没人知道答案。

边研究边干，以动态应万变

在此之前，世界上最好的冻土工程是西伯利亚大铁路。这条铁路修好100年后，病害率已经达到30%。世界各地的其他公路、铁路的病害率往往更高。

青藏铁路是百年大计，必须在全球气候变暖的大环境下维持极低的病害率，保障列车以100千米/小时的速度长期稳定通行。要达到这个目标，没有任何前人的经验可以借鉴，从科研人员到工程人员，都得摸着石头过河。

为了让科研成果更快落地，项目组创造了一种全新的工作机制——动态设计理念。科学家提出方案后，项目牵头单位组织全国顶尖专家论证；论证通过后，再以发文的形式下发到设计院，开展后续设计工作；开始施工后，由科学家跟踪监测、实时完善设计方案。正是这种模式，创造了科技成果转化速度的奇迹，让"几乎不可能完成"的工程落地生根，一段段铁路如开枝散叶般在青藏高原上迅速延伸。"我们碰到了一帮干事的人！"回顾这段历史，西北研究院研究员马巍不由得感叹。

然而，意外还是发生了。2003年，国家有关部门的一份气候变化评估报告让人心头一紧。报告显示，未来50年青藏高原的升温预计会在2.2～2.6℃。在这样的升温幅度下，原有的极高温多年冻土区路堤修筑方案无法有效保护高温、高含冰量冻土。经过研讨后，科研人员毫不迟疑地将已经做好的方案全部推翻，改路堤为旱桥。

"这是对整个青藏铁路修建方案的一次颠覆。"西北研究院研究员、冻土工程国家重点实验室主任吴青柏说道。

但在其他路段，至少两三百千米的块石路基已经修好，相关设计方案却无法应对如此显著的气温变化。一部分人认为，只能废弃这些路基，重新选线，而这无疑会造成巨大的浪费。

程国栋觉得不能这么浪费国家经费。他找来所里一位优秀的青年人才一起讨论如何解决这个问题——他就是后来于2011年当选中国科学院院士的赖远明研究员。

由于没有任何先例，赖远明和学生喻文兵等做了大量试验，证明粒径22厘米的块石降温效果最好。之后他们又做了多次风洞实验，提出开创性的"U形路基"方案，即在原有块石路基上再铺设一层块石护坡，大幅增强了路基冷却效果。

"这么一改，已经修好的两三百千米路基就可以用了。要是当时废弃重新选线，300多亿元的投入可能就白费了。"赖远明欣慰地说道。在马巍看来，围绕青藏铁路的一切工作都是"动态"的。如今这种"动态"还在继续。从青藏铁路格拉段建成之初就设立的"青藏铁路冻土区工程长期观测系统"项目，一直密切关注着铁路沿线冻土的"体温"变化。

整条青藏铁路，仿佛是一座流动的路基冷却技术博物馆：遮阳棚路基、遮阳板路基、块石路基、U形块石路基、通风管路基、热棒路基……各式各样不断升级换代的"冰箱"，展示着科研人员在各个阶段的创新成果。

牦牛精神，在艰苦中奋进

这个团队中的每一个人，都有一部属于自己的、惊心动魄的"高原求生录"。

在工程早期，驻守北麓河的科学家只有两顶单帐篷可住。晚上睡觉时，外面的狂风仿佛贴在耳边呼啸，让人担心不知什么时候自己就会和帐篷一起被大风刮跑。后来，工程主管部门特意送来两顶棉帐篷，大家的居住条件才有所改善。

再后来，这些科研人员干脆自己动手，在高原上盖起房子。但是，在这种环境下建房子并不容易，他们想起网上宣传过中国科学家在南极搭建的板房既轻便又保暖，便联系同一个生产厂家提供建材。厂家一听来龙去脉，当即表示"就算赔钱也要做，我们也想为青藏铁路作贡献"。

就这样，西北研究院青海北麓河高原冻土工程安全国家野外科学观测研究站（简称北麓河站）一点点建立起来，成为科研人员驻扎在可可西里腹地的"一叶方舟"。

在高原上，原本日常生活中唾手可得的事物都变得异常难得。

比如吃饭——外出的时候，肉肠、鸡蛋、罐头总是被冻成冰疙瘩，只能放在汽车引擎盖子上，让散发出的热量一点点融化食物。此外，食物本身已经很简单了，再加上高原反应引起的味觉失灵，让人对"味同嚼蜡"4个字有了深切体会。

比如睡觉——沿路偶尔出现的旅社条件简陋，有些连火炉都没有，只能缩在脏兮兮的被子里熬上一夜。缺氧的环境让人头痛欲裂、辗转难眠，以至于高原上流行着一个笑话："昨晚睡得好吗？""好得很，一宿睡了30多觉。"

就连刮胡子这件小事，都因为机会难得而显得格外"隆重"。程国栋这个当年面目清秀的上海小伙儿，来到高原就成了赫赫有名的"程大胡子"。他得等一个天气最好的日子，对着暖融融的阳光，才敢把胡子打湿、再小心翼翼地刮掉。

在青藏铁路昆仑山隧道还没被完全打通时，为了进一步研究隧道围岩冻土分布情况，赖远明直接走进去放置温度和应力等测试元件。那是在4500米的高海拔地区，空气本就稀薄缺氧，加上炸药爆破、毒气弥漫，赖远明回忆自己当时"反应很大，吐得一塌糊涂"。从那以后，他就落下了后脑勺疼的毛病，受不了的时候用温水或热水冲洗才能有所缓解。

"'冻土人'最大的特点就是能吃苦，常常在高原上披星戴月，真的是以云彩为被、以大地为床。在野外工作，我们每个人都把皮肤晒坏了，脱了一层皮。"说话间，赖远明笑着伸出手来——他手上星星点点的白色印记，是太阳赠与他的"勋章"。

有一个故事，很多人都会讲起，每次讲起都令人心疼：在青藏铁路建设攻坚阶段，北麓河站第一任站长刘永智一年中有9个月都是在高原做试验、搞监测，后来下山体检时，由于长期缺氧，血液浓稠到抽都抽不出来。

人们常把辛勤工作的人称作"老黄牛"，但在这里，大家更喜欢的一个词是"牦牛精神"。中国科学院这些来自五湖四海的科研工作者，到了大西北就都是高原人，从肉体到心灵都锻造得无比刚强，坚韧不拔。

筑梦高原，战极限创一流

2006年7月1日，青藏铁路正式通车运营。

这一天，寒旱所的科研人员连同60多名外国专家，坐上了开往拉萨的列车。

列车员向乘客讲解："（2001年后新建的）青藏铁路北起格尔木、南至拉萨，全长1118千米，有960千米在海拔4000米以上。在如此高海拔、多年冻土区修建铁路，在世界铁路史上实属罕见。中国科学院寒区旱区环境与工程研究所的科研人员利用主动冷却路基的方法，解决了多年冻土这个世界铁路建设史上的难题……"

听到这里，赖远明不禁热泪盈眶。他转过头，车窗外远山起伏，雪峰耸立。

青藏铁路创造了世界级奇迹。

国际冻土协会主席杰里·布朗（Jerry Brown）这么评价青藏铁路："青藏铁路代表了冻土工程的最新进展，在这一领域，其他国家需要借鉴中国的成就。"

《自然》（Nature）在大篇幅报道中指出，青藏铁路以环境友好方式破解了气候变暖条件下冻土区筑路的世界性难题，具有重要的里程碑意义。

另有国外媒体评价青藏铁路是"有史以来最困难的铁路工程项目""世界上最壮观的铁路之一"。

国内的荣誉也纷至沓来：2005年，青藏铁路工程冻土路基筑路技术与示范工程建设研究集体获得中国科学院杰出科技成就奖；2008年，青藏铁路工程获得了国家科学技术进步奖特等奖，冻土与寒区工程研究创新团队是主要完成单位之一；2017年，这个团队又获得了国家科学技术进步奖创新团队奖。

神州大地上，道路千万条。如果说哪一条路能从时间到空间、从传说到现实连缀起最美的中国梦，则非青藏铁路莫属了。

"黄河西来决昆仑，咆哮万里触龙门"——李白曾在诗中惊叹这里的雄奇险峻；"有昆仑山脉在，铁路就永远到不了拉萨"——20世纪的美国旅行家曾如此断言。

汉代远征的将军、唐朝和亲的公主，都曾在被死亡笼罩的漫漫长路上喟然长叹；民国时期，孙中山先生在《建国方略》中勾勒出以昆明、成都、兰州三城连接拉萨的铁路巨网……

1973年，毛泽东主席在会见尼泊尔国王比兰德拉时说道："青藏铁路修不通，我睡不着觉。"[①]多少年来，青藏铁路一直是党和国家领导人念兹在兹的夙愿，更是西藏乃至全国人民的殷切期盼。

青藏铁路的完工通车，使西藏地区彻底摆脱了和内地的时空阻隔，极大促进了民族团结、区域发展和经济文化繁荣。

"挑战极限、勇创一流"的青藏铁路精神，在每一位工程参与者的身上辉映。在这支灿若星辰的队伍中，中国科学院一代代"冻土人"用智慧和汗水写下了不朽的篇章。

精神不灭，薪火相传。直至今天，西北研究院的科研工作者从未有一刻懈怠。他们仍然驻守在青藏高原，长期监测铁路沿线的冻土、环境变化和铁路的运行状态。

谈到未来，西北研究院副院长张明义没有豪言壮语。从老一辈科学家手中接过接力棒的他坚定地说道："我们会传承和发扬老一辈科学家的创新精神、求实精神、奉献精神，会一直守护着青藏铁路，全力保障其安全运行下去。"

（中国科学报社记者李晨阳、王兆昱撰文；原文刊发在《中国科学报》2024 年 3 月 4 日第 4 版；文中图片由西北研究院提供）

---

① 新华社. 一个世纪的伟大穿越　党中央关心青藏线建设纪实.（2006-07-09）. https://www.gov.cn/jrzg/2006-07/09/content_331429.htm[2024-03-02].

他们为中国高性能碳纤维
闯出一片天

洁净的厂房里，高性能碳纤维生产线一刻不停地高速运转着。

透明的聚丙烯腈纺丝溶液穿过有成千上万个微米级小孔的喷丝板。喷出的白丝被数不清的轮子拉扯着向前，穿过蒸汽、蹚过油剂，再穿过烘干机，越扯越细，直到每根丝细如羊毛一般。

碳纤维 （吕春祥供图）

之后，白丝被运到另一条生产线上，继续被轮子拉扯着向前。数百摄氏度的氧化炉，让白丝变得焦黄；上千摄氏度的碳化炉，又让黄丝变得乌黑。千锤百炼后，"人工羊毛"变成了"黑色黄金"，成为航空航天尖端装备中一种不可或缺的材料——高性能碳纤维。

很少有人知道，这条位于山西太原的生产线之所以能够化腐朽为神奇，是因为它的背后有一支国家战略科技力量。中国科学院山西煤炭化学研究所（简称山西煤化所）科研团队的技术支撑，让国产高性能碳纤维走上了一条从无到有、从小到大的路。

在科研人员的印象中，故事要从我国第一条宇航级T300碳纤维生产线的诞生说起。

立下"军令状"

碳纤维具有轻质高强的特点，常被用在航空航天飞行器上。飞行器运动速度快、过载大，对材料的强度和抗变形能力有严格要求。商用飞机每减重1公斤，一年就能节约3000美元的燃料，航天飞行器每减重1公斤，就能节约1万美元的燃料。除此之外，它在汽车、发电设备和体育器械等领域也有广泛应用。

然而，在世纪之交，我国尖端领域使用的高性能碳纤维的供应一度紧张，价格飞涨。

2001年初，年过八旬的两院院士师昌绪呼吁国家大力发展国产高性能碳纤维。很快，我国开始高度重视碳纤维的国产化研究，并启动了"国家高技术研究发展计划"（简称"863计划"）相关专项。

到2005年前后，形势越发严峻，日本、美国加紧对我国碳纤维技术的封锁和产品禁运，导致我国高端领域用碳纤维陷入"断粮"境地，不少国家重要尖端装备"无米下炊"。

2005年春天的一个下午，山西煤化所所长孙予罕接到一通电话："院领导正在宽沟①开会，明天下午4点前你务必赶到宽沟，有急事，你一个人来。"

打电话的人是中国科学院高技术研究与发展局学术秘书蔡榕。从蔡榕急促的语气里，孙予罕意识到事情的紧迫性。第二天一大早，他开车直奔位于北京郊区的宽沟会议中心。当天下午，孙予罕坐进会议室，他的对面坐着多位中国科学院领导。

孙予罕至今记得，当时他被问了一个很直接的问题："国家急需宇航级T300碳纤维，山西煤化所能不能担起这项任务？"

短短一句提问里包含的信息量极大。孙予罕迟疑了。

"T300"是日本东丽公司研发的碳纤维牌号，"T"代表拉伸强度，后面的数字越大，碳纤维的力学性能指标就越高。横截面为1平方毫米的T300碳纤维，可以吊起重约百公斤的物体。这样的性能，让它成为一些重要装备所用复合材料的重要组成部分。

当时，山西煤化所在高性能碳纤维研制方面已有30多年的积累，是中国科学院最早研究碳纤维的研究所之一。20世纪六七十年代，所里的老一辈科学家在基本无参考资料的情况下，突破系列关键技术，建成我国第一条聚丙烯腈基碳纤维氧化碳化中试生产线，并生产出"高强Ⅰ型"碳纤维。这种碳纤维的性能虽远低于T300，却解了当时国家的燃眉之急。

此后，科研人员虽然研制出了T300碳纤维样品，但与进口产品相比，性能差距大、生产工艺和装备控制精度不足、产品性能稳定度差、生产规模小。更严峻的是，国家需求的节点摆在那里——2008年6月30日前必须确保产出能满足应用需求的宇航级T300碳纤维，而在2005年时，大家连"宇航级"包含哪些性能指标都不是十分清楚。

看到孙予罕迟疑，院领导承诺会全力协调院内外相关力量给予协助。

孙予罕点点头，说道："好，我们干。"

当晚，孙予罕赶回太原，召集研究所领导班子成员和高性能碳纤维研发的业务骨干开会。

会上，碳纤维技术带头人、山西煤化所研究员吕春祥感受到了扑面而来的压力。当时，他正带领团队开展碳纤维的基础研究工作。他知道，这项新任务与日常的科研节奏截然不同，将带来不同寻常的新挑战。

---

① 宽沟会议中心。

"当时我们的T300碳纤维处于有成果没技术、有技术没产品的状态，制备几根丝没问题，但是要批量生产，还要满足极其苛刻的指标要求，很难。"吕春祥回忆道。

有关资料显示，日本东丽公司从研制出共聚聚丙烯腈原丝到生产出T300大约用了5年时间，改进、完善和提高质量大约用了10年时间。但是，留给中国科学家的时间只有3年。

挑战来临，现实没有给他们留任何退路。吕春祥把心一横，说道："'干了，死了'总比'不干，死了'强。"

吹响集结号

2005年5月16日，吕春祥写出了《T300碳纤维工程化研制项目建议书》的初稿；7月末，山西煤化所将完善后的建议书上报给国家有关部门，申请承担宇航级T300碳纤维的工程化研制任务。

在讨论T300碳纤维技术方案时，大家发现，碳纤维生产所需的两种关键辅料还没有着落，一是油剂，二是上浆剂。

油剂和上浆剂分别被用在原丝生产和氧化碳化几个关键环节。它们既能让几千根丝合成一股不散，又能保证被合成股的线搓回丝状。更重要的是，这两种辅料直接影响碳纤维的表面结构和之后制成的复合材料的性能。

在2005年秋天的一次会议上，中国科学院开始组织多个实力雄厚的院属单位共同参与项目攻关，其中化学研究所（简称化学所）负责研制油剂，上海有机化学研究所（简称上海有机所）、长春应用化学研究所负责研制上浆剂。

任务布置后，各所的参会代表吃了一顿午饭。在饭桌上，大家嘴上打趣说"这是'鸿门宴'"，心里却憋了一股劲，"干不成就提头来见"。

接到任务后，各个研究所分头行动起来。例如，上海有机所在所长姜标的领导下，迅速汇聚单位在有机化学研究领域的核心技术力量，形成一支以曹阿民研究员为核心的十余人的攻关团队，包含了高分子化学、纺织材料、复合材料等多个领域的人才，开始对上浆剂进行集中研发攻关。

就在中国科学院以建制化力量支撑宇航级碳纤维研制时，山西煤化所内部也在集结攻关队伍。

研究所级别的攻关总体组很快成立，所长孙予罕任组长，吕春祥和所长助理李燕生任副组长。所里多个研究部门的优秀科研人员聚集起来，形成了一支20多人的核心团队和百余人参与的攻关队伍。所里又增派副所长韩有清驻工程试验现场协调处理问题。攻关总体组还采用了航天工程"两总制"组织管理方式，由孙予罕负责项目统筹、吕春祥负责技术攻关。

随后，项目正式被国家批复并成立了专门的攻关领导小组，中国科学院为成员单位。

就这样，在国家项目经费和中国科学院配套经费的支持下，山西煤化所承担起宇航级碳纤维工程化的科研攻关任务和生产线建设任务。

2006年3月22日，中国科学院2006年度工作会议再次强调，"中国科学院作为国家战略科技力量"，要"着力提高保障国家安全的能力，并为我国未来和长远发展积累雄厚科技基础"。

此时，在太原小店中试基地，攻关项目负责同志、高性能碳纤维技术业务骨干围坐在一起，对着一块大白板，一步步倒推进度节点，分析每个环节可能遇到的技术挑战和工程难题。在白板密密麻麻的字迹里，一张小店试验线建设的"作战图"浮现出来。图的左侧写着工程节点时间，右侧标注了每个人的任务分工。

看着"作战图"上的时间节点，孙予罕走到吕春祥面前，轻声问道："小吕，行不行？"

"行！"吕春祥说道。此刻，他默默地告诉自己："豁出去了，不行也得行。"

小店试牛刀

"作战图"里有两个让吕春祥压力很大的节点，一是"4月24日，成线可看"，二是"4月30日，纺出原丝"。

这两个节点，都与原丝工程化试验线有关。

T300碳纤维用的原丝，类似于日常生活中常见的腈纶。当时，山西煤化所在原丝工程化试验线上的建设经验不及在氧化碳化线上的建设经验丰富。适合T300的原丝工程化试验线的建设，成了小店中试试验过程中最难啃的一块"硬骨头"。

吕春祥马不停蹄地带着团队设计工艺流程，研制聚合釜、脱单塔、喷丝头、蒸汽牵伸机等关键设备，寻找合适的生产原料……

2006年4月23日，是一个周日，原丝工程化试验线迎来了管道注水冷试车的节点。晚上11点多，安装工作负责人突然发现水灌不进去了。大半夜，安装工作负责人急得直掉眼泪。此时，距离安装成线的最后期限只剩不到24小时。

最后，经过20个小时的查探和处理，4月24日晚上10点，问题终于解决了。

4月30日，又是一个周日，下午5点，原丝工程化试验线收取了数轴亮白的原丝。"这是小店原丝工程化试验线研制过程中的一个重要进展。"吕春祥回忆道。

但是，没有人停下来庆祝，因为后面还有一道道难关等着他们，首要难关就是确保原丝性能的稳定。

之后，根据原丝的质量，科研人员反过来再调整试验线上的工艺。历经半年，试验近百

科研团队研究建设图纸 （山西煤化所供图）

科研团队在扬州搭建设备 （山西煤化所供图）

釜，原丝性能终于稳定下来了。

与此同时，上海有机所研制的上浆剂和化学所研制的油剂也取得了突破。例如，上海有机所团队攻克了上浆剂与碳纤维表界面分析及匹配、树脂关键原材料合成制备、乳液配方体系优化、均质乳化分散技术等难题，最终研制得到适合T300碳纤维的K系列专用水性乳液型上浆剂，破解了T300碳纤维无上浆剂可用的困境。

那段时间，小店中试基地的一举一动都牵动着大家的心。吕春祥干脆住在基地的板房里，最长的一次有18天没回家。中国科学院安排蔡榕作为项目"专务"，每周去小店试验现场实地了解工程进展。用户单位的技术人员也时常住在基地，和研究团队共同讨论技术问题，协商进度。

2007年6月，太原小店中试基地的T300碳纤维工程化试验取得阶段性成果，批量制品达到T300碳纤维的基本指标。但是受当时技术认识水平和装备水平的局限，工程化试验线还存在精度不够、产能不足的问题。

"需要建设更高水平、更大规模的工程化试验线，全面扫清科研转批产的障碍。"吕春祥说道。

于是，项目团队随即进入下一个攻关阶段——在江苏扬州建设产能更大的原丝线和氧化碳化线。

"看来是成功了！"

在扬州，新的T300原丝和氧化碳化工程试验线的规模扩大了好几倍，不少关键技术和装备遇到了新的挑战。

2007年6月T300碳纤维试验成功后，项目团队很快在扬州启动了氧化碳化线的建设，并在2007年9月28日完成建设任务。

一个多月后，科研团队将小店工程化试验线上生产的原丝运到扬州新建成的氧化碳化线上，生产出第一批T300碳纤维。

氧化碳化线建设完成后，原丝生产线的建设就成为项目团队要破解的最关键难题，而大容量聚合釜则是让吕春祥等最挠头的问题之一。

聚合是碳纤维制备的第一个化学反应工序，聚合釜是聚合反应用的"锅"。在中试阶段，为了保证聚合釜能稳定产出性质一样的聚丙烯腈纺丝溶液，吕春祥摒弃了传统聚合釜的连续聚合工艺，颠覆性地设计并采用了间歇聚合工艺。

"原丝性能要高，就好比熬一锅粥，不仅不能煳锅，还必须保证每粒'米'的生熟度一致。连续聚合是连续不断地进料、不断地煮，容易煳锅，如果原料不均匀，过滤器也容易堵，每3个月就要清洗一次；间歇聚合则是一锅一锅煮，煮好了放到罐子里，然后纺丝，不仅原料均匀稳定，而且过滤设备可以多年不清洗。"吕春祥说道。

实际上，聚合釜的研制和反应控制要比在锅里煮饭复杂得多，对材质、形状、耐压、防爆、搅拌、温控等方面的要求都非常苛刻。在工程放大过程中，这种国内前所未有的新工艺聚合釜遇到了前所未有的挑战。聚合反应的原料丙烯腈是甲级防爆高毒物，在聚合过程中会发生强放热反应。聚合釜的容量增加后，防爆能力也必须增强。因此，聚合釜的容量越大，设计难度也越大。

怎样才能让聚合釜既有大容量，又能安全稳定？吕春祥等没有可借鉴的经验，只能一步步摸索。顶着巨大的压力，他拿着设计方案请高分子化工、高分子物理、流变学、反应动力学、传质传热、自动控制、化工设备等多个学科和专业领域的专家反复论证，确保方案科学合理。

2008年5月，大容量聚合釜被装上了生产线。

5月25日一早，聚合釜投料。吕春祥一天一夜没合眼。

5月26日一早，身在太原的孙予罕发短信问吕春祥："聚合怎么样？"

"控制平稳。"

"看来是成功了！"孙予罕回复。

此时离产品交付的最后期限，只剩短短一个月。

白丝变黑丝，黑丝变白丝

最后的冲刺开始了。很多亲历者都说那是他们终生难忘的30天。

他们要赶在最后期限前让原丝生产线上产出的丝在氧化碳化线上变成性能稳定且达到"宇航级"标准的碳纤维。

按照用户部门的要求，宇航级碳纤维必须在满足20多项指标的同时，将万米以上长度碳纤维、不同批次碳纤维的力学性能指标离散性控制在5%以内。

一批批白丝运上氧化碳化线，在变成黑丝后再送到检验部门做性能测试。可是，半个月过去了，碳纤维的综合性能稳定性还是不达标。

时针不停地转，每个人的心都像被放进了油锅里。孙予罕和吕春祥带着科研团队每天驻守在生产线上反复排查，解决可能影响碳纤维性能的工艺问题。

有一天大家坐在一起吃饭时，不知谁调侃了一句："如果做不成功，咱就去跳长江。"

2008年6月中旬的一天晚上，长江升起浓雾，扬州城被笼罩在朦胧之中。和往常一样，碳纤维厂房里昼夜不停地出丝。

第二天早晨7点多，最新的碳纤维性能检测报告单出炉。大家发现，碳纤维的性能指标全部合格。几个小时后，他们收到了第二批碳纤维的性能测试报告，同样合格。

"两个批次一样，没有差别！"孙予罕和吕春祥兴奋极了。

第三批、第四批、第五批……连续几天，他们一次次重复，最终确认这种"稳定"不是偶然。

2008年6月30日，在国家要求的最后期限，山西煤化所给用户单位送去了第一批产品，产品达到用户单位提出的全部指标要求。这一天是我国第一条宇航级碳纤维生产线诞生的日子，标志着我国成为继日本、美国之后第三个可以自主生产宇航级碳纤维的国家。

这条生产线的诞生为我国更高性能碳纤维的国产化奠定了基础。

以此为基础，山西煤化所支撑当地有关企业于2013年底建成比T300力学性能更高的T800高性能碳纤维生产线，使山西省成为国家高性能碳纤维产业的高地之一。

2017年6月，习近平总书记在山西考察时指出，新材料产业是战略性、基础性产业，也是高技术竞争的关键领域，我们要奋起直追、迎头赶上。[①]

为了让新材料产业在全国发展壮大，山西煤化所的科研人员走出山西省，在河南等地成功转化了多项高性能碳纤维技术。此外，科研人员还在开展更高性能的新一代碳纤维的技术攻关。

工程技术的突破带动了高性能碳纤维的产业发展。在国产宇航级T300碳纤维取得突破后，以国有企业为代表的一批企业纷纷进入高性能碳纤维行业。在全行业的共同努力下，我

---

① 新华社. 习近平在山西考察工作.（2017-06-23）. http://www.gov.cn/xinwen/2017-06/23/content_5205015.html #1 [2024-02-18].

位于扬州的高性能 T300 碳纤维生产线　（吕春祥供图）

国高性能碳纤维技术逐步突破，行业逐渐壮大。与此同时，高性能碳纤维的需求量快速增加，国产化占比逐年提升。如今，我国国产宇航级碳纤维已基本能够满足国家和市场需求，一些其他型号级别的进口产品也随之降价，如民用T700S碳纤维的进口价格只有原先的1/3。

"国内几乎所有与碳纤维相关的企业里，都能找到山西煤化所的身影，有些用的是山西煤化所研发的技术，有些用的是从山西煤化所走出来的人才。"蔡榕说道。

作为亲历者，蔡榕时常会回想起2008年6月30日那天。他当时在扬州工程现场看到，就在大家准备庆祝一番时，一位同事把自己锁进一间空会议室里大哭了一场，3年的压力终于宣泄了出来。

在很多亲历者眼中，第一条宇航级碳纤维生产线的研制历程，是有组织科研和建制化研究的典范。它的成功得益于国家、中国科学院及其院属研究机构从上到下的统一组织，也得益于国立科研机构与政府机关、用户单位、企业的优势互补、通力合作。

从2005年立下"军令状"到2008年满足国家需求，在宇航级T300碳纤维生产线攻关的3年里，无数批白色的原丝变成黑色的碳纤维，攻关团队科研人员头上的很多发丝从黑丝熬成了白丝。

多年后的今天，他们的记忆还是会回到2008年6月中旬那个上午。10点，碳纤维性能稳定，厂房外笼罩了一夜的浓雾也散了，阳光明亮而热烈。

（中国科学报社记者倪思洁撰文；原文刊发在《中国科学报》2024 年 2 月 19 日第 4 版）

打造大气"超级CT"

2017年9月25～28日，微信的启动画面突然"变脸"——那张标志性的地球照片从美国航天员拍摄的图片换成了我国新一代静止轨道气象卫星"风云四号"的成像图。地球从未如此清晰！

"风云四号"堪称科技领域的杰作，因为它搭载了多项世界级的先进载荷，其中运行在静止轨道的全球首台干涉式大气垂直探测仪如同一颗璀璨的"明珠"。

这一先进的探测器在红外波段拥有1600多条探测通道，犹如一台超级CT，使得每层的温度、湿度等数值都得到精准测量，为深入研究大气三维对流、更精细预测灾害性天气提供了可能。

干涉式大气垂直探测仪的研制团队来自中国科学院上海技术物理研究所（简称上海技物所）。自1970年我国谋划气象卫星事业之初，上海技物所便积极投身于气象卫星探测仪器的研发之中，半个多世纪以来始终坚守阵地，未曾缺席。

然而，这支擅长空间红外遥感的"国家队"也曾前路迷茫过……

跨代"风云"

1969年初，一场罕见的雨雪冰冻灾害席卷半个中国，通信电路一度中断。面对只能依靠国外气象卫星资料的状况，周恩来总理坚定地表示："要搞我们自己的气象卫星。"[1]

从无到有，由弱到强。迄今，我国已经成功发射21颗"风云"系列气象卫星。

大气结构本身是一个复杂且多维的存在，它的真实结构和变化往往需要三维观测才能全面揭示。但人们有所不知道的是，2016年中国成功发射"风云四号"之前，全球范围内的气象卫星搭载的光学遥感仪器捕获的大气成像图普遍为二维视角。

"如果能实现对大气结构的精细化探测，特别是感知温湿度在垂直方向上的精确分布

---

[1] 中国气象报社. 周恩来总理提出"要搞我们自己的气象卫星".（2011-03-15）. https://www.cma.gov.cn/2011xzt/2012zhuant/20120109/2012010906/201201/t20120110_158720.html[2024-04-25].

和动态变化，对于环境复杂，自然灾害种类繁多、发生频率较高的中国来说，具有重要意义。"上海技物所所长、干涉式大气垂直探测仪主任设计师丁雷说道。

早在20世纪80年代末，美国就已经着手布局静止轨道气象卫星的创新型仪器研发，其中一台关键核心设备便是探测大气三维结构的高光谱红外干涉仪。在这一领域，美国威斯康星大学空间科学和工程中心、美国国家航空航天局（National Aeronautics and Space Administration，NASA）、美国麻省理工学院林肯实验室及密歇根大学空间物理研究实验室均投入了大量精力进行研究，并成功进行了样机试验。美国曾经雄心勃勃地规划，要让地球静止环境业务卫星（Geostationary Operational Environmental Satellite，GOES）在21世纪前10年将这一高科技的红外干涉仪送入太空。

然而，历史发展的轨迹总是出人意料。

1995年，在中国地球静止轨道第二代气象卫星研讨会上，中国科学院院士、上海技物所研究员匡定波等就敏锐地提出，将干涉式大气垂直探测仪作为"风云四号"的主载荷之一。

匡定波曾说："搞科研的人，一定要思维敏锐、坚持开拓，不能自满保守，要善于博采众家之长。我们的科研工作只有不断更新目标，才能追赶世界水平。"

正是这一极具远见的建议，为中国气象卫星遥感技术的跨代发展指明了方向。

2001年，上海技物所肩负起干涉式大气垂直探测仪预研工作的重任，我国在这一领域的探索正式起步。历经十五载，世界首台静止轨道干涉式大气垂直探测仪成功上星。

与此同时，曾一度在气象卫星技术领域领先的美国和欧洲，由于相关计划屡遭延误，进展缓慢。

这场"后来者居上"的技术"赛跑"，中国究竟是如何实现的呢？

啃下"硬骨头"

2001年10月，上海技物所的一间会议室里正在进行一场重要的面试，来自香港科技大学的研究人员华建文的自我介绍很吸引人，尤其是他横跨光、机、电、热四大专业的学术背景，十分难得。

匡定波当即表示："我看华建文就适合做干涉仪。"

干涉式大气垂直探测仪的关键技术攻关极其复杂，涉及的学科面很广，而华建文的知识储备恰好都能用得上。

作为干涉式大气垂直探测仪的精髓，干涉仪的运作基于傅里叶变换光谱探测原理。事实上，这项技术早在20世纪70年代后期便被引入国内，但由于其十分复杂，始终未能取得突破性进展。

华建文则勇敢地接过这块难啃的"硬骨头"，这成为他职业生涯最重要的一次转折。

干涉仪的工作原理，简单来说就是通过光学系统对光信号进行干涉，干涉图像经过傅里叶变换形成光谱图，再经过气象学大气遥感反演，得到大气温度、湿度的三维结构。

干涉仪的主要功能模块非常复杂，包括红外干涉光路、光程差测量光路、动镜驱动机构、精密光校机构、稳频激光器、气锁系统、控制电子学和机械支撑结构等。其中，动镜的

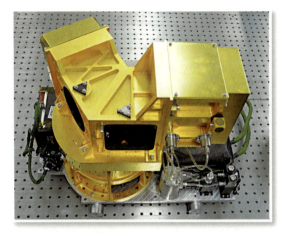

干涉式大气垂直探测仪核心——低温红外干涉仪

作用尤为关键，它就像干涉仪的心脏，一旦出现问题，整个系统就会失去效能。

在不断摸索中，华建文总结出研制干涉仪需要攻克的两大难关。

第一大难关是对运动机构精度的极致要求。一块平面镜在10毫米范围内运动时，倾斜量要始终小于1～2角秒，这在傅里叶光谱领域是技术"制高点"。"当时的加工厂无法满足零件设计要求，测量运动角度的仪器精度无法达到要求的0.1角秒，甚至连现成的修模工具都没有。"华建文说道。于是，他只好带着团队亲自设计制作。

"对于亚微米量级的精度控制，所有关键器件都需要纯手工一点一点打磨。"华建文说道。在他的眼里，干涉仪无异于一件极致的工艺品。

干涉仪对灵敏度的要求很苛刻，即使放在地下室内高精度的光学平台上，还可以看到干涉信号一直在飘动。于是，细微环境扰动较少的深夜就成了华建文及其团队开展精确测量的最佳工作时段。

第二大难关是精密的干涉仪很难承受卫星发射振动冲击的试验。要想满足试验要求，就必须为动镜驱动机构增加锁定装置。由于没有现成可用的锁定装置，团队经过长时间摸索才攻克了这一难题。

除此之外，国外的静止轨道干涉式探测仪一般都被设计为独立搭载，以免受同卫星平台其他光学载荷工作的影响。团队成员苦想冥思后提出一个设想——从10秒一幅干涉图改为1秒一幅，再将数据平均，实现环境干扰最小化，从而将两台气象用光学遥感仪器放置在同一卫星平台上。

然而，科研需要实践证明，理论设想无法一步实现。华建文带领团队长年累月地在地下实验室工作，不时质问自己：答案就在这里，为什么信号出不来？

通过反复测算，他们发现光校装配有偏差。团队花费了数年心血才解决了这个难题，将仪器光校偏差控制在1角秒内。

后来居上

2006年底，国内首台干涉式大气垂直探测仪原理样机研制成功。然而，华建文的心丝毫没有放下，因为分束器的自主研发技术迟迟未能突破。

分束器是干涉仪的核心部件之一，也是西方国家对我国禁运的一项"卡脖子"技术，其中的关键技术难点在于光学薄膜。

2006年，当镀膜材料和基底吸收对均衡分光的影响、应力对分束器面型的影响、双区域集成镀膜的工艺难题这一系列问题抛向于天燕时，她还只是一名在读博士生。她需要一边完成其他科研工作，一边探索这个作为博士研究生课题的红外宽光谱分束器技术问题。

分束器基片的加工耗时非常久，造价极为高昂，一旦失败，经济损失姑且不提，再加工会严重耽误任务进度。

"在分束器攻关过程中，最让我们崩溃的是千辛万苦做出来的、自认为考虑周全的仿真理论，经验证，实验结果严重偏离理论。这意味着大量的仿真数据里有'内鬼'，要花费大量精力来寻找并消灭它。"

在于天燕的记忆里，这种周而复始的工作在整个攻关过程中是家常便饭，非常考验耐力。"有时候几个月没有一点进展，意味着可能会影响卫星项目的整体进程，'压力山大'。"她说道。

然而，干涉式大气垂直探测仪项目团队乃至整个研究所鼓励、包容年轻人的文化，常常能在他们陷入困境时给予最大的支持。目前已是上海技物所研究员的于天燕时常感念这种稳定人心的力量。

2008年，随着干涉式大气垂直探测仪的核心技术攻关迈过一道又一道坎，预研正式验收。

可当一幅教科书般的二氧化碳光谱图出现在专家面前时，"风云四号"干涉式大气垂直探测仪的上星计划又起波澜。

2006年，美国由于技术和经费原因搁置了研发静止轨道干涉式大气垂直探测仪的上星计划；欧洲航天局（简称欧空局）则决定采取两台载荷各研一颗卫星的方式，避免同时工作对卫星平台产生扰动。

"风云四号"一下成了国际上绝无仅有的一颗同步搭载扫描成像仪和干涉式大气垂直探测仪的卫星，直接挑战了欧洲正在研制的第三代气象卫星系统（Meteosat Third Generation，MTG）分置两星方案。

在工程立项论证的过程中，支持干涉式大气垂直探测仪"暂缓上天"的声音不绝于耳。

彼时，匡定波和中国工程院院士、国家卫星气象中心主任许健民坚持认为，成像仪和探测仪应该一起上星。

"他们认为，要求这种创新型仪器必须万无一失才能上天的想法不可取。"丁雷说道，"干涉式大气垂直探测仪只有真正上星接受实践的检验，才能发现问题、解决问题，从而推动技术的进步。"

"当别人放弃时，我们坚持，做成功了就领先世界。"华建文质朴地表达了所有成员的心声。

多年后，华建文在和美国同行交流此事时，对方坦言，由于项目中途下马，导致相关技术研究进展受阻，更可惜的是，这让组建多年的研究队伍难以维系。

2010年，中国的干涉式大气垂直探测仪终于拿到"通行证"，在国家国防科技工业局的支持下正式进入工程阶段。

每个人的肩上都有一座"泰山"

"把实验室仪器做成可以上天的仪器，中间的跨越是巨大的。"丁雷指出道，"它不仅面临更多的资源约束，还要经受完全不同的力学冲击和温度考验。"

在实验室进行技术攻关时，光、机、电、热等各个专业领域都会紧密把握各自的技术指标，不容有丝毫妥协。然而，当这些专业领域需要整合成一个系统为卫星服务时，挑战随之而来。

"在整合过程中，我们需要不断调整、权衡和妥协，以确保各个部分能够和谐协同工作，从而让整个仪器的整体效能发挥到最大。"上海技物所研究员、干涉式大气垂直探测仪副主任设计师孙丽崴说道。

为了确保干涉仪的稳定性，科研团队从电子学、制冷机、结构等多个方面入手，为其提供全方位的"保驾护航"。他们内外兼修，多方结合，最终成功解决了这一工程难题，确保了干涉仪在复杂环境下稳定工作。

至此，干涉式大气垂直探测仪的工程化还有最后一个关键环节——整机定标。所谓定标，就是对仪器精度进行测试以使其符合标准，好比测量仪器的一把尺，直接关系到用户的使用效果。但静止轨道的红外干涉光谱仪定标系统非常复杂，团队必须从零做起。

2010年，来到上海技物所仅一年的年轻人李利兵硬着头皮接过了这个"接力棒"。他和团队一起花了4年时间，为整个系统设计研发了14台套测试设备。

"探测仪的各个技术部分环环相扣，尤其到了工程阶段，每个环节都有相应的时间节点，完成了才能顺利向下传递。因此，我们不仅要承担各自的工作职责，更不能辜负他人的一片心。"李利兵说道。他感受到，虽然项目团队是一个整体，但其实每个人的肩上都有一座"泰山"。

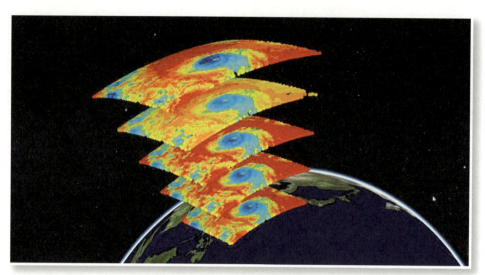

"风云四号"干涉式大气垂直探测仪典型温度通道加密观测

时间来到2016年12月11日，干涉式大气垂直探测仪团队的很多成员到达"风云四号"A星的发射现场，目睹了它成功上星的全过程。

气象卫星是离百姓生活最近的卫星。"风云四号"真正开始让人们领教其实力的是，它让台风这一气象灾害无所遁形。

"天鸽""苗柏""南玛都""玛莉亚""安比""云雀""摩羯"……夏日台风一个接一个，而"风云四号"A星在3.6万公里高空的地球静止轨道上实现了大范围高频次大气垂直探测，最快可以每15分钟给台风做一次"立体扫描"，追踪它们的一举一动，所获取的数据应用于全球/区域通用数值天气预报系统（GRAPES），开启交互式"观测−预报"这一全新模式。

不只台风，当严重沙尘暴、特大暴雨、暴雪等灾害性天气登场时，"风云四号"A星也经受住了考验。

2023年12月，"风云四号"A星在轨稳定运行7周年，此后正式开启了它的超期服役之旅。

有人用"功勋卓著"来形容"风云四号"A星。然而，这颗卫星成功的背后，干涉式大气垂直探测仪功不可没。

在被问及团队如何在前途迷茫、广受争议的情境中坚持下去时，丁雷坦然答道："科研人员的心里只有国家任务，是听不见其他'噪声'的。不管有没有条件、有没有支持，任务都要完成，这是我们义不容辞的责任。"

（中国科学报社记者胡珉琦撰文；原文发表在《中国科学报》2024年8月16日第4版；文中图片由上海技物所提供）

国产"超级低温工厂"攻坚纪实

2008年9月，"神舟七号"飞船发射，我国成为继美国、俄罗斯之后，独立掌握出舱活动关键技术的国家。就在举国欢庆之时，中国科学院理化技术研究所（简称理化所）的科学家们却在思考一个关乎中国航天事业持续发展的重要问题。

航天事业要发展，就需要依靠推力更大、效率更高、清洁环保的大型运载火箭。液氢液氧作为比推力高且环保的火箭推进剂，在相同条件下能够产生更大的速度增量，所以采用液氢液氧的火箭发动机效率更高。由于氢气在−253℃才能变为液态，因此想生产液氢，先要有大型低温制冷装置。然而，在此时的大洋彼岸，美国明令禁止各类机构向中国出口−250℃以下的低温制冷机及其核心部件。

大型低温技术是太空安全体系中不可或缺的关键技术之一。2009年1月，理化所的科学家主动向中国科学院请缨，申请攻克大型氢氦低温制冷技术的"堡垒"。

一场大型低温制冷装备国产化的攻坚战悄然开始。

前奏："砸锅卖铁也得做"

低温环境的创造既要靠低温制冷机不断地把环境内的热量向外抽，同时又不能让外面的热量进来。大型低温制冷装备素有"超级低温工厂"之称。它像超大型冰箱一样，能够将温度降到−253℃以下乃至−271℃的超低温，并维持百瓦至万瓦制冷量。

这种"超级低温工厂"是国家重要的战略支撑装备，在航天低温推进剂保障、特种材料提取、氢能利用与氢储能、战略氦资源开采、国家重大科技基础设施建设等重要领域有不可替代的作用。

正因为这种不可替代性，一些西方国家试图借此锁死中国相关技术的发展。从20世纪50年代开始，理化所的老一辈科学家洪朝生院士、周远院士就开启了低温技术的研究，尝试突出重围。

然而，直到2009年，国家还未正式为面向新需求的大型低温制冷装置研发项目立项，零敲碎打的小课题无法撑起建制化攻关。相关科学家心急如焚，他们向中国科学院提出立项建议。

详细了解情况后，院领导当机立断地说道："还等什么，砸锅卖铁也得做！"中国科学院向理化所特批经费，紧急部署重要方向上的项目。

与此同时，中国科学院相关部门也开始研究大型低温制冷装置是否具备成为国家重大科研装备研制项目的条件。

当时恰逢国家重大科研装备研制项目试点启动。财政部安排专项资金支持重大科研装备的自主创新，并以中国科学院为试点，探索国家财政对重大科研装备自主创新的支持模式。

在项目立项论证过程中，长期从事液氢温区低温制冷技术研发工作的理化所研究员李青带着团队反复论证方案。他常常因腰疼而汗透衣衫，却仍然在为我国大型低温制冷技术在国际上能够占有一席之地而努力。他几乎每天都忙到下半夜，一度住在办公室里。

在组织专家进行广泛调研和严格论证的基础上，2010年，财政部和中国科学院共同启动"大型低温制冷设备研制"项目，由理化所牵头攻关，项目经费1.73亿元，李青任首席科学家。

这个项目后来被很多人称为"一期项目"。在该项目的支持下，中国科学家自主研制出一台万瓦级液氢温区制冷设备，突破了高速氦气体轴承透平膨胀机稳定性技术、超低漏率板翅式低温换热器设计和制造技术、高精密油分离技术、气动低温调节阀制造技术及系统集成调控技术五大关键技术。

在研制初期，由于国内很少进行大型低温制冷相关设备的设计和制造，国产的压缩机、低温换热器等关键设备的密封性能比需求差两个数量级。项目组在理化所5号楼旁边搭建起一座简易小楼。夏天大家包扎绝热材料时，汗水哗哗地往下流。冬天，大家手脚冰凉，靠着一个小小的取暖器，通宵达旦地工作。

功夫不负有心人。2015年4月29日，在李青及其团队的努力下，一期项目通过验收，我国初步具备了自主设计与制造液氢温度级大型低温制冷设备的能力，解决了大型液氢温区低温制冷装备从无到有的问题。

它如同一把钥匙，开启了中国大型低温制冷装备国产化的大门。但是，对于科学家们来说，他们的征途才刚刚开始。

用于2500瓦低温系统的氦气螺杆压缩机测试验收

目标："还要继续往下降"

从"十二五"时期开始，我国就部署了大量大科学装置项目。看着装置一个个上马，理化所的科学家们却想得更远。

很多大科学装置都需要使用超导设备，包括超导磁体和超导高频腔。为获得良好性能，这些超导设备大多必须在液氦温区（–269℃左右）至超流氦温区（–271℃左右）工作。有人说"如果没有大型液氦或超流氦温区的制冷装备，大部分大科学装置无异于一堆废铁"。因此，更低温区的低温制冷机成为必需。

当时，国内没有能力生产更低温区的大型低温制冷装备。一些大科学装置项目因为进口产品的供货时间不可控等问题，在争分夺秒的国际科技竞争中陷入被动。

"我们不能只满足于做到液氢温区，温度还要继续往下降，覆盖全温区，降到液氦温区甚至超流氦温区。"理化所时任所长张丽萍与原所长、一期项目总顾问詹文山商量道。

以当时的技术能力，大型低温制冷机能做到–253℃已属不易。若要降到–269℃甚至–271℃，其难度可想而知。大家讨论后决定，从一期经费里"挤"出一小部分经费，论证实现全温区大型低温制冷技术的可行性。

在此基础上，理化所于2014年向中国科学院提交报告，申请将项目延续下去。

这份报告被反复修改了不下25次，其中争论最多的问题是，接下来是"一步一个台阶"还是"一步跨两个台阶"。

"一步一个台阶"，指先立一个项目，攻克液氦温区制冷装备，再立一个项目，攻克超流氦温区制冷装备。这种做法步子稳，但速度慢。

"一步跨两个台阶"，指只立一个项目，同时攻克液氦温区和超流氦温区的装备，研制出一台能同时提供–269℃和–271℃温度的装备。这种做法速度快，但风险高。

起初，大部分人支持走更稳妥的路线。"液氦温区的装置我们有把握，而超流氦制冷机很多人连见都没见过，更别说把它制造出来。"理化所研究员、二期项目常务副总指挥龚领会说道。

但国内对制冷的现实需求、国际竞争的胶着局势不等人。中国科学院和理化所最终决定"一步跨两个台阶"。

2015年，立项申请得到国家认可。在国家重大科研装备研制项目的支持下，二期项目"液氦到超流氦温区大型低温制冷系统研制"与一期项目无缝衔接，经费为1.87亿元。

龚领会觉得压力大极了。二期项目的研制内容包含3种制冷机。第一种是–269℃温度下冷量为250瓦的百瓦级液氦制冷机，第二种是–269℃温度下冷量为2500瓦的千瓦级液氦制冷机，第三种是–271℃温度下冷量为500瓦的百瓦级超流氦制冷机。不仅如此，后两种制冷机还需要集成到一台装备上。

"项目内容多，时间又紧，真怕'拿不下'。"龚领会坦言道。

征程：向 −269℃进发

不出所料，技术和时间的双重压力让项目的难度倍增。

按照计划，研究团队首先要研制一套冷量相对小的液氦系统。2016年9月，250瓦液氦系统集成完毕，开始调试。"没承想，全不是那么回事儿。开机一试就出问题，温度降不下去。"理化所时任副所长、二期项目总指挥刘新建说道。

讨论会开了无数次，原因查了无数遍，问题却一直没能解决，大家的信心一点点跌到谷底。"干到一半就干不下去了，往下怎么办？"刘新建心里打鼓。

到2017年夏天，大家觉得修修补补的"保守治疗"已无济于事，便决定破釜沉舟：拆了！重新组装！

要拆的设备主要是冷箱。从外观看，冷箱像一个大罐子，里面有许多零部件，氦气在这里变成液氦或超流氦。

拆装任务在理化所的廊坊园区开展。那时，园区还没竣工，厂房里刚刚通上水电。为了节省时间，龚领会带着团队的几个年轻人，把凉席、被单、水壶、"热得快"①和成箱的方便面搬进厂房，就地住了下来。

没日没夜地干了一个多月，他们总算找到了问题所在，调试进程随之顺畅起来。到2017年10月，250瓦液氦制冷机通过专家验收，关键部件国产化率达100%。

攻关团队信心倍增。基于成功经验，他们进一步研发并完善了关键核心设备——高速氦透平膨胀机，集成出2500瓦液氦制冷机。2019年9月，大型液氦制冷系统性能达到设计指标。

不过，研制出百瓦级和千瓦级液氦制冷设备，项目任务只完成了一小半，更大的挑战在等着他们。

突破：向 −271℃冲刺

项目的另一半任务是研制出百瓦级超流氦制冷机。这部分任务与液氦制冷机研制几乎同步启动。

超流氦制冷机的关键设备是离心式冷压缩机，这也是整个项目中最让大家提心吊胆的设备。

---

① 一种生活中常用的电加热器，可以用来烧开水。

冷压缩机能在低温下工作，需要采用电磁轴承，要求控制系统在0.5毫秒内对转子可能发生的偏离做出准确反应。中国科学院低温技术实验中心[①]从1959年起就在研制各种接触式、非接触式轴承压缩机，却从没研制过电磁轴承压缩机。

为稳妥起见，项目组准备了两条路线。第一条路线是从国外购买整机或零部件，第二条路线是全部自主研制。两条路线齐头并进。

结果，第一条路线状况百出，大家的心就像坐过山车一样。

2015年，科研团队寻得一家有冷压缩机生产经验的外国公司，并已谈妥购买事宜。没想到在招投标之前，这家公司发来邮件告知："为获得出口许可证，我们上周与政府部门进行了讨论和协商，但是它们对发放出口许可证持较负面观点，理由是贵所被列入了政府的禁购名单。"后来，科研团队又找到另一家外国公司。可是，这家公司生产的冷压缩机运到廊坊，第一次试车就失败了，返修进度也一拖再拖。

第二条路线虽然同样困难重重，却让人踏实许多。

在第一条路线彻底行不通时，科研团队已经积累了多年技术经验，自主攻克了冷压缩机关键技术难题。此后，科研团队将全部精力集中到第二条路线上。到2019年，团队自主研制出的冷压缩机进入技术测试环节。

由于试验需要使用大量液氦，他们将试验场地搬到具备试验条件的中国科学院合肥物质科学研究院强磁场科学中心。在这里，冷压缩机试验整体非常顺利。2019年11月，冷压缩机被搬回廊坊，集成到超流氦系统试验台上。

科研人员接下来的目标是将超流氦系统做到500瓦，并与2500瓦的液氦系统结合。

联调：实现一机两用

2019年11月，冷压缩机样机装上超流氦系统，首次和液氦系统联调；12月，进行第二次联调，超流氦系统首次达到−271℃……试验看上去一切顺利。然而，就在他们逼近500瓦、−271℃的更高目标时，问题出现了。

2020年2月，第三次联调获得一个好结果和一个坏结果。好结果是，超流氦系统在−271℃下获得了瞬时502.9瓦制冷量；坏结果是，仪表系统发生故障停机。

那时候，试验经常做着做着就停机，电机过热，仪表报警。"自己研发的装备，自己能推断问题出在哪儿，可以不断地进行技术迭代。"二期项目首席科学家、理化所研究员刘立强虽然心急，却有底气。

[①] 理化所的前身之一。

他们一边继续完善冷压缩机的各种性能，一边努力解决包括电机过热在内的各类问题。超流氦系统稳定运行时间逐渐延长：2020年7月初，第九次联调，稳定运行1小时；7月底，第十次联调，稳定运行5小时；8月，第十一次联调，稳定运行7小时。可是，电机过热的问题还是未能得到根治。

大家一狠心，决定给冷压缩机做一次"大手术"，换掉电机里的所有线圈，优化其冷却结构。

团队的每个人都觉得，就算进展慢一点，交给国家的设备也容不得一丝隐患。"'保守疗法'也许可以达到72小时的稳定性指标，但任何一个偶然因素的出现都会让它处于不稳定状态。"刘立强说道。

2020年10月的廊坊园区里，电机线圈更换完毕，准备进行第十二次联调。这一次，他们要挑战72小时的稳定运行。

1小时、5小时、7小时、10小时……刘立强看到了成功的征兆。以往的调试，总会有数值偏高或偏低的问题，这次却特别顺利，系统一直平稳运行。12小时、24小时、36小时、48小时……系统仍然平稳。直到10月20日，设备平稳运行了72小时。

"这件事终于完成了！"刘立强感觉肩上的压力终于释放了。

2020年12月29日，液氦、超流氦低温制冷装置通过专家组验收。

未来：打造世界低温技术产业高地

2021年4月15日，二期项目通过项目验收和科技成果鉴定。

验收意见认为，该项目"全面突破了大型氦低温制冷装备核心技术"；鉴定意见认为，该项目"形成了千瓦级大型氦低温装置的研制能力，打破了发达国家的技术垄断，项目整体技术达到国际水平"。

这是我国首台可以达到超流氦温区的大型低温制冷装置。从这天起，中国有了自己的"超级低温工厂"。

在二期项目之后，中国科学院又设立战略性先导科技专项，继续支持理化所研制5吨/天级大型氢液化系统。2024年3月8日，该系统通过测试验收，系统满负荷稳定运行8.5小时，氢气液化率约为5.17吨/天。

在很多亲历者看来，"超级低温工厂"的成功得益于一套行之有效的重大项目管理体制和机制。

理化所所长王雪松介绍到，在低温设备项目实施过程中，理化所探索了独具特色、卓有成效的管理机制，打造了"边研究、边应用、边转化"的创新研发模式和完整的发展链条。

"在管理方面，我们打破原有'PI^①制'课题组之间的藩篱，实体整合3个课题组，组建起面向重大战略目标的研究中心，形成了合力做大事的科技架构，为项目的统筹管理奠定了坚实基础。"王雪松说道。

目前，理化所大型低温制冷机已实现18台（套）的应用。其中，百瓦级液氦制冷机不仅应用于中国科学院高能物理研究所的超导磁体测试装置、中国

我国首套出口国外的 200 瓦液氦温区制冷机

原子能科学研究院的直线加速器，还走出国门，用在韩国聚变大科学装置（KSTAR）上；液氦、超流氦制冷机应用于中国科学院近代物理研究所的加速器驱动嬗变研究装置试验线。

与此同时，理化所在螺杆压缩机、氦气阀门、高速电机、电磁轴承等部件的研制方面与企业协力攻关。山东、福建等地的20多家企业在短时间内实现技术突破，其中有些技术达到国际先进水平。

"我们承担国家的大项目，不光要完成项目，而且要为国家打下工业基础。"龚领会说道。

基于一代代低温工作者的深厚积累，从2010年一期立项，到2021年二期验收，中国科学家仅用10余年就实现了大型低温制冷装备的自立自强。

此外，利用此前在低温制冷设备中的技术积累，理化所研究团队成功实现了首台国产工业级提氦用氦液化器和40立方米标准液氦移动罐箱在我国首个大规模天然气直接提氦工程中的示范应用。在这些关键核心技术突破的基础上，2023年10月，国产液氦罐箱首次成功外输，标志着"国产气源、国产装备、国产液氦"的全链条贯通，我国提氦产业链实现了完全自主可控，氦气资源的自给能力大幅提升，这对航天、深潜、半导体、光纤、量子科技、超导等领域防范"断气"风险具有重要意义。

如今，这些科学家又一次看到国家对低温制冷装置的新需求，正积极布局极低温大冷量制冷机研究，助力中国成为世界低温技术和低温产业高地，为国家战略需求和基础科学研究提供有力支撑。

（中国科学报社记者倪思洁撰文，实习生赵宇彤对此文亦有贡献；原文发表在《中国科学报》2024 年 5 月 20 日第 4 版；本文图片由理化所提供）

---

① 课题组长，principle investigator。

以"奋斗者"姿态勇攀深海"珠峰"

2020年11月10日清晨，随着太阳从太平洋上升起，一条胖乎乎的"绿色大头鱼"跃入大海，向太平洋深处潜去。

3个多小时后，"绿色大头鱼"抵达太平洋底部的"地球第四极"——马里亚纳海沟的挑战者深渊底部，下潜深度达10 909米。

这条"鱼"就是我国首艘全海深载人潜水器"奋斗者"号。

万米深渊，曾经被认为是海洋科考的禁区。然而，挑战者深渊是地球最深处马里亚纳海沟的"极地"，深度约相当于"珠穆朗玛峰叠加华山的高度"。对这片漆黑、高压、低温和地质运动活跃的"深海荒漠"的研究，是海洋研究最前沿的领域之一。

"奋斗者"号的成功坐底，创造了中国载人潜水器的新纪录，标志着我国在全海深载人深潜领域达到世界领先水平，让中国成为世界上第二个实现万米载人深潜的国家，也让人类探索万米深渊拥有了一个强大的新平台。

"奋斗者"号进军万米深渊的背后，一支国家战略科技力量发挥了关键作用。这些"奋

"探索一号"科考船携"奋斗者"号靠港 （丁典/摄）

斗者"们勇攀深海科技"珠峰",让中国人在万米深海有了新坐标。

关键技术"护航"万米深潜

"亲爱的观众们,万米的海底妙不可言,希望我们能够通过'奋斗者'的画面向大家展示万米的海底。"

2020年11月10日8时12分,随着"奋斗者"号成功坐底马里亚纳海沟最深处,"奋斗者"号副总设计师、中国科学院沈阳自动化研究所(简称沈阳自动化所)研究员赵洋与两名潜航员第一时间通过水声通信系统向全国观众直播展示了万米下的海底世界。

亲手操控潜水器抵达万米深渊的那一刻,赵洋心潮澎湃,内心的自豪感油然而生。

从全球范围看,万米载人深潜是一道很难逾越的关口。想要进入"万米俱乐部",首先要跨过核心技术创新的门槛。

这些创新在教科书上没有标准答案,必须通过海洋科技自立自强实现。

为了打造中国全海深载人深潜的国之重器,"十三五"期间,中国科学院作为业主单位、研制任务核心单位,组织10余家院属单位全面参与了"奋斗者"号的研制,通过跨系统、跨单位、跨部门的大团队合作,艰苦攻关,突破了一系列关键核心技术。

在通信方面,中国科学院声学研究所(简称声学所)创建的水声通信系统,是"奋斗者"号与母船"探索一号"之间沟通的唯一桥梁,可以实现潜水器从万米海底至海面母船的文字、语音及图像实时传输。

"'奋斗者'号的声学系统,突破了全海深难关,为其全海深范围内的持续巡航作业提供了可靠的技术保障。"声学所高级工程师刘烨瑶说道。

在万米深海,水压约合1000个标准大气压,相当于"2000头非洲象踩在一个人的背上"。

在抗高压方面,中国科学院金属研究所(简称金属所)研究员、全海深载人潜水器载人舱项目负责人杨锐带领团队,独创新型钛合金材料Ti62A,破解了载人舱材料所面临的强度、韧性和可焊性方面的难题,为世界上第一个可搭载3人的全海深载人球形舱提供了安全屏障。

潜水器抵达万米深渊的目的可不是到此一游,而是需要完成岩石、生物抓取,沉积物取样等精准科考作业。在操控系统方面,沈阳自动化所的研究人员打造了灵活的机械手、智能化控制系统和电动观测云台。

沈阳自动化所研究员、万米机械手项目负责人张奇峰带领团队为"奋斗者"号打造了两套机械手。它们都具有7个关节,可以实现六自由度运动控制,持重能力超过60千克,填补

"奋斗者"号载人舱完成电子束焊接　（金属所供图）

了我国应用全海深液压机械手开展万米作业的空白。

"包括这双'手'在内，'奋斗者'号的整个控制系统实现了在线智能故障诊断、容错控制及海底自主避碰等功能，提高了潜水器的智能程度和安全性。特别是水平面和垂直面航行控制性能指标，达到国际先进水平。"同时担任潜水器控制系统负责人的赵洋说道。

对载人潜水器来说，不仅要下得去，还要上得来。

在浮力方面，中国科学院理化技术研究所研究员张敬杰带领团队，打破国际封锁，破解了长期以来国产固体浮力材料强度差、密度高的关键技术难题，制备出具有高安全系数的万米级固体浮力材料并实现了批量生产，为潜水器顺利下潜和安全上浮提供了保障。

这些关键技术的创新突破，无不是经过一次次的失败、改进而取得的。

中国科学院深海科学与工程研究所（简称深海所）深海视频技术研究室里，装满了废弃试验品的纸箱子见证了创新之路的艰难。

这些"废弃物"是在研制深海高清摄像机和照明装备过程中留下的。为了破解在海底高压环境中工作的难题，深海所深海视频技术研究室高级工程师杨景川和张兵自2018年加入攻关团队以来，反复试错，为"奋斗者"号装配了7台自主创新的4K超高清摄像机和照明装备，让这条"鱼"有了观察海底世界的"眼睛"。

像这样"摸着石头过河"的创新还有很多，如能量密度进一步提升的锂电池、总效率达到世界领先水平的海水泵、潜浮速度及球壳应力的实时在线监测……一项项关键技术的突破让"奋斗者"号部件的国产化率超过96.5%。

2020年11月28日，习近平总书记致信祝贺"奋斗者"号全海深载人潜水器成功完成万米海试并胜利返航。习近平总书记在贺信中指出，"'奋斗者'号研制及海试的成功，标志着我国具有了进入世界海洋最深处开展科学探索和研究的能力，体现了我国在海洋高技术领域的综合实力。"①

---

① 新华网.习近平致信祝贺"奋斗者"号全海深载人潜水器成功完成万米海试并胜利返航.（2020-11-28）. http://www.xinhua.net.com/politics/leaders/2020-11/28/c_1126797200.html[2024-06-02].

勇往直"潜"的科学"信使"

"可上九天揽月，可下五洋捉鳖。"这是几代中国人的梦想。

然而，海洋中深度大于6000米的海沟和断裂带区域（即深渊或海斗深渊），压力大、温度低、黑暗无光、构造活跃、地震密集，是地球上最神秘、最难企及的极端环境之一。人类对这些深海区域的了解程度甚至低于月球表面。

"奋斗者"号的到来，让中国的科学"信使"在万米深渊勇往直"潜"。

深海所研究员贺丽生是我国首位到达"地球第四极"的女科学家。2020年11月19日，贺丽生与深海所潜航员叶延英、王治强一起搭伴下潜。她在闹铃声中早早起床，带着棉坎肩钻进了"奋斗者"号的载人舱。

贺丽生是研究深海生命系统的科学家。在下潜过程中，她跪坐在靠近载人舱底部的一个小舷窗边上持续进行观察。随着舱内显控面板上的深度数字逐渐增大，她看到舷窗外的颜色逐渐加深。下潜到200米，"白昼"渐渐染上"暮色"。

"奋斗者"号载人潜水器采用无动力下潜的方式进行下潜，下潜速度约为每秒1米，到达万米深的海底要用3个多小时。这就像坐在一部只有微弱灯光的小电梯里下降3个多小时。长时间的跪坐工作让贺丽生的腿脚有些发麻，但是舱内空间有限，她只能小幅度活动身体。在整个万米深潜过程中，下潜和上浮加起来要用6个多小时，再加上6个小时的海底工作时间，以及下潜前的准备时间，他们至少有14个小时待在潜水器里。

回到母船，贺丽生还要处理采集的样本。虽然很辛苦，但她乐此不疲。她说道："对科学工作者来说，获得第一手资料非常重要。再高清的照相机、再高清的录像机，也无法代替自己到底下去看、去体会、去观察。"

不仅如此，载人深潜科考队还要直面海上突如其来的风云变幻。赵洋记得，他们在马里亚纳海沟执行下潜任务期间，狂风暴雨掀起惊涛骇浪，风力达每秒20多米，排水量6000多吨的"探索一号"像蛋壳一样在海上随波摇晃。船舱内，杯子、书籍、眼镜盒哗啦啦地甩落在地上，一片狼藉。

"一次风暴过后，后甲板上数千公斤的压载铁框硬是被海浪拍击得移了位置，船艏的一个舱门被拍得变了形。"赵洋回忆道。

即便如此，他们仍然和恶劣天气"斗智斗勇"，每4个小时收听一次天气预报，寻找下潜窗口。"如果有强气旋逼近，我们就要根据台风的路径和速度随时调整下潜计划，尽量在它的边缘区域选择合适的下潜点，保证不错过任何一个潜次。"深海所研究员、科学研究部主任杜梦然说道。

杜梦然回忆到，在马里亚纳海沟海试期间，载人深潜科考队曾遇到过被3个台风夹击的危险。但他们没有退缩，而是与台风"斡旋"，提前作出预判后，在台风边缘区域作业，冒着风险实现了更高效的航次运维。

坐着"时光机"打开"新世界"大门

一路走来，中国万米载人深潜的发展不仅带动了新工艺、新技术、新材料的改革进步，而且填补了人类在深海地质、生物、化学等诸多方面的知识空白。

杜梦然2014年博士毕业后进入深海所。那时，所里还没有自己的科考船，她和同事租借小渔船出海做实验。如今的她已经随载人潜水器下潜深海20多次。每次她关闭舱门跟着潜水器下潜时，总觉得像是要"坐着时光机，打开未知世界的大门"。

人迹罕至的深渊海底是宁静的。随着潜水器坐底，由沉积物形成的扬尘弥漫，追逐着潜水器前行。这让杜梦然深感深渊的神秘与庄严。

但宁静的深渊并不寂寞，反而是生命繁荣生长的乐园。在这里，各类物种在深渊高压、寒冷、黑暗的环境里适者生存，各显神通。

水下8000米左右的深渊狮子鱼是人类迄今认识的生境最深的鱼类。它们头大尾小、没有鱼鳞、皮肤透明，不仅失去了视觉能力，鱼骨也从硬骨变成了软骨，薄且具有弯曲能力，头颅则是半封闭的，从而实现了内外压平衡。

其他海底生物也进化出许多独门技能。例如，海参会把个体缩小、通体白化透明，甚至把支撑躯干的骨针都退化掉；深渊微生物更是练就一身绝处逢生的本领，可以降解难降解型的有机质，甚至将之转化为有毒金属，为己所用。

趴在"奋斗者"号的舷窗前，杜梦然的全部注意力都给了眼前的海底世界。每看到一个生物或者地质现象，她的大脑就会高速运转冒出一连串的问题：它为什么会这样？这是怎么形成的？背后的机制是什么？这些问题引导她做进一步的精细调查和取样，开展实验室分析，最终找到答案。

"这个过程非常有意思，科学的乐趣就在这里。"杜梦然说道。

贺丽生指出，地球70%以上的面积是海洋，海洋面积是陆地面积的2.4倍。"目前，人类对海底深渊的了解非常有限，深渊里存在的许多谜题等待我们破解。"贺丽生说道。

"奋斗者"号拍摄到的狮子鱼 （深海所供图）

例如，深潜科考队在万米海底的水体、沉积物甚至是深渊生物的体内都发现了微塑料、持久性有机污染物和甲基汞等污染物。在马里亚纳海沟5108～10 909米表层沉积物中，微塑料颗粒含量达到每升200～2200个。这说明，污染已抵达世界海洋的最深处，迫切需要开展相关运输途径、降解机制、生态毒理学和环境修复等研究。

共拓深渊科考新疆域

深渊海底有无尽的奥秘在等待人类探索，"奋斗者"号让中国科学家拥有了一张自由往返万米深渊的"通行证"。

自"奋斗者"号投入使用以来到2024年5月，它累计下潜244次，其中一半潜次抵达6000米以下的深渊，万米深渊潜次达25次，成功让32人到达万米海底。

"奋斗者"号的乘客中不乏国外友人。

新西兰国家水资源和大气研究所研究员卡琳·施纳贝尔（Kareen Schnabel）是"奋斗者"号的首位国外乘客。她认为："'奋斗者'号是一台了不起的装备，给世界带来了科研机遇。"

2022年，在中国科学院国际伙伴计划项目支持下，深海所牵头发起实施"全球深渊深潜探索计划"（简称"全球深渊计划"），开启了以中国为主导的深渊科考国际合作新模式。

同年10月到2023年3月，深海所组织了国际首次环大洋洲载人深潜科考。"奋斗者"号搭乘"探索一号"母船，历时157天，完成了2.2万多海里①的大洋洲探索之旅，先后在3个深渊——克马德克海沟、蒂阿曼蒂那海沟、瓦莱比-热恩斯深渊开展深潜综合科考，采集了丰富的深渊宏生物、岩石、结核、沉积物和水体样品，为深入了解深渊环境、深渊生命演化提供了重要支撑。

在这一航次中，施纳贝尔和深海所潜航员邓玉清成为人类历史上首次到达克马德克海沟最深点的女性。"任何书本上的知识都无法与眼睛看到的体验相提并论。看着光线一点点消失，亲眼看到深海海底。细小的沉

国际首次环大洋洲载人深潜科考中，邓玉清（中）、施纳贝尔（右）等科考队队员在载人球舱内（深海所供图）

---

① 1海里≈1852米。

积物上布满了'足迹'，我们在海底和水中看到了很多小生物，其中许多物种是全新的。"施纳贝尔说道。

此后，随着"全球深渊计划"稳步推进，深海所的国际合作"朋友圈"不断扩大。2024年2月8日到3月28日，深海所牵头组织实施首次中国–印度尼西亚爪哇海沟联合深潜科考航次任务。在历时50天的航次中，"奋斗者"号成功下潜7178米，创下印度尼西亚深海下潜新纪录，获得一批宝贵的大型底栖生物、岩石和沉积物等样品，发现两处活跃的低温热液区，为深入理解爪哇海沟的特殊地质构造活动、生物多样性、地质生命协同演化等提供了重要支撑。

如今，深海所已与新西兰、日本、印度尼西亚、智利等国家的研究机构和科研人员建立合作；创纪录地完成了万米级深渊海沟的载人深潜科考，不断拓宽我国深渊深潜科考的新疆域。

杜梦然说道："做海洋研究一定要有海纳百川的胸怀和理念。未来，我们希望有更多国家的科学家加入'全球深渊计划'，形成一个小核心、大网络的深渊科学团队，共同构建人类命运共同体。"

（中国科学报社记者冯丽妃撰文；原文发表在《中国科学报》2024年6月3日第4版）

创新，撑起北斗的时空基准

1994年12月，北斗导航实验卫星系统工程获批，一场汇集全国400多家单位、30余万名科研人员的"大会战"就此开启。

2020年7月31日，"北斗三号"全球卫星导航系统正式开通，中国成为第三个独立拥有全球卫星导航系统的国家。

20余年间，从技术攻关到组网，中国科学院在北斗卫星导航系统精准定位的核心——时空基准的建立、保持和传递技术方面作出了突出贡献。

理念创新，确保整体领先

卫星导航系统规模大、造价高，和国民生活息息相关。我国导航卫星建设规划为——"北斗一号"覆盖国内区域，"北斗二号"扩大到亚太区域，"北斗三号"走向全球。

但是，仅仅走向亚太区域就已经很不容易了，合作不畅、国际封锁、核心技术攻关等问题都亟待解决。那么，规划中的"北斗三号"应该怎么走呢？

2007年，上海微小卫星工程中心[①]向中国科学院请缨参与北斗卫星导航系统攻关研究。

2009年，"北斗三号"工程实施方案获批，中国科学院任命时任载人航天工程应用系统副总设计师林宝军为卫星总设计师。林宝军确立的目标是，要做出能经受住历史考

"北斗三号"全球系统首发试验星 （卫星创新院供图）

---

① 中国科学院微小卫星创新研究院（简称卫星创新院）的前身。

"北斗三号"导航卫星桌面联试现场 （卫星创新院供图）

验、与大国气度相当的大国重器。

"关键技术攻关一般需要10年，卫星的寿命往往在10年以上。到卫星运行终结时，使用的已经是20年前的技术了。"林宝军强调道，"因此，理念的创新性和前瞻性就显得更加重要了。"

为了给卫星"瘦身"，林宝军将原来的结构、热控等十几个分系统合并成电子学、控制、结构、载荷四大功能链，简化了系统结构，提升了整体可靠性。

"比如，原来每个分系统都需要1台计算机，一颗卫星甚至需要24台计算机。现在，1台计算机就可以完成整星的计算功能了。"林宝军举例说道，"即便增加2台备用计算机，重量和功耗也能降到原有的1/8。"

同时，林宝军带领团队对配置进行了前瞻性规划，在"后墙不倒"的前提下，选用成熟的元器件和工艺路线，确保创新技术落地，使卫星整体技术领先。

那段时间，林宝军经常听到这样的声音："欧美都没试过，我们可以吗？""咱们已经'跑'得够快了，能不能稍微稳当点？"

要说没有压力是不可能的。林宝军曾有整整一周时间，从早上9点到晚上12点，一家单位一家单位地跑，一个人一个人地沟通，累了就喝功能饮料，终于让所有人都接纳了他的新观念。

2015年3月30日，"北斗三号"全球系统首发试验星成功升空入轨。这是中国科学院抓总研制的第一颗北斗导航卫星。这颗试验星的新技术超过70%，运行良好。

林宝军为团队自豪："81个人、平均年龄才31岁的团队，用3年零3个月的时间就走出跨越之路。"

对标 GPS①，打造甚高精度

全球卫星导航系统包含导航、定位、授时三大功能，时间基准的技术水平直接决定了导

_____

① 全球定位系统，global positioning system，GPS。

航定位精度。定位的基本原理是用光速乘以时间来测量距离，如果时间信号测量存在十亿分之一秒的误差，就会引起0.3米的距离测量或定位误差。

只有被称为导航卫星"心脏"的原子钟，才可作为计时的秒长时间标准，参与测量如此高精度要求的时间差。目前实现导航卫星应用的有铷原子钟（简称铷钟）、铯原子钟和氢原子钟（简称氢钟）。

铷钟数据监测室工作现场　（精密测量院供图）

相较而言，铷钟体积小、重量轻、功耗低、可靠性高、寿命长，制造和使用成本最低。

中国科学院精密测量科学与技术创新研究院（简称精密测量院）研究员梅刚华带领团队，从1997年开始便扎进了星载铷钟的研究。

团队开发了开槽管式微波腔、长寿命光谱灯、精密泡频控制等一批具有自主知识产权的关键技术，逐一突破精度、小型化、寿命、可靠性、卫星环境适应性等技术难点，使我国星载原子钟实现从无到有的跨越。第一代星载铷钟满足了"北斗二号"卫星工程建设需求。

2009年，"北斗三号"卫星工程启动，计划研制高精度星载铷钟。梅刚华在调研中发现，即便经过几年的努力做出了高精度铷钟，性能也比GPS新一代铷钟差一大截。

为实现建设国际一流北斗卫星导航系统的目标，梅刚华建议同时开展高精度和甚高精度星载铷钟的技术攻关，后者要直接对标GPS。

2016年，甚高精度铷钟成功通过验收，无论是短稳还是长稳均超过了GPS铷钟。后续铷钟产品天稳定度平均值为3.8E-15，对应的计时误差为每天一百亿分之三秒，可以满足分米级定位需求。

从事星载铷钟研究20多年，梅刚华说自己的大部分时间都是在仰视国外技术的压抑中度过的，甚高精度铷钟研制成功，让他长长地舒了一口气。

成功"跑"赢时间

星载氢钟具备频率稳定性好、漂移率小的特点，既能保证精度，又能提高卫星自主运行能力。

"铷钟的成熟度和可靠性都很高。"卫星创新院导航研究所所长沈苑解释道，"选用氢钟，对卫星总体而言，是一个全新挑战。"

综合考虑北斗卫星导航系统未来的发展趋势，卫星总体团队决定采用"氢钟+铷钟+钟组无缝切换的时频技术"设计，确保当某个原子钟出现异常时，导航系统的运行不会中断。

卫星时频系统交给了两个年轻人——现任卫星创新院研究员、"北斗三号"卫星总设计师张军和中国科学院上海天文台（简称上海天文台）正高级工程师帅涛。他们与时任中国科学院国家授时中心（简称授时中心）时间频率测量与控制研究室主任李孝辉等共同攻关，从电路原理设计开始一步步摸索。

白天开会、协调总体相关事项，下班或节假日就抓紧时间调试设备、做测试，解决时频相关问题，是张军和帅涛那段时间的常态。

这个小团队在学科交叉中探索出一套拥有自主知识产权的数字化星载原子时频解决方案，实现了主备原子钟切换时输出信号的相位误差不到五百亿分之一秒，满足了"无缝切换"的要求。在2012年的两次大系统比测中，他们开发的时频原型样机均表现优秀。

铸就稳健星载氢钟

但此时，星载氢钟的研制却不太顺利。2013年，在林宝军的建议下，帅涛加入上海天文台氢钟团队。

上海天文台是国内首家开展氢钟研制的单位。到"北斗三号"工程实施时，上海天文台已开发出第四代地面氢钟，用于地面系统守时并校准星载氢钟。"这几年我们主要解决的问题包括寻找合适的氢原子吸附材料，以进一步提高可靠性、实现批量化生产。"上海天文台正高级工程师、地面氢钟负责人蔡勇介绍道。

同时，在上海天文台研究员林传富的带领下，上海天文台首次将电极式微波腔技术、双频电路技术应用于星载氢钟的研制。星载氢钟需要适应恶劣的太空环境，并且要经历卫星和火箭分离时剧烈的振动冲击过程。

氢钟房　（上海天文台供图）

帅涛加入时，团队已研制出30公斤级别的星载氢钟原理样机，但产品的工程化程度离上天应用还有差距。

"在一次鉴定级力学试验中，一个核心器件内部的引线断裂了，当时距离卫星发射仅剩几个月的时间。"帅涛回忆道，"我们只能顶着压力，联合厂家加班加点排查、解决问题，同时举一反三，并行开展正样产品研制工作。"

2015年9月，首台双频被动式氢钟搭载

试验卫星进入太空。在轨数据表明，氢钟的平均每日频率稳定度和漂移率均达到小系数E-15量级，核心指标优于伽利略星载氢钟。

实时"体检"保障运行

也是在2015年，授时中心建成了第一颗北斗卫星导航卫星的地面支持系统及我国第一套全面的、实时连续运行的全球卫星导航系统时间，以及信号授时和轨道性能评估系统。

"地面支持系统全面完成了第一颗北斗卫星的在轨测试和试验，验证了"北斗三号"全球卫星导航系统的两个核心体制。"授时中心副研究员杨海彦介绍道，"性能评估系统用于对北斗卫星导航系统进行'常规体检'，追踪其提供的定位、导航和授时服务是否正常。我们形成了一体化软硬件平台，在北斗卫星导航系统卫星在轨测试、全球组网、精稳运行等核心环节中发挥着支撑作用。"

长期以来，授时中心在提高北斗卫星导航系统时间的准确性、稳定性和自主性方面发挥了重要作用，自主研发建成了全球首个以40米天线为核心的北斗空间信号质量评估系统。

2018年是"北斗三号"密集发射组网星的一年，共发射了18颗卫星，其中8颗都由中国科学院的团队研制。

其间，授时中心研究员饶永南和同事一边运维40米大口径天线，一边携带设备奔赴各地开展卫星出厂测试。

人手不足、时间紧张都不是问题。他们专门租借了大铁皮箱，把装备装进铁箱，一个人扛着就能奔赴各地测试；测试厂房无法与外界讨论技术问题，就自己开发小程序进行排查。躺在地上拧电缆、裹着军大衣加班、半夜睡泡沫箱，是那段时间里团队成员们常有的经历。

"那时候经常干到深夜，但每个人的脸上都洋溢着信心和希望。"这些画面，久久地留在饶永南的脑海中。

移动测距精确"量天"

2019年10月，当"北斗三号"组网进入最后冲刺阶段时，一个好消息传来——可移动式激光测距系统研制完成并通过验收。

这个移动测距站是一个长8米、宽2.5米的"屋子"，里面分为望远镜舱、光学室舱、控制室舱。

卫星激光测距系统好比一把"量天尺"，通过测定激光信号从地面站与搭载光学反射器导航卫星的往返时间差，计算出它们之间的距离，进而标校北斗卫星导航系统的定位、导航

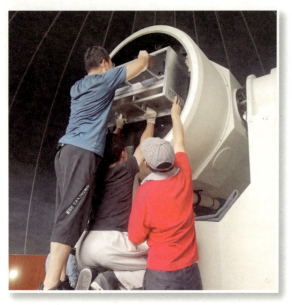

激光测距信号接收系统安装调试　（上海天文台供图）

等指标精度。

此前，我国在北京、三亚、喀什建有地面站，但容易受到天气影响。机动性很强的移动站可以弥补固定台站有限布局的缺欠。

上海天文台正高级工程师张忠萍从20世纪80年代初就开始和激光测距系统打交道，但要做出这样一套机动性极强的移动测距站，他还是犯了怵。

其中一项挑战是"一键式"——只要按下控制键，移动站就能从密闭的长方体变为可供人进入并操作的平台。这要求系统具有高度自动化能力。

此外，卫星激光测距系统的核心激光器非常"娇贵"，温度波动大一些、房间洁净度下降一些，就可能"罢工"。由于低估了环境对激光器造成的影响，第一台激光器无法完全满足移动站的日常使用要求。张忠萍和合作者决定一起凑经费重新研制一台。新的激光器很快投入常规运作，规避了此前的问题，最远测距可达38 800公里，最佳测距误差在亚厘米级。

之后，团队趁热打铁，对3个北斗地面固定站的激光测距系统进行了升级换代，全面实现北斗卫星导航系统全天时测距，为北斗卫星空间位置精确测量"保驾护航"。

创新信息处理，精化北斗时空基准

要服务用户导航、定位、授时，首先必须计算出卫星的位置和时间等信息，确定北斗卫星导航系统的时空基准。这项任务由北斗卫星工程地面运控系统主控站下属的信息系统实现。

信息处理系统被喻为北斗卫星导航系统的"大脑"，它融合卫星、地面及星地之间的各种时间、距离等测量和测控信息，进行精细的计算和建模，并生成导航电文，将信息通过北斗卫星播发给用户使用。

由于无法在海外建设观测站，北斗卫星导航系统面临区域观测网与全球高精度服务的矛盾。上海天文台的信息处理系统团队提出了"融合双向时间同步的卫星测轨""基于载波相位的四重增强校正"等新技术，在地面观测网仅有GPS系统1/50的情况下，达到了国际先进的性能指标。

同时，针对北斗卫星导航系统一系列技术和体制的"国际首创"，信息处理系统负责对其进行大系统验证，并将其应用于北斗卫星导航系统服务性能的改进。以"北斗三号"的星间链路为例，基于毫米波相控阵的Ka星间链路技术实现了卫星之间的观测。上海天文台正高级工程师胡小工带领团队提出并实现了"区域监测网+星间链路"的星地星间联合精密定轨技术，并通过特别设计提高了联合定轨数据处理算法的稳健性和容错性。

"可以理解为让北斗卫星导航系统有了'耳朵'，这样'眼睛'看不到的地方，可以通过听来实现导航的作用。"上海天文台研究员陈俊平解释道。

陈俊平进一步提出"星地融合"理念，一方面通过引入更多地面基准站提高地基精度，另一方面更新北斗信息系统模型算法，提升北斗卫星导航系统的时空信号精度。

北斗坐标系是北斗卫星导航系统的空间基准，负责为北斗全球导航定位授时服务、星基增强服务、精密单点定位服务提供地面区域监测网台站精密坐标。

上海天文台正高级工程师周善石带领"女科学家小团队"，提出联合北斗星地星间多源测量手段实现区域监测网高精度台站坐标解算的新方法，采用全球联测方式，于2023年实现了与最新版国际地球参考框架（international terrestrial reference frame，ITRF）对齐。

"北斗精神"照耀星空

2020年4月，全球导航卫星系统服务组织对四大卫星导航系统进行了为期两个月的测试评估。结果显示，目前能够向全球用户提供导航服务的只有北斗卫星导航系统和GPS；而在时频、信号、空间精度等核心指标上，北斗卫星导航系统已经全面超过GPS。

2021年，GPS之父布拉德·帕金森（Bradford Parkinson）在一次采访中说道："我认为中国（北斗）已经超过GPS。"

林宝军当初暗自设下的目标已然变为现实。这背后既有顶层的高瞻远瞩，又有每位科研人员的全情投入。

作为"国家队"，中国科学院积极履行"面向国家重大战略需求"的使命担当，主动参与北斗卫星导航系统的建设。每位参与的科研人员，都以昂扬的斗志投入北斗工程的建设，践行着新时代的"北斗精神"。

如今，他们正在进一步发扬"北斗精神"，为实现"2035年前建成更加泛在、更加融合、更加智能的国家综合定位导航授时体系"的目标而不懈努力。

（中国科学报社见习记者江庆龄、记者严涛撰文；

原文发表在《中国科学报》2024年8月30日第4版）

给中国"千里眼"造最大"角膜"

中国神话故事中的能人异士能够"一目千里";17世纪,伽利略·伽利雷(Galileo Galilei)发明了第一台光学望远镜,来探寻宇宙的奥秘……千百年来,人类一直有追逐视觉极限的梦想。

如果把光学望远镜比作人类的"千里眼",那么光学望远镜中的主反射镜就是"角膜"。主反射镜的口径越大,光学望远镜的空间分辨率就越高。

把一块1米口径的反射镜安装到空间相机中,空间相机就可以在几百公里的高空"看"到地面上汽车的轮廓。如果把反射镜的口径加大到4米,那么就可以清晰地看到汽车的天窗、后视镜……反射镜口径为2.4米的哈勃空间望远镜,可以探测到134亿光年外宇宙大爆炸时的宇宙信号。

在全世界大大小小的光学望远镜的反射镜中,采用碳化硅材质、口径最大的那一块来自中国。

长期以来,各国都将米级及以上口径反射镜作为战略物资。"买不到又必须用,把我们逼上了自主创新这条路。"中国科学院长春光学精密机械与物理研究所(简称长春光机所)所长张学军说道。这一"逼",竟让他们制造出了全球最大口径高精度碳化硅光学反射镜。

下决心做"全球最大"

"原来碳化硅的性能竟比玻璃好这么多。"1996年,长春光机所奥普光学材料事业部主任赵文兴在俄罗斯瓦维洛夫国家光学研究所访问。他在看到碳化硅反射镜的那一刻异常振奋,感到"身体中的每个细胞都被调动了起来"。

大口径反射镜通常采用玻璃、碳化硅、金属铍制作,究竟哪个才是最优选择?20世纪70年代,美国、法国等率先实现了碳化硅反射镜的光学应用。其中最具代表性的法国Boostec公司[1]以制造应用于盖亚、赫歇尔、欧几里得等望远镜的碳化硅反射镜而闻名。

---

[1]　后被美尔森(Mersen)公司收购。

自建所以来，长春光机所一直研究玻璃反射镜的制造。赵文兴此行见到了碳化硅反射镜。碳化硅的材料综合性能远优于玻璃、金属铍等，显然是更适合的材质。然而，碳化硅本身为陶瓷材料，再加上硬度高（仅次于已知最硬的金刚石），用其制造反射镜的难度很大。从俄罗斯回来后，赵文兴马上向所领导汇报了相关情况。

由于空间对地观测的敏感性，我国一度只能从国外购买口径在1米以下的"小镜子"。科研人员希望早日实现大口径反射镜"中国制造"的愿望。

20世纪90年代，我国载人航天工程立项，急需大口径离轴非球面反射镜。当时国外断言："中国根本加工不出离轴非球面，即使加工出来也组装不出离轴非球面光学系统。"留学回国不久的张学军与翁志成、余景池等老一辈科学家，顶住压力开发了国内首台光学数控加工机床，掌握了离轴非球面制造技术，并将其应用于反射镜光学加工。

经过十余年的艰苦攻关，2008年，长春光机所团队研制出我国首套具有自主知识产权的0.7米量级碳化硅反射镜。当时，世界上应用于可见光望远镜的碳化硅反射镜的最大口径为1.5米量级，由Boostec公司制造。"我们最初的思路是做到米级，先解决有无的问题，并没想做全球最大。"张学军说道。

然而，国家的重大需求让科研人员来不及多想。2009年9月，国家重大科研装备研制项目启动，张学军和时任长春光机所光学中心主任高劲松、副主任郑立功把大家召集到一起，宣布将研发4米碳化硅反射镜。

"什么？4米！"所有人都明白这是碳化硅反射镜口径的全球之最。

但现实问题是，在国内外相关技术、装备、经验基本为零的情况下把4米碳化硅反射镜做出来，不仅要突破镜坯制备、光学加工与检测、改性与镀膜等关键技术，还要自主设计研发全链路集成制造系统，没有人敢拍着胸脯说一定能成功。

"我们要发扬老一辈科学家'敢打敢拼，没有条件也要创造条件干'的精神，啃下这块国际上还没人啃下的'硬骨头'。"最后，高劲松带头表态，鼓励大家大胆假设、充分论证，形成了4米碳化硅反射镜全链路制造系统的技术方案。

一块比一块做得好

2012年，第一块4米碳化硅反射镜坯刚出炉，还没来得及给张学军看一眼，就被赵文兴下令砸了。当时，望着有较大裂纹且炸裂的镜坯，赵文兴迫不及待地想弄清楚问题究竟出在哪里。

5个小伙子整整砸了一天半，扬起的粉尘弥漫了整个实验室，终于在砸开的镜坯中把出现裂纹的具体位置找了出来。

4米高温真空烧结炉

镜坯制备是制造碳化硅反射镜的第一步。把微米级的碳化硅粉末变成镜坯是怎样实现的呢？为什么要把烧坏的镜坯砸了？赵文兴提出了用凝胶注模成型结合反应烧结的技术路线。这个成型过程就像做果冻，先把碳化硅粉末通过凝胶注模成型，做成想要的形状，再通过一系列工艺排出"果冻"中的水分，并将"果冻"中的有机物变成碳，从而形成具有毛细微孔的多孔块体。最后把多孔块体与硅放到一起反应烧结，形成致密的碳化硅反射镜坯。此时的镜坯是黑乎乎的一块，大家给它起了一个绰号——"出土文物"。"反应烧结中工艺参数的选择、控制，类似于蒸馒头，需控制蒸制时间、火候、气氛等，这些对镜坯烧结的成败有很大影响。"长春光机所光学中心主任张舸说道。

砸了第一块镜坯，赵文兴根据裂纹出现的位置，通过模拟计算，优化了镜坯反应烧结工艺的参数，为4米碳化硅反射镜坯的成功制备奠定了基础。

2010～2016年，团队一共开展了5次4米碳化硅反射镜坯的制备试验。第一块、第二块镜坯的裂纹宽度都在10毫米以上，第三块、第四块镜坯的裂纹逐渐缩小。直到2016年第五次试验，镜坯才研制成功。

长春光机所的花园里至今还留有2015年研制的第四块4米碳化硅反射镜坯。它是圆饼形，直径为4.03米，中间留有一个孔，像一只圆溜溜的眼睛，在阳光的照耀下闪动着灰蓝色的光。它已经成为长春光机所的一处地标性景观。镜面上有几条头发丝粗细的裂纹，但镜前婆娑的树影仍然能纤毫毕见地映照其中。

虽然4米碳化硅反射镜坯的制备试验只有5次，但其间他们做了若干次1米、2米、2.5米、3米镜坯制备试验。失败的次数远比成功的次数多，特别磨人。试验不顺利时，赵文兴总会摇着头躲进屋里。一会儿，他写了一张字条递出来，让大家完善试验方案；再过一会儿，他可能又兴致勃勃地跑出来，找人一起总结、讨论。

在张舸看来，赵文兴当时虽然已经五十几岁，但是劲头却像小伙子。有一次，赵文兴在所里一边骑自行车一边思考科研问题，被一辆小汽车蹭到。其实，小汽车司机已经按喇叭提醒他了，但是他因为过于专注愣是没听见。

加工到极致平整

加工一面普通镜子，尚且要做到平整。对于反射镜而言，这个要求更是达到了极致——

4米碳化硅反射镜的面形精度甚至不能超过20纳米。"如果等比放大，相当于把北京五环内的地面平整到高低差小于1毫米。"张学军说道。

这么苛刻的要求，他们是怎么达到的呢？

2011年，长春光机所接到了2米碳化硅反射镜的加工任务。当时的成熟技术是小磨头加工，但做不到指哪儿打哪儿。张学军提议，将提前布局的磁流变抛光技术投入应用。

磁流变抛光技术具有抛光精度高、材料去除确定性高等优点，可实现近零亚表面损伤和纳米级精度抛光。美国QED公司掌握了磁流变抛光的核心技术，但公开报道中最大只做到1.8米反射镜。之后再无任何更大口径的反射镜论文发表。

能否采用磁流变抛光技术超越国外的抛光水平，团队一开始心里没底。他们做好两手准备，一方面向国外订购2米反射镜，另一方面积极自主研发。可是，钱已经付给了国外厂商，对方也完成了加工，临交货时却以许可证过期为由拒绝供货。

背水一战的局面，激发了科研人员的最大斗志。团队成员刘振宇、李龙响、李英杰等不分昼夜地刻苦攻关，终于将2米碳化硅反射镜打磨成功。这是世界上首次将磁流变抛光技术投入大口径反射镜的工程应用中。

后来，2米碳化硅反射镜制造技术被应用在巡天空间望远镜上。这台望远镜是未来十年国际上最重要的空间天文观测仪器之一，被称为"中国哈勃"。

还没等大家松一口气，打磨4米碳化硅反射镜的任务又来了。这时，精度和效率的矛盾就凸显出来了：采用同样的工序，加工2米反射镜需要8个月，加工4米反射镜则需要64个月，很难做到又快又好。

李龙响介绍到，磁流变抛光技术中的抛光轮是一个硕大的轮子，重达上百公斤。它在离镜面不到2毫米的空间作业，稍微控制不好就会触碰镜面使其形成裂纹，从而导致反射镜报废。即便一切顺利，能否加工出精度合格的反射镜也是未知数。

使用原有的小磨头、应力盘等技术顶多是延长工期，可一旦磁流变抛光技术失败，就是反射镜有无的问题。敢不敢冒这个险？大家踌躇不决。最后，还是张学军拍板："你们放心大胆去用磁流变，只要足够细心，咱们肯定能够成功。"

在长春光机所光学楼的4米加工实验室里，科研人员夜以继日地采用砂轮磨削、小磨头、磁流变等技术，将4米碳化硅反射镜的面形精度从毫米级加工到纳米级。反射镜最终的面形精度达到15.2纳米，实现了国际领先。

4米磁流变抛光装备

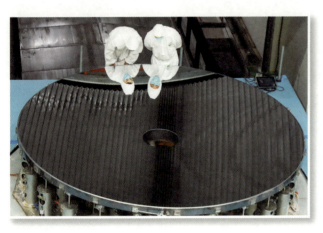
镜膜后的 4 米碳化硅反射镜

让"出土文物"明眸善睐

对于碳化硅反射镜的制造来说，改性能让反射镜的表面更加平整，镀膜则堪称"点睛之笔"。只有镀了膜，它才有神采，才能明眸善睐。

4米碳化硅反射镜采用真空镀膜工艺。国外的大口径改性/镀膜装备几乎都是圆形的，而长春光机所的改性/镀膜装备却是长方形的。这又是为什么呢？

其实，团队最初使用的也是圆形改性/镀膜装备，但他们很快发现，圆形改性/镀膜装备要求反射镜中心必须有一个孔，否则镀膜后的反射镜将无法使用。

"可不可以让固定的靶材'跑'起来？"一个大胆的想法在高劲松的脑海中闪现。这样一来，即使将来反射镜中间没有孔，也能顺利完成镀制，改性/镀膜装备也因此变成了独特的方形。采用该装备，长春光机所在4米口径范围内将膜厚不均匀性控制在5%以内。

然而，实验样品刚从装备里拿出来时还不错，但不一会儿膜层就一点点地开裂、剥落了。有时像放烟花一样，星星点点的小碎末往上蹦；有时形成一条条"小裂谷"，膜层从镜面成片翘起。没过多久，整个镜面就布满灰尘一样的碎末，一吹便散了。最差的时候，不到一个小时，膜层就掉得干干净净。看到这样的场景，团队成员急得在办公室里来回踱步。

高劲松、时任长春光机所光学中心薄膜室主任王笑夷带领团队经过半年多的反复实验和调整才找到合适的工艺参数，最终将磁控溅射技术应用于4米碳化硅反射镜表面改性/镀膜。这在国内外都属于首次。

他们最终完成了改性膜层/高反射膜层的镀制，此时的4米碳化硅反射镜才算"破茧成蝶"，蜕变成真正的反射镜。至此，国际上公开报道口径最大的4.03米碳化硅反射镜研制成功。

实现全链路制造

高分辨率空间对地观测、深空探测、天文观测等领域对大口径反射镜有迫切需求。国内多家科研机构、高校相继对其开展了相关研究。其中，中国科学院上海硅酸盐研究所、中国建筑材料科学研究总院有限公司、哈尔滨工业大学等以碳化硅反射镜坯制备为主攻方向，北京空间机电研究所、中国科学院光电技术研究所等以反射镜加工技术为主攻方向，长春光机所则以碳化硅反射镜坯制备、光学加工与检测、改性与镀膜等全链路制造为目标。

为什么要做全链路？这与长春光机所建所以来王大珩等老一辈科学家提出的科研单位要"一竿子插到底"的目标密切相关。他们本着"时时放心不下、处处放心不下"的危机感，主张从基础理论到研究、设计、制造、装调、检验和试验的所有环节入手，为社会经济和国家安全提供重要装备。

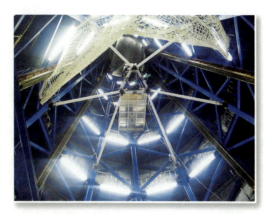

多功能立式光学检测装备

在4米碳化硅反射镜技术的攻关过程中，长春光机所自主设计、研制了以4米高温真空烧结炉、4米磁流变抛光装备、FSGJ-4型非球面数控光学加工中心、4米磁控溅射镀膜机等为代表的反射镜坯制备、光学加工与检测、改性与镀膜所需的30余台套大型装备，并自主开发了磁流变抛光控制、数控加工控制、三维（3D）轮廓检测、面形检测、膜层厚度检测等反射镜加工及检测软件，真正实现了大口径碳化硅反射镜全链路制造。

2018年8月，国家重大科研装备研制项目"4米量级高精度SiC非球面反射镜集成制造系统"顺利通过验收。中国工程院院士金国藩、潘君骅等验收组专家认为："该项目是我国在大口径光学制造领域的重大技术突破，形成了大口径系列反射镜研制能力，为我国大型光电系统研制解决了核心技术难题。"

2018年12月，在"大口径碳化硅光学复杂曲面高效高精度制造技术"科技成果鉴定中，中国工程院院士姜会林等鉴定组专家认为："该项目研发难度极大，创新性与引领性很强，核心关键技术、原材料、软件和装备完全自主可控，具有自主知识产权，研究成果整体达到国际领先水平。"

目前，长春光机所研制的大口径碳化硅反射镜已应用于多项国家重大工程任务。与此同时，长春光机所面向国民经济主战场，立足团队研究成果，孵化了多家高新技术企业，实现了以碳化硅陶瓷及其复合材料制品、中大口径非球面及自由曲面的高端精密光学元件加工与检测装备、新型光谱滤光片及基于光谱滤光片的成像光谱仪等为代表的高科技成果转化。延伸出来的技术、产品已经开花结果，广泛地应用于我国半导体装备制造、汽车、生物医疗、食品卫生、现代农业等领域，有力地促进了相关产业转型升级、快速发展。

（中国科学报社记者温才妃撰文；原文发表在《中国科学报》2024年6月19日第4版；文中图片由长春光机所提供）

面向世界
科技前沿

技前沿

"八大件" 奠定中国光学基石

1952年，在吉林省长春市铁北区（现宽城区），一批科学家和工人在一起清理废弃物、填坑、平整土地。他们要在这里开启光学科技梦想。

一年后，中国科学院仪器馆建成。1957年4月，仪器馆更名为"中国科学院光学精密机械仪器研究所"（简称光机所）。机构名称虽然变了，但是科学家的干劲儿却没有变。1958年，光机所为国家交出了最好的作业——成功研制出8件先进光学精密仪器，统称为光学"八大件"。

1958年9月6日出版的《人民日报》对光机所"八大件"的试制成功给予了高度评价："这表明我国在光学精密机械仪器研究方面已经进入国际先进行列。"作为我国光学仪器研制的里程碑，"八大件"的试制成功标志着我国能够独立解决光学工业中的重大技术问题。

"八大件"填补了新中国光学研究的空白，奠定了新中国光学事业的基石，是新中国科技事业自力更生、追赶世界先进水平的缩影，更显现出科学家们胸怀祖国、勇攀高峰的精神。这些精神如光一般，穿越了时空的界限，一代代传承下来，照亮了前行的道路。

有志青年

谈到"八大件"的研制，一定离不开一个人，他就是王大珩。他是我国著名应用光学家，也是我国光学事业的开拓者和奠基人之一。

作为光机所的创立者和第一任所长，王大珩主持研制了新中国第一炉光学玻璃、第一台红宝石激光器，取得了以"八大件"等光学精密仪器为代表的一系列开创性科研成果。在他的带领下，光机所成为国际知名的应用光学和光学工程研发基地。

受父亲的影响与教导，王大珩在年少时就表现出对数学、物理学等自然科学的兴趣与天赋。

1932年，17岁的王大珩考取了国立清华大学①物理系，接受了系统的物理学教育，打下

---

① 清华大学的前身。

了良好的知识基础。更重要的是，他与一批与他一样的有志青年结下了深厚情谊。这些人中，有后来推荐王大珩筹建中国科学院仪器馆的同学钱三强，也有应王大珩邀请、举家奔赴长春研制光学玻璃的龚祖同。

这些有志青年，在后来的新中国科技发展历程中拧成一股绳，牵动着整个光学领域的发展。

1938年，赴英"庚款留学"招考的消息传来，王大珩抱着"科学报国"的信念参加了应用光学专业的考试，通过后赴英留学。

在英国，王大珩在英国帝国理工学院物理系技术光学组的实验室里做研究，两年后取得硕士学位。就在王大珩继续攻读博士学位期间，他获得了去英国昌司公司研究实验部任职的机会。

昌司公司是当时英国最大的玻璃制造公司，拥有世界上少有的光学玻璃制造"秘方"。为了学习国家更需要的先进技术，王大珩毅然放弃攻读博士学位，选择到昌司公司任职，一待就是6年。

"清晨进厂，晚上8时才回。"王大珩在寄给同学的信中这样描述一天的生活。在这6年中，他进行了大约300埚光学玻璃实验，还研制出了V-棱镜折射率测量装置，发表了学术成果论文。

事实证明，在昌司公司的工作经历对王大珩十分有益。他在自述中写道："我学会了一套从事应用研究和开发工作的思路与方法，特别是讲求经济实效的意识。这对我回国后从事新技术创业和应用研究的开发工作有深刻意义。"

1948年，王大珩与在国立清华大学就读时的同学钱三强、何泽慧、彭桓武陆续回国。这批青年在求学过程中就一直不忘关注祖国动向。他们早就约定好：一旦国内形势明朗，就要回国效力。

1400万斤小米建起新中国的"光学摇篮"

"我们这代人习惯把做事放在第一位，个人生活放在其次。我们做起事来，从来不会从个人生活角度考虑问题，都是从国家考虑，从事业考虑。无论多么艰苦的地方，大家都是高高兴兴地打起铺盖卷儿说去就去。"在回忆为新中国光学事业发展所做的工作时，王大珩曾这样说道。

新中国成立后，研究人员终于拥有了可以实现理想、为国效力的新环境。当时，新中国的光学事业可谓一片空白。想要把光学事业发展好，就必须拥有更完备、更先进的工具——光学仪器。但是，举国上下，像样的光学工厂只有昆明光学工厂，并且全国都缺乏研制光学

王大珩（左二）等中国科学院仪器馆筹备处第一次会议参会人员合影

精密仪器的条件和人才。"当时的光学课程连教具都短缺。"中国科学院长春分院分党组书记、院长金宏介绍道。

1950年，王大珩被聘为中国科学院应用物理组（兼工学实验组）委员。在对昆明光学工厂进行仔细考察后，王大珩和另一位物理学家钱临照提出的"建立光学仪器厂、培养专门人才"等建议，得到当时政务院文化教育委员会①的重视。政务院随即作出决定：设立中国科学院仪器馆。

1951年1月24日，经钱三强推荐，王大珩被任命为中国科学院仪器馆筹备委员会副主任，接过了国家赋予的筹备仪器馆的重任。

王大珩在《我的自我检查》中写道："1951年，当科学院要我参加仪器馆的筹备工作时，我下了一个决心，要终身致力于我国的仪器事业（特别是光学仪器事业），我想使仪器馆成为全国的研究与生产中心。"

这两件事，他都做到了。

最初，中国科学院打算把仪器馆设在北京西郊，但考虑到其科研和生产功能，最后决定将仪器馆建在工业和科研基础较好的东北地区。当时的东北地区是我国重工业最集中的地方，且在吉林长春铁北天光路有一座旧厂房，厂房里有炉子、大烟囱等基本设施。在多次前往长春亲身考察后，王大珩定下将此地作为仪器馆的基建基础。看着高耸的大烟囱，王大珩

---

① 1954年9月，中华人民共和国国务院成立，政务院文化教育委员会撤销。

心想：便在这里建光学玻璃熔炼炉吧！

金宏在讲述这段历史时说道："从选址上可以看出，王大珩先生等创始人并没有考虑东北的气候和生活条件，主要考虑的是现实问题，要节约经费，要有基础研究环境，要能说干就干。"

王大珩领到的第一笔建设经费是1400万斤^①小米。王大珩知道，在当时百废待兴的局面下，国家能拨出这1400万斤小米，实属不易。他拿着这笔"经费"，带着28位科研人员，和工人们一起吃大葱蘸大酱、嚼高粱米饭，苦干了一年的力气活，才将仪器馆建起来。工人们都说，王大珩等科学家和他们同吃同住，不说话时，根本看不出他们是科学家。

1953年1月23日，中国科学院仪器馆在长春正式成立。王大珩任副馆长，代理馆长主持仪器馆工作。就这样，新中国的"光学摇篮"诞生了。

从"一片空白"到"八大件"

1957年4月28日，中国科学院决定，将中国科学院仪器馆更名为"中国科学院光学精密机械仪器研究所"。此时的中国科学院仪器馆已经顺利度过"艰苦创业"阶段，在基础设施与人才建设方面已初具规模，且取得了一些科研成果。这次更名，表明研究所的未来将以发展光学仪器为主。

1958年6月，国家计划委员会提出"第二个五年计划要点"，"八大件"这个光机所正在攻关的项目入选。

"八大件"具体指万能工具显微镜、大型水晶摄谱仪、电子显微镜、晶体谱仪、高精度经纬仪、高温金相显微镜、多倍投影仪和光电测距仪这8件光学精密仪器。

其中，万能工具显微镜是用于精密测量机械部件尺寸、轮廓、角度等的基本仪器。大型水晶摄谱仪是用于研究物质细微结构的仪器，主要应用于冶金化工等需要做复杂材料分析的工业领域。电子显微镜主要用于观察金属结构、高分子结构和各种细菌。晶体谱仪是用来做中子衍射试验和研究原子结构的仪器，当时被用于原子能和平利用事业。高精度经纬仪是用于测量角度的精密测量仪器。高温金相显微镜是用于高温下微观观察和记录金属结构、金属组织及其拉伸变化的仪器。多倍投影仪是一种可将航摄底片进行投影，缩小后得到立体光模型，从而在平面上绘制地图和等高线的仪器。光电测距仪是利用光速测定距离的大地测量仪器。

对于为什么将这8件仪器定为第二个五年计划的目标，金宏解释到，这是当年王大珩等战略科学家作出的有远见的决定，是对科学发展趋势的战略性预测，以他们的阅历，可以看到世

---

① 1斤＝500克。

第一台万能工具显微镜

第一台晶体谱仪

第一台电子显微镜

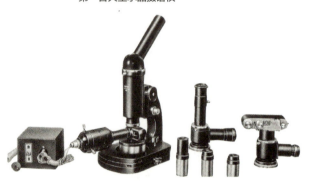

第一台大型水晶摄谱仪

第一台高精度经纬仪

第一台高温金相显微镜

第一台多倍投影仪

第一台光电测距仪

"八大件"

界的前沿，能看到诸如电子显微镜这类装备是未来非常有前景的方向，必须要做，这个就叫布局。实际上，在第二个五年计划提出之前，光机所就已经在进行"八大件"的前期研制工作了。

从1958年6月开始，整个光机所的科技人员放弃了节假日，每天夜以继日地工作十几个小时。光机所的实验室日夜灯火通明，被戏称为"日不落实验室"。

王大珩曾回忆道："当时年轻人的干劲儿非常足……大家真是白天干完晚上干。干到什么程度呢，就是研究一个东西，碰到材料上的问题或者技术上的问题，就把所有相关的人找来，当时就解决。大家把铺盖卷儿放在实验室里，太累了就睡觉，其他人接着做。原来预备两年完成的工作，我们半年就做出来了。"

同年，光机所成功试制出"八大件"。之后，"八大件"在中国科学院举办的成果展览会上亮相。中央领导在参观展览时，对高精度经纬仪等成果表示赞赏，很多参观者对电子显微镜表现出浓厚兴趣。

电子显微镜是"八大件"最典型的代表之一，其加速电压为50千伏、分辨率达10纳米，是一台中型透射式电子显微镜，仿制自一台日本进口电子显微镜，前后历时72天。

其实，王大珩早在1956年就提出了电子显微镜试制计划，但被苏联专家一口否定。苏联专家认为，这个项目的难度太大，中国没有12年做不出来，如果需要使用，可以从苏联购买。

王大珩一直挂念着这件事。他始终认为：靠进口不是长久之计，中国还是要自主制造出来。1958年4月，一个年轻人的来访让王大珩看到了希望。

这个人名叫黄兰友，毕业于美国富兰滋大学物理系，并获得了联邦德国图宾根大学的应用物理博士学位，主修电子显微镜专业。

黄兰友初次到访长春时，王大珩正在外地出差，光机所的其他领导接待了黄兰友。这位只有20多岁的年轻人向领导们谈起了他的梦想——研制中国自己的电子显微镜。当领导们把谈话内容转告远在外地出差的王大珩时，王大珩兴奋地回答道："马上做！"

赶回光机所后，王大珩会见了黄兰友，并将电子显微镜作为重点，排在攻关项目第一号的位置。在研制电子显微镜的过程中，黄兰友得到王大珩的全力支持，包括配备得力助手、协调各方关系、提供各种有利条件等。

与黄兰友一起参与电子显微镜研制工作的人员有：王洪义（负责机械），林太基、朱焕文（负责物理），秦启梁（负责电子线路）。另外还有黄兰友从中国科学院电子学研究所带来的江均基（负责电子线路）和一名中技生。

1958年8月19日凌晨2点45分，黄兰友等在荧光屏上得到了第一个电子显像，那是一个海洋古生物硅藻土的图像。我国第一台自行试制的中型透射式电子显微镜就此诞生了。

电子显微镜只是光机所创造的八个奇迹之一。黄兰友在一篇回忆文章中这样写道："每个项目都是以前没有做过的新东西，免不了都有大量的返工。在我看来是一团乱哄哄的事，光机所是怎么组织得如此有条有理……对我来说，这一直是一个谜。"

"一竿子插到底"的精神

"八大件"是我国自力更生的生动体现。它标志着光机所已经实现从研制一般、通用、简易的光学仪器，向独立设计、研制高精度光学精密仪器的飞跃，在国内树立起一个勇于向高级精密仪器进军的"排头兵"形象。

更重要的是，研制"八大件"过程中所体现的"由理论研究到生产攻关'一竿子插到底'"的精神，已经深深刻入光机所的基因，影响着后来的一代代人。这种精神在20世纪60年代初王大珩主持"150工程"、领导研制我国第一台靶场装备大型精密光学跟踪电影经纬仪中体现得更加淋漓尽致。

王大珩对"一竿子插到底"的精神做了这样的解读："从预研、方案论证、研制，直至造出产品，一竿子到底，全部承担。"

1999年，光机所与中国科学院长春物理研究所整合成中国科学院长春光学精密机械与物理研究所（简称长春光机所）。

从光机所到长春光机所，在前前后后几十年的岁月中，这里一直发挥着"光学摇篮"的作用，为中国光学事业打下扎实、良好的基础，创造出十几项"中国第一"，共有28位在这里工作和学习过的科学家当选为两院院士，并涌现出"知识分子的优秀代表"蒋筑英等众多英模人物。

21世纪，长春光机所已经建设成为以知识创新和高技术创新为主线，在发光学、应用光学、光学工程和精密机械与仪器等领域从事基础研究、应用基础研究、工程技术研究及高新技术产业化的多学科综合性基地型研究所。

金宏介绍到，"一竿子插到底"的精神是光机人一直以来的原动力。长春光机所的优势就在于，能够集中所有力量做出别人做不出来的东西。

"国家需要什么，我们就做什么。能否成功并非第一选项，抱着执着的态度死磕，厚积薄发，一定能攻克'卡脖子'难题。"金宏说道。

（中国科学报社记者王兆昱撰文；原文发表在《中国科学报》2024年5月27日第4版；文中图片由长春光机所提供）

独创"有限元" 开启无限可能

在黄河上游，大河穿越深邃峡谷，水声如雄狮怒吼，汹涌澎湃。行至两千余里处，大河骤转90°弯，转而向西，壮美无匹。

转弯处就建有我国首座百万千瓦级水电站——刘家峡水电站。它的主体构筑物为我国建造的首座超百米的混凝土高坝。然而，鲜为人知的是，刘家峡水电站建成的背后有一群中国计算数学家。他们面对国家急迫需求，夜以继日地为大坝设计和建造奋战，助推水电站如期完工。

20世纪五六十年代，以冯康[①]为代表的中国科学院的计算数学家们在大坝计算中获得启示，独立于西方创立了有限元方法数学理论，开创了科学与工程计算方法和理论的新领域。

时至今日，有限元方法已经成为研发设计类工业软件的核心技术之一。桥隧大坝、飞机船舶、手机芯片……一个个复杂事物的诞生，都离不开有限元方法的支持。

如今，中国科学院数学与系统科学研究院（简称数学院）的一群年轻人，正站在先辈的肩膀上，努力构建新一代基础工业软件计算内核，启航新型工业化征程。

萌芽：援手刘家峡

1958年，甘肃，黄河上游。

作为一项国家重大工程，百万千瓦级刘家峡水电站开工，其主体构筑物是一座超百米的大型混凝土坝。我国自主设计、施工、建造如此巨大的水电工程，还是第一次。如果顺利建成，奔涌的黄河水将在这里"歇脚"，实现发电、灌溉和防洪，造福一方百姓。

工程难度之大超乎想象，设计和建设方法

冯康（左）与崔俊芝（右）

---

① 1980年当选中国科学院学部委员（院士）。

都与以往不同。大坝工程进展缓慢，迷雾笼罩在刘家峡水电站之上，甚至在1961年一度停工。

最初承担水坝工程计算攻关任务的，是1956年从中国科学院数学研究所分出去成立的中国科学院计算技术研究所三室（简称三室）[①]二组的黄鸿慈等，冯康提供业务指导。黄鸿慈和同事们编写的计算程序质量非常高，为大坝计算奠定了坚实的基础。

1963年2月，农历新年刚过，寒冷依旧，刘家峡大坝设计组副组长朱昭钧风尘仆仆地到北京"求助"，希望科研人员帮助解决大坝应力计算问题。冯康等三室领导经过慎重考虑，把任务交给了崔俊芝。那一年，崔俊芝25岁，刚从西北工业大学毕业工作一年，与黄鸿慈、石钟慈等在一个办公室工作。

用计算数学解决工程问题通常有四个步骤：建立数学模型、设计算法、编程实现、上机计算。很长一段时间，研究人员被"卡"在计算方法上。

"对方只了解工程上的试荷载方法，交给我的任务是求解由此推导出的40阶线性方程组，从而验证该方法的正确性。"1995年当选中国工程院院士的崔俊芝研究员，在当时费尽九牛二虎之力，反复验算后发现该方法得到的线性方程组系数矩阵近乎是奇异矩阵，难以数值求解。他还尝试了黄鸿慈研发的应力函数法程序等方法，都难以得到令工程师满意的应力场计算结果。

造成这一困难的主要原因之一是当时的"算力"不够。崔俊芝回忆到，当时我国代号"103""104"的两台最早的计算机相继诞生不久。他需要在字长39位、容量4K、运算速度每秒一万次、内存仅2048个全字长磁芯体的"104"机上，求解超过1000个未知数的离散方程。

但是，刘家峡大坝的工程师们已经把最后的希望寄托在了中国科学院的科研人员身上，恳切期望他们"无论如何要想想办法"。

"不能满足用户要求的时候，就应该另辟新路了。我们开始寻找新的方法。"崔俊芝说道。

转机：合力渡难关

转机来自冯康推荐的一篇文章和一本书。

崔俊芝至今还记得，当年，冯康在一场报告上提到1947年发表于美国《应用数学季刊》（*Quarterly of Applied Mathematics*）的论文，讲述把微分方程写成变分形式，用变分的原理来推导差分格式，这对水坝计算有启发。"冯先生实际是在播撒有限元方法的种子，那次报

[①]　数学院计算数学与科学工程计算研究所的前身。

告拉开了三室'系统性研究'的序幕。"崔俊芝说道。

与此同时，冯康倡导成立了第七研究组，即理论组，黄鸿慈任组长。冯康向黄鸿慈推荐了福赛思、沃索合著的《偏微分方程的差分方法》，书中着重讲了三类偏微分方程的数值方法，黄鸿慈受到重要启发。

在冯康的筹划下，"水坝计算"小组分为三支小队，分别从变分法、积分守恒法、去掉坝体基础的角度开展研究。

崔俊芝在"积分守恒法"小队。该方法从平衡方程出发，把应力与应变关系带进拉梅方程进行计算。经过一段时间复杂且艰难的计算，他们在1964年春节前得出第一批计算结果。验证了格式、解法和程序的正确性后，崔俊芝很快为刘家峡大坝计算出应力场，经朱昭钧等验算，应力基本平衡，结果比较满意，但在坝踵和坝趾附近的误差仍然较大，应力场的精度还不够。

为此，崔俊芝又编写了我国第一个平面弹性问题有限元方法计算程序。

在那个年代，科研人员编写程序十分困难。"104"机没有操作系统、编译系统、数据管理和进程管理等系统软件，所有程序都需要自己使用机器指令直接编写出代码串式的程序，包括输入数据和打印结果。

在只有2048个存储单元的内存空间，崔俊芝要求解约1000阶代数方程组。他需要先扣除约500个存储单元存放程序，再在剩余约1500个存储单元的限制下求解。这必须得精打细算、精心设计迭代算法。

经历夜以继日地调试、查错、修改、验算，崔俊芝利用自主编写的有限元程序，终于在五一劳动节前为刘家峡设计组计算了十多组方案及其工况作用下的应力场。

1964年5月中旬，张克明主任主持召开了冯康参加的"刘家峡计算任务汇报会"，朱昭钧及其同事黄鸿慈等参加了会议，崔俊芝汇报了计算任务的完成情况。会上，朱昭钧对计算任务的完成情况给予了很高评价。

1966年10月，胜利的消息从高原传来，万马奔腾般奔流而来的黄河，被巍峨的大坝拦腰截住，锁在峡谷之中，瞬时平静而缓和。从此，刘家峡水电站成了亮丽的"高原明珠"。

刘家峡大坝建设成功后，中央发出明码电报，表彰科研人员为刘家峡工程作出的突出贡献。

"冯先生总是高瞻远瞩，引领着计算数学及其应用研究的发展。"崔俊芝说道。

首创：独立于西方

冯康一直是计算数学团队的实际学术指导和领路人。因为冯康，有限元的"种子"从刘家峡大坝的土壤中生根发芽，成为世界级学术成果。

究竟什么是有限元？冯康曾对它有过形象的比喻："分整为零、裁弯取直、以简驭繁、化难为易。"

有限元方法可谓一种特殊的"拼图游戏"：为了解决一个复杂的大问题，如一个大型建筑的结构分析，需要先把它拆解成许多个小块，这些小块的"拼图碎片"就是"有限元"；然后逐一分析每个"有限元"，分别建立方程；最后将它们组合成方程组并求解，最终解决问题。

实际上，我国古代"曹冲称象"的典故、数学家刘徽采用割圆法计算圆周长，都是有限元思想的具体体现。

1943年，著名数学家理查·柯朗（Richand Courant）发表了世界上第一篇具有有限元思想的论文，只是由于当时计算机尚未出现，该文章并未引起应有的关注。

随着航空事业的快速发展，复杂的结构分析问题对计算方法提出了更高要求。计算机的出现，使大量复杂的有限元计算得以实现。1956年，美国波音公司工程师M.J.特纳（M.J.Turner）、L.J.陶普（M.J.Topp）和土木工程教授R.W.克劳夫（R.W.Clough）、航空工程教授H.C.马丁（H.C.Martin）合作，在航空科技领域的期刊上发表了一篇采用有限元技术计算飞机机翼强度的论文。学界一般认为，这是工程学界有限元方法的开端。

随后在1960年，有限元方法由克劳夫在美国土木工程学会计算机会议上第一次正式提出。他发表的一篇处理平面弹性问题的论文，将应用范围扩展到飞机以外的土木工程。

"西方的有限元方法是作为结构工程的分析方法而提出的，在中国则是从数学发展而来，中国和西方沿着不同方向独立发展出有限元方法。"崔俊芝说道。

1965年，冯康在《应用数学与计算数学》发表了论文《基于变分原理的差分格式》，该论文里阐述了一套求解偏微分方程的数值算法，也是著名的有限元方法。

位于北京中关村南街的三室很快热闹起来，信函和来访络绎不绝。为全面介绍有限元方法，冯康、崔俊芝等创办讲习班，近300人参加，其中不乏知名学者。崔俊芝回忆到，讲习班影响很大，对促进有限元方法在中国的推广和应用发挥了很大作用。

《基于变分原理的差分格式》既是冯康的传世之作，又是中国学者独立于西方创立有限元方法理论的标志。

后来任香港浸会大学教授的黄鸿慈，在1963年发表了中国第一篇包含有限元思想的文章，但他在多个场合提到："我的文章已包含了证明中最重要的原理，冯先生则是在最广泛的条件下得出最一般的结论，这只有在高深的数学基础上才能做到，因而也具有更高层次的开创性，西方在1969年以后才得出了类似结果。""如果有限元方法不是像数学家这样处理，其应用就大受限制，就不能形成今天这样在理论上、应用上被如此广泛重视的局面。"

1982年，冯康、黄鸿慈、王荩贤、崔俊芝因独立于西方创立有限元方法获得国家自然科学奖二等奖。

冯康的论文被译成英文后被世界知晓。原美国总统科学顾问、纽约大学柯朗数学研究所所长彼得·拉克斯（Peter Lax）在纪念冯康的文章中特别指出，冯康"独立于西方国家在应用数学方面的发展，创造了有限元方法理论……在方法的实现及理论基础的创立两个方面都作出了重要贡献"。

著名数学家丘成桐也曾指出，"中国近代数学能超越西方或与之并驾齐驱的有三个，陈省身的示性类、华罗庚的多复变函数和冯康的有限元计算。"I.巴布斯卡（I.Babuška）、利翁斯（Jacques-Louis Lions）等国际知名数学家在相关文章中也都给予了高度评价。

类似的评价很快得到许多国际同行的认同。

传承：突围工业软件内核

如今，中国科学院计算数学团队完成刘家峡计算任务已过去了60年。那段尘封的历史再次被计算数学家们提起，他们经常思考：为什么是冯康独立于西方开创了有限元方法？如何传承老一辈科学家的精神？

崔俊芝给记者发来了这样一段文字，解释了为什么冯康能够成功："他拥有深厚的跨学科知识，多学科综合交叉思维的学术思想；不仅能深刻认识科学与工程问题的物理模型，洞察解决问题的可行路径；还能统观不同科学与工程问题的内涵，以高度抽象和严格的数学形式表述它们；再加上他全身心地投入科学研究，有不达目标决不罢休的献身精神，使得他一个接一个地做出了国际首创的研究成果。"

年轻人没有见过冯康，但对冯康及刘家峡计算的故事耳熟能详，并从中汲取着强劲的精神动力。

随着计算机技术的迅猛发展，基于有限元方法的软件已经成为辅助现代工程和装备研发的主要软件——计算机辅助工程（computer aided engineering，CAE）的核心。CAE软件可以对工程和装备的功能、性能与安全可靠性进行计算分析，对未来工程和装备进行模拟仿真，证实其可用性与可靠性。

CAE与计算机辅助设计（computer-aided design，CAD）、计算机辅助制造（computer aided manufacturing，CAM）组合简称为CAX，其成为支撑现代化产业体系、推动我国制造强国和数字中国建设的新型基础设施的"内核"。

数学院年轻的研究员崔涛、贾晓红等组成"冯康CAX科技攻关青年突击队"，承袭先辈的衣钵，开展CAX一体化计算方法研究，构建新一代CAX基础工业软件的数学内核。

2023年7月，在中国科学院战略性先导科技专项的支持下，数学院成立基础软件研究中心，围绕工业软件CAX一体化的计算方法和数学理论，向关键科学问题发起冲击。

基础软件研究中心让年轻人担当重任，平均年龄不超过40岁，考核标准也不再是发多少篇论文，而是产出"实在、能用"的算法和软件。

这并不是一条坦途。但是，在新一代年轻人看来，"路虽远，行则将至；事虽难，做则必成"。

冯康领衔开创的有限元方法，正孕育新的开创性、引领性成果，迸发出崭新的、无限的可能。

（中国科学报社记者韩扬眉撰文；原文发表在《中国科学报》2024年9月13日第4版；文中图片由数学院提供）

苍穹中闪耀的 "中国星"

乘坐汽车爬上蜿蜒的盘山路后，我们便看见群山环抱着的5个银白色大圆顶错落有致，像星辰点缀夜空一样装点着叠翠山林。这5个银白色大圆顶便是中国科学院紫金山天文台（简称紫金山天文台）。在这里，中国科学家开创了中国现代天文学观测与研究的先河。

69年前，时任紫金山天文台台长张钰哲和学生张家祥在茫茫星空中发现了一个特殊天体。这是中国人在中国土地上发现的第一颗小行星。从此，我国小行星观测和研究以惊人的速度蓬勃发展，并努力追赶世界先进水平。

从发现第一颗小行星到发现5000多颗小行星，从依赖外国望远镜观测星空到用中国研制的望远镜观测星空，从在小天体观测研究领域无一席之地到跻身世界第一梯队，69年来，中国天文工作者努力奋斗，在小行星观测和研究领域取得了举世瞩目的成就。

如今，闪耀苍穹的 "中国星" 正在世界天文学舞台上大放异彩。

紫金山翻开新序章

中国有几千年的观星历史，在世界天文史的长河中留下了璀璨光辉。然而，我国现代天文学的发展却远远落后于西方国家。

为了找回尊严，以中央研究院天文研究所①第一任所长高鲁为代表的老一辈天文学家历时7年，在南京紫金山建成由中国人自己设计建造的第一座现代天文台。

张钰哲（左）与张家祥

---

① 紫金山天文台的前身。

建成后的第一座现代天文台

　　观测条件、观测设备有了，但是小行星观测和研究工作却并未如期开展。彼时正值风云变幻之际，受战火困扰，研究工作几度停摆。老一辈天文学家呕心沥血、历经种种波折，才保留下科研的火种。

　　直到1950年5月20日紫金山天文台宣布成立，相关的观测和研究工作才得以稳定开展。张钰哲被任命为紫金山天文台的首任台长。在国家特别是中国科学院的支持下，紫金山天文台的科研人员拧成一股绳，奋起拼搏，翻开了中国小行星观测和研究事业的新序章。

大海捞针

　　张钰哲是中国近代天文学的奠基人，有非常丰富的观星经验。1928年在美国留学时，张钰哲成为第一个发现新小行星的中国人。按照国际天文界惯例，小行星通常可以由发现者命名。为表达爱国之情和报国之志，张钰哲将这颗小行星命名为"中华星"，国际小行星中心授予的正式"身份证号"为1125。

　　在美国叶凯士天文台求学时，张钰哲师从著名天文学家樊比博。受老师影响，他一生都在进行小行星、彗星的观测研究。获得博士学位后，张钰哲舍弃国外优渥的待遇，毅然回国，担起了发展我国小行星观测和研究事业的重任。

　　在满天繁星中寻找小行星，就像大海捞针，相关观测工作极为烦琐细致。虽为台长、导师，事务繁忙，但张钰哲还是和学生张家祥一起轮流导星，通宵达旦。

1955年1月20日是不平凡的一天。在那个极冷的冬夜，张钰哲和张家祥像往常一样在紫金山天文台进行观测，并在茫茫夜空中捕捉到一个不太寻常的光点。反复检查比对拍摄的底片后，他们确定那是一颗新的小行星，这很可能是里程碑式的发现。

若要给这颗新发现的小行星"上户口"，还需要对其进行连续观测，并进行精确的轨迹计算。然而，研究进程被大雪中断了，直到大年三十那天天空才放晴。张家祥顾不上过春节，深一脚浅一脚地踏雪登山前往观测室，继续对这颗小行星进行"定位"，积累新数据。

当时的观测条件很是艰苦，设备也相对简陋。紫金山天文台使用的是光学观测设备，需要在夜晚进行观测，而且对能见度要求很高。然而，南京寒冷的冬季是最好的观星季节。

"别看望远镜是在天文台的圆顶里，但是由于观星时要打开天窗，室内外的温度其实没有差别，观星又是在深夜，气温低至−15℃，那种湿冷冻得人直哆嗦。"紫金山天文台近地天体探测和太阳系天体研究团组首席科学家赵海斌说道。

一次观测时长为一两个小时。人站在望远镜下，精神要高度集中，眼睛还要紧紧盯住寻星镜导星，不仅身体会冻僵，就连钢笔里的墨水也会被冻住，因此科研人员不得不用铅笔来记录。

望远镜的外壳是金属材质，导热极快。有一次，由于要长时间紧盯寻星镜，张钰哲脸上的皮肤竟与望远镜的金属外壳冻在了一起，后来靠着一点儿一点儿滴温水才慢慢化开。

尽管如此，为了追踪这颗小行星，张钰哲和张家祥从未退缩，反而沉浸在科学研究的快乐里。"不知者以为苦，知之者以为乐也。"张钰哲说道。

之后的两个多月里，张钰哲和张家祥对这颗小行星成功地进行了18次跟踪观测，详细记录了观测数据，并计算出精度较高的轨道参数。他们确定这就是一颗新发现的小行星。

数据上报给国际小行星中心后，这颗小行星获得了国际永久编号3960号。当时有人提议将这颗小行星命名为"张钰哲星"，却被张钰哲一口回绝了。他认为这是紫金山天文台全体人员协力奋斗的结果。最终，这颗小行星被命名为"紫金一号"。张钰哲和张家祥还合作发表了题为"紫金山天文台初次发现的小行星"的论文。

"紫金一号"是中国人首次在中国土地上发现的小行星，为我国天文事业写下了浓墨重彩的一笔。

为加快推进小行星观测和研究，紫金山天文台于1961年创建了行星研究室，张钰哲兼任室主任。在几十年的科研生涯里，张钰哲在他最看重的小行星研究领域取得了令人瞩目的成绩，带领团队拍摄了8000多张观测底片，其中150多颗小行星获得国际永久编号和命名权。

除了小行星外，张钰哲还领导了其他多个领域的天文学研究，为中国现代天文学的发展奠定了坚实基础。

从无到有，从1到5000

虽然实现了中国本土发现小行星零的突破，但观测设备仍依赖进口——什么时候才能用自主研制的望远镜发现小行星呢？

毛泽东主席曾经两次亲临中国科学院视察，其中一次是1953年2月参观紫金山天文台，当场指示天文台要造更大的望远镜，要让天文仪器为人民服务。

这也是张钰哲一直以来心中最牵挂、最想干的一件事。他说道："我们现在一直借别人的'眼睛'仰望星空，往后一定要用自己的'眼睛'探索宇宙。"

得到指示后，全台上下群情激昂，把所有精力都投入天文望远镜的研发中。紫金山天文台青年天文工作者初毓桦大胆提出自主研制2米大口径光学望远镜的设想。这个提议不仅得到同事的赞同、紫金山天文台的批准，还得到中国科学院领导的大力支持。

但这不是靠一己之力就能造出来的。紫金山天文台的科研人员找到南京工学院①有关师生开展联合攻关。他们参照苏联2.6米望远镜的构造设计，尝试进行开创性探索，很快就完成了2.16米望远镜的初步设计。研制2.16米望远镜很快被列入国家重点研究项目。

当时，苏联的2.6米望远镜尚在建造，国际上已有的光学望远镜是美国的5米、3米、2.5米望远镜。如果能研制出2.16米望远镜，那么中国在大口径天文望远镜领域或能进入世界先进行列。

秉持这样的信念，筹备工作紧锣密鼓地开展起来。1958年，中国科学院作出决定：在紫金山北麓的板仓村与樱驼村之间创建中国科学院南京天文仪器厂（简称南京天文仪器厂）。3年后，南京天文仪器厂光学车间工房建成，2.16米望远镜的研制工作步入正轨。

2.16米望远镜的研制在我国天文界引起热烈反响。南京大学天文学系教师苏定强申请加入研发队伍，于1962年正式调入南京天文仪器厂工作。因在天体物理研究领域的突出贡献，苏定强于1991年当选中国科学院院士。

前前后后，一大批青年科技骨干从相关院所高校调入或分配到南京天文仪器厂。有了这些人才的加入，2.16米望远镜研制工作攻克了光学设计、研磨、检测、机械构造等一道道难关，持续向前推进。

其间，镜片的制造让团队犯了难。天文望远镜的关键在于镜片，其制造不仅涉及光学，还涉及各方面技术问题。比如，磨制技术就是一大挑战。

上海新沪玻璃厂②承担了研发和浇铸高质量光学玻璃的重任，历经无数次失败，最终

---

① 现东南大学。
② 现上海新沪玻璃有限公司。

制成两块高质量主镜坯。南京天文仪器厂接过这两块厚重的主镜玻璃坯开启了磨制工作。研究人员在极其简陋的条件下，采用小抛光盘局部手工修改的高难度手法，手工细磨镜面。

一次次试验、失败、再试验……多个攻关小组、近百位科技人员历经数不清的日日夜夜，终于在1988年研制出2.16米天文光学望远镜。这是当时我国研制出的最大光学天文望远镜，安装于中国科学院国家天文台（简称国家天文台）兴隆观测站。

从此，我国天文仪器研究迈入新天地，并陆续取得多项壮举，自主研发出一系列先进的望远镜。这些望远镜能穿越地球表层的蒙蒙大气，眺望更远的苍穹，将广袤宇宙更多角落中蕴藏的壮丽美景传送回来，不断揭开宇宙的神秘面纱。

其中，紫金山天文台在近地天体探测望远镜研制方面取得重大突破。1999年，紫金山天文台立项建造近地天体探测望远镜，由张家祥任项目首席科学家。10年后，我国第一架近地天体探测望远镜——紫金山天文台施密特型近地天体望远镜在盱眙观测站正式运行，净通光口径为1.04米，配备该天文台自主研制、国内灵敏度最高的电荷耦合器件（charge-coupled device，CCD）探测器，继续探索、发现近地小行星和彗星。

如今，紫金山天文台的观测台站遍地开花，如青海省德令哈市、江苏省连云港市、黑龙江省东部、云南省姚安县，甚至南极冰穹A。其中，中国科学技术大学和紫金山天文台联合研制的2.5米大视场巡天望远镜位于青海冷湖天文观测基地，是北半球光学时域巡天观测口径最大、能力最强的设备。

"近地天体望远镜是我国近地天体观测和研究的主力设备，有了这个'眼睛'，这些年小行星研究突飞猛进。现在，我们已经发现了5000多颗新的小行星，其中已经完成申请审核程序、获得国际正式'身份证'的有700多颗。"赵海斌说道，"我们的观测量在国际上该领域的400多个观测计划中居前十位，无论是观测数量还是数据精度，都已进入国际第一梯队。"

薪火不息，星光永恒

我国在小行星观测和研究领域取得今天的成就，离不开几代人前赴后继、坚持不懈地奋斗。而研究伊始举步维艰，原因之一就在于缺乏人才。

当年，学成归国的张钰哲发现，国内从事小行星观测和研究的人才稀缺。他意识到，想要提高中国的天文学研究水平，必须进行教育改革。于是，他建议在高校设立天文系，发展天文学科。时至今日，全国设立天文学系的高校已有20多所。

老一辈天文学家的精神浸润着后来者的心田。薪火相传，越来越多的小行星观测研究人才加入，犹如璀璨的群星，照亮中国天文事业的未来之路。现在，紫金山天文台近地小行星观测和研究的接力棒交到了赵海斌的手里。他秉承老师张家祥的理念，正带领团队做一件造福人类的大事——近地天体监测预警。

太阳系中只有8颗行星，小行星却多至百万颗。探索小行星既能帮助人类了解太阳系的形成及生命的起源，又有助于发现和规避小行星可能给地球带来的灾难。

有研究认为，6500多万年前的恐龙灭绝可能源于小行星撞击地球。赵海斌承担的一项重要任务就是寻找直径大于140米、可能给地球带来潜在威胁的小行星。据估算，这么大的一颗近地小行星一旦撞击地球，其威力相当于2万颗原子弹。

监测具有潜在威胁的小行星，关乎全人类的生存安全。为了共同应对这一威胁，联合国于2013年12月建立国际小行星预警网，供全球天文学家共享相关数据，防止类似"恐龙杀手"的小行星再次"光顾"地球。

"研究太阳系小天体与我国深空探测工作是紧密结合的，我们在这个领域是排头兵。加入国际小行星预警网后，截至2024年9月，我们已发现42颗近地小行星、7颗具有潜在威胁的小行星，占国际统计数据的九成，在履行国际义务上走在了前面。"赵海斌说道，"我们没有给张钰哲先生丢脸。"

百年耕耘，自立自强。正是因为一代又一代中国科学家筚路蓝缕，在相扶相携中走过一段又一段艰难的创新求索历程，才使我国天文学研究摆脱落后局面，取得如此卓越的成绩，写就"薪火不息，星光永恒"的传奇故事。

（中国科学报社记者张晴丹撰文；原文发表在《中国科学报》2024年8月21日第4版；文中图片由紫金山天文台提供）

微穿孔板：
解决世界声学难题的中国方案

在会议大厅，人们希望语音流畅、清晰可闻；在音乐厅，人们希望余音绕梁、三日不绝；到了剧院、影院，人们希望声效逼真、身临其境……

不同的建筑场所需要针对不同的音质进行设计，相应的，就需要用到与之匹配的吸声设计方案。而提到吸声结构，就绕不开中国现代声学的重要开创者和奠基人——中国科学院院士、中国科学院声学研究所（简称声学所）研究员马大猷。

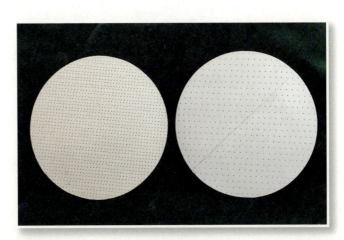

孔径 0.25 毫米、不同孔距的微穿孔板

1966年，马大猷提出关于微穿孔板吸声结构的设想。多年后，他将其理论分析内容发表在《中国科学》期刊上。这一理论后来在国际上掀起了一场关于吸声材料的革命，无数研究者纷纷加入对微穿孔板的研制与应用研究中。这也成为中国现代声学迈向国际的关键一步。

如今，在人民大会堂等重要建筑中，人们随处可见微穿孔板结构的身影。

火箭发射噪声问题亟待解决

11月的戈壁滩，寒风凛冽、沙砾漫天。

在甘肃酒泉卫星发射中心，年已半百的马大猷带着3位年轻科研人员，拉起被冻硬了的电缆线，小心地布设着一台户外传声器，将其安置在距离发射架50米以外的地方。

随着"点火"的一声令下，火箭起飞，其发出的轰鸣声不绝于耳。同时，整个发射试验过程的声音都被录音机录了下来。

1965年，我国第一颗人造卫星的研制计划得到中央专门委员会的批准，称为"651工程"。其中，中国科学院负责卫星和地面跟踪系统的研制。因为马大猷此前曾参与过中国科学院研制卫星的"581任务"，所以这次卫星研制计划中的声环境实验工作交由他承担。

人造卫星的发射离不开运载火箭，而火箭的噪声又不可避免。发射时，高声强的噪声会造成火箭蒙皮声疲劳，进而损坏仪器设备。当时，国外已有不少由此引发的事故。马大猷等这次西行，正是为了分析研究火箭发射时的噪声，并找到改善办法。

在发射基地工作期间，马大猷了解到，当时发达国家的战略火箭部署已经从地面转入地下，发射方式由地面发射改为地下竖井发射，由此带来的噪声问题则更加严重。为了长远部署，我国需要提前研究井下噪声的控制方法。

这是一项全新的研究任务，既没有现成样品可供参考，又没有现场资料可查。国外使用竖井发射方式本身就是为了隐蔽，因此无法知晓里面什么样。

"发射基地邀请我们参加不久后的下一次发射，可马先生急于开展研究工作，于是在测得声级、做好录音后，就决定立即返京。"当时与马大猷同去的声学所研究员张家騄回忆道。

大道至简

当时，国内外普遍采用穿孔板加吸声材料进行降噪处理。人们在板材上均匀地开一些厘米级的孔，将玻璃棉、矿渣棉等纤维性和多孔性材料固定在板材背后，使其形成普通穿孔板吸声结构。

其实，穿孔板本身就是一种共振吸声结构，具有一定的吸声能力，但在实际应用时往往需要依靠吸声材料来增强吸声效果。

空气具有黏滞性，当声波经过穿孔板上的孔时，空气产生阻力，会消耗部分声波能量。其余的声波则通过大孔进入纤维材料、多孔材料，撞击到其不规则表面，产生散射现象。孔洞和孔壁也会引起声波产生多次反射和折射，让其在材料内部进行多次传播和耗散。同时，声波与孔洞壁面及材料内的骨架发生摩擦，将声能转化为热能，会再次消耗部分声波能量。两者结合，能够有效降低声波的反射，起到吸声降噪、改善声学环境的作用。

然而，到了火箭发射的地下竖井中，这种办法完全行不通。火箭发射往往伴随着高温、烈焰、高压、高湿和腐蚀性气体，顷刻间就会使这些吸声材料化为乌有。此外，针对实际应用中的不同需求，具体需要加多少吸声材料也没有理论指导，研究人员只能凭经验试错。

从酒泉回到北京后，马大猷便急于开展吸声结构研究。一有时间，他就思考：多孔性材料本身就是宽频带吸声材料，何必多此一举，再加穿孔板？穿孔板有时只是发挥保护面板的作用。能否一反常规，使穿孔板本身解决吸声问题？

马大猷认为这在理论上完全可行。如果穿孔板结构的声阻抗和大气中的声阻抗相匹配，那么不需要另加吸声材料也能获得较好的吸声效果。同时，为了加宽吸声频带，必须尽量降低穿孔板结构的声质量。

研究证明，穿孔板结构的孔径越大，声阻抗就越小，反之，声阻抗就越大，它的声质量大致只和穿孔率有关。因此，通过控制孔径大小和穿孔率，就可以控制其声阻抗和声质量，进而控制穿孔板的吸声效果。

经过反复的理论推理，马大猷提出，如果把孔径减小到丝米①级，就可以获得足够的声阻抗，使穿孔板成为良好的宽频带吸声结构，且不需要另加多孔性材料。这就是微穿孔板的概念。

他还判断，在任何板材上打出微孔，都能达到吸声的目的。

"马先生常对我们说，'处理问题要抓住问题的实质''大道至简'。"曾长期跟随马大猷工作的声学所研究员戴根华说道，"虽然穿孔板的概念早已有之，但孔径都比较大、板材都比较厚。看起来，他只是将大孔变成了小孔，但实际上，如果没有对声学本质问题的长期研究和创造性思维，那么是无法想到的。"

"没想过要任何回报，这是中国科学院的传统"

理论构想有了，接下来就需要进行实验验证。

大家首先在每片面积为10平方米、约1毫米厚的铝板上，用打磨尖锐的钢钉一个一个地钻孔，速度缓慢。后来，研究室的一位金工师傅想到可以用修鞋的缝纫机一行一行地扎，这才使速度有了较大提升。

每当做好不同孔径和穿孔率的微穿孔板，马大猷就会根据不同的声音环境，先在驻波管中测量，然后拿到混响室测量。

戴根华回忆道："当年在混响室做实验时，至少需要3～4平方米的微穿孔板样品。利用信号发生器产生声信号，经放大器放大后构成一个混响场，而后用电容传声器拾取声信号，再由记录仪记录下来，最后通过计算得到样品的吸声量和吸声系数。"

后来，马大猷索性带着团队成员在声学所院内挖了一个约4米见方、2.5米深的简易模型井，再用水泥将井壁固化，最后装上不锈钢微穿孔板。通过测量装上微穿孔板前后的混响时间，计算出吸声系数。

---

① 1丝米=0.1毫米。

就这样，马大猷等分别测试了铝板、硬纸板、胶木板、不锈钢板等板材在孔径为0.75毫米，板材厚度为1毫米、0.5毫米，每平方米穿3万个、8万个孔时的吸声效果。

他们最终发现，不锈钢板厚度为1.5毫米、孔径为1毫米、穿孔率为1%～2%时的吸声效果最佳，能够耐瞬时高温、耐潮湿、耐强气流冲击。然而，为了达到这"三耐"，他们还在微穿孔板前加装了孔径4～5毫米、穿孔率为15%的保护性大穿孔板。

后来，马大猷将其理论分析和实验验证形成总结报告，并对微穿孔板制造过程提出具体建议，上交给相关部门。微穿孔板吸声结构在投入实际应用后换了特殊板材，同样获得成功。

1975年，马大猷将多年的研究成果撰写成论文《微穿孔板吸声结构的理论和设计》，发表在当年复刊的第一期《中国科学》上。

即便论文推迟了近10年才得以正式发表，但是微穿孔板理论仍然是领先世界的吸声理论。这一理论的确立，使人们在应用时不必进行大量实验和计算，只需要掌握3个常量，通过一定的公式计算便可得出其他变量。为了便于工程应用，马大猷还把这些计算公式变换成简易图表，方便设计工程师查阅，从而免去反复运算的麻烦。

"当时我们没有专利保护意识，公布了原理和做法后，国内有许多企业和工厂生产微穿孔板。"戴根华说道。

"我们当年对微穿孔板吸声结构进行技术攻关时，根本没想过要任何回报，这是中国科学院的传统。"马大猷曾说道，"对于国家战略需求，我们不仅会全力以赴提供技术支撑，还会无偿提供应用样品。国家战略需求能够想到我们，就是对我们最大的厚爱。"

马大猷（右）指导博士生田静进行噪声分析工作

改造人民大会堂声学设计

提出微穿孔板理论后，马大猷并未就此止步。在后来的几十年里，他都在不断探索，将这一理论发展深化。

1983年，马大猷提出一种直接、简单测量微穿孔板声阻抗的方法，比已有方法更为简便、准确，能够方便人们准确估计微穿孔板吸声结构的工作性能；1988年，他又进一步提出穿孔声阻抗公式，简化微穿孔板结构设计。

在高声强环境中，穿孔内的质点速度与声速相比，可以达到相当高的数值，因而会影响微穿孔板的声阻抗和其他特性。1996年，马大猷基于高声强环境下微穿孔板的应用研究，提出了改进方法。

最初提出微穿孔板结构理论时，为了打破微穿孔板在实际应用中机械加工条件的限制，马大猷对基本方程中的超越函数做了近似处理。随着其应用越来越广泛，1997年，他进一步发展了微穿孔板吸声结构的准确理论和设计，使其应用潜力进一步提升。

2000年，马大猷根据吸声材料靠声波通过孔隙与其固体骨架摩擦而损失能量的原理，将微穿孔板吸声体理论进一步发展为微缝吸声体理论，使其构造更加多样化。

2003年，马大猷进一步讨论了微穿孔板吸声体的吸收带宽极限……

"马先生1975年发表理论后，几十年来对其不断进行深入研究，80多岁后，他还在不断发展、深化理论研究。"马大猷的学生、声学所研究员李晓东说道，"尽管当年马先生发表的是中文论文，但在2000年后其引用率不断上升。国际声学大会还设立了专题讨论微穿孔板理论。"

微穿孔板理论在我国各类工程实践中得到应用，其中以人民大会堂的改造实践最为闻名。

1999年，人民大会堂管理局拟对人民大会堂中的万人大礼堂进行维修改造，其中建筑声学设计是整体方案的一个重要组成部分。早在人民大会堂建造之初，马大猷就曾负责其音质设计工作，这次维修改造的声学设计任务自然落在了声学所的肩上。

万人大礼堂不仅容积大，而且形状接近椭圆，屋顶又是穹窿顶，这些使原大礼堂混响时间偏长，回声现象严重，语言清晰度偏低。当时，中央领导同志对大礼堂的维修改造有明确指示，要求"大礼堂改造必须保持其原有建筑风貌"。这就意味着，大礼堂容积不变、形体不变、内墙与顶"水天一色"风格不变。

因消防要求，改造使用的材料也有明确规定，即表层材料必须为金属，内层材料必须一级防火。同时，为保证"水天一色"，作为吸声结构表层金属穿孔板的穿孔率必须一致。

"这要求我们选用的材料必须以消防安全为中心，而音质要比改造前有所改善。这无疑

人民大会堂的万人大礼堂

给音质设计工作带来了相当大的难度。"李晓东说道。

在马大猷微穿孔板理论的基础上，他的学生、声学所研究员田静、李晓东等经过一年多的声场模拟、吸声材料与结构测试、理论计算，正式确定了万人大礼堂改建音质设计方案。

后来，经过会议、大型文艺演出活动等3年多时间的检验，人民大会堂维修改造工程指挥部认为改造后的万人大礼堂音质得到很大改善，原有过长的混响时间变短、严重回声现象基本消除，语言清晰度大幅提高。

挽救德国议会大厅

马大猷没有想到，他的微穿孔板理论设计在提出17年后，由于帮助德国挽救了一项重要工程，在国外引发了微穿孔板研究与应用的热潮。

1992年12月，两德统一后，在波恩兴建起一座新的议会大厦。为了充分体现开会的透明度，大厦的四周墙体全部采用透明玻璃。远远看去，议会大厦的中央议会厅就像一个巨大的圆柱形玻璃罩。

"女士们，先生们！"在举行第一次会议时，议长刚说了一句话，会议厅里的扩音喇叭就没了声响。当时，会议在全国进行实况转播，全国人民都看到662位议员愤然离席，回到原议会厅继续开会。

要知道，当时改建这座议会大厦耗资2.7亿马克，大厦建成后，检修人员也并未发现电源、音响设备、麦克风的任何问题。这个事件震动了德国工程界，一度成为德国的丑闻。

原来，这座用玻璃围起来的圆形大厅有严重的声聚焦问题。当人们在议会厅里讲话时，声音被四周密度极大且表面光滑的玻璃墙壁不断反弹回来，又集中到大厅中央——设置讲台、话筒、喇叭的地方，从而使计算机控制的扩声系统自动锁闭了。

后来，相关部门找到了德国夫琅和费建筑物理研究所。当时，查雪琴等几位中国学者正好在该研究所访问交流。查雪琴想到马大猷关于微穿孔板吸声结构的论文，随即将该理论付诸实践。他们在铝板上钻孔做实验，最终发现，测量得到的数据与马大猷在公式中给出的理论计算吻合。

查雪琴等经过几个星期的研究和测量工作，在德国本地一家小厂的支持下，拿出了样品——在5毫米厚的有机玻璃上，每平方米打出3万个孔径为0.8毫米的微孔，形成透明的微穿孔板。他们最终解决了议会大厅的声学难题，在德国工程界被传为佳话，德国《图片报》等媒体对此进行了专题报道。

1997年，为表彰马大猷在建立微穿孔板吸声结构设计理论方面取得的成就，德国夫琅和费协会授予马大猷金质奖章，并由夫琅和费建筑物理研究所颁发阿尔法（ALFA）奖和1万马克奖金。

2021年，国际噪声控制工程大会评选出7项百年噪声控制发展史上的里程碑式工作，微穿孔板结构的理论与设计就是其中之一。

如今，声学所的科研人员们站在马大猷等前辈的肩膀上，潜心研究、勇于创新，不断拓展着微穿孔板结构的理论与应用边界。

李晓东说道："我们已经在微穿孔板理论研究与工程设计中取得多项成果，到现在还在不断激发它的应用潜能，相信未来会取得越来越多的原创性突破！"

（中国科学报社记者刘如楠撰文；原文发表在《中国科学报》2024年7月1日第4版；文中图片由声学所提供）

大器首成　对撞而生

——北京正负电子对撞机诞生记

"我相信这件事不会错！"1984年10月7日，在北京西郊中国科学院高能物理研究所（简称高能所）举行的北京正负电子对撞机奠基仪式上，邓小平同志如是说。[①]

这一天，邓小平同志在对撞机的奠基石上培上了第一锹土。时任高能所所长张文裕拉着他的手激动地说道："我多年的心愿今天终于实现了！"

40年后的今天，回想起这场奠基仪式，高能所研究员张闯的眼眶有些湿润，说道："那一天，很多人等了一辈子。"

从20世纪50年代起，中国科学家一直苦于我国没有自己的高能物理加速器，科研工作长期依赖国外数据。他们始终有一个梦想——用自己的加速器做世界最前沿的研究。在风云动荡中，这个梦想被七次点燃，又七次熄灭。奠基，意味着他们的梦想终于成真。

仅用4年时间，中国科学家就以令国际同行惊讶的速度，建成我国首个大科学装置——北京正负电子对撞机。此后的40年，持续产出的科学成果、日益壮大的人才队伍、站稳脚跟的中国高能物理，都用事实印证了邓小平同志的话——这件事不会错。

七"上"七"下"

1975年3月，乍暖还寒，春日的气息还不算浓郁。

当时正在辽宁省北票矿务局工作的张闯趁着到北京出差开会的空隙，到中关村看望自己的大学老师、清华大学教授张礼。张闯曾在清华大学工程物理系攻读粒子加速器专业，毕业后被分配至煤矿工作，但他与老师一直保持着密切联系。

敲开门，进屋坐下，二人还没寒暄两句，张礼就兴奋地告诉张闯一个消息："周总理有批示，高能物理要上！"

张礼的声音不大，但张闯听后却为之一震。它像一把钥匙，打开了张闯心中一扇久闭的

---

① 卢佳. 邓小平和中国高科技发展.（2014-12-31）. http://cpc.people.com.cn/n/2014/1231/c69113-26308785.html [2024-03-24].

大门。

事情要从3年前说起。

1972年8月18日，张文裕、朱洪元、谢家麟等18位科学家给周总理写了封信。他们在信中诉苦道："高能物理实验几乎是一片空白，高能物理理论研究则全是依靠国外的实验数据。"

高能物理研究是认识物质微观结构及其运动规律最前沿的学科，而高能加速器和相应的探测装置是这项前沿研究的重要工具。

在新中国成立后不久的1950年10月，中国科学院的物理学家们就提出要建设粒子加速器，开展核物理实验研究。1953年，世界上第一台高能加速器在美国问世，赵忠尧、张文裕、王淦昌等老一辈中国物理学家开始努力推动建造中国的高能加速器。然而，政治风云的变幻与国民经济的兴衰，让这一梦想多次上马，又多次下马。

他们在信中呼吁道："尽快确定发展高能物理的方针政策，同时组织上给予保证，尽快成立高能物理研究所，并划归基础理论研究的主管部门领导。"

1972年9月11日，周恩来总理批示："这件事不能再延迟了。科学院必须把基础科学和理论研究抓起来，同时又要把理论研究与科学实验结合起来。"

1973年2月1日，在党和国家领导人的关心下，中国科学院成立了高能所。在张闯心中，那曾是可望而不可即的。

两年多后的1975年3月，高能所组织科学家经过深入研究，向国务院上报了《关于高能加速器预制研究和建造问题的报告》，明确提出要在10年内建造一台能量为400亿电子伏特的质子同步加速器。

周总理在医院病床上审阅并批准了该报告。[①]此后，高能加速器预制研究工程有了自己的代号——"七五三工程"。

"学校已把加速器专业毕业的同学推荐给了高能所，你也在名单里。"张礼告诉张闯道。为了满足"七五三工程"需要，高能所开始召集散落在全国各地的相关专业人员。

那天张闯从老师家里走出来时，出差的疲惫一扫而光。此时，路边的树权还有些光秃，但张闯的心里却已经开出了小花，建中国自己的高能物理实验装置是他和老师们盼了许久的梦。

1976年秋天，科学家们满怀信心地重新论证了"七五三工程"方案，提出了更宏伟的"八七工程"计划，并得到国家批准。

---

① 卢佳. 邓小平和中国高科技发展.（2014-12-31）. http://cpc.people.com.cn/n/2014/1231/c69113-26308785.html [2024-03.-24].

"八七工程"分三步走：第一步，耗资3亿元，建成300亿电子伏特的慢脉冲质子环形加速器；第二步，耗资7亿元，到1987年底建成400亿电子伏特的质子环形加速器；第三步，到20世纪末，建成世界一流的高能加速器。

然而，没过多久，我国国民经济调整，紧缩基建，高能质子加速器因属于"国家非急需"而在"下马"之列——这已是该项目的第七次"下马"。得知消息后，张文裕等老一辈科学家和张闯等年轻一辈科学家都心急如焚。

1980年5月，张文裕、赵忠尧、朱洪元等39位高能物理学家联名上书，恳求"八七工程"不要"下马"。邓小平同志批示："此事影响太大，不宜'下马'。"①

这一批示给中国科学家们留下了机会。尽管"八七工程"陷入停滞，但希望仍在。

所有人都开始重新思考更符合国情的加速器方案，奔向第八次希望。

第八次希望

1981年，受"八七工程"停滞问题影响，中美高能物理联合会议未能如期举行。得知消息后，华裔物理学家袁家骝、吴健雄夫妇和李政道都心急如焚，他们向国家领导人建议，立即派专家赴美洽谈。

1981年3月，中国科学院派高能所的朱洪元、谢家麟前往美国洽谈。他们与李政道、袁家骝、吴健雄及美国斯坦福直线加速器中心主任潘诺夫斯基等美国高能物理学家开会，讨论中国高能物理的前景。最终，大家一致认为在中国建造2×22亿电子伏特正负电子对撞机是最好的方案。

新的方案的造价只需"八七工程"的1/3，不仅物理窗口内容丰富，还能在做高能物理研究的同时做同步辐射应用研究，实现"一机两用"。

然而，当朱洪元、谢家麟把这一方案带回国内后，一场激烈的争论开始了。

研制对撞机，技术难度和风险很大。正负电子对撞机要让两束极细、高速运行、稀薄的电子束团撞到一起，既要对得准，又要撞得充分。大家有各种各样的担心："中国能不能做得了？""即便研制出来，性能指标是否达标？""进度如果拖下来，物理窗口关闭了怎么办？"

有人还打了个比方："以当时中国的薄弱基础，要想建成正负电子对撞机，就好比站在铁路站台上想跳上一辆飞驰而来的特快列车。如果跳上了，就飞驰向前；如果没有抓住，就会粉身碎骨。"

---

① 卢佳. 邓小平和中国高科技发展.（2014-12-31）. http://cpc.people.com.cn/n/2014/1231/c69113-26308785.html [2024-03-24].

"八七工程"停滞后，高能物理学家们一起研究方案调整问题

　　1981年9月，中国科学院数理学部主持召开"丰台会议"，专门对此讨论了3天。与此同时，高能所内部也组织了多次研讨会。每个人都在为国家高能物理的未来谋一条最切合实际的出路。

　　方案一直讨论到1981年底。其间，中国科学院又派当时院内主管部门负责人邓照明和谢家麟、朱洪元一起再赴美国。在李政道等的坚持下，邓照明与中国科学院领导通了电话。经过近一个小时的协商，院领导肯定了正负电子对撞机的方案。

　　1981年12月5日，中国科学院上报了《关于建造北京正负电子对撞机预制研究的报告》。看过报告后，邓小平同志批示："这项工程已进行到这个程度，不宜中断，他们所提方针，比较切实可行。我赞成加以批准，不再犹豫。"①

　　1983年4月，我国正式批准北京正负电子对撞机项目，计划于1988年底建成。

　　此后担任北京正负电子对撞机工程领导小组组长的谷羽曾感慨道："这一批示给中国的高能物理事业注入了生机和活力，把中国的高能加速器从危机中解放出来。"

跳上"特快列车"

　　1984年10月7日上午10点，北京西郊玉泉路的高能所里彩旗飘扬。邓小平、杨尚昆、万

---

① 卢佳. 邓小平和中国高科技发展.（2014-12-31）. http://cpc.people.com.cn/n/2014/1231/c69113-26308785.html [2024-03-24].

里、方毅等党和国家领导人及专程从美国赶来的科学家们聚集在这里。大家盼望已久的北京正负电子对撞机终于破土动工。

接下来，科学家们要用4年甚至更短的时间，从站台"跳"上国际高能物理这辆飞驰的"特快列车"。

北京正负电子对撞机由注入器、输运线、储存环、北京谱仪、同步辐射装置等部分组成，工程涉及的专用设备多达上万台，技术复杂，精度要求极高，中国此前从未做过。工程从一开始就遇到了关键问题：是全面引进，还是自主研制？

作为工程领导小组组长，谷羽带领小组成员认真分析了中国的科技和工业状况，最终决定：除计算机和少数当时中国无力研制的设备及用量很少、不值得花人力和物力研制的设备、元件、材料外，主要依靠自己的力量设计和研制。

为了创造一个极端的粒子对撞环境，北京正负电子对撞机各类设备的技术指标均向极限逼近，其中涉及的高功率微波、高性能磁铁、高稳定电源、超高真空等技术，设计指标几乎都超出当时的技术能力。

例如，对撞机要给电子加速，就需要有稳定的微波电磁场，而一种名叫"S波段高功率速调管"的部件就是微波磁场电子系统的"心脏"。当时，国内技术水平最高的S波段高功率速调管，脉冲输出功率能达到15~20兆瓦，但这根本无法满足对撞机工程的需要。

于是，高能所的科研人员和工厂联手，吸收并消化国外20世纪80年代初期的全部生产工艺，改造原先的生产线。他们不仅将速调管的微波功率提升到34兆瓦，还将国产调制器的功率从50兆瓦提升到100~200兆瓦，工作寿命从1000小时提高到10 000小时。

这一突破不仅满足了对撞机对微波功率源高功率、高稳定度、长寿命的技术要求，还使

在北京正负电子对撞机建设期间，科研人员在北京谱仪上安装主漂移室信号丝

合肥同步辐射光源、北京自由电子激光、上海自由电子激光等我国"八五"期间的几大加速器工程，都逐步用上了国产的微波功率源和特种波导元件。

类似的技术突破在对撞机的研制过程中还有很多。为了建成对撞机，我国在真空技术、电磁铁、大功率高稳定度电源等方面都达到了更高的技术水平。此外，高能所还于1987年建成了我国第一条国际计算机通信线路，成为我国建设"国际信息高速公路"的先驱。

1988年10月的一天，时任高能所所长叶铭汉找到负责北京谱仪建造、安装、调试任务的郑志鹏。

"近日要开始中美高能会谈了，美方专家正在北京，如果此时能实现正负电子对撞，那将是一个很适当的时间。"叶铭汉说道。

郑志鹏立刻找到负责亮度检测器的同事们，商量如何区分信号和噪声。经过几个昼夜的连续调试，他们慢慢摸清了装置的"脾气"。

1988年10月16日凌晨，当北京正负电子对撞机处于对撞模式时，亮度监测器上显示出正负电子的散射信号，而且计数随着时间不断增长；将对撞机从对撞模式调成单束模式后，信号消失。反复多次，大家终于确认"对撞了"。

大厅里的所有人都高兴得跳了起来，一夜的疲惫烟消云散。得知消息的叶铭汉天刚亮就来到运行室和谱仪大厅，确认正负电子实现对撞的事实。

好消息很快就传遍了整个高能所，又通过媒体传遍全国。

1988年10月24日，刚刚过去的一场秋雨使北京舒爽宜人，邓小平同志同中央其他领导同志再一次来到高能所。这一天，北京正负电子对撞机宣布建造成功。

"过去也好，今天也好，将来也好，中国必须发展自己的高科技，在世界高科技领域占有一席之地。"邓小平同志在建成典礼上说道。①

4年时间，中国科学家真的"跳"上了国际高能物理这辆疾驰的列车。

"对撞机的成功建造是中国科技发展的重要里程碑。"诺贝尔物理学奖获得者里克特如是评价道。

从此，中国大科学计划的时代正式开启。

"两军相逢勇者胜"

1990年，经过一年多的调试，北京正负电子对撞机正式运行。

---

① 卢佳. 邓小平和中国高科技发展.（2014-12-31）. http://cpc.people.com.cn/n/2014/1231/c69113-26308785.html [2024-03-24].

它很快就成为中国高能物理基础研究的"法宝"。凭借它产出的数据，中国科学家们取得了一批在国际高能物理学界有影响的重要研究成果：实现了迄今对 τ 轻子质量的最精确测量；实现了20亿～50亿电子伏特能区正负电子对撞强子反应截面（R值）的精确测量；发现了"质子–反质子"质量阈值处新共振态；发现了新粒子X（1835）……

世纪之交，国际高能物理的竞争越发激烈，而北京正负电子对撞机已经运行了10年。中国科学家们又有了一个新想法——升级！

高能所所长陈和生一直密切关注国际高能物理前沿的发展。2000年，他主持制定的"中国高能物理和先进加速器发展目标"得到国家科技领导小组原则同意，其中包括对北京正负电子对撞机的重大改造。

得知这一消息，美国康奈尔大学的康奈尔正负电子对撞机团队感受到了威胁。他们宣称，将采用"短平快"的方法改造康奈尔正负电子对撞机，预计比改造后的北京正负电子对撞机早两年达到同样的性能指标。

这无异于一次"宣战"。"两军相逢勇者胜！"陈和生对身边的科研人员说道。他和国际上的专家经过反复讨论后发现，康奈尔大学的方案不一定能实现，而中国的设计方案只要努力就一定能做成。

大家决定迎难而上，对北京正负电子对撞机重大改造工程（BEPC II）方案作出重大调整，采用国际先进的双环方案，计划将北京正负电子对撞机的性能提高100倍，以便在国际竞争中获得主动权。

2004年1月，BEPC II 正式动工，建设内容包括注入器改造、建造双储存环对撞机、新建北京谱仪 III 和通用设施改造等。

一场激烈的国际竞赛由此展开。

除高能所外，中国科学技术大学、中国科学院理化技术研究所、中国科学院合肥物质科学研究院、中国科学院上海硅酸盐研究所、中国科学院上海应用物理研究所等和相关院外科研机构、企业都参与其中，形成了建制化的攻关力量。

他们用5年时间，将北京正负电子对撞机的亮度和综合性能提高到国际领先水平，工程自主研制设备占比超过85%。

升级后的北京正负电子对撞机实现了微米级高流强束团精确对撞，峰值亮度约

1988 年，北京正负电子对撞机建成，张文裕（左二）和工程经理谢家麟（右二）、副经理陈森玉（右一）、总工艺师徐绍旺（左一）在储存环隧道里交流

为改造前的100倍，加上探测器性能和运行效率的提升，日积分亮度较改造前提高了100倍以上。

到2009年BEPC Ⅱ工程完成时，康奈尔大学的正负电子对撞机只达到其设计指标的1/4，不得不停止运行。在那台对撞机上做实验的许多高能物理学家加入了北京谱仪Ⅲ合作组。

"这是中国高能物理实验研究的又一次重大飞跃，为中国在粲物理研究和τ轻子高能研究方面在国际上保持领先地位打下了坚实的基础。"李政道如是评价道。

更高的性能带来更丰硕的科研成果。2013年3月，北京谱仪Ⅲ合作组宣布发现了新的共振结构Zc（3900），这极可能是科学家长期寻找的"四夸克物质"，这一发现入选美国《物理》公布的2013年物理学领域十一项重要成果，并位列榜首。自2008年开始运行到2015年6月底，他们还观测到X（1870）、X（2120）、X（2370）等新粒子。

在科研过程中，年轻的高能物理研究人员也逐渐成长起来，一批批优秀的博士、博士后源源不断地被输送到全国各大科研机构、高校，成为中国高能物理发展的新鲜血液。

高能所现任所长王贻芳感慨地说道："今天看来，建造北京正负电子对撞机是当时作的最好选择。它让中国高能物理在国际高能物理领域占有一席之地，培养了一支具有国际水平的队伍，也推动了国内其他大科学装置的建设。"

时至今日，北京正负电子对撞机的改造工作仍在进行。"我们正在对加速器部分做改造，把它的亮度再提高3倍，之后，北京正负电子对撞机预计可以运行到2030年左右。"王贻芳说道。

在很多过来人的眼中，北京正负电子对撞机的建设是几代科技工作者接续奋斗的结果，是全国许多单位大力协同取得的成就，也得益于改革开放后的国际合作。

在王贻芳看来，北京正负电子对撞机留下的启示，包括"高能物理发展要综合考虑前沿科学目标、国家实力与需求、学科自身发展目标来选择装置建造方案""要敢于接受国际上的挑战和竞争""国内的实验基地始终是巩固和发

安装完成的北京谱仪

展国际地位的坚实基础""装置建设方案要尽可能兼顾其他学科的需求""要坚持自主创新与国际合作相结合"……

　　回顾过去,中国高能物理的起步艰辛而曲折,但科学家们从未失去希望与激情。曾经的挫折与荣光,成就了中国高能物理学家的胆识与气质。他们也为后来者积累了一个极其宝贵的经验——在困顿中坚守,在希望中奋进。

（中国科学报社记者倪思洁撰文,实习生阚宇轩对此文亦有贡献;原文刊发在 2024 年 3 月 25 日第 4 版;图片由张闯提供）

闪烁中国智慧的 BGO 晶体

"叮铃铃铃……"

1985年的一个冬夜，中国科学院上海硅酸盐研究所（简称上海硅酸盐所）副所长殷之文最"怕"的电话又打过来了。

"嘉定中试基地的晶体长得怎么样啦？"电话里传来诺贝尔物理学奖得主、著名物理学家丁肇中关切的声音。当时，丁肇中在位于瑞士日内瓦的欧洲核子研究中心（Conseil Européen pour la Recherche Nucléaire，CERN）工作。由于时差的缘故，他总是深夜来电。

殷之文苦恼得很，因为按照和CERN签订的合同，此时他们应该交付1040根锗酸铋（BGO）晶体了。但实际上，他们只能拿出来100多根，而且质量还不完全达标。

时间回到1983年9月。当时，CERN公布了各国生产的BGO晶体的测评结果，上海硅酸盐所生产的晶体的荧光效率、能量分辨率、光衰减三大关键指标都位列第一。1984年10月，上海硅酸盐所凭借晶体质量第一、尺寸第一的骄人成绩，在同美国、日本、法国等的多支团队的激烈竞标中脱颖而出，与CERN正式签订了供货合同。

当时的骄傲和喜悦记忆犹新，而此刻他们却不得不面对严峻的现实——中标只是一个开始，要克服的困难还多着呢。

面对大订单，迎难而上

20世纪80年代，放眼各行各业，中国通过竞标拿到的国际大订单寥寥无几。

1982年，早已蜚声世界的丁肇中到北京专门拜访了中国科学院，并提出了一个特殊的项目需求。

丁肇中在CERN主持建造的大型正负电子对撞机里有一个重要的L3探

殷之文（右二）陪CERN负责人参观上海硅酸盐所的陈列室

测器，探测器的电磁量能器需要采用BGO晶体建造。

从外观上看，无色透明的BGO晶体与玻璃没有什么区别，但它能将高能射线或粒子的能量转化为可见光或紫外光，从而实现高能射线或粒子的间接探测。

此前，上海硅酸盐所在研制BGO晶体方面已有一定的积累，但这一次，CERN对于BGO晶体的要求却极为严苛——不仅各项性能要非常优越，长度还要达到24厘米。这远超当时世界上已有的BGO晶体的长度纪录。而且，当时全世界BGO晶体只有4公斤左右的产量，但"L3实验"却需要12吨。

晶体的"脾性"与陶瓷、玻璃等的不同，并不是做多大、做成什么形状都可以的。专业人员用"长"字来形容晶体的形成过程，晶体就像庄稼一样，从一颗小小的晶体"种子"开始，在适宜的环境条件下，按照特定的生长速度，朝"偏爱的方向"生长。一根BGO晶体一天只能长1厘米，在最理想的状况下，长到24厘米需要20多天的时间，其间稍微有点儿风吹草动，就会前功尽弃。

这么难做的晶体，订单一签，上海硅酸盐所就要供应1.2万根！

要不要迎难而上呢？

中国科学院给出的答案是肯定的。这是一个参与国际大科学工程的难得机会，有助于在国际竞争中提高中国的研究水平。于是，上海硅酸盐所当仁不让地承担了这项重任。

此前，该所何崇藩课题组曾成功用传统的提拉法制造出BGO晶体，并将其应用于我国第一台X射线断层扫描仪的样机中。但通过提拉法生长出的BGO晶体尺寸较小且质量欠佳。恰好何崇藩等曾在人工合成云母时研究出多坩埚下降法。大家认为这个方法或许可以用于制备大尺寸BGO晶体。但究竟能不能成，大家心里都没数。

何崇藩推荐了他的得力干将范世锦。时年40岁的范世锦已经被选拔为国家改革开放后的第二批国家公派留学人员。他非常珍惜这个机会，为此还苦学了两年英语。但当所领导向他语重心长地阐述了BGO晶体项目的意义后，范世锦决定放弃出国的机会，留下来大干一场。

用土办法解决难题

坩埚下降法，是把用于生长晶体的原材料装进特制的坩埚中，随后坩埚在具有温度梯度的高温炉中缓慢下降。在下降过程中，坩埚底部的温度先降到熔点以下并开始结晶，晶体随着坩埚下降而持续长大。

不同晶体需要的生长条件不同，关键设备之一是"炉子"。上海硅酸盐所有着自力更生、为晶体量身定做生长设备的传统，因此范世锦的工作也是从砌"炉子"开始的。

当时正值盛夏，范世骥一手拿着图纸，一手拿着工具，身体弓得像只虾，在1米×2米的空炉壳里砌砖。周围电炉的核心温度高达1300℃，热量透过重重隔热层辐射出来，把他身处的小空间加热到接近60℃。他浑身泡在汗水里，一抬头，眼镜片都被灰尘蒙得黑乎乎的。

不仅炉子要靠自己砌，就连电压都得自己调。那时工业用电的电压普遍不稳，常在170伏和240伏之间跳跃，炉温也会随之波动，导致晶体无法稳定生长。通过数十天的持续观察，范世骥总结出了电压的变化规律，请电工每天三班倒，人工调节电压，以保持炉中温度稳定。

坩埚也是必不可少的工具。由于BGO晶体的熔点很高，传统的陶瓷坩埚无法承受，昂贵的铂金坩埚就成了唯一的选择。上海硅酸盐所在中国科学院的帮助下东拼西凑，斥巨资才购入了刚刚够用的铂金。

在之后几年里，与坩埚的"爱恨纠葛"贯穿了研制BGO晶体的整个过程。

范世骥至今忘不了第一次看到坩埚渗漏事故的情形：滚烫的熔液像火山爆发时的岩浆一样汩汩冒出，连炉衬都被溶液浸蚀烧熔了，场面非常骇人。亲手砌起来的晶体生长炉、来之不易的铂金坩埚、贵比黄金的BGO熔液、已经长了一半的晶体全部毁于一旦，每个人的心头都在滴血。

为了弄清楚坩埚渗漏的原因，范世骥跑到昆明贵金属研究所去请教，得到的答复却是坩埚"中毒"了——铂金与杂质发生了反应，从而导致开裂、漏料。如果用化学办法提纯铂金，其损耗率将高达25%。范世骥不甘心，又跑到金银首饰厂向有经验的老师傅求助。使用首饰厂熔炼方法产生的损耗率虽然不到千分之一，但得到的铂金锭子用气锤一敲就碎了，根本不能用。

那段时间，范世骥每天吃不香、睡不好，整日冥思苦想。突然有一天，他福至心灵，想到了一个破局方案。

坩埚每次发生渗漏，都只有少数的几个渗漏点，这说明坩埚中的杂质并不多，且以极低的密度分散在巨大的表面积上。他们先熔炼铂金，让杂质在加热过程中提前挥发，再将杂质含量大幅减少的铂金重新铸造成坩埚。生长晶体时，他们在原来的单层坩埚的基础上再加一层坩埚，这样即便每层坩埚上仍留有少量杂质，但两层坩埚的渗漏点几乎不可能完全重合，从而大幅降低了坩埚的渗漏概率。这个方法使

何崇藩（左）、范世骥（右）与24厘米长的大尺寸BGO晶体

BGO晶体的成品率迅速提升到约85%。

事实上，其他国家也深受坩埚渗漏问题的困扰，但只有中国科研人员凭借令人拍案叫绝的"土办法"，率先解决了这个国际难题。

在BGO晶体生产期间，丁肇中多次来到上海硅酸盐所。他惊讶地说道："我参观过全世界那么多实验室，从没见过一个实验室用这么简陋的设备，在这么短的时间里做出这么好的晶体！"

直击真问题，提前完工

晶体质量第一！尺寸第一！中国自主研制的BGO晶体拿下了国际订单！

一个又一个捷报传来，上海硅酸盐所上上下下都无比振奋。

然而，在实验室中能长出良好BGO晶体的工艺，转移到位于上海嘉定的中试基地后却出了大问题。

按照合同约定，从1985年1月起，上海硅酸盐所每月要长出100根BGO晶体。然而从1984年干到1985年底，他们就只能拿出100根有缺陷的晶体。面对来自四面八方的压力，团队的不少人开始了自我怀疑。

关键时刻，担任开发实验基地经理的殷之文调查统计了1985年生长出来的晶体，发现主要问题可能出在进口原料上。但对于这个判断，很多人并不认可。要知道，那些原料可是CERN从国外著名化工厂购买的，纯度是世界一流水平。

殷之文耐心地与多方进行交涉，半年后，CERN终于同意改用中国原料。然而，在更换原料后，生产情况并没有完全好转，反而时不时就产出一大批颜色发黄的晶体。

平日里总是笑盈盈的殷之文变得严肃起来，他带队到生产原料的厂家进行实地调查。最后他发现，前期实验室研究阶段的生产需要的原料少，化学反应是在石英玻璃材质的坩埚中进行的；进入中试阶段后，原料的需求量大幅增加，厂家便在搪瓷缸里进行配制。搪瓷缸表面的釉层脱落后会露出铁层，大量铅离子、铁离子就会进入原料，从而导致晶体性能出现了致命性的降低。

在厂方改变工艺设备后，1986年4月，中试取得了重大突破——当月便生产出400多根优质晶体，成品率从35%迅速增加到80%以上。

这下，殷之文再也不"怕"丁肇中的深夜来电了。

也是在这个时期，一个19岁的毛头小伙来到开发实验基地。他的名字叫吴泓澍，只有初中学历，此前是玻璃工，来这里学习晶体加工。

L3探测器的形状像一个倒置的锥形大桶，1.2万根BGO晶体呈伞状排列其中，每根晶体都是一端细一端粗的棱台形状。吴泓澍等的任务，就是把测试合格的晶体毛坯加工成上述形状。

这些年轻的工人，每次手捧价值不菲、凝结着无数人心血的BGO晶体，就像抱着刚出生的婴儿，无比珍爱、慎重。但由于经验不足，一个冬天的周末过后，他们发现用蜡黏合固定后等待切割的二三十根晶体，居然因蜡遇冷收缩而被生生扯断了。大家心疼得喘不上气，恨不得抽自己几巴掌。

"L3实验"用24厘米长大尺寸BGO单晶研究团队

尽管遇到不少挫折，但在领导和师长的包容与鼓励下，吴泓澍迅速成长起来，成为晶体加工领域当之无愧的一把好手。

BGO晶体的"生长"之路，一直伴随着种种难以想象的困难。好在团队管理者、科研、技术人员相互扶持、密切协作，这才闯过了重重难关。

"当时我们建立了务实有效的执行组会议制度。"时任开发实验基地党支部副书记史良法回忆道，"从领导到每个具体环节的负责人，都以节点、目标、问题为导向，一起想办法解决问题，大大加快了进度。"

1990年4月，上海硅酸盐所提前半年完成了CERN所需的1.2万根BGO晶体的生产任务。

这一成就不仅使上海硅酸盐所扬名国际，也让中国科学院在高技术材料研究开发领域实现了质的飞跃。BGO晶体研究开发项目因此被授予1988年国家发明奖一等奖、中国科学院科技进步奖一等奖，入选新中国五十周年五十项代表性成果……

丁肇中也竖起大拇指，他说道："要BGO晶体，就到中国科学院上海硅酸盐研究所去！"

挑战多领域，闪耀世界

随着时代发展，BGO晶体的应用场景进一步拓展，向着一系列前沿领域进发。

20世纪末，正电子湮灭断层扫描（positron emission tomography，PET）成为医学领域的新星，在癌症、心血管疾病等的诊断中发挥了重要作用。制作PET扫描仪探头，就需要用到优质的闪烁晶体。

1998年，美国通用电气公司（General Electric Company，GE）邀请上海硅酸盐所研发PET扫描仪所需的高质量BGO晶体。PET技术对BGO晶体的要求比高能物理应用要高得多，

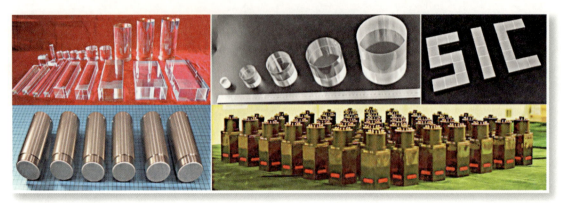

不同形状、尺寸的 BGO 晶体、阵列和探测器件

且要求制备成本足够低——这又是一次艰巨的挑战。

新组建的科研团队对原有的生长工艺和管理模式进行了全面革新，使得BGO晶体的尺寸、质量、性能和一致性都得到了质的提高。由此，上海硅酸盐所正式迈入了"核医学"时代，除GE公司外，其研制的BGO晶体还长期供货给国内龙头企业。

2015年12月17日，暗物质粒子探测卫星"悟空"发射升空，开启了在太空中的漫漫奇旅。这颗卫星的最核心位置整齐地排列着308根BGO晶体，每一根的长度都达到了史无前例的60厘米。

"晶体尺寸每一次较大的跨越，都意味着一次更艰巨的挑战的到来。"上海硅酸盐所研究员陈俊锋说道，"尽管我们在生长20～30厘米BGO晶体上有较好积累，但要让BGO晶体直接长到60厘米，最初大家都认为这是根本不可能的事。"

组会上大家开展头脑风暴时，他们的灵感迸发了：以前的晶体都比较短，大部分时间都处于生长炉内部，但如果是60厘米长的晶体，会有很长一段从生长设备里露出来，并随时间的增加而不断延长。这部分晶体会带走越来越多的热量，一来容易导致晶体因头尾温差过大而断裂，二来会引起晶体生长过程失控。

那么，能不能在常规生长炉"三温区"的设计基础上再增加一个可拆卸的第四温区，让超长晶体生长的全过程都处于可控状态呢？

研发团队把设想中的新设备一点点搭建起来，原创出"四温区多坩埚晶体生长炉"，终于实现了那个"不可能的目标"。

正是上海硅酸盐所在这项技术上取得的突破，让"悟空"号的如期发射成为可能，也让我国空间天文科学家抓住了空间暗物质探测的最佳时间窗口，在激烈的国际竞赛中赢得先机。

凭借这次成功，上海硅酸盐所一举成为世界上能研制并批量制备该长度BGO晶体的唯一单位，至今仍保持着制备该晶体长度的世界纪录。

"材料永生！"讲述BGO晶体的故事时，上海硅酸盐所党委书记王东不止一次如此感叹道。

材料的永生特性，体现在BGO晶体上，既是其在众多领域表现出的巨大应用前景，也是一代代科研人员、技术人员以薪火相传的精神，在一次次占领科技制高点的实践中，不断赋予它的持久生命力。

在BGO晶体"茁壮生长"的数十年间，上海硅酸盐所充分发挥了有组织、体系化、建制化的优势，从基础研究到精耕细作再到扩大生产，多兵种协同作战，全链条环环相扣，一次又一次地创造了奇迹。

"一代材料、一代装备、一代应用——上海硅酸盐所正积极响应时代需求，探索以BGO晶体为代表的各种先进材料更广阔的应用空间。"王东说道，"我们过去取得的成绩，植根于代代传承的精神和文化。未来，我们要强化传承、创新发展，让传奇延续。"

（中国科学报社记者李晨阳、见习记者江庆龄撰文；原文发表在《中国科学报》2024 年 6 月 12 日第 4 版；文中图片由上海硅酸盐所提供）

打造中国人自己的同步辐射光源

国家同步辐射实验室大楼　（国家同步辐射实验室供图）

在中国科学技术大学（简称中国科大）西区的西南角，一座状如飞碟的巨大建筑物格外引人注目。我国第一台专用同步辐射光源就诞生于此，科研人员亲切地称之为"合肥光源"。

从20世纪70年代起，中国科学家就希望拥有自己的光源。一代代"追光者"数十年来勇担国家使命，白手起家，攻坚克难，矢志不渝，实现了我国同步辐射光源从无到有、从有到优、从优到强的梦想。

现如今，合肥光源的运行开放达到国际同类装置的先进水平，每年运行时间超过7000小时，开机率优于99%，每年为国内外用户提供优质实验机时40 000小时以上。

这是一段成长的历史，也是一个奋斗的故事。

为国铸器

1970年中国科大南迁合肥后，"闲不住"的裴元吉到处去找项目。他于1964年从中国科大近代物理系毕业后，就留校从事加速器研究和教学工作。

"我们这一代人是国家培养出来的，总想通过个人努力作出些成绩，为国家作贡献。"裴元吉说道。但究竟做什么才能对国家的科学发展更有好处，起初他并没有答案。

于是，中国科大近代物理系加速器教研室的几位年轻教师开始查找国内外文献，分头开展调研。

"我们注意到，为了开展研究，国外正在起步建造同步辐射光源。美国、日本已经有建成的同步辐射光源，德国、英国等正在建设或计划建设中。"裴元吉回忆道。

我国一些科学家也表示："我们要做自己的同步辐射光源。"

这些信息给这几位年轻教师带来了启发、注入了信心：就做同步辐射光源！中国科大也支持他们的这个大胆设想。

同步辐射和光一样，是一种电磁波。1947年，美国科学家首次在电子同步加速器上观测到这种电磁波辐射现象，并称之为"同步加速器辐射"（简称同步辐射）。产生和利用同步辐射的科学装置被称为"同步辐射光源"。

裴元吉介绍到，同步辐射集诸多优点于一身。它比传统实验室的光源亮上亿倍，就像赋予科学家一双"慧眼"，能把以前无法探测的物质微观结构"看"得一清二楚。原本使用传统X射线机需要几个月才能完成的实验，利用同步辐射光源仅需要几分钟就能获取数据。

就像拧紧不同大小的螺母需要用不同的扳手一样，不同类型的科学观测研究也需要不同波长的光。原来实验室里的光源都是有线谱的，且只能适用于某一类实验。同步辐射光源产生的波长是连续谱，覆盖范围广，包括远红外、可见光、紫外、真空紫外（极紫外）、软X射线至硬X射线。科学家可以根据需要从中选取特定波长的单色光，研究特定的科学问题。

正是基于这些特性，同步辐射光源引起了全球物理、化学、生物、材料、医学、农业等诸多领域科学家的兴趣，各国竞相研发这个重要的科学装置。

1977年底，全国自然科学学科规划会议在北京召开。中国科大加速器教研室教师金玉明代表学校在会上提交了建造"合肥同步辐射加速器"建议书。

"追光"之路

很快，1978年2月，中国科学院正式批准在合肥建设电子同步辐射加速器预研项目，随即召开第一次筹备工作会议，成立筹备组，讨论了建造电子同步辐射加速器的初步方案。

时任中国科大党委书记武汝扬任筹备组组长，科研处处长包忠谋任副组长，拉起一支以何多慧、裴元吉、金玉明、张武等教研室教师为主要成员、平均年龄不到35岁的年轻队伍，开启了曲折而艰辛的"追光"之路。

项目定下，大家都很高兴。冷静下来之后，他们又有些担忧，"国内从来没有人建造过同步辐射加速器，我们能行吗？"

但是，开弓没有回头箭。当时，加速器教研室总共有20多个人，成立了以何多慧为组长的总体组，全面负责技术工作；组建了多个专业组，分别承担各项具体任务。

每个人几乎都是从头学、拼命学、拼命干，不懂就问。他们不仅学习书本上的知识，还请国外专家来校做报告，反复讨论、集思广益后，再确定方案。

"关键技术靠别人是解决不了问题的。"裴元吉说道。在预研项目中，他主要负责直线加速器的研制。

直线加速器的加速管是核心部件，当时我国还没有相关加工和制造的单位。"我们曾希望美国把不用的加速管赠送或低价卖给我们。但就是1根3米长的旧加速管，美国都要价8万美元。"裴元吉说道。

于是，他们决定自力更生。为了节省项目经费，他们从济南购买了4台超精密车床，在学校精密仪器系的支持和协助下，搭建恒温车间、培训工人，自主设计、加工制造了直线加速器的加速管。

裴元吉记得，那时他们在学校东区西门南侧的一栋小楼里工作，每天从早上8点到晚上12点连轴转。但是，大家从没抱怨过，都觉得投身火热的科研攻关是最大的幸福。

就这样，3年时间、380万元经费，他们创造了中国加速器界的4个第一：①建成我国当时最高能量30兆电子伏特的电子直线加速器；②造出国内第一块超高精度大型弯转磁铁；③造出国内第一块聚焦四极磁铁；④建成国内第一段近储存环1/10的超高真空系统。同时，他们还完成了800兆电子伏特同步辐射加速器的物理设计。

1981年10月24日，中国科学院在合肥召开"合肥同步辐射装置预研制及物理设计审定会"。会议的结论为"合肥同步辐射装置已基本具备进入工程的条件"。

预研项目的完成在国际上引发很大反响，国内外媒体争相报道。

做完预研，每位小组成员的心里都有了底。"干任何项目，如果科研人员的信心不足，那么是绝对做不好的。通过预研，大家建立了信心，弄清楚很多关键技术难点，获得了第一手经验。同时训练出一支过硬的科研队伍，为后期工程打下了坚实基础。"裴元吉说道。

抓主要矛盾

1983年4月8日，国家计划委员会发文正式批准"合肥同步辐射实验室"项目上马，并直接将它命名为"国家同步辐射实验室"工程。

1984年11月20日，国家同步辐射实验室工程破土动工，合肥光源一期工程正式启动。

同步辐射光源包括加速器、电子枪、调制器、加速管、输运线、注入、磁铁、束测、准直、电源、光束线及实验站等系统，是高度复杂的大型高科技设备，建造难度不言而喻。

"拿直线加速器来说，我们在预研制时已经将能量做到了30兆电子伏特。仅从技术指标来看，扩大器件规模后，能量应该能达到要求。但在实际建造中，束流参数性能、功率匹配、频率稳定等还有很多问题需要解决。"裴元吉坦言。

此外，把以上诸多分部件组织在一起，如何协同工作保障运行也是新问题。

合肥光源一期工程最初设计的物理指标，是将直线加速器产生的能量为400兆电子伏特的电子束注入400兆电子伏特的储存环中。但项目总经理包忠谋、一期总工程师何多慧、副总工程师裴元吉和金玉明先后出国考察发现，400兆电子伏特的储存环的能量太低，必须提到800兆电子伏特以上。

与相关专家商量后，他们在经费有限的情况下，决定抓主要矛盾，优先保障"出光"。他们调整了光源设计指标，将储存环的能量提高到800兆电子伏特，将直线加速器输出电子束能量降低到200兆电子伏特。

然而，在实际建造时，新的问题出现了。

裴元吉介绍到，电子束从电子枪发射出来后，经过数十米长的直线加速器加速，提高到上亿电子伏，再注入储存环，在储存环超高真空系统中以接近光速的速度运行，最后在设计好的弯转磁铁区域放出同步辐射。

直线加速器是高真空系统，而储存环是超高真空系统，两个真空间差两个数量级，一般不能直接连通。国际上的常用方法是将两个真空间用一个薄膜隔开。

但由于降低了注入能量，电子穿过薄膜后的能量损失比较大，储存环只能捕获一部分，很难累积到足够的电子束流。

研究团队提出了一种设想，将两个真空间的一块脉冲磁铁直接放到超高真空系统内，去掉膜。但问题是，磁铁的矽钢片表面涂了一层漆，会产生大量气体，破坏了超高真空系统。

于是，裴元吉想了一个办法，用三氧化二铝陶瓷粉代替漆，并采用等离子体喷涂的方法，将其喷在磁铁上，形成薄薄的一层膜。经过尝试，他惊喜地发现，喷涂有陶瓷粉的矽钢片经烘烤后不但不放气，反而能吸气。这样一来，磁铁就可以直接放到储存环超高真空系统中了。该方法不仅解决了问题，而且属于世界首创。

就这样，他们群策群力，攻克了一个又一个难题，自主研制出一系列关键部件。但即便如此，他们离最终成功仍有距离。

与时间赛跑

团队的另一个难题是紧迫的时间——1987年初，他们收到信息，如果1987年底直线加速器不能建成出束，工程就有可能下马。

包忠谋马上组织总工程师、总经济师、总工艺师、办公室主任召开紧急会议。

当时，裴元吉分管直线加速器。所有人都在会上问他："你表个态，直线加速器年底能不能建成？"

裴元吉拿着小本子，不停地计算到底还有多大工作量。最后，他提出，按照常理，安装直线加速器需要1年，调试加速器至少需要3个月，也就是出束时间要到1988年6月。

紧接着，他又说道："按时建成也有可能，前提是满足3个条件。一是调整领导管理机构，一切为实现年底直线加速器出束'开绿灯'，加快采购手续、饭送到现场，唯一的一辆吉普车专用；二是成立专门队伍，统一管理，严格培训安装技术人员；三是加班加点，周末不停工。"

实验室对裴元吉的建议照单全收。会后，他与技术人员加班加点，每天忙到深夜，有的人干脆抱来被子住在现场，硬是把时间"抢了回来"。

1987年10月20日，直线加速器安装提前完成；11月1日，开始调试；11月9日，束流全部达到要求。他们用9个月的时间完成了原本需要15个月才能完成的任务。

1989年4月26日，合肥光源迎来最后考验——各系统配合的总调光时刻：从第一次向储存环注入电子束流到获得储存束流，产生很强的同步辐射，仅仅用时23小时，创造了世界同步辐射加速器调试出光最快纪录。

"在场的人看见第一束璀璨的同步辐射光，热泪盈眶。"何多慧回忆道。

裴元吉说道："那种心情无法用言语表达。多年的奋斗，再辛苦再累也值得。"

1991年12月26日，国家同步辐射实验室项目迎来国家鉴定和验收。最终鉴定意见为"合肥同步辐射光源达到国际同类装置先进水平"。

我国第一台专用同步辐射光源自此诞生，其中超过95%的关键部件为国产，并获得1992年的中国科学院科技进步奖特等奖和1995年的国家科学技术进步奖一等奖。

国家同步辐射实验室工程副经理、总工程师何多慧（中），副总工程师姚志远（左一）、裴元吉（左二）、金玉明（右二）和张武（右一）共同商讨解决技术难题 （国家同步辐射实验室供图）

1989年4月26日，国家同步辐射装置"出光" （国家同步辐射实验室供图）

占有宝贵的一席之地

国家同步辐射实验室是国家级公用实验室，由全国诸多力量共同建成，也为全国诸多单位所用。但由于建造时经费紧张，合肥光源只设有5条光束线和5个实验站，不能满足我国科学界的应用需求。

1994年2月，由钱临照、唐孝威两位院士发起，王淦昌、谢希德、谢家麟、冯端、卢嘉锡等34位院士联合提出《关于集中力量全面建设、充分利用合肥国家同步辐射光源的建议》。他们呼吁："国家应集中财力、物力，全面建设、充分利用已运行并投入使用的合肥同步辐射光源。"

1998～2004年，合肥光源实施了二期工程建设，增建了8条光束线、实验站，自行研制了我国第一个插入元件；2010年后，又进行了新一轮重大升级改造。

升级改造后的合肥光源，性能参数和运行稳定性得到大幅提升。包信和、谢毅、陈仙辉、杨学明、俞书宏等科学家利用它做出一系列重大原创成果，解决了先进功能材料、能源与环境、生命科学等领域的一系列重要科学问题，并在航空发动机燃烧、煤化工能源转化、先进薄膜材料、大光栅技术、标准探测器等领域产出诸多开创性研究成果。

例如，包信和团队利用合肥光源探测到煤基合成气制烯烃关键中间产物，打破理论费托极限，实现煤转换领域重大突破，为未来煤化工产业提供了卓越竞争力。该成果入选科技部基础研究司等组织评选的"2016年度中国科学十大进展"，并获得2020年度国家自然科学奖一等奖。

回顾合肥光源的建设历程，裴元吉感慨地说道："能干成这个事儿，体现了社会主义制度集中力量办大事的优越性，也体现了中国科学院对前沿科技的前瞻性部署。"

除了国家和中国科学院的支持，裴元吉还谈了几点体会，"要树立雄心，为祖国科学事业作贡献。这是一名科学工作者最基本的素养""要齐心协力、集思广益，善于调动一切积极因素，开展国内外合作""要敢于攻坚克难，抓主要矛盾，再逐个击破""要注重老中青

合肥先进光源（效果图） （国家同步辐射实验室供图）

建设中的高能同步辐射光源   （高能所供图）

相结合""大科学工程必须要有研发、有创新"……

　　随着科学的发展和技术的进步，一代又一代的"追光者"不懈奋斗，同步辐射光源正在变得更强、更亮，我国也逐渐走向世界同步辐射光源建设和应用领域的舞台中央。

　　2009年，上海光源工程竣工，并于次年通过验收，成为中国大陆第一台第三代中能同步辐射光源。开放运行15年来，上海光源服务了来自全国各地的高校、研究机构、医院和企业等700多家单位的近四万个用户，每年向用户供光4000～5000小时。随着上海光源二期线站工程于2023年全面建成，其复杂结构分辨、动态过程时间分辨、元素分析灵敏度等微观时间探测能力达到国际先进第三代同步辐射装置的前列水平。

　　如今，我国第四代光源的建设也在加速推进。在北京，建设中的高能同步辐射光源储存环于近期实现了束流存储，加速器进入了调束快行道。建成后，高能同步辐射光源可发射比太阳亮度高1万亿倍的光，将是世界上亮度最高的第四代同步辐射光源之一，也将是我国第一台高能量同步辐射光源。在合肥，低能区的衍射极限光源——合肥先进光源也正在建设，建成后将成为世界上时间和空间分辨能力最强的第四代光源。

　　这些光源将共同构建出我国光源类设施的完整体系，实现不同技术路线、不同代际、不同能区的全面覆盖和错位协同，为物理、化学、生命科学、材料科学、信息科学、能源环境、先进制造等研究领域的重大理论和重要技术突破提供强有力支撑。

　　这条迈向科技自立自强的"追光之路"正不断延伸。

　　　　　　　　　　　　　　　　（中国科学报社记者王敏撰文；原文发表在
　　　　　　　　　　　　　　　《中国科学报》2024年7月3日第4版）

这枚"金钉子"，我们争了 30 年

1965年，国际地质学领域多了一个非常重要的名词——"金钉子"①。

"金钉子"并不含金，但却在半个多世纪的时间里被全球地质学家激烈"争夺"。截至2024年6月，中国共"夺得"11枚"金钉子"，居世界第二位。这意味着什么呢？

地球46亿年的历史都记录在地层中。"金钉子"就像一把地层年代的"卡尺"，让科学家能够按统一的时间标准分析并研究不同地区同步发生的地质事件，在叙述地质历史时拥有共同"语言"和全球性标准。在地学界，"金钉子"的意义不亚于奥运会金牌。每一枚"金钉子"的确立，都要经过国际地层委员会（International Commission on Stratigraphy，ICS）和国际地质科学联合会（International Union of Geological Sciences，IUGS）严格的投票认定。"金钉子"的数量代表着一个国家地质学研究的综合实力。

奥陶系达瑞威尔阶"金钉子"标志碑

中国的第一枚"金钉子"——奥陶系达瑞威尔阶"金钉子"，是在这个概念被提出后30余年才确立的。在"争夺""金钉子"的过程中，中国科学家历经艰难、屡遭挫折，但他们不屈不挠，最终后来居上。

这段一波三折的故事，就发生在中国科学院南京地质古生物研究所（简称南京古生物所）的科学家身上。

---

① "金钉子"（golden spike）是全球界线层型剖面和点位（global boundary stratotype section and point，GSSP）的俗称。

连遭挫败

在第六届国际奥陶系大会预备会议（1991年）前，南京古生物所的研究员陈旭[①]收到国际地层委员会奥陶系分会主席、澳大利亚麦考瑞大学教授巴里·威比的郑重邀请："我们想提名你担任国际地层委员会奥陶系分会副主席。"

威比的理由是，在全世界的奥陶系地层分布中，中国占据了一大块，但国际地层委员会奥陶系分会长期缺少中国学者。他说道："这些年，我们在国际刊物上屡屡看到你发表的文章，感到非常高兴。"

即将在澳大利亚悉尼大学召开的第六届国际奥陶系大会的最核心任务，就是推动全球奥陶系年代地层标准的确立，尽快实现"金钉子"零的突破。

这是一个关乎国际话语权的机会。陈旭毫不犹豫地接受了邀请。"心里憋着这股劲儿太久了，终于让我等到了。"他说道。

陈旭的憋屈与不甘，映射出的是那一代中国地质学人在国际舞台上所处的边缘地位。

20世纪60年代，受工业发展的驱动，人类对能源的需求与日俱增，对地质学研究精确度的要求也日益提高。但是，缺乏统一标准造成了全球地层划分和对比困难。

1965年成立的国际地层委员会的主要目标之一就是建立全球统一、精确定义的年代地层系统。于是，"金钉子"应运而生了。

如同记录年代的单位年、月、日一样，地层也有自己的年表，分为宇、界、系、统、阶5个层次。其中，阶是基本单位。"金钉子"其实就是划分和定义不同阶底界的全球性标准，需要在全球范围内一段特定的地层剖面和特定的岩层序列中标出来。

过去，全球地层一直参照100多年前英国提出的传统划分方法。尽管这种方法存在公认的严重缺陷，但是英国学者长期把持着地学领域的学术话语权，要想推翻它，谈何容易。

1972年，全球第一枚"金钉子"被确立在捷克首都布拉格的西郊，标定的是志留系和泥盆系之间的界线。此后，世界各国轰轰烈烈地展开确立"金钉子"的竞赛。

然而，由于中国与国际地质学界长期脱节，中国科学家连入场券都拿不到。直到1977年，中国才开始正式参与国际地层委员会的活动。

进入20世纪80年代，中国科学家终于有机会参与竞争奥陶系和志留系底界之间界线的"金钉子"，却连遭挫败。

当时，吉林奥陶系底界和湖北志留系底界的剖面非常被看好，甚至已经作为唯一候选剖面进入国际地层委员会最后一轮表决阶段。

---

①　2003年当选中国科学院院士。

然而，形势急转直下。国际地层委员会突然改变定界标准，启用先前已被淘汰的候选剖面。两枚"金钉子"与中国擦肩而过。

介绍这段历史时，国际古生物协会秘书长、南京古生物所研究员詹仁斌仍然愤愤不平。这种情况在国际地层委员会"金钉子"投票历史上很罕见。

这固然与中国对地层研究不足、对"金钉子"标准体系理解不充分有关，但詹仁斌认为这不是全部原因。当时，西方学者垄断了国际学术组织中学术规则的制定权和投票权，国际地学界对中国地学研究的认知长期处于空白状态，对中国学者存在天然的偏见。

正因如此，抓住一切能走向国际学术舞台的机会，是那一代中国地质学人的信念。

针锋相对

1991年7月14日，陈旭以国际地层委员会奥陶系分会副主席的身份踏入第六届国际奥陶系大会会场。

奥陶系形成于距今4.85亿至4.44亿年，是地球历史上海洋生物开始急剧多样化的关键时期。奥陶系"金钉子"研究虽然从20世纪70年代就已开始，但一直进展缓慢。

经过整整5天的激烈讨论，大会提出了奥陶系9条有潜力的候选地层界线，"金钉子"将从中产生。

每一枚"金钉子"都包含剖面、点位两部分内容。其中，点位的确立，需要以一个地理分布广泛的代表物种在特定岩层序列中的"首次出现"为标志。然而，包含这个点位的剖面，必须岩相单一、地层序列连续完整，且包含尽可能丰富、具有全球代表性的化石类群，以便对比。

竞争就从这两个方面展开。

在奥陶系中部一条界线的竞争中，陈旭和英国奥陶系研究首席科学家理查·福提狭路相逢。双方的"矛盾"出现在笔石身上。

笔石是一种已经灭绝的海生群体动物，在奥陶纪和志留纪异常繁盛，不仅演化速率快，而且广布全球。因此，这两个地质时期的"金钉子"常把某些特定种类笔石的首次出现作为标志。

那么，具体要选择哪个属种的笔石作为代表？福提提议基于英国模式标本的直节对笔石，陈旭则认为基于澳大利亚模式标本的澳洲齿状波曲笔石更为合适。

"如果以直节对笔石为标志，就要选择相应的剖面，但英国提出的剖面所包含的化石类群不具有全球代表性，不利于全球对比。"陈旭直言道。

相反，中国提出的以澳洲齿状波曲笔石为标志的剖面，位于浙赣"三山地区"（江山－

常山–玉山地区）。那里不仅奥陶系地层序列连续，动物群的化石也异常丰富，除笔石外，那里还有牙形刺、腕足类、三叶虫等非常具有代表性的化石门类。

陈旭坚信，中国的优势显而易见。但是，英国团队极力维护自己的传统划分方法，想通过厘定界线定义、深入研究新剖面等多种方式把这枚"金钉子"确立在英国，相当强势。

眼看争论无果，威比让中国团队和英国团队在11月同时提交进一步的研究报告，到时再做讨论。

会后，陈旭立即牵头组织了一个由中国、澳大利亚、美国、法国、德国科学家参与的国际界线工作组，研究中国"三山地区"候选剖面的可能性，威比也在其中。不过，陈旭直接避开了英国专家。"他们不高兴就不高兴呗！"他说道。

可就在距离提交报告仅剩一个多月时，英国团队的一番操作让陈旭感到颇为恼火。"竞争未见分晓，他们却抢先把相关剖面的研究结果发表在国际期刊上，这是违反国际通则的。"陈旭说道。

"但我们得沉住气，不跟他们对着干。"陈旭不疾不徐，按时向国际地层委员会奥陶系分会提交了研究报告。因为他的心中有底。

要知道，早在一年前的1990年9月，第四届国际笔石大会在中国召开，与会的各国专家的野外考察路线就在"三山地区"。这一地区奥陶系极为发育、地层序列连续、化石标本保存精美，给与会的各国专家留下了极其深刻的印象。

英国团队违反规则的做法，却引来国际界线工作组专家的不满和质疑。奥陶系"金钉子"争夺的天平开始向中国倾斜。

黄泥塘剖面全景

峥嵘岁月

中国"三山地区"奥陶系的研究历史可以追溯到20世纪20年代。后来虽有中断，但到20世纪80年代，中国地质学家已经把该地区奥陶系地层剖面基本都梳理了一遍。

"这些剖面既有中国特色，又有全球代表性，自然禀赋非常好。作为'金钉子'候选，一打一个准。"尽管陈旭很笃定，但他也深知过去的研究离"金钉子"的确立要求还有不小距离。

"三山地区"6条奥陶系候选剖面的系统研究随即展开，其中最被看好的是浙江省衢州市常山县的黄泥塘剖面。它不仅完整地保留了奥陶系的地质记录，而且同时拥有两种关键的代表性化石门类——笔石和牙形刺。这种剖面极为少见，简直是大自然留下的"意外之财"。

早期的"金钉子"研究主要围绕古生物化石展开。国际地质科学联合会规定，确定一枚"金钉子"的位置必须找到标准化石的连续演变，也就是由它的祖先和后代的化石物种建立起连续且完整的物种演化谱系。

为此，陈旭带着当年还是博士生的张元动建立了一套非常严格的工作方法——无间断连续采集。他们以20厘米为单位划分黄泥塘剖面，逐层采集笔石和其他动物群化石，共采集了200多层。只有把每层岩层中的笔石都研究清楚，他们才可能找到物种的连续演化关系。

野外工作量大，研究经费又捉襟见肘，但陈旭不以为意。他说道："没车咱就走着去；雇不起人，咱就自己扛石头；饿了，吃馒头；节省时间，就住村里老乡家……怎么都能将就。"

可当说起自己的学生，陈旭却感慨道："阿动就是个埋头苦干的人，可苦了他了。"

在5年多的时间里，张元动靠着一张小板凳和一把科考锤，日复一日、一层又一层地敲打灰色的剖面，搜寻化石。夏季，他被蚊子咬得满身是包。冬季，如果遇上刺骨的寒雨，他就一手打伞一手敲岩石，找到化石就立即包装。即使这样，有时晚上回到老乡家后，他还是发现化石已经发霉了。

野外工作是孤独的，唯一能让张元动感到兴奋的就是从金光闪闪的黄铁矿里敲出形态完美、细节清晰的银白色笔石。直到现在，他偶尔还能梦见当年的场景。

"我们在黄泥塘剖面工作期间发生了两次危险。"张元动至今仍心有余悸。

一次是在1991年。当时，他和陈旭租了一辆"蹦蹦车"[①]前往剖面。司机姓毛，毫无经验不说，还十分毛躁。他们的车在一个陡坡上翻了。陈旭身上多处受伤，鲜血直流。

还有一次是在1995年。那次，他和詹仁斌到剖面采集化石标本，一不小心栽到路边数米深的沟坎里，起来后才发现身侧都是尖耸的乱石，与脑门只差毫厘。

随着研究的推进，国际界线工作组来国内考察的时间临近了，可经费却还没有着落。陈

---

① 电动三轮车的俗称。

旭开口向时任南京古生物所所长的曹瑞骥申请8万元经费。曹瑞骥吓了一跳，说道："你这是要我命……最多给你3万元。"当时，南京古生物所全年的科研经费才20多万元。

1994年夏天，陈旭揣着仅有的这些钱，带领国际界线工作组的全体成员走遍了"三山地区"的6条候选剖面。眼前连续完整的剖面和一层层展示的精美化石标本，让专家们大为吃惊，威比也连连称赞。

陈旭并不感到意外。"我从1985年就开始'跑'这些剖面，它们都快被我磨烂了，不同层位的笔石种我能倒背如流。"他说道。

初战告捷，工作组回到县城简陋的宾馆，心情不错的陈旭特地让厨房加了两个菜。

势如破竹

野外工作只是"金钉子"研究的基础部分，要想彻底弄清楚笔石的演化谱系，还需要回到实验室。

"过去，由于我们古生物学鉴定、分类的基础工作不够扎实，国际地质学界认为我们的研究结论可信度不高。"张元动说道。为了避免出现这样的情况，张元动对笔石类群的结构特征、系统位置、演化关系、地层地理分布都进行了详细、彻底的研究。

张元动利用扫描电子显微镜，对大量化石标本切片进行了观察研究，并与世界其他国家的有关标本进行了对比，同时开展了分支系统学研究，从而精确厘定笔石类群的演化序列。其间的一个意外的发现让他兴奋不已。

笔石体由胎管和胞管组成。一直以来，古生物学者主要根据胞管的形态差异确定其类群演化关系。但张元动在进行大量的标本比对和文献调研后认为，这套理论方法有漏洞。"胞管是笔石发育的终端结构，要想作为高级别分类单元的标志性特征，采用早期发育阶段的结构——胎管更合适。"

后来，正是基于这个发现，新一代笔石研究开始采用以始端发育建立起来的分类系统。它也是这项"金钉子"研究中一个重要的学术创新。

陈旭总是告诉学生，科学研究想要做得长久、出色，每篇论文都要在思路、方法、技术或理论上争取创新，而不能只满足于增加一些不同地点、

达瑞威尔阶"金钉子"剖面

不同标本材料的信息。陈旭的鼓励让张元动再次萌生一个全新的想法。

"'金钉子'的点位要以代表化石的'首次出现'为标志，但目前所有研究都缺乏验证过程。"张元动说道。于是，他自学计算机技术，并引入数学模型，建立了一套计算机图形对比方法，用定量的方式验证"首次出现"的可靠性，解决了"金钉子"所要求的高精度划分对比问题。此后，这一分析方法逐渐成为"金钉子"研究的一种重要手段。

1998年，国际界线工作组在浙江省衢州市常山县参加达瑞威尔阶"金钉子"碑揭牌典礼 从左至右为弗洛伦廷·帕里斯（法国）、巴里·威比（澳大利亚）、陈旭、张元动

这一系列研究成果，让国际同行看到一条地层发育极其完整、生物化石含量丰富且研究程度非常高的奥陶系地层剖面。

1995年，国际界线工作组正式向国际地层委员会奥陶系分会提交了建立全球达瑞威尔阶"金钉子"的报告，提议以澳洲齿状波曲笔石在中国浙江黄泥塘剖面的首次出现定义其底界。

1996~1997年，这个提案先后获国际地层委员会奥陶系分会、国际地层委员会投票通过，并得到国际地质科学联合会的确认。

中国第一枚"金钉子"就此确立。它实现了我国"金钉子"零的突破，同时也是奥陶系的第一枚"金钉子"。这是中国地质学历史上的一个里程碑。

早在国际界线工作组正式提交这条唯一候选剖面时，福提就知道英国已经与这枚"金钉子"渐行渐远了。2000年，张元动受邀到他所在的英国自然博物馆进行合作访问，福提大方地表达了对黄泥塘剖面和中方研究的认可。他称赞道："这枚'金钉子'的确立，是全球奥陶系数十年来最突出的进展。"

经过多年的"交锋"和交流，福提和陈旭、张元动等中国同行成了志趣相投的好友。

"对国内地质学界而言，黄泥塘'金钉子'是一个经典的研究范本。它叩开了一扇大门，让越来越多的'金钉子'在中国建立。"早已成为南京古生物所研究员的张元动说道。

进入21世纪后，中国在"金钉子"领域的研究势如破竹，几乎每隔两年就有新的"金钉子"确立。其中，南京古生物所主持确立的有7枚。

从学习西方到开展国际合作，再到越来越多的"金钉子"破土而出、领先国际，陈旭完整地经历了这段不凡的时光。

已经88岁高龄的陈旭院士说道："作为一个人为的国际标准，'金钉子'的确立从来都不只是学术上的竞争。科学家一定要勇敢闯荡国际舞台，不惧争辩，向世界证明我们的实力，捍卫国家尊严。"

（中国科学报社记者胡珉琦撰文；原文发表在《中国科学报》2024 年 5 月 13 日第 4 版；文中图片由南京古生物所提供）

"双星计划"：
开启中国空间科学新纪元

1998年秋，在北京西山召开的一场空间物理战略研讨会上，20多位中国顶尖空间物理学家热火朝天地讨论着我国空间科学的发展现状。

大家提到一个关键问题：中国有一流的科学家，却没有一手的空间科学数据，无论是空间科学、空间技术，还是空间应用，都落后于各航天大国。

在场的所有人都如鲠在喉，共同呼吁："中国必须有自己的空间科学卫星。"

随后，空间物理学家、中国科学院院士刘振兴等以更加坚定的决心及加倍的努力将一个大胆的设想变成现实——用两颗科学卫星完成对地球空间的多点探测。

2004年，在中国科学家与欧洲科学家的共同努力下，我国首个空间科学卫星计划——地球空间双星探测计划（简称"双星计划"）成功实施。从此，中国人有了自己的空间科学卫星，中国空间科学的新纪元由此开启。

双向奔赴

1997年11月，欧空局空间科学部主任罗格·博奈带着一众科学家到中国科学院空间科学与应用研究中心[①]检查欧空局"星簇计划"（Cluster）中的中国科学数据中心建设情况。他们和中国科学家们坐在一起，为命途多舛的"星簇计划"出谋划策。

"星簇计划"是欧空局于1983年提出的科学卫星探测计划，目标是用4颗卫星组成的星座在极轨轨道上飞行，对地球磁层

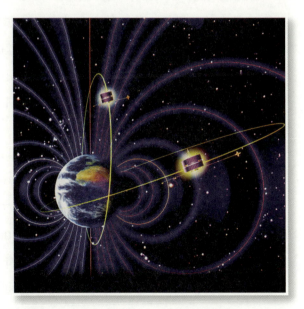

"双星计划"在轨示意图　（空间中心供图）

---

① 现中国科学院国家空间科学中心。

1997 年 11 月，欧空局与空间中心签署"双星计划"与"星簇计划"合作的协定书　（空间中心供图）

空间进行实地探测。1990年11月，刘振兴向欧空局申请加入"星簇计划"卫星科学数据系统，并在我国建设科学数据与研究中心，1992年2月该提案获得通过。

不幸的是，1996年"星簇计划"搭乘的法国阿丽亚娜Ⅴ型火箭在发射数十秒后爆炸，4颗卫星全部毁于火光之中。1997年，心有不甘的欧空局重启"星簇计划"，科学数据中心的建设也再度被提上日程。

在此次欧空局代表团来访期间的一次会议上，中欧双方科学家各自报告了现有工作和未来设想。刘振兴在报告中讲到了"双星计划"。

"双星计划"是由刘振兴等专家于1997年牵头提出的一个科学卫星探测计划构想，预期用一颗环绕赤道附近飞行的卫星和一颗极轨卫星，对地球磁层进行探测。这一计划瞄准当时地球空间最具挑战性的科学问题——磁层空间暴驱动和触发机制的全球多时空尺度的物理过程。

听完报告，欧空局代表团突然提出休会要求。他们聚集到楼道里，低声交流了一会儿。大家重新回到会场后，博奈举手询问道："我们能不能加入你们的'双星计划'？"

原来，欧空局"星簇计划"里的4颗编队飞行卫星之间的距离不远，从宇宙中看，它们几乎还是在地球极轨上环绕的一个"点"。如果能够参与"双星计划"，欧方科学家不但能获得赤道面的信息，还能获得极轨面较低轨道的信息，可对地球空间开展多达6点的探测。

对于中国科学家来说，这是一次难得的机会。当时我国还没有做过专门的科学卫星，如果与欧空局合作，将有机会获得更高水平的科学探测载荷、学习到更成熟的技术和空间科学卫星计划工程管理经验。

双方一拍即合，当即在北京签署了"双星计划"与"星簇计划"合作的协定书。

2000年4月，经国防科工委和中国航天科技集团协调，确定将"双星计划"的总体任务交由中国空间技术研究院[①]，中国科学院国家空间科学中心（简称空间中心）负责地面应用系统和卫星载荷系统的建设、设计和研制。2001年7月9日，国家航天局和欧空局在法国巴黎正式签署中欧"双星计划"合作协议。2002年9月，国防科工委、国家计划委员会、财政部联合向中国科学院、中国航天科技集团印发通知，正式批准"双星计划"立项。根据"双星计划"工程任务分工，卫星系统由航天东方红卫星有限公司负责。

① 又称中国航天科技集团公司五院。

技术挑战

顺利达成合作，中方团队干劲十足。但对当时从未发射过科学卫星的中国而言，每一步都得"摸着石头过河"。

国防科委和中国科学院集结诸多顶尖力量，打造了一支"王牌战队"，为"双星计划"保驾护航。中国科学院院士、"两弹一星功勋奖章"获得者王希季担任工程总设计师，卫星控制系统"大拿"倪行震担任工程

"双星计划"的两颗卫星 （空间中心供图）

副总设计师，"双星计划"的提出者刘振兴担任工程首席科学家，时任空间中心副主任吴季担任地面应用系统总师、总指挥、中欧合作总协调人。

"双星计划"的两颗卫星分别被命名为"探测一号"和"探测二号"，共配备了16台科学探测仪器，覆盖多项空间环境和物理参数的探测，其中8台由空间中心研制、7台由欧空局提供，剩下的1台由双方合作研制。

"双星计划"为中国科学家带来了前所未有的三重挑战。

第一重挑战是卫星自身的磁场控制问题。如果要精密测量动态变化的地球磁层，必须将卫星自身的磁场强度控制在很小的数值范围内。在距离卫星表面2.5米处，卫星产生的磁场不能大于1.5纳特斯拉。这是此前从未达到过的指标。

第二重挑战是卫星表面电位控制问题。为了确保卫星携带的科学载荷能精准获取低能段探测数据，卫星需要配备主动电位控制仪，通过释放金属铟粒子把卫星的电位控制在1伏特以下。

第三重挑战是数据传输问题。两颗卫星都要沿大椭圆形轨道运行，卫星与地面接收站的距离变化很大，这就需要设计出一个变速率的数据传输方案，以保证卫星在运行轨道的任何位置都能可靠高效地将数据传送回地面。

当时，我国在空间科学探测设备的研制方面没有太多经验。一些科学探测仪器只在低轨的气象卫星上运行过，从未进入过地球辐射带经受恶劣空间环境的考验。经过不懈地攻关，科研团队完成了任务。2002年6月，在空间中心的努力下，国内有效载荷、公用设备通过卫星总体验收，7月在中国空间技术研究院进行整星剩磁测试。

"尽管当时我们很多仪器和技术的水平与国际存在差距，但通过和欧空局合作，我们不断正视自己的不足，这对我们的帮助很大。"回忆起那段岁月，再比照我国现在的科学载荷研制水平，吴季不禁感慨道，"'双星计划'实际上是一个起点，它让我国的空间探测快速提高到国际水平。"

联调风波

在中欧双方均完成自身载荷研制任务后，"双星计划"迎来国际合作的关键一步——共同完成有效载荷预集成测试，确保中方研制的载荷数据管理系统能与欧空局提供的科学载荷顺利对接。

根据合作协议，欧方研制的仪器数据要先传到中方研制的卫星平台设备上，再集中打包发送至地面。然而，由于双方的仪器设备制式不同，想要接收到对方的信号，就得设计专门的接口，让仪器和平台设备之间实现自由"通话"。

然而，在"双星计划"的联调过程中，一场风波发生了。

2002年9月16日，空间中心组织"双星计划"赴欧联调实验队一行20多人，远赴英国帝国理工学院，进行"双星计划"欧洲载荷预集成测试。吴季任队长，空间中心空间综合电子技术研究室主任孙辉先、"双星计划"应用系统副总设计师蔡金荣任副队长。

出发时，大家斗志昂扬，准备大展身手。可刚到帝国理工学院，他们就被泼了"冷水"。欧方觉得中方人数太多，只允许几个人进入实验室。无奈之下，其余的科研人员只能在咖啡厅焦急地等待。

然而，没过两天，联调就出了问题。中欧双方的仪器连接起来后，信号无法传输和接收。双方对照数据接口文件，把各自设备里里外外检查了好几遍，都没有发现问题。

两边的仪器都符合标准，为什么"通话"会失败呢？

就在双方一筹莫展时，孙辉先要来了欧方的电路图，从密密麻麻的图纸上看出了端倪。他会心一笑道："我知道问题出在哪儿了！"

中欧双方的研究人员不由得围聚过来。孙辉先解释了信号不通的原因，而后安排人员将接口电路板中变压器的一根接地线断开，中欧两台仪器的信号果然顺畅接通了。

大家这才明白，原来中方团队按照欧空局提供的数据接口文件设计了仪器，但欧空局调整了文件内容，却没有及时告知中方。

"乌龙事件"后，欧方团队对中方科学家的专业性有了信任。当晚，他们盛情款待中方团队。此后，中方科学家也可以自由进出实验室了。

更让欧方团队惊叹的是，中国科学家仅用1个月就完成了原本需要3个月甚至半年才能完成的联调工作。从2002年9月16日到10月10日，中方团队在英国不仅圆满完成了全部对接实验，而且向欧方展现了中国科学家的专业和高效。这是中国科学院第一次以大型实验队的组织形式赴欧洲进行航天高技术领域的国际合作，欧方团队形容此次合作为"超乎寻常的成功"。

"双方建立起信任后，合作非常融洽。"孙辉先说道。

成功发射

解决联调的关键问题后，"双星计划"进入正样阶段，两颗卫星即将交付。这是整个卫星研制最紧张的时期。然而，2003年春季暴发的"非典"①疫情打乱了原本的国际合作及研制计划。参加"双星计划"的科研人员一直坚守岗位，大家只有一个目标——按时间、保质量完成研制工作。

按照计划，欧空局的科学家要在4月底将他们的有效载荷带到北京验收。为不受国内疫情隔离政策的影响、保证验收环节按计划进行，帝国理工学院的一位科学家提出，请中方人员到他们的实验室验收，再把仪器设备带回中国。2003年5月，中方团队应邀到英国伦敦对欧方研制的"探测一号"5台有效载荷进行单机验收和仪器操作培训，并顺利带回所有欧空局研制的正样设备。

接下来进行"探测一号"正样有效载荷的联调时，虽然"非典"疫情已得到初步控制，但世界卫生组织尚未解除对赴北京旅行者的旅游警告。面对紧张的项目进度，时任欧空局空间技术与研究中心项目经理博多·格莱姆科和来自德国的欧洲宇航防务公司（EADS）的工程师罗兰德·诺德向各自机构承诺"自行承担一切风险"，主动来北京参加联调。

7月初，联调顺利结束。"中外研究人员举行了小型庆祝活动。共克时艰的特殊经历让双方的合作更加密切。"每每回忆起这段经历，吴季总忍不住这样感慨道。

2003年12月30日，"探测一号"由长征2C/SM运载火箭发射升空。

2004年7月25日，"探测二号"由长征2C/SM运载火箭发射升空。

发射成功后，经过在轨成功测试，两颗卫星陆续顺利交付使用。我国"双星计划"既能完成对地球空间的独立探测，又能与欧洲"星簇计划"协调探测，实现了人类历史上首次对地球空间的6点协调探测。

吴季至今记得，"探测二号"发射成功时，他正代表中国参加国际空间研究委员会（COSPAR）的理事会会议。得知喜讯后，他写了一张字条递给已担任COSPAR主席、正在主席台上的博奈。后者非常高兴，当即向全场宣布道："欧空局和中国合作的'双星计划'的第二颗卫星成功发射！"

全场掌声雷动。从那一刻开始，中国人拥有了自己的空间科学卫星，中国的空间科学正式走上国际舞台。

中方科研人员在英国验收欧方科学载荷 （孙辉先供图）

---

① 严重急性呼吸综合征，SARS。

舞台中央

2007年10月14日，原计划运行24个月的"探测一号"完成了使命，实际在轨运行46个月；2008年8月7日，原计划运行18个月的"探测二号"也完成了使命，实际在轨运行48个月。两颗卫星都延寿运行，获取的数据量也翻番。

"双星计划"两颗卫星在轨运行期间，共向地面传输科学数据超500吉字节，接收超70万条探测计划指令，平均2~3分钟就能执行一条指令，且从未出现执行错误、丢失或不准时的问题。

2004年3月~2009年2月，科研人员基于"双星计划"获取的探测数据，共发表高水平论文百余篇。

"'双星计划'与'星簇计划'实现了人类历史上首次对地球空间的6点协调探测，非常有利于研究磁层亚暴过程。"时任"双星计划"科学工作委员会副主席、"双星计划"地面应用系统科学应用分系统副主任设计师曹晋滨院士评价道。

2006年，刘振兴提出了亚暴触发过程的"锋面触发"理论，并在COSPAR学术大会上进行了宣读。国际著名空间物理学家麦克弗伦评价道："中国学者利用双星的数据，对如此重要的科学问题进行研究并取得了一些重要的新成果，我特地向他们表示热烈祝贺。我恳切希望大家对这项研究的下一步进展给予关注。"

融洽的国际合作和丰硕的科学产出，使"双星计划"与"星簇计划"联合团队于2010年获得了国际宇航科学院（International Academy of Astronautics，IAA）的杰出团队成就奖。这是我国第一次获得国际航天领域的重要奖项，此前获得该奖项的还有美国航天飞机团队、哈勃空间望远镜计划团队等空间项目团队。同年，"双星计划"获得国家科学技术进步奖一等奖。

更重要的是，作为中国首个空间科学卫星计划，"双星计划"为我国后续空间科学研究的管理模式、合作方式等奠定了基础。

"在'双星计划'中，我们发现，空间科学卫星项目要实现既定的科学目标，就需要对轨道设计、载荷配置和科学数据产出等各环节进行严格的规定。其中，既需要首席科学家挑大梁，在具体的操作过程中，又需要工程总设计师和工程管理组协调落实。"吴季说道。正因如此，"双星计划"建立了"首席科学家+工程总设计师+工程管理组"的工程组织管理体系。这也成为我国后续空间科学卫星工程的通用模式。

并且，他们还摸索出空间科学卫星国际合作的规范化路径。"合作初始，由于双方的管理方式不同，前期对接困难重重。后来，双方根据合作协议建立了技术协调会议制度，每半年开一次技术协调会，分别在北京和欧洲举行，卫星工程人员和载荷工程师一同讨论，在技术上相互支持，毫无保留，力争将问题'扼杀在摇篮里'。"吴季说道。

以"双星计划"为起点，中国空间科学卫星计划正不断开枝散叶。2010年，国务院批准中国科学院组织实施战略性先导科技专项，2011年，"空间科学"专项作为首批专项之一正式启动，成为我国自"双星计划"之后集中开展的空间科学探索项目。2018年，"空间科学（二期）"专项启动。这两期专项成为我国迄今为止最大的空间科学卫星计划。

2010 年，"双星计划"与"星簇计划"联合团队部分获奖成员在于捷克布拉格举行的 IAA 颁奖仪式上 （空间中心供图）

十多年来，在两个专项的支持下，我国成功研制发射了首颗暗物质粒子探测卫星"悟空"、首颗空间量子科学实验卫星"墨子"、首颗微重力科学实验卫星"实践十号"、首颗空间X射线天文卫星"慧眼"、首颗空间引力波探测技术实验卫星"太极一号"、首颗引力波电磁对应体全天监测卫星"怀柔一号"、首颗综合性太阳探测专用卫星"夸父一号"、首颗大视场X射线天文卫星"爱因斯坦探针"等一系列科学卫星，取得一大批国际瞩目的原创性科研成果，使中国空间科学发展进入群星闪耀的时代。

此外，为进一步明确我国空间科学发展目标和路线，由中国科学院牵头编制的《国家空间科学中长期发展规划（2024—2050年）》也将于近期发布，该规划提出了拟突破的5大科学主题和17个优先发展方向，描绘了未来三个阶段的科学任务规划，是我国空间科学领域首个国家层面统一的中长期发展规划，将为促进空间科学领域基础科学研究实现革命性突破、牵引空间技术跨代跃升、推动空间应用高质量发展提供有力支撑。

中国空间科学卫星的国际合作经验也从"双星计划"延续至今。如今，中欧合作的"SMILE"[①]空间科学卫星探测计划正在研制之中，计划于2025年发射，预计将获取太阳风与地球磁层相互作用及地球空间暴发生、发展变化过程的大量数据，有望持续获得更新人类知识图谱的发现。

（中国科学报社记者倪思洁、实习生赵宇彤撰文；
原文发表在《中国科学报》2024年5月16日第4版）

① 太阳风–磁层相互作用全景成像卫星，Solar wind Magnetosphere Ionosphere Link Explorer。

一路奔向 10 个太阳的辉煌

夙愿实现的那一刻，是什么感觉？激动？振奋？喜极而泣？

中国科学院上海光学精密机械研究所（简称上海光机所）研究员於亮红的回答是："整个人仿佛都放空了。"

时间回到2017年10月24日。这天一大早，於亮红走进位于上海浦东张江的超强超短激光实验室，给到场的同事打气道："说不定今天我们就能达到目标！"

转眼到了傍晚，当时设备打出的脉冲能量还在300焦耳以下徘徊。他们的目标是输出功率10拍瓦①以上的激光。这需要脉冲能量至少达到330焦耳，目前还是"差口气"。

由于设备需要散热，每次打光至少要间隔两小时，因此一天最多能打五六次。晚上7点多，他们再次调试仪器，准备再试一次。

仪器调好后，实验人员进入操控室发出运行指令。耳畔各种声音此起彼落：真空设备的"隆隆"声、制冷剂的"嗡嗡"声、每隔半分钟一次的"嘀嘀"声……唯独人是最安静的：他们都在屏息凝神，等待结果揭晓的那一刻。

"羲和"装置大楼内景

单次放大完成了，於亮红和师弟甘泽彪重新回到实验室，查看能量计。比手机稍大一点的显示屏上，跳动着一个从未有过的数字——339焦耳。换算一下，输出功率刚好达到10拍瓦！

欢呼声响了起来，盖过了"嘀嘀"声、"嗡嗡"声及最响的"隆隆"声。闻讯赶来的同事都在狂欢，最年轻的几位兴奋地跑来跑去。於亮红坐在角落的一个小箱子

---

① 1拍瓦=10^{15}瓦。

上，倚着墙壁，看着眼前晃过的每一张快乐的脸庞，只觉得整个人都"空"了：过去几个月里，每次实验数据不达标，他都会反复思索哪里做得不够。

这一次，终于不用再想了。

让超短超强激光更短更强

上海超强超短激光实验装置（简称"羲和"装置）在世界上首次实现了10拍瓦激光放大输出！

这个从天而降的喜讯，很快就成了国内外的科技热点新闻。

10拍瓦，是当时人类已知的最高的激光峰值功率。假如地球外有一面巨大的透镜，它把照射在地球上的所有太阳光聚焦在一根人类头发丝直径大小的点上所产生的光强，就相当于1拍瓦。那么，10拍瓦就是10个太阳的光强！

也正因如此，中国科学院院士、上海光机所研究员李儒新给这座装置取了一个颇具中国式浪漫的名字"羲和"。在《山海经》的神话传说中，羲和女神是10个太阳的母亲。在后羿射日之前，10个太阳同时凌空，给大地上的生灵带来了灾难。而今，"羲和"装置将相当于10个太阳的光芒汇聚起来，并将用这种巨大的光强造福人类。

超强超短激光，是世界各国都在争夺的科技制高点。

所谓"超强"，是指脉冲功率极高；所谓"超短"，是指一个脉冲的时域尺度极短，达到几十飞秒[①]的量级。众所周知，功率等于能量的变化量除以时间的变化量。当分子极大而分母极小时，瞬时功率就会达到惊人的强度。

10拍瓦以上的激光，能在实验室内创造出前所未有的超强电磁场、超高能量密度和超快时间尺度等综合性极端物理条件。在自然环境中，这样的条件只存在于核爆中心、恒星内部、黑洞边缘等极端环境中。

毫无疑问，这样的科研重器将把人类对物质世界的认知带入一个全新境界。

然而，人类对超强超短激光的追求伴随着重重的艰难险阻。超短激光脉冲在能量放大过程中极具破坏性，会损坏设备。这一度成为该领域最大的瓶颈。1985年，法国科学家杰拉德·莫罗（Gerard Mourou）和加拿大科学家唐娜·斯特里克兰（Donna Strickland）提出了一种巧妙的方法：当一个超短激光的低能量种子脉冲发出后，先把它的时域尺度拓宽，也就是俗称的"展宽"，这样它的整体功率就降低了，之后通过作为"储能电池"的钛宝石晶体，一次次把更多能量输入这束激光中，最后对激光进行时域上的压缩，让它的功率达到最

---

① 1飞秒＝10^{-15}秒。

高——这就是著名的啁啾脉冲放大（chirped-pulse amplification，CPA）技术。

"这好比一个人的个头儿比门还高，怎么在不损坏门框的前提下，让他通过呢？"上海光机所研究员王文鹏打了个形象的比方，"CPA技术的思路是先让这个人躺下，从瘦高个变得又长又扁，在通过一道道门的过程中，我们又给他加上一节节'高跷'。最后，当他走过所有门，再踩着高跷站起来时，就是一个很高很高的巨人了。"

1992年，立陶宛科学家皮斯卡尔斯卡斯（A. Piskarskas）等又发明了光参量啁啾脉冲放大（optical parametric chirped-pulse Amplification，OPCPA）技术。在某些方面，这一技术的独特性可以突破限制高功率激光系统发展的若干技术瓶颈。

中国科学院院士、上海光机所研究员徐至展是国内这一领域的先行者。2002年，他领衔完成的"小型化OPCPA超短超强激光装置"，在120飞秒的瞬间获得16.7太瓦[①]的强大功率。这个数字远超当时国际多数同类研究结果。

此后，徐至展和他的学生李儒新接力奋斗，致力于让超短超强激光变得更短、更强。

从"小水池"游向"大海洋"

尽管OPCPA技术比CPA技术更适合发展超高峰值功率激光，但当时CPA技术路线更加成熟。因此在很多年里，上海光机所团队坚持深耕CPA路线，先后实现0.89拍瓦、1拍瓦的目标。

2013年，以CPA技术为基础的"羲和"攻关团队成立。最初的团队成员包括冷雨欣、梁晓燕、於亮红、许毅等。他们当年就研制出2拍瓦激光放大系统，达到当时国际最高峰值。

2014年，团队又突破一个重大技术瓶颈，在"寄生振荡"领域取得阶段性成果。

在CPA技术路线中，玫瑰红色的钛宝石晶体不仅是"颜值担当"，而且是"高科技担当"，承担了能量储蓄池和放大站的重要功能。在理想情况下，当种子激光经过钛宝石时，会提取泵浦激光存储在其中的能量，实现种子激光能量的显著提升。

然而，实践中的效果往往不尽如人意。在放大过程中，由于大口径晶体的横向截面较大，钛宝石晶体自发辐射的光会在垂直于种子激光传输的方向上发生横向自振，消耗很大一部分钛宝石晶体中的储能，导致种子激光无法实现能量放大。

这种恼人的现象，被形象地称为"寄生振荡"。上海光机所团队凭借长期技术积累，有效地抑制了寄生振荡，显著提升了输出能量。在后来向5拍瓦、10拍瓦进军的过程中，随着钛宝石晶体的横截面积进一步增大，寄生振荡问题也更加突出。在一次次"道高一尺，魔高一丈"的博弈中，团队对寄生振荡的抑制技术不断更新换代。

---

① 1太瓦=10^{12}瓦。

尽管捷报频传，但大家已经意识到，由于上海嘉定的实验室场地有限，后续装置的升级空间已经很小了。

小池养不出大鱼。要想获得更强的激光，就必须找到更广阔的空间。

2015年，"羲和"装置关键技术验证的原型——5拍瓦激光系统落户张江①。2009年，外形酷似鹦鹉螺的大科学装置"上海光源"竣工，成为张江的著名地标之一。之后围绕上海光源，当地初步形成了一个光子科学大装置集群。两大装置比邻而居，形成完美的配合和互补，可以为在张江寻梦的科研工作者提供不同类型的光源。

第一批到张江的"羲和"团队成员，就像盖房子一样，从零开始搭建这座大科学装置。从一面面光学镜片、一块块宝石晶体、一个个光学支撑架开始，建成一个个组件、一级级子系统，并最终形成整个装置。但与盖房子不同的是，放眼世界，当时还没有一个能实现10拍瓦激光输出的同类装置，他们只能一边开展技术攻关，一边研制装置，一边实验验证。

向着世界第一冲刺

2016年1月4日是"羲和"项目正式立项的日子。

此时，世界上最早冲击10拍瓦激光目标的"欧盟极端光学基础设施计划"（Extreme Light Infrastructure，ELI）项目已经立项4年了。ELI项目由欧盟10多个国家和地区近40个科研机构联合提出，投入经费高达8.5亿欧元，计划于2017年研制并建成数台10拍瓦超强超短激光装置。

除此之外，世界上还有许多国家和科研机构在向着10拍瓦激光这个高地冲锋——群雄逐鹿，竞争异常激烈。

起步并不算早的"羲和"，真能后来居上、弯道超车吗？

徐至展曾对同事说过："做科学一定要抢占世界第一，第一和第二的意义完全不同。"团队成员把这句话放在心上，一分一秒都不敢耽搁。

科研人员快马加鞭的同时，上海市人民政府、浦东新区人民政府也给予了全力支持。最终，"羲和"创造了"当年批复、当年开工、当年建设"的速度奇迹。

2016年8月，团队率先实现5.4拍瓦激光脉冲输出，再次创造了世界最高的输出纪录。10拍瓦的目标近在眼前，大家来不及庆功，便继续乘胜追击了。

工欲善其事，必先利其器——钛宝石被誉为超强超短激光装置的"心脏"，是最核心的器件。要实现10拍瓦这种前所未有的高强度激光，就要有前所未见的大口径钛宝石晶体。

---

① 上海市浦东新区张江高科技园区，被誉为"中国硅谷"。

用于"羲和"装置的钛宝石晶体

这时，上海光机所的建制化优势充分发挥出来了。2017年，上海光机所钛宝石课题组突破大尺寸钛宝石晶体生长关键技术，成功生长出直径达235毫米的优质钛宝石晶体。目前，这仍然是世界上口径最大的钛宝石晶体。

"全世界只有两家机构能生长大口径钛宝石晶体，一家是上海光机所，另一家则是一个美国公司。"上海光机所研究员许毅介绍道，"当时，世界上在建的超强超短激光大科学装置，绝大多数都得等待美国公司的供货。因此，上海光机所突破200毫米以上钛宝石晶体生长关键技术，就意味着我们在建造超强超短激光大科学装置方面拥有了得天独厚的优势。"

上海光机所经过数十年的积淀和布局，在绝大多数光学元器件方面实现了自给自足。对那些在抢占科技制高点的赛道上奋力奔跑的科研人员来说，这就是最强大的底气。

2017年3月起，团队中的每个成员都进入了冲刺状态。

"这就像考试成绩从70分提高到90分比较容易、从95分提高到100分很难一样，当激光功率高到一定程度以后，哪怕再提高一点点，都极其困难。"上海光机所研究员梁晓燕回忆道，"那段时间我们好像都没有好好休息过。激光输出功率一直在升高，但只要没有达到10拍瓦，我们就觉得不应该停下来。"

他们最享受的时刻，就是每次发射光源之前，大家一起躺在实验室的地板上讨论各种技术问题。身体的放松、头脑的活跃和同伴之间休戚与共的情感，组合成一种奇异的愉悦。

进入2017年10月，大家更加紧张了。处于调试中的系统，每天只能完成5~6次激光实验。随着钛宝石口径变大、寄生振荡效应越来越强，所有人心里都在打鼓——我们能尽快实现目标吗？

那年10月，国庆节和中秋节假期连在一起。当别人享受着8天长假、和家人团聚的时候，"羲和"团队继续加班加点推进项目。项目领导看到同事们如此辛苦，既感动又心疼，提出请大家一起到饭店吃顿好的，没想到却被拒绝了。

"我们的实验不能中断，如果去饭店吃饭，大家很难轮班值守。"於亮红认真解释着"拒吃"的原因。最后，项目领导只好给全体成员订了外卖，这成了大家"最难忘的一次聚餐"。

10月18日，"羲和"团队仍旧没有取得突破。此时，寄生振荡已经成了最后最难的卡点。要解决这个难题，涉及的变量非常多，大家只有一个个排查、一遍遍优化，甚至一度把所有参数都推倒重来。10月24日，他们终于迎来了胜利的曙光，成功解决了实现10拍瓦激光所需的能量放大问题，无与伦比的喜悦和自豪，绽放在每个人的心中。

10拍瓦放大输出当天团队合影

站在未来

2018年1月，10拍瓦激光放大输出被《科学》（Science）列为自1960年第一台激光器发明以来，在激光脉冲功率提升方面取得的第五大里程碑式进展。此前的四大里程碑式进展，都是由美国科研机构取得的。

"羲和"团队明白，最大的荣誉并不属于过去，而是属于未来。

超强超短激光迸发的巨大强度，不仅能在实验室环境下创造出超越人类既往经验的极端物理条件，还酝酿着超乎想象的科学机遇。

就在10拍瓦激光放大输出实现后不久，2018年，上海光机所在"硬X射线自由电子激光装置"（SHINE）项目的支持下，又启动了名为"极端光物理线站"（station of extreme light，SEL，又名"羲和二号"）的100拍瓦激光装置研制工作。还是在张江，在与"羲和"装置相距1000米的地方，一个新的梦想正在逐渐成形。

"更高、更快、更强"，这句著名的奥林匹克格言，用来形容这群激光人的追梦历程，也同样契合。

目前，科研人员正在进行100拍瓦激光装置的研制。待该装置建成后，人类所能创造的光场强度将达到一个新高峰，可用于更加前沿的科学研究。在这样的光强下，能量或将转化为物质。

这些看似平凡的科研人员，还在继续奋力奔跑。这次在前方等待他们的，是灿若100个太阳的荣光。

（中国科学报社记者李晨阳、见习记者江庆龄撰文；原文发表在《中国科学报》2024年5月29日第4版；文中图片由上海光机所提供）

上海氟，何以为

　　化学元素氟虽然"凶"名赫赫，却有不世之功。

　　氟元素的单质是一种剧毒气体，腐蚀性强，有些氟化工原料（如四氟乙烯）的性质也极为活泼。

　　但是，有机氟化合物却有它温和、独特的一面：与大多数有机化合物一样，它很稳定，能大大提高医药、农药分子的生化、物化性质。我们熟知的牙膏、制冷剂、不粘锅涂层，以及航天器密封材料和一些新型药物中，都有氟的身影。

　　不过，这些有用的有机含氟物质得靠人类自己造。正因为合成有机氟化学研究太有用了，科学家也愿意为之"赴汤蹈火"。

　　在中国，有机氟化学领域的研究可谓独树一帜。

　　2012年，全球化学化工领域著名期刊《化学与工程新闻》（*Chemical & Engineering News*）列出由各国化学界开发并受全球医药、农药界关注的9个金属参与的氟化学反应，其中3个反应来自同一家单位——中国科学院上海有机化学研究所（简称上海有机所）。国外同行称呼它们为"上海氟"。

2020年，上海有机所建所70周年，中国科学院有机氟化学重点实验室成员合影

三天三夜大讨论

1956年，面对严峻的国际形势，党中央高瞻远瞩，发出了"向科学进军"的号召，将原子弹、氢弹等的发展摆在重要位置，集中力量开展技术攻关。

摆在上海有机所面前的任务，是高能燃料的研制与原料铀的分离。1958年，上海有机所副所长边伯明组织了所内多名骨干，在上海市长宁区长宁路865号大院里，围绕业务方向调整展开了一场大讨论。

这场讨论持续了三天三夜。大家各抒己见，最后达成了一个共识：以国家利益为重，将科研方向转到"尖端、领先的科学项目，通过任务带学科"。

已在金霉素提取、合成研究方面颇有建树的黄耀曾，刚从美国哈佛大学学成归来。他与在甾体化学领域深耕多年的黄维垣，以及刘铸晋、袁承业、丁宏勋等学者，纷纷"割爱"，将研究方向转向国家需要之处。

黄耀曾在放弃金霉素全合成研究时形容自己的感受是"像失去了一个儿子"，但在心痛之余，他的决心却更加坚定。

"两弹一星"工程正式拉开序幕。制造核武器的门槛在于浓缩铀的获取，而铀浓缩分离机的安全运转，离不开一种特殊的含氟润滑油。然而，20世纪60年代，苏联专家在撤走时不仅带走了一切关键资料和材料，也擦干了滴在工厂地面上的每一滴润滑油。

这种润滑油的成分是什么？又该如何制备？当时的中国科学家只知道它可能是一种有机氟化合物。1960年11月，国家将研制该润滑油的任务下达至上海有机所。

为什么是上海有机所？因为在20世纪50年代，黄耀曾和戴行义等曾在电解制备元素氟和聚四氟乙烯方面进行过探索，打下了科研基础。上海有机所氟化学的研究历史亦可溯源于此。

为了获取润滑油的样本，科学家刮了一点之前黏附在工厂分离机上的薄薄油膜，放入小瓶内，交由警卫员护送至上海有机所。

黄维垣被任命为该任务的负责人，并担任第九研究室（后称氟化学实验室）主

"三天三夜大讨论"场景复原图

任。化合物的解析是黄维垣的强项。拿到样品后，他利用所里唯一一台红外光谱测试仪展开工作。通过光谱图，他推测出这种油是全氟的含碳化合物，即全氟烃油。

紧接着，黄维垣和上百位科研人员在所里的一块空地上搭起棚子，自制装置搞实验，仅用一年时间就解决了原料油品种、氟化试剂、氟化反应条件、后处理方法等四大问题，成功研制出完全符合技术指标的产品，并顺利实现中试和生产。

1964年，中国第一颗原子弹爆炸成功。上海有机所的3位领导汪猷、黄耀曾、陈子云去北京开会时，第二机械工业部副部长钱三强热情地拥抱了他们，并说道："有机所帮大忙啦，原子弹比原计划提前了一年！"

向氟化学进军

实验室的成果能够顺利地转化为生产力，得益于一个重要条件：上海有机所拥有自己的实验场地。1958年，上海市人民政府将位于真北路的葡萄糖厂划给上海有机所，并将其改造为中试基地。厂内后续又建起年产1000千克的试生产车间，这才最终生产出"中国造"氟油。

同一时期，上海还有一家特种橡胶研究所，专门进行有机氟材料的研制和开发工作。位于北京的中国科学院化学研究所（简称化学所）做氟化学研究的人员，经常在这里拿实验原料。

考虑到上海既有氟化学的研究基础，又有工业条件，1963年，中国科学院决定在上海集中研究力量。同年7月，化学所氟化学实验室的部分人员南迁至上海。一行人中有为"两弹一星"研制出氟橡胶的蒋锡夔和陈庆云，两位先生后续都当选为中国科学院院士。

"不仅人要去，仪器也要去。"陈庆云回忆道，"当时带上车的有'稀有'的色谱，还有最简单的高温炉。这样做，只为免去'另起炉灶'的麻烦，以便更快地投入工作。"

不断壮大的氟化学研究力量，继续为既定目标而努力。例如，黄维垣、蒋锡夔等带领的课题组开始探索多种氟化反应和聚合反应，研制出的含氟有机材料满足了国家需求。

到了20世纪70年代后期，为促进国民经济发展，上海有机所氟化学研究开始瞄准民用产品，其研发的铬雾抑制剂就是一个典型例子。

当时，自行车、缝纫机等轻工业生产企业迅速发展，对电镀的需求不断提高。电镀技术中最常用的是镀铬，其目的是增强器械金属表面的耐磨性、抗腐蚀性等。

但电镀时会产生一种具有强氧化性的剧毒铬雾。陈庆云曾去过上海电镀厂的厂房，里面弥漫着黄色的铬雾，味道非常呛鼻。人们长期待在这样的环境里，鼻子出血、咳嗽尚属"轻症"，严重的可能致癌。

1975年，陈庆云开始带领小组研究并解决这一问题。他通过查阅资料发现，美国明尼苏达矿业及机器制造公司（又称3M公司）已经发明了一种全氟磺酸盐，用于抑制铬雾。但是，他想换个思路试试，于是和组里成员一起确定了5条技术路线。最终，其中一条路线取得成功，合成出一种含醚键的全氟磺酸盐。

与美国的产品相比，由此条路线研制出的新型铬雾抑制剂的结构只是

1981年，铬雾抑制剂F-53在上海光明电镀厂进行测试

多了一个氧原子，但实际合成路径却有很大区别，不仅工艺更简单，原料成本也大幅降低。

陈庆云将该产品命名为F-53。"F"指"氟"，数字"53"是因为抑制效果最好的那次样品的分析记录刚好在实验本第53页。F-53在全国迅速试制和推广，不仅保障了电镀工人的健康，也为节能环保作出了重大贡献。

1982年，当陈庆云再次走进上海电镀厂的厂房时，车间变明亮了，刺鼻气味也消失了。加入F-53的电镀槽浮起一层微小的泡沫。这层微小的泡沫像一层薄薄的绒毯"盖"住了黄色的铬雾微粒。

值得一提的是，F-53铬雾抑制剂是中国使用的氟化工产品中第一个自主创新的产品。

"上海氟"蜚声海外

铬雾抑制剂F-53研制出来后，陈庆云和团队并没有将它搁置一边，而是从基础研究的角度，回头细究其结构、反应机理，想弄清楚"所以然"。

在对中间体关键原料四氟乙烷-β-磺内酯展开深入探究后，团队发现磺内酯和其他化合物反应可以衍生出各种氧杂的多氟磺酸类化合物，为二氟卡宾、三氟甲基化的研究打下基础。

同时，上海有机所的各个氟化学课题组针对F-53生产过程中的原料、中间体、产物和副产物，进行了一系列基础研究，形成了3个鲜明的研究体系——黄维垣的"亚磺化脱卤反应"体系、陈庆云的"金属及过渡金属引发的有机氟化学反应"体系，以及胡昌明的"氧化还原体系引发下氟卤烃的化学研究"体系。

20世纪80年代，上海有机所的氟化学基础研究厚积薄发，研究成果不断涌现，实现了"以任务带学科"。

1979 年，黄维垣（左五）、陈庆云（左二）等参加美国冬季氟化学会议

　　上海有机所研究员刘金涛曾在2001年发表于《化学通报》上的《中国有机氟化学研究40年》这篇追溯中国氟化学研究历程的文章中写到，国际《氟化学杂志》1997年的统计数据显示，我国在国际期刊上发表的论文中，关于氟化学的论文数量占比为1.86%，居世界各国之首。

　　中国科学院上海分院院长、上海有机所研究员胡金波提到了另一个数据。2005年学成回国后，他大致统计了国内发表的氟化学研究论文数量，在巅峰时期，发自上海有机所的文章数量约占75%。

　　在成果频出的这些年，上海有机所的氟化学研究者们也在积极"走出去"——创办英文期刊、参加国际学术会议。在整个过程中，黄维垣是一个关键人物。

　　1977年，黄维垣作为中国科学院代表团成员之一，第一次参加美国化学年会。这也是他第一次站在主讲台上向国外同行介绍中国自主研制的F-53铬雾抑制剂。

　　之后，这样的"第一次"还有很多。他还逐步将国际交流平台"引进来"——2005年，国际氟化学会议首次于上海召开。因其在氟化学研究领域作出的杰出贡献，于1986年在法国巴黎举办的氟元素发现100周年纪念会上，黄维垣被授予国际氟化学界最高奖莫伊桑（MOISSAN）奖章。

　　随着上海氟化学成果文章屡屡见刊，以及国际有机化学学术会议名册上的中国学者越来越多，一个关于上海氟化学的名号逐渐被叫响。上海有机所研究员肖吉昌记得，陈庆云曾提过和黄维垣去美国开会的一件趣事：当时他俩刚走出机场大厅，就听到前来接待的人朝他们喊道："Shanghai Fluorine（上海氟）！"两位老先生感到些许诧异，之后便哈哈大笑起来。

坚持做别人不敢做的

"上海氟"的名声背后，是一群人坚持做了很多人"不敢做"的事。

因为氟元素的特性，很少有人愿意"涉险"研究。胡金波的左手留有一道伤痕：早期做实验时不慎发生爆炸，碎玻璃击中左手，切断了中指韧带。"这项研究是有门槛的，对相关人员的专业技能和安全素质都有要求。"胡金波说道。

在条件和设施都有限的年代，氟化学研究面临的风险更高。20世纪60年代，陈庆云和助手陈秉启利用全氟异丁烯，首次制得全氟叔丁基碘。全氟叔丁基碘具有强刺激性，且容易变成气体被人体吸收，其原料全氟异丁烯又是氟化学中毒性较强的小分子化合物之一。在一次制备过程中，陈秉启中毒倒地，一时动弹不得。他在心里默默地为自己鼓劲，最后靠着意志力强撑着站起来。

"这位先生在回忆录里写到，参与如此重要的工作实感荣幸，哪怕中毒也不算什么。"胡金波说道。前辈身上流露出的坚韧不拔的精神，让他深受触动。

因为毒性太强，相关研究还是被搁置了。但50余年后，胡金波率领团队研发出一种高效、快速合成全氟叔丁基类化合物的方法，避免了有毒气体的使用。当已90岁高龄的陈庆云在网上看到相关文献时，不禁好奇地询问晚辈："这不是有毒吗，你们是怎么做到的？"

"这是一种传承。"参与此项工作的朱凯帝说道。他道出了新一代科研者的心声：上海有机所氟化学研究历史底蕴深厚，老一辈科学家在传授知识和方法的同时，也留下了教训和问题，交予后代深究。而这何尝不是一种财富和优势？

20世纪50年代以来，氟化学研究团队一直保留着黄维垣从哈佛大学带回的一种考试制度：定期对研究生进行积累测试，督促学生保持查阅文献、追踪最新科研进展的习惯。"这已刻在我们发展的'基因'里，是'根'之所在。"朱凯帝说道。

经过多年积淀，2002年，中国科学院有机氟化学重点实验室在上海成立。该实验室汇聚了老中青三代研究力量，心无旁骛地开展氟攻关。

肖吉昌道："这是目前世界上唯一一个以氟元素命名的实验室。118种化学元素里，我们选择这一种展开长期和系统的研究。"

国家需求是不变的目标

进入历史发展新阶段，上海有机所氟化学研究工作的目标则更为鲜明：坚持世界学科前沿和国家战略需求并重、基础研究和应用基础研究并举，产学研相结合，为我国氟化工产业提供科学和技术支持。

研究者们继续围绕国家需求，敢作敢为。2021年，上海有机所研究员沈其龙接到一个合作项目——研制一种应用于光学领域的无定形含氟聚合物材料，并要求其有极高的透光性。该原材料对中国禁运，相关产品严重依赖进口。

心里没底的沈其龙还是一口应下："有难度，但不怕，大胆做就是！"随即，他带领团队花一年半的时间攻克了精准合成、提纯单体等难题，并在合成中巧妙应用了研究室前辈开发的方法，实现了公斤级产量。

类似的例子还有很多。中国科学院院士卿凤翎团队攻关研制出用于航空航天等领域的耐低温偏氟醚橡胶和液体全氟聚醚橡胶；肖吉昌团队探索实现了从含氟无机盐到高纯含氟熔盐吨级规模制备，解决了核反应堆和太阳能电站的导热材料问题……

同时，他们潜心开展基础研究，不赶时髦、不追热门。2005年，胡金波沿着别人不看好的方向钻研，首次提出亲核氟烷基化反应中的"负氟效应"概念。

此外，沈其龙从价廉易得的糖精出发设计合成的"沈试剂"，被应用于发展三氟甲硫基化反应；张新刚发现首例金属二氟卡宾参与的催化偶联反应，为发现用于农药、医药等领域的含氟生物活性分子提供了新机遇……

他们认为，如今的基础研究相当于科技储备。尽管在短期内没有回报，但正是基于突破性的基础理论，构建了新结构、新反应和新试剂，才有可能创制出具有独特结构和功能的含氟物质，发展更多高性能的有机氟材料，从而服务国家，造福社会。

新形势，有新布局。

先进氟氮材料是国家战略有机材料中不可替代的尖端材料。2022年6月，先进氟氮材料重点实验室（中国科学院）成立。"我们将基于氟、氮元素的极端特性，开展原始创新研究，发展先进氟氮材料的源头技术，为我国特种材料领域相关技术的升级换代奠定科学基础和提供技术保障。"卿凤翎说道。

1959年6月24日，边伯明在《人民日报》发表署名文章《以任务带动学科》，强调了科学研究与实际生产、国家需求结合的重要性和意义。文章如今陈列于上海有机所的科学家精神教育基地，这样的时代强音，始终掷地有声。

（中国科学报社杨晨撰文；原文发表在《中国科学报》2024年6月21日第4版；文中图片由上海有机所提供）

一场踏过平庸的"长征"

——"中国天眼"的诞生之路

在贵州省黔南布依族苗族自治州平塘县水墨画般的群山间，"中国天眼"（500米口径球面射电望远镜，five-hundred-meter aperture spherical radio telescope，FAST）像一口巨大的锅，躺在大窝凼里。

它已经成为当地的科技新名片。每天，熙熙攘攘的游客登上山顶观景台，与它合影留念。站在观景台上，游客可以一览"中国天眼"的全貌——一口直径500米的"锅"，被6座高塔围在中间，能够看清百亿光年外的宇宙。

"中国天眼"FAST 落成启用 （国家天文台/供图）

与观景台上的热闹相比，山下的总控室里却是另一番景象。观测助手们以24小时三班倒的节奏，安静地控制着"中国天眼"，让它可以精准接收来自宇宙深处的信号。

自2016年9月25日"中国天眼"建成启用起，中国天文学家凭借"中国天眼"观测数据取得的研究成果，屡屡登上国际高水平学术期刊。从此，中国天文学界不仅告别了相关研究数据依赖国外望远镜的历史，还在快速射电暴等国际前沿领域成为引领者。

穿过现今的繁华，回望"中国天眼"的来时路，我们可以看到，那是一条走了二三十年的"长征"路，主角是来自中国科学院建制化队伍里的老中青三代科研人。

萌芽与起步："这是中国必须抓住的机会"

"我们要在全球电波环境继续恶化之前，建造新一代射电望远镜，接收更多来自外太空的信息。"1993年9月，在日本京都召开的国际无线电科学联合会大会上，各国天文学家发起倡议。

他们的目标是建造一个"大射电望远镜"（large radio telescope，LT）。

中国科学院院士、中国科学院上海天文台台长叶叔华和中国科学院北京天文台[①]副台长南仁东就在会议现场。

他们有一个共同的感受：这是中国必须抓住的机会。

当时，国际上尚未明确新一代射电望远镜要建成什么样子。中国天文学家提议，建设一台比当时世界上口径最大的射电天文望远镜"阿雷西博望远镜"（Arecibo）性能更高的大型单口径射电望远镜，并将望远镜的台址设在中国。

与此同时，中国天文学家向国内请求支援。

"我们恳切地希望，能得到有关部、委、办的支持，积极加入该项目（LT项目）的国际合作，在下一代最先进的射电望远镜的建造和使用中，取得与我国的综合国力和国际声望相匹配的份额。"1994年初夏，南仁东等来自中国科学院北京天文台、紫金山天文台、上海天文台的12位科研人员，在《大射电望远镜（LT）国际合作计划建议书》中呼吁道。

几个月后，在中国科学院北京天文台的经费支持下，望远镜的选址工作开启。南仁东带队去了中国科学院遥感应用研究所[②]。

"我们想在云贵高原喀斯特地区找一个天坑，直径300～500米，用来做大射电望远镜的台址。"南仁东开门见山地说道。

从南仁东的介绍里，时任中国科学院遥感应用研究所所长郭华东直观地感受到此事的重要性。他当即推荐了36岁的科技骨干聂跃平协助开展选址工作。

聂跃平是贵州人，在喀斯特地貌遥感技术方面经验丰富。根据以往在贵州的工作经验和岩溶洼地的发育规律，聂跃平锁定了贵州苗岭分水岭两侧的黔南州和安顺地区。他又在贵州的山沟里待了一个多月，先用遥感影像圈定洼地发育地区，再用航空照片选择基本符合条件的洼地，遴选出几千个洼地，然后在平塘、普定等地进行实地调查。

之后，南仁东和他一起在山沟里寻找。直到有一天，他们踏上大窝凼。这是一大片漏斗天坑群，像天然的巨碗。四周的青山抱着一片洼地，山上郁郁葱葱，几排灰瓦木屋位于其中。

南仁东站在窝凼中间，兴奋地说道："这里好圆！"

他追着当地人较真儿地问道："这里天气到底怎么样？""下雨了会不会有落石滚下来？"……

在1995年10月的第三次LT工作组国际会议上，国际同行对中国LT工作组的选址工程和工程预研给予了高度评价。

---

① 后并入中国科学院国家天文台。

② 后并入中国科学院遥感与数字地球研究所。2019年4月，中国科学院电子学研究所、中国科学院遥感与数字地球研究所、中国科学院光电研究院整合组建中国科学院空天信息创新研究院。

　　一个月后，中国科学院北京天文台、遥感应用研究所、南京天文仪器研制中心等15家院内外机构，组建了LT中国推进委员会，主任是南仁东，评价协调组组长是聂跃平。

　　到1997年，中国天文学家最终明确在贵州建造一台500米口径球面射电望远镜作为LT先导模型工程的方案。但遗憾的是，这一方案未能在LT项目的国际竞争中占据优势地位，LT项目最终采用了平方公里阵列射电望远镜（square kilometre array，SKA）方案，中国参与研制。

　　在很多国外同行的眼中，中国天文学家的想法不切实际。南仁东的一位外国朋友提醒他道："你要造口径500米的望远镜？你要想好这个事情，中国是一个连汽车都造不好的国家。"

　　但是，中国天文学家没有因此放弃。他们决定独立于LT项目，研制世界最大的单天线射电望远镜。

组织与立项：全院齐心，不遗余力

　　1998年是"中国天眼"生机初现的一年。

　　这一年，党中央、国务院作出建设国家创新体系的重大决策，决定由中国科学院开展知识创新工程试点。春节刚过，陈芳允、杨嘉墀、王绶琯、陈建生4位中国科学院院士就联名向院领导写信推荐"中国天眼"。

　　他们在信中写道："我们谨向您推荐一项对射电天文学和航天深空通信具有重要意义的新型天线方案，希望能在现阶段给予预研究经费的支持。我们觉得一个创新的概念，一旦判断其可行，尽快地开展预先研究，以确定如何进行，是科学技术发展中很重要的一个环节。"

　　中国科学院领导很快批示，将"中国天眼"列为"十五"天文领域大装置候选项目。

　　1998年4月7日，在中国科学院北京天文台学术报告厅里，LT中国推进委员会第三次学术年会召开。这次，他们在国内首次确认和介绍了FAST的完整概念，南仁东被推选为首席科学家。

　　半年后，"中国天眼"被遴选为中国科学院知识创新工程重大项目，"FAST预研究项目"获得首批重大项目的700万元经费支持。此后，"FAST关键技术优化研究"项目又获得重要方向项目的400万元经费支持。

　　以此为基础，"中国天眼"项目进入关键技术的试验研究阶段。此时，中国科学院的建制化研究优势凸显出来。

　　中国科学院力学研究所的郑哲敏院士在前期预研阶段，为馈源支撑控制中的力学问题多次出谋划策；中国科学院遥感应用研究所、自动化研究所的科研人员，参与选址及望远镜控制等工作；中国科学院上海天文台、紫金山天文台、云南天文台的科研人员，为望远镜的科学目标规划作出贡献……

　　时至今日，中国科学院半导体研究所仍在与"中国天眼"团队联合开展常温低噪放的技术攻关，中国科学院国家空间科学中心和空天信息创新研究院也与"中国天眼"团队联合开展雷达天文领域的开拓性工作。

此外，中国科学院北京天文台还联合国内高校、科研机构及贵州省当地科研及管理部门，攻克了"中国天眼"一系列关键技术难点。"中国天眼"的科学目标也一步步明确。

与此同时，南仁东带领项目委员会抓住一切机会，向国家提交了一系列立项申请。

2000年7月，他们向中国科学院提交"十五"期间拟立项大科学工程项目建议表；8月，向科技部提交"中国天眼"立项建议书。

2002年5月，他们向国家计划委员会提交大科学工程建议意向。

2004年5月，他们分别向中国科学院、国家自然科学基金委员会、科技部提交"十一五"国家大科学工程建议。

2005年11月，中国科学院批准推荐"中国天眼"作为国家重大科学装置报国家发展和改革委员会。"中国天眼"国家立项申请工作正式启动。

特批人员指标、特批经费、组织国际评审会……在中国科学院的支持下，"中国天眼"进入申请国家立项的冲刺阶段。

2007年7月10日，国家发展和改革委员会批复"中国天眼"立项建议书。

这一动作引发了国际学术界的关注。当天，平方公里阵列射电望远镜官方网站第一时间在最醒目的位置公布了"中国天眼"获得政府立项的喜讯。

回想这段历程，南仁东的秘书吴福虹感慨道："争取立项的那段时间，南老师每天都在写报告、写申请，在又焦虑又盼望的状态下度过了一天又一天。"

"又焦虑又盼望"是"中国天眼"团队里每个人都有过的体验。对于"中国天眼"正式立项一事，"中国天眼"行政副主任彭勃感叹道："由LT课题组及相关的研究所和高校联盟组成的'游击队''修成正果'，成为国家立项的FAST项目'正规军'。"

攻关与建成：2011 年起的 2011 天

经过近4年的准备，2011年3月25日，"中国天眼"工程正式开工建设，工期5年半，共2011天。

开工那天，南仁东默默地看着工人们砍树平地。他对身旁的工作人员说道："造不好，怎么对得起人家？"

对于这个巨大的工程来说，2011天的时间并不宽裕。大家发现，很多技术挑战比最初设想的更大。其中最大的挑战是索网的制造和安装。科研人员必须造出能30年不坏、分毫不差撑起这口"大锅"的索网。

起初，他们从知名厂家买来10根钢索。然而，在疲劳试验中，所有钢索都失败了。

"'中国天眼'要完了！"的坏消息很快在天文圈里传开了。

顶着巨大压力，"中国天眼"现任总工程师姜鹏重新评估了望远镜对索网疲劳性能的要求。

他分析后发现，"中国天眼"需要强度为500兆帕、抗200万次弯曲的钢索。这意味着要把材料工艺提高到国家标准的2.5倍。

为了这个目标，他们耗费了近两年的时间，经历了近百次的失败与沮丧，终于研制出适用于"中国天眼"的成品钢索结构。

2015年2月4日，巨大的"网兜"在山沟里"画出漂亮的弧线"，6670根主索和2225根下拉索完整地拼出"中国天眼"的索网。它成为世界上跨度最大、精度最高的索网结构，也是世界上第一个采用变位工作方式的索网体系。此后，这项技术成功被应用到国内外的多项工程中，在国民经济主战场上继续发光发热。

索网合龙当天，南仁东、姜鹏与现场工人拍了合影。没有鲜花，没有仪式，大家却笑得很开心，因为这标志着"中国天眼"渡过了建设阶段最困难的一关。

然而，没过多久，南仁东病倒了，有半个月没出现在工地上。人们察觉到了异常，却没太在意："没事，南老还用电子邮件指挥工作呢！"后来大家才知道，那时南仁东已经是肺癌晚期，就连医生都惊讶地说道："到这种程度，怎么还在工作？"

2016年9月25日，耗资11.5亿元的"中国天眼"落成启用。它的反射面有30个足球场那么大，由4450块三角形铝板拼接而成，脚下埋着10万多根光纤，2000多个小电机的控制精度达毫米级。它不仅在规模上打破了纪录，成为世界上最大的单口径射电望远镜，更在技术上领先世界，灵敏度达到阿雷西博望远镜的2.25倍。

索网合龙时，南仁东（左七）、姜鹏（右一）与现场工人合影留念 （姜鹏供图）

"中国天眼"的建成，引来国际同行的关注。美国国家科学院院士、加利福尼亚大学伯克利分校射电实验室主任卡尔·海尔斯（Carl Heiles）评价到，"中国天眼"比美国阿雷西博望远镜更加灵敏、覆盖天区更大，且拥有19波束的接收机，在脉冲星搜寻、星际云观测等天文学领域拥有"革命的机遇"。

"中国天眼"落成启用这天，习近平总书记发来贺信："它的落成启用，对我国在科学前沿实现重大原创突破、加快创新驱动发展具有重要意义。希望你们再接再厉，发扬开拓进取、勇攀高峰的精神，弘扬团结奋进、协同攻关的作风，高水平管理和运行好这一重大科学基础设施，早出成果、多出成果，出好成果、出大成果，努力为建设创新型国家、建设世界科技强国作出新的更大的贡献。"[1]

这天，南仁东也在庆典现场，他的身体因为化疗而变得虚弱。仪式结束后，南仁东多留了一夜。那晚繁星满天，他在观测系统前一直待到深夜。

调试与运行：24 小时守护，为科学服务

落成启用后，"中国天眼"从工程建设转入调试阶段。"中国天眼"团队既要确保望远镜达到设计时提出的灵敏度、指向精度等硬指标，又要确保可靠性、稳定性等软指标符合设计要求。

2017年4月15日调试组成立当天，姜鹏前往南仁东家里探望。身体虚弱的南仁东站起身，手扶着桌子突然说道："以后这台望远镜就拜托给你们了。"

接过南仁东的重托，姜鹏带着队伍一刻不敢松懈。调试任务取得进展后，姜鹏第一时间向南仁东汇报工作："我们的望远镜能跟踪了。"

南仁东回复道："祝贺啦！结果不错！"

这是姜鹏与南仁东的最后一次交流。2017年9月15日，在"中国天眼"落成还不到一年时，72岁的南仁东与世长辞。

擦干眼泪，姜鹏等年轻一代继承南仁东的遗志，一往无前——2017年8月，"中国天眼"完成功能性调试；2017年10月，"中国天眼"首次发现脉冲星；2019年4月，"中国天眼"通过工艺验收，向国内天文学家试开放。

国际上，同类设施需要调试3～5年。中国科技工作者只用两年时间就完成了"中国天眼"的系统集成和功能性调试任务，实现了跟踪、漂移扫描、运动中扫描等多种观测模式。

2020年1月，"中国天眼"工程通过国家验收，转入常规运行阶段。为了让"中国天眼"科学有序地发展及高效开放运行，中国科学院以建制化方式统筹配置队伍资源条件、统

---

[1]　新华社.习近平致信祝贺我国500米口径球面射电望远镜落成启用.经济日报，2016-09-26：1版。

筹制定重大装置规划、统筹组织重大前沿研究、统筹运行重大观测装置、统筹发展重大技术平台，推进这些观测装置和技术平台高效开放共享。

2021年3月起，"中国天眼"向全球天文学家征集观测申请。中国科学院专门成立了"中国天眼"的科学委员会、时间分配委员会、用户委员会，统筹规划科学方向、遴选重大项目、制定数据开放政策等，充分发挥"中国天眼"的科学效能，促进重大科学成果产出。

就像宇宙看上去没有尽头一样，如今，等待天文观测任务的用户队伍似乎也没有尽头。

在"中国天眼"观测基地的总控室里，每项任务的观测时间以秒为单位，长则上千秒，短则几百秒。一个观测任务做完，观测助手立即根据下一个观测任务的需求对望远镜进行调整。

"中国天眼"运行和发展中心测控工程师孙纯介绍到，"中国天眼"向全球天文学家征集观测申请后，来自全球天文学家的项目申请书越来越多，观测任务也排得越来越满。

每次看到"中国天眼"数据产出的新成果登上国际高水平期刊，孙纯就感到很兴奋。她说道："在观测过程中，观测助手会反馈在观测时遇到的问题，然后我们会和用户交流，帮助用户获得更好的观测数据。"她觉得，那些高水平科学成果就是对观测运行工作最直观的肯定。

就像南仁东当年感叹"造不好，怎么对得起人家"一样，"85后"的孙纯时常会想："运行不好，怎么对得起国家？"

每年，作为总工程师的姜鹏会逐一阅读和回复用户发来的反馈意见。"有一些好的建议我们会摘出来，想办法改进。"姜鹏说道。

目前，"中国天眼"已经连续3年在中国科学院国家重大科技基础设施运行年会中被评为年度优秀设施第一名。"我们所做的一切，核心就是让这台望远镜发挥最大的作用，为科学家服务。"姜鹏说道。

当"中国天眼"团队在贵州的大窝凼里安静地忙碌时，全球各地的科学家正在用新出炉的数据刷新人类对宇宙的认知。

目前，"中国天眼"发现的脉冲星总数超过900颗，是国际上同时期所有其他望远镜发现脉冲星总数的3倍以上，在脉冲星搜寻、快速射电暴起源及引力波探测等领域产出了一系列世界级成果，发现首例持续活跃快速射电暴、首次在射电波段观测到黑洞"脉搏"、探测并构建世界最大中性氢星系样本……相关成果多次入选国内外权威机构评选的年度十大科学成果榜单。

在"中国天眼"产出的众多成果中，发现纳赫兹引力波存在的关键证据是极具代表性的案例。早在2016年6月，中国科学院就对纳赫兹引力波探测研究进行了前瞻布局，部署了"多波段引力波宇宙研究"战略性先导科技专项（B类）。中国科学院国家天文台联合院内外有关单位组建中国脉冲星测时阵列研究团队，为利用"中国天眼"探测纳赫兹引力波开展科学和技术预研。

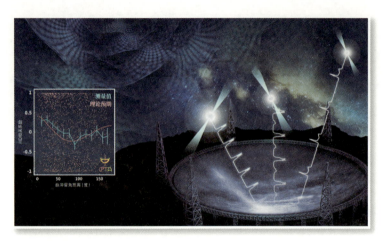

"中国天眼"探测到纳赫兹引力波存在的关键证据示意图
（国家天文台／供图）

2019年6月，"中国天眼"科学委员会成立，进一步凝练原创突破目标，整合全国最优秀青年科技力量，依托"中国天眼"组织开展体系化、建制化科研攻关，通过设立中国脉冲星测时阵列重大项目、优先提供观测时间，加快开展纳赫兹引力波探测协同攻关。

功夫不负有心人。2023年6月，研究团队依托"中国天眼"在全球首次发现了纳赫兹引力波存在的关键证据，这对于更深入理解超大质量黑洞、宇宙大尺度结构等重大前沿科学问题具有重要意义。此前，北美、欧洲、大洋洲的国际团队利用各自的大型射电望远镜，已分别开展了长达20年的纳赫兹引力波搜寻。面对观测时间跨度（3年5个月）远短于上述国际团队的不利局面，我国研究团队充分利用"中国天眼"灵敏度高、可监测脉冲星数目多、测量精度更高的优势，并自主开发了算法领先的数据分析软件，弥补了起步晚的劣势，在4.6西格玛置信水平上发现了相关证据（误报率小于五十万分之一，领先上述国际团队），这表明我国纳赫兹引力波探测和研究同步达到世界领先水平。

尤其值得一提的是，对于这一重大原创性成果，他们选择将其发表在国内学术期刊《天文与天体物理》上。科研团队对这个决定感到自豪："我们利用中国自主设计和建造的大科学装置开展原创性研究，成果发表在中国本土的学术期刊上，同样得到了国际同行的高度评价，国际学术期刊《自然》当天便在其官网首页进行了转载，相关成果还入选了国际学术期刊《科学》评选的年度十大科学突破，这是我们在这一领域实现科技自立自强的重要标志。"

从1993年想法萌芽，到如今成果丰硕，在这场"长征"中，"中国天眼"见证了一代代中国科学院人齐心协力逐梦寰宇的果敢与韧劲。正如南仁东先生创作的诗歌所言，"美丽的宇宙太空，以它的神秘和绚丽，召唤我们踏过平庸，进入它无垠的广袤"。

（中国科学报社记者倪思洁撰文；原文发表在《中国科学报》2024年6月5日第4版）

世界首颗量子卫星在这里诞生

在浩瀚的星空里，有一颗卫星独一无二，它在世界上首次实现了卫星和地面之间的量子通信，初步构建了"天地一体化"量子保密通信体系。它就是由中国自主研制的量子科学实验卫星"墨子号"。

从2003年萌发量子卫星通信的想法，到2017年"墨子号"预定科学实验任务全部完成，中国科学家经过了14年的努力。从"跟跑"、"并跑"到"领跑"的漂亮"冲刺"背后，是他们追求原创、铢积寸累、协同攻关的故事。

中国科学院院士、中国科学技术大学（简称中国科大）教授潘建伟介绍到，不久的将来，星空上还将出现"量子星座"，形成覆盖全球、全天时服务的量子通信网络。科学家甚至可能将量子实验搬上月球，在地球和月球之间建立起超长的量子纠缠分发，更加深入地探索量子物理基本原理。

"墨子号"过境新疆乌鲁木齐南山站全貌

"一个疯狂的设想"

1996年，从中国科大硕士毕业的潘建伟，前往奥地利攻读博士学位。导师安东·蔡林格（Anton Zeilinger）问他的第一个问题是"你的梦想是什么？"潘建伟脱口而出道："我将来想在中国建一个和您这里一样的实验室，世界一流的量子光学实验室。"

1997年，在蔡林格的实验室，潘建伟与同事首次在国际上实现了量子远程传态，也称量子隐形传态。这一成果被认为是量子信息实验研究的开山之作，直观地向人们展示了量子力学的神奇。

随后，量子信息在国际上蓬勃发展。潘建伟在与量子"纠缠"的同时，首先想到的是立足国内。然而，那时国内的量子信息研究几乎一片空白，少有人懂，有时甚至被认为是"伪科学"。

2001年，在完成多个量子信息领域的奠基性实验工作之后，31岁的潘建伟决定回国，在中国科大组建量子物理与量子信息实验室，独立开展量子信息研究。

虽然是从零开始，但实验室在组建之初就得到中国科学院、国家自然科学基金委员会等机构的大力支持，发展非常快。仅2003年一年，潘建伟研究组就在国际高水平期刊《物理评论快报》（*Physical Review Letters*）发表7篇论文。

但潘建伟想做的不只是发论文，他还要把论文中的蓝图变成现实。彼时，他有了一个近乎"疯狂的设想"——利用卫星实现远距离量子纠缠分发。

通信安全是国家信息安全和人类经济社会生活的基本需求。千百年来，人们对通信安全的追求从未停止。量子通信作为目前唯一已知的信息论可证的安全传输方式，可以大幅提高信息安全水平，也是量子信息领域最接近实用化的一个方向。

潘建伟介绍到，之所以需要发射卫星来建立天地间的量子通信网络，是由于地面光量子信号的传输主要以光纤为信道，而光纤传输过程中信号损耗相当严重。实验表明，光纤传输的量子通信信号在200公里以外就几乎被吸收殆尽了。如果想实现远距离量子通信传输，就必须建立多个需要人为保障安全的可信中继站，这无疑增加了信息被窃取的概率。

然而，外太空几乎是真空，光信号的损耗非常小。利用量子卫星作为中转站，可以将多个城市的城域量子通信网络连接起来，极大地延长量子通信距离。

在21世纪初，该方向就已成为国际学术界激烈角逐的焦点。谁能拔得头筹，就意味着谁能占据量子通信的制高点。

"过去，我们在科研领域常常扮演追随者和模仿者的角色，研究方向的选定、科研项目的设立都要先看看国际上有没有人做过。量子信息是一个全新学科，我们必须学会和习惯做开拓者。"潘建伟说道。

年轻的"先遣部队"

要实现星地间量子纠缠分发，第一步就是要验证实验发出的光子能否穿透等效厚度为10公里的大气层。

2003年，当时还是博士生的彭承志被潘建伟委以重任。潘建伟鼓励他道："你的工程能力强，大胆去试试"。并且，潘建伟还建议他"可以到大蜀山去做"。

一年后，彭承志与同事在安徽合肥大蜀山完成了中国空间量子通信领域的"开山之作"——全球首次13公里自由空间量子纠缠分发和量子通信实验，证实了量子纠缠在穿透大气层后仍然能够保留。

这次实验结果给了潘建伟很大信心。2006年，他郑重地向中国科学院提出了那个"疯狂设想"，并得到了院党组和主管部门的支持。

2007年，中国科学院超常规地启动了两个知识创新工程重大项目"远距离量子通信实验研究"和"空间尺度量子实验关键技术与验证"。此后，在这两个重大项目的支持下，潘建伟团队对自由空间量子实验关键技术进行了大量研究。

从2007年4月开始，他们在北京市八达岭长城附近和河北省张家口市怀来县古城遗址之间搭起通信平台，用两年的时间完成了16公里的自由空间量子隐形传态实验。这是当时世界上距离最远的量子隐形传态实验。

2009年，正在读博士的印娟与同事一起在海拔3200米以上的青海湖搭帐篷、做实验。这次，他们要模拟量子信号在星地间传输的超高几何损耗，实验点就在青海湖中的小岛海心山上。

然而，由于设备稳定性差、技术不成熟等原因，这次实验一直没能取得预期效果。并且，海心山不对外开放，生活和交通都不方便。他们只得先返回中国科大的实验室，重新调整方案。

2010年，印娟等满怀信心地再赴青海湖。从6月盛夏坚持到11月飘雪时节，他们最终在国际上首次实现了百公里级量子隐形传态和量子纠缠分发，充分验证了在高损耗的星地链路中实现量子通信的可行性。

"在小岛上时，青海湖管理

驻守在海心山上的研究人员

局①的工作人员每个月会开船给大家送一次生活补给，比如土豆、鸡蛋这些好保存的食材，以及饮用水……其中最重要的是设备用发电机所需的柴油。因为没有条件洗澡，大家裹军大衣、蓬头垢面是常态。"印娟说道。这是一段艰苦又难忘的时光。

紧接着，他们又模拟了卫星–地面的量子通信。他们想了很多办法，如把设备安装在吊车、卡车上，或者让设备随着热气球升空，甚至还利用飞机进行了角速度模拟实验。经过一系列模拟实验，他们验证了高精度捕获跟瞄技术、高灵敏能量分辨探测技术、星载量子光源技术等。

"上述实验都在2011年左右结束，系列实验成果在'墨子号'的立项论证过程中起到至关重要的作用，关键技术最终用在了'墨子号'上。"潘建伟说道。

潘建伟说道："我们对年轻人的态度就是，只要能干、愿意干，就放手让他们去干，让他们在摸爬滚打的实践中得到成长。"

联合团队协同攻关

2011年1月25日，潘建伟团队迎来一个关键转折点——中国科学院启动战略性先导科技专项"空间科学"，量子科学实验卫星等4颗科学卫星入选。

2011年12月，量子科学实验卫星工程立项综合论证报告通过专家评审。中国科学院在北京召开会议，审议了工程总体方案及六大系统总体方案的可行性，明确了工程研制建设的主要问题、工程的总体计划安排。

量子科学实验卫星工程由中国科学院国家空间科学中心抓总负责；中国科大负责科学目标的提出和科学应用系统的研制；中国科学院上海微小卫星工程中心②抓总研制卫星系统；中国科学院上海技术物理研究所联合中国科大研制有效载荷分系统；中国科学院国家空间科学中心牵头负责地面支撑系统的研制、建设和运行，中国科学院对地观测与数字地球科学中心等单位参与。

量子科学实验卫星的科学目标，一是进行星地高速量子密钥分发实验，并在此基础上进行广域量子密钥网络实验；二是在空间尺度进行量子纠缠分发和量子隐形传态实验，开展空间尺度量子力学完备性检验的实验研究。

潘建伟介绍道："第一条是基本目标，完成即告成功。第二条是拓展目标和探索目标。"

就这样，早期的"疯狂设想"一步步变成了一个个具体方案、一沓沓图纸，以及一个个

---

① 全称为青海省青海湖景区保护利用管理局。
② 中国科学院微小卫星创新研究院的前身。

时间节点。

中国科学院上海技术物理研究所研究员、"墨子号"工程常务副总设计师兼卫星系统总指挥王建宇也在这时与潘建伟团队结下了不解之缘。做工程出身的他，最初被潘建伟的想法"吓了一跳"。

潘建伟（前排中）实验团队在讨论数据

"我们的工作是把潘建伟的想法搬到天上去，把天空和大地——几千万平方公里变成一个大实验室。"王建宇说道。

中国科学院微小卫星创新研究院研究员、量子卫星系统总师朱振才刚接触量子卫星工程时，直觉告诉他"这是一项前所未有的、挑战技术极限的尖端空间任务"。

量子科学实验卫星成功的关键是确保卫星上发出两束非常狭窄的微弱光束，准确地照射到两台相距千公里的地面望远镜上。与一般卫星不同，量子科学实验卫星平台需要克服转台和转镜两套运动模式不同的光学载荷运动干扰、姿控飞轮微振动干扰、高速飞行卫星的位置速度误差、空间环境干扰等因素引起的光束方向抖动，只依靠载荷无法使光束准确、稳定地照射到地面望远镜上。

"我们采用卫星平台-载荷一体化协同分级控制技术，利用卫星平台姿控系统消除大气、温度等对量子光束范围大、变化慢的干扰，使量子光束保持粗略对准地面望远镜，再利用卫星平台结构削弱变化较快的微振动干扰。最后，利用载荷的粗跟踪、精跟踪两级控制，使光束在小范围内精准地照射到地面望远镜，最终攻克了这项技术难题。"朱振才解释说道。

做科学实验要创新，要发现未知的东西，想法可以更加大胆。但做工程，他们要确保任务成功。

因此，在卫星具体研制阶段，科学家与工程师团队在具体细节落实上没少对坐在会议桌前"拍桌子"。

"后来我们达成了一个共识——采用'首席科学家+工程总指挥+工程总师'的决策组织模式解决问题。遇到分歧，大家一起拍板。"潘建伟说道，"首席科学家+两总"的模式，在类似科研任务中一直延续了下来。

"科学团队确保工程实施始终瞄准科学目标，配合工程团队厘清相关科学原理。工程团队突破关键技术，精心完成卫星设计、制造和验证，确保卫星性能优异、工作可靠、质量过硬。"朱振才说道。

最终，经过5年艰苦攻关，量子科学实验卫星终于被成功研制出来。

梦想照进现实

激动人心的时刻到了。2016年8月16日，世界首颗量子科学实验卫星"墨子号"在酒泉卫星发射中心发射升空，中国率先将量子科学实验卫星的设想变成了现实。

这颗卫星被命名为"墨子号"，其背后大有深意。历史记载，墨子早在2000多年前就进行了光学实验，发现光线沿直线传播，绘制了凹面反射镜光聚焦、小孔成像等光路图，还测试计算了水的折射率。"就像国外有伽利略卫星、开普勒望远镜一样，以中国古代伟大科学先贤的名字来命名全球首颗量子科学实验卫星，可以增强我国的文化自信和科研自信。"潘建伟说道。

经过4个月的在轨测试，2017年1月18日，"墨子号"正式交付中国科大开展科学实验。

2017年6月16日，"墨子号"迎来升空后的第一个重大成果，在国际上首次完成千公里级星地双向量子纠缠分发实验，并在此基础上完成了空间尺度下严格满足"爱因斯坦定域性条件"的量子力学非定域性检验。

2017年8月10日，"墨子号"再次完成两项重大突破，在国际上首次成功实现从卫星到地面的千公里级量子密钥分发和地面到卫星的千公里级量子隐形传态。

"墨子号"提前并圆满实现全部三大既定科学目标，为我国继续引领世界量子通信技术发展和空间尺度量子物理基本问题检验前沿研究奠定了坚实的科学与技术基础。

2017年9月29日，中国科学院与奥地利科学院两个量子科学研究团队利用"墨子号"开展了北京-维也纳距离长达7600公里的洲际量子密钥分发，打通了天地一体化量子保密通信链路，向实现覆盖全球的量子保密通信网络迈出了坚实的一步。

"群星"璀璨闪耀星空

这颗备受世界瞩目的"墨子号"卫星自发射升空起，就获得了诸多荣誉。

国家主席习近平在二〇一七年新年贺词中特别提到"墨子号"飞向太空等科技重大进展；2017年10月，党的十九大报告提到"墨子号"升空；在2021年中国共产党成立100周年之际，中央党史和文献研究院编写的《中国共产党一百年大事记》中收纳了"墨子号"升空这一事件。

　　"墨子号"成功发射和完成科学实验任务还分别入选了两院院士评选的2016年和2017年"中国十大科技进展新闻"。因"墨子号"升空而取得重大进展的"广域量子通信"项目研究团队，获得2019年度中国科学院杰出科技成就奖。

　　"墨子号"项目的实施还在国际上引发了一波"量子潮"。

　　2017年，美国国家航空航天局发布关于未来空间量子物理发展的白皮书，以期在新一轮空间量子科学发展中重新实现"美国领先"。同期，欧空局也发布了空间量子技术白皮书。

　　2021年6月，《科学》发表社论称，中国的"墨子号"给美国政府敲响了警钟，最终使得美国在2018年通过《国家量子行动法案》。

　　到目前为止，"墨子号"还在辛勤地工作。科学家利用它进行了一系列拓展实验，相关成果不断刷新量子通信距离的世界纪录，使中国牢牢占据空间量子科学研究领域的引领地位。

　　面向未来，量子还可以走得更远。

　　潘建伟介绍到，在不久的将来，天上会有中高轨量子科学实验卫星和实用化的低轨量子微纳卫星组成的"量子星座"，能够更高效地覆盖全球并链接移动目标。"量子星座"和地面上的光纤量子网络连接在一起，就可以构建实用的全球化广义量子保密通信网络。

　　"第一颗低成本的量子微纳卫星已经在2022年7月发射成功。我们还在研制一颗中高轨量子科学实验卫星，希望在2026年底具备发射条件。"潘建伟说道。

　　"量子星座"诞生后，量子科技将迎来更多可能，时间单位"秒"的重新定义、量子引力乃至引力波探测等方面的研究也将随之展开。在可预见的未来，地月量子纠缠分发不再是纯粹的梦想。

　　脚踏实地，仰望星空。潘建伟说道："我们对未来充满希望。"

（中国科学报社记者王敏撰文；原文发表在《中国科学报》2024年8月19日第4版；文中图片由中国科大提供）

十年耕耘：
做中国人自己的碳材料

石墨炔粉末

中国科学院院士、中国科学院化学研究所（简称化学所）研究员李玉良的手里握着一个玻璃小瓶子，瓶子里面装着少量黑色粉末。玻璃瓶轻轻地晃动，里面的粉末发出轻微的"沙沙"声。大音希声，这些外观平平无奇的粉末讲述着它并不平凡的诞生故事。

1998～2009年的10多年间，李玉良带领科研团队攻坚克难、不惧失败，最终另辟蹊径，在世界上首次通过合成化学方法大规模制备出石墨炔薄膜，并用"石墨炔"对其进行命名。

从此，石墨炔这种自然界不存在的物质第一次真实地呈现在人类面前，成为碳材料家族的一名新成员。石墨炔的成功制备结束了化学方法不能制备全碳材料的历史，开创了人工合成新型碳同素异形体的先例，为碳科学开辟了新的领域和方向，也让中国科学家在碳材料这一全球科技前沿领域有了一席之地。

如今，石墨炔已经在国际上产生了重要影响，而中国科学家也一直引领着该领域的发展。

下决心抢占"制高点"

作为地球上最常见的化学元素之一，碳原子的最外层有4个电子，因此每个碳原子都可以与其他非金属原子形成4对共用电子对。也就是说，碳原子总是与其他非金属原子通过4个化学键相连。

这样的组合让碳原子具有独特的空间结构，能够形成多种复杂的分子结构，包括一维的线、棒和管状结构，二维的平面和层状结构，三维的球状结构等。结构的多样性往往会引起物理和化学性质不同，碳材料的新奇特性常常给科学家带来惊喜。例如，柔软的铅笔芯和坚硬的金刚石都是碳原子通过不同的排列方式形成的物质，被称为碳的"同素异形体"。

化学家用"杂化轨道理论"来描述碳和其他非金属原子之间的连接。碳原子有3种杂化方式，包括sp^3、sp^2和sp等。其中，金刚石是由sp^3杂化的碳形成的，多个碳原子组成一个个四面体；石墨、富勒烯、碳纳米管和石墨烯等碳材料则是由sp^2杂化的碳形成，许多碳原子组成二维平面结构。

1985年，英美科学家在探索宇宙空间星际尘埃的组分时，首次发现富勒烯（C_{60}）。它成为人们已知的除了石墨和金刚石之外的碳的第三种同素异形体。

全球科技界为之轰动。在物质科学"结构决定性质"的普遍认识下，科学家们相信，新结构碳材料具有的全新的物理和化学性质，一旦被广泛应用将为人类社会带来重大变革。

在化学所，科研人员及时地对这一领域进行了研究部署。在中国科学院院士朱道本的带领下，化学所科研团队在富勒烯的基础和应用基础方面开展了深入研究。在实验室里，富勒烯的最新研究进展常常是科研人员参与度最高的话题。

在科研人员的共同努力下，2000年以来，我国科学家在富勒烯研究方面取得了长足进步。2002年，朱道本领衔的"C_{60}的化学和物理若干基本问题研究"获得国家自然科学奖二等奖，这是碳材料领域第一次获得国家自然科学奖。在学者们看来，通过对富勒烯的研究，我国的纳米科技和碳材料研究的整体水平得到了明显提高。

在化学所浓郁的科研氛围中，李玉良深度参与了碳基分离材料方面的合成研究，对碳材料的研究比较深入。

1998年前后，随着国内科研条件不断改善，国家科研实力逐渐增强。李玉良萌生了一个大胆的想法："不管是碳纳米管还是富勒烯，都是外国学者开创的。我们有没有可能做出一种中国人自己的碳材料，抢占新结构碳材料研究的先机？"

基于在国外工作和参加学术会议期间的一些亲身经历，李玉良深深感受到中国学者当时在国际上的学术地位不高。"我们国家很难获得国际学术会议的主办权。并且，中国学者的身影很少出现在国际学术会议大会报告和邀请报告的讲台上。"李玉良说道。

对此，李玉良认为，根本原因在于当时中国创造性的科学成果较少、科学研究的引领性不强，没有得到国际上的关注。因此，他进一步增强了信念——要做中国人自己的碳材料！

从那时起，他和他的研究团队就以做中国原创的碳材料为追求。"都说做基础研究是坐'冷板凳'，很辛苦，但这是做科研必须面对的。"李玉良说道，"相比辛苦，我更担心陷入一种苦恼，苦恼于短短几十年的科研生涯只能跟在人家后面做研究。"

"没办法证明自己是对的"

刚开始产生制备全新碳材料的想法时，李玉良和他的研究团队有些迷茫，因为通过合成化学方法获得新结构的全碳材料在国际上并无先例。因此，他从一开始就把目标锁定在合成具有新结构的碳材料上。

从1998年开始，在没有任何经验可以借鉴的情况下，李玉良带着七八个人的小团队边干边探索。他们陆续尝试了高温固相合成、球磨、辅助两相和多相的界面生长等方法，却发现这些方法很难获得想要的目标产物。当时，表征条件下的结构解析成为难以跨越的屏障。

最令李玉良感到苦恼的是，当时落后的表征技术成为一大掣肘。

从20世纪90年代中期到2005年前后，我国的仪器设备都比较陈旧，要表征出碳原子排列的分辨图像几乎没有可能。这让李玉良团队在结构表征上遇到很大的困难。

李玉良说道："碳的原子结构尺寸在0.1纳米的数量级，但当时的电子显微镜的分辨率远远达不到这个水平。再加上反应产物结构复杂，分离难度相当大。"

在很长一段时间里，李玉良带着团队成员到处寻找能够解决问题的办法，但实验很难按照自己的想法顺利开展，研究一度陷入瓶颈。

化学合成的结果就像一个个拆不开的"盲盒"。"视野下总是只能看到黑乎乎的一片。"李玉良回忆道，"没有高分辨的表征手段，结构就说不清。实验可能做对了，但我们没有办法证明自己是对的。"

来自物理学家的启示

当时，在几种碳同素异形体中，具有sp^2、sp^3杂化的碳材料已经存在，唯独sp杂化的碳材料仍停留在理论层面，在自然界中并不存在。

"具有sp杂化的碳材料，碳原子的排布结构应该是什么样的呢？"既然"看"不清，李玉良就自己想。他在脑海里无数次地"画"出碳原子排布的模型，推演化学反应如何能产生合适的化学键以形成这样的结构。

sp杂化的碳材料之所以受到关注，正是因为其特殊的化学键——π键。在这种化学键中，原本束缚在某一个原子周围的电子可以在两个或多个原子之间自由地"奔跑"。20世纪初美国化学家鲍林在提出共振、杂化概念时，就对这类π键进行了阐述。随后，一代又一代的化学研究者围绕π键及其相关材料开展了深入研究。

1998年初，一次由物理学家发起的学术会议给李玉良带来了启发。

李玉良记得，与会专家当时围绕富勒烯开展了热烈讨论，对富勒烯这种球形材料充满了期待。一些物理学家认为，富勒烯本身具有完美的对称结构，拥有优异的物理性质。不过，富勒烯要在物理性质和测量上有大作为，还需要从它的结构入手进行改进。

"C_{60}是由60个碳原子组成的球状分子，如果将C_{60}打开成为一个平面结构，那可能是我们更期待的！"经过几个回合的讨论，物理学家们脑洞大开，竟然前瞻性地想到了这样的新奇结构。

经过与物理学家的多次讨论，李玉良为他们的机智感到振奋不已。"打开富勒烯形成平面"，他第一次在脑海里清晰地构造出这样一个全新结构。

于是，李玉良回到实验室，与几位同事和学生开始了长时间的讨论，并很快投入了实验工作。

不惧"失败"，迎来曙光

然而，几个月后，实验宣告失败。"我们照着富勒烯的结构，用传统的化学方法合成到十几个碳原子时，由于表面张力太大，就难以控制合成过程了。"李玉良说道。

所幸，曲折的经历并没有击垮整个团队的信心。他们没有急于出结果，而是不断地在理论和实验中积累"经验值"。

整个研究团队都坚信，只要心中有目标，就能想办法把这种新材料做出来。

"科研中没有'失败'，只有探索和教训，发现一条路没走对，就可以节约时间聚焦在其他地方，把经验教训变成'成功之母'。"李玉良说道。

传统的化学合成方法行不通，这让李玉良意识到可能需要突破传统和模式化的方法另辟蹊径了。于是，他们开辟了"共轭有机纳米结构可控生长与自组装"的新方向，尝试把"合成化学"和"纳米技术"这两个概念结合起来。

通俗地说，这项工作的目标就是让有机分子中的碳原子自己"裸露"出来，有序地"生长"成二维全碳网络结构。

为了带领团队有组织地开展基础研究，李玉良专门安排科研人员围绕"纳米结构"的方向深入耕耘，与其他研究方向的科研人员互相合作，齐心协力地向前走。

渐渐地，李玉良科研团队在"纳米结构"方向上取得卓有成效的成果，在铜基上生长出系列有机纳米结构。研究成果陆续发表在《美国化学会志》《德国应用化学》等高水平学术期刊上。

2004年，英国曼彻斯特大学的科研人员用透明胶带粘下一层层石墨层，获得了一个碳原子厚度的石墨烯。随后，他们发现单层石墨烯虽然硬度高，却有很好的韧性，是当时已知导电性能最好的材料。常温下极高的电子迁移率，使石墨

实验室研制宏量合成石墨炔装置

烯成为制造高速晶体管的希望所在。石墨烯的发现，极大地鼓舞了李玉良团队。

从理论上说，他们梦想中的"打开富勒烯"的平面结构也具备同样优异的性质，包括丰富的碳化学键、优异的化学稳定性等。科学家们认为，这些天然特性和优势能够解决当前能源、催化、智能信息、生命科学和光电转换等领域面临的难题。

与此同时，随着科学技术的进步，高分辨电子显微镜和先进光谱测试仪器的出现，推动了碳材料表征技术的快速发展。科研人员迎来了绝佳的机会，他们终于能直接"看清"实验产物了！

功夫不负有心人。2004年8月，李玉良团队的实验终于迎来转机——经过多次反复实验，他们首次获得了具有sp杂化的聚丁二炔纳米线阵列。

在聚丁二炔中，碳原子与碳原子之间以两种不同的化学键连接，具有"烯-炔"交替的特征。这个颇具特色的结构特征，让聚丁二炔成为全球科学家们追逐的"明星分子"。

电镜下清晰的丁二炔结构表征，成为李玉良团队通向全新碳材料之路的"灯塔"，让他们明确了前进的方向，为后续合成石墨炔奠定了基础。

李玉良说道："丁二炔纳米线阵列的成功合成，让我们坚定了继续做下去的信心。"

与此同时，他们也体会到"另辟蹊径"对于原创研究的重要性。"长期在单一研究领域，会制约我们的创新能力。"李玉良经常这样教导团队中的青年科研人员，"做科研必须学会拓展和吸纳多种学科的知识，并融合到自己的研究中，这样才能不落窠臼，取得更大的进步。"

为碳家族增添新成员

那是2009年春季的一天，科研人员照常来到实验室上班。谁也没有想到，这一天出现了碳材料历史上新的里程碑。

在化学所3号楼的实验室里，几个学生守着一台高分辨电镜，目不转睛地盯着显示屏上不断变化的过程画面。一幅独特的图像展现出来，他们清楚地观察到整齐排列的碳原子和清晰的晶格。

"出来了！"碳原子以一种前所未有的排列方式，展示在他们面前，学生们兴奋地将这个好消息告诉了李玉良。

这标志着中国科学家在国际上首次成功通过合成化学方法获得了新的碳同素异形体，石墨炔这种自然界不存在的物质第一次真实地呈现在人类面前，成为碳材料家族的新成员。

不久后，李玉良在课题组的组会上难掩内心的激动之情。他说道："'石墨炔'已经诞生！以后我们课题组再也不用跟着做别人的材料了，我们一定要倍加珍惜做好我们自己的碳材料！"

2010年这项成果发表后，引起国际科技界的广泛关注。石墨炔的发现者之一、诺贝尔物理学奖得主、英国曼彻斯特大学物理学家安德烈·海姆（Andre Geim）给李玉良发来了电子邮件，希望在石墨炔领域进行合作，并写道："石墨炔是过去两三年我一直渴望寻找的最完美的材料。"

"石墨炔是一种'活'的碳材料。"李玉良介绍道。与传统的sp^2碳材料不同，石墨炔的表面分布着无限多的π键。这意味着原子之间的电子可以自由移动，让这种材料产生新奇性质。此外，石墨炔中的碳原子同时具有sp和sp^2杂化，这使其表面电荷的分布非常不均匀，表面活性很高。

随后，基于这些基本认识，他们成功地实现了石墨炔大面积、规模化制备，在10多年潜心研究的基础上提出了全新的"炔烯互变""非整数电荷转移""二维孔洞空间原子有序取代""自扩充载流子通道""新模式化学能转换"等概念，拓宽了化学、材料、物理学等领域研究的发展空间。

这些原创性研究引领国际上众多科学家积极参与该领域研究，推动了碳材料科学的发展，为碳材料研究带来了难得的机遇。

同时，商业界也对石墨炔的应用充满浓厚的兴趣。英国《纳米技术》曾将石墨炔与石墨烯、硅烯共同列为未来最具潜力和商业价值的材料，并将石墨炔单列一章专门做了市场分析，认为其将在诸多领域得到广泛应用。

目前，石墨炔已经在催化、能源、光电、生命科学、新模式物质转化与能量转换等领域

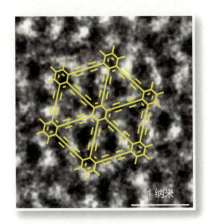

石墨炔在高分辨率电镜下的成像

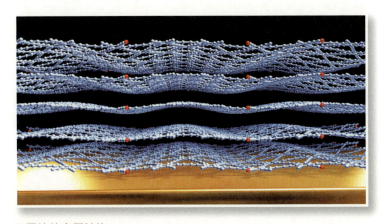

石墨炔的多层结构

获得系列原创性成果。李玉良团队发现和建立了零价过渡金属原子催化体系。零价过渡金属原子催化新理念解决了催化领域长期没有解决的瓶颈问题，为推进新能源产业的快速发展作出了重要贡献。他们发现的氧化钯/石墨炔（PdO/GDY）催化体系实现了催化性能变革性的突破，氨产率可达$4450\mu g_{NH_3}/(mg_{Pd}\cdot h)$，是目前报道的制氨产率最高的催化剂。一系列研究使常温常压下高选择性、高产率合成氨有可能变为现实。

此外，李玉良团队提出的石墨炔表面电荷分布不均匀的特性和"炔–烯互变"概念改变了传统碳材料电化学储能模式，在电子转移、离子传输、能量传递与转换等方面发现了一系列新现象和新性质，并提出与传统碳材料完全不同的离子传输新机制。石墨炔作为负极，储锂容量可高达$2553(mA\cdot h)/g$，储钠容量可高达$2006(mA\cdot h)/g$，是目前纯碳材料中最高的。

让李玉良感到欣慰的是，"活"的石墨炔已经成为一个活跃的研究领域，研究团队也实现了为"中国牌"碳材料代言的目标。曾经不甘"只能跟在人家后面做研究"的学术志向、宁愿坐"冷板凳"也要瞄准"制高点"的科研精神，让李玉良团队创制了石墨炔这一全新材料。而今，在碳材料的探索之路上，这种志向和精神仍然激励着研究团队向着新的"制高点"不断前行！

（中国科学报社记者甘晓、实习生李贺撰文；原文发表在《中国科学报》2024年3月28日第4版；文中图片由化学所提供）

三年磨一"箭"，
他们为科学卫星"搭天梯"

"'孩子'，你非常棒，等会儿好好飞……"

2022年7月27日上午11时许，"力箭一号"巍然矗立在酒泉卫星发射中心场内。杨毅强抱了抱它，做了出征前最后的"叮嘱"。在万里晴空下，箭体上的"中国科学院"字样更显光彩耀目。

杨毅强曾是"长征十一号"运载火箭的首任总指挥。数十年来，多发火箭在他的目送下成功远征。但是，作为中国科学院力学研究所（简称力学所）空天飞行科技中心主任，他却对这次飞行任务倍感压力。"力箭一号"是当时国内直径最大、起飞重量最大、运载能力最大、运载系数最高的固体运载火箭，肩负着推动我国运载技术和研制模式变革与创新、促进空间科学发展的重要使命。

12时12分，伴随着一声"点火"口令，"力箭一号"喷射出熊熊烈焰，自地面腾空而

"力箭一号"首飞圆满成功

起。来自中国科学院微小卫星创新研究院（简称卫星创新院）的5颗卫星（空间新技术试验卫星、轨道大气密度探测试验卫星、低轨道量子密钥分发试验卫星、电磁组装试验双星）和上海航天空间技术有限公司的1颗南粤科学星，通过"力箭一号"这架专属"天梯"，成功进入预定轨道。中国科学院参与此次研制工作的数百名科研人员在屏幕前高声欢呼。

力学所是我国火箭技术的发源地之一。1960年，中国的第一枚探空火箭T-7M在力学所（时任所长为钱学森）和上海市双重领导的上海市机电设计研究院诞生。62年后，起源于力学所的火箭，以"力箭一号"为名再次在力学所圆梦。

如今，"力箭一号"首批搭载的6颗卫星，正为我国开展空间探测、大气密度探测等相关技术验证及试验应用持续提供重要科学支撑。

"这件事，中国人必须干！"

"航天领域风险过高，还涉及中国科学院的名声，万分之一的失败风险我们都难以承担。"

"成本投入过大，目前火箭采购服务即可满足需求，何必大费周章去自主研制呢？"

2019年初，当中国科学院第一个助推器项目（即后来的"力箭一号"固体运载火箭项目）刚开始讨论时，反对声不绝于耳。

彼时，中国科学院承担了许多自主研制项目，亟须进入太空进行实验验证，却由于火箭发射成本、卫星平台成本等原因无法"上天"。

"'上天'太难了！"卫星创新院研究员张永合说道。他一直视卫星的有效载荷为自己的"孩子"，历数起这些因缺乏"天梯"而无法进入太空验证的新材料、新技术、新产品，他时常感到痛心。

张永合在和"力箭一号"运载火箭副总师、力学所高级工程师廉洁交流时，他们都深有体会的是，国内目前的卫星发射工作通常以国家的遥感、导航、通信等空间基础设施建设为主，有固定的用户、场景和应用目标，而很多新技术与产品难以纳入国家任务型号的火箭和卫星中，即使借助国内商业航天的力量，也不能满足中国科学院上百家院属单位的科研需求。

"我们要在降低成本的前提下实现吨级运载能力，让我们国家的火箭实现快速、远程支持和一键式发射，具备在线容错等功能，进而达到世界先进水平。"力学所党委书记刘桂菊如是说。

2019年12月，中国科学院正式审议通过"助推运载器系统设计与集成"立项建议和相关实施方案，并指出，进一步加强助推运载器系统的设计与研究，对于推动我国运载技术和研制模式的变革和创新、推动空间科学发展意义重大。同时，"力箭一号"也将在商业航天竞争中肩负重要的出征使命。

在国际低轨卫星市场竞争中，中国面临着严峻的形势。在2015年、2016年时，中国航天行业讨论的议题还是单星或少数几颗星的技术验证，几千颗星、几万颗星的低轨卫星星座在当时简直是天方夜谭。

在轨道高度400~2000公里的近地轨道，总共可以容纳约6万颗卫星。2019年10月，美国太空探索技术公司（SpaceX）宣布更新星链计划，计划发射4.2万颗卫星。

"这件事，中国人必须干！"杨毅强说道。他深知太空对世界大国而言已成战略要地，心里始终憋着一股劲儿。

"创新、创新、再创新"

"创新、创新、再创新"，这是"力箭一号"研制团队一直追求的目标。

从项目启动之初，"力箭一号"就计划对标欧洲正在研制的世界最大固体火箭"织女星-C"运载火箭。欧空局于2014年启动"织女星-C"运载火箭研制工作，意大利、法国等13个国家参与研发，整个研发过程耗资近10亿欧元，历时近10年。而"力箭一号"团队在组建之初，核心骨干不过几个人。更大的挑战是，他们需要在3年多的时间内将图纸上的火箭变成大国重器并送上太空。

为了尽快完成追赶，力学所围绕项目研究需求、整合优势科研力量，组建了多学科跨部门的科研攻关团队。

然而，这支敢啃"硬骨头"的队伍的平均年龄却只有30多岁，50多名骨干成员中45岁以下的占80%。

"力箭一号"运载火箭副总师、力学所高级工程师朱永泉介绍到，航电系统相当于火箭的大脑和神经，在运载火箭飞行过程中控制其稳定飞行并采集传输飞行数据。航天系统团队20多名骨干成员中，90%是"80后""90后"。

在集中攻关航电系统问题的300多天里，面对200多项难题，这支年轻的小分队白天配合开展正常测试，晚上加班加点排查问题，朱永泉每天都要"轰"他们才走。为了赶工期，架上行军床办公室就是他们的家。

然而，再坚毅的老兵也有脆弱的一面。有一次，杨毅强一进办公室，就看见又多了许多白发的朱永泉抱着头一言不发，良久后才抬头叹气道："200多个问题，啥时候才能解决完……"

四目相视，两位"老战友"都沉默了。他们知道，必须坚持、唯有坚持；他们更知道，自己的身后还有一个强大的后方。

"'力箭一号'可以说是集中国科学院全院的力量来建造的，我们充分利用建制化优势，组建了一支多学科、跨部门的科研攻关团队。"杨毅强介绍道。"力箭一号"由力学所抓总，卫星创新院、中国科学院软件研究所、中国科学院空天信息创新研究院等多个单位参与了研制，并合力攻克了国内首创大吨位箭体水平模态试验等技术难题……

2020年12月，"力箭一号"在陕西省进行固体火箭发动机地面试验。研制团队争分夺秒地抓紧攻关，终于突破了大吨位固体运载器总体优化设计与试验技术、先进动力系统与推力矢量控制技术、集中分布式现代航天电子技术、低成本箭体结构与分离技术、智慧飞行控制技术、大吨位固体火箭地面使用及热发射技术等六项关键技术。

2022年4月，春和景明，"力箭一号"正式进入飞行试验阶段。在入驻酒泉卫星发射中心前，这支即将奔赴"战场"的团队成立了临时党支部，在力学所为他们举行的出征仪式上，刘桂菊代表力学所党委将一面崭新的党旗郑重地交到了他们手上。

驻场百日，一飞冲天

2022年4月20日，中国酒泉卫星发射中心130号场坪设专有发射工位。杨毅强目力所及，是"力箭一号"的专有发射工位场景。当看到装载着"力箭一号"的运输车徐徐驶入场坪时，他的心里只有一个念头——向前。

但在入场首日，他们就听到某个公司的商业运载火箭发射失败的噩耗。"不管是哪个公司的商业运载火箭发射失败，我们的心情都会很沉重，因为这就意味着某些技术还存在问题。"杨毅强说道。

基于"举一反三"的航天传统，酒泉卫星发射中心基地当即要求"力箭一号"等驻场火箭紧急重新排查风险。这也使得原定在40～50天内完成发射的计划，不得已延长到了100天，整个团队也因此在戈壁上创下了最长驻扎纪录。

为了护航卫星创新院的主星安全进场，卫星总师张晓峰也带了17名队员从上海乘坐大巴赶来，在历时74小时、跨越3000公里的"长征"后，终于抵达酒泉卫星发射中心。

一切就绪后，力学所与酒泉卫星发射中心试验技术部、发射测试站、卫星创新院、上海航天空间技术有限公司共同组建成立了临时联合党委。在党旗下，他们为圆满完成发射任务庄严宣誓。

张晓峰曾经不止一次护航卫星进入发射基地，但此次护航"力箭一号"任务与以往不同，包括运载试验队、卫星试验队、载荷试验队等在内的所有队员都穿着印有中国科学院标识的服装，服从统一指挥、统一调度。在这里，他们有一个共同的名字：中国科学院"力箭

"一号"试验队。

随着端午节的来临，刘桂菊带队前往发射中心慰问。整个测试房内，一切都在有条不紊地进行着。她再次叮嘱队伍："把问题想在前面，不带隐患上天，用必胜的信念迎接试验任务的圆满成功。"

经过漫长的等待，时间终于来到"力箭一号"的发射前夜。

开完最后一次晚间总结会，杨毅强叮咛团队成员10点前必须睡觉，但他自己却辗转反侧，在脑海中一次次地预演着第二天的发射时刻。他甚至在脑海中预演了最坏的情况——如果发射失利，他们需要在最短时间内排查故障、判断数据，并在12小时内查明故障原因。

2022年7月27日6时许，出征时刻到来。杨毅强一如往常晨起冲凉，穿上试验队服。出门前，他郑重地戴好党徽和臂章，还来了张自拍。

上午11时许，杨毅强最后一次拥抱即将远行的"孩子"，在这趟"一去不返"的旅程前，他像一位父亲一样不舍又坚定。

杨毅强回到指挥室，那短短10秒，却让身经百战的总师、副总师们感到时间仿佛静止了一般。

5，4，3，2，1，点火！

84秒，二级分离！

180秒，二、三级分离！

225秒，三级发动机点火！

605秒，四级发动机点火！

……

"发射成功！"随着指挥大厅的广播里传来火箭发射成功的声音，现场欢呼雀跃、掌声雷动。而杨毅强却愣在原地，激动得说不出话来。

他们成功地创造了历史。"力箭一号"遥一运载火箭这枚起飞重量135吨、起飞推力200吨、总长30米、芯级直径2.65米、500公里太阳同步轨道运载能力1500公斤的火箭，是当时我国最大的固体运载火箭。它的成功发射，让我国在运载能力、入轨精度、设计可靠性、性价比等方面均迈入世界固体运载火箭领域先进行列。

1303天、151项、761次地面试验，27.73万行代码，646张图纸，850余份项目文件……回忆"孩子"的成长历程，杨毅强坦言道：这是试验队200余位航天人勠力同心、三年磨一"箭"取得的共同成果。

发射次日，一切归零。杨毅强像往常一样召集团队开会，对此次发射过程进行复盘，举一反三。

"失败是差一点点成功，成功是差一点点失败"，这是悬挂在酒泉卫星发射中心主礼堂

中国科学院"力箭一号"试验队的"CAS"合影

前的大幅标语，也是深深刻在"力箭一号"每个航天人心中的警语。

归零，对杨毅强来说，还意味着下一个更大的挑战。

聚"星"成链　逐梦空天

浩渺寰宇中的科学卫星，正源源不断地向地面科研人员返回科学数据。

2023年7月27日，在"力箭一号"发射的卫星在轨运行一周年之际，"创新X首发星在轨试验总结会"在上海举行。

在这一年间，首飞发射任务搭载的科学卫星在验证新型探测技术的同时，还取得了令人振奋的科学成果。"创新X"首发星搭载了20余项新载荷与新技术产品，在轨完成了44项空间新技术验证，且部分技术产品已实现推广应用。

卫星搭载的由中国科学院国家天文台（简称国家天文台）研制的EP-WXT探路者"龙虾眼天文成像仪"莱娅（LEIA）已完成第一轮软X射线全天天图绘制，为后续发射的爱因斯坦探针卫星（EP）积累了宝贵数据和经验。

卫星搭载的由中国科学院高能物理研究所研制的高能爆发探索者（HEBS）在完成了在轨验证后，与GECAM-AIB协同，初步形成了我国首个高能爆发天体监测网。2022年10月，HEBS载荷发现了当时最亮的伽马暴。

卫星搭载的由国家天文台研制的46.5纳米极紫外太阳成像仪（SUTRI），可以对50万摄氏度左右的太阳过渡区开展全日面动态成像观测，这是人类近半个世纪以来首次在46.5纳米波段拍摄全日面图像，也是我国首次开展太阳过渡区探测……

与此同时，"力箭一号"运载火箭团队正书写着更广阔的未来。

2023年6月7日12时10分，"力箭一号"遥二运载火箭在我国酒泉卫星发射中心成功发射升空。它采取"一箭26星"方式，将搭载的卫星顺利送入预定轨道，刷新了届时我国一箭多星的最高纪录。这批卫星主要用于技术验证试验和商业遥感信息服务。

2024年1月23日12时03分，"力箭一号"遥三运载火箭在我国酒泉卫星发射中心发射升空，其搭载的5颗用于科学研究、空间探测、环境普查等领域的卫星成功入轨。

3次发射，搭载运送37颗卫星成功入轨，发射成功率100%，"力箭一号"已经成为我国商业航天主力火箭之一，其技术状态成熟度和可靠性不断提升，将加快我国商业运载火箭航班化发射的步伐。

杨毅强知道，这只是一个开始。未来，"众筹式""航班化"理念将为更多科研实验提供"上天"的机会。

2024年2月，一则"班车征集令"在力学所科研人员的朋友圈广泛传播：两趟"力箭一号"固体火箭班车将于2024年7～9月"发车"，"箭稳价优，预订从速"。

未来已来，但杨毅强从未忘记初心。

在"力箭一号"遥一运载火箭发射前夕，杨毅强特意回到力学所，在钱学森的雕像前鞠上一躬。这也是他在每次执行火箭发射任务前最重要的仪式。

接过航天先驱的接力棒，一代代航天才俊勇攀科技高峰，共铸大国重器，为一颗颗熠熠生辉的科学卫星搭建坚实的"天梯"，照亮科技强国的新征程。

（中国科学报社记者孟凌霄、田瑞颖撰文；原文发表在《中国科学报》2024年7月26日第4版；文中图片由力学所提供）

从"试错"到"智能创造"

——机器化学家来了

在人们的传统印象里，实验室里做研究的都是穿白大褂的科研人员。但是，中国科学技术大学（简称中国科大）的机器化学家实验室里却是另一番景象：这里没有人，只有一台动作灵活的机器人在操作台之间来回穿梭，伸出机械手臂配制试剂。它不仅能够做实验，还能自主设计实验方案。

这款全球首个集阅读文献、设计实验、自主优化等功能于一体，覆盖化学品开发全流程的机器化学家平台，被科研人员形象地称为"机器化学家"。

实验室负责人、中国科大化学物理系教授江俊介绍道："从数百万种材料的可能组合中找到最优解，科研人员也许一生都做不完；有了机器化学家，做完这些工作可能只需要一两周的时间。"

机器化学家融合了大数据、人工智能和自动化的强大优势，为化学这个传统学科提供了新的研究范式。

那么，这款聪慧的机器化学家是如何诞生的呢？时任中国科大化学物理系执行主任、现任中国科大合肥微尺度物质科学国家研究中心主任罗毅说道："这是天时、地利、人和的结果。"

天时：科研发展的必然

2011年底，江俊决定回国加入中国科大，与他在瑞典皇家理工学院攻读博士学位时的导师罗毅再次携手。

两个人都从事理论和计算化学方面的研究，但各有侧重。罗毅主攻解析高分辨单分子化学成像，江俊则更关注材料设计和微观机理的研究。

2013年底的一天，罗毅与江俊一起出差。在路上，罗毅抛出了一个问题：基于独立事例的理论计算，虽然符合传统研究范式，但效率太低，有没有可能通过大数据技术提高效率呢？

江俊经过调研后发现，我国严重缺乏科学数据的积累，在学术上非常被动。

"我们做了大量的研究工作，但最终成果都发表在国外期刊上。后期我们引用这些论文数据时还得花钱买，并且只有访问权，不允许大量下载。"江俊认为，要用好大数据技术，必须先建立数据系统。

从2014年起，江俊开始带领学生收集教科书、论文、专利中"沉淀"的化学经验和知识，用3年的时间搭建起"中国人自己的化学材料大数据库"。

有了足够的数据后，接下来的问题就是如何使用。在技术上，人工智能是处理大数据最好的手段。然而，对罗毅、江俊而言，这是一个全新的工具。

知难而上，不懂就学。他们以自己熟悉的谱学、催化为抓手，应用人工智能技术开展研究，取得了良好的效果。值得一提的是，江俊发现的多个功能强大的描述符，被《科学》两次专文推荐。

虽然融合了人工智能技术，但如何用大数据解决实际的化学问题，依旧是一个挑战。"因为数据本身缺乏知识的关联逻辑。"罗毅说道。

2017年的一天，罗毅想到了一个好点子：可否借助本校两位教授在发光材料、催化剂领域的深厚积累，将他们的知识与大数据库融合？

他激动地把江俊叫到办公室，说道："你把张国庆和熊宇杰发表的论文全部读一遍，这样就能形成一个'张国庆大脑'加一个'熊宇杰大脑'。在研究发光材料时，你就调用'张国庆大脑'；在设计催化剂时，你就调用'熊宇杰大脑'。这样，我们这些化学知识储备不足的人也可以用好数据了。"

就这样，江俊和同学们一起对海量文本数据进行了人工标注，逐步赋予计算机自主阅读并分析文献资料的能力，仅用两年的时间就成功培育出一颗"化学大脑"。

"化学大脑"有了，下一步就是想办法给大脑配上可以用来实际操作的"双手"。

2020年，英国利物浦大学的安德鲁·库珀（Andrew Cooper）团队做出了世界上首个移动机器人实验员。研读完他们发表的相关文章，江俊信心满满地对罗毅说道："我们不但可以让机器人做实验，还可以给机器人配上'化学大脑'。"

同年，江俊在中国科大的一次交叉学科论坛上认识了该校信息科学技术学院从事机器人研究的副教授尚伟伟，两个人在联手研发机器化学家项目上一拍即合。

于是，在江俊的带领下，他们迅速组织了一个青年团队，夜以继日地协同攻关。

2021年12月，全球首个数据智能驱动的机器化学家终于在中国诞生了。它融合了"化学大脑"，集成了两台移动机器人、19个智能化学工作站和高通量计算系统，能够覆盖科学研究方法论全流程。

2022年9月，项目相关研究成果发表在《国家科学评论》上。"这款机器化学家的机器人系统、工作站和智能化学大脑都是最先进的……将对化学科学产生巨大影响。"审稿专家如此评价道。

"机器化学家不是某天一拍脑袋就能做出来的。"罗毅说道，"这是我们与时俱进、吸纳新知识、利用新技术解决问题的过程，也是持续进行科研探索的必然结果。"

地利：多学科交叉的优势

创造出这样一位能阅读、能思考、能实践、能最终解决问题的机器化学家，并非易事。江俊认为，这主要得益于中国科学院集成攻关的传统、中国科大宽松的科研环境，以及多学科交叉的优势。

他回忆到，当时大数据模型建立后，还需要在实验中进一步验证，这意味着需要更大的投入。

2021年初，中国科学院发布了当年基础前沿和关键核心技术中的重大科学问题清单，"数据驱动的化学、材料和生物科学的机器科学家"是清单内的46个项目之一。

江俊鼓起勇气，决定"揭榜挂帅"。很快，他的项目申请获得批准。2021～2025年，中国科学院将拿出2000万元经费，给予江俊团队连续5年的稳定支持。

也是在2021年，江俊向中国科大提交了一份"'双一流'学科重点项目建议表"。学校经过研究后，决定给予江俊团队1000万元的经费支持。同时，中国科大合肥微尺度物质科学国家研究中心、化学与材料科学学院也为研发团队提供了研发场地，调配了研究设备。

"这种快速决策、快速支持、快速拨款的响应机制给了我很大的激励，也为研究提供了及时、充分的保障。在人工智能领域，技术迭代的速度极快，一步落后就会步步落后。"江俊说道。

中国科大还有一个天然优势：这里会聚了具有不同学科背景的科研人员，他们可以优势互补、协同攻关，更加快速地把构想变成现实。

例如，机器人是整个平台中的重要一环。尚伟伟在与江俊商量后，愿意改变团队的研究方向，专门研发实验机器人。

安德鲁·库珀在参观机器化学家实验室时，最羡慕的就是江俊他们拥

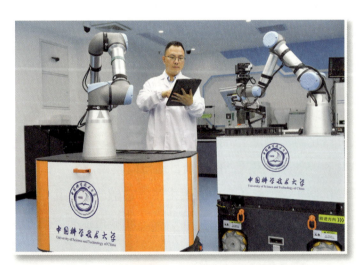

江俊在机器化学家实验室里调试操作指令　（张大岗／摄）

有自己的机器人研发团队。江俊颇为自豪地说道："化学机器人指令集的每一行代码都是我们团队自己写出来的，如果要做一个新的动作，可以随时调整代码。安德鲁·库珀则必须请公司改代码，因为他的机器人是买来的。"

人和：年轻团队的助力

和机器化学家一样年轻的是它的研发团队——成员以朝气蓬勃的"90后""95后"为主。

"这群年轻人做出来的东西比我想象的好得多，每一步的研究结果都超出预期。"罗毅说道。

例如，在早期的数据采集工作中，当时还是中国科大少年班学院本科生的肖恒宇、霍姚远、冯超就表现出超强的研发能力。

刚开始，罗毅和江俊定期召开讨论会，为学生们提供指导。但是在讨论会上，他俩发现自己在很多时候根本插不上话。之后经常出现的场面是：学生热火朝天地讨论，老师在一旁安静地听、欣慰地看。

"不得不承认，在信息科学时代，相比我们，年轻人的感觉更敏锐、理解力更强，他们的思维方式早就'数字化'了。"于是，罗毅与江俊达成一致——把最重要、最困难的事情交给年轻人去做。

结果证明，他们的决定是对的。

在机器化学家的创建过程中，除了搭建数据库外，肖恒宇还自学了计算机开发软件，开发出操作系统1.0版本。该操作系统既符合化学实验的操作习惯，又能发挥机器人的自动化优势，还能嵌入智能模型。

近期，肖恒宇又将操作系统升级到2.0版本，实现了硬件即插即用、模型普适迁移和操作云端共享功能。

专业的工程师看了该系统架构都惊叹不已："过去，类似的框架只在西门子智能实验室里看到过，只有经验丰富的工程师团队花费很高成本才能开发出来。"

人工智能领域有一句话：有多少智能，背后就有多少人工。

培育"化学大脑"过程中最重要的是赋予计算机理解物质的能力。当时，正在读硕士研究生的张百成，文献读得头昏脑涨，没日没夜地标注了几个星期，但完成的工作微乎其微。

后来他改变"打法"，找了多位具有专业背景的同学联合作战。他们一起构建化学词典、整理反应数据，很快就设计出第一代文献阅读系统，并得到了第一批高质量的标记数据。

　　"95后"赵路远结合本科所学的电子工程知识，主攻化学工作站的改造工作。她回忆到，当时与师弟曹嘉祺在编写固体进样仪器的驱动程序时，由于信息不足，无法准确理解并调用仪器接口。他们多次咨询国外厂商和代理商，得到的回应都是"无可奉告"或"涉及商业机密"。

　　"后来，我们花了3个星期，重复做了3000次发送信号、等待反馈和记录响应的实验，逐步逆向试出了底层控制逻辑，并成功实现了对机器人的远程控制。"赵路远说道，"国外厂商反过来主动联系我们，表达了购买我们研发的驱动程序的意愿。"

　　类似这样的事，在机器化学家的项目攻关中屡见不鲜。

　　令江俊感到欣慰的是，这群年轻人从不因专业而限制自己，而是主动学习、迎难而上，想方设法解决问题。

　　眼下，他们已成为实验室的骨干，各有各的绝活儿。其中，肖恒宇正在设计集中式大规模机器科学家平台，张百成致力于赋予机器人谱学智能，而赵路远在探索适配产业应用的化学工作站。

表现：科研能力超强

　　数千年来，人类在化学领域不断解锁物质世界的奥秘，制造出许多令人惊叹的物品和材料。

　　然而，化学又是一门需要"运气"的学科。能产生反应的物质有很多，不同的条件和物质配比往往会带来不同的结果。更关键的是，反应釜如同一个"黑箱"，里面会发生什么、过程如何，在很多情况下是无法计算和计量的。

　　因此，化学领域总有一些"无心插柳"的成果，也有一些"徒劳无功"的无奈。为了得到想要的结果，研究人员可能需要花费很长一段时间。

　　机器化学家的诞生有望改变这一状况。

　　江俊介绍到，机器化学家通过机器人精准的自动化操作能力，能够"不知疲倦"地执行任务。与此同时，结合"化学大

研究团队在控制室分析电催化机器实验数据结果　（张大岗／摄）

脑"同步进行量子化学仿真模拟，再融合理论大数据和实验小数据，机器化学家能够产生具有预测能力的人工智能模型，从而最终得到算法预测、验证全局最优的实验配方。

这种理实交融的研究范式，使得机器化学家能够从数百万种可能的配方中迅速识别出最佳组合，极大地加速了新物质的发现过程。

以创制"高熵非贵金属产氧催化剂"为例，江俊展示了机器化学家的超强能力。

高熵材料具有高混乱、高无序、高复杂度的特点，能够提高能源电池的稳定性，对新能源的发展非常重要。如果按照传统的方法，科研人员要从29种非贵金属元素中选出5种，并进行超过55万种的配比组合，这种"试错"研究可能需要1400年的时间。

然而，机器化学家通过阅读1.6万篇催化论文，自主遴选出了5种非贵金属元素，并结合2.5万组理论计算数据和207组全流程机器实验数据，建立并优化了预测模型，将创制周期缩短为5个星期。

机器化学家强大的科研能力，还体现在一项基于火星陨石的催化剂研究。

火星移民一直是人类的梦想。想要实现这一梦想，首先要解决火星大气中氧气缺乏的难题。

就在前不久，机器化学家利用火星陨石成功创制出实用的产氧电催化剂。该成果在《自然–合成》发表后，引发了很大反响。《自然》网站的相关文章认为，此项研究"为火星探测和地外文明探索提供了新的技术手段"。

江俊介绍到，如果用人工方式进行这项实验，以5种不同的火星矿石作为原料，有超过376万个配方的排列组合。按每个实验验证至少需要5小时计算，找到最佳配方可能需要2000年。但是，机器化学家只用5个星期就做完了实验，给出可以提供足够氧气的优化后的催化剂配方。

江俊等亲切地把机器化学家命名为"小来"，意味着它将开启未来物质科学探索的新纪元。它与人类智慧的结合将创建物质科学全新的可能，引领人类在星辰大海中不断拓宽知识的边界。

目标：数据与智能驱动的化学研究新范式

在机器化学家领域，目前全球只有英国格拉斯哥大学和中国科大实现了自动化文献阅读功能、英国利物浦大学和中国科大实现了机器人可移动功能。最重要的是，国外同行研发的同类产品均未实现文献调研、合成、表征、测试、数据处理全流程，可以进行的研究类型较单一，离智能化尚有差距。

"这说明我国在机器化学家研发领域与国际同行处于'并跑'阶段，并在某些方面具有

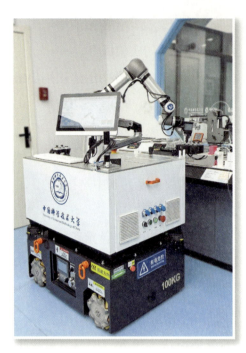

机器化学家"小来"在做实验
（中国科大供图）

'领跑'优势，发展潜力巨大。"江俊说道。

从机器化学家的成功经验来看，罗毅认为，未来可以将科学工程化，把优秀科研人员聚集在一起，以机器为载体，以数据为要素，做有组织的科研。

罗毅表示，他们的目标是迅速扩大机器化学家这一技术平台的规模，增强其能力，建成世界上领先的"化学医院"。

他说道："我们希望可以扩大平台规模、多地联动，打造不同形态的智能机器人，比如天上飞的、地上跑的、桌面微操作的机器人，日均能完成万次以上化学实验操作，满足航空航天、医疗卫生、材料科学、化工原料、生物医药等多个领域的研发需求。"

目前，研发团队正在赋予机器人对化学过程的感知和预判能力。"例如，赋予机器人谱学智能。以前是训练机器人如何做实验，现在我们希望机器人通过谱学智能直接看到微观世界的变化，这样就能够更快地预测化学变化，甚至超越人对实验的理解。"罗毅说道。

罗毅期待更多科研人员能够将重要的科学问题引入机器化学家平台，以提升科研效率、产出更多新成果。

"我们处在一个技术快速迭代的时代，要主动拥抱新技术，以积极开放的心态迎接世界的变化。"罗毅这样阐述团队的终极目标：创造出具有创造力的智能化学家，早日形成数据与智能驱动的化学研究新范式。

（中国科学报社记者王敏撰文；原文发表在《中国科学报》2024年4月11日第4版）

太空实验室，求索天地间

"你们知道世界上最冷的地方在哪里吗？"

"就在我的头顶。"在2023年9月21日的"天宫课堂"第四课上，"神舟十六号"航天员桂海潮指着超冷原子物理实验柜说道，"它可以实现地面无法实现的温度，并制备出接近绝对零度的超低温物质，这种物质的原子会呈现特殊的状态，用于更好地探索量子力学的奇异世界。"

在中国航天员于正式运行的国家太空实验室给孩子们讲课的同时，中国科学院空间应用工程与技术中心（简称空间应用中心）的研究员张璐正在电视台"天宫课堂"的直播现场，给孩子们深入讲解国家太空实验室里的高科技。

张璐等来自中国科学院的科学家属于最了解太空实验的一群人，他们为国家太空实验室的诞生提供了强有力的科技支撑。

屏幕前，全国各地的孩子看着直播画面，听着科学家的讲解，眼里满是期待与惊喜。

把实验室搬进太空

国家太空实验室是依托中国空间站建立的国家级太空研究平台。回溯中国空间站建设的历史可以发现，建立国家太空实验室是中国早在30多年前就已明确的目标。

1992年，我国批准实施载人航天工程，明确"三步走"战略——

第一步，发射载人飞船，建成初步配套的试验性载人飞船工程，开展空间应用实验；

第二步，突破航天员出舱

中国空间站

活动技术、空间飞行器交会对接技术，发射空间实验室，解决有一定规模的、短期有人照料的空间应用问题；

第三步，建造空间站，解决有较大规模的、长期有人照料的空间应用问题。

"造船为建站，建站为应用"，这是我国载人航天工程建设发展的初衷。"太空实验"是"应用"的重中之重，也是"三步走"战略实施过程中一直努力的方向。

在1992年中国载人航天工程确立之初，国家就把载人航天空间科学与应用的重任交给了中国科学院，由这支科技"国家队"负责相关任务的论证、立项与实施。

在载人飞船阶段，中国科学院组织开展了当时规模最大、领域最广的空间科学与应用计划，28项空间科学实验均为国内首次开展，在我国空间生命、材料等基础研究方面起到开创奠基作用。

在空间实验室阶段，中国科学院组织开展了50余项科学实验与技术试验。其中，我国研制的世界首台空间冷原子钟达到10^{-16}秒量级的超高精度，伽马暴偏振仪等项目也取得了国际领先的研究成果。

2021年，中国空间站迎来建设元年。这年4月29日，天和核心舱被"长征五号B"运载火箭送入太空，中国空间站在轨组装建造由此开启。中国科学院组织全国相关科技人员，在空间生命科学与人体研究、微重力物理科学、空间天文与地球科学、空间新技术与应用四大领域，规划布局了覆盖面广泛的研究项目，研制了一批具有国际一流水平的科学实验机柜和舱外设施。

作为中国空间站实验规划和实验柜研制的参与者，来自空间应用中心的科研人员常被问到"为什么要把实验室搬进太空？"。

每次遇到这个问题，载人航天工程空间应用系统总指挥助理、空间应用中心研究员张伟都会认真作答道："我们要探寻'我们是谁''我们从哪里来'，了解生命、宇宙的起源与演化；我们也要回答'我们到哪里去'，如果地球未来不适合人类生存了，我们就需要找一个地外的生存空间。此外，我们还可以让太空资源为人类所用。"

在他和同事看来，前往太空、探索太空，既是人类好奇心的驱使，又是人类发展的终极需求，而空间站为人类迈向宇宙奠定了基础，是人类开展太空探索、开发太空资源的前哨平台。

"太空实验室能够为我们提供很好的研究条件，如长期的微重力、辐射条件，让我们可以研究这种环境下新的生命科学、物理科学现象，研究产生这些现象的机理，掌握未来人类长期在太空生存需要采取的措施。"张伟说道。

向着明确的目标、带着美好的期待，2022年，中国空间站迎来了忙碌的一年。2022年7月25日，问天实验舱与天和核心舱成功对接；2022年11月1日，梦天实验舱成功对接；2022年11月3日，梦天实验舱顺利完成转位，中国空间站"T"字基本构型在轨组装完成。

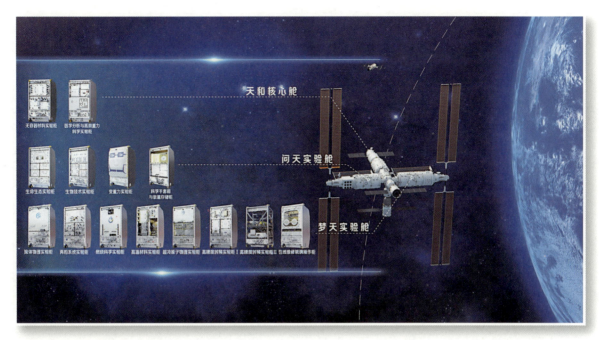

空间站科学实验柜及其分布情况

　　建成后的中国空间站成为一座国家太空实验室，也成为中国航天史上规模最大、长期有人照料的空间实验平台。其中，天和核心舱主要面向航天医学、空间科学实验和技术试验；问天实验舱主要面向空间生命科学研究；梦天实验舱主要面向微重力科学研究。

"方寸"之间显身手

　　当2023年8月18日中国国家太空实验室宣布正式启用时，张璐、张伟的心里有说不出的激动。"把实验室搬进太空"，是无数科研人员经过无数次尝试和努力的结果。

　　中国空间站三舱部署的实验机柜与一系列舱外设施，可以开展上千项科学实验。其中，生命生态实验柜、流体物理实验柜、无容器材料实验柜、高精度时频实验柜、高微重力科学实验柜等14个科学实验柜均由中国科学院牵头完成。

　　这14个实验柜有共同的研制难点。

　　难点之一是"小"，研制实验柜相当于把在地面上一整间屋子里的实验装置，塞进不到2立方米的柜子里；难点之二是实验柜要既轻便又牢固，用最小的重量搭载最多的科学载荷，以便未来能够承载更多的科学研究；难点之三是要有科学前瞻性，能满足后续10年的科学实验需求。

　　每个科学实验柜都相当于一个综合性实验室，而柜子只有"方寸"大小——高1.7米、宽1.1米、深0.9米。"技术创新是唯一的办法。"张璐说道。

　　科研团队针对实验柜进行了几百次仿真和力学试验验证；他们在柜体上进行了大量的减

重优化设计，又对局部进行了加固处理，满足发射需求。通过多个轮次"材料优选、轻量化设计、仿真分析、力学试验验证"的迭代，实验柜在柜体主结构不到100公斤的情况下，承重能力达到500公斤，比国际空间站实验柜的高出两倍以上。

此外，在科学研究规模越来越大、科学设施越来越复杂，以及学科之间不断交叉融合的当下，科学家和工程师的合作越来越重要。早在2011年，中国科学院就开始征集空间科学实验项目建议，从而最大限度地确保实验项目的前沿性和前瞻性。"当时有500多个项目建议，我们从项目建议中提炼出需求，再归纳总结形成实验装置的设计方案。"张伟感慨道，"科学家就像大脑，需要酝酿出一个科学想法；工程师就像双手，把科学想法变成现实。"

不同于国际空间站里线缆管路杂乱无章，中国空间站里整洁、清爽。这是由于科研团队针对每个科学实验系统的共性技术提炼出一套基础支撑系统，在统一的需求上兼容各自独立的科学实验需求。

不过，14个实验柜也各有各的研制难点。

张璐常把这14个实验柜比作14个性格迥异的人。以高精度时频实验柜为例。作为空间站中最复杂的实验柜，它由13台单机组成，是世界上第一套由主动型氢原子钟、冷原子铷钟、冷原子光钟组成的空间高精度时频系统，目标是成为世界上最高精度的空间时间频率产生和运行系统。

在该研制项目立项后的很长一段时间里，研制工作一直推进缓慢。"技术难度超出预想，国际上没有人干过这件事，欧洲科学家一直想做，但因难度太大一拖再拖。"张璐说道。

到2019年，中国科学院整合全院资源，成立工程攻关组，以中国科学院国家授时中心（简称授时中心）为任务总体单位，联合中国科学院上海技术物理研究所（简称上海技物所），组织国内十余家单位共同研制。自此，高精度时频实验柜的研制进入"快车道"。

为了解决科学技术与工程的融合问题，授时中心和上海技物所通力合作，实现了前沿科技的工程化；为了保证星地时间传递的高精度和稳定度，中国科学院上海天文台研制出激光时频传递载荷，突破了单光子光电探测、皮秒精密计时、低时延抖动等多项关键技术；为了实现更加稳定和准确的时频信号指标，中国科学院上海光学精密机械研究所研制出冷原子微波钟，评定锶光钟误差，长期驾驭氢钟，为高精度时频系统的高精度时间频率提供了可靠保障……

通过强强联合，中国科学院科研团队建成了目前世界上在轨设计指标最高的空间时间频率系统。

除了解决共性和个性的技术难题之外，团队还要争分夺秒，在有限的时间里交付科学实验柜。

2021年4月29日，天和核心舱发射升空，张璐紧盯屏幕，屏住呼吸，心提到了嗓子眼儿。直到得到发射成功的消息，他才松了一口气。

此时，他的脑海里闪过2020年国庆节前的一幕。那时，天和核心舱里所有实验柜的研制已经完成，需要进行最后的状态设置和测试，留给张璐等的时间只有8.75天，但需要研究和测试的工序多达上百道。他们把时间节点精确到分钟，拼命赶进度。张璐留意到，在柜体从集成大厅被拉到电测大厅的短短3分钟时间里，一位同事已经见缝插针地躺在地上睡着了。

"太空特产"带来的惊喜

所有的努力，都得到了最直接的回报——"太空特产"。

2024年5月1日凌晨，"神舟十七号"乘组回到地球的几个小时后，20多位科学家满怀期待地在空间应用中心的大厅里等待着。此刻，外面是漆黑的夜，大厅里灯火通明。

50份实验样品被层层包裹着，连夜送到科学家的手中。经过拆包、称重、测温，最终科学家获得的样品总重量约有31.5公斤，有人类成骨细胞、骨髓间充质干细胞、蛋白质晶体、生命有机分子、种子、无容器材料、高温材料、舱外暴露材料……这些实验样品被科学家亲切地称为"太空特产"。

之后，这些"太空特产"被科学家带回各自的实验室。他们要对返回的生命类细胞样品进行转录组测序、蛋白组学检测等生物学分析，对生命类蛋白质样品进行晶体衍射分析，对地面和空间样品的组织形貌、化学成分及其分布差异等进行测试分析……

这31.5公斤实验样品，是科学家从中国空间站收到的第6批"太空特产"。从"神舟十二号"到"神舟十七号"，航天员先后乘坐6艘载人飞船，为科学家们带回了6批300多份科学实验样品，包括中国科学院在内的国内外百余家科研院所参与研究。例如，中国科学院分子植物科学卓越创新中心的科研团队在国际上首次对空间站里水稻"从种子到种子"全生命周期的培养过程进行了研究；中国科学院水生生物研究所联合上海技物所共同研制出一套水生生态系统，将斑马鱼送上空间站，实现我国在太空培育脊椎动物的突破……

据统计，目前科学家基于空间站返回样品，已经在空间生命科学、空间材料科学、微重力流体物理等方向取得重要成果，在国际一

空间站返回的水稻实验样品

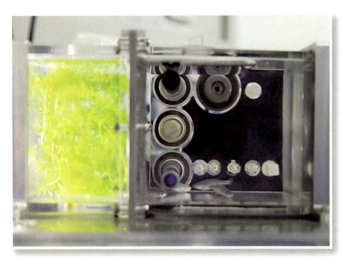

空间站水生生态系统研究

流期刊发表论文300余篇。

其中每项科研成果的背后，都离不开太空实验室里一个个科学实验柜的支撑：科学家利用无容器材料实验柜开展多元偏晶合金制备项目，提出了工艺优化设计和组织调控方法，有效提升了核电、电子通信、装备制造等领域多种关键材料的性能；利用高温科学实验柜开展新型材料空间生长研究项目，首次在太空获得地面难以制备的高质量晶体材料，对高性能多元半导体合金材料制备具有指导作用；利用生物技术实验柜开展人骨细胞定向分化的分子靶点研究、空间环境对骨骼肌影响的生物学基础研究等，取得的成果为防治骨折、修复脊柱损伤、对抗肌萎缩和防治代谢性疾病等提供了新的方案；利用航天基础试验机柜开展我国首次斯特林热电转换技术的在轨试验，热电转换效率等综合技术指标达到国际先进水平，为未来空间新型电源系统的工程应用奠定了良好基础……

尽管成果丰硕，但这支打造国家太空实验室的科研团队没有停下脚步。

"我们还在做三件重要的事。一是每年滚动实施项目，面向全国征集科学研究项目，组织科学讨论组遴选，并将相应的实验样品送上天。二是规划新装置、新实验平台。例如，我们正在讨论是否可以建立一个能养小鼠的太空动物实验平台，以便深入研究空间微重力环境对动物骨骼、肌肉、神经和免疫等方面的影响。三是对现有科研成果进行跟踪、梳理、分析，加强成果推广与应用，不断获取应用效益。"张伟说道。

就在前不久，"神舟十八号"乘组将35公斤的上行实验单元及配套设备带进国家太空实验室，并着手开展"空间先进水生生保系统关键技术研究"等4个新的科学实验。

"神舟十八号"发射的那天，戈壁滩已入夜，烈焰划破苍穹。现场观看发射的人群发出热烈又响亮的欢呼声。全国各地的人们围在屏幕前，目送航天员和实验样品冲进太空。所有人都满怀期待，等待着国家太空实验室创造新的科学奇迹。

（中国科学报社记者倪思洁、高雅丽撰文；原文发表在《中国科学报》2024年9月23日第4版；文中图片由空间应用中心提供）

深紫外世界的"追光者"

从原始社会的崇拜和利用光，到现代社会的研究与应用光，人类"追光"的历史，贯穿整个文明发展历程。

发现日光有七种颜色，发现无线电波可以用来通信，发现紫外线能够杀菌，发现X射线和伽马射线能够透视物体内部结构……激光发明后，"追光者"们探索的光，波长从可见光的400～700多纳米，一直缩短至紫外线的300多纳米。

当时间走进20世纪末，人们有了新的目标：进军波长小于200纳米的深紫外光。

与此前所有的光学发展史不同，这次，"跑"在最前面的"追光者"是中国人。

勇闯"无人区"

深紫外激光具有波长短、能量分辨率高、光子通量密度大等特点，在激光光刻、激光微加工等领域颇具应用价值，一些先进科学仪器也会将其作为"探针"，用来探明物体内部结构。

长期以来，国际激光学界普遍认为200纳米是一道难以逾越的坎，谁能迈过去，率先造出实用化、精密化的深紫外激光源，谁就能抢占深紫外领域的制高点。

这一挑战也深深吸引着中国科学家。我国人工晶体专家陈创天[①]早在1990年就注意到氟代硼酸铍钾（$KBe_2BO_3F_2$，KBBF）晶体及其光学特性。1996年，他和激光专家许祖彦利用多波长宽调谐光参量放大器，首次产生出184.7纳米的激光，为打破200纳米"魔咒"带来了希望。

2001年，已调入中国科学院理化技术研究所（简称理化所）工作的陈创天带领团队成功生长出实用的KBBF晶体，这是世界上唯一能直接倍频产生深紫外激光的非线性光学晶体。

与此同时，许祖彦从20世纪80年代末起，就怀抱着"填补空白"的初心，尝试研制深紫外激光器。

---

① 2003年当选为中国科学院院士。

于是，陈创天和许祖彦，一位手握晶体技术，一位手握激光技术，两个人一拍即合，决定联手闯一闯深紫外的"无人区"。

他们首先需要找到有深紫外激光使用需求的用户，之后根据用户需求设计和制造出相应的深紫外激光器。为了寻找合作用户，在接下来3年多的时间里，年逾60的许祖彦变身"推销员"，在全国各地十几个研究机构穿梭游说，详细讲解深紫外激光在科学研究中的潜力。

当时，他被问的最多的一个问题是："这个领域在国外有哪些论文？国际上有没有类似的事例？"每次，许祖彦都如实地说："目前全世界还没有其他人从事这一研究，只有我们发表过文章。"结果，他总是不出意料地无功而返。

正当许祖彦和陈创天一筹莫展时，两封邮件为他们带来了转机。

两封邮件均来自中国科学院物理研究所研究员周兴江。他刚刚从美国访学回来，回国前，他在美国斯坦福大学同步辐射实验室工作，研究高温超导材料内部的电子状态。回国后，由于当时国内还没有适用的同步辐射光源装置，他一时间找不到合适的科研平台。

2004年5月的一天，周兴江无意中在一本国际刊物上看到陈创天和许祖彦发表的论文——他们用许祖彦研制的世界首台多波长宽调谐光参量放大器实现了184.7纳米的深紫外全固态激光。周兴江眼前一亮："我的研究计划有没有可能用深紫外激光器实现呢？"按照论文作者信息，他给许祖彦、陈创天各发了一封邮件，很快就收到回复和邀约。周兴江也因此成为第一位合作用户。

2009 年 3 月，国际首台纳秒深紫外固态激光源实用化样机研制成功
左一为许祖彦院士，左二为一期项目总指挥詹文山

在财政部专项基金及中国科学院仪器设备研制和改造项目支持下，经过多方共同努力，这次合作首战告捷。2006年底，周兴江等以深紫外激光为光源，研制出国际首台"真空紫外激光角分辨光电子能谱仪"，并测量出电子的能量和动量。看着电脑上显示的能谱图，周兴江难掩心中激动，他说道："这台仪器比第三代同步辐射光源光电子能谱仪的精度还要高！"

深紫外全固态激光光发射电子显微镜

有了成功的经验，陈创天、许祖彦更加坚定了走下去的信心。2007年，财政部和中国科学院共同设立"重大科研装备自主创新项目"试点专项。"深紫外固态激光源前沿装备研制"（简称一期项目）成为首批启动的8个试点项目之一，目标是研制8类实用化、精密化深紫外固态激光源。一期项目由理化所牵头，许祖彦、陈创天为首席科学家。

2013年，一期项目完成后，深紫外固态激光源前沿装备研制（二期）项目（简称二期项目）启动，许祖彦提出将研究领域从物理、化学、材料拓展至信息、生命、资环等领域，并研制出6套国际领先的深紫外全固态激光源重大科研装备，建立起"深紫外晶体—激光源—前沿装备—科学研究—产业化"的完整链条。

攻下实用级 KBBF 晶体

在深紫外固态激光源的研制中，KBBF晶体是研制链条的起点。

KBBF晶体的形状就像一颗小石子，体积很小，层状结构极易引起解理，很难长出大而厚的晶体，在自然生长条件下其厚度只有0.1毫米。更让人为难的是，KBBF晶体生长不能采用传统的"晶种法"，只能靠自然生长，即便撒下晶体"种子"，也无法诱导在其上定向聚集成核并生长，反而是多处自发成核生长，最终收获一大堆小而薄的碎晶体。

1999年7月，陈创天牵头组建团队，理化所研究员王晓洋就是其中一员大将，他于2004年加入陈创天团队，负责KBBF晶体生长。

KBBF晶体生长主要采用"炉海战术"。4个月才能长出一炉，所以他们就安排了一堆炉子，给每个炉子创造不同的晶体生长条件。

每次开炉无异于"开盲盒"，结果却总是不尽如人意。

就在王晓洋觉得极度郁闷之时，2006年下半年，连续两个周期，有一台炉子很"争气"

地长出了厚达3毫米的KBBF晶体。"完全满足实用需求！"王晓洋松了口气，认为已经解决了晶体生长难题。

可惜，喜悦有多大，失望就有多大。等到第三个及后面连续几个试验周期时，KBBF晶体的良品率急剧下降。王晓洋花了很长时间才找到原因——原来是晶体生长所用原材料的生产厂家换了，此前"两连胜"的KBBF晶体原料都来自同一个厂家，但到第三周期开始前，这个厂家突然倒闭，他们更换了新厂家，买到的原料产自不同矿区，所含微量元素也有所不同。

痛定思痛，王晓洋决定自己从头制备原料。他们一边重新长晶体，一边摸索出一套原料制备和提纯方法。2013年一期项目验收时，他们在国际上首次实现了批量生长大尺寸、高质量KBBF晶体的技术。

一次次技术迭代、性能优化，让KBBF晶体的品质越来越高。"到2023年二期项目结束时，我们完全攻克了KBBF晶体生长工艺难题。"王晓洋说道。二期结项时，KBBF晶体的良品率从一期项目的10%提升到30%，而如今，KBBF晶体的良品率已达60%以上，不但满足了实用要求，还逐渐走向了商业化。

从晶体到激光器

在晶体攻关的同时，激光器的研制也在同步进行。早在一期项目立项之前，许祖彦就已经开始摸索"如何用KBBF晶体制成实用化精密化的深紫外激光源"。

一般来说，当激光器发射出的激光以特定匹配角穿过非线性光学晶体时，射出的激光线会"一分为二"，多出的这束光线的波长会变为原激光波长的1/2，频率则提升至两倍，这被科学家们称为"激光倍频技术"。

当时国际上鲜有人涉足波长小于200纳米的固态激光"深紫外激光"。许祖彦等做了一个设想，如果能够用好KBBF晶体，1064纳米激光经过六倍频，便可产生波长177.3纳米的深紫外激光。

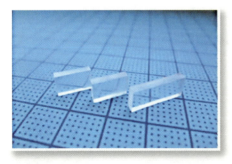 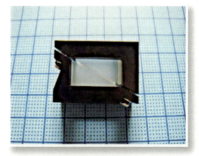

KBBF 族晶体　　　　　　　　　　光胶棱镜耦合器件

要实现这样的设计目标，首先需要将晶体和棱镜无缝组装在一起。

起初，许祖彦和陈创天试着将KBBF晶体按照一定方向"粘"在两个紫外级石英棱镜之间，然而，许祖彦找了两年多始终没找到既能将棱镜和KBBF晶体粘在一起，又能透过深紫外光的光学胶。

既然没有，那就自己造，另辟蹊径。许祖彦带领学生王桂玲、博士后吕军华发明了光胶专利技术，从物理所退休的研究员朱铺带领一组工匠，用一种特殊工艺将KBBF晶体和棱镜表面打磨得光滑平整，然后利用分子间作用力，直接让棱镜和晶体紧紧耦合在一起。凭借这种没有胶的光胶工艺，他们成功发明了全球首个KBBF晶体棱镜耦合装置，首次实现1064纳米激光的六倍频输出，将全固态激光波长缩短至177.3纳米。

2005年，相关技术申报了国际专利并被授权。2020年，我国商务部和科技部联合发文，将"KBBF晶体生长与棱镜耦合器件加工技术"列入限制出口技术目录。这成为我国少有的对国外实行技术禁运的高新技术产品。

2007年，一期项目立项后，他们继续探索如何将深紫外棱镜耦合倍频器件发展成全固态深紫外激光源。

理化所研究员张申金是首台皮秒175～210纳米宽调谐深紫外全固态激光源研制过程的亲历者之一。他记得，2010年，他们度过了一个压力极大的夏天。

皮秒175～210纳米宽调谐深紫外全固态激光源属于国际首创，不仅要实现实用化与精密化的样机并将其配套到前沿装备光电子能谱仪上，还要求每次开机至少需要连续运行约7天、每天24小时。

为满足光电子能谱仪对波长宽调谐后光束指向的要求，许祖彦和张申金一起讨论二倍频和四倍频关键技术问题和解决方案，最终自主研发实现了高精度350～420纳米宽调谐反向级联二倍频系统和高精度175～210纳米宽调谐深紫外激光产生、整形及光束指向准自动调控系统，满足了整机要求。

受益者

在晶体与激光器技术被逐一攻克的同时，"定制化"的深紫外固态激光装置平台越来越多。

周兴江对十多年来的持续合作攻关历程记忆犹新。

2006年，周兴江和陈创天、许祖彦初次合作首战告捷后，在一期项目里继续合作。一期项目的8台科学仪器设备，周兴江团队负责了其中2台半的制备工作。

其中的"半台"设备，指的是调整周兴江此前合作建设的真空紫外激光角分辨光电子能谱仪。另外2台设备，一台是深紫外激光自旋分辨角分辨光电子能谱仪，另一台是基于飞行时间能量分析器的深紫外激光角分辨光电子能谱仪。

一期项目结束后，周兴江又盼望能有一台具备极低温研究环境的深紫外激光装备，观察极低温条件下超导材料的电子结构，于是又参与了二期项目。

历时8年，周兴江团队和陈创天、许祖彦团队制成国际首台大动量极低温深紫外激光光电子能谱仪，不仅创造了0.8开氏度的极低温纪录，还将光子能量提升到7.4电子伏特。至此，科研人员终于能精准"看清"超导材料的微观电子结构，探索超导、拓扑等先进量子材料奇特物性的起源了。

从2004年合作至今，作为我国紫外固态激光装备研制的见证者和参与者，周兴江收获颇丰。2013年，他因以深紫外全固态激光前沿装置为平台做出的重要研究成果，荣获全球华人物理学会亚洲成就奖。今年，他又基于大动量极低温深紫外激光角分辨光电子能谱仪，揭示了铁基超导配对机理中的关键信息，引发国际关注。

深紫外固态激光装置的受益者，还有中国科学院大连化学物理研究所（简称大化所）。深紫外一期项目期间，理化所为他们定制的深紫外激光源使他们发现了石墨烯对催化反应的调控作用、石墨烯对铂金催化表面反应有限域增强效应等不少新现象。

除了周兴江团队、大化所团队以外，理化所还与中国科学院精密测量科学与技术创新研究院团队合作，用特别定制的深紫外激光研制铝离子光频标；与中国科学院化学研究所团队合作研制出高灵敏度深紫外/红外离子化检测质谱光谱仪；与中国科学院半导体研究所团队合作研制出深紫外激光调制反射光谱仪。

从2007年一期项目开始，到2023年二期项目验收，我国科学家自主研制成功16种20台深紫外固态激光源前沿科研仪器，覆盖材料、物理、化学、生命、信息、资环六大领域。

向远而行

经过两期项目15年的探索，我国深紫外科研仪器设备已经初步形成"深紫外晶体—激光源—前沿装备—科学研究—产业化"的自主创新链。

"过去，中国所有大型科研仪器设备都得从国外进口。如今在深紫外全固态激光源领域，我们可以独立自主研发大型科研仪器设备了，这极大增强了我国科研人员的信心。"许祖彦说。

一期项目结题验收会上，许祖彦曾在技术总结报告中说道："深紫外激光大型科学装置是国际首创。我们用事实证明了中国人有可能、有能力自主创新开发大型科学装置，我们今天突破了！"

时至今日，科学家们探索的脚步并未停止。他们的下一个目标之一是推进深紫外固态激光装置的产业化，研制出更多品种的包括连续出光的激光器在内的深紫外激光源。

在应用方面，现已84岁的许祖彦有一个心愿——用深紫外全固态激光装备，把国际长度计量基准固定下来。随着制造业的发展，科学界对测量精度的要求进一步提升。早在19世纪初，物理学家就提出以可见波长作为长度基准的设想。许祖彦希望二期项目中的铝离子光频标设备，能够利用精准深紫外激光，助力我国"做出中国自己的标准长度，'领跑'世界"。

如今，深紫外激光这块处女地已经繁花似锦。面对无限的应用可能，许祖彦反复说："大型科学仪器的突破绝不可能是一个人努力的结果，而是各方共同协作的成果，是集体智慧的结晶，无论未来怎样发展，这一点不会变。"

（中国科学报社记者倪思洁、赵宇彤撰文；原文发表在《中国科学报》2024年7月29日第4版；文中图片由理化所提供）

高山上的"捕天人"

缪子探测器阵列和电磁粒子探测器阵列 （倪思洁 / 摄）

握着还没来得及修的碎屏手机，背起鼓鼓囊囊的双肩包，何会海大步穿过喧闹的人群。走出亚丁机场，他的头顶是似乎触手可及的云彩，脚边是冰川演化留下的漂砾。

春夏之交的稻城亚丁，慢慢进入旅游旺季，很多人说这里是"一生一定要去的地方"。亚丁机场是全国海拔最高的民用机场。飞碟造型的机场建筑与原始自然风光一起产成了一种科幻感。游客们喜欢以"飞碟"为背景，在刻有"海拔4411米"的石头前拍照打卡。

何会海的目的地是10公里外海拔4410米的海子山，那里有比"飞碟"更科幻的"大网"。"大网"为捕天而建，名叫"高海拔宇宙线观测站"（简称观测站）。宇宙线是一种来自宇宙空间的高能粒子流，里面"装着宇宙的历史"。何会海是"大网"的总工艺师。

布"网"捕天

何会海和中国科学院高能物理研究所（简称高能所）的同事快步钻进候在机场外的车里。过去7年，他们频繁地从这里上山、下山。这次，他们是为迎接2023年5月10日"大网"的国家验收而来的。

从远处看，"大网"像一张平铺在海子山上的编织齐整的蜘蛛网。海子山上据说有1000个海子。海子是高山湖泊的意思。"大网"比有些海子还要大，相当于190个足球场的大小。开车只要15分钟，他们就能从亚丁机场抵达"大网"。"离机场近"是他们给"大网"选址时就计划好的。

2009年，观测站首席科学家曹臻最早提出建"网"的设想，大家商议要找一个地势高、交通便利的地方。地势高，可以离天更近；交通便利，方便铺电缆、传数据、对外交流。

他们用5年的时间考察了云南、青海、西藏、四川的高海拔地区。何会海说，每个地方都是"好地方"，但也都是"人迹罕至、去了会掉眼泪的地方"。

四川稻城的海子山是选址的最后一站。2014年秋天，曹臻第一次带队上山，恍惚间感觉像上了火星，四周的灰褐色漂砾了无生机。附近山头上蹲着的狼和午夜的狼嚎提醒着他们"人类是入侵者"。

他们每天背着饮用水和葱油饼，在一个个山头上寻找最合适的位置。直到有一天，团队里的一位成员实在走不动了，就原地坐下休息，其他人则像往常一样，进入事先在地图上圈出的目的地。正当大家又一次筋疲力尽、垂头丧气地返回时，突然有人注意到那位走不动的团队成员坐着休息的地方地表平整、离大路近，正是他们为之踏破铁鞋的地方。

选定地点后，曹臻请人绘制了一幅1:2000的测绘地图，然后在地图上"排兵布阵"。他们先在地图上圈出一个直径为1.3公里的圆，然后在圆的中心画上占地7.8万平方米的水池，再在圆圈里分别以"品"字形布上1188台缪子探测器、5216台电磁粒子探测器，最后布上18台可移动望远镜。

耗时7年、总花费12亿元，他们最终将这张"网"真正布在了海子山上。

起初，有人质疑："你们花这么多钱建这个东西，没准儿将来啥也看不见。"但何会海、曹臻等布"网"的人却神神秘秘地回答："宇宙永远超乎你们的想象。"

之后发生的事，超出了所有人的想象。

2020年4月初，刚刚布了一半、还没调试好的"大网"上出现了"一缕划破高能伽马天空的曙光"。经过3个月的验证，大家确信那就是他们一直在尝试捕捉的超高能伽马光子。

2021年春天，他们通过《自然》向全球"宣告"了新发现——宇宙里伽马光子能量的理论极限已经被突破。一些理论物理学家慌了，他们私下跟曹臻说："你们再测出一两个超高能量光子来，我们就要彻底完蛋了。"不过，当更多超高能量光子被捕捉到后，理论物理学家们并没有"完蛋"，反倒是被卷进了一个人类未曾涉足的全新领域——超高能伽马天文学。

2022年，布"网"的人们有了更惊人的收获。当年10月9日21点17分，地球接收到了宇宙深处传来的、史上最亮的伽马射线暴（GRB 221009A），爆发持续了20分钟，一分不落、不偏不倚地被"大网"捕捉到。高海拔宇宙线观测站成为全球唯一一个探测到这场伽马射线暴的地面探测器。"就像有人在宇宙中打开了一个手电筒，恰好就照在我们身上。"曹臻毫不掩饰内心的兴奋。

在国家验收之前，基于高海拔宇宙线观测站项目发表的期刊论文已经有215篇、会议论文约有156篇。有一次，曹臻在西班牙开会，一位国际同行拉住他抱怨道："这不公平，老天爷对你们太好了，我们干了20年，什么也没看到。"

在海子山上布"网"的人们知道，大家的心里都藏着一个疑问："凭什么老天爷对你们那么好？"

凭什么？

这个问题，何会海经常要向"大网"的到访者解释。他们的成果屡屡亮相国际后，"大网"的名声越来越大，希望了解"大网"的人也越来越多。作为总工艺师，满脑子装着探测器故事的何会海摇身一变，成了"金牌讲解员"。

每次，他都会先带到访者往观景台上爬。观景台只有两段楼梯，初来乍到的人总是上的很慢，每个人都要努力地从稀薄的空气里"榨"出氧气，让突突直跳的心脏和太阳穴可以稍微平稳一些。每到这时，走在最前面的皮肤黝黑、身材颀长的何会海，就会一边爬楼梯一边扭头鼓励大家道："你们已经很棒了，不少人刚到大门口就被抬回去了。"听了这个话，每个人都会生出几分自信，沉重的脚步也变得轻盈起来。

何会海见过各种各样的高原反应。2017年"大网"主体工程开工时，观测站里来了三四十个工人，才过了一天就走了一半。走的人叫苦不迭："不行，这个钱挣不了，给再多钱也不干。"让何会海引以为豪的是，"搞科研的人没有一个打退堂鼓"。或许是因为只有身处4410米高处、感受过呼吸的辛苦，人们才能理解"不打退堂鼓"有多难，所以，何会海每次在观景台上讲这件事时，到访者们总是听的津津有味。

"金牌讲解员"之所以是"金牌"，还因为他能一边讲故事一边让外人明白观景台边上不起眼儿的土包怎么就不动声色地捕捉到了宇宙线。

观景台前方圆1平方公里内到处是土包。土包上"系"着用来固土的"红领巾"，底下埋着缪子探测器，土包旁边是电磁粒子探测器，上面支着绿色的"遮阳伞"。

何会海告诉到访者，几千个探测器必须同步工作，而他们已经将探测器之间的时间误差控制在0.000 000 000 2秒以内；土层底下包裹着电磁粒子探测器的水袋里装着超纯净水，埋在土里能20年不变质。

就在到访者瞪大眼睛时，何会海又给大家讲了投标企业"上当"的故事。

"大网"里很多不起眼儿的"零件"都有极其严苛的指标。观景台斜前方是毫无修饰的方形"房子"，"房子"里装着水切伦科夫探测器。它由3个水池组成，两个是150米×150米的，另一个是300米×110米的。投标企业一开始觉得"建个水池能有多难"，便自告奋勇地接了项目。后来，他们才发现高原上温度低至零下三四十摄氏度，这些要建在高原上的水池，不仅要防光、防漏，还要保温。最后，在科研人员的"步步紧逼"下，企业直接靠3个最不起眼儿的水池，拿下了四川省建筑行业建设工程质量的最高荣誉奖"天府杯"的金奖。

庞大的规模和严苛的细节，成就了"大网"的很多"世界之最"：缪子探测器和电磁粒子探测器，共同组成了目前世界上最灵敏的超高能伽马射线探测装置，灵敏度远高于其他国家的同类装置；大水池是世界上最灵敏的甚高能伽马射线源巡天观测装置，探测器面积和灵敏度世界领先；缪子探测器、电磁粒子探测器、水池、望远镜4种不同的探测设备组成了世界上能量覆盖范围最宽的超高能宇宙线复合式立体测量系统……

全阵列建设完成后的航拍图 （高能所供图）

在被问及"凭什么老天爷对你们那么好"时，"金牌讲解员"解释道："只要阵列足够大、探测灵敏度足够高，就一定会看到新现象。"

别人又追问道："那你们的运气也太好了吧？"至于"运气"的事，何会海解释不了，曹臻也解释不了，他们都不是认同"宿命论"的人。

不信命的人

观测站里的很多人都不信"宿命论"。观景台底下有一块醒目的红色牌子，上面写着一句有点儿"唠叨"的标语："无论有多大的困难，都要去克服，再困难也要去克服，克服就是要去做这个做不了的事情。"

曹臻至今也不知道是谁把这个牌子立起来的，但他记得这是他在建最后5个缪子探测器土包时咬着牙说的话。

最后5个缪子探测器土包，一开始并没有出现在规划图上。这5个点恰好位于比房子还要大的漂砾上，但是土包在上面根本立不住。等到探测器阵列差不多建成时，曹臻发现如果缺少这5个点，"大网"就相当于豁了口，探测的灵敏度和有效性会大幅降低。于是，他们决定用混凝土替代普通土丘，把最后5个探测器补齐。这5个土包是1188个土包里最贵的，曹臻、何会海等只能咬紧牙关、勒紧裤腰带，把多的钱从别处省出来。

其实，参与工程研制建设的很多人都是咬着牙干过活的。

负责基建安装工作的工程师冯少辉和吴超勇是第一批上山布"网"的人。那是在2015年。当时，山上荒无人烟，大家住在山下稻城县的民宿里。民宿的房子是木质结构，每天晚上老鼠在房顶乱窜，冯少辉就用手机放猫叫的声音。

最让冯少辉难忘的是一次工人撤场大会。当时，胡子拉碴的他站在台上，看着台下同样黝黑的工人小伙儿们，突然想到了大家刚进场时的白净模样，各种致谢的场面话瞬间显得苍白。他忍着泪冲着台下深鞠一躬说道："大家开心撤场，我们绝不让工程商拖欠大家一分钱工资。"

最让吴超勇难忘的是在暴风雪里值的一次夜班。为了赶水池建设进度，吴超勇带着人轮流值夜班，当天零下30多摄氏度，外面风雪交加，大家裹着棉被在池底哆哆嗦嗦地忙了一整夜。

数据平台技术部的负责人程耀东算是第二批上山的人，他的任务是给"大网"建数据中心。数据中心相当于"大网"的中枢神经。2017年，程耀东一上山就傻眼了，山上不光没有机房，连正儿八经的房子都没建成。按照进度节点，2018年初"大网"就要取数并把数据传回北京了。无奈之下，程耀东带着人把工程施工队撤场后留下的简易钢架房改成临时机房，咬牙挺了20个月。夏天，机房里的积水能淹十几厘米；冬天，冰锥能结一米多长。在这样的条件下，2018年2月3日，"大网"探测的第一缕宇宙线数据成功传回了北京。2019年有了正式机房后，程耀东一咬牙又把它建成了"全国最牛的数据中心"，那里不仅可以"零触发"式自动获取数据，每秒钟的数据读取量还高达4GB。"大网"从此可以在无人值守的情况下全天候运行。

除了基建和数据中心外，探测器的安装、调试也是要咬牙干的活儿。广角切伦科夫望远镜的调试都是在晚上进行的，就算不值夜班，望远镜分系统成员杨明洁的手机也不会关机。2019年1月第一台望远镜试运行后，很多意想不到的问题随之出现，杨明洁几乎每天半夜都要起床调试。电磁粒子探测器组成员赵静负责探测器的安装工作。2018年上山时，她的孩子还不到两岁。当被问到"值不值"时，赵静反问道："不然我之前的付出又是为了什么呢？既然选择了，就要坚持下去。"

项目团队里咬着牙干过活的人都觉得，曹臻关于克服困难的那句"唠叨"，是大家搏命的动力。"我在咬牙的时候，看看旁边的同事也在咬牙坚持，就会觉得没问题，我们一起努力。"水池建设团队成员、高能所副研究员刘成说道。

比"大网"更大的网

在"大网"建设的高峰期，站上很热闹，有教授、学生、企业经理、工人……

工人里资历最老的是刚哥，人送外号"活化石"。刚哥名叫杨刚，是观测站的常驻工人，祖籍四川，已经到了快退休的年纪。

刚哥只有高中学历，却跟宇宙线观测打了大半辈子交道。20世纪90年代，曹臻的博士生导师、高能所研究员谭有恒等在怀柔建宇宙线观测设施时，刚哥帮着看大门。谭有恒看他闲着，就手把手教他怎么安装探测器。20世纪末，我国第二代宇宙线探测装置——羊八井观测站建设时，他跟着谭有恒上了羊八井。之后，他又跟着曹臻上了海拔更高的海子山。刚哥亲眼见证了中国宇宙线探测阵列从怀柔的几十个探测器，变成羊八井的几百个探测器，再变成海子山的几千个探测器。刚哥有句话常挂在嘴边："别看我文化不高，这里好多搞科研的人都是我看着长大的。""搞科研的人"里就包括首席科学家曹臻。

曹臻自称"三省人"，母亲是贵州人，父亲是四川人，自己出生在云南。云贵川三省能吃苦的"狠劲"和爱聊天的随和，都长在他的基因里。刚哥觉得跟曹臻很投缘，他还觉得要是没有曹臻的话，"海子山上的事情干不成"。

不过，曹臻觉得海子山上的事情没了谁都干不成。2009年，受高能所建大科学装置的风格影响，曹臻从一开始就计划网罗中国科学院内外有能力的科研机构一起干。他一共拉了6家中国科学院内外的科研机构、7所高校、40多家企业"入伙"。一张无形的、比"大网"更大的网由此开始向外延伸。

曹臻是铁了心要拉高校"入伙"的，因为他有一个心结。他的第一位博士生在找工作时犯了愁。当时，国内做宇宙线研究的高校寥寥无几，最后这位学生只能委身于一家与宇宙线研究毫不相干的地方高校。从那时起，曹臻就暗下决心，一定要把国内高校的宇宙线研究搞起来。

参与研制"大网"时，好几所高校干成了"很了不起的事"。曹臻每次介绍装置时，都要提云南大学、四川大学与高能所合作研制的广角切伦科夫望远镜，那是基于硅光电倍增管相机技术的望远镜，全国绝无仅有，18台望远镜的观测时间因此比原先延长了1倍，并且在有强月光的夜晚也可以实现稳定观测。他也会介绍清华大学和高能所合作研制的"小白兔"系统，正是这个系统让"大网"上千个探测器的时间差低于0.000 000 000 2秒。

由于"大网"采取"边建设、边运行"的模式，曹臻从建设一开始就张罗着让"大网"向国内外高校和科研机构开放，西藏大学、河北师范大学、广州大学、广西大学等地方高校成了国内合作成员单位。来自中国、俄罗斯、瑞士的28个天体物理研究机构和高校，还慢慢组成了国际合作组。大家联合起来，利用观测数据开展粒子天体物理研究，同时也开展宇宙学、天文学、粒子物理学等众多领域的基础研究。

在"大网"出成果之前，曹臻常常想一个问题："为什么我们的文明是世界上最古老的文明之一，却在现有的宇宙观中鲜有发言权？""大网"名扬天下之后，曹臻体会到"只要我们做出世界一流的科学成果，我们的思想就能自然而然地对人类文明作出贡献"。

在中国"捕天人"眼中，"大网"没有边界，它不限于哪座山、哪片天、哪群人，而是向着宇宙暗夜的起点和人类文明的归处无限展开……

（中国科学报社记者倪思洁撰文；原文发表在《中国科学报》2023年5月18日第4版）

面向经济主战场

拓荒岁月

——中国自然资源科考从这里出发

　　1950年9月5日，在中国科学院的一间办公室里，气象学家、地理学家竺可桢望着窗外，陷入了沉思。已经花甲之年的竺可桢的心中盘桓着一个问题：我国幅员辽阔，地理工作极其重要，应该如何迎接祖国经济文化建设的高潮呢？

　　彼时，新中国百废待兴，西方国家对我国实行经济封锁，要把中国建设成富强的国家，必须谋求自给自足的办法。

　　如何自给自足？时任中国科学院副院长竺可桢认为，必须合理配置资源。这意味着要通过彻底普查摸清全国的地形、气候、土地、水利、矿藏、动植物等自然资源"家底"，并据此设计出一个比较合理的发展方案。

　　竺可桢认为，面对这个极重要且极复杂的问题，中国科学院作为全国科学研究中心，有责任挑起这副重担。

　　从那时起，中国科学院积极建议发起国家自然资源科学考察，并主动承担起重任，组织实施全国自然资源综合考察工作。一代代科考人翻山越岭、跨江渡河，"梳理"祖国山河大地，让祖国建设"有本可依"。

拓荒前行

　　1949年新中国成立后，自然资源考察迫在眉睫。

　　彼时，我国每年人均粮食仅有209公斤。哪些土地可以开垦？有多少矿产资源可以开发？橡胶等特种资源如何自给自足？一切都需要调查研究。

　　同时，我国幅员辽阔，人民群众对地理和资源情

中国综合考察事业奠基人竺可桢

况，特别是边疆地区情况的了解十分有限，亟待通过科学考察填补空白。例如，珠穆朗玛峰是世界最高峰，但彼时我国出版的地图都不知其名，盲从外国称之为埃佛勒斯峰；我国大陆海岸线南北延伸长达18 400余公里，但日常所用有关图册都以英国和日本的测图为蓝本；黑龙江上游和西藏等许多边区未经实地勘察，在地理资源图上还是空白点。

1951年，受政务院文化教育委员会委托，中国科学院组建了由地质研究所①地质学家李璞任队长的西藏科考队。科考队50多位研究人员携带气压计、罗盘等简陋装备，跟随西藏工作队拓荒前行。他们用近3年时间完成了东起金沙江、西抵珠穆朗玛、南至雅鲁藏布江以南、北至藏北高原伦坡拉盆地的考察，编制了沿途1∶50万路线地质图和重点矿区图，收集了土壤、气象、农业、语言、历史等科学资料。

"这是中国人获得的第一批比较系统的西藏科学资料。"中国科学院院士、中国科学院地理科学与资源研究所（简称地理资源所）研究员孙鸿烈说道。

这次考察点燃了星星之火，迈出了中国综合科学考察的第一步。

紧接着，1952～1955年，中国科学院会同相关部门，针对云南及华南等区域的橡胶资源、黄河中游水土保持状况等组织了专题性科学考察。

随着综合考察的脚步向前迈进，1955年6月，时任中国科学院院长郭沫若在中国科学院学部成立大会的报告中，提出在院内设置一个"综合考察工作委员会"，以适应全院日益繁重的综合考察任务。该提议同年年底获国务院批准。

1956年1月1日，中国科学院综合科学考察工作委员会（简称综考会）②应运而生，由竺可桢兼任主任。

这一年，中国大规模经济建设的序幕拉开。第一份中国科技发展蓝图《1956—1967年科学技术发展远景规划纲要》编制完成，吹响了"向科学进军"的号角，其中明确了自然资源综合科学考察的各项任务，使我国自然资源综合考察从零星分散走向整体统一。

南征北战

随着中国综合考察渐入佳境，综考会作为我国自然资源考察的"领头羊"，肩负起组织协调跨地区、跨部门、跨学科的大规模综合考察重任。

在竺可桢的带领下，1956～1960年，综考会先后组织黑龙江、新疆、西藏、华北和西北、长江与黄河、甘肃和青海、内蒙古和宁夏等11个综合科学考察队南征北战，让综合科学

---

① 中国科学院地质与地球物理研究所的前身之一。
② 1999年与中国科学院地理研究所合并为地理资源所。

考察在中国大地上空前广泛地展开。

这些考察有的论证了重大工程项目，如南水北调综合考察；有的带动了新兴学科发展，如冰川和沙漠考察；有的则在国民经济建设中起到了先行作用，如第一次新疆综合考察。

中国工程院院士、地理资源所研究员石玉麟和新疆的缘分，就是在20世纪50年代的第一次新疆综合考察中结下的。

"1957年，我从北京农业大学①提前毕业，被分配到综考会，跟着中国科学院院士李连捷会战吐鲁番、探险罗布泊、露宿天山顶、跟踪塔里木河，走过新疆很多地方。"88岁的石玉麟回忆道。

石玉麟至今仍记得，吐鲁番会战期间，他们每天顶着烈日考察，能看见真正的"火焰山"——红色的硝酸盐盐土在热空气折射下呈现一闪一闪的"火焰"。在天山考察时，他们遇到雨天，没有帐篷，就两个人一组把随身携带的油布铺在地上当床，大衣当被，再盖一块油布挡雨，露宿山顶。在一次行车途中，车辆翻倒，队员们被甩到路边，一只铁桶带着惯性擦过石玉麟的头部，稍有偏差便会头破血流……

他们冲破艰难险阻完成的这次考察形成了丰硕的成果。至今，石玉麟的书柜里仍放着1套共11册泛黄的专著，它们是13个专业的200余位科学家耗时4年为新疆建立的第一代科学资料。这次考察还提出建立粮食、棉花、甜菜、果品、畜牧五大生产基地的设想，推动中国科学院在新疆筹建科学研究机构——新疆水土生物资源综合研究所②，为新疆总体开发与社会经济发展战略提供了重要科学支撑。

"不入虎穴，焉得虎子。"竺可桢说道。作为综考会的"掌门人"，年过七旬的他和考察队成员们一起踏遍祖国山河，作出了许多重大的科学论断。例如，要充分发挥多学科联合作战的优势，从各个角度论证，把自然资源作为一个整体进行系统性研究；资源考察的总方向应"远近结合"，既要有长远目标，又要为解决当前重要问题提供方案。

后来担任综考会主任的孙鸿烈说道："竺老的这些论断为中国自然资源研究事业的发展奠定了思想基础，至今仍是我们开展自然资源研究的重要指导思想。"

激流勇进

20世纪六七十年代，中国综合考察事业在历史的湍流中跌宕起伏。

1972年，按照周恩来总理关于重视基础科学的指示精神，中国科学院激流勇进、勇挑重

---

① 现中国农业大学。
② 中国科学院新疆生态与地理研究所的前身之一。

任，制定青藏高原综合科学考察规划，拉开了第一次青藏高原综合科学考察研究的序幕。

1973年5月，首支青藏高原综合科学考察队（简称青藏科考队）成立，开启了人类历史上第一次全面、系统的青藏高原科学考察。

"一开始，我们的目标是收集资料，填补空白，先对西藏做一个全面扫描。"当时担任青藏科考队副队长的孙鸿烈回忆道。

在短短4年里，青藏科考队的规模不断扩大，从最初22个专业70多人扩展到50多个专业400多人。队员们采用拉网式、滚地毯式的科考方式，在120万平方公里的西藏大地上穿梭往返，沿雅鲁藏布江2000公里上溯下行，在喜马拉雅的崇山峻岭中攀援，东起横断山脉的昌都、西至羌塘高原的阿里、北上冈底斯—念青唐古拉，穿越整个藏北高原腹地。用孙鸿烈的话说就是"像梳头发似的，把西藏的山山水水都'梳'了一遍"。

"青藏科考是我一生中非常值得纪念的一段时光。考察队各专业的人整天在一起，经常讨论学术上的问题，让我吸收了许多知识，获益匪浅。"孙鸿烈说道。他至今仍记得和植物学家吴征镒先生在西藏考察时一起交流地层、土壤和植物的变化关系的场景。

1979年，经过3年室内研究总结，"青藏高原科学考察丛书"（第一批）问世。"这套丛书共30部41册，2331万字，犹如一部西藏大自然百科全书。其中记录的昆虫种类数以千计，包括20多个新属400多个新种，首次发现的缺翅目昆虫填补了我国该目空白；记录了300个植物新物种，许多是西藏特有的……"今年92岁的孙鸿烈回顾当时的成果如数家珍。

这次科考成果获得了全国科学大会奖、国家自然科学奖一等奖。

在改革开放的时代巨幕下，1980年在北京召开的青藏高原科学讨论会吸引了来自17个国家的80多位国际学者参加，邓小平同志接见了与会科学家。这次会议成为当时我国举办的规模空前的国际科学讨论会，打开了青藏高原国际合作考察研究的新局面。

此后，综考会带领我国自然资源综合考察事业迈向新的高峰。从江西千烟洲红壤丘陵综合开发治理试验研究，到黄土高原地区优势资源开发，再到第二次新疆综合科学考察……一系列轰轰烈烈的综合考察研究全面展开。

对于青藏高原考察来说，从1981年到1990年，研究的重点转向东南部的横断山地区、北部的喀喇昆仑山—昆仑山地区、可可西里地区。前后近20年的考察，把青藏高原的山山水水几乎全部梳理了一遍，取得举世瞩目的成就。

1975年，研究人员在珠穆朗玛峰登山科考

1979 年，郭长福、孙鸿烈、漆冰丁（左起）等在西藏雅鲁藏布江中游宽谷区开展土地资源考察

此后，中国青藏高原研究步入一个新的历史时期，从区域研究转向与全球环境变化相关联的研究。21世纪以来，中国科学院成立青藏高原研究所，发起"第三极环境"国际计划，在2017年牵头开展第二次青藏高原综合科学考察研究，彰显了我国青藏高原研究在国际上的引领作用。

"毫无疑问，对青藏高原的基本情况，中国科学家是掌握得最详尽、最全面的，因为我们几十年来没有停止考察。"孙鸿烈说道，"中国一定能持续拿出世界瞩目的成果，在这个领域占据国际领先地位。"

开山立学

踏遍青山绿水，中国科学院的科学家们并不只是纯粹为了"摸家底"，而是背负着"任务"和"学科"双重责任，让祖国建设有自然根本可依，有科学根本可循。

早在20世纪50年代的综合科学考察中，中国科学院的科学家就提出"以任务带学科"的思想。

"须知任务是能够带动学科的，它能帮助我们建立新的学科。"竺可桢曾指出，在制订考察计划时应以中心任务为出发点，对各学科提出要求，这有助于推动我国资源科学的发展。

这一思想已在我国波澜壮阔的综合科学考察实践中得到检验。

"今天，我国的资源科学已经从无到有，从最初的自然资源综合考察发展成为一门综合性学科体系。"地理资源所研究员封志明说道。

他表示，早在2001年制定的《全国基础研究"十五"计划和2010年远景规划》中，就把资源环境科学列为一个独立的科学领域，包括资源科学与技术、环境科学与工程、资源与环境管理3个一级学科。2009年发布的《中华人民共和国国家标准学科分类与代码》又将"环境科学技术与资源科学技术"列为62个一级学科或学科群之一。目前，全国有上百所大学设有与资源科学密切相关的院系。

"对于发展资源科学，中国比世界其他国家，包括发达国家都要重视。"地理资源所研究员成升魁说道，"这源于我国的国情，我国人口多、家底薄，所以要认识资源、开发资源、保护资源。"

　　成升魁表示，资源科学的核心和"总钥匙"是人与资源的关系。在持续数十年的综合考察中，中国科学院的科学家们对这一问题的持续关注推动了我国可持续发展的进程。

　　20世纪五六十年代，中国科学院老一辈科学家最早提出要"协调人与自然的关系"，发出中国可持续发展战略的先声。

　　1963年，竺可桢联合中国科学院内外24位科学家向中央上书："开发利用自然资源，必须按客观规律办事。如果违反了它，就会事与愿违，使生产发展受到阻碍。"

　　1986年，石玉麟带队开展中国土地资源生产能力及人口承载量研究，提出中国最大人口承载量约为16亿人的科学结论，在当时产生了广泛的社会影响。

　　1988年，时任中国科学院常务副院长的孙鸿烈提议建立标准化、规范化、制度化的中国生态系统研究网络（CERN），涵盖我国主要生态系统类型，为推动资源环境科学发展、解决中国资源和生态环境方面重大问题提供重要基础支撑。相关研究和示范项目在2012年获得国家科学技术进步奖一等奖。

　　20世纪90年代，综考会的老一辈科学家在资源综合考察基础上，根据国情提出建立"节约型国民经济体系"等前瞻性、战略性科学建议。

　　"进入21世纪以来，我国自然资源考察和资源科学关注的问题发生变化，从资源考察利用的前端向消费利用的后端转移，从单独的资源或生态问题向与人文、消费等相结合的复杂问题转变，从国内区域研究为主向跨境研究转变。"成升魁说道，"资源科学研究只有跟上国家发展的步伐，才能源源不断地为国家提供科学的建议。"

山河为证

　　打开中国综合科学考察事业的恢宏画卷，一支支浩浩荡荡的科学考察队伍穿过风霜雨雪，跨越千山万水，精诚合作，砥砺前行。那些朴素的衣着、坚定的脚步、耀眼的成就，哪怕只是惊鸿一瞥，也令人印象深刻。

　　1976年，孙鸿烈在"青藏高原的高原"阿里地区考察时，早晨起来经常不洗脸、不刷牙。"水太冰了！即使是夏天，早晨打水的小河都结冰，每天早上要用棍子或石头把冰砸开个窟窿，才能把冰水舀出来。"他说道。在野外，馒头冻住了，小铝壶里装的水也冻住了，大家只好就着唾液"斯斯文文"地啃压缩饼干。一条5厘米长、2厘米宽、半厘米厚的压缩饼干，都很难吃完，因为太干了。

　　孙鸿烈用"实在很可爱"形容首次参加青藏科考的队员们。他回忆道："因为西藏野外考察的艰苦和高山反应的折磨，有的同志几年工作下来，头发都掉光了；有的同志牙齿都松动了，换成了假牙；还有的同志得了胃病，因为吃饭很不规律。即使在这样的情况下，每个队员都保持着乐观的、昂扬的斗志。"

野外考察栉风沐雨、风餐露宿是家常便饭。在20世纪80年代第二次新疆综合考察中，石玉麟担任队长。长期的野外生活让他患上了胆囊炎、胆结石等疾病，不得不住院手术，但他一出院就毅然再次出征。

"我常怀念那段快乐、艰险的考察生活，它陶冶了我们这代人乐观、自信、无畏的革命情操，磨炼并造就了我们敢于探索、勇于拼搏的科学精神。"白发苍苍的石玉麟说道。

今天，在老一辈科学家曾经奋斗过的大地上，从第二次青藏高原综合科学考察到第三次新疆综合科学考察，新时代的中国科学院人接过拼搏的接力棒，书写着新的答卷。

在第二次青藏高原综合科学考察中，科考队员们在一次科考"摸家底"的基础上，更多关注于"变化"，发现了许多动植物新种和超大型稀有金属矿产资源，认为高原人类活动强度低，生态整体向好，但"水塔"失衡，冰崩、冰湖溃决等灾害风险增加，用科学数据说明青藏高原这片"世界上最后一方净土"需要被更好地守护。

在2021年启动的第三次新疆综合科学考察中，中国科学院新疆分院与地理资源所都是主要参与方。科考队员们踏遍新疆的冰川、荒漠、河流、高山，面向资源、环境、生态本底变化，聚焦支撑经济社会发展的资源、生态承载能力，探寻高质量发展之路。

"我们将把前两次科考数据和第三次科考数据融为一体，查清新疆自然生态环境近30年来的变化，为新疆未来30年发展规划提供科学依据。"此次综合考察工作组副组长、中国科学院新疆分院分党组书记陈曦说道。

孙鸿烈说道："70多年的中国综合考察实践证明，综合考察必须是多学科的考察和研

1990年，科考队在可可西里无人区考察时车陷在路上，考察队队员们一起推、拉车辆

2002 年，西藏昌都地区可持续发展咨询考察期间，队员们在外野餐

究。只有通过跨越学科的综合分析、论证，才能发现区域发展中面临的问题，才能保护好、发展好一个区域。"

他期望，新时代的青年科学家秉承科考传统和精神，深入实际，重视野外调查，梳理山河，把论文写在祖国的大地上。

（中国科学报社记者冯丽妃撰文，原文发表于《中国科学报》2024 年 8 月 26 日第 4 版，文中图片由地理资源所提供）

书写中国的"海带传奇"

在我国辽阔的版图上，蔚蓝色的海岸线蜿蜒曲折，连接着壮丽的陆地与无尽的海洋。

蓝色海洋深处蕴藏着无尽的财富与希望。潮起潮落，我国的海洋科学家行走在沙滩上、攀爬在礁石间、潜入深海底，不畏艰苦，坚韧不拔，寻寻觅觅。

1955年夏季，山东省青岛市莱阳路28号——中国科学院水生生物研究所青岛海洋生物研究室①里，有人正在挑灯夜战。那是研究室副主任曾呈奎和他的海带组成员吴超元、孙国玉、任国忠、费修绠、蒋本禹等在整理标本、编写资料、登记造册。

第一次海带人工养殖浪潮从这里席卷全国沿海地区。

落地生根：日本"长寿菜"漂洋过海

海带被称为"长寿菜"，富含多种对人体有益的物质——维生素C、蛋白质及钙、铁等元素。海带的药用价值很高，是生物界有名的碘富集能手。

如今，海带已成为家家户户餐桌上的一道常见美食。然而，在20世纪50年代，它却是许多家庭难以获得的"珍宝"。海带是亚寒带海藻，原产于日本及其他东北亚沿海。

回顾往事，今年91岁的中国科学院海洋研究所（简称海洋所）研究员蒋本禹还清晰记得那时海带的"稀罕劲儿"——"价格高得出奇。解放初，1斤大虾才值1角5分钱，而1斤干海带能卖到1元多。尤其在'大脖子病'高发区，海带被视为灵丹妙药。"

海带是一种冷水性海藻，而我国海区夏天水温高，且北方海区少氮，并非海带的自然栖息地。当时，我国每年需进口1.5万吨海带才能满足市场需求。

那么，海带是如何在我国落地生根的？蒋本禹讲述了这段历史。

1927年，一批木头从日本北海道运至我国大连。此时正逢北海道海带成熟，释放出大量的游孢子，它们附着在木头上生长。这些木头运到大连后，停留在寺儿沟海面，这时由游孢子长成的海带成熟了，释放出更多游孢子，其中一部分便附着在栈桥的基石上。第二年，这

---

① 中国科学院海洋研究所的前身。

些小孢子竟然发育成小海带。

这一巧合让我国从此有了自然生长的海带。

科研为民："让人民吃上我们自己生产的海带"

1950年深秋，山东水产养殖场场长薛中和急匆匆地走进曾呈奎的办公室，向他请教一个关于裙带菜的问题，之后趁机提问："您说在青岛养殖海带行不行？"

曾呈奎回答道："海带是寒水性藻，在青岛养殖还有许多问题，目前恐怕不行。"

薛中和再问道："我参加了烟台海带养殖，已经成功了。烟台和青岛这么近，在烟台能养殖成，为什么在青岛不能？"

当时，多年战争结束后不久，科技信息隔绝。曾呈奎虽然早知道烟台有人养过海带，但未掌握详细信息。短暂的交流后，曾呈奎把研究海带养殖确定为自己和研究室的一个新课题。

从美国学成归来、深爱祖国的曾呈奎，自幼便怀揣理想，以国家需要作为自己的志向。他渴望通过科技手段使农业增产丰收，改善人们的生活。他给自己取号"泽农"，以铭心志，矢志不渝。

曾呈奎对同事们说道："我们研究海藻的，看到国家还要进口海带，感到羞愧。我们应当努力工作，争取在最短的时间内让人民吃上我们自己生产的海带。"

1951年，曾呈奎在研究室办公楼二层组建了海带养殖研究小组。他们以国家和人民的需求为己任，敢为人先，做好科研大文章。

然而，扩大海带养殖面临"拦路虎"。

"水温变化幅度大、夏季温度高、近岸水域营养盐含量少，使海带生长受到限制；冬季水浑光线不足、夏季水清光强，对海带的生长与度夏不利。这些自然条件都是人力难以改变的。"蒋本禹掰着手指头细说道。

1951年，曾呈奎和同事一鼓作气，弄清了培育海带幼苗的适宜温度范围、光照长短和强度、营养盐组成等，为下一步解决海带养殖中存在的关键问题打下了坚实的基础。

攻坚创新："秋苗"摇身变"夏苗"

传统的海带养殖要在秋天采孢子和培育幼苗，称为"秋苗"。研究伊始，秋苗难关便像一堵墙似的挡在了大家面前——海带小、含水量大、产量低、大部分中途"夭折"……

1953年，海浪拍打着夏日的黄海之滨，碧波荡漾，一项划时代的农业技术创新即将诞生并改变海带养殖业的命运。

初夏的一天，曾呈奎细心地观察着海带的种种变化。他突然发现海带在释放孢子。这让他灵光一现：用夏苗代替秋苗？由海上改到室内？

"同事们改为六七月间采夏苗孢子，然后在搭建的冰箱房里进行培育。"说起往事，蒋本禹仍按捺不住兴奋，"我们用过滤海水加上适量的氮、磷配制成培养水，人工将水温控制在8～12℃，光强控制在3000米烛，每天光照8～12小时，其他时间则熄灭光源、保持黑暗。同时，我们用电动搅拌机间歇搅拌培养水，保持水的流动性，并按时加入新鲜海水过滤冷却，更换部分培养水。"

蒋本禹所说的冰箱房位于研究室后院的右角落，是一间自建低温实验室，由一大一小两个冰箱组成，20多平方米。

在炎热的夏季，科研人员穿上厚重保暖的棉衣、棉裤进入其中，将一个个木头槽子整齐地排列在冰箱里。采集来的海带苗片用煮过、去过毛的棕绳缠在实验用的玻璃片上，贴着槽围内壁放一圈。其上30厘米处是一支支40瓦的日光灯。这就是每天的实验光源，一开一关，模拟日光培养夏苗。

幼苗就像被父母哺育的孩子，经过研究人员4个多月的精心照料，到10月中下旬时，长度已经超过1厘米。此时，海面水温已降至20℃以下，将幼苗移放到海面自然养殖正是最佳时机。

"这种幼苗我们称为'夏苗'。"蒋本禹自豪地说道，"夏苗有很多优越性，它们完全避开了杂藻的威胁；延长了两个月的生长期，重量和大小都远远超过秋苗；降低了育苗成本，改善了劳动条件。"

这是我国首创的在室内低温条件下培育海带幼苗，也是我国科学家在国际上首次阐明在一定的环境条件下，光是海带繁育的制约因子。这一发现打破了夏苗培育中的关键条件限制，保证了夏苗培育成功。

1954年末，丰收的海带夏苗给山东水产养殖场[①]场长房希栋和技术负责人李宏基等带

蒋本禹展示保存的苗片　（廖洋／摄）

---

① 山东省海水养殖研究所的前身。

来莫大的惊喜。刚成功研制海带筏式人工养殖法的他们主动找到曾呈奎，希望合作进行生产性试验。

李宏基毫不掩饰自己的赞叹："生产就是需要这样的科研成果。"

"夏苗就是为你们创造的筏式人工养殖法服务的。"曾呈奎也感到特别高兴。

一拍即合！

1955年7月，热火朝天的生产开始了。根据夏苗培育法的原理，农业部黄海水产研究所[①]和山东水产养殖场等又创新性地研发出玻璃房低温水池育苗法。多家单位合作，携手开启了工厂化育苗生产的新篇章。

乘风破浪：掀起海带养殖新浪潮

在山东沿海养殖海带，海水营养盐含量少海带难以长大，怎么办？

施肥自然是解决之道。但是，海水不停地流动，如何在大海中高效且经济地施肥成为一个新问题。

1953年12月，在疾驶的火车上，曾呈奎心事重重。他一如既往地利用这宝贵的独处时间思考科研问题。忽然，他的目光停留在瓷茶杯上。

瓷器！他的眼睛一亮，一个大胆的想法在脑海中形成——瓷、陶，如果用质地较粗的陶进行局部施肥呢？他一跃而起道："有了，有了！我有办法了！"

经过无数次试验和改良，陶罐海上施肥法终于"横空出世"。曾呈奎和同事们利用陶罐的通透性，将无机氮肥溶液装入其中，让肥料通过陶罐壁上的微孔缓慢渗出，为海带提供源源不断的营养。这种方法不仅经济高效，而且减少了肥料流失，使海带得以茁壮成长。

"当我第一次看到施肥后的海带时，简直不敢相信自己的眼睛。"看到海洋所的成果后，李宏基激动不已，"那些原本生长缓慢的海带，采用陶罐海上施肥法后，长得又粗又长，生机勃勃。"

李宏基进一步设计了三竿式小双架施肥方法，二者结合，在威海的两个海区同时进行规模性生产试验，成功获得第一批用人工施肥方法生产的商品海带。

如今，这已经成为海洋农业领域的一项重要技术。它以独特的优势帮助养殖户提高了海带的产量和品质，也促进了海洋农业的可持续发展。

1955年，曾呈奎决定组织科技人员正式开展海带南移栽培的研究工作。海洋所、农业部黄海水产研究所、浙江省海洋水产研究所等多家单位参与其中。

---

① 中国水产科学研究院黄海水产研究所的前身。

1956年夏，科研人员赴江苏、浙江、福建等地调查采样，并寄回青岛进行化学分析。结果表明，我国南方沿海海水含氮丰富，无须施肥即可栽培海带。

曾呈奎做进一步部署。吴超元制订海带南移栽培实验计划，并选定浙江舟山枸杞岛为实验地。实验由蒋本禹开展，用的都是从青岛运去的夏苗。

1957年夏，实验结束。科研人员证明我国南方类似枸杞岛条件的海域，完全可以栽培生产商品海带。1958年，水产部在大连开办海带养殖培训班，浙江、福建、广东三省派技术人员参加培训。我国掀起如火如荼的海带养殖产业浪潮。

"海带南移栽培是一项伟大的科学工程，推动了海洋水产产业的蓬勃发展，造福了广大人民。"海洋所退休专家徐鸿儒说道。

"此后两年多，我们先后奔赴浙江、福建、广东一线。浙江在奉化、温州成立育苗室，福建新建三沙、连江两个育苗室，广东在汕头、汕尾部署推广海带夏苗养殖。我们手把手指导技术人员，培养了一大批基层干部与技术主力，极大地推动了海带养殖业的南移工作。"蒋本禹描述那段扎根一线的岁月。

当然，问题也很多。蒋本禹和同事们一边干，一边攻坚克难。"经过反复摸索，我们依据当地情况，在浙江用竹筷取代棕绳，在福建则用开水烫过的维尼纶绳搭起了架子，因地制宜地调整种植密度，最终取得南方海带养殖产业化的新胜利。"

"哪里需要，我们就去哪里。只要把工作做好，人民满意，人民有饭吃、有钱赚，我们就全力以赴！"这是萦绕在蒋本禹和同事们心中的坚定信念。

"看到苗子卖出去了，他们笑了、开心了，我们就放心了、开心了。"说到这里，鲐背之年的蒋本禹露出憨实的笑容，仿佛回忆起在海岛的风雨中晕船呕吐、艰辛测量，隆冬用生着冻疮的手采摘海带，既做科研人又做工人的峥嵘岁月。

1965 年，曾呈奎（中）等科研人员在海上研究海带
（海洋所供图）

海带神话：奇迹背后的耕耘

中国人工栽培海带从诞生到推广应用历经10年。到20世纪70年代初期，我国海带总产量已达到30万吨干品，是日本和苏联自然海带产量之和的6倍，震惊了世界藻类学界和水产养殖学界。

曾呈奎的学生、海洋所副研究员王金霞曾看到这样的史料记载："1978年，国际海藻学会主席带领科技代表团专程来中国考察，在生产现场看到一望无际的大面积栽培区和硕大的海带叶片，马上就惊呆了。回到宾馆后，他们纷纷给国外的同事发出电报——中国的海带神话是真的。"

海带国审新品种"中宝1号"示范推广 （逄少军供图）

全球的目光都被这片东方的蓝色海域所吸引。"这贡献是无法用言语衡量的。"国际著名藻类学家苏珊·布劳利（Susan Brawley）如此评价道。

1978年，"海带养殖原理研究"项目荣获全国科学大会奖。海带大规模海上养殖取得巨大成功，不仅是科技转化为生产力的经典事例，也为人类开发利用海洋作出了中国的重要贡献。

海带的成功栽培，在为我国带来巨大经济效益的同时，还带动了紫菜、裙带菜等其他海藻产业发展。曾呈奎和他的同事们还创建了从海藻中提取碘、褐藻胶、甘露醇的完整生产工艺和技术流程。如今，我国已成为世界最大的褐藻胶生产国，产品广泛应用于医药、食品和饲料等领域。

国家藻类产业技术体系首席科学家、海洋所研究员逄少军说道："我国是世界头号海带生产大国，目前年产143万吨（干重），海带栽培生产区域涵盖了温带和亚热带等不同水域。"

逄少军介绍到，进入20世纪90年代，海洋所建立了中国科学院海藻活体种质资源库，广泛收集了海带物种分布范围内的活体种质资源；发展了海带单倍体克隆杂交技术；突破了杂交海带适时不育技术瓶颈，实现了杂交海带的广泛应用；培育了两个国审新品种和多个适应不同水域的特色新品系，在山东、福建和辽宁产区示范推广超过100万亩，为提高我国海带良种产业化水平、促进我国海洋水产经济健康发展作出了突出贡献。

70年的耕耘与发展，一代代中国海洋科学家接力前行，"中国海带"已经成为我国海洋产业的一张亮丽名片。这位来自深海的"绿色使者"，以独特的贡献为世界粮食安全筑就了坚实的防线，以辉煌的成就开创了海洋农业的新纪元。

（中国科学报社记者廖洋撰文；原文发表在《中国科学报》2024年8月2日第4版）

向科学要答案：
钢铁是这样炼成的

　　苏联小说《钢铁是怎样炼成的》中男主角保尔·柯察金认为，钢铁，经历烈火的熔炼与急剧的冷却，方能铸就其坚韧不屈的品性，无所畏惧。正如我们的时代英雄，他们在斗争的烈火和生活的考验中锻造而成，学会了不屈不挠，勇往直前。这同样是我国发展钢铁冶炼技术的真实写照。

　　从20世纪50年代开始，在世界著名冶金学家叶渚沛的带领下，中国科学院化工冶金研究所（简称化冶所）[①]的科研人员在困难年代里，面向国家钢铁冶炼的重大需求，瞄准世界化工冶金前沿，发展"三高"理论，并自主研发了当时世界先进的氧气顶吹转炉炼钢技术。

　　1964年12月24日，氧气顶吹转炉试车成功，我国第一座30吨工业化氧气转炉炼钢车间随后投产。从此，我国开启了氧气顶吹转炉炼钢技术替代平炉炼钢技术的新篇章。

　　筚路蓝缕，以启山林，我们的钢铁是这样炼成的。

"中国的富强太需要钢铁了"

　　"哪里有国家重大科学技术的实际问题，哪里就有他的浓厚兴趣。"如今，过程工程所原所长、研究员许志宏回忆起恩师叶渚沛，仍然被他的爱国情怀所感动。

　　新中国成立之初，钢铁一度是国家建设最紧缺的物资。

　　1950年，周恩来总理在北京会见了一位久别重逢的老朋友——叶渚沛。

　　当时的叶渚沛已年近半百，曾在联合国教科文组织和经济事务部任要职，在钢铁、冶金、经济等领域颇有建树，为国际科学界所瞩目。在这次会见中，周恩来总理语重心长地表示，希望叶渚沛在新中国建设中充分发挥聪明才智。[②]

---

① 后更名为中国科学院过程工程研究所。
② 刘伟，王启梅. 叶渚沛的报国情怀与抗战义举. 中国档案，2015(4): 2.

这何尝不是叶渚沛的心愿？1949年，还在联合国任职的叶渚沛获知新中国成立的消息后欣喜万分地说道："我们这些长期漂泊海外的游子，为祖国争荣誉、振兴中华的抱负可以实现了。"他毅然辞去联合国的职务，辗转回国，矢志践行久藏于心的"钢铁报国"信念。

出身于爱国华侨家庭的叶渚沛，曾在年少回国探亲时目睹了祖国由于技术落后造不出兵舰而备受欺凌的境况。

"一个国家的钢铁产量，标志着这个国家的富强程度。我国钢铁工业太落后了，才造成近百年来被列强欺压瓜分的悲剧。"父亲的话常常萦绕在叶渚沛的脑海中，"中国的富强太需要钢铁了！"

从此，叶渚沛的心中种下了科技报国的种子。在国外学习和工作的十几年里，他在钢铁和冶金的世界科技前沿拼命汲取养分。

1933年，他放弃美国优厚的生活待遇和良好的科研条件，回到战乱中的祖国。叶渚沛十分关心和支持中国共产党的革命事业。鲜为人知的是，他曾对身陷困境的白求恩大夫倾囊相助，帮助他购置行装和医疗装备前往延安；还曾秘密协助周恩来总理通过外交途径公开"皖南事变"真相。[①] 1944年，他以考察的名义访学欧美，虽然迫于形势不能回国，但仍抓住一切机会学习和掌握世界工业新动向。

受到周恩来总理亲切接见后，叶渚沛心中始终牢记总理的殷殷嘱托，一心想为改变新中国钢铁工业落后的面貌尽一份力。

用化工"强化"冶金

作为一门将化学过程转化为实用技术的学科，化学工程学如今已经成为冶金炼钢生产不可或缺的理论基础。然而，将时间的"指针"拨回到七八十年前，这个理念在当时的科学家眼中既新奇又充满挑战性。

在实际生产中，将自然界存在的铁矿石炼成能够用于工业生产的钢铁，先要通过碳的燃烧获得还原铁矿石所需要的高温。焦炭与主要成分为氧气、氮气和二氧化碳的高炉煤气进行燃烧反应，生成二氧化碳并释放大量热量，然后焦炭中的碳与铁矿石在高温下发生还原反应，得到金属铁。

在美国学习和工作期间，叶渚沛已经在学术刊物上发表过10多篇有关铁、钢与合金的化学热力学与物理化学特性等方面的学术论文，对将化学工程学用于冶金过程的重要性有了深刻的认识与预见。

---

① 刘伟，王启梅. 叶渚沛的报国情怀与抗战义举. 中国档案，2015(4): 2.

1953年，他给毛泽东主席写信："请您给我一个研究机构，使我能有机会做有系统的研究，发展重工业的方法。"

不久后，中国科学院迅速响应，开始筹建化冶所，由叶渚沛担任首任所长。

叶渚沛曾强调，没有理由把化学工业同冶金工业对立起来分析，它们的过程都包含下面4个现象：动量的传递、热能的传递、物质的传递、化学反应。这个论断简称为"三传一反"，如今已经成为过程工程研究的基本框架。

创建初期时，化冶所条件困难，叶渚沛便带着几个青年人借用北京中关村其他研究所的几间办公室开展筹备工作，并在中关村地区陆续建立了危险品库、矿石场、焦炭及煤场、煤气厂、化学药品库、职工宿舍、设备库等。

1958年春，实验大楼落成，办公室、实验室搬进了大楼里。

1956年12月，在叶渚沛邀请下，后来当选为中国科学院院士的郭慕孙和陈家镛两员大将归国加入化冶所。1958年10月1日，万事俱备，化冶所正式挂牌成立。

陈家镛曾回忆到，自己决定参加筹建化冶所的工作，主要是相信叶渚沛"高度爱国""以发展我国科学技术为己任"。"在叶先生领导下，我想自己可以为我国科技现代化贡献更多力量。"他回忆道。

中国科学院成立化冶所不仅及时响应了国家对于钢铁产业的迫切需求，而且为以化学工程学视角开展冶金研究提供了坚实的组织化保障。用化工"强化"冶金从此有了具体而有效的载体。

"三高"理论的创建

"人们也许会以为高炉熔炼过程中的一切技术问题都已解决了。其实，科学时时刻刻在前进……一个新的形势正在号召我们，要求我们站在现代科学的立场上，以新的论述问题的观点来重新审查高炉熔炼的各个方面。"叶渚沛在1959年出版的《论强化高炉冶炼过程的基本问题》一书中直言道。

科学家们开始在"三传一反"理论的指导下，着手解决钢铁冶炼过程中的科学问题。

对于铁矿石在高炉中的反应条件这个问题，当时的主流观点是"大风量"和"富氧鼓风"可以提高产量。但是，叶渚沛很早就发现了值得怀疑之处——"鼓风量增加1倍，为什么产量没有相应增加1倍？"基于科学实验给出的答案，叶渚沛认为，要强化高炉过程，就不能完全依靠大风量。1945年，在美国访学的叶渚沛了解到"高压炉顶"试验取得成功，受到启发。"这是一个真正的革新。"他说道。

对于"富氧鼓风"为什么容易发生爆炸这个问题，叶渚沛提出将高炉视为"复杂整体"

后，不同部位存在"温度梯度"这个根本原因。

对于如何提高高炉产量这个问题，叶渚沛提出："我国当下还难以大量修建巨型氧气厂，至今尚未开发出一种廉价的、适于高炉使用的氧气，因此我们应首先探索提高空气预热温度的可能性。"

基于此，他们的解决方案是使用蒸汽。这个方案既可以改善高炉内的温度梯度，让强化鼓风得以进行，使炉内温度更加均匀，又有利于冶炼反应的进行，进而提高产量，同时避免了为生产氧气而提高成本。

经过系统思考后，叶渚沛提出强化高炉冶炼的"三高"理论——高压炉顶、高风温、高湿度鼓风。回国后，他一直致力于带领化冶所的科研人员推动其在我国钢铁厂落地。

几十年来，"三高"理论指导了我国相关领域的科研和生产实践。

"我不能保持沉默"

20世纪50年代的钢铁厂里，机器的飞速运转和工人们忙碌的身影交织成一幅生动的画面。在发展的浪潮中，人们关于炼钢技术的争论如同平静湖面下的暗流，涌动激荡。

当时，炼钢的技术路线主要分为"转炉"和"平炉"两种。其中，传统上多采用平炉炼钢。长方形的平炉一般有一个或多个燃烧室。生铁熔化后，添加石灰石等助熔剂可以去除杂质。

转炉是后来才逐渐发展起来的新技术。转炉通常呈巨大的梨形，生铁从炉顶加入，通过炉顶的喷嘴吹入高纯度氧气。氧气与生铁中的碳发生反应，生成二氧化碳，从而降低了碳含量。同时，包括硅、磷等在内的其他杂质也会通过氧化反应被去除。

平炉炼钢的过程比转炉炼钢的慢，但可以处理质量较差的原料，对某些特殊钢种的生产有一定的优势。

对于急需钢铁的中国来说，采用哪种技术路线发展炼钢工业，一时成为工业部门关注的焦点。当时，冶金工业部聘请了一批苏联专家担任顾问。他们根据苏联国内的生产情况，纷纷主张采用平炉。

这样一来，冶金工业部也就顺理成章地确认我国要优先发展大平炉的技术路线。一时间，建大平炉的计划开始在全国各地的钢铁厂酝酿。

然而，"中国叶"却提出了截然不同的意见。在一次讨论会上，中苏两国的专家及工业部门的相关负责人围坐一桌，气氛紧张而凝重。叶渚沛操着一口闽南话，直截了当地说出了自己的意见："我不赞成盖平炉。"

"我们苏联一直在大力推广平炉技术，它是最稳定、最可靠的。"苏联专家对平炉的好

1955年6月，叶渚沛（右二）与来访的苏联科学院副院长巴尔金（左三）交流学术问题

处深信不疑。

叶渚沛深吸一口气，应对道："我认为在炼钢技术的选择上，我们应该实事求是地以事实为依据来判断。"

早在1952年，当国际上纯氧顶吹转炉炼钢技术在奥地利还处于中试阶段时，叶渚沛就敏锐地意识到，氧气转炉必将取代平炉，成为主要的炼钢方法。亲历这段历史的许志宏回忆道："叶先生知道，盖平炉需要天然气，但那时中国没有天然气，而用氧气炼钢则不需要燃料。"

在郭慕孙的眼中，叶渚沛的谈吐与众不同，他"虽讲工程技术，但出发点是我国的资源、经济战略"。

但是，"胳膊拧不过大腿"，叶渚沛一度败下阵来，他没能改变炼钢技术路线的决策。"作为一个爱国者和现代重工业技术的专业人员，我对苏联专家提出的许多错误和有害于我们冶金建设的建议，不能保持沉默，我公开地予以反对。我知道这是冒险的，但我对党有无限的信任。"叶渚沛在写给毛泽东主席的信中曾明确提到。

转机出现在1955年苏联科学院副院长巴尔金受邀来华访问时。在为期两个月的访问期间，巴尔金了解到中国冶金界的这场争论后，赞成并积极支持中国发展氧气顶吹转炉炼钢。

巴尔金在写给中方的报告中明确提出坚决支持叶渚沛的观点："采用氧气转炉炼钢法是迅速发展冶金工业的必由之路。"

得到巴尔金的支持后，叶渚沛陆续撰写了《论在中国采用吹氧转炉方法炼钢问题》等文章，鲜明地阐述了自己的学术观点。

向科学要答案

化冶所成立后，在中国科学院的支持下，叶渚沛一直坚定地向科学要答案。他扛下了压力，独树一帜，带领许志宏、王大光等化冶所的年轻骨干组建起科研团队，投身于氧气顶吹转炉技术攻关。

为了验证"三高"理论和发展新技术，中国科学院拨款在石景山钢铁厂[①]建成了化冶所

---

① 现首钢集团有限公司。

实验高炉（即石钢018车间）。

从1958年开始，他们投入氧气顶吹转炉试验，从30公斤开始，逐步放大到300公斤，再到1.5吨。一天又一天，在钢铁的熔炉旁，科研团队聚精会神地观察、钻研这台小型氧气顶吹转炉的运行。火焰在炉膛内跳跃，犹如一颗炽热的心脏，为钢铁的诞生提供源源不绝的动力。

1958 年 7 月落成的化冶所实验高炉（即石钢 018 车间）

经过无数次的试验和失败，他们终于在小试中取得成功。氧气顶吹转炉实现了对普通生铁、高磷生铁及攀枝花含钒生铁的吹炼，并且基本上防止了空气污染。

这让叶渚沛和科研团队信心倍增。

后来，国家科委拨出一笔科研项目款，专门用于兴建30吨工业化氧气顶吹转炉。许志宏还记得，这笔经费是从"两弹一星"的经费里拨出来的。"这在当时可是一个不小的数目，叶先生有那么大的雄心把这个厂建起来，他是敢于担当的。"多年来，许志宏想起那段往事，仍为之动容。

1962年，石景山钢铁厂内，国内第一座真正用于工业生产的30吨氧气顶吹转炉炼钢厂开工建设。

1964年12月24日，在石景山钢铁厂的一间厂房里，所有人目不转睛地盯着厂房上空吊着铁水缓缓前行的大天车。厂房外，为应对随时可能发生的意外，消防车、救护车严阵以待。

"成功了！"不一会儿，厂房内传出欢呼声。这意味着，当时世界上最先进的炼钢技术——氧气顶吹转炉试车成功！

不久后，叶渚沛将氧气顶吹转炉的相关情况上报中央。中央通过决议。此后，我国建立炼钢厂不再建平炉，都改为建氧气顶吹转炉。我国炼钢史从此翻开新的篇章。

如今，我国已经成为无可争议的钢铁大国，但是当年那段探索钢铁炼成之路的历史，承载着科研团队求真务实的精神、坚如磐石的信念与锲而不舍的实践，值得我们永远铭记。

（中国科学报社记者甘晓撰文；原文发表在《中国科学报》2024 年 7 月 15 日第 4 版；文中图片由中国科学院过程工程研究所提供）

一粒种子的"持久战"

1956年，中国科学院的14名青年背起行囊离开北京，踏上了开往陕西的列车。

火车开动后，同行者惊讶地问一位戴眼镜的瘦高个儿青年道："你的背包里怎么带了这么多草根？"那位青年回答道："西北可能需要。"

这些青年是为了响应国家"支援大西北"的号召而奔赴陕西杨凌的，他们将成为新成立的中国科学院西北农业生物研究所①的生力军。

那位背着草根的青年来自中国科学院遗传选种实验馆②，名叫李振声。当时的他不会料到，书包里的这些草根，经过他长达25年的漫长研究，会孕育出第一粒抗病、高产的远缘杂交小麦"小偃6号"，有效地遏制了条锈病的蔓延，开启了我国小麦远缘杂交育种的新纪元。

为了让老百姓吃饱饭

在新中国成立初期的1956年，我国人均粮食产量约为306公斤③，远低于人均400公斤的国际粮食安全线。当时，让人民群众吃饱饭，成为国计民生的头等大事。

当时，小麦条锈病在我国黄河流域肆虐，一年便能导致小麦减产超百亿斤，相当于当时我国粮食总产量的1/20，这让本就饿肚子的中国人雪上加霜。中央领导提出，要像对付人类疾病一样来抓小麦条锈病的防控工作。

小麦条锈病的危害巨大，其病菌夏孢子堆成熟破裂后会散发出大量铁锈色的夏孢子，在空气作用下，几天内就可以蔓延至整个地块。小麦一旦染病，严重时会减产30%～50%，甚至绝产。

更棘手的是，利用普遍采用的育种方法，将外来抗病小麦与本地小麦杂交，培育抗病

---

① 后更名为中国科学院水利部水土保持研究所。
② 中国科学院遗传与发育生物学研究所的前身。
③ 1公斤=1千克。

新品种需要8年左右的时间。但是，小麦条锈病对这种"近亲繁殖"的新品种产生适应性变异、让其失去抗性平均只要5年半的时间。

李振声到关中平原后，看着一片片延伸到天边的小麦田，亲身体会到小麦条锈病的可怕。他回忆道："穿条黑裤子在麦地里走一趟，裤子就会变成黄色，有的农民就在地头哭。"

如何才能弥补育种速度赶不上病菌变异速度的致命缺陷？李振声苦苦思索着破解之道。

出生于山东淄博农村的李振声，在少年时期经历过贫困和饥荒。由于连年旱灾，村里的榆树叶和树皮都被吃光了，葱根蒜皮也被当作食物。这让他深知粮食的宝贵。

高中二年级时，为减轻家里的负担，李振声辍学到济南找工作。当时山东农学院^①一则招生启事中的"免费食宿"引起了他的注意。他试考成功，从此走上了小麦育种的道路。

毕业后，李振声被分配到中国科学院遗传选种实验馆工作。进入中国科学院，他在惊喜之余也有一丝遗憾：想做遗传育种研究的他被分到了栽培组，与各种牧草打起了交道。那时的李振声不会想到，这个看似与小麦育种无关的工作，会让他开辟出一个小麦遗传育种的新领域。

看着从北京带来的草根，李振声产生了一个大胆的设想：能不能通过将牧草与小麦进行杂交，培育出一个抗病性强的小麦品种呢？

"小麦经过了数千年的人工栽培，就像温室里的花朵，抗病基因逐渐丧失；而野草则在自然界通过层层筛选，不抗病的个体都被淘汰了，有着非常好的基因库。"李振声想，"如果把野草的抗病能力传递给小麦，不就能大幅提高小麦的抗病性吗？"

这个设想得到了植物学家闻洪汉、植物病理学家李振岐的支持。

但是，小麦演化至今经历了近万年的时间。人工育种成功的可能性有多大、需要多长时间，李振声并没有把握。

事实上，苏北农学院^②毕业的陈漱阳比李振声先到中国科学院水利部水土保持研究所（简称水保所）。她试图把滨麦草的多年生性和抗病性传递给小麦，可研究了两年，小麦的性状没有发生一点儿变化。

李振声在查阅国际研究文献后认为，只要方法得当、坚持不懈，这条路是走得通的。他把携带的牧草草根种在水保所的院子里，搭建了简易的半地下土温室，用来繁殖种子，并迅速牵头组建了一个青年科学家课题组，成员包括陈漱阳、李容玲、刘冠军等。

让亲缘关系较远的牧草和小麦进行"远缘杂交"，挡在他们面前的有三道难关：第一，

① 现山东农业大学。
② 后改名为江苏农学院，并于1992年与扬州师范学院、扬州工学院、扬州医学院、江苏水利工程专科学校、江苏商业专科学校联合组建扬州大学。

青年李振声在开展小麦远缘杂交育种研究

杂交不亲和,很难实现;第二,杂种不育,后代像马和驴的后代骡子一样,没有繁育能力;第三,后代"疯狂分离",抗病性状很难保持。

但是,初生牛犊不怕虎,李振声带领课题组成员迎难而上。他们最初挑选12种牧草与小麦杂交,只有3种成功。其中,长穗偃麦草的后代长得最好,于是他们便把它作为研究重点。偃麦草的花期比小麦的花期晚,他们就加灯补光调整偃麦草的开花期,使它提前两个月开花,实现了成功授粉;杂交品种不能发芽,他们就蹲在田里逐株排查小麦,找到雌雄花正常的杂种,与父本、母本反复进行正反回交;有时一个杂种看着很好,下一代却面目全非,他们就一次次地重新鉴定、筛选……

偶然和必然

研究进行到第八个年头,理想的麦种还是没有出现。

"搞远缘杂交就是不着边际的事""既糟蹋经费又浪费时间"……一时间,非议纷至沓来,课题组陷入困境。

幸好,李振声在刚开始研究远缘杂交时想起刚到中国科学院时听过的艾思奇有关哲学的论述,采用"两条腿走路"的策略,同时还做了小麦品种间杂交研究,没"把鸡蛋放在一个篮子里"。

这种远近目标相结合的做法帮了大忙。当时,研究团队通过小麦品种间杂交选育的一些品种在陕西得到推广,远缘杂交研究才得以继续。

1964年夏天,小麦成熟前一个多月阴雨连绵。6月14日,天气突然暴晴,1000多份小麦杂种后代在一日之间几乎全部"青干"——叶子还绿着,植株变干了。只有一株扛过了强烈的太阳光照射,保持着金黄色。

这一未被"青干"的杂交种,给了李振声课题组莫大的信心。这个被称为"小偃55-6"的材料,既抗高温又抗病害,成为后来大面积推广的"小偃6号"的"祖父"。

"科研工作在偶然中有必然,就看你能不能抓住这个机遇。"李振声谈到这次"偶然"

和"机遇"时如是说。那时候，他每天都在地里查看，细致到完全不用看记录本，就能说出哪个材料长在哪个地方，最终敏锐地发现了细微的差异。

"小偃55-6"只是初步成功，让远缘杂交种走向生产应用仍然任重道远。

1965年，李振声带领课题组转到新成立的中国科学院西北植物研究所（简称西北植物所）[①]。除了该所的七八亩试验田，他还千方百计地在附近的官村开辟了30亩试验田，开展远缘杂交育种研究。河北农业大学的毕业生穆素梅、钟冠昌被分配到该所，跟随李振声开展研究。

穆素梅记得，从西北植物所去官村试验田要走10里[②]土路。那时全课题组仅有一辆自行车，每到播种、授粉的季节，李振声就和同事们一起背着馍从所里步行到官村。每年10月小麦播种的季节，一碰上连阴雨，路就不好走，雨鞋陷进泥窝里，鞋子裹着泥巴越走越重，平日里一个小时的路程得走将近两个小时。

农民在播种小麦时，胳膊挎着荆条编的笸篮，手伸进去抓一把麦种撒在新翻的沟垄里就完成了。课题组播种就不一样了，要规划好每个材料的种植行数，稀少的材料甚至要一粒粒播种，还要给每行材料写一个标识牌，插到地头。

提起播种，西北农林科技大学的高级实验师周汉平回忆起，当年刚进课题组不久，他就领教了李振声的"怒火"。

那次，秋雨连续下了半个月，为了不影响后期研究，大家冒雨播种。地里泥泞不堪，周汉平干活就有些粗糙，但是没想到，他的马虎被李振声发现了。

"雨再大，也要按照规矩来。"一贯好脾气的李振声极严厉地对周汉平说道，"只有在很严格的条件下，才能看到遗传上的差异。"说着，李振声自己做起了示范。这让周汉平深受教育，在后来的试验中，他都非常仔细。

不光是播种，收麦、拉车、脱粒这些费时费力的活儿，课题组也都自己干。

麦子收割时，热浪炙烤得树叶都失去了水分，一片片奄拉着。他们顶着热浪把远缘杂交的麦子拔出来，放在架子车上，拉回西北植物所。

珍贵的材料不能用机械脱粒，他们就蹲在地上，手上套个小搓板，在麦穗上来回搓几下，让麦子落到身旁的盒子里，然后用小风扇吹掉麦壳，再查看籽粒的数量、颜色、饱满度，最后装进一个牛皮小袋中，标上编号。

时光飞逝，寒来暑往。官村的试验田里慢慢地建起了平房、仓库，还盖起了一栋二层小楼，大家不用每天来回20里路看麦子了。

---

① 后合并至西北农林科技大学。

② 1里=500米。

中国国家博物馆展示的小麦远缘杂交品种
"小偃6号"标本

1970年，李振声课题组经过连续6年反复地杂交和回交，得到了一个非常好的新材料，命名为"小偃96"——这就是"小偃6号"的"父亲"。这个材料具有抗病、早熟、抗干热风、优质等优良特性。用它做亲本进行杂交，次年终于得到了第一代"小偃6号"。

不过，这时的"小偃6号"仍存在着育性不稳定的问题。直到1977年，课题组用激光对杂种进行辐照并反复繁育至第七代，才得到一个特优单株——也就是后来黄淮海地区普遍种植的"小偃6号"的原始株。

"我们对这个单株进行了'破格'处理，把它的种子均匀地播撒在一个小区内，结果群体性状一致。"李振声说道。

这批种子在有限的灌溉条件下的亩产超过350公斤，比对照品种增产17%。这些成果让小麦远缘杂交课题组在1978年获得全国科学大会奖。

"漂亮的小孩"

"'小偃6号'好像一个生下来就特别漂亮的小孩。"半个世纪后，陈漱阳仍然清楚地记得，这个材料穗子整齐修长、粒多质优、种子饱满、成熟黄亮；穗子成熟时，叶子还挂着绿色，可以继续通过光合作用制造出碳水化合物，输送到种子里，使它们挂浆饱满。

陈漱阳记得，李振声在小区里选出一株最健硕的"小偃6号"带回来，请一位细心的女同志剥开麦壳，用镊子取出一粒粒麦子，再把麦壳复位，获得一株完整的"小偃6号"株型标本。每个到实验室参观的人看到这一标本都忍不住赞叹。

有了种子，接下来就是同样繁忙的加速繁殖和区域试验。

经过课题组的不懈努力，"小偃6号"在1979年陕西关中小麦品种区域试验中获得佳绩，37个试验点中的35个点获得增产，比对照品种增产30%以上。

1981年，优异的表现让"小偃6号"通过陕西省农作物品种审定委员会审定。至此，李振声带领课题组鏖战25年的小麦远缘杂交育种研究终于取得巨大成功。

从1981年通过品种审定到1985年获得国家发明奖一等奖，仅仅5年，"小偃6号"累计推广2400万亩，经济效益达2亿元，其成果转化速度之快、经济效益之显著，令人瞩目。

为了培育、繁殖和推广"小偃6号"这个"漂亮的小孩"，研发它的科学家们都忽视了自己家里的孩子。

那时，李振声与夫人李继云分别主持两个不同课题，经常出差、蹲点或做试验。女儿李滨从六七岁开始就常常无人照管，在脖子上挂一把钥匙，一个人到食堂打饭，一个人住。

由于丈夫经常在外出差，陈漱阳就一边做研究，一边拉扯女儿。一次，她在地里做试验回家晚了，女儿

1987 年，西北植物所遗传室部分研究人员（左一为李振声）

放学找不到她，一个人从西北植物所向官村试验田的方向跑，半路上被她的同事撞见才被带回所里。

穆素梅和钟冠昌夫妇为了做研究，把不到1岁的大儿子送回河北老家，小儿子出生28天时就托给附近的农民照看。

正是他们的割舍与坚持，换来了陕西农民给出的最高评价："要吃面，种小偃！"

在20多年的研究中，李振声课题组先后育成了小偃麦八倍体、异附加系、异代换系、易位系和"小偃4号""小偃5号""小偃6号""小偃54号""小偃81号"等一系列高产、抗病、优质新品种，并迅速将其推广。

其中，"小偃6号"始终是那个"最漂亮的小孩"。它能同时抵抗8个条锈病生理小种的侵染，且产量高、品质好，做出来的馒头白、面条筋道。这些品质让它作为陕西省骨干小麦品种被连续种植16年以上，成为我国推广时间最长的自育小麦品种。这也让它成为中国小麦育种的重要骨干亲本，衍生品种达80多个。截至2003年，全国累计推广种植3亿多亩，增产小麦逾150亿斤，让我国小麦的增产速度一度超越水稻。

麦浪如歌

育种界常说，没有长青的种子。自"小偃6号"审定以来的40多年里，随着科技发展的脚步加快，作为农业发展"芯片"的种子的代际更迭速度也在加快，关中平原见证了一批又一批新种子的诞生与落幕。

但至今，陕西仍然有农民在播种"小偃6号"，它在培育新品种方面依然发挥着重要的基石作用。

陈漱阳认为，一家科研院所要有自己的特色，才不会在同类竞争中被淘汰，也才能更好地服务国家需要。小麦远缘杂交能够取得成功，正是因为紧紧抓住了这一点。

小麦远缘杂交是一项探索性的基础研究，课题组从一开始就有了"打持久战"的思想准备，让课题组在面对困难和曲折时始终坚定必胜信念。

李振声则反复强调："没有集体的努力，是不可能取得成功的。"

"小偃6号"获得国家发明奖一等奖后，奖金共有3万元，当时大家的月工资还不到100元。李振声安排的分配结果是，课题组10个人每人1000元，他本人也是如此。其余部分分给了所里的司机、食堂大师傅、县种子公司等其他对课题组给予过帮助的人，每人同样1000元。

当然，课题组的其他人始终坚信，这项研究之所以能取得成功，还有一个关键——一个优秀且相对稳定的学术带头人。20多年间，课题组成员几经变更，李振声的行政职务也在不断变化，但没有变的是他仍然是远缘杂交课题组组长，这让课题组一直保持着严谨的治学作风和良好的科研秩序。

科学、进取的团队氛围，推动着课题组坚持攻关、不断创新。

20世纪60年代的远缘杂交，只能在个体水平上开展；到了20世纪70年代，研究进入细胞水平，跨越了一大步；从1978年起，蓝粒小麦和染色体工程育种新系统的创建，将原本需要数十年的远缘杂交育种过程缩短至3年，为技术实用化开辟了一条新路；1986年，第一届国际植物染色体工程学会会议落户西安，进一步扩大了我国小麦遗传育种在国际上的影响。

今天，距离李振声和同事们登上那列西行的火车已经过去68年。当年年轻的面庞已经布满皱纹，甚至有人已经逝去，但在关中平原一片片延伸到天边的小麦田——这片他们曾经为之奋斗的黄土地上，仍然印刻着他们的青春记忆。

因为小麦远缘杂交研究，清秀的江苏女子陈漱阳在祖国的西北大地上度过了大半生，耄耋之年的她仍未忘记"小偃6号"培育成功带来的巨大喜悦。1979年的一个夏日，她早早起床、脚步轻快地从杨凌前往官村，一路上不由自主地小声唱起歌来。歌声传到耳边，收敛了半辈子的她被自己的"张扬"吓了一跳。

山东青年李振声在黄土地上耕耘三十一载。因为给农民们带来了吃得饱的远缘杂交小麦，他被大家亲切地称为"中国远缘杂交小麦之父"，与"杂交水稻之父"袁隆平并称为"南袁北李"。

在黄土地上，李振声总是和农民打成一片。陕西人喜欢吃面，经常放上一盆面、一小盘醋、一小盘辣椒面、一小盘粗盐粒就开始吃。李振声很适应这种饭食，对初来乍到的徒弟穆素梅说道："放几个盐粒，放点醋，放点辣椒，一拌就挺好吃。"

小麦远缘杂交成功后，陕西省科学院给李振声在西安分了房子，他没去住，觉得在杨凌做学问是非常好的选择。

"科学研究的主流应该是从生产中来、到生产中去。"李振声说道。在杨凌的这些年，他吃过120多户农民家里的饭，知道农民想什么、要什么。

"李老师很少考虑自己，一辈子都在操心国家的事，始终想着让大家都有饭吃，都有好日子过。"穆素梅说道，"他总是鼓励我们要作贡献。"

在李振声的鼓励下，穆素梅和钟冠昌夫妇在1989年调至中国科学院石家庄农业现代化研究所①进行"二次创业"。他们通过10余年的奋斗培养了一批农业研究人才，并选育出我国第一个出口的优质小麦新品种"高优503"，获得国家科学技术进步奖二等奖。

1987年，李振声告别杨凌，返回中国科学院院部，从麦田里亲力亲为的耕耘者变成运筹帷幄的中国麦田谋划者。他提出了一个影响至深的建议——黄淮海地区中低产田治理。这项工程实施了6年，为我国增粮504.8亿斤。

他还是我国粮食战略安全的"吹哨人"，多次在我国粮食产量出现徘徊时，及时敲响警钟，提出增产对策。针对国际上有关"谁来养活中国"的提问，他果敢地提出"中国人自己养活自己"的思路。

这些关乎国家粮食安全的科研创新和策略实施，让李振声在1991年当选为中国科学院院士，2006年获得国家最高科学技术奖。

但他并未止步。2013年，82岁的李振声组织实施"渤海粮仓科技示范工程"，实现环渤海地区5年增粮200多亿斤。2020年，年近90岁的李振声再次提出建设"滨海草带"的设想，以确保我国的饲料粮安全。"新中国让我有饭吃，还能上大学，这是我过去从不敢想的事情。"李振声说道，"国家培养了我，我应该向国家作出回报。"

这一朴素的感情，支撑着李振声用所学回报祖国，也感召着一代又一代中国科学院人。

如今，中国科学院遗传与发育生物学研究所成立了李振声"滨海草带"青年突击队，集中所内10多个育种和养殖团队的优势科研力量，在东营黄河三角洲开展攻关。这些新时代的青年，继承了老一辈科学家的精神，继续在祖国的大地上"书写"自己的"科技论文"。

（中国科学报社记者冯丽妃撰文；原文发表在《中国科学报》2024 年 4 月 18 日第 4 版；文中图片由中国科学院遗传与发育生物学研究所提供）

---

① 现中国科学院遗传与发育生物学研究所农业资源研究中心。

中国锂电池 "突围记"

　　锂电池是电动汽车的关键部件。在世界汽车大国你追我赶、逐鹿新能源车的今天，得锂电池者得天下。

　　2023年6月，一块由我国自主研发、能量密度为每公斤360瓦时的固态锂电池正式交付给电动汽车的龙头企业，在业内引发热议。这一进展标志着中国在电动汽车大国的道路上又迈出了重要一步，被认为是全球电动汽车行业的重要里程碑。

　　鲜为人知的是，到达这一 "里程碑" 之前，中国科学院物理研究所（简称物理所）的科研团队已经在锂电池领域潜心耕耘了40多年。

　　40多年前的中国，自行车都还未普及，汽车对普通人而言更是可望而不可即的奢侈品。由中国工程院院士、物理所研究员陈立泉带领的团队见微知著，意识到固态锂电池的重要性，并前瞻性地进行布局，历经艰难曲折，终于推动中国锂电池工业实现了从无到有、从 "跟跑" 到 "领跑" 的历史性跨越。

　　岁月悠悠、青春不再，如今84岁的陈立泉梦想依旧：未来的中国天更蓝、路更宽，电动汽车飞驰在大街小巷。

　　"我们的目标一定会达到。" 面容清瘦的他目光坚定、自信满满地说道。

故事从 "转行" 开始

　　"我想转向研究超离子导体。目前整个马普固体所几乎都在研究氮化锂（Li_3N），据说可用来制造汽车的动力电池。"

　　1976年末，正在德国马克斯·普朗克固体化学物理研究所（简称马普固体所）访学的陈立泉给物理所的领导写了一封信，申请改变研究方向——从晶体生长转向固态离子学。

　　"同意！前提是要完成导师交代的晶体生长任务。" 物理所的领导很快回复。

　　这个决定，让历史的航船转变了航向。

　　陈立泉在马普固体所了解到，氮化锂是一种超离子导体，可以用来制备固态锂电池。用氮化锂制造的固态电池能量密度远远高于铅酸电池，未来有可能应用在电动汽车上。因此，深入理解、研究这一材料极为重要。

当时世界正在经历石油危机，不仅西方社会陷入第二次世界大战后最严重的经济衰退，我国也不得不大量进口石油、填补需求缺口。

这更让陈立泉认识到替代石油的能源革命一定会到来，研发固态锂电池是大势所趋。转方向申请得到批准后，他仅用5个月的时间就完成了原计划一年的晶体生长任务，之后一头扎进固态离子学领域，研究超离子导体。

1978年，法国科学家米歇尔·阿曼德首次报道了固态金属锂电池的研究成果。同年，陈立泉返回中国。两年后，在物理所的大力支持下，国内首个固态离子学实验室宣告成立，陈立泉正式开启了固态离子学的相关基础研究，向着最终目标——固态锂电池进发。

此后，中国科学院连续3个"五年计划"都将固态离子学和锂电池列为重点或重大项目，为这项研究提供了基础保障。

1987年，我国启动"863计划""七五"储能材料（聚合物锂电池）项目，由陈立泉担任总负责人，下设12个课题组。忆昔抚今，陈立泉很欣慰地说道："目前我国很多企业都在生产锂电池，所使用的技术主要就是由这12个课题组的科研成果转化而来的。"

1988年，第一批固态锂电池在实验室诞生，但其距离商业化应用还非常遥远，中国锂电池未来的道路依然布满荆棘。

进入20世纪90年代，锂电行业风云变幻。研发前景不明，到底谁能来做中国锂电池的"领航者"呢？

陈立泉团队用行动扛起了旗帜。

转攻锂离子电池

1991年，日本索尼公司宣布（液态）锂离子电池实现商业化。

"固态锂电池使用金属锂作为负极材料，而锂离子电池将锂以离子的形式藏在碳材料里，更加安全——这是二者的最大区别。"物理所的研究员黄学杰说道。他们先"放下"了还不成熟的固态锂电池，转而研发锂离子电池。

1993年，经费接续不上，陈立泉心急如焚地向中国科学院领导求援："锂离子电池非常重要，锂电池将由此复活。"中国科学院给予了最大限度的支持，但研究经费仍然不够。陈立泉又找到一位敢于冒险的企业家才补足缺口，立即开始研发锂离子电池。

1995年，中国第一块A型锂离子电池在物理所诞生。当年12月下旬，黄学杰结束欧洲访学，回到物理所，赶上了中国科学院1996年1月组织的鉴定会。他受陈立泉邀请，接任固态离子学与能源材料课题组组长。那年，黄学杰29岁，是陈立泉团队的"元老"之一。加上

20 世纪 90 年代中国的固态锂电池

他，课题组总共3个人。

回忆起那段历史，黄学杰感慨道："那段时间，'板凳'都是冰凉的，几乎干不下去了。"

当时，与超导、磁学等国际热门研究方向相比，锂离子电池属于"冷门"，在科研经费异常紧张的情况下开展相关研究难免受到一些质疑。

但黄学杰不服气。他询问物理所领导，如果他们转换赛道做产业化，所里能否给予更大支持。

黄学杰这么做的底气，源于首批锂离子电池样品的技术水平。1996年，中国科学院辗转将A型电池样品送到当时最大的手机生产商美国摩托罗拉公司进行测试，很快就得到了正面的评价结果。

不过，那时实验室每天做的锂离子电池数量还不足10块，而产业化之前的中试线至少需要每天生产1000块。当时课题组的人、财、设备极其有限，黄学杰一筹莫展。

在关键时刻，中国科学院鼎力支持，东拼西凑拿出80万元。"看来中国科学院是真干！"澳门一家合作企业的负责人深受鼓舞，投资了中试所缺的600万元。

很快，黄学杰牵头引进了少量设备，其余是自制的。经过消化—吸收—再创新，1997年，锂离子电池中试工作终于在物理所启动。

为更好地了解锂离子电池生产的每个环节，陈立泉和黄学杰亲力亲为，在这条生产线上当了一年多的"工人"，什么脏活、累活都干。

1998年秋，依靠自制的设备、国产原材料和中国人自己的技术，科研团队建成了第一条年产量20万支A型圆柱形锂离子电池的中试生产线。这是中国第一条正式投产的锂离子电池中试生产线，解决了规模化生产锂离子电池的主要技术和工程问题，为探索我国锂离子电池产业化道路作出了奠基性贡献。

同年，黄学杰发起成立北京星恒电源有限公司。第一批产品进入市场，标志着中国正式实现了锂离子电池商业化。

"中国科学院和科技部支持的快离子导体和固态电池的研究，为锂离子电池的研究和生产储备了知识、技术、设备和人才。由于我们使用自研设备，不仅大大降低了锂离子电池的价格，产品也达到了同样的性能。"陈立泉回忆道。

从此，中国锂离子电池的全球竞争力显著增强，并快速跻身世界前三。

从"跟跑"到"领跑"

当时，物理所生产的电池主要面向两轮车及电视台等媒体的摄影摄像设备。

黄学杰讲了一个小"插曲"：2001年，中国科学技术协会（简称中国科协）在长春举办学术年会，中国科协主席、第九届全国人大常委会副委员长周光召和著名物理学家杨振宁为黄学杰颁发了中国科协"求是杰出青年成果转化奖"。颁奖仪式后，周光召问黄学杰道："锂电池做得怎么样？产品应用情况如何？"黄学杰回答道："记者的摄像机电池就是我们的首个产品。"

周光召听后，便请相关同志去看参会的7家电视媒体用的是哪个品牌的电池。结果令人惊喜：其中4家电视媒体用的都是物理所的电池，另外3家电视媒体用的是外国品牌的电池。

周光召倍感振奋，回京后不久就到北京星恒电源有限公司实地探访。不仅如此，他还力邀科技部部长徐冠华到该企业考察。这极大鼓舞了研发团队的斗志，激励着他们乘胜前进，推动中国锂离子电池迈上新台阶。

但是，做摄像机、电动自行车电池毕竟只是"小目标"，制造汽车动力电池才是陈立泉和黄学杰的终极梦想。

随着时间推移，基础研究取得重要突破性进展。材料是锂离子电池的关键，一代材料决定一代电池。对于一块电池，制造成本只占20%，材料成本则占80%。

物理所研究员李泓还是博士生的时候，就发明了纳米硅负极材料，并申请了世界第一个纳米硅负极材料专利。这个材料可以显著提升锂离子电池的能量密度，只是当时纳米硅碳负极技术完全不成熟，无法做到中试。

第一代电动汽车电池的正极材料是锰酸锂，它是由诺贝尔化学奖得主约翰·班尼斯特·古迪纳夫（John Bannister Goodenough）于1983年发明的。1997年，古迪纳夫团队又发明了更加稳定安全的正极材料——磷酸铁锂，这是目前电动汽车、电动大巴、电动船舶等电动交通工具使用的主流材料。

物理所在极其有限的科研条件下，研究了锂离子电池正极材料的制备方法、基本特性和材料性能，不仅制备出正极材料钴酸锂、锰酸锂和三元正极材料，而且对其进行改性，使其具有自主知识产权。他们对磷酸铁锂进行体相掺杂改性，让工艺更简单、性能更好，并申请了发明专利，打破国外原始专利对磷酸铁锂材料的垄断。

"第一代和第二代动力电池由外国人先做出来，中国的锂离子电池则首先从中国科学院诞生。在这个过程中，我们实现了从第一代的'跟跑'到第二代的'并跑'。"黄学杰和陈立泉在思索，"到了第三代，我们能不能赶超、领先？"

进入21世纪，中国要力争在锂离子电池赛道上跑得更快一些。

锂电池科研团队正在讨论

向着这个新目标发力，科学家需要敢于"下海"，也要舍得"上岸"。

2006年，苏州星恒电源有限公司年销电池两万余套，达到收支平衡，同时产品销往国际市场。"市场接受我们的产品了。"黄学杰说道。同年，黄学杰卸下苏州星恒电源有限公司技术副总职务，返回北京，投身第三代电池的研发。

2009年，在一次讨论会上，陈立泉作了《中国锂电如何突围》的报告，提出锂电突围取决于三个方面——对基础研究的重视、政府和企业家的资金投入，以及正确的国家战略。锂电池生产商ATL[①]董事长张毓捷听完，马上与陈立泉击掌盟誓"实现中国锂电突围从ATL开始！"2011年，全中资公司宁德时代新能源科技股份有限公司（CATL）横空出世。

近10年来，在党和国家的大力支持下，宁德时代新能源科技股份有限公司等锂电池生产企业与科技界通力合作，发扬"三千越甲可吞吴"的精神，使我国锂电池实力迅速上升，产品竞争力也极大增强。2014年，中国锂离子电池的国际市场占有率已为世界第一。

陈立泉和黄学杰团队在第三代锂离子电池的基础研究上取得了系列突破，其中他们基于镍锰尖晶石高电压正极材料研发的锂离子电池中试即将完成，能量密度比第二代的磷酸铁锂电池提升50%以上，量产后预期成本也明显下降。

再次冲击固态锂电池

如今，中国已经成为名副其实的电动汽车大国，中国锂离子电池产量和产能居全球第一。

中国锂电池如何保持世界领先地位？陈立泉心中早有设想：必须发展固态锂电池。"固态锂电池依然是未来可再充电池技术的核心。抓住第一机会才能掌握主动权。"这一20世纪70年代因各方条件不成熟而被搁置的理想，被陈立泉再次提及。他敏锐地察觉到，是时候再

---

① 宁德时代新能源科技股份有限公司的前身。

次向固态锂电池发起冲击了。

发展固态锂电池，有其必然性。锂离子电池的能量密度达到每公斤300瓦时已接近极限，燃烧与爆炸等安全事故时有发生。因此，未来要想将能量密度提高到每公斤500瓦时，就必须发展固态锂电池。固态锂电池是用固态电解质替代液体电解质，能够避免燃烧和爆炸的危险，安全性大大提高。

锂电池科研团队研发的固态锂离子电池（半固态磷酸铁锂储能电池）储能系统

陈立泉介绍到，放眼世界，美国寄希望于锂硫、锂空等下一代高比能二次锂电池，同时希望在下一代锂电池硅基负极和层状多元过渡金属氧化物材料领域取得突破；日本、韩国则在硫化物固体电解质研究方面技术领先、知识产权积累深厚，在保持优势的同时不断开拓创新。

"下一代锂电池应该是全固态锂电池。如果我们将全固态锂电池技术攻克了，再去做锂硫、锂空电池，相关技术难题就会迎刃而解。"这一次，陈立泉更加自信。

固态锂电"保持领先"

2013年，陈立泉提出中国固态锂电池的发展愿景——争取5年实现产业化。

中国科学院过去数十年的研究和产业化实践，为这一愿景打下了坚实基础。为了尽可能利用现有锂离子电池的生产设备和技术工艺，陈立泉和团队成员提出了"原位固态化"的方案：在现有的锂离子电池电解液中增加添加剂，让正负极表面的固体电解质层变厚，直至液体电解质完全变成固体。

2016年，物理所孵化的北京卫蓝新能源科技股份有限公司（简称卫蓝新能源）成立，使原位固态化技术实现了产业化。2018年，能量密度每公斤300瓦时的固态电池进行装车试验。2019年，卫蓝新能源固态电池产品在能量密度、功率密度和安全性等方面均为世界第一。

愿景的实现需要攻坚克难，为此，物理所的团队持续奋斗着。

2013年，中国科学院启动战略性先导科技专项（A类）"变革性纳米产业制造技术聚焦"，物理所研究员李泓担任其中长续航动力锂电池项目的首席科学家，纳米硅负极材料得到支持。2017年，溧阳天目先导电池材料科技有限公司成立，纳米硅负极材料在工程上加速发展，并最终实现了大规模量产，为我国锂离子电池能量密度超过每公斤360瓦时作出了贡献。

李泓解释说，与石墨材料相比，硅碳作为负极材料优势更佳，硅材料的理论质量比容量最高可达每克4200毫安时，远大于石墨的每克372毫安时，是目前已知负极材料中理论比容量最高的材料。

"可实用化的固态电解质材料、固固界面问题，以及使用固态电解质材料后现有正负极材料能否在电池中发挥得更好，过去液态电解质不能用的正负极材料是否有重新应用的机会，是否有新正负极材料更适应固态电解质……这些都是需要广泛深入研究的问题。"李泓说道。

"我们在20世纪70年代想做的全固态锂电池，今天应该可以'复活'了。"黄学杰感到很欣慰，他们在做一件被事实证明越来越好的事情，"可能还需要10～15年的时间，全固态锂电池会被越来越多的企业和用户接受，这一代电池性能与安全性将会成倍提升。"

为了加快这一进程，陈立泉呼吁，锂电池企业应该尽快与科研单位和原材料企业合作，解决应用新的电池材料及电池体系的科学技术和工程问题，在短期内生产出高能量密度的合格电池产品。同时，要破除对国外装备和技术的迷信，尽快用先进国产设备"武装"锂电企业，增强我国锂电产品的国际竞争力。"学术界、工程界、产业界联手，基础研究与应用研究紧密结合，加快研究成果产业化进程。"陈立泉说道。

如今，当年的3人小组已经发展成百人大团队，固态离子学与能源材料课题组也成为物理所历史上唯一成功"复活"的课题组。

尽管锂离子电池在所有储能技术中能量转换效率最高、综合性能最好，但锂资源供应存在挑战。目前我国70%的锂资源依赖进口，供应链上存在风险，且难以同时满足交通、智能电网和可再生能源大规模储能的需求。

"一旦在供应链上出现风险，就会对我们产生极大损害，我们必须开辟新赛道，开发不受资源限制的电池体系。钠离子电池是一个极佳选择。"物理所清洁能源实验室主任胡勇胜研究员告诉《中国科学报》记者。

中国科学院提前布局钠离子电池基础研究，以便在国家需要的时候能够挺身而出。作为中国科学院主力研究团队之一，物理所团队提出多种新型钠离子电池正极材料（含铜基氧化物）和负极材料（煤基碳材料）。两年时间里，国内首个钠离子软包电池和圆柱电池在物理所相继诞生。

2017年，基于物理所核心正负极材料的知识产权，国内首家钠离子电池企业北京中科海钠科技有限责任公司应运而生。

2019年3月，世界首座100千瓦时钠离子电池储能电站在江苏溧阳诞生。2021年6月，研究团队在山西太原推出全球首套兆瓦时钠离子电池光储充智能微网系统，并成功投入运行。2023年12月，团队向南方电网交付十兆瓦时钠离子电池用于储能系统试制验证和性能评估。

"我国钠离子电池无论是在材料体系和电池综合性能等技术研发方面，还是在产业化推进速度、示范应用及标准制定等方面均处于国际前列，已具备先发优势。"胡勇胜说道。

发展壮大的锂电池科研团队

如今，距离最初陈立泉开启电动汽车电池材料研究已过去近半个世纪。几十年来，材料更新、技术迭代，物理所打造了一个又一个电池新高地。其中唯一不变的是一代代科研人员勇攀高峰、敢为人先、淡泊名利、潜心研究的精神血脉。

在一次电动汽车论坛上，陈立泉再次描述了他对电池未来发展的期望："固态电池大干快上，引领电动中国；钠离子电池并驾齐驱，助推能源互联。"

中国的锂电池正突破重围、势不可挡。

（中国科学报社记者韩扬眉、刘如楠撰文；原文刊发在《中国科学报》2024年3月11日第4版；本文图片均由物理所提供）

"闲棋冷子"变"皇冠明珠"

——中国工业机器人在这里崛起

"机器人是什么？"

"机器人变成人了，那还了得！"

"这是搞'花架子'。我们连机器人还没搞明白，就要造机器人，简直是痴人说梦！"

20世纪70年代中期，吴继显、蒋新松、谈大龙3位在中国科学院沈阳自动化研究所（简称沈阳自动化所）从事控制系统研究的科研人员，联合起草了一份提交给中国科学院的工作汇报，提出开展人工智能和机器人技术研究。这是中国科学家最早提出的有关机器人研究的建议。

然而，这个汇报却遭到诸多质疑。对此，3位科学家无奈地摇头，慨叹当时的中国还无暇顾及如此前沿的科研领域。

时间来到2022年，中国工业机器人的年销售量已超过30万台，占全球总销售量的一半以上，中国连续9年成为全球工业机器人第一大应用市场。

历经了半个世纪，工业机器人在中国从一枚"闲棋冷子"成为"制造业皇冠顶端的明珠"，沈阳自动化所见证并经历了其发展过程中的每一次低谷和高潮。

这里是中国工业机器人的"摇篮"和"城堡"，曾诞生了国内第一台示教再现机械手样机、第一台高性能机器人控制器、第一台自动导引车（automated guided vehicle，AGV）、第一台焊接机器人……透过沈阳自动化所诸多"第一"的历史记忆，我们可以读懂中国工业机器人究竟是如何从无到有发展起来的。

来之不易的"通行证"

1920年，捷克作家卡雷尔·恰佩克（Karel Čapek）发表了一部科幻剧本《罗萨姆的万能机器人》。剧本讲述了一个名为"罗萨姆"的公司把机器人作为工业品推向市场，让它充当劳动力、代替人类劳动的故事。

该剧一经推出就在全球引起巨大轰动，成为robot（机器人）这个名词的词源。

1958年，美国发明家约瑟夫·恩格尔伯格（Joseph Engelberger）创造了世界上第一台工业机器人Unimate，并创办了Unimation公司。Unimate是一台用于压铸作业的五轴液压驱动机器人，其手臂的控制由计算机完成。它采用分离式固体数控元件，并装有存储信息的磁鼓，能够代替工人记忆并完成180个工作步骤。

1961年，Unimate正式在美国通用汽车公司完成安装，用来辅助汽车生产。

1969年，日本川崎重工业株式会社引进Unimation公司的机器手臂，作为解决劳动力不足问题的一项革命性措施。

后来，美国机器人协会评价这个长得并不像"人"的机器人"彻底改变了现代工业和汽车制造的流程"。

然而，让机器人替代人的一个重要前提是生产流程的专业化和标准化，否则机器人将无法发挥作用。然而，越是专业化、标准化，就越离不开规模化的供应链体系。

20世纪70年代，新中国成立不过20余年，被视为大国之"筋骨"的重工业——煤炭、钢铁、石油等，在中国刚刚积攒起一些家底。彼时的中国还不具备发展工业机器人的土壤。

但是，吴继显、蒋新松、谈大龙从仅有的一些国外资料中看到有关"robot"的理论概述、学术文章和信息汇编后，就认定了机器人未来的价值和意义，认为中国应该出手。

心有不甘的3位科学家决定去北京边调研，边"游说"。

然而，中国机器人事业的开局并不顺利。

谈大龙还记得当年他们给好几家部委单位介绍人工智能和机器人的情景。他说道："得到最多、印象最深的回答就是'好啊，你们搞好了我们就用'。不冷不热的态度，让我们很扫兴。"

转机出现在当时的中国科学院新技术局。局领导不仅认真听取了他们的《关于人工智能与机器人》的汇报，还明确表示了支持，并要求他们提交这份报告。

1977年，蒋新松作为沈阳自动化所的代表，被派往北京起草有关自动化学科的发展规划，并为筹备和出席当年召开的全国自然科学学科规划会议做准备。

"机器人将是21世纪具有代表性的高技术，如果我们失去了这个领域的科学技术优势，就可能失去一个时代。"蒋新松的这一声疾呼，得到屠善澄、杨嘉墀、王大珩和宋健等几位自动化领域顶级科学家的支持。

研制机器人项目随即被正式列入1978～1985年的自动化科学发展规划。机器人由此获得了进入中国的"通行证"。

"它打开了中国人的眼界"

然而，在当时，作为"现代化"代表性符号的机器人到底长什么样，又该从哪里下手研制，国内鲜有人知晓。

1979年8月，首届国际人工智能研讨会在日本东京召开，以蒋新松为组长的中国专家组一行4人出席会议。他们希望利用这次机会对日本机器人的发展应用做一番深度考察。

当时的日本已经依托汽车工业建立起"机器人王国"。这也成为日本经济崛起的一个重要因素。

可就在蒋新松提出想要购买一台机器人时，一位日本知名企业的技术部长却傲慢地拒绝了他："15年内我们不准备与中国进行任何有关机器人方面的合作。原因很简单，即使我们把机器人卖给你们，你们也不会用！"

回国后不久，蒋新松成为沈阳自动化所所长。他立志要为中国民族工业找回尊严，于是迅速展开了工业机器人的研究与试制。

20世纪80年代初，沈阳自动化所开始了对工业机器人和水下机器人基础技术及元器件的研究，并进行了产品开发。1982年2月，蒋新松将课题交给宋克威、周国斌、王棣棠等几位科研人员负责。同年6月19日，SZJ-1型示教再现机械手样机初具雏形。它由计算机控制，电液伺服系统驱动，具备5个自由度和点位控制与速度轨迹控制功能，是我国科研人员自主研制的第一台工业机器人样机。

不久，经改进的SZJ-1型示教再现机械手鉴定会在沈阳自动化所举行。来自全国29家单位的44位鉴定专家一致认定：这台示教再现的机械手样机的检测数据指标，与20世纪70年代国外广泛应用的Unimate-2000型工业机器人相近。

不过，宋克威明白，这台工业机器人只是仿制国外的实验室样机，并且由于国内缺乏大量专用零部件，机器人的精准性、可靠性都明显不足，不可能真正应用于生产。

但是，这并不影响它的历史地位。宋克威坦言道："它打开了中国人的眼界，第一次让大家见识到工业机器人到底长什么样。"事实

1982年6月19日，我国第一台应用计算机实现点位控制和速度轨迹控制的示教再现型工业机器人研制成功

上，正是这台工业机器人的诞生，为国家发展工业机器人吹响了前进的号角。

在一次由国务院组织的"新技术革命对我国的挑战及对策研究"研讨会上，蒋新松提出一个重要建议：在中国建立一个面向全国、同时面向全世界的开放型机器人研究开发基地。

1982年9月，国家计划委员会的《关于编制建设前期工作计划的通知》下达到中国科学院，其中"机器人示范工程"被列入国家"七五"计划科学类项目。1984年9月，国家计划委员会下发《关于机器人示范工程设计任务书的批复》文件，同意依托沈阳自动化所建设机器人示范工程。

沈阳"机器人示范工程"为国产工业机器人的研发提供了必要的基础设施和硬环境，总投资额高达5000万元，其中仅对购置科研设备的投资就达到590万美元的外汇额度。这在当时堪称天文数字，相当于今天的大科学工程。

其间，沈阳自动化所在工业机器人的核心——机器人控制器上实现了自主研发，并将其装配于焊接机器人；研制出具有高度自治功能的移动式机器人，能识别道路、区分障碍物、回避障碍、自动进行路径规划等，从而完成了第一阶段的研制任务；全面开展以提高作业效率为目标的主-从遥控手及其监控系统的研究、双臂协调的研究……

随着1990年"机器人示范工程"正式竣工，中国机器人的"城堡"已初具规模。但是，问题也随之而来——可持续性的运行经费从哪里来？如何进一步将工业机器人提升至国家科技发展的战略层面？

进入"863计划"是当时唯一的出路，但蒋新松首先需要解决的问题是如何应对质疑。

改革开放后，大量劳动力需要上岗就业。很多人非常不理解蒋新松勾画的未来："现在中国多的是人，有必要搞机器人吗？"

蒋新松苦口婆心地解释——

"现在，发达国家都在这个领域花大本钱，展开竞争，并对我们进行封锁。中国怎样才能加入全球的科技体系？我们再不干起来，就会被人家甩得越来越远……"

蒋新松始终认为，中国应该直面当今世界高技术的发展，站在历史的高度，作出科学的、经得起长时间考验的抉择。

经过半年的四处游说，天平最终还是倒向"大力支持"的一方。蒋新松也成为"863计划"自动化领域的首席科学家。

从引进转为输出

可谁能想到，即便拥有这样的身份，蒋新松想在各大汽车企业推广国产工业机器人技术，仍然很难打开局面。

"我们不考虑使用国产设备。"任何一位企业负责人都能用这句话把这位首席科学家的嘴堵死。

打破这一僵局的，是一次中外技术合作项目中的突发事件。

1991年初，沈阳一家汽车厂决定引入美国的AGV来开发一条汽车总装生产线。AGV是由计算机控制的，具备移动、自动导航等功能的一类工业机器人。它可以在汽车总装生产线上驮着发动机、后桥、油箱，跟着悬吊在流水线上的车身自动行走，进行动态装配。

可是，当汽车装配生产线进行到一半时，美方突然宣布政府限制技术出口，无法再提供AGV。这对已经买了整条生产线的汽车厂是一次重创。

突如其来的封锁，迫使这家汽车厂找到沈阳自动化所。蒋新松和担任副所长的王天然二话不说，决定把国产AGV研发作为"863计划"攻关项目课题，交给赵经纶、白小波等几位技术骨干。

由于沈阳自动化所"七五"期间在移动机器人领域已经有了技术积累，因此AGV的研发并未难倒科研人员，真正困难的是如何使AGV与生产线配合，解决实际应用中的问题。

"AGV在下车间的最初半年里，几乎天天都有故障，问题层出不穷。"王天然说道，"有设计的问题，有元器件的问题，也有对生产不了解的问题……"

于是，技术人员只能一边拉着AGV反复跑，一天重复成百上千次，一边在电脑上不断修正，逐步提高它的稳定性和可靠性。

1993年11月30日，由9台AGV组成的"发动机、后桥、油箱'AGV'及副环装配系统"通过专家验收，并投入现场使用。这是我国汽车行业首次使用自主开发的基于AGV的汽车总装生产线。

国家"863计划"自动化领域首席科学家蒋新松（左四）参加总结大会

当时，国外的AGV只能沿着地面轨道走直线，而沈阳自动化所研制的AGV采用了模式识别技术，可以对周围环境进行识别判断，既能直线行走，又能自动转弯，在国际上处于领先地位。

这台AGV很快便引起了韩国三星电子株式会社的注意。他们当时评价，这是汽车生产自动化领域的新技术，该型AGV中的某些技术

中国第一台AGV"先锋一号"

新松公司研发的AGV在工厂应用

性能指标甚至超过日本同类产品。因此，他们提出了受让需求。

1994年，沈阳自动化所和韩国三星电子株式会社签订了技术转让合同，以30万美元的价格向韩国输出AGV技术。这是国产工业机器人第一次从引进国外技术转变为向国外输出技术。

值得一提的是，由于国产AGV横空出世，进口AGV产品一下从单价150万元降至100万元以下。

20世纪90年代中期，中国工业机器人的研发有两个标志性产品。一个是AGV，另一个是焊接机器人。它们都诞生在沈阳自动化所。

工程机械行业首先要攻关的就是焊接机器人，包括点焊和弧焊机器人，技术难度都很高。1993年，沈阳自动化所首台SISVN-GRC高性能机器人控制器准备就绪，但是协作单位研发的机器人本体却迟迟过不了关。这就像一个只有"大脑"却"缺胳膊少腿"的人。

不想再等待的王天然决定从国外购买机器人本体，再装上自己的控制器，自行生产工业机器人。

"一台机器人本体几十万元，万一买回来配上我们的控制器不能用可怎么办？"王天然的心里不停地打鼓。

"要买就买一批，要干就干个惊天动地。"年长王天然一轮的蒋新松霸气地给他撑腰。

1994年，沈阳自动化所冒着巨大的风险，用研究所当时仅有的全部1000余万元自有资金，从日本购买了19台机器人本体，并研制出自己的控制器，生产了一批工业焊接机器人，投放市场。

"这是非常冒险的做法。如果我们卖不出去，研究所就真的要借钱发工资了。"但是，王天然十分自豪于研究所特有的"凝心聚力干大事"的文化。"敢干大事，服从调配，否则，所长哪来那么多'钱'？"说完，他便爽朗地笑了。

1995年底，这批焊接机器人销售一空。不久，哈尔滨工业大学机器人实验室也传来好消息——机器人本体研制成功了。

"你们是在启发市场"

历史的弧线本应一路上扬，可现实却再次给工业机器人泼了一盆冷水。

20世纪的最后10年，市场经济的大潮扑面而来，但东北地区这个计划经济时代的"工业巨人"却不进反退。以沈阳铁西为代表的老工业区更是颓势凸显，不少工厂倒闭，工人下岗。

此时，人与机器的矛盾再次变得尖锐起来。这也是中国装备制造业升级换代必须经历的阵痛。

工业体系的迭代在根本上受内生动力驱动，没有市场需求就没有驱动力。王天然回忆到，当时的沈阳自动化所破天荒地成立了市场部，这在国内研究机构中是绝无仅有的。

蒋新松带头奔波于厂矿企业、政府机关，与决策者、企业家、工人面对面交流，围绕产业发展的现状和未来，阐述机器人的地位、价值和作用，着重探讨如何帮助东北工业经济走出低谷、摆脱困境，实现产业升级。

事实上，自从世界上第一台工业机器人诞生以来，人与机器人的关系就充满争议，人们的担忧主要来自失业的可能。

但蒋新松希望从事实出发打消大家的顾虑。他曾算过一笔账：号称"机器人王国"的日本有一亿多人口，有两万多台机器人；英国有4000万人口，机器人不足1000台。日本的机器人最多，但失业率最低；英国的机器人在西方发达国家中是较少的，但失业率却最高。事实证明，机器人不会带来失业。

然而，对工业基础本就薄弱的中国而言，想要大量推广机器人仍有一段漫长的路要走。不过，那时的沈阳自动化所再次显现出"敢为人先"的基因，他们想要为机器人技术创造以产业为导向的发展条件，加快技术市场化和产品产业化的进程。

1997年3月29日，就在蒋新松、王天然等紧锣密鼓地谋划组建机器人产业公司时，几十年都在为中国工业机器人攻城拔寨的蒋新松，因突发急性大面积心肌梗塞而住院抢救。第二天，病情稍加好转的蒋新松就迫不及待地与沈阳自动化所的领导商谈"863计划"的下一步工作。可就在当天下午，蒋新松的病情突然恶化，经抢救无效离世，享年66岁。

此后，蒋新松的遗愿成了王天然的一个沉重的心结。解开这个心结的，是中国科学院在20世纪末启动的知识创新工程。这次改革要求科研院所打破传统模式，不仅要做课题、出论文、出人才，更要为国民经济发展作出贡献。

2000年4月，经过在研究所内部近一年的试运行，以蒋新松名字命名的第一家机器人高技术企业——沈阳新松机器人自动化股份有限公司（简称新松公司）正式成立，拉开了中国机器人全面产业化的序幕。

据第一批从研究所毕业到新松公司工作的徐方研究员回忆称，弧焊、点焊机器人，以及AGV都是新松公司成立之初的王牌产品，但当时汽车行业的国内市场被外国机器人牢牢占据，很多国内厂商对国产装备制造存在偏见，对国产机器人缺乏信心。

于是，新松公司以市场需求为导向，以技术创新为驱动，先围绕客户的问题提出解决方案，再回到新松公司本部研发设计，然后为客户集成安装应用，形成"两头在内、中间在外"的经营模式。

一次，我国一位知名企业家佩服地对王天然说道："你们是在启发市场。"

王天然用力地点了点头。可是，他心里想的是：国内市场的觉醒何时才能到来？

2001年底，中国正式加入世界贸易组织，中国的工业市场格局由此发生翻天覆地的变化。国产工业机器人终于等到了千载难逢的历史机遇。2009年，新松公司以"机器人"之名在深交所创业板上市。

2010年，中国国内生产总值首次超过日本，跃居世界第二，并逐步成为"世界工厂"。这一速度震惊了世界。

2013年，中国正式成为工业机器人全球第一大应用市场。工业机器人终于获得了它应有的地位。这距离沈阳自动化所当年提交给中国科学院的那份汇报，已经过去了近40年。

那时，他们有一个梦：将来，我们中国的机器人要像美国、苏联的那样，上天、下海；要像日本和德国的那样，在工厂里奔跑……如今，这个梦想已经实现！

（中国科学报社记者胡珉琦撰文；原文发表在《中国科学报》2024年3月18日第4版；本文图片由沈阳自动化所提供）

中国"稀土磁谷"
从 25 平方米的临时仓库中走出

"事关国家发展战略，不能再等了。"

这是时任中国科学院院长周光召第三次与时任中国科学院物理研究所（简称物理所）研究员王震西讨论"创业"的事儿了。1985年4月9日中午12点半，在院长办公室，周光召一边吃着从家里带来的盒饭，一边听王震西汇报第三代稀土永磁材料——钕铁硼合金的研发进展。

一年前，王震西带领攻关小组成功研发出中国第一块磁能积达到38兆高奥的钕铁硼永磁材料，使中国成为世界上第三个研发出第三代稀土永磁材料的国家。

那天关于"创业"的谈话从12点半进行到下午2点半，又从傍晚6点下班后持续到晚上9点。神情言语之间，周光召袒露迫切期待——创造中国自己的"稀土磁谷"。

然而，40多岁的王震西，科研事业正处高峰，这时跨出"象牙塔"去筹办公司，难度和挑战可想而知。王震西连续几个晚上彻夜难眠，竟然熬出了人生第一缕白发，像伍子胥过昭关一样。最终，他决定带着几个年轻人"下海"。渐渐地，他们在这条路上越走越宽阔，越走越坚定。

数十年过去了，已经成为中国工程院院士、北京中科三环高技术股份有限公司（简称中科三环）董事长的王震西，带领团队始终坚持自主研发和技术创新，推动中国钕铁硼永磁产业从无到有、从弱到强。现在，中国稀土永磁材料的产量已占到全球份额的90%。

"身在伟大时代，又有前辈指引，能够为国家实实在在做一件有关国家战略新材料的大事，把核心技术牢牢掌握在中国人自己手中，再艰难也是值得的。"回首50多年的科技创新、成果转化历程，王震西无悔无憾。

蛰伏

王震西现在的办公室位于北京中关村保福寺桥东一座写字楼的27层，与物理所一路之隔。82岁的王震西隔窗望向为坚守创新和初心而奋斗过的地方，回忆起半个多世纪前的岁月。

1973年，在施汝为、章综两位院士的推荐下，31岁的王震西前往法国国家科学研究中心的路易·奈尔磁学实验室访问。路易·奈尔（Louis Néel）是1970年诺贝尔物理学奖得主，因在反铁磁性和铁氧体磁性领域的基础研究与发现而获奖。

当时，国际上掀起非晶态材料研究的新高潮。到法国后不久，王震西专程拜访了正在巴黎的美国科学院院士、加利福尼亚大学伯克利分校教授沈元壤，请教选择什么研究方向。沈元壤建议他道："晶态研究历史已有100余年，非常成熟。你可以转向研究非晶态材料，这是新的国际前沿。"

王震西接受了建议，决定开展非晶态稀土合金材料的结构和磁性研究。这位年轻人出于科研本能和直觉做出这一选择，当时并未认识到其真正的意义。

非晶态磁性材料具有很多常规晶态磁性材料不具备的优异性能，如高韧性、优良磁性、强耐腐蚀性等，如今已成为新能源、航空航天、智能制造等领域不可或缺的材料。

世界首台基于反应堆的高通量中子源位于距离法国国家科学研究中心不远处，这是当时研究磁性材料磁结构的最强手段之一。王震西在这里得到了前所未有的科研训练，为后来的工作打下了坚实基础。1975年，王震西回国，一头扎进实验室，带领团队开展稀土－铁系磁性材料基础研究。

稀土家族由15个镧（La）系元素加上同族的钇（Y）和钪（Sc）共17个元素组成。由于4f电子的特点，稀土元素与铁、钴、镍等3d过渡族元素结合，能够制造性能优异的永磁材料。自20世纪60年代起，随着工业发展需求的增长，基于稀土元素的永磁材料迅猛发展，先后经历了三代更迭。1967年，旅美奥地利科学家K.J.斯奈特（K.J.Strnat）研制的1∶5钐钴永磁体的最大磁能积达25兆高奥，被称为第一代稀土永磁材料。20世纪70年代，日本小岛辉彦（Teruhik Ojima）等研制成功磁性能更好的2∶17钐钴永磁体，最大磁能积达32.5兆高奥，被称为第二代稀土永磁材料。第三代稀土永磁材料的成功紧随其后。

1983年9月，国际磁学界在北京召开第七届国际稀土钴永磁材料及其应用会议。日本著名学者金子秀夫宣布，日本住友特殊金属公司最近研制成功一种新型超强磁性材料。这种材料就是磁能积高达36兆高奥的第三代稀土永磁

20世纪70年代，王震西（左）回国后在物理所带领团队从事稀土磁性研究

材料——钕铁合金。他随即说道："请原谅，我只能说这一句，请诸位不要提任何问题，我不能回答。"

坐在台下的王震西敏锐地意识到这可能是"革命性"的。钕铁永磁以磁性强且廉价的铁取代稀缺战略物资钴，并且以稀土矿中含量丰富的钕取代钐，使得磁体成本大幅下降、性能大幅增强。此外，其磁性能比之前广泛应用的铁氧体高出10倍，比前两代稀土永磁材料高近一倍，一个骰子大小的钕铁材料就能吸起一斤多重的铁块。这很有可能成为未来支撑全球高新技术领域蓬勃发展的关键材料。

会议结束后，王震西回到实验室，定下了目标——突破钕铁国产化生产技术和工艺。他带着物理所磁学组，与中国科学院电子学研究所（简称电子所）稀土磁钢组成员开展联合攻关。

1983年11月，住友特殊金属公司的佐川真人（Sagawa Masato）在美国磁学与磁性材料会议上报告了详细的研究成果——烧结钕铁硼合金成分为Nd15Fe77B8。

王震西回忆到，金子秀夫在1983年9月的会议现场专门隐去了添加物硼。这是由于仅钕铁形成的金属间化合物无法形成永磁材料需要的内禀磁性，只有加上非晶态元素硼才可以形成具有强单轴磁晶各向异性的晶体。

1983年的冬天比往年似乎更加寒冷、长久一些。中国科学院的研究人员在物理所的一间25平方米的临时仓库的电炉间开展实验，设施破旧、空间狭窄，但困不住他们渴望追赶的心。120多天里，他们不断尝试配方、探寻工艺。电炉旁、马路边的路灯下……都有他们开会讨论的身影。一次不行就再来一次，实验方案不断更新。终于在1984年2月，中国第一块磁能积达到38兆高奥的钕铁硼永磁材料诞生了。

王震西和同事们还来不及庆祝，就投入新的攻关了。为了降低成本、尽早投入应用，他们采用国产低纯度钕为原料，历经3个月，成功研制出磁能积高达41兆高奥的低纯度钕铁硼永磁材料。

一个"无声"的宣告从这间仓库向全球发出：中国有能力自主研发钕铁硼永磁材料，且已达到世界先进水平。

抉择

如果不出意外，王震西可能会做一辈子纯粹的科学研究。20世纪80年代，他收到美国、法国、加拿大等国的多家实验室的工作邀请……成长为一名科学家，这是一条王震西既熟悉又有信心的道路。同时，他的妻子正在国外进修，王震西期待尽早与家人团聚。

然而，"意外"总是那么猝不及防。

随着改革开放的到来，中国科学院实施了科技体制改革，努力推动科研成果转化为现实生产力。稀土永磁材料的应用价值高、市场前景好，将研发成果推向产业化恰逢其时。

与此同时，严酷的现实刺痛了科学家的心。当时，中国企业缺乏保护稀土资源的意识，日本在透露其成果前夕，抢先与我国江西某矿签订了稀土原料低价购买合同。事隔不久，钕原料价格急速上涨。

20 世纪 80 年代的宁波科宁达公司——中国第一家钕铁硼产业基地

这就有了文章开头周光召与王震西展开近5个小时讨论的那一幕。但那时，王震西不敢轻易答应，因为他虽然已带领团队研发出钕铁硼永磁材料，但实验室研究与产业化完全是两码事。

经过连续多日的辗转反侧，青丝熬出白发，王震西最终决定接受时代赋予他的新使命，投身产业和市场。1985年4月，中国科学院正式委任王震西，将物理所、电子所、电工研究所、长春应用化学研究所等院属单位从事稀土研究的科技人员联合起来，创立了三环公司^①。

还是那间25平方米的仓库，王震西写下公司名称贴在它的门上。钕铁硼成果产业化之路正式开启。

"'三环'的寓意是，希望将科研、生产、市场紧密联结起来，走一条科技成果产业化、市场化新路。"王震西说道。

当年6月，这些创业者南下赣南。当亲眼看到全世界最丰富、最优质的重稀土资源就在脚下时，他们有了底气。

钕铁硼永磁材料的发明引起了全球广泛关注，其产业发展如火如荼。不过，与国外相比，我国钕铁硼永磁材料产业化在方方面面都有很大差距。当时全球已有13家公司进入第三代稀土永磁材料领域，且全部是世界500强企业。它们具有一流的科技实力，并为此投入巨资。欧洲共同体还组织了12个国家的58个实验室、200多位科学家合作进行攻关。与之相比，中国科学院只有一批中青年科研人员，资金更是有限。

三环公司创立伊始，中国科学院给予全力支持，争取世界银行贷款，同时向国家争取出口许可、高技术外向型产品专利技术出口许可等支持。

然而，创业与做研究完全不同。如何获得订单、在资金缺乏的情况下将实验室成果转化为工业产品、快速进入国际市场并赢得主动，对于这群科研人员来说，都是完全陌生的事业。

---

① 1999年改制成为北京中科三环高技术股份有限公司。

"里程碑"

为了尽快实现钕铁硼永磁材料产业化，创业团队决定找生产企业"联姻"。

王震西找到姚宇良。他是王震西在中国科学技术大学时的同学、同年被导师章综选进物理所工作的同事，已在宁波一家磁性材料厂当了10年技术厂长。得知王震西的需求，姚宇良表现出极大的兴趣和信心，当即回到原来工作过的物理所，在实验室了解钕铁硼永磁材料制备的工艺技术。

姚宇良回到宁波后，与18位技术骨干一起，在租借的两层厂房里夜以继日地进行工业化试验，最终取得了成功，少量产品还走向国际。这鼓舞了所有人。

1986年初，中国科学院和宁波市决定拿出90万美元，支持三环公司与宁波磁性材料厂合作，引进气流磨、真空烧结炉、自动压机3台大型设备，筹建钕铁硼工业化生产线。

为了尽快实现稳定生产，大家轮流值班，每个小组由研发人员、技术人员和工人组成，从研究技术资料、设备引进到设备安装、调试运转等"一盯到底"。当年秋天，他们迎来收获——中国第一家钕铁硼稀土永磁工厂建成投产，相关技术工艺等奠定了我国烧结钕铁硼技术路线之基。

首批标示"中国制造"的钕铁硼永磁材料陆续出口到美国、英国和东南亚地区国家。经美国圣迭戈磁测中心检验，产品质量完全可与美国、日本同类产品媲美。这意味着中国成为继美国、日本之后，第三个能够批量生产钕铁硼永磁材料的国家。国家科委成果局专门组织召开了三环科技成果产业化现场经验推广会，并提出要"走三环道路"。

这是中国钕铁硼永磁产业的"里程碑"。

如愿

不过，王震西深知还没到放松的时候。中国虽然是稀土大国，稀土储量占世界的1/3以上，但长期以来只处于廉价原料出口国的地位。他从创业之初就认定，必须将核心技术牢牢地掌握在自己手中，这样才能使我国从稀土资源大国转变为稀土战略强国。

中科三环执行董事长胡伯平从北京大学本科毕业后在物理所读研究生，毕业后放弃出国深造，加入钕铁硼创业团队担任公司研发部负责人，在公司推动产业化进程的同时专攻核心技术，那时他只有30岁。

胡伯平说到，中科三环承担了"高档稀土永磁钕铁硼的产业化及其应用""高性能稀土永磁材料、制备工艺及产业化关键技术"等一系列国家"863计划"项目，开展全面技术攻关，筑牢中国钕铁硼永磁产业发展的创新根基。

中科三环作为产业龙头和示范，诸多企业紧随其后，如雨后春笋般崛起，钕铁硼产业得以迅猛发展。到了2000年，中国钕铁硼永磁产量位居世界第一。

产业开拓历尽艰辛。王震西感慨到，在科技创新和改革开放的时代洪流中，他们没有做"观潮者"，而是跳进洪流成为"弄潮儿"。"我们通过不懈努力把公司越办越好，为国家守住了钕铁硼永磁这一战略新兴材料的高地。"他说道。

接续

钕铁硼材料的产业化是全球功能材料的一次重大应用变革，极大地推动了全球能源结构转型、节能技术革新及信息通信等诸多产业技术升级。我国在这场变革中展现出强劲的势头。

如今，高品质钕铁硼材料已成为不可或缺的关键材料。中国科学院院士、物理所研究员沈保根表示，高品质钕铁硼材料是国家重大战略需求，是风力发电、新能源汽车、轨道交通等领域实现国家"双碳"目标的急需材料，仍需开展针对性研究。

面对国家新的需求，中国科学院再度布局。

在北京，物理所磁学国家重点实验室持续开展前瞻性研究。

在宁波，中国科学院宁波材料技术与工程研究所于2004年成立，随后专门搭建了稀土永磁材料联合创新中心工程化平台，打通了从原始创新到产业应用全链条的技术壁垒。历经20年，中国科学院宁波材料技术与工程研究所已成为稀土永磁材料技术创新的重要力量，引领了钕铁硼磁体高丰度元素规模化利用、重稀土元素减量化等技术的应用和发展，推动了国家战略资源的高效平衡利用。2022年，由中国科学院提供科技和成果孵化等支撑的宁波市磁性材料集群被工业和信息化部正式列入45个国家先进制造业集群名单。

在江西，中国科学院赣江创新研究院于2020年成立，进一步布局稀土新材料研发，推动新技术和新工艺实施，促进我国稀土产业发展。

"中国科学院在推动钕铁硼材料研发方面发挥着重要的主导作用。"沈保根说道。

现在的王震西已退居二线，他很欣慰，因为"40年前老院长带着我们做的梦，已经变成了现实"，而新一代年轻人正沿着前辈的足迹，砥砺前行，实现新的梦想。

（中国科学报社记者韩扬眉撰文；原文发表在《中国科学报》2024年8月14日第4版；文中图片由中科三环提供）

黄金攻坚战

1986年的一天，上海城隍庙附近一家店铺的门前排着弯弯曲曲的长队。

"这是要买什么？"从贵阳到上海出差的中国科学院地球化学研究所（简称地化所）研究员卢焕章上前询问道。

排队的人告诉他，是要买金戒指、金耳环等黄金首饰，因为每天限量供应，必须提前一天排队。

回到贵阳后，卢焕章把这个情景讲给同事中国科学院院士涂光炽听。

"这说明了什么？我国这样一个大国，人民生活有所改善后，就有购买黄金饰物的需求，但是我国的黄金产出却难以满足现实需要。"涂光炽说道，"研究找矿、成矿的我们负有责任，应该急国家、人民之所急，赶快行动起来。"

1987年，涂光炽与中国科学院副院长孙鸿烈、中国科学院院士陈国达联名向国务院"请战"，建议我国在寻找黄金资源和加速黄金开发工作中充分发挥中国科学院多学科综合性优势。

从那一年起，中国科学院开始了为期10年的黄金攻坚战，通过多学科、多"兵种"的综合性研究，为我国黄金资源勘探和金矿选冶作出突出贡献。

1986年，涂光炽（左五）等考察广东省高要金矿　（地化所供图）

23个所"攥成一个拳头"

1988年1月，天寒地冻，中国科学院黄金攻坚战的备战气氛却十分热烈。

获得国务院批准后，中国科学院将探明中国黄金资源列为重大科研项目，迅速成立黄金科技工作小组。孙鸿烈担任组长，涂光炽、陈国达、叶连俊、陈家镛

4位院士具体指导、参与决策。

很快，中国科学院调集了地质、地化、化冶、化物、应化、遥感等方面的23个研究所的500多名科技人员，组建了一个多学科、多"兵种"的攻坚团队，参加黄金科技攻关。

"中国科学院在黄金这一对国家至关重要的大问题上，组建了一支很强的力量。我们在分解课题、组织管理上都本着'攥成一个拳头，集中优势力量，解决急需问题'的原则，下决心取得几项突破，而不是写出几篇论文，也不是产出几项小成果。"孙鸿烈说道。

黄金的产量和储量不仅体现了一个国家的经济实力，更是一个国家支付能力的重要保障，事关国家经济发展和安全大局。

20世纪70年代末，全球兴起"黄金热"。一批大型、超大型金矿被发现，一些国家的金产量成倍增长。这不仅改变了世界黄金产量格局，而且影响了全球经济社会走势。

到1988年，居黄金产量全球前三位的美国、澳大利亚、加拿大的年产量都已超100吨，美国更是超过200吨。而当年我国的黄金产量仅为40吨左右，远不能满足国家建设需要。

面对国内外环境，国务院提出"加快发展黄金开采，五年内产量要翻一番"的目标。

这一任务十分艰巨。彼时，因为缺乏先进的探矿技术，我国金矿以中小型矿山为主，且开采的都是深度为500米以内的浅部金矿体，寻找新的金矿乏力，选冶技术也相对落后。

针对黄金生产中存在的关键问题，中国科学院黄金科技工作小组先后设立了40多个课题展开攻关，目标则如孙鸿烈所说的"一定要在地质和采选冶方面做出几项有推动性、有影响力的成果"。

誓师"攻碉堡"

1988年3月8日，中国科学院黄金科技工作会议在北京召开。会议一连开了4天，讨论气氛热烈。

这既是一次誓师动员会，又是一次攻关落实会。

这次会议确立了中国科学院黄金科技工作的奋斗目标，要求500多人的"大部队"遵循同一道指令：理论上有突破，储量上有贡献，技术上有创新，并向生产延伸。这一系列硬指标犹如一座座碉堡，只有经过艰苦卓绝的奋斗才能攻克。

时任国务院副秘书长白美清认为："这次会议对我国黄金生产起到重要的战略性作用，是我国黄金事业大发展、黄金行业迈向新阶段的重要标志。"

会议结束后，中国科学院精心组织的黄金科技攻坚队迅速奔赴野外找矿一线。

在新疆、粤西、海南，他们探索快速寻找金矿靶区的途径，以期找到10～15个新靶区；在黑龙江、内蒙古、陕甘川、新疆阿尔泰，他们研究江河水系发育地砂金矿的分布、富集规律；在闽浙、川滇、桂西，他们开展金矿新类型研究，开辟我国金矿找矿远景区。在这一进程中，遥感、地质、地化、地物领域的专家通力合作，中国科学院建制化科研的优势被发挥到极致。

在选冶方面，他们有针对性地研究金矿的无氰冶炼和复杂金矿类型的综合利用，对品位低、储量大、黏土型超细金矿和多金属的复杂金矿展开攻关。

"他山之石，可以攻玉。"黄金科技工作小组还组织了地质科技、选冶科技、地质遥感科技3个考察团，分别由涂光炽、陈家镛和郭华东带队，前往美国、加拿大、南非、澳大利亚"取经"。

"看看是必要的，可以增长我们的见识，不做井底之蛙。"中国科学院地质与地球物理研究所研究员刘秉光曾跟涂光炽到南非考察，他记得看完黄金储量和产量均居世界第一的南非维特瓦特斯兰德金矿后，涂光炽曾这样说道。

看完南非的大型金矿后，大家陷入了沉思。我国大型矿山极其缺乏，90%的金矿为中小型矿床，金储量在20吨以上的大金矿的数量占比不足10%。而世界上有些国家，一座金矿动辄就是几百、上千乃至上万吨的金储量。我国有没有超大型金矿？怎么找到超大型金矿？这些都是亟待解决的大问题。

刘秉光记得，当时许多人认为中国也可以像南非等国家那样找寻超大型金矿。但是，涂光炽却认为："南非兰德型金矿很大、很老，但中国没有，何必劳民伤财去做这样的事呢？我们要依照国情、地情走自己的路，包括金矿的发现、开采和扩大。经过努力，这是完全能够实现的。"

陈家镛也持这一观点。考察回国后，他指出："我国金矿与国外有很多不同，中国学者要根据我国金矿的特殊情况做一些开创性研究，否则，老跟着国外走，就难以找到合理利用本国金矿的方法，既空耗精力，又浪费资源。"

"譬如，碳质金矿、微细粒（即微细浸染型）金矿，国外到现在也没有一个很好的开采办法。但我们国家这种矿很多，若我们都不去开采，那怎么行？"陈家镛说道。

摸出中国"找金路"

1991年8月，在山东招远县（现招远市）三山岛，71岁的涂光炽和10多位科技人员爬进矿井的铁架子车，在车轮的滚动与山体共鸣发出的巨大声响中，下到海拔–100多米的一口废井。里面没有照明设施，伸手不见五指，他们只好在微弱的电筒光下前进。

井底水深过膝，他们沿着高低不平的泥道行走，稍不小心就会陷入深注，抬脚都困难。但涂光炽一行顾不得这些，全神贯注地细心察看两壁的岩石走向及矿化现象，了解地层含金情况。由于通风不好，涂光炽感到有些胸闷，忍不住眉头紧锁。终于找到一块好标本后，他脸上皱纹形成的"五线谱"顿时谱出美妙的乐章，笑意根本藏不住。

涂光炽的学生、贵州大学资源与环境工程学院教授张竹如、副教授陈世帧回忆道："那时，涂先生年事已高，胃和心脏做过两次大手术，但仍然坚持到野外实地考察。"

1990年，涂光炽（后）应邀到东坪金矿考察 （地化所供图）

在他们两个人的眼中，涂光炽在做学问方面极其严谨，有时甚至达到苛刻的程度。在1993年8月盛夏的一次考察中，考虑到天气太热、要看的地段多，且有的地段交通很不方便，为了不使涂先生太劳累，他俩事先将各地段的照片和采集样品拿出来，向他做了详细汇报，希望老师少走一些路。

"但涂先生却说'这些照片上的点我都要看'。"张竹如他们劝不住执拗的老师，只好继续和他一起进行野外考察。

在胶东地区的一次金矿地质调查中，涂光炽找到了招远等矿区矿源告急的原因，提出了"攻深找盲"的"金点子"，并在招平断裂带地表下550～1000米深部找到了多处隐伏矿体，探明黄金储量180吨——这相当于找到了一座超大型金矿床！

他还跑遍了第二故乡——贵州的山山水水，发现贵州是全国微细粒金矿、红土型金矿储量最多的省份。涂光炽率队到黔西南布依族苗族自治州（简称黔西南州）贞丰县烂泥沟、水银洞等地考察，助推黔西南州成为"中国金州"。

从东北到西南，从西北到东南，攀崇山峻岭、穿荒漠戈壁、越沿海之滨，涂光炽带领科技人员下过的矿井不计其数。根据这些考察，涂光炽凝练出一系列理论，把我国的金矿分为六大类，对重要砂金产地缘何主要为高寒冻土带作出了解释，强调了绿岩带型等类型的金矿深部找矿的重要性，并区分了陆相火山岩和海相火山岩中赋存金矿的地质地球化学特征差异性。

通过一次次找矿实践，陈国达、叶连俊等也分别提出地洼构造与金矿、外陆架盆地沉积、层控金矿床等论点。

在当时金矿勘探缺乏理论支撑的情况下，中国科学院黄金科技攻坚队提出的成矿理论新突破及成矿带预测的新观点，在探寻金矿的工作中发挥了导向作用，为产业部门提供了重要参考，深刻影响了我国地质找矿的走向。

"枯矿"又逢春

距离北京200公里的河北省唐山市迁西县，是20世纪90年代十大国有黄金矿之一金厂峪金矿的所在地。彼时，该矿已经是一座开采了30多年的老矿山，累计钻探岩芯2.8万多米，被认定为"金矿资源已枯竭"。

金厂峪金矿的领导想做最后一次努力。他们请中国科学院专家来"号脉开方"：这里到底还有没有黄金？如果有，在哪里，有多少？

经过实地考察，中国科学院黄金科技攻坚队从理论上否定了"金矿资源已枯竭"的说法，并提出了构造控矿的新观点。他们通过地球物理、遥感、地球化学等多个专业的协同攻关，提出了一种全新的勘探方案，并着手尝试。

不试不知道，一试吓一跳。工作人员只打了17个钻孔，就有14个钻孔见矿！据保守估计，金厂峪金矿的远景金储量可增加30吨左右。一个被判"死刑"的濒危金矿山就这样死而复生，重新恢复了青春。

"金厂峪金矿是全国200多座危机金矿山中找矿难度最大的一个。中国科学院敢于啃这块'硬骨头'，并且取得了突破，这一成果意义重大。"国家黄金管理局一位负责人如此评价道。这说明，中国科学院不仅有能力开展金矿的宏观、理论性研究，而且有能力和实力开展微观、直接解决找矿难题的应用性研究。

当时，中国类似金厂峪金矿的"危机矿山"很多，中国科学院黄金科技攻坚队的成功突破，带动了全国矿山找矿增储科研工作的开展。

在10年攻关中，中国科学院的科研人员还发现了一系列新类型金矿。例如，他们发现云南大理的北衙铅锌矿实际上是一座具有20多吨规模的金矿，而且在矿区22平方公里范围内新发现和评估了40多个矿体，明确了其68.83吨金、839吨银的科研储量。当时的大理州州长异常激动地说道："感谢中国科学院为少数民族地区作的贡献！"

选冶技术也取得新突破。赋存于沉积岩中的微细浸染型金矿是一种难选冶金矿，我国滇-黔-桂、川-甘-陕两个"金三角"发现该型金矿的储量达500吨以上，但因该类型矿石的选冶难度大而无法开采。中国科学院再次发挥"多兵种作战"的优势，地球化学领域的科研人员弄清了该型金矿的赋存状态，地质专业领域的科研人员探明了成矿规律和矿石结构构造，化冶专业领域的科技人员解析了提取工艺，从而系统地解决了该类金矿的选冶问题。他们研究出的工艺方法适合中国国情，既减轻了环境污染，又节约了能源。

十年磨一剑，中国科学院的黄金攻坚战从找矿到选冶、从理论到实践均取得重大突破，中国黄金生产由此进入一个崭新阶段。

1995年，我国黄金产量首次突破百吨大关，成为继南非、美国、澳大利亚、俄罗斯、加拿大之后第六个年产黄金百吨以上的国家。

不少专家认为，我国黄金科技工作能取得这样的成就是一个了不起的进步，因为我国大型及超大型金矿的预测、勘探、开采和选冶技术研发比发达国家至少晚了25年。

中国科学院黄金科技攻坚队取得的成就得到产业部门、科研同行的关注。很多矿业企业、矿业研究院所纷纷找上门，请他们去交流经验、开展合作。

利用遥感拍摄到的金矿地质照片 （中国科学院空天信息创新研究院供图）

"10年攻关，我们不仅交出一份令国家满意、企业满意的答卷，而且探索出一条更有效地为国民经济服务、更好地发展科学技术的新路子，让中国科学院成为中国黄金科研的一支重要力量。"孙鸿烈说道，"这次实践还证明，中国科学院必须走在科学技术的最前头。无论是哪个领域，都是只有先取得理论突破，才能在技术上有根本性突破，也才能对国家科技工作起导向作用。"

时至今日，中国已经成为世界黄金行业的重要参与者、贡献者、引领者。2023年，我国黄金产量达375.155吨，居世界首位。站在历史新起点，中国科学院的科学家正在积极投入新的矿产资源成矿理论与找矿方法研究的攻坚战，继续书写创新驱动发展的新篇章。

（中国科学报社记者冯丽妃撰文，实习生蒲雅杰对本文亦有贡献，原文发表在《中国科学报》2024 年 7 月 22 日第 4 版）

超精密齿轮工艺：
为工业零部件升级下好"先手棋"

高级轿车为什么比普通轿车更安静？

工厂车间里面机器轰鸣，怎么降低噪声？

人类无法完成的细微手术，手术机器人为什么能做到精确无误？

……

剥开这些钢铁"外衣"，一对对紧密咬合的齿轮在工业进化史上立下汗马功劳。精度越高的齿轮组，运行越平稳、噪声越少、传动精度越高。

不久前，工业和信息化部、国家发展和改革委员会等七部门联合印发《推动工业领域设备更新实施方案》，在先进设备、数字化、绿色化、安全性等方面提出了推动工业领域设备更新和技术改造的要求。

"我国正在向高端制造转型升级，前提是工业零部件的整体升级。现在我们有自信，因为工业用齿轮的升级换代使我国在技术上做好了准备。"中国科学院院士王立鼎如是说道。

王立鼎的自信，与他在中国科学院长春光学精密机械与物理研究所（简称长春光机所）工作期间开创出的我国超精密齿轮工艺技术密不可分。

接到紧急任务，从 4 级跨越到 1 级

"在2300公里的距离内，法国阿基丹雷达的误差在5米之内。它是怎么做到的？"1965年春天，长春光机所窗外的丁香花盛开，屋内的科技人员正在热烈讨论。

大家认识到一个关键要素——齿轮的精度，决定了雷达的精确度。但是，阿基丹雷达中的齿轮并不是由法国生产的，而是由瑞士苏黎世马格公司制造的。这家公司就是大名鼎鼎的西格玛公司的前身。西格玛公司的齿轮加工装备——特型马格磨齿机，在业内声名显赫。

20世纪60年代，西方国家在精密仪器的核心技术与装备方面领先一步，并将其牢牢地掌握在自己手中，根本不会轻易出售和转让。中国也想做一台类似的新型精密测量雷达，可是

仅凭国外期刊的文字描述，制作工艺、关键数据等无从得知。为攻克超精密齿轮制造技术，长春光机所启动了新一轮的攻关项目。

长春光机所所长王大珩把这项重任交给了齿轮研究室的磨齿组。当时正在磨齿组任研究实习员的王立鼎承担了这项超精齿轮攻关任务。1965年，大学毕业刚5年的他，已是一名"熟练工"。由他经手加工的齿轮，精度最高可达4级。而在当时，国内工厂加工的齿轮精度普遍为7级。因为这手本事，他荣获了那一年的中国科学院优秀科研成果奖。

在齿轮的精度等级中，6～8级为中等精度等级，可应用于机床与汽车等工业设备；3～5级为高精度等级，主要应用于超精机床、仪器、船舶、雷达及航空航天发动机等具有高速高平稳传动要求的场景；1～2级为超精密等级，主要作为国家级或国际齿轮量仪校对和精度传递实体基准。

超精密加工与测试技术是反映一个国家制造工业水平的重要标志之一。精密齿轮加工技术在工业生产、航空航天等领域起到关键作用，齿轮的精度直接影响机械工程装备的整体精度。当时能做出2级及以上精度齿轮的国家，全球范围内只有德国和瑞士。

"制作一台精度与阿基丹雷达相当的雷达，齿轮精度起码要2级以上，准确说是1级。"长春光机所经过分析，确定了齿轮箱研究需要达到的目标。

从4级一下跨越到1级，这让所有人都倒吸一口凉气——当时我国没有一个人加工过这么精密的齿轮。这意味着没有经验可循，一切都得靠自己摸索。

王立鼎接到的任务中包括磨削齿轮，这是齿轮制造的最后一步。也就是说，齿轮精度最后只能靠王立鼎的智慧与双手把控。

没有"豪华"实验室，我们自己造

20世纪50年代末至60年代初，美国一家知名企业要为太空导航系统制作一台超精密齿轮设备。承担制作任务的实验室的配置要求之高，令人叹为观止。

操作人员不能穿带棉絮的工作服入内，而且要提前洗澡、打发蜡，为的是防止棉絮、头皮屑掉落在室内。实验室外1公里之内不能有汽车行驶，以免引起震动。更重要的是，它对温度有绝对的要求，要求20℃恒温，温差不能超过0.5℃，且湿度控制在40%～60%，以最大限度地防止齿轮加工设备受到外界因素影响。

可是，打造这样一间高规格实验室，当时的长春光机所实难做到。

王立鼎看看身后，他们只有一个与他人合用的加工间。这里没有恒温，也达不到超净，只有地基的稳定度还算勉强过关。加工间只有两台国产齿轮磨床，王立鼎对其中一台齿轮磨床Y7431进行了改造与精化，后来这台Y7431陪伴了他的整个科研生涯。

王立鼎（左）与徒弟一起磨削齿轮

怎么才能在天差地别的条件下研制出媲美德国和瑞士的超精密齿轮？对王立鼎而言，这着实是一道不小的难题。

在王立鼎磨削超精密齿轮时，同事都默默地把手中的加工设备停下来，以防自己磨削产生的灰尘弥漫到空气中。

一公里以内不让行驶汽车，在白天很难做到，王立鼎就和助手李振铎分成早晚两班。李振铎值白班，进行半精磨；王立鼎值晚班，进行精磨。王立鼎的晚班从傍晚五点到次日凌晨四五点。

夜里万籁俱寂，车间里没有机床开动，马路上也没有车辆行驶，最大限度地避免了各种震动干扰。当时，只有加工间里一灯如豆，伴着磨齿迸发出的火光，把王立鼎的眼眸映得通红。

可是，最重要的恒温问题怎么解决呢？这离不开王立鼎的巧思。"哲学中有一句话叫作'变中有不变'。每天的温度都有一个曲线变化。相邻几天如果没有天气骤变，温度曲线变化就是有规律可循的。我就是利用每天温度变化趋于一致的自然现象，成功地解决了恒温问题。"王立鼎回忆道。

简易版的"豪华"实验室有了，超精密齿轮就能顺利诞生吗？

把握细节，实现精度的"完美匹配"

磨齿的日常画面是这样的——操作人员在机床前端安放一个齿轮毛坯，调整后端分度盘的参数，按下开关启动设备，连接齿轮与分度盘的轴承转动起来，磨齿就开始了。磨好的齿轮的表面圆滑光洁，透着银光。齿轮的个头儿均等，齿与齿之间的距离一致。

这是一个看似简单的工作，但磨制一对超精密齿轮，一般要耗费王立鼎一个季度的时间。为什么这么难？

超精密齿轮技术的核心要素之一就是机床。轴系的精度对机床的传递精度有重要影响，分度盘的精度又决定了齿轮的分度精度。只有各个配件的精度完美匹配，才有可能诞生超精密齿轮。

"这就像一个挑担人。他的前后各有一个筐，但不能没有扁担。扁担的好坏直接影响了挑担人的工作效果，而那根扁担正是轴承。"王立鼎打了一个比方道。

第一届全国机械传动年会（1963年）结束后，王立鼎跟随同事去上海机床厂参观。上海机床厂是国内机床界的翘楚，王立鼎心向往之。他说道："在这里，我发现录磁机中的录磁盘回转轴系由多颗高精度钢球构成。录磁机的精度可比加工齿轮的机床高得多，如果我能用上它的轴系该有多好。"

当时，王立鼎的一台机床轴系的主轴正好坏了。但是，按当时的规定，机械工业部批准更换机床轴系的主轴后，机床厂才会答应给其生产。因此，换轴承的事一直搁置，未能得到解决。

受上海一行启发，王立鼎决定自己更换轴系。"机床轴系原来是不带钢球的，我在自行研制的主轴中加入400颗精密钢球，发现主轴的刚度大幅度提高。这样既保证主轴受力不易弯曲，也发挥了误差均化效应，轴承精度误差由原来的2微米缩小到0.5微米，高于国内外同类机床制造精度。"王立鼎说道。

他大喜过望，一鼓作气地把另外一台机床的轴系也更换了。机床的精度就这样被一劳永逸地解决了——不仅比当时国内外机床的精度都高，而且过去60多年，精度始终不降，到现在还在使用。"这为后来研制超精密齿轮解决了不可或缺的设备精度问题。"王立鼎回忆道。

还有一次，王立鼎检查分度盘时发现，轴心运动产生的曲线并不像他画的那么规整，而是一条不太规律的曲线。

这条曲线很多人看一眼就放过了，而王立鼎却仔细琢磨起来。"它的形态似曾相识，就像是一条正弦曲线。"他再仔细检查分度盘，判断出有两种可能性。一种可能是分度盘装偏了，没有跟中心对准；另一种可能是分度盘没有装偏，而是在制造中产生了误差。

"无论分度盘是否装偏，纠正的方法都是采用反正弦曲线，一正一反相互抵消，这样就能大幅提高分度盘的精度。"这便是王立鼎自创的"正弦消减法"的朴素思想。"那么，我故意把它装歪一点，产生反正弦曲线，从某种程度上便能解决精度问题。"他说道。沿着这一思路，他把分度误差从50角秒减小到13角秒。

这样的巧思来自对细节的把控。齿轮组同事张玉玲曾打趣道："王老师观察问题，比女同事还要细腻。"一些细节看似简单却不易操作。比如，磨齿芯轴的径向跳动从1微米调到0.5微米，王立鼎可以一次成功，换作他人就很难实现了。

1966年，仅用一年多时间，王立鼎就采用"正弦消减法"和"易位法"磨齿工艺，研制出我国首套超精密齿轮，达到雷达设计精度要求。那一年，30岁出头的他，成为国内公认的超精密齿轮专家。"齿轮王"的美名不胫而走。

1965～1980年，王立鼎先后研制出5批超精密齿轮，满足了国家相关项目需求。

做测量齿轮的齿轮，为行业定基准

20世纪七八十年代，正是我国工业生产体系全面恢复的时期。

为满足工业发展的需求，王立鼎又确定了一个新目标——做标准齿轮。

在工业生产中用仪器测量齿轮精度的效率太低，半个工作日只能测一件齿轮。如果有一款标准齿轮，那么把它装在测量仪器上与被测齿轮咬合运转一周，就可以知道被测齿轮是不是合格了，从而可以大幅提升检测效率。标准齿轮的精度通常比被测量齿轮的精度高2~3个级别。然而，当时国内只能做出4级标准齿轮，只能检测6~7级的齿轮。

如果把标准齿轮做到2级精度，那么它将不仅可以用于工业生产，而且可以用来校对齿轮量仪的精度。这个齿轮被称为"基准标准齿轮"，可以为齿轮行业提供基准。

"1975年，长春光机所提出一个目标：到1976年，研制出赶超德国的2级精度小模数标准齿轮。"王立鼎回忆道。

有了做超精密齿轮的先例，大家认为王立鼎之前紧张的科研攻关状态该"松快"一下了。然而，由于齿轮小带来了许多技术上的难点，要攻关的小模数齿轮已经超过了机床的加工范围。王立鼎仍然每天5点起床，一路小跑到单位，打开机床让砂轮提前运转，以便机床更迅速地进入理想工作状态。然后，他再跑回家为家人做早餐，7点30分又准时出现在办公室或实验室。这个"习惯"他竟然坚持了25年之久。

20世纪80年代，王立鼎组织研制的高精度小模数标准齿轮和中模数基准标准齿轮，经过中国科学院组织鉴定，达到德国DIN3962标准中的2级精度，居国际前列，其实体样件作为我国校对齿轮量仪的基准。

当时，一个2级精度标准齿轮在德国的售价折合成人民币是几万元。国家财政购买有困难，长春光机所便无偿将标准齿轮送给中国计量科学研究院，帮助国家确定校对齿轮量仪基准。

1998年，王立鼎被调到大连理工大学工作。他带着在长春光机所积累的经验，又继续在齿轮战线上奋斗了20年，将成果传播到我国的大江南北。

2016年，经中国机械工业联合会、中国机械工程学会鉴定，王立鼎团队研制的精化齿轮磨齿母机、超精密磨齿工艺和测试技术，以及1级精度基准级标准齿轮，综合技术达到国际先进水平，精度指标国际领先。

哪怕只需要一个齿轮，我们也要上

AA 级插齿刀（m4）　　A 级精度剃齿刀

王立鼎经常在不同场合被人问"为什么德国、美国等发达国家的标准齿轮没有做到1级，反而是中国先做到了？"

王立鼎是这样回答的："不是国外不想做，而是他们也有困难。机床是由我们改装的，测量齿轮的仪器是我们自行设计的，齿轮加工方法也是我们自己开发的。在国外，做齿轮设计的是大学教授，做齿轮制造的是工厂里的工人，做计量测试的是实验室里的实验员。他们各自一摊、难以聚合，而我们则是把所有工作串起来。从某种程度上说，我本人既是科技工作者，又是高级大工匠。"

m2-6 的 1 级精度标准齿轮

王立鼎认为，这与长春光机所老一辈科学家王大珩等一直主张的从预研到拿出成品，科研单位要"一竿子插到底"的理念密切相关。王大珩曾说过："实践证明，科研与实际相结合既争取了时间，又保证了质量，可以取得又好又快的效果，并且还锻炼了一支科研与工程技术相结合的人才队伍。"长春光机所有几位研磨技师，水平最高的那一位的职级相当于副教授中的最高级。每次王大珩看见他们都笑呵呵地打招呼。

这也与长春光机所强调的"敢打敢干"的精神密不可分。"王立鼎院士把国产设备加以改造，做出世界上精度最高的齿轮。这种敢为人先的精神，注重探究思考、勤于科学实践的工作方式，一直在所里传承，激励年轻人不断奋发向上。"长春光机所原所长唐九华评价道。

随着直驱技术的进步，工业中可以使用成型砂轮磨齿技术在机床上磨制小批量的2级精度齿轮，但仍然达不到1级精度齿轮的整体技术要求。

"我们希望把工艺传承下去，今后一旦国家急需1级齿轮，哪怕只需要一个，我们也能立刻在现有的加工和测试成套设备上完成这一任务。"王立鼎说道。

由超精密齿轮延伸出的技术，目前已应用于高精度齿轮刀具、高精度谐波齿轮、渐开线样板制造工艺等领域。

"就国内现在生产的标准齿轮来说，其制造精度低于国外1~2个级别。如果把标准齿轮整体提升1个等级，其精度指标便可以与多数西方国家同类产品的水平相当，将有助于摆脱我国高端机床长期依赖进口的现状。"王立鼎说道。

"如果国家有需要，我愿意随时指导、传授相关加工技术。"王立鼎说道。如今的王立鼎已年逾九十，但他那颗"工业报国"之心始终驱动他创新求索，至今熠熠生辉。

（中国科学报社记者温才妃撰文；原文发表在《中国科学报》2024年5月24日第4版；文中图片由王立鼎提供）

原创"异育银鲫"，创造世界奇迹

1994年，一篇耸人听闻的文章在美国引起轩然大波。

文章中提到，随着人口增加和消费结构变化，以及城市化和工业化的推进，中国2030年的粮食供应量将比1994年的减少20%，面临巨大的粮食缺口。到时候，全世界都养活不了中国，将会导致全球粮食危机。

这篇对中国充满悲观情绪和偏见的文章长达141页，标题为"谁来养活中国"（Who will feed China）。1995年，文章作者莱斯特·布朗（Lester Brown）又出版了《谁来养活中国》一书，再次引发国际社会关注。

"中国广袤的土地、水系怎么会养不活中国人？！"一位正在美国加利福尼亚大学圣迭戈分校做访问学者的中国年轻人也关注到了相关论述。他认为布朗的论断完全是一种不负责任的想当然。这位年轻人名叫桂建芳，当时是中国科学院水生生物研究所（简称水生所）的副研究员。

"中国虽然人口众多，但我们在食物生产上既有传统的智慧传承，又有大量的科技创新。以淡水鱼为例，美国几乎没有淡水水产养殖的概念。在布朗的计算里，能够提供大量蛋白质的水产品被完全忽视了。"桂建芳下定决心，回国后要更积极地投身淡水鱼遗传育种研究，为中国人提供更充足的淡水鱼食物。

独辟育种蹊径

鲫鱼肉质鲜美、营养丰富，自古以来就是中国人的滋补佳品。但是，野生鲫鱼生长慢、产量低，平均一年长不到0.1公斤。20世纪70年代，水生所研究员蒋一珪目睹了很多病人、产妇凭"特供鱼票"却买不到鲫鱼的状况。

能否进行鲫鱼杂交试验，培育出生长速度快、繁殖能力强、产量高的鲫鱼，满足人民群众的食用需要？在水生所的大力支持下，蒋一珪率领鲫鱼研究组的科研人员，于1976年跑遍长江南北，风餐露宿，悉心研究，系统调查了我国鲫鱼的资源状况，查阅了大量的国内外文献资料，开展了不同组合的鲫鱼交配繁育试验。一个培育鲫鱼新品种的构想酝酿成熟了。

他们研究发现，黑龙江省哈尔滨市方正县的银鲫具有单性雌核生殖的特性，于是发展出用鲤等异源精子诱导其生殖的方式，通过利用江西省兴国红鲤雄鱼与之"婚配"，独辟蹊径，培育出"异育银鲫"。

普通鲫鱼繁衍后代，都是卵子受精后，精子在卵质中形成精原核，由精原核和卵原核相互融合，发育成小鱼。银鲫的卵也需要"受精"，但它不和红鲤的精核融合，只需要精子对

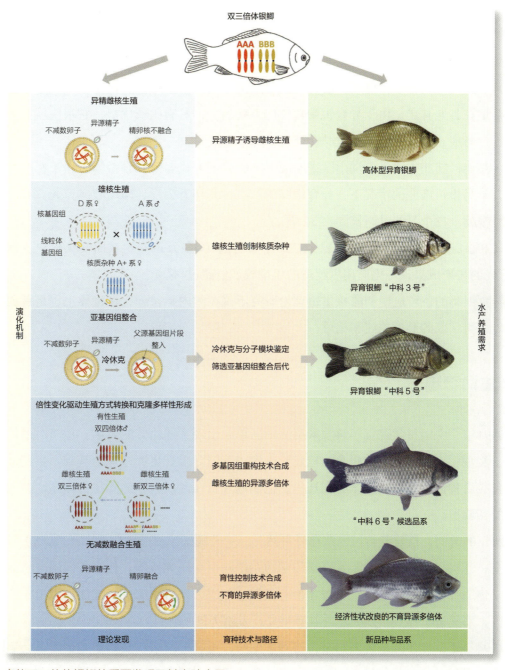

多能双三倍体银鲫的重要发现及其育种应用

其进行刺激，卵核就可以自行发育成长，而且全都是雌性。

这种独特的"异精雌核生殖"方式，由中国科学院的科学家在我国首先发现、阐明，并将其应用于鱼类遗传育种研究。作为早期开拓者的蒋一珪深刻认识到，银鲫雌核生殖方式的发现、应用潜力的开发，是一项前无古人的研究，不是一代人能够完成的。于是，他开始留心有志于此并具有培养潜质的年轻人。

1984年，在武汉大学攻读研究生的桂建芳，按规定参加毕业论文答辩。他的导师余先觉、周暾两位教授特意邀请已在银鲫育种方面取得突破性成就的蒋一珪任答辩委员。听完桂建芳的答辩，蒋一珪如获至宝，力邀这个质朴的年轻人加入水生所，从事银鲫研究。

在传统认识里，鲫鱼生长速度慢、长不大、产量小，渔民养殖积极性不高。

为了扩大试验和推广范围，研究人员北至黑龙江、南至广东、西至四川、东至福建，马不停蹄地在各地奔走。由于异育银鲫食性广、疾病少，具有生长优势，它很快就被养殖单位和养殖户当成"聚宝盆"，并被群众誉为"鲫鱼之冠"。

1986年，湖北省武汉市洪山区采取混养、放养等方式养殖异育银鲫。在不影响其他鱼类养殖、不另投饵施肥的情况下，异育银鲫的产量达到16万公斤，净增收50万元。在广东养殖的异育银鲫，18个月的时间长到1.25公斤。

到20世纪90年代，异育银鲫已经在23个省份的100多万亩养殖水面安家落户。这项投入仅6万元的科研成果，转化应用后创造的年增收产值超过1亿元。

异育银鲫的生产应用和雌核生殖理论研究不仅在国内是首创，在世界上也是首创，受到国内外鱼类学家的高度关注和认可。

创造生命奇迹

1991年，中国科学院青年科学家奖奖励名单中出现了桂建芳的名字。按当时的规定，获得这一奖项就有出国深造的机会。桂建芳决定去美国寻求有更深厚理论基础、更精准研究手段的鱼类育种前沿知识和技术。在那里，他偶遇昔日在武汉大学的同学付向东，并加入他刚建立的实验室。

两年的时间，桂建芳与付向东在《自然》、《美国国家科学院院刊》（PANS）发表了两篇论文，掌握了细胞生物学和发育遗传学的系统知识和研究技能。他准备回国时，同行劝他道："你为什么不留在这里？美国才最有条件让你成为大科学家。"桂建芳说道："我要回到祖国，那里有一项我必须完成并且有重要研发潜力的工作！"

1994年夏，桂建芳从美国归来，回到水生所，正赶上国家自然科学基金委员会启动国家杰出青年科学基金项目。经过申报和答辩，他获得首届国家杰出青年科学基金项目的资助。

在水生所的支持下，他组建了鱼类细胞工程与发育遗传学科组。从此，他全身心地投入银鲫的进一步研究中。此后的30年里，他带领团队在全国大江、大河、大湖的50多个样点调研，取样近5000条，用分子遗传标记技术进行鉴定和评价。他们研究发现，银鲫的生殖方式异常灵活多样，完全可以基于此前以异精雌核生殖方式创制的异育银鲫材料，通过揭示和引入雄核生殖等不同类型的多重生殖方式，开辟新的育种技术路径，培育出品质更优的鲫鱼新品种。

多少个不眠之夜，研究人员在亲鱼塘拖网，给鱼催情、人工授精、人工脱黏，在孵化环道旁像护士一样精心观察、护理银鲫繁殖并进行分析研究。一颗颗珍珠般的受精卵，随着孵化环道的流水昼夜旋转、翻滚，终于孕育出新的生命——异育银鲫"中科3号"。

2013年，中国科学院战略性先导科技专项启动"分子模块设计育种创新体系"项目，试图利用"分子模块"等现代生物技术，创建培育新一代超级品种的系统解决方案和育种新技术，为保障我国粮食安全提供核心战略支撑，对传统育种技术进行颠覆性革命。

基于异精雌核生殖新技术，中国科学院的研究团队鉴定出对优良品质起到关键作用的武昌鱼分子模块，并利用这些分子模块筛选鉴定繁育亲本。最终，由单性生殖和分子模块相结合培育的异育银鲫新品种"中科5号"诞生。

目前，在我国鲫鱼养殖中，"中科3号"和"中科5号"占鲫鱼主养区产量的70%左右。这意味着中国人食用的每10条鲫鱼中就有7条源自中国科学院研究团队的成果。

30年来，异育银鲫培育、天然雌核生殖机理及其生殖奥秘遗传基础的破解等成果先后获得一项国家科学技术进步奖二等奖（1985年）、两项国家自然科学奖二等奖（1995年和2011年）。

异育银鲫"中科3号"新品种培育成功后，适逢农业部①启动大宗淡水鱼产业技术体系建设。在体系岗位专家和体系站长支持下，中国科学院的科学家将"中科3号"等新品种赠送给湖北、广东、江苏等地的苗种繁殖场，并上门进行苗种繁育技术指导。以桂建芳为例，他每年奔赴全国各地开展养殖技术培训超百场，培训渔民5000多人次。

研究团队还在全国大规模推广异育银鲫系列品种，加快了鲫鱼产业发展——我国的鲫鱼产量从1983年的4.8万吨增至2022年的285万吨。

在众多水产领域科学家的共同努力下、在市场的证明下，人们逐渐意识到水产养殖能够带来巨大的经济效益、极大地满足了人们的营养需要。目前，中国水产养殖产量约占全世界的60%，为中国消费者提供了近1/3的动物蛋白，是中国人重要的食物来源。

2008年，莱斯特·布朗到中国进行实地考察，看到了与他当年预测完全不一样的局面。

---

① 2018年国务院机构改革，撤销农业部，设立农业农村部。

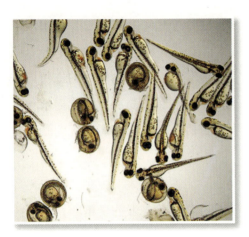

刚出膜的"中科5号"幼鱼

中国人不仅粮食连续大丰收，解决了填饱肚子的问题，淡水养殖也蓬勃发展，极大地填补了人们对动物蛋白的摄入需求。

莱斯特·布朗不禁感叹中国的淡水养殖做得好，认为水产养殖作为最有效率的动物蛋白生产方式，为保障中国和世界的食物安全作出了重要贡献。

事实胜于雄辩，时间自会证明。从"谁来养活中国"的质疑到"中国水产养殖业对世界是一个重大贡献"的赞叹，中国人用了十几年的时间，推翻了某些负面印象。其中凝聚着我国经济政策制定者的魄力与智慧，凝聚着广大农民、渔民的勤奋耕耘、吃苦耐劳，也凝聚着粮食作物、家禽畜牧、水产养殖等领域科学家的心血和努力。

2022年6月，联合国粮食及农业组织发布的《世界渔业和水产养殖状况》研究报告指出，要努力实现蓝色转型，通过蓝色转型助力实现2030年可持续发展议程，在解决粮食安全问题的同时保护自然资源。这意味着中国水产养殖经验在世界范围内得到倡导和推广。

敲尽肌间小刺

近两年，中国科学院的科学家致力于解决一个制约鲫鱼推广的"老大难"问题——肌间小刺多。一直以来，很多老人、儿童因为"怕刺"而不爱吃鲫鱼，一些西方国家的民众更是因此而不吃所有的淡水鱼。

能否通过基因编辑技术，从根本上敲除鲫鱼等淡水鱼类的肌间刺呢？2021年，桂建芳团队与已鉴定出调控肌间刺发育主效基因的华中农业大学教授高泽霞团队合作，试图创制无肌间刺异育银鲫。得益于双三倍体的揭示，桂建芳团队在银鲫中很快鉴定出相应的两个部分同源基因，追踪了银鲫肌间刺的发生与骨化过程。

研究人员发现，如果仅敲除一个部分同源基因，肌间刺发育未受影响；只有同时敲除两个部分同源基因及其6个等位基因，才能创制完全缺失肌间刺的银鲫突变体，即完全没有小刺的异育银鲫。这些突变体已经繁育了好几代，为培育无肌间刺异育银鲫新品系奠定了基础。看着这些被敲尽肌间刺的"新银鲫"在水中灵动游弋，桂建芳露出了欣慰的笑容。

"基因编辑就像修改文章，剪辑控制银鲫肌间刺生长的主效基因的一两个碱基，不让它发挥作用，刺就长不出来了。"桂建芳说道，"瞄准这样一个令食用者厌烦的性状，我们的育种目标更加精准、更加定向、更为有效，这是一次质的提升。"

做好银鲫大文章

小小一条银鲫，为什么能做这么多的"文章"？

水生所研究员王忠卫介绍道："银鲫之所以多能，是因为它具有独特的双三倍体遗传基础，这使它成为一座发掘不尽的'宝库'。我们不断发现它的进化机制，就可以不断开拓育种技术路径，不断创造生命奇迹，满足水产养殖需求。"

2012年，水生所团队发现双四倍体银鲫，并发现倍性变化可以驱动银鲫由单性雌核生殖向两性有性生殖、由有性向单性生殖方式转换，从而导致克隆多样性和遗传多样性产生的演化机制，开拓出多基因组重构合成雌核生殖异源多倍体的技术路径，有望培育出"中科6号"新品系。该新品系生长速度更快，抗病能力更强。

水生所副研究员鲁蒙介绍，2023年，在桂建芳的带领下，团队进一步在合成的新双三倍体银鲫中，基于"无减数融合"生殖发现，发展了一条高效创造不育异源多倍体的技术路线，未来有望将它转化成"育性可控"的银鲫精准育种路线。

"从应用前景上看，这一技术有助于非常高效地创制新种质，使新品种生长速度更快、抗病能力更强，更加适应大面积养殖需要。"他说道。

新中国成立初期，中国人每人平均一年才能吃上一斤水产品，而今天平均每人每周就可以吃上近两斤水产品。养殖模式的重大转变，向世界贡献了水产养殖的中国智慧。中国的水产养殖技术已经走出国门，在非洲、东南亚、中东等地区成功应用。

在这个过程中，为了培育异育银鲫，让每个中国人都吃得上鲜美的鲫鱼，从蒋一珪到桂建芳再到王忠卫、鲁蒙等水生所的三代科学家付出了数十年的努力。

"前辈科学家经常教育我们，做水产育种的，一定要把论文真正写到祖国的大江大河和鱼池里，真正解决中国水产种业的一些实际问题。"鲁蒙说道。

如今，和银鲫打了近40年交道的桂建芳欣喜地看到，新一代年轻人正在茁壮成长为科技创新的中坚力量。他坚信，在一代代研究人员的共同努力下，中国将培育更多优质品种，水产养殖技术也将推广到更多地方，给更多人送去"口福"。

（中国科学报社记者李思辉撰文；原文发表在《中国科学报》2024年4月25日第4版；文中图片由水生所提供）

匠心缔造，丙纶成衣

1980 年 3 月，钱人元（右二）、徐端夫（左二）及组内同事在总结丙纶研制工作

1980年3月的一天，在中国科学院化学研究所（简称化学所）的一间实验室里，科研人员迎来了半天短暂的轻松时光。

化学所时任副所长钱人元和研究人员徐振淼、徐端夫、赵得禄、范庆荣围坐在一张桌子旁，"摆拍"了一张照片。照片中处于"C位"的几卷彩色线卷，是五大化学纤维（涤纶、锦纶、丙纶、腈纶、维纶）中，我国当时唯一自主研发成功的化纤产品——丙纶。

那天，他们几个人刚刚得知开发的"降低丙纶纺丝温度新方法"获得国家发明奖，因而一起合影留了个念，定格下喜悦与光荣。

1974～1989年，化学所的科研人员面向中国人穿衣问题的重大需求，匠心缔造、开拓创新，突破丙纶稳定纺丝新工艺，与企业展开密切合作，开发出一系列流动性好的聚丙烯纺丝专用料，为我国丙纶工业迅速发展奠定了基础。

8 亿人穿衣的燃眉之急

20世纪70年代初，我国耕地少、人口多，粮棉争地矛盾突出。如果把更多的耕地用来种粮食，粮食是够了，但种棉花的耕地少了，棉花就不够用了。这样一来，在纺织工业落后的情况下，用来生产服装的天然纤维就紧缺了，解决全国8亿人的穿衣问题成为当时的急迫需求。

已经年过八旬的化学所原党委书记马福荣回忆起当时的情景仍然心潮澎湃："大家都在

想能不能开发出一个'大品种'来，为国家作一些贡献？"

当时，一些发达国家通过发展化学纤维，走出了纺织工业单一依赖天然纤维的困局。但我国化学纤维品种少、生产水平低，需要大量依赖进口。

于是，科学家们下决心突破化纤行业的关键核心技术，自力更生解决8亿人的穿衣问题。

1974年初，化学所安排钱人元带领徐端夫、范庆荣等10多位科研人员和管理人员，前往全国各地开展广泛调研。他们了解到，我国合成纤维的四大品种分别是维纶、腈纶、锦纶和涤纶，但这几种"纶"的生产存在各种各样的问题。

这时，聚丙烯走进了科研人员的视野。当时，我国石化工业已经起步，丙烯来源多、数量大，却远未被充分利用。科研人员相信，将聚丙烯开发成合成纤维丙纶，一定能够缓解8亿人穿衣的燃眉之急。

一场由科学家担当主力军的"丙纶会战"打响了。1974年，经过大量调查和反复论证，化学所制定了"研究开发穿着用聚丙烯纤维（丙纶）"的战略决策，研究征程就此开启。

此后20多年里，化学所先后有100多位科研人员参加聚丙烯研究。"聚丙烯研究课题的提出，是当时国民经济发展的需要，是国家为解决8亿人穿衣问题急需开发一种价廉物美的新的合成纤维向科学研究提出的一个重大课题。"20世纪90年代"丙纶会战"结束后，时任化学所党委书记陈本明、管理人员黄仁权在题为"从聚丙烯课题的立项、开题决策与组织实施，看科研管理在研究所发展中的战略作用"的总结文章中这样写道。

原创思想解决纺丝难题

从20世纪50年代开始，一些国家先后实现了聚丙烯工业化生产。不过，国际上对开发聚丙烯作为服装用纤维仍持怀疑态度——丙纶有明显的缺点，主要是耐老化性能差和染色困难。在国内，只有上海第三十一棉纺织厂试纺了一些便宜的含有丙纶的纺织品投放市场。

1974年，钱人元和徐端夫来到江南的稻田里。嫩绿的稻苗随风摇曳，穿着丙纶织物的农民在田间地头辛勤地劳作着，挥汗如雨。

"丙纶的衣服你穿着感觉如何？"科学家直奔主题。农民指着衣服上的破口回答道："便宜，但不耐穿，在田里干活穿不了3个月就破了。"

丙纶生产中的容易老化和染色困难等问题都属于高分子化学问题。解决这些问题正是化学所的使命所在，因为化学所是全国最早开始高分子科学研究的机构之一，具有深厚的学科基础。

早在20世纪60年代后期，化学所就成立了聚合物纺丝物理研究组，后来改为聚合物结构组。前期的基础工作为眼前的科技攻关奠定了基础。"我们对聚丙烯这个课题胸有成竹。"马福荣说道。

"丙纶会战"正式开始后，在钱人元带领下，徐端夫作为课题组较年长的"大师兄"，组织科研人员从高分子化学的学科视角出发，开展基础研究。

从科学原理方面讲，把聚丙烯颗粒加工成丙纶，要先在挤出机中高温熔化聚丙烯颗粒，使其从固态转变为液态的熔体，并添加防老化剂、阻燃剂等助剂；熔体再通过纺丝机械设备快速喷出，形成连续的纤维细丝。

通俗地说，这个过程就好比把彩色糖果颗粒制成糖丝。首先，通过加热使糖果颗粒从原本坚硬的固体变成糖浆。其间，为了让这些糖果更加美味，还加入了特殊"调料"。接下来，把糖浆倒入特殊的喷枪中，最终"喷"出细糖丝。这些糖丝冷却后变硬，有韧性。

科研人员发现，丙纶产品性能不佳的根本原因在于聚丙烯熔体形成细丝的纺丝温度过高。这不仅使助剂流失、影响纤维质量，而且各种助剂的高温分解产物还会严重污染生产环境，影响工人健康。

为此，钱人元带着科研团队进行了多次研讨。"有没有可能是聚丙烯中高分子量'尾端'部分的问题？"在一次讨论中，钱人元提出了这个问题。

相对分子质量（简称分子量）往往用来反映一个分子或者特定单元的质量大小。从高分子物理的角度来看，聚丙烯的分子链是一条由丙烯分子通过加聚反应形成的长链。聚合过程中分子链的增长和终止具有随机性，导致分子链长短不一，因此在纺丝过程中的结晶和取向行为也不尽相同。

经过深入思考，徐端夫等提出了一个全新观点：聚丙烯分子链中的高分子量"尾端"部分对结晶和取向更加"敏感"，在纺丝过程中更容易产生结晶。这样，卷绕丝的牵伸性能和成品纤维的力学性能就会显著变差。

在一次讨论中，徐端夫敏锐地抓住问题的本质，说道："高分子量'尾端'部分是聚丙烯纺丝研究中的核心问题。"

"如果想办法把高分子量部分的分子量降下来，也许可以避免这个问题。""还需要设计一些实验来证明。"讨论中，大家各自贡献智慧，逐渐形成了未来研究的方向。

徐端夫与范庆荣、赵得禄等用实验结果证明了他们的猜想，消除了聚丙烯中的高分子量"尾端"部分，更容易地加工出了优质聚丙烯纤维。

20世纪70年代后期，他们在一次国际高分子学术讨论会议上首次公开了这一实验结果。"许多国际专家都认可了这一发现，认为这是中国科学家的原创。"现在，范庆荣仍为此深感自豪，"要实现国家科技自立自强，离不开我们脚踏实地地深耕一个领域，瞄准科学问题，提出原创科学思想。"

"降温母粒"，从科学发现到生产线

在突破原理的实验中，科研人员研发了降低聚丙烯分子量的多次造粒方法，即对高分子原料进行多次颗粒化处理。

遗憾的是，这个办法在工业上难以实现。国际上既没有工业化经验可供借鉴，也没有成套设备可以引进。一时间，消极情绪在团队中弥漫。"只要我们努力做，一定可以做出来。"徐端夫经常鼓励大家。

那么，究竟哪种分子量调节剂才是"最优选"？徐端夫带着科研人员，首先围绕当时主流的有机硫化合物类型分子量调节剂开展了探索。他们在全国范围内的化工厂围绕10多个有机硫化合物开展了纺丝试验，结果却不尽如人意。

所幸，大家没有动摇最初的信念。"除了坚持下去，没有其他选择。"范庆荣回忆道。

这时，他们从浩瀚的文献中挖掘出一个新方向。有机过氧化物起作用的温度较低，反应速度较快，能及时并快速地调节聚丙烯的分子量，使后续纺丝过程中分子量变化较小。这样既能降低一般纺丝过程中聚丙烯分子降解所需要的工艺温度，又能保证纺丝熔体的均匀稳定，满足纺制优质丙纶纤维所需的基本条件。这一发现犹如黑暗里的一束光，激励着他们继续前行。

沿着这束光，他们在化工产品目录上一个一个地找，又一个一个地排除。最终，他们锁定了过氧化二异丙苯（DCP）、过氧化二叔丁基（DTBP）、2,5-二甲基-2,5-二过氧叔丁基己烷（双二五）、过氧化双酚等4种过氧化物。

出乎意料的是，科学家的想法遭到了工业界的强烈反对。有机过氧化物遇热会发生剧烈分解而易发生爆炸。很多人既担心试验的安全性，又担心过氧化物中的自由基会加速产品老化。"一听说过氧化物有爆炸风险，企业都不愿意用，纺丝试验就做不了。"范庆荣说道。

徐端夫等在充分的文献调研和大量实验室研究的基础上，为安全进行工业化试验制定了严密方案。徐端夫的人物传记《星光闪耀：徐端夫院士的故事》中描述了这一场景："第一次在工厂试验时，现场气氛很紧张，消防车在车间外严阵以待，徐端夫在车间内镇定主持。随着试验按照预定步骤平稳进行，大家才放下心来。"

成功了！眼看丙纶细丝从纺丝机中喷出，细而有韧性，徐端夫深感欣慰，坚持多年的潜心探索终于到达彼岸，当初丙纶制衣的梦想就在眼前了。

化学所在突破原理的基础上，与多家工厂联合完成一系列丙纶配方试验，排除了过氧化双酚、过氧化二异丙苯、双二五，过氧化二叔丁基最终胜出。随后对过氧化二叔丁基开展的老化试验表明，加入较少量（即0.06%～0.07%）的过氧化二叔丁基时，对丙纶的耐老化性能没有明显影响。

降温母粒创新的意义，可以这样通俗地理解：在造粒之前就把过氧化物加进去，解决了过氧化物易挥发的问题，让反应体系更加稳定，形成了核心技术。在工厂原有的生产线上，将适量降温母粒混入商品化聚丙烯树脂原料中，就可以实现顺利纺丝。这种简单高效的方式是工业界乐见的。

1979年，"有机过氧化物控制降解法降低丙纶纺丝温度的研究"通过中国科学院的成果鉴定；1980年，"降低丙纶纺丝温度新方法"获得国家发明奖。

丙纶成衣，不断革新

国家"六五"计划开始后，化学所组织了降温母粒的研制和工业化试生产。结果表明，降温母粒用于丙纶工业生产，不仅可以提高纤维质量和成品率，而且可以提高劳动生产率，节约能源，减少污染。

20世纪80年代，我国衣用丙纶长丝快速发展，但20家小化纤厂的丙纶年总产量仅有几千吨，明显供不应求，降温母粒法也仅适用于小批量生产。

面对这一局面，徐端夫深感责任在肩，探索之路还很长，绝不能停下脚步。

徐端夫积极奔走，多方争取机会。终于，1982年，化学所与中国石油辽阳石油化纤公司（简称辽化公司）签订联合开发技术协议，革新聚丙烯的生产装置和生产工艺，开发出系列纺丝专用树脂新牌号，填补了国内空白。

这些聚丙烯树脂的命名也倾注了徐端夫的心思。例如，成功应用于纺丝的两种聚丙烯树脂的熔融指数分别是18和26，他据此将其分别命名为"70218"和"70226"。熔融指数越大，表明树脂熔化后的流动性越好。

1984年，化学所与辽化公司联合10多家单位一条龙协作攻关。试制试纺表明，新树脂的各项质量指标均达到同期国际同类产品先进水平。1986～1989年，辽化公司共生产两种新牌号丙纶级聚丙烯树脂16 667吨，多创利税1529万元，节约外汇2000多万美元。

1989年，"丙纶级聚丙烯树脂的研制、工业化生产和应用"获得国家科学技术进步奖一等奖。"在答辩现场，有专家对这项成果给予很高评价，认为这是一个科研与生产相结合、科技转化为生产力的典型项目，经验值得推广。"参与这次评审答辩的马福荣说道。

细旦、超细旦，续写辉煌

在丙纶级树脂取得成功的同时，徐端夫敏锐地觉察到，国际化纤研究呈现向细旦化发展的趋势。旦尼尔（简称旦）是衡量纤维粗细的单位，数值越小，纤维越细、越柔软。

自1988年起，他带领课题组陆续开发出具有国际领先水平的细旦、超细旦丙纶长丝及其聚丙烯纺丝专用料与相关技术。1992年11月，"细旦、超细旦丙纶长丝及制品"项目被列为国家"产学研"高技术产业化首选项目。

突破之后，再次突破。科研团队从1995年起开展了衣着用细旦、超细旦丙纶短纤维制造技术研究。用细

丙纶级聚丙烯专用树脂和细旦、超细旦丙纶长丝

旦、超细旦丙纶制成的织物，有突出的疏水导湿性能，手感柔软、滑爽。并且，细旦丙纶还可以与棉纤维、蚕丝等混纺，制作性能优良的功能服装。

徐端夫经常给同事、同行展示丙纶制成的衣服。晚年在病榻上的他也穿着丙纶衣服。马福荣亲眼见过那件衣服，他回忆道："里面是丙纶的、外面是棉的，徐先生说身上的汗很快就排走了，穿着很舒服"。

今天，那场"丙纶会战"早已结束，主力队员钱人元、徐端夫分别于2003年、2006年逝世，其他成员也大都是耄耋老人。

今天，沿着钱人元、徐端夫等开创的科研之路，化学所的科研人员着力面向国家重大战略需求，开发出多项高性能聚丙烯产品。例如，他们对面向国家金融安全的高分子薄膜－双向拉伸聚丙烯薄膜制备技术难题进行了10多年攻关，实现了工业化稳定生产。

面向未来，化学所的科研人员将继承和发扬前辈的学术思想与科学家精神，依托中国科学院建制化、体系化基础研究的优势，奋力抢占科技制高点，推动高分子材料领域的科技进步，为国家重大需求服务。

（中国科学报社甘晓、徐昭撰文；原文发表在《中国科学报》2024年6月7日第4版；文中图片由化学所提供）

煤制烯烃工业化：
从零的突破迈向新兴战略产业

走进中国科学院大连化学物理研究所（简称大连化物所）的展馆后，首先映入大家眼帘的是一排醒目的大字——锐意创新、协力攻坚、严谨治学、追求一流。

在中国科学院成立75周年之际，大连化物所也迈入第75个春秋。对于"协力攻坚"这4个字，大连化物所的每个人都颇有感触。这4个字激励着所内一代代科技工作者创造出多项具有划时代意义的成果。甲醇制烯烃（DMTO）技术就是其中之一。

烯烃，听起来陌生，但它在人们的日常生活中却随处可见，被广泛地应用于工业、农业等领域。在化学工业领域，生产烯烃的主流方法一直以石油为原料。然而，我国富煤贫油少气的基本国情，决定了烯烃生产必须另辟蹊径。

为了攻克这一难题，大连化物所勇敢地站了出来。历经三代人，前后40多年，大连化物所人在困境中坚守，在逆境中奋进，"协力攻坚"，终于让这项技术从实验室走向现代化工厂，实现了世界上煤制烯烃工业化"零"的突破，开创了我国煤制烯烃新兴战略产业并引领

世界首套万吨级甲醇制烯烃技术工业性试验装置

其快速发展。

从四处找人投资的"毛头小子"到煤制烯烃技术的带头人，大连化物所所长、中国工程院院士刘中民既是见证者，又是亲历者，此间的每个细节他都记忆犹新。

"无论什么时候提起DMTO技术，我们团队都是自豪的。能够参与其中，见证技术的发展，以及工业化和产业的兴起，我们倍感荣幸。"刘中民说道。

"两条腿走路"

20世纪70年代，世界舞台风云变幻。国际政治格局从昔日的两极对峙，向多极化方向演变。全球经济体系也连续遭受两次石油危机的沉重打击。

被誉为"工业血液"的石油的价格一路扶摇直上，从每桶1.2美元攀升至近40美元，造成全球范围内的大通胀。

石油产品主要分为两类：一类是用作能源的油品，另一类是塑料等各种有机产品。作为塑料的一个重要类型，聚烯烃的主要单体成分是烯烃，主要生产技术路线一直完全依靠石油化工。

这引发了许多国家对烯烃原料来源可持续性的担忧，并开始逐步探索用煤炭替代石油的可行性。许多科学家认为，以煤炭或天然气为原料合成甲醇，再用甲醇制取烯烃是行之有效的方法，并相继启动了以煤代油的科技攻关计划，希望在这场能源变革中抢占先机。

改革开放后，中国科学家也在积极探索，开始攻坚相关科技难题。1981年，甲醇制取烯烃被列为中国科学院的重点课题，大连化物所承担了这一重任。

煤制烯烃一般分"两步走"。第一步是以煤为原料合成甲醇，第二步是通过甲醇制取烯烃。此时，第一步已经有了相对成熟的工业技术，而甲醇制烯烃却停留在探索阶段，在世界范围内都极具挑战。

为了保障国家能源安全，大连化物所下决心迎难而上，并迅速调动以陈国权和梁娟两位研究员为组长的两个研究小组进行联合攻关。

1983年，刚刚大学毕业的刘中民怀揣着对科学的憧憬，加入研究团队。他要做的，就是沿着前辈的研究方向，继续甲醇制烯烃反应基础研究。

将甲醇转化为烯烃，首先需要解决的难题是研制适用的催化剂。初期研究主要集中在ZSM-5分子筛催化剂的研制和固定床工艺技术的开发上。大连化物所在上述小组的基础上成立了更大的攻关团队，于1993年完成了中试试验。

随着研究的开展，新催化剂的探索取得了突破。采用小孔SAPO-34分子筛催化剂，有可能发展新一代更加高效的技术，并应用于流化床工艺。1991年，在国家科技项目的支持下，大连化物所正式开展该技术的攻关。此时，刘中民刚刚博士毕业，在新组长蔡光宇研究员的带领下，负责催化剂的研制工作。

SAPO-34分子筛催化剂的研究随即驶入"快车道"。试验证明，SAPO-34分子筛催化剂可以大幅提高烯烃产率，更具稳定性，在工业应用前景方面比ZSM-5更好。高温水蒸气存在条件下SAPO-34分子筛的稳定性是决定性因素。

团队在合成出纯SAPO-34分子样品后，想到可以使用X射线衍射的方法，观察其在脱附水过程中骨架结构发生的变化。随后，他们惊奇地发现，SAPO-34的骨架结构在脱附水后实现了"可逆化"——竟然复原了。这表明了该分子筛的稳定性，也证明了其具有工业应用的潜力。

1995年，团队采用自主首创的合成气，经由二甲醚制烯烃新工艺方法，完成了百吨级中试试验。该成果获得中国科学院科技进步奖特等奖及国家"八五"重大科技成果奖。

这一年，刘中民成为团队负责人。他对成果的评价深有感触："那年我们申请的是中国科学院科技进步奖一等奖，却给我们颁发了特等奖，这在以往的科技评奖中是不多见的，可见评委们对我们成果的高度认可。"

降价的石油

正当一切稳步前进时，国际形势发生了翻天覆地的变化。

"1997年，国际上每桶原油的价格降到了10美元左右。假如还是采用甲醇制烯烃生产工艺，相比之下的成本就太高了。"刘中民回忆道。

找企业合作做工业性试验，是团队当时最迫切的需求。但是煤制烯烃面临的局面，让大多数企业对煤炭替代石油生产烯烃项目没有积极性，团队申请的后续科技攻关项目又因相关机构调整失去了申请渠道。

他们已经记不清究竟去了多少个地方，联系了多少家公司，四川、甘肃、黑龙江、上海……只要有希望，他们就往全国各地跑，盼望与企业联合开发，只求合作，不求回报，但最终都没有结果。

其中，他们和一家大型国企的合作洽谈，是最接近成功的一次。通过补充大量实验数据和可行性报告，双方终于有了合作的眉目。但是，由于企业管理人员的调整和对技术的不同认知，项目最终夭折了。公司相关技术负责人得知消息后流着泪拍桌子，研究团队的每个人都深感惋惜。

科研资金的短缺，让团队的发展陷入更大的困境。以煤代油的努力，应该继续吗？

刘中民经过深思熟虑，认为合成气制烯烃技术在当时的定位已经从"战略急需"变成"战略储备"，技术推广和工业性试验将是一场持久战，但是无论面临多大困难都绝对不能放弃。"这就像是一场考验耐力的马拉松。"他说道。

为了渡过经费捉襟见肘的难关，所里老专家们给刘中民出了个点子——向院里"借"点钱。

刘中民抓住中国科学院院领导到大连化物所考察的机会，当面汇报了项目的进展和困境，成功拿到100万元的特别资助经费。1998年，正是靠着这100万元，刘中民带领团队进一步研究了甲醇制烯烃过程的反应机理，完善了催化剂放大和工艺技术，找到了进一步放大试验的机会。

睡不安稳的700多个日夜

2004年，国际油价回升，甲醇制烯烃的发展再一次迎来机遇。

陕西省煤炭资源丰富，适合发展煤代油产业，也一直在积极寻求相关技术合作。当地最开始想找一家国外公司，但这家公司拥有的相关技术还没经过工业性试验，提出的技术使用费极高。陕西省人民政府的领导了解到大连化物所的这一技术路线达到世界领先水平，专门成立了陕西新兴煤化工科技公司，与大连化物所和洛阳石化工程有限公司共同完成工业性试验，推进工业化进程。

当年8月，总投资8610万元、年处理甲醇能力1.67万吨的工业性试验装置，在陕西省华县（现渭南市华州区）开工建设。团队在华县化工厂"安营扎寨"，开始了至关重要的工业性试验。

"说实话，当时心里很忐忑。"刘中民对20年前的场景仍印象深刻，他回忆道，"DMTO的工业化是对技术的首次实践检验，是否成功，关系到中国煤制烯烃新兴战略产业能否顺利健康发展，关系到大连化物所的科研声誉，这必然会产生广泛的国际影响。"

宿舍窗户外面的装置上有一个火炬，如果持续燃烧就说明装置运行正常。刘中民总是睡一会儿就起床看看火炬亮不亮，确认没事才敢躺下接着睡。"火炬要是不亮，就说明出问题了，得赶紧解决。另外，附近经常爆破开矿，放炮的声音也令人提心吊胆。"刘中民说道。

作为技术总负责人，刘中民最担心的就是安全问题，他说道："100多人，36米高的大型装置，哪一个环节都不能出问题。"

团队里有细致的分工。有人负责分析、调试仪器，确保分析数据及时、准确；有人负责工艺，每天要在几十米高的装置上爬几个来回，检查设备、管理流程。当时正值隆冬时节，加之装置立在开阔地带，负责工艺的同志攀上爬下，对凛冽的寒风有了切身体会。但他们很快就对反应器、操作阀等成百上千个控制点形成了刻印式的记忆，对下一步的试验也更加充满信心。

就这样，经过700多个日日夜夜的奋战操劳，他们终于迎来了激动人心的时刻。2006年5月，甲醇制烯烃工业性试验宣告成功，取得了设计建设大型装置的可靠数据。

科研团队在项目开工现场

随后，团队和神华集团达成合作意向，在包头建设一个百万吨级的工业装置，成为煤制烯烃工业化的首个"实践者"。

2010年，神华集团包头项目180万吨/年甲醇制烯烃工业装置投料试车一次成功，在世界上首次实现煤制烯烃工业化。

成功的消息立刻传到了时任大连化物所所长张涛那里。他临时中断了正在举行的大连化物所战略研讨会，当场宣读了这一喜讯，全场响起了热烈的掌声。

在随后召开的庆祝会上，团队许多同志的眼泪哗哗地流。从工业性试验现场转战工业化现场，历经6年的风雨洗礼，这些成果背后的辛酸苦辣，每个人都深知其味……

2011年1月，大连化物所的DMTO技术正式进入商业化运营阶段。由此，我国率先实现了甲醇制烯烃核心技术和工业应用"零"的突破。

"接力棒"还在传承

成功实现工业生产后，团队并没有就此止步。

"转化一代，开发一代，前瞻一代。"这是大连化物所对DMTO技术研究的战略部署。刘中民对此做了一个非常形象的比喻，煤制烯烃技术研发就像一根接力棒，作为中间的传递者，自己有义务也有责任带领团队继续前行。

随后，大连化物所进一步开发出多产烯烃的DMTO第二代技术，顺利完成工业性试验。这项技术将甲醇制烯烃产物中重于碳四的组分回炼，烯烃收率比一代技术提高10%以上，大幅降低了烯烃生产的原料成本。

2015年，世界首套甲醇制烯烃第二代（DMTO-Ⅱ）工业示范装置开车成功。这对我国发挥煤炭资源优势、缓解石油资源紧张局面、发展煤制烯烃新型煤化工产业具有重大意义。

这一年，大连化物所甲醇制取低碳烯烃技术荣获国家技术发明奖一等奖，刘中民走上人民大会堂的领奖台，领取了这份沉甸甸的国家荣誉。

"这是国家对煤化工方向的认可、对我们取得技术进展的认可。国家需要的事情，我们必须坚持做下去。"刘中民难掩激动地说道。

2020年，DMTO第三代技术研发取得重大突破。由于采用了新一代催化剂，以及对反应器和工艺过程的创新设计，单套工业装置处理甲醇数量翻倍，达到每年360万吨。随后，该成果在内蒙古鄂尔多斯、宁夏宁东成功转化，推动煤炭资源由"燃料型"向"原料型"转变、产品由"一般加工"向"高端制造"转变，促进了区域产业结构优化。

回想起DMTO团队走过的历程，刘中民感慨万千。四十多年弹指一挥间，漫长而艰辛的研发和应用历程，融入了大连化物所三代科技人员的不懈追求。

DMTO技术的成功，是大连化物所内外联合攻坚的结果，体现了政产学研结合的优势。伴随着DMTO的发展，大连化物所也在探索科研组织的新模式——成立了所内第一个建制化的"组群"。组群这样的"大团队"着重于承担国家重大科技任务，目的是推动基础研究和应用研究的"精诚合作""无缝衔接"与技术的可持续发展，集中力量办大事。这种全新的探索促进了基础研究成果向技术开发和产业化阶段的快速迈进，也培养了一批着眼于"应用"的基础性研究人才和工程技术人才。

一批年轻的研究人员也加入了刘中民团队。他们认为，团队最大的特点是发挥各自专长拧成一股绳。作为开发第三代DMTO技术的"年青一代"，他们始终坚信技术只有持续进步，才能引领行业发展，而他们要做的，除了传承，还有创新。

许多企业与大连化物所因DMTO而"结缘"，陕西延长石油集团就是其中之一。自合作以来，两家单位联合取得了一系列科技成果，建成了一批工业示范项目，实现了科研成果的高效转化。企业提需求－研究所研发技术－合作进行成果转化的产学研合作模式，真正实现了人、财、物等创新要素的集聚。

截至2024年4月，大连化物所甲醇制烯烃系列技术已签订32套装置的技术实施许可合同，烯烃产能达每年2160万吨，占全国当前烯烃产能的1/3；已投产17套工业装置，烯烃产能每年超过1000万吨。

在刘中民看来，DMTO的发展前景远不止于此。他相信，随着经济社会的发展，国家对烯烃的需求会进一步扩大。团队年轻成员接过"接力棒"后，将会持续优化技术路线，开展大规模工业化应用，进一步实现煤炭资源清洁高效利用、缓解石油资源供应紧张局面，推动我国煤化工产业向高端化、多元化、低碳化发展，为我国能源化工产业升级及"双碳"目标的实现贡献更大力量。

（中国科学报社记者孙丹宁撰文；原文发表在《中国科学报》2024年4月29日第4版；文中图片由大连化物所提供）

逆境中长出的"中国牌"晶体

2009年2月，国际期刊《自然》发表题为"中国晶体——藏匿的珍宝"的采访调研文章，认为中国禁运氟代硼铍酸钾晶体（KBBF），将对美国功能晶体相关领域的研究和发展产生严重影响，并断言"其他国家在晶体生长方面的研究，还无法缩小与中国的差距"。

该文的缘起是中国2007年正式宣布停止对外提供KBBF，美国人不惜花重金请求购买或邀请相关中国专家去美国工作，但都被严词拒绝了。中国科学家用国际领先的自主创新成果在高技术领域对美国说"不"。

从20世纪60年代开启理论研究，到80年代研制出低温相偏硼酸钡晶体（BBO）、三硼酸锂晶体（LBO），再到90年代研制出KBBF，中国科学院福建物质结构研究所（简称福建物构所）等单位的科学家，打破了中国在晶体生长领域仿制、"跟跑"的局面，让"中国牌"晶体闪耀世界。

几十年过去了，"中国牌"晶体这个"老字号"更显创新活力。很难想象，当年研发"中国牌"晶体的科学家们经历了怎样的奋斗历程。

不跟在外国人后面走

卢嘉锡（左）指导福建物构所的青年科技人员工作

材料是人类社会进步的标志物。作为一类重要材料，晶体指能自发生长成规则几何多面体形态的物体。随着科技进步和经济发展，人工功能晶体已经成为激光设备等不可或缺的基础材料。

激光技术是20世纪"四大科技发明"之一。作为激光设备的上游关键部件，非线性光学晶体可以将某个频率的激光转换成另一个频率的激光。

20世纪60年代初，国外已经发现一些非

线性光学晶体材料，但是中国尚未研发出自己的晶体。整体来看，国际上非线性光学晶体的研发都相对滞后，导致激光器进一步应用乏力。

功能晶体乃至所有功能材料的性能，都取决于其组成和结构，而这需要专业人才进行深入研究。在那个年代，我国缺乏这方面的人才，谁来研发"中国的晶体"？

1945年，我国结构化学领域开拓者卢嘉锡留学归国，组织队伍开启晶体材料研究，并在国内首次招收以结构化学专业为主的研究生。卢嘉锡于1955年当选中国科学院化学学部委员（院士），1981～1987年任中国科学院院长。

美国留学期间，卢嘉锡在美国国家科学院院士莱纳斯·鲍林（Linus Pauling）的指导下，利用X射线和电子衍射法技术分析研究晶体结构和分子结构；他所设计的卢氏图表载入《国际X射线晶体学用表（第二卷）》，被国际化学界应用了几十年。

国外晶体研究已开展数十年，我国如何赶超？基于对国际国内晶体研究的分析，卢嘉锡认为探索新晶体材料，不应该受国外学术思想束缚，跟在外国人的后面走，而应该在分析、总结国外已有工作的基础上走自主创新之路。

"打造科研平台很关键。"福建物构所所长曹荣介绍道。1959年，中国科学院福建分院设立并筹建技术物理研究所、化学研究所等6个研究所和生物物理研究室。卢嘉锡一直构想建立现代化物质结构研究室，福建分院的设立让他看到了希望。

1960年，卢嘉锡经过深思熟虑，向中国科学院和福建省委提出将福建分院筹建的"六所一室"整合，最终形成了福建物构所，卢嘉锡为首任所长。自此，卢嘉锡带领福建物构所的研究团队开始研制非线性光学晶体。

让人匪夷所思的重大发现

当时，我国缺乏技术、经验和专业人才，只能从仿制起步。由于没有理论指导，工作很快就遇到了瓶颈。

那时的科研条件极为简陋。建所之初，福建物构所的主体建筑是一座四方形平房，人员主要是复退军人和大中专毕业生，办公设备和仪器设备是从其他学校搬来的，吃饭就在临时搭建的竹棚里。

即便如此，卢嘉锡还是凭借研究积累，部署了结构化学、非线性光学晶体等研究方

福建物构所建所后的第一座实验楼

福建物构所建所初期的结构化学研究队伍

向，希望从结构化学的角度探讨晶体和分子结构、电子结构之间的关系。

构想有了，关键是靠大团队联合开展大攻关。为此，卢嘉锡想方设法从高校调来理论物理等专业的毕业生，陈创天就是其中之一。

那是1962年，陈创天25岁，刚从北京大学物理系毕业。到福建物构所没几天，卢嘉锡就找到他，语重心长地说道："研究所搞的是结构化学，你的研究重点要从理论物理向结构化学转移。"

卢嘉锡给陈创天介绍了基本知识并列出了参考书单，嘱咐他"可以边工作边学习，不懂可以来问我，相互切磋"。此后3年，陈创天系统地学习了结构化学知识，最终选择非线性光学材料结构和性能之间的关系为研究方向。

1976年，苦心钻研10年后，陈创天提出阴离子基团理论，找到了非线性光学晶体材料宏观效应与微观结构间的关联。次年，他被任命为非线性光学材料探索组组长。

据介绍，当时研究所几乎一穷二白，一群怀揣梦想的年轻人自己动手创造科研条件，如自行组装激光器、测试设备等。1979年，研究组发现BBO是一种非常有希望的新型材料。3年后，他们终于生长出大块BBO。

中国科学家以翔实的数据和无懈可击的实验证明了BBO是非中心对称的晶体，在200～350纳米波长的透过率可超过80%。

1986年，陈创天在美国参加一个国际激光与光电子会议，向全世界宣布成功研制出BBO，引起轰动。业界赞誉这是中国人按照自己的科学思想创造出的首块"中国牌"晶体。

吴以成[1]正是那一年在福建物构所获得了博士学位。他回忆道："陈老师告诉我们，他

---

[1]　2005年当选为中国工程院院士。

BBO 晶体

LBO 晶体

发言结束后，参会的200多位科学家竟有一多半跟他出去，向他进一步了解情况，导致会都没法开了。"

福建物构所副所长、国家光电子晶体材料工程技术研究中心主任林文雄于1988年被保送到福建物构所读研究生。"教材都把BBO写进去了。"林文雄说道。BBO的面世让全世界的科学家感到匪夷所思，他们感受到严峻挑战，认为这样的重大发现不应该在中国诞生，而应该在美国、日本或者欧洲国家。

曹荣感慨到，福建物构所取得这样的成就，离不开国家的一贯支持，也得益于中国科学院面向世界科技前沿、面向国家重大需求进行的前瞻布局和建制化研究。

在高技术领域对外国说"不"

正当外国学者为横空出世的"中国牌"晶体感到震惊时，陈创天、吴以成等中国科学家又在1987年宣布一项新的重磅成果——他们发现并生长出第二块"中国牌"晶体LBO。

与BBO相比，LBO的紫外截止波长移到150纳米，是迄今实现高功率三倍频输出最好的非线性光学晶体。BBO、LBO分别被美国《激光与光电子学》（*Lasers & Optronics*）评为1987年、1989年"十大尖端产品"。

"BBO和LBO的背后，光研究组就有多个，包括理论组、化学合成组、结构分析组、相图研究组、晶体生长组等。大家互相协作、劲往一块儿使，才有这样的结果。"吴以成说道。

山东大学教授王继扬介绍到，当时国内晶体研究界有"三驾马车"，分别是福建物构所、山东大学和南京大学，它们在晶体生长、消除晶体畸等方面各有所长，非常团结又能创新，把晶体研究这个在国际上本不受重视的领域变成各国争相研究的焦点。"我国科学家有股迎难而上的拼劲，敢走新路、勇于自主探索。"他说道。

1988年，福建物构所成立成果转化公司——福建福晶科技股份有限公司（简称福晶科技），开启了BBO、LBO的商业化之路。

"商业化后，外国就眼红了。BBO面世时，中国的专利法还没有出台，但LBO研发出来时已有专利法，团队有意识地申请专利将它保护起来。"吴以成说道。美国最先坐不住，他们以专利无效为借口和中国打官司，希望能取消中国的LBO晶体的专利权。

"美国最终没有凭借蹩脚的理由得逞。"吴以成回忆道。当时国际上关于LBO的研究成果都是中国科学家发布的，团队把整个研究的详细实验记录等收集起来应诉，最终打赢了官司。

这个案例再次印证了团队协作的重要性。"那时候，团队里以林朝熙为代表的知识产权方面的专家就懂得申请专利。他们不是为了报奖，而是要把自主创新成果保护起来。"林文雄说道，"更关键的是，他们申请的不是晶体生长专利，而是器件专利，很好地避免了国外钻空子侵权。"

LBO面世前，美国等国家都在基于BBO等晶体开展多倍频研究，中国科学家也在寻求新突破。

"我国虽然已经取得领先成果，但当时科研条件仍很落后。"吴以成举例到，LBO晶体生长是在坩埚中进行的，耐温1000℃以上的铂金是做坩埚的理想材料。当时铂金比黄金还贵，一小块就要上千美元。"我们每次用完坩埚都要称重，如有损耗须说明。然而，落后的科研条件没能阻止我们做出领先世界的重大成果。"

外国对中国科学家的态度，也随着"中国牌"晶体的相继面世，从傲慢转向了尊重。

吴以成回忆起，陈创天讲过的这样一件事。在BBO面世前，有一位中国学者在美国的一家实验室工作，有人不小心打碎了一块杜邦公司生产的非线性光学晶体，中国学者想把碎片带回国研究，但被实验室负责人以保密为由拒绝了。没想到，数年后，中国就制备出领先世界的BBO。

20世纪90年代陈创天在日本访问期间，日方曾为他升起中国国旗以表示尊敬和欢迎。

研发出BBO、LBO后，陈创天团队意识到，由于微观结构条件限制，两者无法通过简

科研人员用提拉法培养晶体

单倍频技术产生深紫外光谱区的谐波光输出。经过反复计算和思考，陈创天等又踏上一条长达10多年的新型非线性光学晶体探索之路，研制出全球独一无二的KBBF。

KBBF是目前唯一可以直接倍频产生深紫外激光的非线性光学晶体。当时，国际激光界普遍认为，用固体激光器产生波长小于200纳米的激光几乎不可能，KBBF则使激光的最短波长达到184.7纳米，在深紫外激光领域大展身手。

KBBF独特的薄片层状生长习性，使其难以获得实际应用。为此，陈创天联合中国科学院院士蒋民华团队、中国工程院院士许祖彦团队等开展联合攻关，攻克了晶体生长难关，实现了多种波长的深紫外激光有效输出，保障了中国在深紫外固体激光方面的国际领先地位。

2007年，KBBF被禁止对外出口。中国科学家用国际领先的自主创新成果，在高技术领域对外国说"不"。

"老字号"焕发新活力

2000年，洪茂椿[①]任福建物构所常务副所长，主持研究所工作。当时，中国科学院基于对知识创新与技术创新前沿的把握，批准福建物构所关于福晶科技改制的申请，做大做强"中国牌"晶体产业。洪茂椿面临的第一个难题，就是让"好酒"走出"深巷"。

"首先要聚人才。"洪茂椿表示，当时福建物构所建所成立已有40多年，老一辈科学家年纪大了，科学家梯队出现了断层。"当时所里引进了一批人才，积极申请系列科研项目，包括多个上亿元的大项目。"

洪茂椿强调，当时申请项目并非盲目扩充研究方向，而是更聚焦科技创新价值链，把知识创新、技术创新与产业创新链接起来，以国家重大需求推动福建物构所的科学研究。

2008年，福晶科技正式上市。几年里，洪茂椿经常白天忙完，晚上回所里搞科研，企业管理经验是现学现用。好在经过几年的努力，人才梯队建起来了，晶体产业发展的脉络理顺了。

这个团队人才济济。中国科学院光电材料化学与物理重点实验室主任吴少凡带领团队致力于激光与非线性光学晶体、闪烁晶体新型功能材料研究，成果已在国家重大工程中获得应用。"90后"研究员罗敏已经成长为课题组组长，聚焦非线性光学晶体材料的设计、合成和生长，以学术骨干的身份参与国家重大项目和中国科学院战略性先导科技专项等。

走进福晶科技的晶体熔盐车间，工作人员正在一排排晶体生长监控器前观察晶体生长炉的温度。"以前晶体生长都需要工作人员在坩埚旁守着，温度很高，夏天更是受不了，现在

①　2003年当选为中国科学院院士。

晶体提拉生长车间

定时观察显示器即可。"福晶科技董事长陈辉说道。

如今的福晶科技已经成为全球知名的LBO、BBO、磁光晶体等龙头厂商，产品广泛应用于激光、半导体等领域，2023年实现营业收入7.82亿元。

"需求端推动供应，目前公司生产的我国原创晶体占全球此类晶体生产总量的近五成，出口超过四成。"陈辉说道，"国内晶体需求占全球总需求的比例，从20世纪90年代初的不足5%到如今超过五成，说明我们积极应对了产业链转移及国内需求增长等市场变化。"

今天，我国的晶体研究是否仍然领先？曹荣说到，我国原创晶体在研制和应用上不断取得新成果，始终领先国际。近年来，福建物构所又取得一系列引领国际的研究成果，使我国成为激光晶体强国。

"当前，我们正积极将人工智能技术应用到晶体设计和生长等环节。"曹荣说道，"福建物构所将进一步面向世界科技前沿及国家重大需求，抢占科技制高点，助推我国科技创新事业迈上新台阶。"

"纵观我国晶体研究发展史，我感受最深的就是科研没有捷径，是靠一代又一代科学家一步步走出来的。"洪茂椿说道，"跟在别人后面永远不是创新。正是有了国家和中国科学院对晶体研究的持续大力支持，有了几代科学家的团结互助、勠力创新，我国晶体研究才长盛不衰。"

（中国科学报社记者王昊昊撰文；原文发表在《中国科学报》2024年9月2日第4版；文中图片由福建物构所提供）

中国 "网" 事

——穿过羊肠小道，驶入信息高速

"中国互联网的发展史会记住这一天：1994年4月20日。"时隔30年，中国科学院计算机网络信息中心（简称网络中心）首任主任宁玉田依然清晰地记得那个特殊的日子。

那一天，一条传输速率为64 K的国际专线从网络中心成功联网，实现了中国全功能接入国际互联网。这标志着中国互联网时代的开端，更预示着一个数字生活的崭新时代向人们开启大门。

需求催生

国际互联网的诞生有两个驱动因素。一个是政治和军事方面的需要，另一个是大科学装置产生的海量数据进行国际传输的需求。

为建立能抵抗核打击的美国作战指挥系统，美国国防部高级研究计划局在20世纪60年代就建成了覆盖全美的国防部高级计划局网络（即阿帕网，Advanced Research Project Agency network，ARPANET）。20世纪80年代，美国、英国、法国等均在创建本国的计算机网络，很多互联网的关键性、基础性标准也在这一时期确定。

在科研领域，以粒子物理、航天科技为代表的大科学工程兴起，进一步催生了国际合作、资源共享方面的强烈需求。1985年，美国国家科学基金会（National Science Foundation，NSF）建立NSFNET并取代ARPANET，成为当时互联网的主干网。

我国最早应用互联网的需求同样来自科教领域。科技的迅猛发展和日益频繁的学术交流，让中国科学家对网络的需求越发迫切。

"科研人员有了研究成果，会写成论文预印件寄给国外同行，国外科学家也会把论文预印件寄给中国学者。国际邮包寄送往往需要数个月，科研人员看到论文时，内容已经是半年前发表的成果了。"时任中国科学院计算技术研究所（简称计算所）十室副主任钱华林介绍道，"而借助互联网，科学家能极大提高论文的发表效率，加快成果产出进度。"

20世纪80年代末，我国一些科学家已和国外研究机构建立了通信联系。中国科学院高能物理研究所和北京计算机应用技术研究所的研究人员出于共享科学数据和计算资源的需求，已经通过电子邮件和国外进行过联系。只是当时这个联系还仅限于收发电子邮件，而且网络随时会断。

机遇出现

随着国内高校和科研院所对高速计算的需求越来越迫切，1989年，国家计划委员会将支持网络和计算中心建设列入"重点学科发展项目"，计划在北京中关村地区建成清华大学、北京大学和中国科学院中关村地区研究所3个局域网络，然后通过若干节点连成一个高速计算机通信主干网，并建成网控中心和计算机主机系统。

"如果这个系统建成，一方面，科学家可以在自己的实验室里共享超级计算机及信息资源，另一方面，它也可以为中国发展计算机网络技术起到示范作用。"钱华林说道。

这个项目被称为"中关村地区教育与科研示范网络"（NCFC），由国家计划委员会组织中国科学院、清华大学和北京大学三方投标来确定实施依托单位。

得到这个消息后，中国科学院技术科学与开发局副局长宁玉田立即向中国科学院的领导作了报告。

"院领导对科技前沿非常了解，对高新技术非常敏感，当时就意识到网络的重要性和巨大潜力。"宁玉田说道。

报告报上去后，很快就得到批复。时任中国科学院院长周光召明确要求："此事必须抓紧做好。"

0.7 分胜出

1989年6月26日，中国科学院组织计算所、计算中心①、软件研究所、自动化研究所和电子学研究所等单位的计算机和网络专家成立NCFC项目投标小组，集中撰写标书。

"当时竞争非常激烈，经评审组21位专家严格评议打分，中国科学院的方案比第二名仅高0.7分。"宁玉田说道，"坦白讲，其他竞标单位的实力也不差，每位专家都很优秀，但我们的方案总体上更优。"

最后，中国科学院胜出，主持NCFC项目。

---

① 1977年成立，后并入中国科学院计算机网络信息中心。

　　NCFC项目牵涉多家机构和大量资源，组织协调难度很大。1990年5月15日，中国科学院计算机网络中心①成立，挂靠在计算中心，并从各研究所抽调优势力量，组建攻关团队。宁玉田任主任，计算所研究员马影琳任总工程师，钱华林和计算所研究员苏振泽任副总工程师，牵头组成了核心团队。

　　为方便实施，项目组设立管理委员会，中国科学院副院长胡启恒任管理委员会主任，成员由国家计划委员会、国家教育委员会②、国家科学技术委员会、国家自然科学基金委员会、清华大学、北京大学等单位的相关领导组成。

　　同年11月，国家计划委员会批复NCFC立项。

雏形渐成

　　NCFC的首要任务是建设3个局域网，再将它们连接成一个主干网。在项目实施过程中，连接主干网必须使用统一的协议。当时国内组网有X.25协议、DECnet协议，还有X.400协议。中国科学院、北京大学、清华大学各自组建的局域网也采用了不同的传输协议。

　　对于主干网采用什么标准来连接，NCFC管理委员会内部有些争议。当时，世界上还没有统一的网络协议，比如，欧洲是OSI协议，美国在发展TCP/IP协议。

　　NCFC管理委员会的专家通过查阅资料、进行实际验证和细致讨论，最终认为TCP/IP协议更具优势，于是采用了该协议。

　　"现在看来，当时的这个决定是非常正确的。TCP/IP协议后来成为互联网的国际标准，让我们在技术路线上没有走弯路。"宁玉田说道。

　　解决了传输协议问题后，"广播风暴"问题又接踵而至。"广播风暴"是指因网络设计和连接问题，广播在网内大量复制，占用带宽，导致网络性能下降甚至瘫痪。由于当时从国外采购路由器困难，项目组决定一边尝试用"网桥"（bridge）连接，一边着手研制路由器。

　　钱华林带着学生——青年工程师李俊（后任网络中心第三任主任），借助参加国际学术会议时带回来的开源路由信息协议（routing information protocol，RIP）软件，经消化、吸收和攻关，通过在台式计算机（PC机）上安装4块网卡并修改软件的方式，组建成一台"PC版"路由器。

　　这是中国第一台自行研制并投入运行的路由器。此后的NCFC主干网试运行，全网用了

---

① 后并入中国科学院计算机网络信息中心。
② 1998年国务院机构改革，更名为教育部。

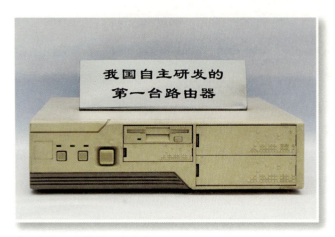

我国自主研发的第一台路由器

30多台PC路由器。

　　网络连接实验中的软件和硬件设备，基本上都要从头做起。那时候，我们拿到一根光纤都要经过半年的时间，项目组用以太网连接计算所南楼、北楼的实验就花了半年时间。

　　主干网连接光纤要走地下管路，但当时的地下管路归邮电部[①]管理，在其中穿过光纤需要获得邮电部批准，然后经北京市海淀区邮电局办理。在连接计算所和清华大学时，其中有几百米的光纤管道全被占用了，铺设新管道又不现实。讨论再三，专家们决定采用架空光缆的方式连接。然而，进口光纤价格不菲，架空光缆又容易损坏。为此，项目组科研人员每天晚上都要化身"打更人"，沿着光纤路线巡查。

　　在大家的共同努力下，1993年12月，NCFC项目顺利完成，高速光缆和路由器将3个院校的局域网连在一起，构成了中国互联网的雏形。

突破阻碍

　　NCFC项目的另一个重要任务是装备超级计算机作为网络公用资源。但是，完成这个任务却面临巨大阻碍——当时的巴黎统筹委员会拒绝向中国出口超级计算机。

　　NCFC管理委员会见招拆招，决定趁此机会尝试国际联网。

　　"这不仅符合计算机科学的发展方向，也能满足高校和科研院所进行国际合作的需要。"宁玉田说道，"但联网过程并不顺利，可以说是困难重重。"

　　其实，作出这个决定时，科研人员承受了很大的压力。当时，NCFC项目的任务书中并没有接入国际互联网的考核指标，国家对项目组也没有这方面的要求。

　　"这是一个自选课题，或者说是NCFC管理委员会的自发行为。"宁玉田回忆道，"它面临着政策、技术、经费、设备等多重障碍。"

　　当时国内电信制度规定，对外连接必须专线专用，中国科学院这根线要实现资源共享，就要承担专线昂贵的价格。更何况，当时很多先进设备和技术并非有钱就能买到。

　　更关键的是，美国担心中国接入国际互联网，会对美国构成"安全威胁"。

---

① 1998年国务院机构改革，在邮电部和电子工业部的基础上建立信息产业部，邮电部被撤销。

1993年底，中国接入国际互联网的所有技术问题都已经解决了，但网络就是不通。在一次国际会议上，有位美国专家明确地告诉我国专家，中国不能接入国际互联网是由于"技术以外的一些障碍"。

为接入国际互联网，从科研管理层、有国际影响力的科学家到NCFC项目组成员都在努力，胡启恒、师昌绪、陈佳洱、钱华林等多次在相关国际会议上为此争

2007年9月，在德国波茨坦，胡启恒（前排左二）与曾致力于推动互联网进入中国的部分专家合照

取。宁玉田说道："其实科学家都非常支持中国接入互联网，当时有美国同行甚至表示，只要政府不反对就行。"

1994年4月初，胡启恒去美国开会，特意拜访了主管互联网的美国国家科学基金会的负责人，说明NCFC的性质及联网的目的。

最终，双方达成共识，美国同意中国接入国际互联网主干网。

胡启恒在回顾这段历史时曾作出精彩论断："中国的互联网不是用八抬大轿抬出来的，而是从羊肠小道里走出来的。"

历史一刻

1994年4月19日深夜，李俊正在NCFC机房值班。在毫无征兆的情况下，他忽然发现自己能进入国际互联网了。

"突然能联网了，能看到美国互联网上的东西了。那股兴奋劲儿难以形容，我意识到自己是中国第一个进入国际互联网的人。"李俊回忆道。

因为已是深夜，李俊并未立即将这个"大消息"告诉别人，而是像意外走进神秘花园的孩子，想先独自"玩耍"一番。

第二天，大家听到能接入国际互联网的消息后，都很兴奋，1994年4月20日也被正式认定为中国全功能接入国际互联网的纪念日。

"中国从此被国际上正式承认，成为国际互联网大家庭的第77名成员。"网络中心科技云运行与技术发展部主任黎建辉说道，"这是一个标志性事件，我们确实应该记住这一天。"

"全功能接入国际互联网是在改革开放大背景下，中国政府部门、科研机构、国际友人共同努力和团结协作的成果。多位国家领导和院领导都曾作出批示。"宁玉田说道，"这件事也被评为当年中国十大科技新闻之一。"

域名回迁

全功能接入国际互联网后，中国的国家域名（.CN）还在国外运行。国外向中国发送邮件仍然很困难，只能用IP地址收发。

"作为互联网关键基础设施，域名系统是支撑全球互联网运行的重要根基和'导航系统'，是一切应用的第一入口。"互联网域名系统国家工程研究中心主任毛伟说道。

1990年，北京计算机应用技术研究所的教授王运丰曾和德国卡尔斯鲁厄大学的教授措恩协商申请.CN域名问题。在措恩协助下，.CN域名注册成功，北京计算机应用技术研究所的钱天白被登记为行政管理人，域名服务器暂放在卡尔斯鲁厄大学管理。

在NCFC项目初期，钱华林等就开始规划域名体系建设。他们在征得亚太互联网络信息中心（Asia-Pacific Network Information Center，APNIC）同意并获得我国政府授权，准备在全球互联网根服务器上注册.CN域名时，才发现该域名已经被钱天白注册了。

胡启恒随即以NCFC管理委员会主任的身份邀请钱天白参加NCFC项目，并多次会见措恩，讨论域名回迁中国的工作。

中国全功能接入国际互联网后，域名体系建设的步伐加快。1994年5月21日，在钱天白和措恩的协助下，中国科学院计算机网络中心建成并开始管理运行.CN域名服务器。钱天白、钱华林分别担任中国.CN域名的行政联络人和技术联络人，改变了中国国家域名服务器一直放在国外的历史。

1997年5月30日，国务院信息化工作领导小组办公室正式发文，委托网络中心组建和管理中国互联网络信息中心，负责.CN顶级域名的注册和管理工作。

第一台 .CN 域名服务器

"幸运"背后

中国互联网络信息中心发布的统计报告显示，截至2023年12月，我国网民规模达10.92亿人，互联网普及率达77.5%。互联网在加快推进新型工业化、发展新质生产力、助力经济社会发展等方面发挥着越来越重要的作用。

从64 K速率接入，到当前普通家庭上网百兆起步、科研院所万兆连接，中国互联网过去30年加速取得的成就令宁玉田始料未及。

"当时的目标就是为科研提供便利，没有人能料到互联网在今天会渗透到我们生活的各个角落。"宁玉田感慨道。

"前几次工业革命我们都没赶上，但在这次互联网大潮中，中国和其他国家同时'起跑'。"黎建辉说道，"从这个角度说，我们非常幸运，中国全功能接入互联网恰逢其时。这种幸运，是中国科学院在面对国家重大需求时，组织各科研院所协力攻关、充分发挥建制化科研优势的结果。"

从门户网站、即时通信、电子商务、社交网络，到移动支付、物联网、人机物融合、万物互联……中国互联网的30年是从跟踪、学习、模仿到自主创新的30年。在今天的很多行业和应用场景中，中国的创造创新越来越多。所有这些都肇始于中国科学院的计算机和网络专家的早期探索、试错、引领和示范。

黎建辉说道："中国科学院后来推进的'百所联网'、域名管理、算力网格、IPv6技术，推动科研信息化和管理信息化的尝试，都为互联网领域积累了非常宝贵的经验。这些经验对其他领域发展互联网相关技术和应用起到了重要的示范作用，也为前沿研究提供了定制服务和基础保障。"

（中国科学报社记者张双虎撰文；原文发表在《中国科学报》2024年4月22日第4版；文中图片由网络中心提供）

革新铬盐生产工艺
源头治理铬渣污染

　　20世纪90年代，全国许多化工厂为生产铬盐而遗留下一座座高耸的铬渣山。这些铬渣山每逢下雨便会流出黄水，使高毒性的六价铬离子渗入土壤，通过饮用水和食物链进入人体，严重影响人畜健康。因而，整个铬盐行业都在呼吁生产工艺重大变革。

　　1996～2007年，中国工程院院士、中国科学院过程工程研究所（简称过程工程所）研究员张懿带领科研团队，先后在重庆和河南完成了工业试验和产业化示范，率先把资源与材料化学化工的研究方法和成果融合渗透到环境工程领域，开拓了绿色化学-清洁生产工艺与技术研究新领域，为我国铬盐工业铬渣的源头削减提供了技术支撑。

　　在当年的工程现场，科研人员不仅勇闯科学技术的"无人区"，而且与一系列现实困难持续搏斗：有人睡在车间里的凉椅上与工人一起三班倒，有人冒着被高温、强碱灼伤的危险去抢修管道，还有人一直忍受着对厂区相关生产原料中重金属严重过敏的折磨……

　　如今，作为张懿生活上的伴侣和事业上的战友，过程工程所研究员李佐虎在回忆起这段经历时却十分淡然，他说道："要做成这件事情，这点辛苦不算什么！"

无处安放的铬渣山

　　1995年，齐涛来到中国科学院化工冶金研究所（简称化冶所）① 开启博士后阶段的研究工作。加入张懿团队后，他第一站就到了位于沈阳的一家化工厂。在那里，他目睹了堆积如山的铬渣。

2007 年，万吨级铬盐清洁生产技术及其产业化示范项目通过验收

① 过程工程所的前身。

"整个厂区都是黄色的，铬渣到处都是。"齐涛回忆道。触目惊心的场景，让他深受震撼。

当时，国家"八五"科技攻关项目任务下达不久，化冶所科研团队与当地化工厂计划开展技术合作，完成"千吨级连续液相氧化法生产铬酸钠"工业试验。铬盐是我国无机化工主要产品之一，广泛应用于制革、颜料、金属表面处理等工业过程中。然而，传统工艺在将铬铁矿石转化为工业用铬盐的过程中，不仅需要将其高温氧化，还需要加入大量的固体辅料，铬回收率低，产生的废渣中含有大量六价铬，造成严重的环境污染。

"像这样的铬渣，整个化工行业每年大概要产生几十万吨，在全国各地堆积成山，总量达到几百万吨之多。"张懿说道。她深知，铬盐行业的重污染不仅让业内人头疼，而且关乎国家可持续发展、人民生命健康。

联合国于1992年通过的《21世纪议程》中指出：开发"清洁技术"是一项重要工作。我国也将"清洁生产技术"列为资源环境领域的重点发展方向。

不过，当时的"清洁生产技术"还是一种乌托邦式的存在。过程工程所研究员郑诗礼于1997年师从张懿攻读博士学位，他经常听到张懿提起"清洁生产"四个字，感觉是前瞻性很强的学术思想。

"当整个化工行业还在考虑如何处理铬渣这类污染物时，张老师就开始琢磨怎么用'源头治理'替代'末端治理'革新生产过程、不产生污染物了。"郑诗礼说道。

拓展"湿法冶金"

要想彻底革新工艺，就必须从新化学反应体系出发，这是张懿擅长的领域。1958年，她在东北工学院（现东北大学）冶金物理化学专业学习，毕业后被分配到化冶所湿法冶金研究室，在我国著名湿法冶金学家陈家镛院士的指导下开展工作。

陈家镛曾经采用"氨浸法"回收尾矿中的铜，开创了"湿法冶金"工艺的先河，解决了将矿石"吃干榨净"这道世界难题。

传统冶金的原理是将矿石放置在高温条件下使其进行物理化学转化，经过氧化或还原反应后得到金属单质或金属化合物，与"火法冶金"中矿石分解过程中没有水溶液加入相对应。与之相对应，"湿法冶金"则是一种在液体溶剂作用下从矿石中提取和分离金属的方法。

20世纪80年代，张懿开始在"湿法冶金"领域崭露头角。她开发了镍基合金电解泥资源化利用技术，并在贵州的工厂完成示范。这一技术解决了我国航空发动机涡轮叶片生产中的环境污染问题。

沿着"湿法冶金"的思路，张懿对革新铬盐生产工艺有了明确思路，她回忆道："传统工艺是气体和固体的反应，反应传质效果差，必然会导致反应效率低，从而产生大量废渣。

消除这种痼疾，正是'湿法冶金'的优势所在。"

张懿认为，只要在反应体系中引入高化学活性的液体来参与反应进程，并增加反应物之间接触的表面积，就可以提高反应效率。她带领科研团队重新设计了化学反应体系，将氢氧化钠加热熔化成熔融状态来作为反应介质，让空气和铬铁矿在其中充分接触并反应。这些构成了"液相氧化法生产铬酸钠"的核心创新部分。

新化学反应体系的创立为团队后续实现"清洁生产"迈出了关键一步，也是对"湿法冶金"思想和理论的传承与发扬。

1995年前后，化冶所科研团队在沈阳完成了相关工业试验的基础工作。不过，这些先期尝试要想真正应用在工厂的生产线上，还需要团队付出更多的努力。

为此，科研团队一直张罗另行选点以继续推进项目。张懿和团队成员都铆足一股劲："下决心用科学技术为化工行业摆脱重污染的困扰。"

初步跑通新技术

功夫不负有心人。不久后，科研团队转场到重庆东风化工厂。1997年9月，齐涛进入工程现场工作。他至今记得，当时重大技术实施面临巨大困难。他回忆道："我们每天都在和技术'斗争'"。

1997年11月，液相氧化系统的安装基本就绪，进入工业试验阶段。在一次紧急处理反应管道堵塞时，李佐虎被突然溅出的高温氢氧化钠烧伤，留下了永久的疤痕。那段时间，齐涛也因为类似的情况而意外留疤，但他对此感到很自豪，认为那是奖励他献身科学的勋章。

1997年12月底，工业试验终于取得核心技术的重大突破，千吨级规模的铬盐清洁生产技术主体工程基本建成。1998年2月，该项目通过中国科学院主持的技术鉴定，得到同行高度评价：这是铬盐行业的革命性创新技术。

1999年8月，示范工程第二次开车。数据显示，采用新反应工艺后，工业废渣中的铬含量从此前传统焙烧工艺的5%左右，降低到0.5%～0.7%，废渣量降为原来的1/5。这就意味着，铬的回收率超过99%，这套新技术"跑通了"！

可就在科研团队计划乘胜追击开展万吨级放大试验时，核心设备却在经长期运行后出了问题：反应器因为难以承受长时间的高温和强碱腐蚀，被烧穿了。

对此，李佐虎提出一个大胆的想法——改用氢氧化钾反应体系，这个想法一方面来自其对高锰酸钾生产工艺的借鉴，另一方面在于钾的反应活性比钠更高，也许可以使反应温度进一步下降。

科研团队当机立断，又投入对氢氧化钾反应体系的探索中。

原创亚熔盐新概念

1999年下半年，科研团队再次转场，他们这次的目的地是河南省三门峡市义马市。为了顺利开展工业试验，张懿带着老同事王治宽和博士生郑诗礼、徐红彬等研究人员，回到实验室开展了一系列小规模实验。

他们先搭建了一套简易装置，将约2升的敞口不锈钢罐作为反应容器，在其中间加一根搅拌棒，外面再套一层用来加热的电炉套筒。实验人员将铬铁矿石、氢氧化钾置于容器中，加热电炉套筒直至氢氧化钾熔融。反应结束后，实验人员取出反应器降温，观察实验结果。

其间，他们注意到一个新奇现象：在氢氧化钾熔融之后，操作温度降低时，反应体系变得特别黏稠，很难把物料从反应器中取出来。对此，张懿建议高度关注反应体系的"流动性"。

根据这条建议，科研人员开始往反应体系中加入少量水，以提高反应体系的流动性。之后他们意外地发现，当氢氧化钾浓度在70%～75%左右时，其反应效果竟然比无水的氢氧化钾还要好！这种介于溶液和熔融状态之间的高浓度水溶液从此走进他们的视野。

张懿将这种非常规的、临界状态的化学反应介质命名为"亚熔盐"。2000年，科研团队在《化工进展》上发表论文，首次报道了这一原创概念。他们期待，采用亚熔盐这种介质，能够更加高效、清洁地从矿石中提取铬盐等人们需要的产物。

2007～2017年，科研人员对亚熔盐介质为何能转化金属、如何转化等科学问题展开研究，揭示了亚熔盐发挥作用背后的科学奥秘，相关研究技术达到国际领先水平。张懿指出，亚熔盐是活性氧的理想载体，能够突破传统气-液-固三相反应的热力学和动力学瓶颈。

此后，基于这些科学认识，科研团队创建了"气泡纳微化"等一系列以活性氧调控为核心的矿物转化新方法，并陆续应用于其他两性金属矿物资源。

工业放大一鼓作气

2001年9月，有了亚熔盐技术这项"看家本领"，科研团队继续抓紧开展实验室工艺优化与工程放大。"虽然钾和钠只有一字之差，但工艺方案、分离原理、产品体系差别很大。"过程工程所研究员李会泉说道，"我们一鼓作气，直接从实验室干到了工业化。"

对此，时任义马振兴化工厂负责人尚志军回忆道："我们工厂方面对这个项目没有多大把握，但想到这个项目的未来生命力，我们还是愿意与科学家一起去探索。我们相信张院士！"

科研团队没有辜负这样的信任，设计、订货、到货、安装、调试、运行涉及诸多具体困难，他们都亲力亲为逐一解决。张懿带领工艺团队，专门针对氢氧化钾反应体系进行了持续优化。李佐虎则带着10多名学生，在现场组织工程设计、工人培训、安装调试。

2002年4月，齐涛从日本访学回国后不久，就一头扎进工程现场，一待就是4个月。他回忆道："特别是工程装置开工前后的两三个星期，我在车间里把嗓子都喊哑了。"

过程工程所研究员徐红彬1999年加入团队、攻读博士学位，2001年参与义马项目。他回忆道："我们把反应介质调整到氢氧化钾亚熔盐体系后，反应温度、碱的浓度都降了下来，这意味着我们完全解决了此前氢氧化钠体系面临的工业放大问题。"

科研人员与厂方研发团队一起不断改进完善，工业试验得以顺利开展并很快取得突破。2002年5月，年产1万吨规模的示范生产线主体工程建成，工业试车的主要技术指标全部达标甚至有些超过预定指标。

"化工清洁生产"不再是梦

义马的工业试验取得成功，但科研团队又遇到了新的挑战。

按照最初给厂方设计的产品结构，每年需生产重铬酸钾产品7000吨、氧化铬1500吨。"重铬酸钾产品的市场太小了，加上作为生产原料的氢氧化钾比较贵，导致整个产品的生产成本很高。"徐红彬说道。

怎么解决这个问题？张懿和李佐虎再次提出大胆设想——用氢气还原铬酸钾！在工艺流程中增加氢气还原的环节，就能直接得到氢氧化钾和氧化铬。这样，氢氧化钾"循环再生"，氧化铬成为主产品销售，一举两得！

2003年前后，经费困难的科研团队得到了一个好消息：中国科学院党组专门设立重大产业化项目，筹措并下拨经费，为科研人员不断拓展新技术、继续攀登科学高峰提供了坚实的条件保障。

张懿（坐者）和团队成员研讨科研进展

优化完善铬化工清洁生产的技术集成，在义马的化工厂内持续展开。2005年完成工业试验、2006年完成设计、2007年开车成功……如同"升级打怪"一般，科研团队逐一"过关"。

这些成绩取得的背后，是他们在化工厂里与危险相伴的长期坚守。李会泉在义马的工程现场前后共待了3年多，最长的一次有9个月。其间，他用受伤的手直接接触铬盐，导致全身过敏。"过敏最严重的时候，不能闻到那种气味，一进车间浑身就发痒。"李会泉回忆道。

齐涛差点发生安全事故。一次，反应器出了故障，为了保证生产，留给科学家的维修时间只有几个小时。他急得想钻进去一探究竟。这时，李佐虎喝住他："太危险了！300多摄氏度的强碱，人进去就得化掉！"

郑诗礼则"损失"了不少头发。一次，他正在反应物料输送管道下方的晶体沉积槽里操作，不知道什么原因，头顶上管道中的碱泄漏了，碱液滴到头上，他用手一摸，发现头发都被烧掉了。

徐红彬最大的感受是孤独。他说道："我们白天和厂里的技术人员、工人一块儿上班，可下班之后他们都回家了，我们只能回集体宿舍。"所幸，团队成员的相互关心和鼓励给了他温暖和力量。

2012年，义马的化工厂区内，曾经无处安放的铬渣山消失不见了，洁净的厂区道路、绿油油的草地、欢快的小鸟，让厂区充满生机和活力。在科研团队的倡议下，附近初步建成了"煤气厂二氧化碳废气-铬盐清洁生产示范工程-水泥厂"区域性生态工业园。

行走在厂区内，张懿感到十分欣慰地说道："把废渣变成有利用价值的原料提供给其他工业，将原先污染环境的废品变成资源，这个过程模拟了自然界的生态循环。"这便是她在化工行业提出的"生态化"思想，她首次将资源节约和环境污染治理两个领域统一起来，把"清洁生产"与"循环经济"的梦想变成了现实。

此后，科研团队陆续在铝、钛、钒等冶金清洁工艺方面发展了一系列新的核心工艺技术，在全国各地的化工厂实现了多种两性金属的清洁生产，将高水平研究论文写在祖国大地上。

如今，多位亲历者已经成长为绿色过程与工程领域的骨干力量。站在历史的新起点上，他们决心继承前辈深厚的理论基础、前瞻的学术思想及浓厚的家国情怀，紧紧围绕环境保护、工业降碳与绿色发展中的关键科学问题展开探索，为国家实现"双碳"目标贡献智慧与力量。

（中国科学报社记者甘晓撰文；原文发表在《中国科学报》2024年6月14日第4版；文中图片由过程工程所提供）

中国超算事业的第一缕"曙光"

在中国科学院计算技术研究所（简称计算所）"计算的脚步"历史展厅，"曙光一号"高性能计算机的模型赫然在列。没有玻璃的阻挡，人们可以驻足观看它的每处细节。然而，在"曙光一号"诞生之前，中国进口的高性能计算机（即超算）只能在"玻璃房"中使用。

"曙光一号"的故事，就是从刺激了一代科学家神经的"玻璃房"开始的。

20世纪80年代末，我国在高性能计算机方面遭到美国等西方国家的严格禁运，不仅只能以高昂价格购进相对低端的产品，就连正常使用也要在对方的监控之下——部署到中国的高性能计算机必须安装在一间透明机房中，钥匙由对方掌握，中方人员的一举一动都在"洋人"的眼皮底下，运算的数据也要被他们查得清清楚楚。

"'玻璃房'是中国的耻辱！"时任国家科委主任、两院院士宋健的这句话，又何尝不是每个中国"计算人"心头的苦涩。

"曙光一号"计算机

那时，工作站性能以上的计算机市场几乎被国外公司垄断，国内虽有一些自行设计制造的大型计算机，但大多落后几代或者应用极为有限，被讥为"'公机'不会下蛋"。中国民族计算机产业举步维艰。

"新世纪的曙光"

1981年，日本开启了野心勃勃的"第五代计算机技术开发计划"。他们希望改进计算机的设计思想，让计算机有人工智能的能力。该计划以10年为期，投资超过1000亿日元，引发全球极大关注，并迅速掀起了一波智能计算机研究的浪潮。

中国工程院院士汪成为回忆到，在日本"第五代计算机技术开发计划"影响下，直到1986年，全世界对人工智能技术发展都持相当乐观的态度，各国纷纷制订国家级人工智能发展计划。

是年，我国"863计划"正式步入历史舞台。专家们在讨论我国信息技术领域的计划时，一致同意把智能计算机列为一个主题项目（即"306"主题）。1990年3月，国家智能计算机研究开发中心（简称智能中心）依托计算所成立，第二届智能计算机专家组成员、计算所研究员李国杰被任命为主任。

李国杰（左三）和团队成员一起检查"曙光一号"主板

"智能中心刚成立就面临发展战略的选择。"李国杰回忆道。当时国家的初衷显然是要研制智能计算机，但是要不要追随日本研制以并行推理机为标志的第五代计算机，他和专家组成员的心里都有些打鼓。

为了更广泛地听取国内外专家的意见，智能中心于1990年5月在北京召开了智能计算机发展战略国际研讨会。与会的学者包括美国总统科学顾问许瓦尔兹（Schwarz）、人工神经网络理论奠基者之一霍普菲尔德（Hopfield）、日本第五代计算机负责人之一田中英彦、美国南加利福尼亚大学教授黄铠和伊利诺伊大学教授华云生、中国科学院院士吴文俊等。

"这次会议对智能中心选择以通用的并行计算机为主攻方向起到了重要的推动作用。"李国杰说道。此后，专家组在反复研究世情和国情、深入分析国内外专家反映的意见后，一致决定不走日本"五代机"的路，而是坚持"需求牵引、技术推动"原则，拟定了863-306主题的发展计划纲要，将智能中心的主攻方向确定为"以并行处理为基础的高性能计算机系统"。

采用对称式多处理器（symmetric multi-processing，SMP）共享存储并行体系结构的"曙光一号"，成为这个主攻方向上的第一个目标（简称SMP方案）。

李国杰还记得，智能中心内部最开始把要研制的计算机命名为"东方一号"。但在纪念"863计划"5周年的一次文艺演出活动中，他看到舞台背景上有"新时代的曙光"字样，一下子受到触动。于是，他决定智能中心研制的第一台计算机叫作"曙光"。

"在我们这一代人手里，中国的高技术应该呈现出灿烂的曙光。"李国杰说道。

"不怕虎的初生牛犊"

其实，SMP方案的确定并不那么容易，当时的"干扰项"很多。

计算所原副所长、中国科学院深圳先进技术研究院原院长樊建平记得，当时国内外传统大型机发展的惯性思路是，采用中小规模集成电路设计运算控制器主板，而非商品化微处理器。例如，一时风头无两的日本"五代机"采用的就不是SMP方案，而是专用机策略。

但专家组最终拍板了SMP方案。一方面，与传统的小型机、大型机相比，SMP方案在性能价格比方面有明显优势；另一方面，基于微处理器的SMP系统的关键技术是软件，技术难点转移对我国有利。并且，一旦掌握SMP技术，易形成高性能计算机系列产品，有利于科技成果产业化。此外，专家组认为，国外的并行机技术也在发展中，没有形成垄断局面，我们有可能迎头赶上。

在"306"专家组的共同努力下，"863计划"的智能计算机研制任务在发展高性能计算机的行动之中落地。用李国杰的话说，那段岁月，我国是以智能计算机的名义发展高性能计算机。

"30多年过去了，现在来看，当时的决策还是正确的。"他说道，"近几年人工智能十分红火，其必要前提就是强大的算力。"863-306主题培育的高性能计算能力为我国在人工智能领域进入世界前列奠定了坚实基础。

研制"曙光一号"，是智能中心历史上精彩的一幕。

起初，智能中心并没有招到多少有计算机设计经验的人才，李国杰大胆起用国内刚毕业的硕士生、博士生，边做事边培养。智能中心成立一年后，就基本形成了以年轻硕士、博士为主的技术队伍。他们的平均年龄不到30岁。27岁的樊建平刚刚从中国科学院软件研究所博士毕业不到一年，就担任了智能中心系统软件组组长；刚刚硕士毕业的孙凝晖只有24岁，就成为软件组的主力成员；计算所硕士毕业的刘金水，从外单位回所参与研发"曙光一号"时也只有28岁。

他们可能无暇顾及"曙光一号"未来的竞争对手是国际商业机器公司（International Business Machines Corporation，IBM）、惠普公司这些国际巨头。在李国杰眼里，他们是一群"不怕虎的初生牛犊"。

1991年11月前后，"曙光一号"采用Motorola M88100微处理器、共享存储多处理机和并行UNIX操作系统的通用开放系统结构总体方案确定下来。

确定了总体方案，接下来的工作就是全力攻坚。但是，当时国内的研发设计环境实在太差：购买硬件器件速度慢，操作系统、部件与工具厂商技术支持弱，高密度生产技术缺乏……巧妇难为无米之炊，这样下去不是办法。

智能中心大胆决策——派一支小分队到美国硅谷去研发！

"洋插队"的日子

陈鸿安、樊建平、刘金水、李如昆、王永杰等被选中前往美国硅谷进行"曙光一号"的封闭式研发。出发前，李国杰为他们组织了"誓师大会"，临别赠言只有一句话"人生能有几回搏"。

"不做成机器回来，无脸见江东父老。"小分队成员也撂下"狠话"。

1992年3月，樊建平等开始了为期11个月左右的"洋插队"生活。

小分队在美国工作与生活的地方，樊建平记忆犹新。那是一处美式民居，有4间卧室，厨房与客厅很大。为方便加班，大家决定将办公地点设在客厅。除了外出与部件厂商进行技术交流等活动外，他们的大部分时间都生活与工作在这个民居里。

"当时被派到美国去的那些人，可不是去过好日子的，他们的条件非常艰苦。"李国杰回忆道，"几个人挤在一处民居里，客厅就是工作间，所有房间都没有床，大家都是铺一张床垫睡在地上。他们每天工作十五六个小时以上，没日没夜，衣服都不怎么脱。所以，他们才戏称自己是'洋插队'。"

生活上，大家以星期为单位，轮班做饭。晚饭后的散步或骑自行车是他们主要的娱乐与体育锻炼活动。后来，他们买了一辆二手汽车，自学开车考驾照成为另一种"娱乐"活动。他们的每一天被分成上午、下午、晚上3个工作单元，没有周末、没有节假日，除了睡觉、吃饭、散步，其他睁眼的时间都在工作。在近一年的时间里，他们安之若素，没有人心猿意马、三心二意。

他们深知，自己肩上扛着的是"曙光一号"的前途命运，是中国计算机事业的使命。

在硅谷期间的研发工作，分为总体方案完善、设计、生产加工及部分调试几个阶段。樊建平记得，完善总体方案的那一个多月里，他们与国内交流最为密切，通过传真与国内团队围绕多处理机中断控制器的设计与实现不断进行研讨。当时，智能中心软件组与硬件组部分人员继续配合"曙光一号"硬件及并行程序的设计，同时抽调部分人员组成"曙光1000"组，开启"曙光1000"的早期预研。

由于利用了硅谷的产业环境，"曙光一号"的研发进程大大加快。不到半年，"曙光一号"的硬件设计接近完成。至1992年10月，小分队完成了主板设计并进入印制电路板（printed-circuit board，PCB）的设计和生产阶段。11月左右，用作中断控制器的FPGA芯片

"曙光一号"赴美国研制团队（左起依次为李如昆、樊建平、陈鸿安、贾沛长、刘金水、王永杰）

（一种称为可编程逻辑阵列的半定制集成电路）研制成功，这是全对称多处理机的关键芯片。这之后，软件设计调试与硬件并行展开。同时，智能中心软件组对引进的UNIX源程序已进行近两年的逐行分析解读，在参考Encore并行计算机基础上，樊建平等成功研发出中国第一个并行UNIX操作系统，取名为SNIX（Symmetric UNIX），率先在国内实现线程级细粒度并行。

国内的研发团队也在搏命飞奔，在当时十分简陋的科研环境里，常常工作到很晚。

1993年2月，硅谷小分队带着已进行初步调试的几块"曙光一号"主板载誉归来，并迅速与国内的同事开启联调及软件移植工作。

"曙光一号"团队不负众望，仅用了两个月，计算机硬件、显示设备、基本输入输出系统及操作系统核心的调试工作就基本完成。由张兆庆和乔如良领导的并行编译、刘晓华负责的Express编程环境、孙凝晖等负责的计算性能测试与优化、隋雪青等负责的数据库移植与事务处理测试等工作，也在后来的两三个月内逐一完成。

"曙光一号"成了！

1993年10月，科技部组织国内专家学者对"曙光一号"进行成果技术鉴定，专家们给予了高度评价。时任中国科学院副院长胡启恒称："'曙光一号'咬住了国际高性能计算机发展的'尾巴'。"

"这一脚踩下去是轰隆隆响的"

胡启恒一直十分关注"曙光一号"的进展。她在一次接受采访时回忆起那段经历，非常感慨地说："'曙光一号'这一脚踩下去是轰隆隆响的。"

"曙光一号"诞生后不久，由美国、英国、日本等发达国家组成的"巴黎统筹委员会"组织宣布解除10亿次高性能计算机对中国的禁运。"863计划"的主要发起人、两院院士王大珩在考察智能中心后给中央领导写的报告中指出："'曙光一号'研制成功的意义不亚于卫星上天。"

1994年，"曙光一号"作为国内科学技术的两项标志性成就之一，被写入1994年的政府工作报告。

相比此前研发的计算机型号，"曙光一号"的研发仅历时一年多，研究团队成员也只有年轻的硕士、博士，投入经费只有区区200万元。其研制经费之少、研制时间之短、成果商品化程度之高等都与过去形成鲜明对比。可以说，智能中心的一批"小将"以自己的顽强拼搏，为打破高性能计算机领域的国外技术封锁作出了历史性贡献。

"'曙光一号'带来的科研经验是宝贵的。"李国杰说道，"正确选择科研方向是成功的首要条件。"更可贵的是，此后科研团队并没有专注于发论文，而是担起了更重要的使命——实现产业化。

1994年1月，时任国家科委主任宋健到智能中心视察，看到"曙光一号"团队的成果"曙光初现"，号召智能中心勇当"敢死队"，像当年刘邓大军一样杀出重围。智能中心积极响应这一号召，依托"曙光一号"的科研成果，于1995年成立了曙光信息产业有限公司，即今天的曙光信息产业股份有限公司（简称中科曙光）。

"曙光机一开始就没有以发表SCI文章为目标，因为我们想的是要在市场上占有一席之地，这个目标非常明确。"李国杰说道，"'曙光一号'自研制之初，就把产业化、市场化作为目标。"

"'曙光一号'在设计阶段的一个理想就是成为产品，而不仅仅是科研成果，鉴定会就是它的市场推广会。"樊建平说道，"当时，'曙光一号'系列机型已在教育行业、信息服务、行政管理及援外项目等领域实现了成功应用。"

"'曙光一号'的成功研制，开辟了一个在开放和市场竞争条件下发展高技术的新路。"李国杰总结道。当年，智能中心对"洋插队"提出了"两做、两不做原则"——完全属于仿制、没有自主知识产权的产品不做；只为填补空白、市场上没有竞争力的产品不做。那做什么呢？集中力量，做国外对我国封锁的技术和产品；努力赶超，做国外尚不成熟的技术和产品。

"现在看来，这些原则还应当坚持。"李国杰说道。

以"曙光一号"为起点，中国超算事业拉开了自力更生、自立自强的大幕。此后的30年，在曙光、天河、神威等系统一代代研制者的努力下，国产通用高性能计算机几乎占领了全部国内市场，成为中国打破"禁运"、发展自主可控高技术产业的榜样。

"曙光一号"的意义还在于，它闯出了一个市场导向的高技术研究开发的理念和技术路线。经过20多年的发展，以"曙光一号"知识产权为基础成立的中科曙光已经成为我国高性能计算的骨干企业，并于2014年在上海证券交易所主板上市。后来中科曙光又控股创办了我国中央处理器（CPU）设计领域的骨干企业海光信息技术股份有限公司，控股参股孵化出中科星图股份有限公司和曙光数据基础设施创新技术（北京）股份有限公司等上市公司。曙光系上市公司以其近3000亿元的市值，成为"863计划"科研成果转化中最具代表性的案例之一。

（中国科学报社记者赵广立撰文；原文发表在《中国科学报》2024年9月9日第4版；文中图片由计算所提供）

为了中国的 "可消失塑料"

灰蓝色的海面上，一船船 "洋垃圾" 在汽笛声中进入中国海域。海边的小镇上，红色、蓝色、绿色的塑料饮料瓶密密匝匝，像小山一样堆起来。

从20世纪80年代起，中国曾有20年备受 "洋垃圾" 困扰。单是塑料垃圾，我国的输入量就占全球的70%。广东、浙江是接收 "洋垃圾" 的大省，当地许多居民靠拆解洋垃圾生活，镇上的河水、井水也因此变成黑水。

在报纸上看到 "洋垃圾" 的新闻时，还在美国宾夕法尼亚大学从事生物物理与生物化学专业博士后工作的陈学思感到心痛不已，想通过自己的科研工作为祖国消除 "洋垃圾" 中的 "白色污染" 尽一份力。

1999年，陈学思归国加入中国科学院长春应用化学研究所（简称长春应化所）。通过20多年的不懈努力，他离自己当时设定的科研目标越来越近了。

一拍即合，做中国人自己的聚乳酸生产线

陈学思面前的白骅不太像大老板，身为浙江海正集团董事长的他背着一个小包，出差连助理都不带。陈学思被他干事的魄力吸引了。

聚乳酸树脂

白骅眼中的长春应化所研究员陈学思，思维活跃、衣着简单，丝毫没有 "派头"，与刻板印象里的科学家相去甚远。

1999年10月，在时任长春应化所副所长董丽松的牵线下，两个人一见如故，聊了很久。他们聊的话题是一种 "明星" 环保材料——聚乳酸。它看起来就像一颗颗晶莹、略发白的米粒，与普通的塑料颗粒并无二致。可就是它，把 "从自然中来，到自然中去" 的特性

发挥得淋漓尽致，从源头上切断了一次性包装塑料带造成"白色污染"的可能性。

聚乳酸是一种绿色塑料，取材自玉米、木薯、纤维素等，在一定化学工艺下变为树脂原材料，可以制成吸管、餐具、地膜、手术缝合线、骨钉、骨板等。将它们埋在土里或者嵌入人体，经过几个月到几年的时间，便会降解为小分子，最终成为水和二氧化碳，消失得无影无踪。而且，其生产过程排放的二氧化碳量仅为传统塑料的一半甚至更低，对环境、人体的影响甚小。

聚乳酸制作的餐具

这样的"明星"环保材料谁不渴望得到？然而，在科技发展史上，科研人员竟一次次与它擦肩而过。

1845年，法国科学家T-J.佩洛兹（T-J.Pelouze）通过缩聚方法首次合成聚乳酸，但其产量低、分子量小、力学性能差，几乎没有实用价值。

1932年，美国杜邦公司的科学家华莱士·卡罗瑟斯（Wallace Carothers）间接制备出高分子量的聚乳酸。然而，他想得到的是一种高熔点、具有出色耐久性的聚酯纤维材料，因此聚乳酸被过早放弃了。

直到1962年，美国一家公司发现用聚乳酸做成的手术缝合线可以被机体吸收，才正式打开了聚乳酸的医用大门。

从此，聚乳酸就像一颗冉冉升起的新星，备受科研界、环保界、资本界瞩目。其中就包括一拍即合的陈学思、白骅。两个人的志向不小，"我们要做中国人自己的聚乳酸生产线"。

白骅此前找过不少大学和研究机构，可几乎每次都无功而返。问题的关键在于，聚乳酸的单体丙交酯当时在中国没有人能做出来，更不用说下一步的聚合了。遇到陈学思，他算找对了人。

2000年，陈学思带领课题组开始进行聚乳酸的产业化技术开发。合成高分子量聚乳酸的关键是除去反应过程中的水分，但是乳酸在聚合过程中却会释放出水分子。产业界的通行做法虽然可以彻底除去水分，但无法做到高效合成丙交酯，这个难题制约了整个聚乳酸产业链的发展。

低聚乳酸的分子量多少合适？裂解温度多高？如何防止裂解结焦？能否把裂解产率提升至90%以上？裂解残渣如何高效回收利用？这些问题始终困扰着研发人员。

经过3年的摸索，陈学思带领团队筛选百余种催化剂、探索上千种实验条件，提出了具有工业化前景的技术总体方案，使丙交酯的产量从几克达到几十克、几百克，产率达到95%以上，实现了百克级丙交酯的稳定制备。这是中国在生物可降解塑料领域迈出的关键一步，为生物可降解塑料的产业化奠定了坚实的基础。

21世纪初，1公斤丙交酯的市场售价为1万元左右。但是，即便是如此高价，丙交酯在市场上仍然供不应求。长春应化所实现了丙交酯国产化、填补了国内空白后，丙交酯的价格一下子"被打了下来"，如今1公斤仅售15元左右，与当初的万元天价相差好几个数量级。

允许失败，挑战"不可能完成的任务"

边新超是陈学思团队的第一名成员。2000年，陈学思推着自行车把他接到了所里。

边新超回忆到，21世纪初，化工界的口号是"石油只能再用50年，煤炭只能再用100年，急需生物基材料、生物降解材料进行替代"。但是，当时市场对这类材料的接受度仍然不高，大多数企业持观望态度。

陈学思最初瞄准的是文具市场。边新超扛着一个装着原材料的麻袋，去了浙江宁海的一家知名文具厂。他当场用注塑机做了一把聚乳酸尺子，老板夸了一句"东西真好"，就再也没有下文了。

2003年，把实验室内的工艺条件基本摸索清楚后，陈学思又派边新超到浙江台州建设30吨中试生产线。那一年是边新超工作的第三年，他带领的8人团队中，部分同事比他还要年长、有经验。

从实验室技术到产业化技术，中间过程绝不是简单放大。在很多科研人的眼中，这个环节最艰难。当时的台州天气闷热，车间温度达50℃，技术人员极度疲劳。为了激励自己，边新超把手机铃声设置成了电影《碟中谍》的主题曲《不可能完成的任务》。

陈学思的父亲陈文启是长春应化所的研究员，也是做合成研究的能手，退休后返聘加入聚乳酸研发团队。为了顺利完成中试，当时年近80岁的"老陈老师"特地去台州指导生产，一待就是半个多月。

边新超最担心的是示范生产线出问题，可是怕什么来什么。2007年2月，示范生产线突然因不明原因停工，管路堵塞、找不到堵点。每天相当于"烧掉一辆帕萨特"，这样的状况整整持续了3个月。

"快倒闭了吧？"在食堂吃饭时，有人揶揄道。

虽然陈学思、白骅一次次鼓励边新超"不要退缩"，可眼看真金白银不断地往里投，边新超的内心久久不能平静。他将所有设备检查了一遍又一遍后，发现真空度下降得厉害，怀疑是齿轮泵漏气导致了失败。来不及多想，他和同事赶紧把重约300斤的齿轮泵拆下来抬上了大巴。边新超独自一人坐了一天一夜的长途车到河北沧州，找到厂家检查，终于发现了问题所在，并快速拿出了解决方案。

那阵子，大家都觉得边新超的举止有些怪异，总是用手捂着脸。原来在一次试车中，边新超发现工人排料操作不当存在生产风险，于是抢先一步关闭阀门，可是部分高温熔体还是喷溅了出来，落到地面又弹起来，把他的脸和手都烫伤了。彼时，边新超刚结婚4个月，他不敢告诉妻子，怕她担心，更怕她把自己叫回去。

就是通过这样忘我的努力，长春应化所与企业终于在2007年建成了5000吨/年产能的示范线。这是国内第一条聚乳酸示范线，也是全球第二条聚乳酸生产线。

其间还有一个小插曲：原本对我国技术保密的日本帝仁株式会社，看到陈学思团队的成熟样品后，彻底公开了中试生产线的工艺。

2015年，陈学思团队在进行技术改进的同时，把这条生产线扩产至1.5万吨/年，使这项技术真正成熟。

至此，长春应化所帮助企业首次在国内实现了万吨级聚乳酸稳定生产，2004～2015年累计产值超过10亿元。随着中国的加入，美国、中国、欧洲在全球聚乳酸行业形成了三足鼎立的态势。

迭代升级，拿捏聚乳酸的"小脾气"

用聚乳酸制作的杯子一般用手掰不断，但从桌面掉到地面却极有可能被摔碎。用聚乳酸制作的运动T恤，抑菌、抑制汗臭的效果好，但由于可降解性强，腋下总是最先破口……早期的聚乳酸产品的确存在各种问题。

面对方方面面的挑战，团队始终坚持工程化与基础研究"两条腿走路"。

化学制品的生成离不开催化剂。之前设计催化剂的思路是，让它拥有所需要的所有活性位点，但这样往往导致活性位点的数量不够多，催化效率很低。

有一天，团队成员、长春应化所研究员庞烜突然从电视剧中的狙击小分队获得科研灵感，激动得直拍大腿，说道："狙击小分队由一

陈学思（左）在聚乳酸生产线出料间做技术讲解

名狙击手、一名观察手、一名随队负责警戒保卫的步枪手组成,大家各司其职。借用到催化剂活性位点上,就是把1个活性位点变成3个,一个负责把单体吸引过来,一个负责把环打开,一个负责把它接上链,这样效率一下子就上去了。"

陈学思向来鼓励有科学依据的奇思妙想,这一次也不例外。大家说干就干。

一开始,合成确实困难,庞烜反复试验,不仅要使3个活性位点之间的距离合适,而且要证明它们确实能够按照预期各司其职、分工协作。随着问题被逐一破解,实验结果让庞烜十分惊讶——效率提升远不止之前估计的3倍,而是200倍!

改进催化剂的直观效果就是,将聚乳酸的熔点做到全球最高,可达179℃,这非常接近理论上的最高温度。过去,聚乳酸制造的婴儿奶瓶,连一次蒸汽消毒都扛不过去;改进催化剂后生产的聚乳酸的耐热温度升至120℃以上,制成奶瓶后进行蒸汽消毒完全不在话下。

针对聚乳酸产品不耐摔的问题,团队通过提升缺口冲击强度,把聚乳酸杯子的韧性提升了30倍,稳稳当当地通过了1.5米跌落试验。

"在聚乳酸使用寿命方面,通过加入抗水解剂,我们做到了聚乳酸寿命长短可控。"团队成员、长春应化所研究员刘焱龙说道。

地膜保水、增温、除草,在我国大面积推广使用。过去6微米以下的超薄地膜被疾风一吹便成了白条条,回收难度极大。通过控制可降解的速度,聚乳酸地膜3~6个月便会自动消失,无须动用大型拖拉机专门回收。汽车后视镜等塑料配件的使用周期一般是15年,聚乳酸原本达不到这么长的寿命,但团队经过努力,将这一不可能完成的任务变为现实,有望减少大量汽车报废后的污染。

2019年1月,中国石油和化学工业联合会组织的专家组鉴定认为,长春应化所团队研发的"万吨级聚乳酸产业化成套技术及系列产品开发"整体技术处于国际领先水平。

该团队突破了聚乳酸产业化过程中的一系列关键技术,获授权中国发明专利46件,开发了乳酸低聚、裂解、丙交酯聚合3种高效催化剂,研制了导流筒卧式乳酸脱水、低聚乳酸膜式裂解、塔式丙交酯聚合反应器等关键设备,开发了高效的聚乳酸成核剂、增容剂、扩链剂等助剂,突破了一系列改性和加工关键技术,产品具有优异的耐热和力学性能。

不惜代价,一定要做好产业化

作为一个强政策驱动的产业,究竟政策颁布与聚乳酸产业发展是"先有鸡后有蛋",还是"先有蛋后有鸡"?

2015年,吉林省在全国范围内率先颁布"禁塑令"。随后,海南、河南等多个省份纷纷颁布"禁塑令"。2018年,我国全面禁止进口固体废物,国外向我国倾销"洋垃圾"的时代彻底结束。

"禁塑令"、"洋垃圾"禁令执行后，"可消失的塑料"——聚乳酸一度供不应求，单价从每吨1.8万元飙升至4万元。找边新超要材料的厂商，可谓络绎不绝。有人羡慕他们"不用干别的，光倒腾原材料就可以实现财富自由"了。陈学思听了，只是笑笑道："这种事情，我们不会去做，也不能做。"

随着碳减排、碳中和等理念与政策的提出、实施，陈学思笃信绿色环保是大势所趋，同时也对团队

聚乳酸生产厂房

的科技创新成果非常有信心。他说道："这一次，我们一定不能受制于他国。"

2021年，边新超再次领命，去安徽芜湖创办普立思生物科技有限公司，一期项目7.5万吨乳酸和5万吨聚乳酸连续生产线已稳定投产，产品应用于一次性吸管、一次性纸杯、生物降解胶带、无纺布等领域，下一步将朝着国家制定的30万吨聚乳酸目标进发。

在聚乳酸的高端应用上，陈学思在长春莲花山产业园一口气布局了可吸收敷料、鼻腔止血材料、可吸收缝合线等六七个医用产品，一期厂房建设已经完成、设备正在安装，预计2024年内陆续投产。

一步步走来并不容易。"产业化验证阶段最需要经费支持，可此时外界对项目往往有诸多质疑，导致最需要经费时却拿不到，让人很头疼。"陈学思说道。

陈学思为在中国科学院工作而感到幸运。在聚乳酸顺利产业化过程中，长春应化所每年持续提供的项目经费、中国科学院"科技服务网络计划"及科技部、吉林省多个专项的支持，都为成果转化提供了坚强保障。

"一定要做好产业化。"陈学思内心笃定。从小目睹父亲为显影剂、合成橡胶、尼龙-11等项目产业化不断忙碌的陈学思，决心继承包括父亲在内的老一辈科学家的优良传统，怀着家国情怀带领团队接续奋斗，为中国创造一个更加绿色的未来。

（中国科学报社记者温才妃撰文；原文发表在《中国科学报》2024年8月30日第4版；文中图片由长春应化所提供）

"小米粒"长成"小太阳"，
照进"寻常百姓家"

2000年初，正在美国做高级访问学者的李晋闽在一场光电博览会上看到一种会发光的"小米粒"。这是一种半导体发光二极管（light emitting diode，LED）的雏形，拢在一起可以用于照明。

这让当时身为中国科学院半导体研究所（简称半导体所）研究员的他感到既紧张又兴奋。他隐隐地感觉到，世界又将迎来一场照明革命。

自托马斯·爱迪生（Thomas Edison）于1879年成功制备出第一盏白炽灯起，世界照明史一直由发达国家书写。100多年后的今天，中国成为全球最大的LED产品制造、消费和出口国，让"小米粒"长成"小太阳"，照进了千家万户。

过去20余年，以半导体所为代表的中国科研机构研发并引领的LED技术在全国遍地开花，成为全球节能环保和万亿光照产业的一股重要推动力量。

推动照明工程启动

2000年，李晋闽在美国加利福尼亚大学洛杉矶分校进行学术访问时，获得了前往一些顶尖实验室考察的机会。在那里，他捕捉到一些关键信息：半导体照明技术是节能的"富矿"；半导体芯片是长寿命器件，如果用于照明，其寿命可以达到"一生只用一盏灯"的长度。

随着对半导体照明技术了解的深入，他越来越确信，低效照明必将被淘汰，而高效节能的LED产品将大行其道。

在全球范围内，照明用电都是很大的能源消耗。其中，发达国家的照明用电占比高达20%。并且，国内生产总值（gross domestic product，GDP）增长与照明用电量的增长呈线性关系。到2050年，全球GDP将增长2.7倍，这意味着照明用电量也要增长2.7倍，这将是一个天文数字。

LED的能耗只有普通白炽灯的1/10，寿命却是普通白炽灯的几十倍。无论是推进节能减排、应对气候变化，还是推动产业转型升级，LED都发挥着至关重要的作用。

21世纪初，半导体将应用于未来照明行业在国际上已经达成共识，但相关研究刚起步，中国在这一技术领域拥有实现超越的重大机遇。

作为第三代半导体材料，氮化镓（GaN）具有优异的电学、光学和热学特性，是高亮度、高效率LED的理想选择材料。但当时全球制备氮化镓LED都面临着效率低、成本高的巨大挑战。打破这些技术壁垒，是推进半导体照明技术发展的基础环节。

LED 发光芯片

"21世纪是绿色、节能、环保的世纪，如果我们现在不抓紧，可能又要落后了。"李晋闽说道。时不我待，他于2002年回国担任半导体所所长，一头扎进半导体照明技术研究事业。

当时，国内LED的发光效率比较低，价格却十分昂贵。一个LED光源就要卖100多元，而一个射灯一般有3个光源，总计就需要300多元，普通家庭根本消费不起。

"想要让半导体照明产品走进千家万户，性能就要提高8倍，而价格则要降到原来的1%。"李晋闽说道。对半导体所而言，这既是挑战，也是承诺。

2003年5月，半导体所在一次会议上向科技部汇报了关于发展氮化物基LED的建议。科技部了解了这项建议后，对其十分重视。随后，科技部迅速组织专家进行分析研讨和市场调研，论证中国发展LED的可行性。经过多方论证，专家们认为可以启动LED项目。

6月17日，国家半导体照明工程正式启动，这是我国首次提出发展半导体照明计划，其速度之快，超出了半导体所的预期。

从源头做起，一竿子插到底

国家半导体照明工程在部署之初的指导思想就是"产学研"相结合。

"半导体科学技术总给人一种阳春白雪的感觉，但作为技术研发的科技工作者，一定要让LED彻底融入社会生产生活的方方面面。因此，一切研究都应以应用为出发点。"谈到这项工程的初心，作为主要发起人之一的李晋闽干脆地说道。

然而，LED产业流程像是一段很长的链条，从衬底制备到外延生长，再从器件工艺到封装技术，最后才能到达应用集成终端。

2003年，一道巨隘摆在半导体所面前。

21世纪初，发达国家围绕LED的研制已经展开了激烈的技术竞赛。在这条长长的产业链条上，几乎所有关键技术和基础专利都被美日欧垄断了。在高亮LED芯片方面，我国更是完全依赖进口。

破局，只能从源头做起，一竿子插到底。

半导体所从宏观层面围绕产业链条进行整体布局，组建了当时国内唯一集装备制造、外延生长、芯片工艺、器件封装和产品测试于一体的LED全链条研发团队。这个团队集结了不同领域的优秀科研人员，是一支近百人、成建制的科研攻坚力量。

时间证明，这样一个技术布局最全面、设备最接近产业化的研究团队，为后来LED的技术发展和产业共通提供了关键性保障。

在研制LED的一系列烦冗复杂的技术工艺中最核心的部分是外延材料制备，它也是整个产业链中技术难度最大的一环。

一个LED芯片包含发光体和封装外壳两部分。发光体是圆圆的薄片，相当于灯芯，需要用到外延材料。虽然它只有笔头大小，却内有乾坤。

半导体所研究员、宽禁带半导体研发中心主任王军喜介绍道："制备'灯芯'的核心材料是氮化镓，制备这种外延材料是一个极其精细且复杂的过程，它是在特有精密外延装备中逐层外延堆叠而成，就像制作微米级别的千层蛋糕一样，而且每一层的材料组分含量、生长温度、气流氛围、衬底转速等都要精确把控。"

"'灯芯'内部发光核心层的厚度总共只有几十纳米，大约是一根头发丝直径的千分之一，但内含复杂精细的微纳结构。"王军喜说道，"'灯芯'在生长过程中对气体纯度的要求极高，气流均匀性和分布也要进行很好的调控，这样才能实现高质量材料生长。这些都与最终的LED光效息息相关。"

生长完的"灯芯"还要经过加工、封装等精密工艺，才能最终成为类似于白炽灯灯丝的半导体照明光源。

在半导体照明工程启动初期，"灯芯"的光效只有15流明/瓦，用于照明几乎是天方夜谭。

在工艺设备不足、实验条件相对简陋的环境下，团队所有成员在最繁忙时每天三班倒，轮流守在仪器旁，集中力量啃"硬骨头"。

仅用3年时间，他们就突破了氮化镓外延、刻蚀工艺、半透明电极、倒装焊等一系列技术难关，成功研制出大功率LED芯片。此后，他们又相继完成100流明/瓦、150流明/瓦等重要节点性攻坚项目。

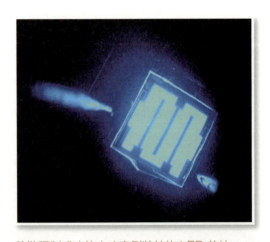

首批研制成功的大功率倒装结构 LED 芯片

为满足大功率LED芯片的需求，团队开发出一系列具有自主知识产权的器件工艺技术，并研发出适合产业化的垂直结构工艺流程，使器件性能不断提升。

值得一提的是，为了让研发的关键工艺与企业生产线在技术转化上无缝衔接，从而提高产研转化效率，半导体所建成了同时具有研发能力与工程化示范能力的LED柔性工艺线。这条工艺线拥有1500平方米的超净实验室及完备的实验装备，且具有LED芯片多种技术路线研发能力，为产业研发提供了成熟的工艺技术支撑。

从科技强到产业强

2003年，曾有业内人士向半导体所的研究团队提出一个尖锐的问题：推动LED照明产业不是会让很多传统照明厂家的从业者失业吗？

国家半导体照明工程的推进，对我国照明产业，是一个大浪淘沙的过程。无论企业能否扛过产业升级的阵痛，LED照明的发展趋势都不可阻挡。而一心希望科技赋能企业的李晋闽，总是紧紧盯着那些产业痛点。

"只要和李晋闽出过差的人都知道，他是一个'闲不住'的人。"王军喜回忆道，"每到出差闲隙，李晋闽就会开启'雷达'模式，寻摸周围有没有可调研的企业或研究机构，他可以去那里了解目前产业技术的应用进展，或者验证一些自己的新思路、新想法。"

随着产业逐步发展，国内半导体照明企业的手工生产线进行了自动化调整。李晋闽很快发现一个问题："目前大量装备水平很低，特别是关乎产业安全的重大核心装备主要依靠进口。这就导致企业投资成本高，严重影响产品的制造成本和市场竞争力。国内半导体照明企业非常期盼这些装备实现国产化生产，这也是中国半导体照明产业真正获得主动权的必经之路。"

这个关键的重大核心装备叫作金属有机化合物化学气相沉淀（metal-organic chemical vapor deposition，MOCVD）设备。由于工艺技术极为复杂，它成为LED芯片制造环节中最昂贵的设备，几乎占了成本的一半。

如此昂贵的MOCVD设备，当时从国外引进、消化、吸收到真正能为企业作贡献，需要大约三年的时间。而这个设备还有一个特点，就是维护成本很高且需要国外技术支持。同时，国际上MOCVD设备推陈出新的周期也是3年。

"只用几年，中国企业就得买新设备，逐步淘汰旧设备。这是一个巨大的负担。作为制造业大国，我们的产业压力很大。"李晋闽感慨道，"这就好比开金矿的，金子还没有挖到，先让卖铁锹的赚钱了，很悲哀。"

半导体所希望通过产学研相结合的方式来改变这种状况。2010年，团队研制出用于生产7片2英寸外延片的MOCVD设备样机，随后又开始研发更大型的MOCVD设备，直接瞄准

半导体所牵头的"高光效长寿命半导体照明关键
技术与产业化"项目荣获 2019 年国家科学技术
进步奖一等奖

LED规模化外延生产中的大容量需求。

为促进成果转化、推动地方经济发展，中国科学院与广东省人民政府积极推进院地合作，支持MOCVD设备研究成果在广东实现产业化转化。2012年，半导体所和广东省一家地方企业共同研制的国内首台48片生产型MOCVD设备，在完成总体组装调试和工艺验证后成功下线，为半导体照明领域的重大核心装备国产化开了先河。

然而，产学研合作发展的道路并非都是一帆风顺的。王军喜回忆道："当时团队希望把半导体所研发的新型衬底外延技术转化到企业的大型产业化设备中，来进行技术效果验证，可是企业并不欢迎。他们认为，与研究所的合作会影响到现有大型设备的工作效率，进而降低生产收益。类似的合作难题一度使团队成员愁云密布。最终，通过科技项目支持及与企业科技人员的深入交流，企业惊喜地发现新技术的导入能够提升产品20%以上的发光效率，利润也得到大幅提高，这样一来，后续的合作局面一下子就打开了。"

基础研究、工程化、产业化是一个完整链条。而半导体所秉持的研发理念正是开放、合作，他们围绕半导体照明主流关键技术和产业界进行联合创新。

2019年，由半导体所牵头、10家单位参与完成的"高光效长寿命半导体照明关键技术与产业化"项目，获得了国家科学技术进步奖一等奖。

在谈到成功经验时，半导体所的研究团队特别提到了2004年成立的国家半导体照明工程研发及产业联盟[①]，以及后期以该联盟为依托建设的半导体照明联合创新国家重点实验室。它们的存在，让科研院所、高校与政府、企业深度黏合在一起，让更多具有自主知识产权的关键技术得以转移转化、产业化验证和辐射，进而推动产业和经济进一步发展。

"超越照明"，从头来过

2008年8月8日晚8时，世界的目光聚焦于"鸟巢"，第29届北京奥运会开幕式盛典正式开启。

---

① 现中关村半导体照明工程研发及产业联盟。

现场，华表的影像流淌在徐徐展开的巨大卷轴上，"飞鸟"和"鲸鱼"自由翱翔在"鸟巢"上空，人类在冉冉升起的蔚蓝色星球上漫步，闪烁的星空变幻成通体晶莹的"鸟巢"。

在这非凡的艺术场景背后，LED成为最重要的技术支撑。这不仅是一场体育盛会，更是一场半导体照明工程应用的推广会。作为奥运会的技术支持单位之一，半导体所的科研人员在开幕式现场的角落里紧张又兴奋地目睹着这一切。

"应该给张艺谋导演颁发一个LED最佳实践奖！"李晋闽开玩笑地说道。在北京奥运会期间，LED技术节约了大量能源，为可持续发展树立了典范，半导体所还被授予"奥运最佳组织单位"荣誉称号。

也是在2008年，LED技术应用在低温环境让哈尔滨冰雪大世界彻底解决了传统光源的汞污染问题。

2009年，"十城万盏"半导体照明应用工程试点启动，LED直接进入老百姓的生活中。高效照明产品财政补贴政策的落实，进一步让LED走入千家万户。

在各种应用及政策强有力的驱动下，我国LED技术取得了从上游芯片到中游封装，再到下游应用的一系列突破。

LED发光效率进一步提高到280流明/瓦。LED外延芯片技术的成功应用，实现了全球最大规模的LED芯片量产，带动了数千亿元下游应用市场。

与研发初期相比，LED的性能提高16倍、价格下降到1/200，芯片国产化率由原来的不足5%提升到80%。这些支撑着我国成为全球最大的LED芯片生产与出口国。

2024年距离国家启动半导体照明工程已经20余年了。随着技术的进一步发展，LED的应用已不仅限于照明。基于紫外LED的"超越照明"已经成为半导体照明领域的新技术与应用新方向，且发展势头迅猛。

紫外LED可替代传统汞灯在消毒杀菌方面的应用，类似于白光LED替代传统光源在照明领域的应用，正在促成一个巨大的新兴产业。这些年，半导体所再一次从紫外LED关键材料入手，攻克核心技术难题，打通完整技术链条，实现技术转化。目前，相关产品已经在固化、杀菌、医疗和公共安全领域得到应用。

一样的困境，一样的出路。我们有理由相信，在不远的未来，"超越照明"一定会同LED产品一样，进入寻常百姓家。

（中国科学报社记者胡珉琦、荆晓青撰文；

原文发表于《中国科学报》2024年6月26日

第4版；文中图片由半导体所提供）

为祖国"精准设计"一颗水稻种子

2008年9月，中国科学院院士李家洋接到黑龙江省农业科学院（简称黑龙江农科院）耕作栽培研究所所长来永才的电话，希望他帮助解决东北水稻生产面临的一些难题。

几天后，黑龙江农科院院长韩贵清又打来电话，邀请李家洋到东北稻区考察。

"东北是中国最大的商品粮生产基地，东北水稻是否高产、稳产直接影响国家粮食安全。既然东北有急迫需求，中国科学院作为科技'国家队'，必须迎难而上，解决这些问题。"李家洋说道。他随即安排好手头工作，欣然北上。

从零起步，攻关超级稻育种

9月的东北，绿色的稻田一望无际，水稻开始灌浆，稻穗变得沉甸甸的。

李家洋带领的中国科学院专家团队与韩贵清带领的黑龙江农科院专家团队在哈尔滨会合，5天内马不停蹄地跑了三四千公里，一直走到祖国最北端的建三江稻区。

每到一片稻田，李家洋和考察团专家就仔细观察水稻的生长状态，讨论发现的问题。

一路上，他们看到很多稻田倒伏现象极为严重，当地主栽的优质稻品种尤为明显；有的稻田稻瘟病发病率达百分之三四十，甚至绝收；有的品种米粒中有明显的垩白，米质欠佳；大多数稻田种植的是圆粒品种，而非外观更漂亮、市场需求更大的长粒品种……

考察结束后，黑龙江农科院提出希望解决4个关键问题：提高产量、增强稻瘟病抗性和抗倒伏能力、提升稻米品质及稻谷出米率、改良粒形。

在水稻育种领域，改良单一的优良性状并不困难，但要把多个优点综合在一起，难度则呈几何级增长。李家洋给出的应对策略是运用分子设计育种技术，培育一种集高产、抗病、抗倒伏、优质等优良性状于一体的超级稻。

1994年，李家洋放弃优厚的待遇，从美国回到中国科学院遗传与发育生物学研究所（简称遗传发育所），在30多平方米的实验室里白手起家，希望为祖国培育高产优质水稻。2000年，他带领团队在国内率先建立植物基因图位克隆技术方法体系，成功把单个功能基因分离出来。沿着这条技术路线，他与合作者一起，于2003年克隆出第一个控制水稻分蘖起始的关键基因MOC1，实现水稻功能基因组学研究"从0到1"的突破。

这一系列研究成果让李家洋团队处于国内外植物遗传学基础研究的第一方阵。站在学科潮头，李家洋的心中萌生了一个想法："能不能把高产、抗病、优质的基因模块'组装'起来，像设计工业产品一样'设计'出理想的种子？"

在这个想法的驱动下，李家洋在我国率先提出分子设计育种的理念。他觉得，这是中国育种行业的呼唤，也是时代发展的必然。

彼时，我国常规育种通过田间表型筛选一代代的杂交后代实现，费力耗时，培育周期较长。水稻关键基因的图位克隆和功能分析，以及基因组测序、生物信息等现代生命科学技术的快速发展，为育种技术创新带来新希望。

李家洋（左一）、刘贵富查看水稻生长情况
（遗传发育所供图）

分子设计育种，将中国的育种技术理念带到了世界前沿。

为了把前沿理念与技术落到实处，从为东北设计育种开始，李家洋带领团队从基础研究向应用研究转型，从零起步做育种，迎难而上补"短板"。

缺乏人才，李家洋就不断地"招兵买马"。具有育种和分子生物学研究经验的刘贵富来了，专门负责育种；具有生物信息学背景的余泓来了，负责搭建数据分析及大规模的检测平台；刚出校门的博士生陈明江也来了，逐渐成为育种的一把好手……这个原来主攻基础研究的课题组，逐渐转变为一支具有多学科背景、兼具基础研究与育种能力的战队。

缺少亲本材料，李家洋就向长期从事水稻种质资源收集创制与发掘的中国科学院院士钱前"取经"，钱前给他推荐了南方长粒粳作为亲本材料。研究团队在前期分析的基础上，选择东北地区推广面积较大且各具特色的两个粳稻品种——"吉粳88"和"空育131"与南方长粒粳杂交，选育适合东北稻区的种子。

育种基地短缺也是一个关键问题。当时，遗传发育所在北京的农场很小，分给李家洋团队的只有3亩水稻田。为了保证育种所需要的材料样本数，团队在天津武清租种了30多亩水稻田，又千方百计地联系到当时的江苏省种子管理站南繁基地，用其25亩水稻田作为南繁基地。

这些举措为分子设计育种理念和技术的落地做好了准备。

量身定制，"精准设计"水稻品种

随着东北稻区的育种攻关拉开帷幕，李家洋带领团队像候鸟一样，每年跨越几乎整个中国，穿梭于北京的实验室、海南和天津的育种基地及东北的示范基地之间。

与传统育种一样，分子设计育种首先也要做田间亲本杂交。

2008年10月，研究团队将"吉粳88""空育131"与南方长粒粳杂交，收获了第一世代的种子。但这时种子的基因组合尚不纯合，后代会发生严重的性状分离。

为确保下一代水稻具有所设计的理想性状，研究团队从培育两周左右的小苗上剪下一小段叶片，用分子标记平台检测它是否含有全部要聚合的基因。

"这是分子设计育种的巨大优势。"已经成为遗传发育所副研究员的余泓说道。一个基因的检测成本已从数十元下降到几元。原本在田间需要很高成本才能完成特定表型的筛选工作，现在经实验室内的初筛可以将其低成本地提前至作物生长早期进行，通过基因筛选让育种效率大幅提高。

水稻是喜温作物。在海南和天津等地的育种基地，刘贵富和陈明江头顶烈日、脚穿胶鞋，日复一日地观察水稻生长情况。最热的时候，气温超过40℃，上晒下蒸，他们的双脚泡得发烫，衣服湿了又干、干了又湿，结出一朵朵白白的盐花。

单选育一个品种，他们每年就要种植三四百份不同世代的杂交后代材料。每一季，为培育不同的水稻品种，要种植、筛选近万份不同的株系材料。每份材料的田间表现（分蘖、拔节、抽穗、扬花、灌浆等）都要一一记录清楚。

"育种不能有短板。只要一个性状差了，其他性状再好都没用。"已经成为遗传发育所研究员的刘贵富说道。有时候，他们看着一个单株性状挺好，高高兴兴地带回去做小区测产试验了，结果却不理想，只能继续杂交、复交或回交，再选育。

直到2012年，南繁基地的田间选育材料进行到第八代，所选育部分株系的性状终于稳定下来。李家洋带领团队从十多个综合性状表现优良的组合后代中优中选优，终于确定了一个最好的稳定株系。

"中科804"稻谷和稻米　（遗传发育所供图）

这个后来被命名为"中科804"的材料产量高、抗倒伏、抗稻瘟病、米粒长、外观品质优、口感佳，完全符合黑龙江农科院提出的要求。2017年，"中科804"通过国家品种审定，成为我国第一个分子设计育种的标志性国审品种。

着手解决东北稻区面临问题的同时，李

家洋还带领团队与浙江省嘉兴市农业科学院合作，针对长江中下游稻区水稻品种单产徘徊不前、品质较差、抗病性弱等问题，运用分子设计育种技术，培育籼粳交超级稻新品种。

他们为长江中下游稻区量身设计的"嘉优中科"系列超级稻，也通过国家品种审定，累计在江苏、浙江、安徽等地示范、推广面积超过200万亩，最高亩产达900公斤以上，比当地主栽的水稻品种增产20%以上。

2017年，李家洋团队的"水稻高产优质性状形成的分子机理及品种设计"成果荣获国家自然科学奖一等奖。

国家最高科学技术奖获得者、中国科学院院士李振声评价到，这是继水稻矮化"绿色革命"和杂交水稻之后的第三次重大突破，是"绿色革命"的新起点与新突破。

打破质疑，"稻坚强"屹立不倒

对于任何种子，拿到品种审定的"身份证"只是第一步。只有种到田地里，它才能产生切实的效益。

为了让更多人更快了解和使用"中科804"，李家洋决定让它跟著名的"稻花香"同台竞技。

2018年"中科804"第一次大面积示范推广时，李家洋团队在黑龙江、吉林、辽宁、宁夏、内蒙古、新疆布置了50多个百亩以上示范片。3000亩的核心示范区则选在"稻花香"核心产区——黑龙江省五常市。

一开始，他们在五常市的示范工作并不顺利。

农民是最讲实际的。他们不管李家洋是不是中国科学院院士、有没有得过国家自然科学奖一等奖。当科学家拿来新品种请他们试种时，农民内心是拒绝的："'稻花香'每亩2000元的年收入是可以预见的，如果种新品种的利润少了，谁来兜底？"

李家洋团队跟农民签订协议，如果每亩的收入水平低于"稻花香"，就补齐到2000元。有的人签了协议，后来又把种子退了回来，说道："俺们种了十几年的'稻花香'，种惯了"。

时间过得飞快，4月播种，转眼就到了9月收获季节。这一

2018年"中科804"五常示范片现场　（遗传发育所供图）

年，水稻收获前遇到连阴雨加台风。灾害过后，农民的观念彻底变了。"稻花香"几乎全部倒伏，而旁边示范田里的"中科804"却屹立不倒，"稻坚强"的形象由此深入人心。

随后，测产结果揭晓。相比"稻花香"，"中科804"每亩增产200斤以上，可以减少30%的灾害损失，整精米率提高8%。高产、抗逆、优质特性兼具，让它成为名副其实的"超级稻"。

"中科804"寄托了李家洋的科研初心。他学成回国后成立的课题组编号就是"804组"，这是他逐梦水稻育种的起点。

"中科804"之后，李家洋团队在2018年又为东北稻区设计出更抗倒伏和抗病、口感更好、产量更高的"中科发5号"和"中科发6号"系列国审水稻品种。

"中科发"系列水稻的命名也含有深意。"中科"代表中国科学院或中国科技，"发"既代表遗传发育所从事的科学研究，也有持续发展、发达之意。李家洋希望，遗传发育所推出的这一系列品种能够"蒸蒸日上、持续发展"。

如今，李家洋的期待已经成为现实。

"中科发"系列品种已经成为东北种植面积最大的水稻主栽品种之一，产量普遍比当地原有主栽优质品种提高20%以上，连续多年入选黑龙江省和吉林省主导或主推品种。这一系列品种外观品质优、口感佳、出米率高，在东北稻米市场已经形成独立的收购价格体系，每斤收购价格比普通稻谷至少贵0.3元。"中科发5号"被当地农民亲切地称作"发5""神5"。

2023年，"中科发6号"荣获农业农村部组织的第四届全国优质稻评选粳稻组金奖。2024年，"中科发5号"荣获农业农村部组织的第五届全国优质稻评选粳稻组金奖。

让已经成为遗传发育所副研究员的陈明江深有感触的是，随着"中科804"和"中科发"系列品种的推广，质疑声消散了。"现在很多种子公司时常跑过来问有没有新的'中科发'品种可以转化推广。"他说道。

李家洋团队为东北稻区"精准设计"的品种大米
（丁典/摄）

向种图强，引领种业振兴潮流

俗话说，种子是农业的"芯片"。在余泓看来，种子和芯片在两个方面十分相似——高科技含量、低成本扩张。

"作为育种人，看到一个高科技'拳头产品'被创制出来并迅速大面积推广，能保持10～20年的优势，且给社会创造了价值，是对我们最大的肯定和回报。"余泓说道。

从2008年"揭榜挂帅"，到2018年为东北稻区量身设计出理想的种子并大面积推广，李家洋团队和合作者用了整整10年。

"中科发"系列水稻成熟了　（遗传发育所供图）

回顾这段历程，李家洋认为，成功得益于4个因素。第一，将生产实践与基础研究相结合，用基础科学解决生产问题；第二，有好的团队和合作伙伴，大家有共同兴趣，互相信任，齐心协力；第三，有挑战科学难题的信心、勇气和精神；第四，有锲而不舍的精神，直面困难，决不动摇。

自从李家洋提出分子设计育种理念，并带领团队在这个领域崭露头角，这项育种技术引领了我国生物育种的潮流。

截至2019年，由遗传发育所主导的中国科学院战略性先导科技专项（A类）"分子模块设计育种创新体系"结题，已有来自全国20多家研究单位的200多名科学家采取分子模块设计育种这种新手段，创制了水稻、大豆、小麦、鲤鱼新品系200个，审定新品种27个，并在主产区大面积推广。

"分子设计育种为我国生物育种提供了先导性、系统性解决方案，对引领我国品种升级换代具有重要意义。特别是在水稻方面，它为确保主粮绝对安全提供了'用得上，有影响'的科技支撑。"该专项首席科学家、遗传发育所原所长薛勇彪说道。

李家洋的心里有"一盘棋"：中国有5个水稻主产区，其中4个是战略区，肯定要考虑布局新品种。长江中下游稻区、东北稻区、华中稻区、华南稻区，气候、温度和面临的病害各不相同，他希望因地制宜，为不同稻区"设计"不同的水稻品种。

根据这一思路，如今，李家洋团队采用分子设计育种技术培育的国审和省审水稻品种已达20多个。2020年以来，他们在长江中下游地区选育的双季早粳稻新品系"中科发早粳1号"，实现了我国早粳稻"零的突破"，推动建立我国首个早粳稻品种的区试方案和审定标准，让中国老百姓提前一个季度就能吃上好吃的新粳米。

在李家洋看来，分子设计育种的思路和技术手段有广阔的应用空间，不仅适用于水稻，还适用于玉米、小麦、油菜、大豆和很多蔬菜、水果、畜禽。用好这一利器，将为我国种业发展、粮食安全提供坚强的科技支撑。

（中国科学报社记者冯丽妃撰文；原文发表在《中国科学报》2024年7月5日第4版）

凭"空"造淀粉，
他们如何把梦想变为现实？

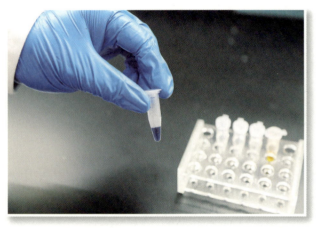

人工合成淀粉遇碘变蓝

从中国科学院天津工业生物技术研究所（简称天津工生所）出发，一路往东南走4000米，就到了一个充满"魔法"的地方。

这里有一个工程化测试平台，各类仪器安放紧凑，测试装置轰隆作响。运行不久后，发酵罐里由二氧化碳合成的甲醇会与特定的生物催化剂——酶，一个接一个地反应，最终化为一管管雪白的淀粉。

天津工生所在国际上首次实现二氧化碳到淀粉从头合成的重大突破，2021年9月24日，相关成果在线发表于《科学》。2022年底，这项技术又迈出从实验室走向生产线的关键一步——建成吨级中试装置，目前正在进行测试。

先"从0到1"，再"从1到10"，在解决人类发展面临的粮食问题上，天津工生所矢志不渝、行稳致远。

凭"空"造淀粉，这有可能吗？

作为一类重要的高分子碳水化合物，淀粉是农耕文明的核心产品，为人类提供了生存所需的能量。1万多年来，农业种植一直是生产淀粉的唯一途径。

然而，自然状态下植物光合作用能量转化效率低、生长周期长，可能引发粮食安全问题。为此，科学家探索出了杂交育种、模块育种、分子育种等方法，还建立了人工光合系统。

"这些都没有脱离植物本身的固碳模式。这就像，一个人跑得再快，本质上还是依靠双脚。能不能跳出这个模式，直接'造一辆汽车'，把粮食生产'送上快车道'呢？"2014年的一天，在从北京回天津的高铁上，天津工生所创始所长、二氧化碳合成淀粉项目首席科学家马延和这样思考着。

作为致力于工业生物发展的科研机构，天津工生所一直追求一个重要目标——在工业车间培养生物体，并用其生产农业物质，实现农业工业化。

在天津工生所召开的一次讨论会上，马延和继续脑洞大开，他说道："我们干脆模仿植物的工作原理，合成一个细胞，让它利用空气中的二氧化碳合成所需物质。那才是真正的'凭空制造、随心所欲'！"

经过仔细论证，大家一致认为合成细胞太困难，但在胞外利用二氧化碳合成淀粉或许可以试试。

马延和提出，当今世界正面临着气候变化、粮食安全、能源资源短缺、生态环境污染等一系列重大挑战，科技工作者重任在肩。二氧化碳的转化利用与粮食淀粉的工业合成，正是应对挑战的重大科技问题之一。

2015年1月，还在美国明尼苏达大学访问交流的天津工生所副研究员蔡韬接到马延和的电话："所里正计划做'凭空'制造淀粉的项目。"

"凭空制造？这可能吗？"蔡韬问道。他感到很惊讶，同时又很兴奋。当时的他已加入天津工生所两年多，抱着"做以应用为导向的基础研究"的想法，从传统生物学研究转向合成生物学研究，并于2014年5月出国访学。

蔡韬深感这个项目意义重大，但要怎么做、能不能做成，他的心里一直在打鼓。

前期的调研结果不容乐观。对于这个想法，即使是领域内的知名专家也纷纷摇头。"植物光合作用已经存在十几亿年，至今还未完全弄清楚其系统机制，你们能从头合成？"

大家的质疑不无道理。这是从没有人做成的事，就算翻遍国内外所有文献，也找不到任何关于合成路径、研究方法的线索。

"可转头想想，植物能做的事，我们怎么就不能做？"马延和说道。当时，天津工生所已经实现人参、天麻、红景天等一批药用、经济植物有效组分的异源细胞合成，为糖、肉、油脂、蛋白等设计了生物合成的新路线，在变革传统耕作模式方面已有了不少积累。

革新组织模式，科研建制化

2016年1月1日，中国科学院重点部署项目"二氧化碳的人工生物转化"正式立项。这个项目由天津工生所负责，旨在通过高效利用化学能、光能、电能等多种能量形式，将二氧化碳转化为复杂有机物，同时从项目经费中划拨部分资金用于二氧化碳合成淀粉的前期探索。

与许多依赖课题组长负责制的科研组织模式不同，二氧化碳合成淀粉项目一开始便以建制化方式展开，采取"总体研究部－特色研究组－平台实验室"三维科研组织模式。

总体研究部负责围绕工程生物学的重大科学问题、生物产业的关键核心技术，凝练出重大科技任务，确定了攻关目标。立项后，由资深研究员担任首席科学家，并在全所甚至全社会范围聘任"项目经理"。

随后，在马延和及天津工生所时任所长助理王钦宏等的指导帮助下，二氧化碳合成淀粉项目组根据项目目标凝练问题、分解任务，并面向全所招募和组织精锐团队进行协同攻关。

立项之初，项目组除马延和、王钦宏、蔡韬外，只有4位主要技术人员承担实验的技术工作。在3年的周期内，他们只做这一个项目，如果有需要则联系所内外科研团队进行合作。

项目正式启动时，团队成员都感到压力很大。在植物的自然光合作用进程中，淀粉的合成与积累涉及约60步代谢反应和细胞器间的运输。要进行工业生产，必须将其简化，同时又要保证反应充分、精准。

为此，团队与天津工生所研究员马红武合作，开发出全新的算法，并在6568个生化反应中对合成路径进行系统挖掘和筛选，计算出了一条最短的合成路径。

这条路径共有9步主反应，大致是先进行化学反应，利用高密度电/氢能将二氧化碳还原为碳一化合物，再进行生物反应，将碳一化合物聚合为碳三化合物、碳六化合物（一般为葡萄糖）直至长链淀粉分子。

但这只是一条在理论上存在的虚拟途径，接下来必须将它转变为现实。

人工合成淀粉科研团队

三年攻关战，初现"淀粉蓝"

虽然对项目难度早有预估，但实验开始后，困难还是超出了大家的想象。

最突出的困难是酶的问题。每一步反应都需要酶的参与，可计算出来的路径中的许多酶的组合在现实中从未出现过。

不同于"一把钥匙开一把锁"，同一个酶往往能催化多个反应，这就会带来"副作用"：有时，一个底物被多个酶竞争，使后面的酶没有底物可用；有时，它和不需要结合的底物"一拍即合"，却对需要结合的底物"兴趣寥寥"。

在很长一段时间里，团队成员都在和这些酶"斗智斗勇"。他们与天津工生所最擅长新酶设计的江会锋研究员团队、最擅长酶进化改造的朱蕾蕾研究员团队合作，或对已有的酶进行定向改造，或是从头设计新酶、创建非自然的人工酶，以解决酶的组合优化问题。

时间来到2018年，为期3年的项目即将结题，团队已经实现了从碳一化合物到淀粉的合成，却卡在了前一步——从二氧化碳到碳一化合物的还原反应中。

当时可供选择的路径有两条。第一条路径是将二氧化碳转化为甲酸，再将甲酸转化为甲醛；第二条路径是将二氧化碳转化为甲醇，再将甲醇转化为甲醛。可无论选择哪条路径，反应得到的甲醛量都不足以支撑后续反应。

那段日子，团队成员都变得异常敏感。他们怀疑自己做的每一个步骤，猜测是溶液加错、剂量没看准，还是犯了其他低级错误。然而在不断重复后，他们不得不面对的事实是：操作没有错误，反应无法推进。

蔡韬已经记不清自己当时与马延和、天津工生所研究员游淳讨论多少次甲醛反应量的问题了。他在不断的讨论中逐渐找到思路——利用甲醇中的氢燃烧所产生的能量来驱动产生甲醛的反应，解决甲醛反应中的热力学匹配问题。

2018年7月24日下午，蔡韬正准备在实验室楼上的会议室里参加中国科学院重点项目阶段评审会，突然接到实验室技术员发来的一张照片。照片中的3个试剂管并排放着，加入最新试验产物的中间试剂管里的碘溶液呈淡蓝紫色，与左右两边的无色试剂管、深蓝色试剂管对比明显。

蔡韬立刻打电话确认，得到肯定回复后仍不放心，一路小跑回到实验室。直到亲眼见到试剂管，他才抑制不住地喊道："太好了！制造路径终于全线打通了！"

那天，大家的脸上一改连日来的严肃，挂满了笑容。蔡韬随即向马延和报喜道："这真是我见过的最美的颜色。"

至此，二氧化碳从头合成淀粉终于实现了"从0到1"，合成产量达到30毫克/升。

所外寻合作，迎高光时刻

项目团队并未就此止步，而是决定继续开展后续研究，与酶"死磕"下去，提高合成速率和产量。

在随后几个月里，他们通过对关键酶进行定向改造，解决了合成途径中限速酶活性低、辅因子抑制、三磷酸腺苷（adenosine triphosphate，ATP）竞争等难题。

2018年底，中国科学院重点部署项目"二氧化碳的人工生物转化"结题，项目团队将淀粉合成产量提升了8倍，达到200～300毫克/升，远超立项之初的目标。这意味着，二氧化碳合成淀粉项目迎来了2.0时代。

"从最初的'盲目自信'，到后来被各种困难打击到谷底，直到逐步做出1.0版本、2.0版本，大家的信心一点点地建立了起来。"蔡韬说道。

2019年6月24日，在马延和的指导下，蔡韬、江会锋带着最新进展资料，到中国科学院大连化学物理研究所（简称大连化物所）寻求合作。

当时，中国科学院院士、大连化物所研究员李灿团队已深耕20多年，实现了电解水制绿氢、再由绿氢加二氧化碳合成甲醇。如果这条路径能与二氧化碳合成淀粉的生物反应路径耦合，或许能实现新的突破。

听完项目团队的介绍，李灿极感兴趣，两个团队一拍即合。

后来，项目团队将李灿团队合成的甲醇带回天津工生所实验室，进行后续合成淀粉实验，发现完全可以正常合成，且反应速率与商业甲醇无异。

项目团队进一步采用反应时空分离策略，解决了化学反应与生物反应不兼容的问题，建立生化级联反应系统，将淀粉合成产量提升了17倍，达到1.6克/升，实现了不同类型淀粉的可控合成。

二氧化碳合成淀粉的3.0版本出现了，并且这个人工路径的淀粉合成速率明显高于玉米淀粉的合成速率。

2021年9月24日，《科学》在线发表了这一成果，团队6年的技术攻关终于换来了丰硕的果实。

成果的发布，一下子引爆了学术圈和社会舆论，"二氧化碳合成淀粉"迅速成为热门话题。

国内外的专家纷纷表示，这项成果是"典型的'从0到1'的原创性突破"；是一项扩展并提升人工光合作用能力前沿研究领域的重大突破，具有"顶天立地"的重大意义；不仅对未来的农业生产特别是粮食生产具有革命性影响，而且对全球生物制造产业发展具有里程碑式意义。

全力降成本，推动产业化

在论文发表后的那个早上，团队成员的手机都响个不停。除了媒体报道、同行祝贺外，寻求合作的研究团队、生物技术公司、咨询公司也纷至沓来。随之而来的还有人们对这项成果产业化的期待和质疑。

处于信息旋涡的中心，蔡韬既兴奋、紧张又担心，他的心中五味杂陈。"那段时间，我整个人都很蒙，没有想到会引发这么大的关注。"他回忆道。

后续的科研怎么做？敢不敢做产业化？进行工程化测试，投入巨大，万一失败怎么办？大家走到了新的岔路口，必须作出抉择。经过深思熟虑，项目团队终于下定决心——做！

"产业化是我们最初的理想，也是最终的目标。初期爬坡那么艰难，走到一半却不走了，怎么甘心？"马延和说道。

2022年8月，天津工生所成立人工合成淀粉研究中心（简称淀粉中心），以加速人工合成淀粉的工程应用、推动粮食组分车间制造，聚焦解决产业化应用背后的前沿基础科学和应用基础科学问题。

淀粉中心仍采取三维科研组织模式，按总体研究部机制运行。研究所层面提供稳定支持、宽容失败的科研环境，培养甘坐"冷板凳"的核心研发团队。

"前期实践已经说明，三维科研组织模式能够有效地克服科研碎片化问题，发挥不同学科的优势，集成科研院所、企业的优势研发力量进行高效协同攻关，充分发挥体系化、建制化优势。"马延和说道。

目前，淀粉中心已经聚集起20人左右的精锐力量，未来将增加至30人左右。

2022年底，二氧化碳人工合成淀粉工程化测试平台建成，百升级、吨级中试装置启动测试。这意味着，整条合成路径第一次走出实验室、进入生产线，科研团队正式向"从1到10"的目标迈进。

与测试平台建成一起到来的好消息是，"人工合成淀粉关键技术与应用"项目获得中国科学院战略性先导科技专项支持。马延和说道："这让我们科研人员再一次充满了信心和底气。"

如今，科研团队的主要攻关目标是"降低成本"，最核心的难题仍然

人工合成淀粉的工程化模型

是酶。他们希望不断提高酶的反应效率，让价格昂贵的酶实现循环利用。同时，他们也在努力寻找和解决反应规模扩大后可能出现的效率受阻、堵塞不通、相互抑制等问题，不断改进工艺流程。

马延和期待把淀粉合成的成本降到和农业种植成本相当甚至更低的水平。"那将会节约90%以上的耕地和淡水资源，避免农药、化肥等对环境的负面影响，缓解农业压力，助力碳中和的生物经济发展。"马延和说道。

前方的路还很长。如今，人工合成淀粉科研团队更加坚信：路虽远，行则将至；事虽难，做则必成。

（中国科学报社记者刘如楠撰文；原文发表在《中国科学报》2024 年 5 月 22 日第 4 版；文中图片由天津工生所提供）

地表最强"空气充电宝"
是这样炼成的

　　2024年4月30日，国际首套300兆瓦/1800兆瓦时先进压缩空气储能国家示范电站在山东省肥城市首次并网发电成功。这意味着，我国具有目前国际上规模最大、效率最高、性能最优、成本最低的新型压缩空气储能电站。

　　储能，就是把多余的电先存起来，在需要的时候再拿出来，相当于给电网安装一台大"充电宝"，使"靠天吃饭"的太阳能、风能发电都能稳定、流畅地接入电网，存储备用。

　　压缩空气储能则是以空气为介质充放电的"空气充电宝"。它的性能优异，规模大、寿命长、成本低，发展势头迅猛。

　　与锂电池、抽水蓄能等其他储能技术相比，压缩空气储能非常"年轻"，在中国仅有10多年的开发史，却发展迅猛，成为后起之秀，令许多业内人士坦言"没想到"。

三条标准选定一个研究方向

　　压缩空气储能的概念起源较早，第一个专利于1949年在美国问世。德国和美国分别于1978年和1991年建成压缩空气储能电站，并运行至今。虽然世界各国对压缩空气储能都有布局，但并非热门，真正将它发扬光大的还是中国。

　　2004年，刚刚参加工作的中国科学院工程热物理研究所（简称工程热物理所）的陈海生博士开始思考未来的研究方向。他给自己定下了3条标准：

山东肥城300兆瓦/1800兆瓦时先进压缩空气储能国家示范项目全景

朝阳产业、创新性领域、同工程热物理专业相关。但是，满足这3条标准的技术是什么呢？

经过3个多月的调研分析，陈海生相中了储能技术。这在当时是极其冷门的方向。

那时，我国正处于火电"大干快上"的时代，再生能源装机占比不足1%，是妥妥的"小兄弟"，更不存在并网难题。很难想象，太阳能和风能有朝一日会撼动火力发电的主体地位，储能也将由"冷"转"热"。

陈海生画了一张表，纵坐标是各种储能技术，横坐标是创新性、技术成熟度、专业相关度等指标，结果压缩空气储能以5颗星"领跑"其他技术。

然而，当时压缩空气储能在中国仅有理论研究，没有技术攻关，展现在他面前的是一片空白。

"中国科学院的使命是什么？创新为民。"陈海生觉得，国家未来需要什么，得有人提前思考、提前攻关、提前实践。

他决定挑战一下。一辈子要做的事，就这么决定了。

如今回头看，过去10年间，我国风电和光伏装机量增长了8倍，2023年风电和光伏装机量更是历史性超过了火电装机量，占比达到50.4%，是全世界对储能需求最强烈的国家。储能不仅登上了能源发展的历史舞台，而且将扮演重要角色。

来一场彻底的创新

2005年，陈海生被公派去英国利兹大学访学，这是一次技术探索的好机会。

在英国，他和导师共同提出了液态空气储能的概念，很快得到英国政府和投资机构600万英镑的经费支持。为了完成这个项目，他们原本为期一年的访问变成了4年的正式工作。最终，他们在2009年建成国际首套兆瓦级液态空气储能装置。由于液态空气的密度远大于气态空气的密度，因此该系统解决了依赖大型储气洞穴的问题，比传统技术更先进。

有了这次"试水"，2009年回国后，陈海生立志发展比液态空气更先进的压缩空气储能技术。

当时，传统压缩空气储能技术存在效率不高的缺点。德、美两国储能电站的效率仅分别为42%、54%。也就是说，存进去1度电，只能放出来大约半度电，另外半度电在存、放的过程中被消耗了。而且，传统压缩空气储能装置必须依赖天然气提供热源。

这两个缺点在油气资源丰富的国家尚可接受，但放到"缺油少气"的中国，无疑就是致命短板了。

要从根本上突破这两大技术瓶颈、在中国走通压缩空气储能这条路，显然不能只依靠跟踪、模仿、改进，必须有一场彻底的技术创新。而创新的底气，源自我国科学家在动力工程及工程热物理专业的多年积累。

传统的压缩空气储能系统基于燃气轮机技术。在用电低谷时，利用富余的电能将空气压缩并储存在储气室中；在用电高峰时，释放高压空气进入燃烧室，同燃料一起燃烧，驱动透平发电。这相当于让燃气轮机分时工作，储能、释能过程相互独立，最终起到削峰填谷的作用。

该系统的关键在于叶轮机械的高效运转。工程热物理所自1956年建所以来，在叶轮机械方面的研究基础深厚，创始人吴仲华先生更是国际公认的"叶轮机械先锋"。

基于自身的"金刚钻"，2009年，工程热物理所提出具有自主知识产权的先进压缩空气储能技术：在用电低谷时，用压缩机取代燃气轮机压缩空气，同时回收压缩热；在用电高峰时，释放储存的热量加热高压空气，驱动膨胀机，带动发电机发电。

这一改进不仅不使用额外的燃料，实现了零排放，还将原先浪费掉的压缩热能利用起来，储能效率大幅提高，理论上可高于70%。因地制宜，本土化的条件就此建立起来。

但这一改，也意味着从基础研究到关键技术，再到工程开发，都没有成熟经验可供借鉴。

敢不敢做"第一个吃螃蟹的人"？陈海生没有犹豫。他说道："我们一定要掌握自主知识产权，哪怕多花几年时间，也一定要掌握核心技术，不能总是模仿跟踪，更不能受制于人。"

不断"钉钉子"，突破"一堵墙"

自压缩空气储能概念提出后，世界各国一直沿用燃气轮机发电的技术路线，直到中国科学家提出换掉核心部件，业界才看到了一条新路。但是，我国在这项技术上并无技术储备，更谈不上产业基础。陈海生形容当时面临的困难就像一堵墙。

"蒙着头往墙上撞，撞得头破血流也没用。要想取得突破，必须把有限的时间、有限的资源放到有限的目标上，加大攻关强度，就像在墙上钉钉子。"他说道。

2010年，陈海生带领一支新成立的小团队，设立了一个"钉钉子"时间表：用3年时间完成1.5兆瓦示范项目，用4年时间建成10兆瓦示范项目，用5年时间建成100兆瓦示范项目。

首先要攻克的是核心部件压缩机、膨胀机的内部流动与传热机理相关的难题。

工程热物理所储能研发中心（简称储能研发中心）副主任李文介绍到，先进压缩空气储能系统的空气膨胀机负荷高，膨胀比达到常规燃

2013年建成的1.5兆瓦先进压缩空气储能系统

张家口百兆瓦先进压缩空气储能国家示范项目蓄冷蓄热罐

气膨胀机的2倍以上，并且流量大、转速高，不仅要在高压、高负荷、高转速下高效率运转，还要解决其与其他叶轮机械之间的相互耦合问题。为此，团队建设了一系列实验平台，并结合计算机模拟，反复测试、优化改进。

蓄热蓄冷技术是决定技术成败的一大关键点。

传统压缩空气储能技术需要补燃，消耗大量天然气，工程热物理所储能团队经过努力，用先进的蓄热蓄冷技术弥补了这一不足。并且，他们用的蓄热蓄冷介质是成本最低的水。

"这是一个全世界都没有出现过的方案。"工程热物理所研究员王亮说道。

要"啃下"这样的硬科技，必须具备足够的硬实力。从1.5兆瓦到10兆瓦再到100兆瓦，每一次规模放大，都不是简单的技术叠加，而是从原理到关键部件的重新研发设计。

就这样，随着一个"钉子"接着一个"钉子"被楔入，在堵路的"墙面"连点成线、连线成面，"厚墙"终于被突破了。

2021年，国际首套百兆瓦先进压缩空气储能国家示范项目在河北省张家口市顺利并网，发电效率达到70.40%，每年可以发电1.32亿度以上，节约标准煤4.20万吨，减少二氧化碳排放10.90万吨。

回看当年制定的时间表，大家感慨到，竟然真的沿着这条路一步一个脚印地走了下来，不过还远没有走到这条路的终点。

通过进一步的技术创新，山东肥城300兆瓦/1800兆瓦时示范电站的设计效率达到72.10%，与储能技术的"老大哥"——抽水蓄能相当。该电站年发电量约为6亿度，在用电高峰可为约20万～30万户居民提供电力保障，每年可以节约标准煤约18.90万吨，减少二氧化碳排放约49万吨。未来，这将是更适合我国发电行业的主流技术路线。

"成本必须降下来，要大规模推广，无论如何都得降。"陈海生说道。从投入研发的第一天起，他们的目标就是让这一技术真正地在中国落地，造福于民。

总是"第一个吃螃蟹"

第一个试验台、第一个示范项目、第一个并网发电……一路走来，工程热物理所都在做中国压缩空气储能"第一个吃螃蟹的人"。

王亮至今记得，当年搭建第一个15千瓦试验台时，由于没有合适的场地，他们在两栋楼之间的夹道里搭了个顶棚、装了扇门就成了实验室。因为里面有一棵很粗的树，安装试验台时，大家绕来转去，很不方便。

做技术攻关，试验台是必需品，但对一支刚起步的团队来说，这是"奢侈品"。由于投入巨大，2012年建设1.5兆瓦中试平台时，经费非常紧张，必须集中所有可以用到的资源。

除了经费紧张，没有经验可循也是这些年轻人面对的一道坎。

"当时几名刚毕业的博士带着几名没毕业的博士生，经常在现场一待就是一个月。"李文说道。那是大家第一次努力把科学思想变成设计图纸，再把设计图纸变成仪器设备。"由于国内外都没有可参考的先例，因此大家每走一步都要靠自己摸索。"

李文从那段在摸索中前进、在摸索中成长的历程中得到的启示是：技术开发没有任何捷径可走，必须一步一个脚印。但事实证明，只要肯摸索，就能解决问题。

按照"研发一代、示范一代、应用一代"的发展策略，工程热物理所的压缩空气储能技术持续发展，在上一代技术示范应用的过程中，下一代技术已经马不停蹄地开始研发。这些年来，大家跟着项目跑遍了祖国的大江南北。2023年团队开年终总结会时发现，半数以上职工的出差天数超过100天，有的甚至超过300天。

他们长年"逐风而居"，到处"餐风饮露"。以国家级可再生能源示范区张家口为例。这里拥有丰富的风能、太阳能，但正由于风大，冬天零下20多摄氏度的气温的体感温度能达到零下40摄氏度。团队成员穿着两层羽绒服在室外待几分钟就感觉被冻透了。

张家口百兆瓦先进压缩空气储能国家示范项目首次采用人工硐室，也就是人工开发的地下储气洞穴。由于这是首创的技术路线，大家在施工过程中遇到了许多前所未有的难题。大家笑称"总是'吃螃蟹'也有点儿受不了"。

2021年12月31日项目终于成功并网的那一刻，在场的团队成员情不自禁地欢呼起来。大家激动地合影留念，一致推举现场唯一的女性——测试工程师付文秀站在C位。

这位1岁多孩子的妈妈彼时已在现场坚持工作了103天。她说道："压力虽然很大，但成功后获得的幸福感是别人不能体会的。"

意料之外，情理之中

对于压缩空气储能的今天，很多人表示"没有想到"。

一些老先生曾善意地提醒陈海生道："进去4度电，出来3度电，你好好考虑这个研究方向对不对。"

一位国内同行感慨道："以前我们都不看好，因为技术上太难了，没想到真干成了。"

储能研发中心主任徐玉杰回忆团队起步时说到，国内当时连试验台都没有，只能从基础理论研究开始，谁也想不到这项技术发展到现在，已经处于国际领先水平。

而在陈海生看来，先进压缩空气储能技术在中国科学院诞生、发展，绝非偶然。

他说道："第一，中国科学院鼓励创新，支持科学家开展前瞻性、需要长期探索的技术研究。"

2009年回国后，工程热物理所支持组建储能实验室，开展当时尚有争议的储能研究，32岁的陈海生成为实验室主任。所长秦伟带着他专程去当时的中国科学院高技术研究与发展局汇报研究方向，得到认可与肯定。后来，中国科学院又提供了宝贵的"第一桶金"，使团队得以从"零"开始技术研究。

"第二，中国科学院有鼓励科技成果转移转化的传统，能够支持一项技术从研发走到示范应用。"陈海生说道。

实验室创新成果产业化的历程常被称为"死亡之谷"，失败率极高。工程热物理所在产业化过程中也走过不少弯路，但他们坚持以我为主开展工程示范，在中国科学院和国家相关政策的支持下，多个项目成功实现示范应用。

"第三，中国科学院能够形成大团队，开展大兵团作战。"陈海生介绍道，压缩空气储能是一个多学科交叉的系统工程，需要搭建大平台，提供长时间、大强度的稳定支持。

"攻克这样的硬科技难题，必须有建制化团队。"徐玉杰说道，"即使把压缩机、膨胀机、储热换热器这三大关键技术分开攻关，每一项单独技术也需要一个大团队来突破。"

储能研发中心现在有职工和学生200余人。随着国家"双碳"目标的提出，储能产业迎来发展机遇，储能人才成为就业市场的"香饽饽"。但团队成立至今，核心成员一个都没离开。

王亮说道："在团队里干活踏实，可以专心做一件事，未来充满希望……有这么一个平台能让我坚持深入地干一件事，实现自己的理想，很幸福。"

电影《中国合伙人》中有一句经典台词：梦想是什么？梦想就是一种让你感到坚持就是幸福的东西。对于储能研发中心的科研人员而言，让清洁能源走进千家万户的梦想，召唤着他们在先进压缩空气储能关键技术的攻关之路上披荆斩棘。如今，这条路越走越宽，他们还将继续前行，去追寻更大的幸福。

（中国科学报社记者陈欢欢撰文；原文发表在《中国科学报》2024年5月6日第4版；文中图片由工程热物理所提供）

"种"金刚石记

中国科学院大学2021年的本科录取通知书曾被戏称为"最硬"通知书，皆因为其中镶嵌着一块刻有校训"博学笃志、格物明德"的金刚石。

这批刻有校训的金刚石，由中国科学院宁波材料技术与工程研究所（简称宁波材料所）制作完成。

经过多年努力，宁波材料所成功打通了从理论探索到装备与工艺国产化，再到高品质大尺寸单晶高效制备和规模量产的全链条，成功研发出我国首条化学气相沉积（chemical vapor deposition，CVD）大单晶金刚石生产示范线，为我国在半导体技术领域实现弯道超车、抢占未来产业的制高点，以及实施国家发展战略提供了支撑。

江南回江南

2010年，美国应用纳米材料控股公司的科学家、东北汉子江南得知，成立不到7年的宁波材料所正在面向全球招聘研究人员。

江南深耕材料领域多年，一直牵挂祖国的发展。他深知，只有回国才有机会让所学的知识发挥出最大价值。于是，他很快便与宁波材料所所长崔平取得联系。

两个人的科研理念一致，尤其让江南心动的是，宁波材料所非常重视成果落地及产业化，这与他在产业界多年实践形成的认知不谋而合。

不过，江南希望在更合适的时机回来，宁波材料所也愿意给人才更多的时间来思考和成长。之后的两年，崔平一直与江南保持着联系，交流学界、产业界的新动态。

到2012年，江南已经手握中国、日本、美国专利50余项，发表学术论文80余篇。经过梳理和沉淀，他希望要在CVD单晶金刚石的制备及相关生产设备上发力。"更合适"的时机到来了。

当时，国际上已经有个别机构能够使用CVD法生产金刚石，但产物售价很高。

国内个别厂家虽然有相关生产装备，但由于腔体设计有缺陷、等离子体不稳定、气密性及合成工艺有问题，没有成功生产的先例。

CVD 单晶金刚石

在江南回国前，就有人建议他使用国外设备，因为"国内设备长不出单晶金刚石"。

江南却颇有信心地说道："不必迷信，国外有的机构也就由一两位博士主持研发，而国内有那么多科研力量，我们一定行！"这也是后来进入研发团队的许多人所秉持的信念。

江南加入宁波材料所前的人才引进评审会由中国工程院院士、时任宁波材料所科学技术委员会主任薛群基主持。

薛群基介绍道："当时国内用高温高压法生产金刚石的企业很多，出口量也很大，但缺乏高技术层面的应用。有些专家对江南要做的CVD单晶金刚石研发不看好，毕竟那时连靠谱的国产设备都没有。当时虽然宁波材料所很年轻，但作为国家战略科技力量的一员，应当围绕高技术应用，面向国家战略需求开展研究，这就需要有水平、有信念的人才。"

江南正是这样的人才，因此他顺利地成为宁波材料所的一员。

"种"钻石

金刚石这个名字听起来就很贵重，事实也是如此。它更为人熟知的名字是"钻石"。由于它在切割、打磨后璀璨夺目，因此在饰品市场颇受消费者追捧。

此外，金刚石是精密切削和精密加工的关键材料。"几乎所有的高端制造业产品都依赖它。"江南介绍道，"从光学镜头到我国大科学装置的反射盘，都离不开金刚石刀具的超精密加工。"

然而，天然金刚石稀有，很难在工业领域实现大规模应用。

20世纪50年代，美国通用电气公司开始采用高温高压法模拟天然金刚石"老家"地幔层的温度与压力，来制备金刚石。由于这种方法具有综合优势，目前仍然有大量国内外企业使用其制备金刚石。

但使用高温高压法生产出来的金刚石颗粒的形貌、大小和品质各异，难以应用到半导体、微电子等高技术领域。于是，从20世纪60年代开始，一些美国学者就尝试用CVD法培育金刚石。

"培育过程有点像种庄稼，也需要'种子'与'养料'。"江南介绍道，"开始培育时，需要用一块小尺寸的金刚石作为籽晶，也就是"种子"，以甲烷等碳源气体作为"养料"，而后在超真空培养舱中将气体原料中的碳原子分离出来，让它们一层一层地沉积在籽晶片上，逐渐长厚，最终籽晶就成长为更厚、更大的金刚石晶体了。"

CVD人造金刚石与天然金刚石的分子结构相同、化学成分相同，就连物理性质也相同，而且由于制造技术进步和生长环境更加洁净无瑕，反而比天然金刚石的纯度更高。

江南认为，天然金刚石是来自大自然的馈赠，而人造金刚石则是人类科技硬实力的展现。

造设备

2012年底回国时，江南只身一人，携带简单的个人用品，轻装出发。那时，宁波材料所的经费并不充裕，但仍为江南提供了当时最高的科研启动经费。

江南团队的第一位成员是科研兼行政助理戴丹，第二位成员是来自湖北的硕士毕业生吕继磊，他的专业研究方向是金刚石制备。

既然帮手有了，江南决定尽快启动科研工作。他们想用微波等离子化学气相沉积（microwave plasma chemical vapor deposition，MPCVD）法实现单晶金刚石的同质外延生长。这种方法的原理是在微波能量的作用下，将原料气体激发成等离子体状态，直到实现辉光发电，腔体中充满过饱和的原子氢和含碳基团，从而有效提高单晶金刚石的沉积速率和质量。为此，先要配备相关设备。

当时，国外已经实现了CVD金刚石的生产，但进口一台设备要花费近300万元，太贵了，而且只买一台设备也不能满足批量生产的需求。于是，江南决定在国产设备的基础上进行研发，让CVD金刚石的国产化实现得更加彻底。

吕继磊曾跟着江南到成都等地的几家设备厂商寻求定制。"江老师很有经验，也不多说废话，直接去设备现场，结果发现设备确实非常不成熟。比如，腔体做得不均匀，材料本身不均匀，甚至有的地方用铁替代不锈钢，就连激发出的等离子体都是偏的……"吕继磊回忆道。对于10多年前的那段经历，已成为企业家的他记忆犹新。

这一轮定制之旅用了很多天的时

克拉级透明钻石和彩色钻石

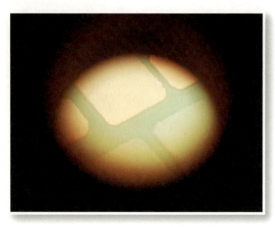

生长中的 CVD 金刚石

间。他们白天做测试，晚上做总结。当他们将这些优化意见提交给厂家时，对方感到很吃惊。厂家每年只生产几台设备，没想到买家这么"麻烦"。不过，由于这些意见提得有理有据，厂家只能按照他们的要求进行修改。

就这样，2013年盛夏，一台相对靠谱的MPCVD设备终于造出来了。那天，来自宁波材料所的科研人员心情很好。他们甚至在离开设备厂区后，泡了壶茶喝了起来。

"种"成了

2013年8月初的一天，MPCVD设备到位了。放置籽晶并开机后，这台设备几乎成了江南等的全世界：凌晨两三点准备下班前，他们要看一下设备；早上8点多来实验室，他们的第一件事还是看设备；上班过程中，他们80%的时间都在看设备，观察金刚石的生长情况、参数波动，并随时记录、以应对突发情况。

然而，过了近一个月的时间，金刚石还没"种"成功，设备却开始出现各种问题了。

MPCVD设备的谐振腔关系到金刚石的生长效率，其设计、制造需要考虑到尺寸、真空密封方式，承载晶片的基片台的性状、材质、散热方式，以及电源、水冷系统、气源系统等整个设备的外围稳定性等。

由于厂家也不熟悉MPCVD法的工艺，江南只能带领团队自己动手拆了改，改了装。他们在3个多月的时间内把这台设备"大卸八块"了不止100次，有时候甚至一天拆两次。"上百次的失败，每次都很沮丧，不是设备不稳定就是部件出问题，长出黑乎乎的已经不能称之为晶片的金刚石。"江南回忆道。

直到2013年11月崔平帮忙找到了一家专门做腔体的企业后，情况才有所好转。这家企业负责人很专业且尽心尽责，双方结合各自经验逐步摸索，先通过模拟软件大量计算得到理论中的最优值，再通过经验叠加得出实际的最优参数。

升级后的设备在各方面均得到优化——密封圈不再使用易老化、易熔化的橡胶圈，在试验过氟胶圈、聚氨酯圈等材料后，最终确定使用金属密封圈；基片台的材质从热导率差、易变形的不锈钢换成了铜……随着工艺的改进，江南预判到了成功合成单晶金刚石的节点。

此后，团队又招进了两名研究生，这样大家就可以轮班看设备了。

2013年12月31日深夜，科研人员们在下班前再次到观察窗查看，得到了一份新年礼物——第一颗金刚石"种"成功了！这份既特殊又贵重的礼物，让在场的每一位科研人员终生难忘。他们把这颗3毫米×3毫米×1.5毫米的人造金刚石放在石英石表盘上，拍下了它的第一张照片。

作为国内第一片使用自主研发的CVD装备及工艺合成的单晶金刚石，它的诞生不仅意味着整个人造金刚石产业链条的生态可能发生改变，更意味着我国人造金刚石的高技术应用不再受制于人。

产业化

然而，差距仍然存在。就在同一时间，国外已经"种"出5毫米×5毫米、7毫米×7毫米的CVD金刚石。更为紧迫的是，尽管江南等制造的MPCVD设备成本不到30万元，只有进口机的1/10，但仅凭团队的经费，依然让团队感到捉襟见肘，难以实现CVD单晶金刚石的规模化制备。

2013年，同为宁波材料所高级引进人才的激光专家张文武，介绍他的河南老乡张军安夫妇来和江南谈合作。

崔平对成果转化颇有经验，于是也一起参与了交流。她对当年的情形印象深刻："这对夫妇非常朴实，虽然貌不惊人，但是一聊就知道他们特别懂行。"

张军安在河南时一直做高温高压金刚石生产，不过产出的都是粉体，对于江南实验室"长"出来的块体，他觉得，既然技术这么先进，未来市场一定没有问题。

崔平很看好张军安夫妇的诚意和他们对产业链、市场的熟悉程度，认为他们可以和江南很好地互补。"科学家就做研究，设备购买、产品销售这些事就交给企业家，这是最好的组合。"崔平说道。

合作就此达成。张军安投入上千万元，一半资金用于支持研究团队继续做科研，另一半资金用来与江南、张文武共同创办宁波晶钻科技股份有限公司（简称宁波晶钻公司）。

宁波材料所非常支持这种一边研发、一边将其产业化的发展模式。还专门开会研讨了推动创办企业的细节，助力企业更具市场活力。

快车道

2013年，宁波晶钻公司成立并实质性运营后，CVD单晶金刚石技术发展和国产化生产就此驶入快车道。

2014年3月，经过优化的第二台MPCVD设备制造完毕，它激发出的等离子体更大，确保了更大、更稳定的有效沉积面积，从原来的一次只能放1颗籽晶变成可以同时放9颗籽晶。生长周期则从1个星期缩短为3天。整体生产效率大幅度提高。

在此基础上，经过又一轮优化，第三批10台设备"一气呵成"。2014年下半年，它们被整整齐齐地安放在宁波晶钻公司的厂房并启动，这标志着我国首条CVD大单晶金刚石生产示范线正式建成投产。

为了进一步实现CVD单晶金刚石生产工艺的国产化，这10台设备轮番试验各种不同的工艺，帮助科研人员做了大量摸索工作。

在不断优化、迭代中，MPCVD设备的数量于2016年达到20台、2017年达到30台，其"种"出的金刚石尺寸提升到7毫米×7毫米、10毫米×10毫米……设备和工艺也完全实现了国产化。

截至2023年底，全球约有1万台MPCVD设备，我国有3000台左右，其中宁波晶钻公司拥有1000余台，成为全球规模最大的CVD单晶金刚石生产商之一，实现了全自动化机器人监控运转，其产品尺寸最大达到42毫米×42毫米，品质对标世界先进水平。

2012年前后需要花费10万元从国外购买的单晶金刚石籽晶，2024年只需要几百元的成本就能得到了。

无人区

2016年从宁波材料所科技处岗位转入江南团队的研究员李赫，其实早就与江南开展了合作研究。

这一年，他依托江南团队申请到宁波市重大科研专项，决定全身心投入团队研究，并主动策划、申请包括国家重点研发计划（简称"973计划"）在内的重要科研项目。

如今，这支团队已经发展成为拥有包括4位国家级高层次人才在内的近百人的科研队伍，早已不复只有江南一人时的冷清。

自10年前宁波建起国内首条自主研发的CVD单晶金刚石生产线算起，国内已形成了2英寸级金刚石MPCVD装备国产化制造、金刚石衬底激光切割剥离技术与装备国产化制造、金刚石热化学研磨抛光技术与装备国产化制造等分支行业。培育钻石、金刚石工具等新兴产业的终端市场规模已经超千亿元。

宁波材料所这群充满信念的科研人员，已经从原来的"跟跑""并跑"，真正进入了"领跑"的"无人区"——正如当初薛群基期待的，他们希望能开辟出金刚石半导体产业高端制造新赛道，打造出第四代金刚石半导体创新产业链，实现金刚石在芯片、微电子、量子通信、光学、超精密加工、高端医疗等领域的创新应用。

CVD 单晶金刚石全自动化生长车间

李赫现在心里是忐忑的，他坦言"以前知道别人做出来过，我们就有信心做出来，心里是轻松的；'并跑'甚至有望超越的时候，我们是很有成就感的；现在国内外都没有参照物了，难度非常大，压力一定是有的，但我们寻求突破的动力仍然很强。"

2023年，团队在中国科学院项目的支持下，率先开发出了可实现12英寸超大尺寸高品质金刚石制备的大功率MPCVD装备与合成工艺。该技术为金刚石晶圆的高效率、低成本产业化合成提供了重要途径。

目前，团队正在紧锣密鼓地进一步全面优化装备与工艺。同时，相应大尺寸金刚石晶圆激光隐切技术和芯片级精度研抛技术也亟待开发。新赛道的建立，意味着团队的工作更多，江南又开始带领团队夜以继日地进行高强度攻关。

金刚石被誉为"终极半导体"材料。"目前在CVD金刚石技术方面，总体来说国内外处于'并跑'阶段，实现'领跑'，是时代赋予我们抢占新一代半导体科技制高点的一个重大机遇与重大挑战，同时也是国家在半导体领域实现超越的希望所在，因此我们不能错失良机。"江南说道，"我相信，未来几年，通过国内优势单位跨界协同、联合创新，完全能够率先打通金刚石晶圆制造的新赛道，撬动万亿级高端新市场，开创半导体研究新领域。"对此，江南充满信心。

（中国科学报社记者张楠撰文；原文发表在《中国科学报》2024年6月28日第4版；文中图片由宁波材料所提供）

为了让盾构机拥有一颗"中国心"

中国科学院金属研究所（简称金属所）研究员李殿中永远也忘不了2020年的一天。那一天，当他走进某个国内盾构机制造企业的仓库时，眼前的一切让他震撼不已。

"盾构机的制造是一项长周期工作，本不需要储备过多组件，但这间仓库里却放着十几套盾构机主轴承，总价值达到上亿元！"李殿中说道。

彼时，我国已经进入轨道交通基础设施建设的高峰期。作为凿山开路、过江跨海工程项目的利器，大型盾构机已经实现大部分部件的国产化，但最关键的核心部件——主轴承却长期依赖进口。

如果将大型盾构机比作一个人，那么主轴承的作用堪比心脏。当"心脏"被攥在别人的手心中时，盾构机制造企业所承受的压力，以及这对我国基础设施建设带来的潜在风险也就可想而知了。于是，为了规避可能的"断供"风险，不惜成本囤积大量主轴承成为很多企业不得已而为之的一件事。

"我们有责任给国产大型盾构机装上一颗'中国心'。"李殿中暗下决心。

2022年12月15日，金属所宣布，李殿中和该所研究员李依依院士、研究员胡小强带领团队，联合国内其他研究机构和企业，成功研制出超大型盾构机用直径8米主轴承。我国大型盾构机国产化和自主可控链条由此被顺利打通。

几代人接力攻克"稀土钢"

盾构机的全名为"盾构隧道掘进机"，是一种使用盾构法进行隧道掘进的专用工程机械，其主轴承是机器内刀盘驱动系统的关键核心部件。盾构机在掘进过程中，主轴承"手持"刀盘旋转，切削掌子面并为刀盘提供旋转支撑。

"直径8米的主轴承在运转过程中，承载的最大轴向力可达1亿牛，相当于2500头成年亚洲象所产生的重力。"胡小强介绍道，"大型盾构机在掘进时只能前进、不能倒退，因此主轴承一旦失效，就会造成严重损失。主轴承的国产化便自然而然地成为必须被攻克的'卡脖子'难题。"

然而，这个问题出现在李殿中和同事们视野中的时间并不长。至少在2019年之前，他们更多关注的是另一个"老大难"问题——研发"稀土钢"。

所谓稀土钢，简单地说，便是通过在制造过程中加入一定比例稀土元素的方式，生产出的具有某些特性的钢材。它的加工方式看似容易，实则困难重重。

稀土被称为工业的"维生素"。大量研究表明，添加微量稀土就能显著提高钢材的韧塑性、耐磨性、耐热性、耐蚀性等。也正因如此，稀土添加过程中发生的微小变化或掺杂杂质，都会引发很多不可测的问题。

"在稀土钢的研发过程中，有两个难题始终绕不过去。"胡小强说道，"一是钢材在添加稀土后，性能往往会发生剧烈波动，存在稳定性不好的问题；二是很多大型关键零部件的材料制备不能在实验室完成，很难保证稀土在大工业环境下能稳定发挥作用。"

为了解决上述问题，自20世纪50年代起，金属所几代科研人员接力攻关，就稀土元素对钢材的影响进行了深入研究。直到2007年，在进行一项针对厚大断面大型钢锭的科研攻关项目时，金属所的科研团队偶然发现稀土钢性能波动问题的根源可能在于稀土元素自身的氧杂质，而非传统观点认为的钢材内部杂质。

由此，科研团队顺藤摸瓜，经过大量实验、计算和表征，最终揭示了稀土在钢中的主要作用机制，并开发出一套"双低氧稀土钢"关键技术。采用该技术研制的稀土钢，拉压疲劳寿命延长40多倍，滚动接触非疲劳寿命提升40%。

由此，稀土钢的问题被彻底解决了。而沉浸在喜悦中的科研人员并不知道，眼前的成绩不单是他们过去几十年努力的硕果，也是未来他们开展大型盾构机主轴承攻关的重要基石。

"国家队"需要站出来

彼时，正值中国科学院组织实施战略性先导科技专项。伴随着专项的实施，一项历史性使命落到了金属所科研人员的身上。

先导专项是中国科学院瞄准事关我国全局和长远发展的重大科技问题提出的一项战略行动计划。自2019年开始，金属所希望依托自身在稀土钢方面的长期积累，凝练、提出和承担一项与此相关的先导专项，为此开展了广泛的实地调研。

"最初，我们并没有将研发重点放在大型盾构机的主轴承上。"李殿中回忆道。直至2019年岁末年初，在调研了国内十几个省份的30余家单位后，他们才发现主轴承的国产化已是一个不容忽视的"卡脖子"难题。

我国引入首台盾构机是在1997年，并于21世纪初开始探索盾构机的国产化。至2019年，盾构机的几乎所有部件均可以实现国内自给，唯独最关键的主轴承始终依赖国外进口。由此产生

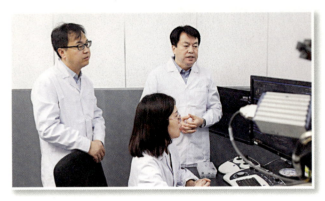

胡小强（左）、李殿中（右）在实验室

的问题，国内企业的感受最是深刻。

在与胡小强等交谈时，某盾构机制造企业的领导算过这样一笔账——由于核心技术不在自己手中，从国外进口一套主轴承的价格往往超过千万元。不但价格昂贵，而且在正常情况下，盾构机主轴承的进口订货周期短则十个月，长则超过一年。但是，我国的很多基建项目从立项到完工的时间也不过三五年。

更重要的是，由于存在随时被停止供货的风险，国内企业对依靠外国供货总有一种"不安全感"，最终转化为希望盾构机主轴承国产化的一致呼声。

但同时，国内企业对使用国产设备又有顾虑——盾构机的造价动辄几千万元，其背后的基建工程的花费更以亿计，国产主轴承即便研制出来，使用的风险有多大，谁的心里也没底。

胡小强总结了研发主轴承必须克服的三大困难：其一，大型主轴承的最大直径达8米，承载几万吨，但加工精度却要达到微米级别，其技术难度可想而知。其二，盾构机在施工过程中不能后退，主轴承一旦出现问题将无法更换，导致其在实际应用场景中的试验风险特别高。其三，大型主轴承的攻关链条特别长，涉及结构设计、材料制备、加工装配、测试评价和应用考核等诸多环节，关联到20多家单位，仅制造过程就有130多道工序。

李殿中认为，要克服以上困难，必须从基础理论研究做起，向上整合各研发生产链，才能保证最终结果万无一失。他说道："也正因如此，就需要我们'国家队'站出来。"

说出这番话，金属所的科研团队是有底气的。他们发现，经过几代人接力攻关所解决的稀土钢制备问题，已经在理论和材料层面上为大型主轴承的研发打下了坚实的"地基"。他们接下来要做的是在这片"地基"上，盖起一座自立自强的"高楼大厦"。

2020年2月，中国科学院正式启动先导专项"高端轴承自主可控制造"。金属所整合所内轴承钢、热处理、陶瓷、保持架等12个团队，以及院内7家研究所的力量，组建了覆盖轴承研发、轴承材料、制造、评价与服役全生命周期的全链条科技团队。

一场新的"战役"就此打响。

1.5 微米的"天堑"

2020年"五一"假期的前一天，一架从沈阳飞往广州的客机即将落地。胡小强和几位同事充满期待地看着舷窗外那片繁华的都市。

　　他们此行的目的地是广州当地的一处基地。那里的一台主轴承直径为6.3米的盾构机，由于超出设计使用里程，需要接受专家评估。得知消息的他们马上赶了过去，全程参与了对盾构机主轴承的测评和分析，并详细了解主轴承的每一处细节。

　　在承接先导专项任务之前，金属所的科研人员并没有太多设计盾构机主轴承的经验。"正因如此，我们不会放弃任何一次学习和调研的机会。"胡小强说道。

　　即便这样，想要单打独斗地完成这项工作也不现实。

　　正如前文所说，凭借自主开发的"双低氧稀土钢"关键技术，科研人员已经实现了对主轴承大型套圈和大型滚子"洁净、均质"的制备，并获得了强韧性、抗疲劳性和耐磨性等综合性能较好的钢材。这为大型主轴承的研制打下了很好的基础。至于主轴承的设计问题，研究人员也可以通过一点点摸索、学习加以解决。但李殿中坦言，他们还要面对另一个难题——轴承加工精度不过关，这个难题不是单靠研究人员的努力就能解决的。

　　当时，我国进口设备由于受国外技术限制，大型滚子的加工精度只能达到二级，即几百个滚子直径的误差不大于±2.5微米，但要制造出符合盾构机要求的滚子，加工精度必须达到一级，即柱体直径误差不能大于±1微米。两者之间1.5微米的差距虽然仅相当于一根头发丝直径的1/40，但在科研团队的眼中，它却无异于一条"天堑"。

　　要跨过这条"天堑"，只能联合企业一同攻关。

　　直到现在，谈到当时与企业的合作，胡小强仍有些激动。他回忆到，在意识到问题后，他们便主动联系相关企业，一起讨论、联合建模，从基本理念到方法，再到具体实践。"我们提需求，相关企业一起攻关。一边干，一边解决随时出现的问题。"胡小强说道。

　　与金属所合作进行滚子加工的是辽宁省内的一家主要从事风力电机滚子加工的企业。此前，该企业从未加工过直径这么大、精度这么高的滚子。合作之初，几乎每次技术升级尝试都宣告失败。

　　"那段时间，每个人都承受着巨大的压力，以至于合作企业的现场负责人开始怀疑他们采用的自主开发工艺和生产线能否实现如此高精度等级的加工。"胡小强回忆道。

李依依（中）和团队研讨工作

　　然而，经过反复论证和计算，科研团队坚信他们的精度要求是可以达到的，企业也选择相信科研团队的论断，并严格按照给定的工艺要求一步步严格推进。

　　当完全符合要求的滚子被加工出来、企业负责人通过电话向胡小强报喜时，那种激动与自豪的语气令胡小强至今记忆犹新。

　　由此，我国企业彻底掌握了大型滚子的一级精度加工技术，并一举达到国际先进水平。

未完成的挑战

　　耗时3年，20多家科研机构和企业通力合作，主轴承材料制备、精密加工、成套设计中的12项核心关键技术问题先后被解决。最终，科研团队成功地用1467.4吨稀土轴承钢研制出41支大型套圈、7996粒滚子、492段铜钢复合保持架……陆续生产出直径3～8米级的共10套4个型号的国产盾构机主轴承。

　　2021年11月，在辽宁省沈阳市人民政府的支持下，装有自研直径3米主轴承的盾构机正式下线，并在沈阳地铁工程中成功应用。

　　2022年9月30日，超大型盾构机用直径8米主轴承验收合格，标志着由金属所领衔的"高端轴承自主可控制造"先导专项任务圆满完成。

　　一天后便是国庆假期，几乎三年没休过节假日的科研人员终于可以休息了。而胡小强在回到家后的第二天，两只眼睛便肿胀到完全看不见东西。

　　"把任务卸下来后，身体里积攒的'火气'就涌出来了。"李殿中说道。他对胡小强"病因"的诊断并非完全戏谑之言。

　　李殿中总结到，在攻克盾构机主轴承技术的过程中，金属所走通了一条从基础研究出发、组织建制化攻关，到突破"卡脖子"难题的科技创新之路。

　　他介绍道："中国科学院对应用性强的战略性先导专项管理一般采取'行政指挥线''技术指挥线'双线并行的模式。金属所领导班子经过深刻思考，从强化'高端轴承自主可控制造'专项管理的角度出发，在'双线'的基础上进一步建立'党委保障线'的三线并行机制。"

　　"我们构建了'院领导—业务局—研究所'三级高效协同的管理架构，上下贯通，党政联动，多方互动。"受访时，金属所所长刘岗说道。正是在这样的有组织科研体系下，科研人员的工作热情被最大化激发出来。

　　胡小强清晰地记得，2022年7月，项目已经进入"会战"阶段，从全国各地制造完成的零件陆续运抵洛阳，准备组装。就在这个关键节点，人们发现目前的机床设备出现了问题——用于给设备进行表面淬火的机床完全无法满足如此大直径轴承的使用要求，同样不具备使用要求的还有高精度的磨床。

"事实上，当时国内生产的高精度磨床都无法满足我们的要求，要进口的话，直径5米的磨床不但要价高达八千万元，且制造周期还要两年；至于直径八米的磨床，国外则对我们完全禁售。"胡小强说道。

这是一个几乎无法解决的难题，严重的挫败感笼罩在大家的心头。金属所党委迅速作出决定，组建以首任所长李薰命名的"李薰大型重载轴承攻关突击队"来攻克

自研的直径 8 米级主轴承验收会

这一难题。在突击队成立大会上，李依依深情地讲述了李薰当年舍弃国外奋斗多年所得、冲破重重阻碍回到祖国，率领团队开展"两弹一星"关键材料攻关的感人事迹……这份回忆感染、激励了突击队的每名成员。在感召下，所有攻关人员群策群力、反复探索——现有机床不能满足要求，就联合各单位在现场一点点改造；不能买到合适的磨床，就试着将大直径车床改造成磨床，取得一定参数后，联合磨床企业共同研发……

最终，问题被一点点解决，项目得以顺利推进。

如今，大型盾构机主轴承项目已经尘埃落定，当年的昂扬斗志已经沉淀为科研人员心中一段沉甸甸的回忆。但这并不代表所有的任务都已经完成了。正如李殿中所言，"针对'卡脖子'问题的科研只有落实到产业，只有构建完整的产业生态链，才能彻底解决问题"。他说道："在大型盾构机主轴承项目上，技术层面的问题已经得到解决，但在产业层面还需要和业界共同合作，持续发力。目前，主轴承产业化基地正式落地，为打通盾构机国产化'最后一公里'奠定了坚实基础。"李殿中畅想着高端主轴承相关技术的进一步应用："我们可以把它应用到风电等新能源领域，当然还有疏浚、塔吊、港机，乃至一些高端精密医疗器械。"

他们时刻准备着迎接下一场关键技术的挑战。

（中国科学报社记者陈彬撰文；原文发表在《中国科学报》2024 年 7 月 10 日第 4 版；文中图片由金属所提供）

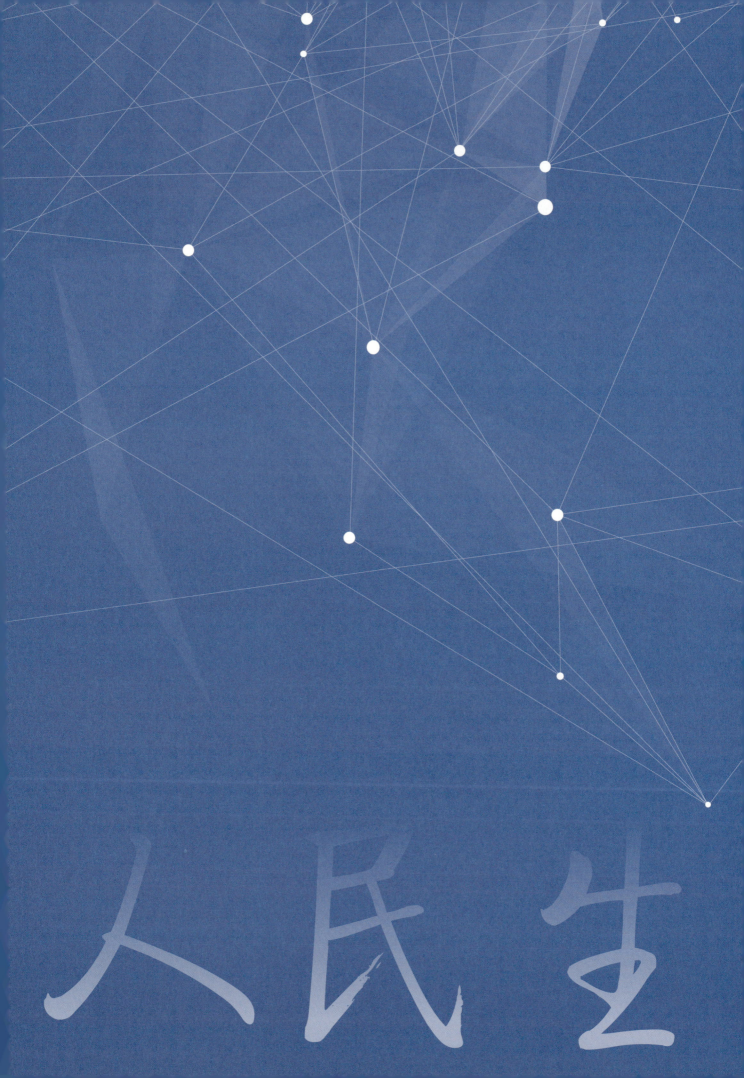

面向人民
生命健康

世界首次人工合成蛋白质

——牛胰岛素攻关记

1965年9月17日清晨，杜雨苍从实验室走了出来，即将宣布一项极重要的实验结果。在此之前，他刚刚完成了最后一个关键步骤，成败在此一举。

这位中国科学院生物化学研究所（简称生化所）[①]的研究员高高举起一支试管，逆光细看，那是人工合成牛胰岛素结晶的闪光。把产物放在显微镜下，相互独立的六面体晶体如钻石般闪闪发光、晶莹透明——和天然牛胰岛素结晶一模一样。

"我看到了，完美的结晶，我们成功了！"随着杜雨苍的这声欢呼，狭小的实验室内外一时沸腾起来。

接着，他们需要测试这些结晶能否像天然胰岛素那样引起动物的降血糖反应。在人们紧张的注视下，小白鼠跳了起来——这是体内胰岛素过量导致血糖过低而引发的惊厥反应，证明人工合成牛胰岛素具备与天然牛胰岛素同样的生物活性。这意味着，历时近7年的牛胰岛素人工合成研究工作终于获得成功。在漫长的国际竞争中，中国终于走在了人工合成蛋白质的最前列。

这一次的欢呼，比看到结晶时更加热烈、更加尽兴，经久不息……

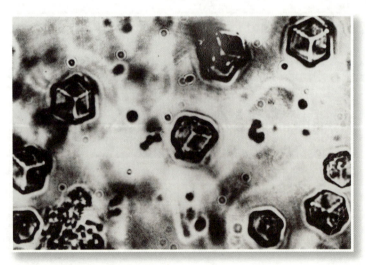

人工全合成牛胰岛素的结晶

"合成一个蛋白质"

1958年夏天，在生化所的一次高级研究人员会议上，时任生

---

① 中国科学院分子细胞科学卓越创新中心的前身之一。

化所所长王应睐等科学家正就下一阶段的工作提案展开热烈讨论。

每位科学家都想为祖国做出大贡献，但究竟什么样的贡献才算大呢？攻克肿瘤、放射生物学、生物结构等基础理论研究方面的课题被一项项否决了，现场一时陷入僵局。

直到一个声音响起——"合成一个蛋白质"，会议室骤然安静了，现场的每个人都明白这7个字背后的分量。

人工全合成牛胰岛素的生物活性测定

在那个年代，还没有任何一个国家成功合成过蛋白质。如果能人工合成一个有生物活性的蛋白质，就会向着人工合成生物大分子进而重组出生命细胞的宏伟目标迈进一步。

早在生化所成立之初，王应睐就搭建了一个生化领域的顶尖科研团队，先后争取到邹承鲁、曹天钦、张友端、王德宝、钮经义、沈昭文、周光宇等一大批生化领域专家的支持。强大的人才体系为人工合成牛胰岛素提供了重要条件。

王应睐的学生王恩多回忆道："王先生有非常好的眼光，争取到的科学家都是能够开创一个学科新领域的领军人才，是帅才。但是，光有帅才还不行，王先生又在国内培养了一批将才，组成一个个科研团队开展工作。"

高级研究人员会议后，"合成一个蛋白质"的设想转到全体科研人员的讨论会上，振奋了在场的所有年轻人。

随后，在中央领导的支持下，"人工合成蛋白质"被列入全国1959年科研计划（草案），代号为"601"，意为"20世纪60年代的第一大任务"。

由此，中国的人工合成蛋白质项目拉开了序幕。

从零开始，"五路进军"

毫无悬念，科学家们首先选中的合成蛋白质目标是胰岛素。

不同动物来源的胰岛素的化学结构也存在差异。牛胰岛素是当时唯一被阐明化学结构的蛋白质，也是分子量最小的具有生物功能的蛋白质。1955年，英国化学家弗雷德里克·桑格（Frederick Sanger）完成了牛胰岛素的一级结构测序工作，并因此获得1958年的诺贝尔化学奖。

牛胰岛素可以被想象为一串珍珠项链，由17种51个氨基酸构成。这些氨基酸通过形成肽键，按一定顺序连接成A、B两条链。其中，A链有21个氨基酸，B链有30个氨基酸，两条链之间通过两个二硫键相连，A链内部还有一个二硫键。

它不大，也不算复杂，但国际著名学术期刊《自然》发文断言："合成胰岛素将是遥远的事情。"

这是由于胰岛素分子的全合成涉及200多步化学反应，并且需要先制备氨基酸和相关试剂后，再按照一定顺序把氨基酸连接起来，合成为具有生物活性的整体。任何一步反应产物不纯，都会影响下一步的合成与最终结果。

王应睐盘点了自己手里的"兵马"和"粮草"，发现所里找不到几个有多肽合成经验的人才，仪器设备几乎完全空白，就连合成胰岛素所需的原料——氨基酸也非常匮乏。

20世纪50年代，国内只能生产纯度不高的甘氨酸、精氨酸、谷氨酸3种氨基酸，其余14种均需进口。贵重品种的氨基酸每克甚至需要数十元，比黄金还贵。

在这个背景下，生化所在中国科学院的指导下于1958年底组建东风生化试剂厂[①]。这是我国第一个专门生产氨基酸的工厂，结束了国内不能自制整套氨基酸的历史。

次年1月，胰岛素人工合成工作正式启动。

生化所组建了以副所长曹天钦为组长的五人领导小组，采取"五路进军""智取胰岛素"的方案，即有机合成、天然胰岛素拆合、肽库、酶激活和转肽，分别由相关专家主导。北京大学有机教研室负责胰岛素A链合成，生化所负责胰岛素B链合成和A、B链拆合。

东风生化试剂厂的工作人员正在制备合成胰岛素用的氨基酸

没过多久，生化所天然牛胰岛素拆合小组通过多次拆合天然胰岛素二硫键试验，将拆合产物的生物活性提高到0.7%～1%。该结果被汇报给王应睐后，他的第一反应是确认数据是否稳定、是否存在偶然性，并一再叮嘱组员要在现有基础上多加验证，进一步巩固试验结果。经过反复摸索，当年10月前，拆合后的产物生物活性进一步稳定恢复到原有活力的5%～10%。

此前学界普遍认为，天然胰岛

---

①　现上海东风生化技术有限公司。

素的二硫键被拆开、重新组合后，无法重现生物活性。然而，生化所天然牛胰岛素拆合小组组长、研究员邹承鲁和组员杜雨苍等创建的重组方法实现了零的突破，被国际科研界誉为"杜-邹法"。

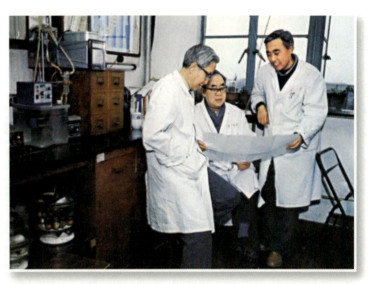

龚岳亭（左）、钮经义（中）、杜雨苍（右）讨论多肽合成新方案

与此同时，生化所研究员钮经义、龚岳亭所在的合成小组也取得了进展，不但掌握了多肽合成的多种技术，还能将8个氨基酸连成8肽。

然而，更大的困难还在前方等着他们。

"人工合成胰岛素 100 年我们也要搞下去"

人工合成牛胰岛素项目从1960年5月开始实行"大兵团作战"，仅在中国科学院上海分院就集中了5家研究所的300多人的科研队伍。

参与过胰岛素项目"大兵团作战"的张永莲认为那是一段难忘的岁月。当时，她任小组长，每天除了睡觉时间，几乎都待在实验室。然而，人海战术并未取得理想的效果，也导致不少参与者心灰意冷。

对此局面，王应睐感到忧心忡忡。当年夏天，他向中国科学院领导建言，希望以精干的研究队伍推进人工合成胰岛素研究。院领导听取建议后停止了"大兵团作战"。到年底时，生化所只剩下精干队伍近20人，中国科学院上海有机化学研究所（简称上海有机所）剩下7人。

直到1961年春，时任国务院副总理聂荣臻到生化所视察，并与生化所的胰岛素合成团队展开了一场对话。

"你们有多少人？"

"几十个。"

"用掉了多少钱？"

"100万元。"

聂荣臻当场表态："我们这么大的国家，几亿人口，就那么几个人，就那么一点钱，为什么就不行？你们做，再大的责任我们承担。""人工合成胰岛素100年我们也要搞下去。"①

此话一出，大家仿佛吃下一颗定心丸。自此，研究人员便在较为安定的环境里继续开展人工合成牛胰岛素工作。

曾参与牛胰岛素合成工作的上海有机所研究员徐杰诚回忆到，当时上海有机所所长汪猷要求每个化合物要"过五关、斩六将"，也就是完成元素分析、层析、电泳、旋光测定、酶解及氨基酸组成分析，才能进行下一个步骤。这种严谨治学的作风，影响了许多科研人员的一生。

在国家科委和中国科学院的协调下，生化所、上海有机所和北京大学化学系达成协作，王应睐、汪猷分别任协作组正、副组长。大家一起讨论并明确了分工：北京大学合成牛胰岛素A链的前9肽，上海有机所合成A链的后12肽，两家单位一起完成A链21肽的合成；生化所合成B链的30肽并连接A链和B链组合成整体。

正式协作两年之后，终于迎来胜利的曙光。

生化所原所长李伯良认为："当时国家和中国科学院各级领导保障了项目稳步运行，确保专家们带领年轻人热情奋进。"生化所高级工程师张申碚则说道："人工合成牛胰岛素能坚持6年零9个月，从不担心缺少经费，如果没有国家、中国科学院和研究所的支持，是无法想象的。"

亲手划掉自己的名字

1965年9月17日，人工合成牛胰岛素在一片欢呼声中问世。国家科委先后两次组织科学家进行鉴定，证实人工合成牛胰岛素的结构、生物活性、物理化学性质、结晶形状和天然牛胰岛素完全相同。

两个月后，人工合成牛胰岛素的论文首次以中英文简报形式分别公开发表在《科学通报》和《中国科学》上。这是世界上第一次人工合成与天然牛胰岛素分子化学结构相同并具有相同生物活性的蛋白质，标志着人类在探索生命奥秘的征途中迈出了人工合成蛋白质里程碑式的一步。1966年3月，论文中文版本在《科学通报》上正式发表，4月，其英文版本在《中国科学》上正式发表。

然而，为世界首次人工合成蛋白质——牛胰岛素工作作出巨大贡献的协作组组长王应睐却坚持不在任何一篇论文上署名。他认为自己只是组织者，而不是研究者。在胰岛素成果的

① 熊卫民. 人工全合成结晶牛胰岛素的历程. 生命科学, 2015, 27(06): 699.

报奖材料中，他亲手划掉了自己的名字。

人工合成牛胰岛素工作发布后，在国际上引起轰动。胰岛素一级结构的阐明者桑格获知中国的喜讯，兴奋之情溢于言表："你们合成了胰岛素，也解除了我思想上的一个负担。"那时，有人对他提出的胰岛素一级结构的部分顺序表示怀疑，而中国人工合成牛胰岛素的事实，证明了桑格测定的世界上首个蛋白质结构——胰岛素结构的正确性。

当时，瑞典皇家科学院诺贝尔奖评审委员会化学组主席、诺贝尔奖得主阿尔内·蒂塞利乌斯（Arne Tiselius）来华参观访问，留下了一句广为人知的话："人们可以从书本中学到如何制造原子弹，但不能从书本中学到如何制造胰岛素。"①

值得一提的是，人工合成胰岛素项目自讨论之初，便有许多年轻科研人员参与其中，最终他们成为日后中国生命科学的中流砥柱。20世纪80年代，张永莲到英国帝国肿瘤研究基金会分子内分泌实验室进修，同行得知她来自大名鼎鼎的生化所，立即对她生出几分信任。

参与过胰岛素合成工作的朱尚权则回忆到，自己大学毕业一入所，就被委以高纯度天然胰岛素A链和B链制备的重任，这为他后来的生命科学研究打下了坚实基础。

这项前后历时近7年的工作，被誉为"前沿研究的典范"，并于1982年荣获国家自然科学奖一等奖。1996年10月，王应睐先生获何梁何利基金"科学与技术成就奖"。1997年，中国香港求是科技基金会给人工合成胰岛素工作颁发了"杰出科技成就集体奖"。时至今日，它仍是我国最重要的标志性科学成就之一。

何为纪念，何为传承

如今，人工合成牛胰岛素即将迎来60周年。关于何为"胰岛素精神"、如何传承"胰岛素精神"的问题再度进入人们的视野。

实际上，这是一个被讨论过无数次的议题。

2015年4月10日，由生化所与中国科学院上海细胞生物学研究所整合而成的中国科学院上海生命科学研究院生物化学与细胞生物学研究所（简称生化细胞所），邀请陈远聪、崔桂芳、林其谁、李载平等专家相聚一堂，追忆参与胰岛素合成工作的情景。在场科学家无不感慨，人工合成胰岛素是集体智慧的结晶，背后的"胰岛素精神"已经成为几代人永恒的记忆。只有在当时一穷二白的条件下，敢于"啃"硬骨头，方能成就大学问。

在张永莲看来，"胰岛素精神"的重要体现，是没有条件创造条件也要上的优良传统，是克服困难的决心与勇气，是集中优势、集体攻关的科研组织经验。

---

① 龚岳亭. 关于人工合成结晶牛胰岛素研究的回忆. 生命科学, 2015, 27(06): 780-785.

对此，现任中国科学院分子细胞科学卓越创新中心①主任刘小龙深有同感。他介绍到，该中心在传承"胰岛素精神"方面的一大探索，就是在攻克重大科学问题时开展更多建制化协作，大胆创新科研组织模式。

刘小龙介绍到，目前该中心致力于生命科学前沿基础研究与应用基础研究，尤其关注与国计民生相关的重大研究方向。然而，分散的科研组织形式在集中力量组织大型项目和研究重大科学问题时存在一定的局限性。

2022年至今，中国科学院分子细胞科学卓越创新中心在研究组长制的基础上，增加并强化了"研究组群"和"科学家工作室"两种科研组织模式，旨在结合中心作为国家战略科技力量的使命担当，进一步加强团队攻关。

"这正是'胰岛素精神'给我们的启示之一。"刘小龙说道，"一种精神的价值在于激励一代代科研工作者继承和力行。"

为纪念王应睐卓越的学术成就，国际天文学联合会于2021年批准将编号为355704号的小行星正式命名为"王应睐星"。

抬望眼，"王应睐星"正在浩瀚星河中以每秒16.9公里、每日146万公里的速度前进。那个当年在人工合成蛋白质——牛胰岛素论文中空缺的署名、在报奖中主动划去的名字，如今在长空中熠熠生辉。

（中国科学报社记者孟凌霄、李晨阳撰文；原文发表在《中国科学报》2024年8月5日第4版；文中图片由中国科学院分子细胞科学卓越创新中心提供）

---

① 依托生化细胞所建设。

为了那株"三叶草"
他们勇攀巅峰

"中国取得了一个世界冠军，要争取再拿一个冠军！"

1965年12月，中国科学院在上海市召开了一场调研会，组织中国科学院生物化学研究所（简称生化所）、中国科学院上海有机化学研究所（简称上海有机所）、中国科学院实验生物研究所①等单位共同研讨，在刚刚完成人工合成牛胰岛素结晶这一创举之后，要确定下一步的科学目标。

参会的科学家们清楚，这次会议确定的应该是一个能与人工合成蛋白质——牛胰岛素相媲美、气魄宏大、雄心勃勃的目标。经过热烈讨论，他们决定下一步要人工合成核酸。

经过坚持不懈地努力，他们再次取得了辉煌的成就。

"人工合成核酸"项目团队全体合影

---

① 1978年更名为中国科学院上海细胞生物学研究所，中国科学院分子细胞科学卓越创新中心前身之一。

金字塔之巅的"三叶草"

1968年春天，经过科学家倡议、科技管理部门决策，一个代号为"824"的项目正式启动，北京和上海的两个研究团队成立。1977年，中国科学院成立协作组，协调京沪两地工作，由时任生化所所长王应睐任组长，时任生化所核酸研究室主任王德宝任学术组组长。

这个项目的研究内容是人工合成核酸，其名称则来自1964年8月24日的一场座谈会。那一天，毛泽东主席与周培源、于光远两位科学家座谈时提出："关于生命起源要研究一下。"[1]

生命是怎么来的？这是人类自从拥有智慧以来就在不断探索的终极命题。到20世纪时，人们已经知道生命是由蛋白质、核酸等生物大分子构成的。这些大分子不仅像一砖一瓦般搭建起千姿百态的生命体，还以极其精妙的方式调控着瞬息万变的生命活动。

在第一个人工合成蛋白质——牛胰岛素诞生前，西方许多著名科学家都认为生命体是自然界的伟大创造，人类是无法代替"造物主"创造出生命的。牛胰岛素蛋白质的人工合成，向人类自主创造生命迈出了关键的第一步，对人类社会、科学、文化乃至世界观的冲击都非同凡响。

既然迈出了第一步，那么人们自然会想下一步要怎么走。从合成蛋白质到合成核酸，几乎是顺理成章的想法。

当初选择合成牛胰岛素，是因为它是世界上第一个被成功测定结构序列的蛋白质。而且就在1965年，第一个被人类揭示的核酸结构也出现了——美国生物化学家罗伯特·威廉·霍利（Robert William Holley）解析出了酵母丙氨酸转移核糖核酸（yeast alanine transfer RNA，tRNAy^{Ala}）的一级结构。后来，人们发现所有转移核糖核酸（transfer RNA，tRNA）的结构都是相似的——像一株美丽的三叶草。

合成这株"三叶草"，就是"824"项目团队的目标。它看起来如此精巧、如此美妙，人类真的可以在实验室中再现这样复杂的结构，并赋予它生命的活性吗？

尽管中国科研人员已经在人工合成蛋白质的工作中取得胜利，但人工合成核酸并不能简单复制此前的成功经验。

实际上，tRNA的结构比牛胰岛素更复杂。牛胰岛素的分子量是5700，而由76个核苷酸组成的tRNAy^{Ala}的分子量约为26 000，远远大于前者。此外，相比性质较为稳定的蛋白质，核酸则要"娇嫩"得多。环境条件稍有不妥，它就很容易发生降解。当时很多国家的实验

---

① 熊卫民. "人工合成生命"系列课题的提出（1965—1968）. 工程研究——跨学科视野中的工程，2017, 09 (05)：497.

室都在尝试人工合成核酸，但经过艰难的探索后，不少实验室都放弃了。只有少数国家还在坚持，想要实现这个不知能否达成的目标。

比起国外同行，中国科学家的条件要艰苦得多。但他们还是义无反顾、心无旁骛地投身这项曲折而壮阔的事业中。

有人把核酸的合成过程比喻为建造一座宏伟的金字塔。科研人员需要从单体的提纯、制备开始，再通过无

王应睐（前排中）、王德宝（前排右）、陈常庆（前排左）正在讨论人工合成核酸工作

数次反应，逐渐延长合成的片段，最后获得的产物在数量上却只有其单体原料的百亿分之一。

要摘得金字塔之巅的那株"三叶草"，路漫漫其修远兮！

从做"环卫工人"起步

三叶草形的tRNAy^{Ala}由76个核苷酸组成，除了4种常见核苷酸（腺苷酸、鸟苷酸、胞苷酸和尿苷酸）外，还含有9个（7种）稀有核苷酸。未来，这些稀有核苷酸将在人工合成核酸的探索中扮演至关重要的角色。

协作组基于tRNAy^{Ala}的特殊结构，结合国外已有成果，同时借鉴人工合成牛胰岛素的路径经验，确定了合成工作的大路线：在拆合天然tRNAy^{Ala}成功的基础上，先分头合成两个"半分子"（5'-半分子和3'-半分子），再将它们连接起来，得到完整的人工合成tRNAy^{Ala}分子，然后测定生物活性。

合成路线确定后，生产足够的合成原料便成了当务之急。然而，当时各种从国外进口的渠道都未通行，国内只能提供氨基酸等少数生化试剂，人工合成核酸过程需要的单体核苷酸、酶、保护剂等生化试剂，只能靠科研人员自行生产。

有趣的是，最初加入"824"项目的很多研究人员，第一站奔赴的不是实验室，而是位于北京市的首都啤酒厂。他们在这里就地建立了一个原料组。

核酸和啤酒，看起来是风马牛不相及的两样东西。但专业人士都知道，啤酒厂内有大量废酵母，恰恰可以提取出用于人工合成核酸的各种单体核苷酸。

除了把废酵母"变废为宝"外，研究人员还常常跑到北京市的一些奶牛场，收集一些小

牛的胸腺，装进冰壶，带回啤酒厂。这些小牛的胸腺也可提取出用于人工合成核酸的各种单体核苷酸。

在那段时间里，科研人员和首都啤酒厂的工人们建立了深厚的友谊。在大家的共同努力下，厂里建起一个腺嘌呤核苷三磷酸（又称三磷酸腺苷，ATP）生产车间，后来还发展出干扰素诱导剂PolyIC生产项目。当时，啤酒主营业务的经济效益不高，反倒是这些颇具科技含量的副业"办得红红火火"。通过这些探索，科研人员联手啤酒厂在国内率先开辟了核酸试剂生产线，从而推动了相关工业和医药事业发展。

合成tRNAy^{Ala}需要的另一种重要原料是假尿苷酸，是稀有核苷酸之一。虽然假尿苷酸稀有，但它的前体物质假尿苷并不罕见，大量存在于人类的尿液中。于是便出现了画风清奇的一幕：国家重大科研项目的研究人员常常出没于各个公共厕所，放置一些尿桶，一段时间后再拎着满满一桶尿，如获至宝地回到厂里进行分离实验。

当时，30岁出头的祁国荣是生化所人工合成核酸项目的一员。他至今记得他们和工人们一起搬运尿桶的往事。"那时的我壮得像半个运动员，从来不计较做什么事情，只要是为了科学，就不惜力气。"祁国荣回忆道。

加料、搅拌、蒸馏……当他们从大桶大桶的尿液中提取到几克假尿苷酸时，那种兴奋和喜悦溢于言表。

正是通过这些形形色色的渠道和奇奇怪怪的方法，"824"项目团队最终实现了7种稀有核苷酸原料的自给自足。后来的实验结果证明，稀有核苷酸对tRNA的生物活性至关重要，这也是我国工作与外国同类工作的最大差别。

令人感慨的是，这一辉煌的科研成果，恰恰诞生于无数繁重琐碎的脏活、累活之中。难怪曾有人感叹：人工合成核酸的工作是从做"环卫工人"做起的。

协作到底、坚持到底

最初几年，"824"项目的研究进展非常缓慢。

"到1973年了，我们还在做基础性工作，根本没有开始进行片段合成。大家好像毫无头绪，但是都很着急。"人工合成核酸项目参与者、上海有机所研究员陈海宝回忆道。

因为项目推进困难，部分研究所之间的协作工作甚至一度停掉。1974年协作工作重启后，协作组的专家经过商议，决定重新探索新路。但直到1976年，项目依旧没有走出低谷，合成过程关键的RNA连接酶迟迟没能制备成功。如果退而求其次采用DNA连接酶，科研人员的工作量又会大大增加。大家已经在这项工作上奋斗了10多年，但胜利似乎遥遥无期。

为了尽快取得突破，王应睐和王德宝给他们认识的一位美国科学家写了求助信，从对方处获得了制备RNA连接酶的相关菌种。很快，研究小组用这些菌种成功制备出RNA连接酶，后续工作推进也顺利起来。到1977年底，天然tRNAy^{Ala}的拆合工作终于获得成功。

在此之前，国外也有科研团队把tRNAy^{Ala}成功拆成两个半分子，但重组合这一步的结果却普遍不尽如人意，产率极低。国内科研人员通过反复实验，才摸索出了最适宜的反应条件，使拆合产率达到60%，而且拆合产物具有完全接受和转移氨基酸的生物活性。

1979年，中国－西德核酸蛋白质学术讨论会在上海衡山宾馆举行。会议上，中方代表汇报的tRNA拆合工作，让西德代表团的科学家大为震惊。在中国科学院生物物理研究所研究员邹承鲁的推荐下，相关论文于1981年发表于国际学术期刊《生物化学与生物物理学报》（*Biochimica Et Biophysica Acta*，BBA），进一步提升了国际影响力。

1979年，"824"项目协作组成功将合成的3个大片段寡核苷酸连接起来，完成了3'－半分子的合成。虽然研究团队再次取得重要进展，但部分主力成员对漫长的研究心生厌倦，开始打退堂鼓，认为光是一半的研究就用了11年，实现全合成还不知道要多久，继续做下去，不过是劳民伤财。

"824"项目协作组副组长、时任上海有机所所长汪猷意识到了情况的严峻，抓紧与相关负责人开会讨论，郑重提出"一定要协作到底、坚持到底"。同时，他鼓励大家道："我们已经积累了这么多经验，接下来，速度会越来越快"。

人心稳定了。果然，又经过两年的不懈努力，他们终于迎来了最激动人心的时刻。

1981年12月20日傍晚6点，下班时间已过，上海市徐汇区的岳阳路上，几幢大楼都静悄悄的，唯独中国科学院上海细胞生物学研究所（简称细胞所）行政楼后面的一排小屋灯火通明。屋里，十几位身着白大褂的科研人员神情肃穆地等待着合成结果。

经过10多年摸爬滚打、屡败屡战的攻坚克难后，留在研究人员手中的，仅有几毫微克的核酸分子了。而就这极其金贵的一丁点成果，判定其是否为目标产物，还要经过一道道严格的检测和鉴定：先鉴定其末端结构是否正确，接着测其接受活性，再测其掺入活性。

爬"金字塔"爬了这么久，所有人都想知道塔顶上的那株"三叶草"究竟是真是假。尽管协作组开发出了仅用7微微克样品即可测定生物活性的方法，但大家还是担心，万一检测不能通过，仅有的半分子就被浪费掉了，还得回到"金字塔"底重新做。

在最后环节，十几双眼睛齐齐盯着一台液体闪烁谱仪的同位素计数显示屏。

500 1000 1500 2000 2500……

当这串数字亮起时，所有人的目光都被"点燃"了：我国人工合成的tRNAy^{Ala}在世界上首次测得了全部生物活性！

为了祖国的荣誉

"824"项目历时13年，前后动员10余家单位、近200位科技工作者。其中，取得突破的主力是中国科学院的生化所、细胞所、上海有机所、中国科学院生物物理研究所，以及北京大学和上海化学试剂二厂。

曾任项目总装合成组组长的细胞所研究员包永德在出国交流期间提及"824"项目是国内上百位科研工作者共同的智慧结晶。西方科学家的反应是"难以置信"：西方国家是不可能在短时间内组织起这样一支庞大的基础研究队伍来做大协作工作的！

"824"项目结束后，大多数研究人员回到各自单位从事新的研究工作。其中，生化所于1982年起继续开展一系列关于tRNA的结构与功能研究，特别是在修饰核苷酸与tRNA活性关系研究方面取得了不少突出的成果。

1982～1983年，中国科学家先后在《科学通报》和《中国科学》发表"tRNAy^{Ala}的人工全合成"成果论文，这是在国际上首次报道通过人工方法全合成一个具有与天然RNA相同化学结构和完整生物活性的完整核酸分子。在当时的环境和条件下，中国科学家再次取得如此成就，令人惊叹。但祁国荣认为："这是水到渠成的事！每一步都有严格的把关，也因此少走了很多弯路。"中国科学家能率先实现人工合成核酸，关键在于坚持真正的科学态度。

1983年，王德宝以"酵母丙氨酸tRNA人工全合成"为题在第10届国际tRNA学术研讨会上作学术报告，并到美国、加拿大、英国、日本和西德的大学、研究所介绍该研究，赢得学术界的重视和赞扬。许多海外媒体和刊物的报道，则让更多人认识到中国这个东方文明古国在科技领域展现出的崭新面貌。

"酵母丙氨酸tRNA的人工全合成"项目先后荣获1984年中国科学院重大科技成果奖一等奖、1987年国家自然科学奖一等奖。主要负责人之一王德宝由于领导该工作取得突出成果，于1991年荣获陈嘉庚生命科学奖、1996年荣获何梁何利科学与技术进步奖。

从人工合成蛋白质到人工合成核酸，两项延续和递进的研究工作，既像一株光彩夺目的双生花，又像一首词珠联璧合的上下阕，共同彰显出中国人民的惊人智慧和创新力量，在新中国的科技发展史上写下了浓墨重彩的不朽篇章。

（中国科学报社记者李晨阳、孟凌霄撰文；原文发表在《中国科学报》2024年8月7日第4版；文中图片由中国科学院分子细胞科学卓越创新中心提供）

这个"东方诀窍"让国产 VC 逆袭国际市场

——维生素绿色生产法攻关应用纪实

工人接触它的时间稍长一点儿就会头晕乏力、呕吐、白细胞数量减少，严重时甚至昏倒在苯提取平台上。工厂就算加强局部通风、发放营养菜、定期检查工人白细胞数量的变化也不能彻底解决安全问题……你可能很难想象，这是20世纪五六十年代我国某个药厂生产维生素C（简称VC）的场景。

今天，每片VC的价格低至几分钱，是家庭药箱中的必备药。可回溯到20世纪五六十年代，我国一些药厂的VC生产却曾面临严峻挑战。

为了一劳永逸地解决安全生产问题，中国科学院微生物研究所（简称微生物所）的科学家在制药厂里扎了根。他们用微生物细胞生物氧化代替化学氧化，研发出更加绿色、更低成本的VC人工合成方法——二步发酵法。

这一"领跑"全球的"东方诀窍"，创下了改革开放初期中国最大的民口单项技术出口交易额纪录，使我国的VC生产摆脱了困境，为在夹缝中求生的中国VC产业成长为国际鳌头打开了一扇大门。

今天，微生物所科学家开发的另一种维生素家族药物——维生素B_5（简称VB_5）的绿色生产技术，正在引领全球相关产业技术的又一次革新。

"大海捞针"觅良种

1969年2月6日，微生物所的青年科研骨干尹光琳、徐婉学和徐浩打起背包，匆匆赶往位于北京市朝阳门外的北京制药厂。他们是所里首批下厂、到一线开发VC二步发酵法的科学家。

维生素C，又称抗坏血酸，是包括人在内的许多动物的必需营养素。在历史上，VC长期缺乏引起的疾病曾是困扰世界数百年的谜题。15世纪欧洲大航海时代，VC缺乏引发的坏血病曾是海员们的噩梦，"出海百人去，返航十人归"的惨剧一直持续到16世纪下半叶才结束。

尹光琳（左）在实验中　（微生物所提供）

直到20世纪二三十年代，科学家才发现这些疾病背后的"罪魁祸首"。1937年，VC的分离提取获得了诺贝尔生理学或医学奖，VC化学构造的揭示和人工合成则分享了同年的诺贝尔化学奖。

基础科学的进步叩开了产业发展的大门。

1933年，瑞士化学家塔德乌什·莱希施特[①]发明了VC的工业生产工艺。瑞士罗氏制药公司凭借采用"莱氏法"而一跃成为行业巨头，并占领了全球70%的维生素市场。罗氏制药公司还与德国、日本等的企业组建了"VC联盟"，形成了行业垄断。

彼时，VC作为常备药品，应用范围日趋广泛。作为这一产业的"后来者"，1958年，我国东北制药总厂采用"莱氏法"启动30吨规模的VC生产线。此后，上海、北京、南京、石家庄、太原、西安等地的制药厂先后跟进，初步满足了国内需求，改变了VC依赖进口的状况。

当然，这个过程并非一帆风顺。当时，北京制药厂的一个生产工艺环节经常发生噬菌体污染的问题，便向微生物所寻求帮助。

微生物所紧密贴合国家需求，彼时的课题任务主要瞄准工农业生产需求，在小麦锈病、棉花枯萎病、油菜花叶病、丙酮丁醇发酵、菌类饲料等研究方面作出了一批领先成果。例如，该所向微生物要食物——利用白地霉培养粮食代用品"人造肉"，得到广泛关注。

在帮助药厂培育抗噬菌体生产用菌株的过程中，微生物所的科学家薛禹谷和庄增辉发现，生产工艺环节中不光存在噬菌体污染的问题，生产中化学氧化过程导致的操作环境的安全问题也很严重。

如何解决这个问题？有没有替代的方法？

微生物所的科学家在第一时间寻找到解决方案，徐浩和同事陆德如在查阅文献后发现，生物发酵法或许是新的出路。随后，微生物所迅速与北京制药厂成立协作组，派遣科研人员下厂开展研究。

当时，"莱氏法"采用一步发酵法加化学氧化方法生产VC，即由葡萄糖加氢生成山梨

---

① 1950年诺贝尔生理学或医学奖得主。

醇，后者经黑醋菌发酵成为山梨糖，再经过化学氧化转化成VC。

协作组所要攻关的技术叫作"二步发酵法"，其核心在于第二步发酵，即在原有第一步发酵的基础上，用微生物将山梨糖转化成VC前体2–酮基–L–古龙酸（简称2-KGA）。这样就能用生物氧化技术替代原来的化学氧化法，保障生产安全。

这次协作并没有具体计划，甚至没有设定完成年限。大家只知道摆在他们面前的是一块"硬骨头"。

"莱氏法"的工艺并不复杂，在当时已经很成熟了，收率比较稳定，成本也不高。但是，二步发酵法在世界范围内仍处于实验室研究的起步阶段，能不能工业化成功还是一个未知数。

缺资料、没设备，他们样样都要从零开始。

"就像农民种地要选用优质的种子，让微生物'干活'首先要选择适合的菌种。"已经退休的微生物所原研究员、时任协作组负责人陶增鑫告诉《中国科学报》的记者。

微生物被称为地球生命的"暗物质"，它们无处不在。我们抓的一把土中，就有几千甚至上万种微生物，至今仍有95%的微生物尚未被认知。那么，我们该如何从海量的微生物中找到一株适合生产的菌种呢？

尹光琳、陶增鑫和微生物所的同事们日复一日地坐在操作台前，大海捞针似的对从各地搜集来的670多个土壤样品逐个进行微生物分离、培养、突变、发酵、筛选。

7个月过去了，他们仍然一无所获。正当大家快要泄气时，一线希望出现了：一株菌株的发酵液中出现了2-KGA结晶，经检测，其中含有大量的古龙酸。

为了找到一株产酸量较高的菌株，他们前前后后筛选了4500多株能够利用L-山梨糖的细菌。1970年7月，他们终于从样品中找到一株产酸量较高的优良菌株——N1197A。随后，他们又投入了新一轮的研究中——提高该菌的产酸能力。

有趣的是，陶增鑫和微生物所的科学家严自正后来发现，N1197A实际上是一大一小两种菌的自然组合：小菌——氧化葡萄糖酸杆菌菌株，发挥产酸作用；大菌——条纹假单胞杆菌菌株，虽不产酸，但配合小菌发酵，能显著提高其产酸能力。

回顾VC二步发酵法开发的过程，微生物所所长钱韦介绍道："今天工业微生物的育种培养策略已

严自正等研究者鉴定出 N1197A 为大小菌混合菌株 （冯丽妃/摄）

经发生质变。科学家可以利用分子生物学技术，根据研究需要设计改造大肠杆菌、芽孢杆菌、酵母菌、梭菌等常用'底盘微生物'，使其成为能够'干活'的生产用菌，从而告别了冗长艰苦的菌种分离培养过程。"

但是，从提高微生物转化应用的多样性来看，钱韦认为，当前的微生物"底盘"技术思路过于单一，而分离培养微生物、在了解新生命的基础上对其加以改造，仍是微生物学的核心技术和立学之本。因此，当时的发现对今天的研究仍有重要的启示意义。

"晚一步，前面的工夫可能就白费了"

拿到菌种只是第一步，怎样才能提高它的产酸率、将它从试管中稳定地放大到工业发酵罐中去？这是等待协作组科学家解答的另一个关键问题。

"跟人一样，细菌种子'壮'一点，干起活来才有劲。"陶增鑫打了个比方。

要培养出健康的微生物，培养基成分比例、酸碱度高低、灭菌是否彻底等每一步都要把握好"火候"。"假如培养基营养很好，但是高压灭菌不彻底，就会造成'草盛豆苗稀'；灭菌过头了，培养基营养成分就被破坏了，'种子'吃不好，也没法好好'干活'。"他说道。

为找到适合细菌生长、提高细菌产量的条件，他们需要反复做实验，来摸索工艺条件。"为加快研究速度，我们先用摇瓶做条件实验。一旦有好的结果，我们会立刻将它用到发酵罐上，然后在罐上反复试验。不管工作量多大，都是交叉进行，最后终于使2-KGA的产量大幅提高。"严自正回忆道。

严自正在1970年8月接替尹光琳进入协作组。她仍记得用发酵罐做流加实验的最紧张阶段——连续九天每晚只睡两三个小时。流加实验的目的是寻找适合菌种生长的条件，研究者需要在实验过程中持续添加试剂或调节实验条件，并观察实验结果的变化。只有等一次测定结果出来后，才能确定下一次的流加时间和流加量，因此研究者往往要连续工作十几个小时。

"否则，工艺不成熟怎么能推广给厂家？"陶增鑫说道。

回忆起那段夜以继日的紧张工作时光，他直言道："这个研究不仅中国在研究，日本、法国、德国都在研究。在这样的国际赛跑中，如果别人先研究出来，你晚了一步，前面的工夫可能就白费了。"

那时，微生物所的研究人员每个星期才回家一次，平时和厂里的单身职工一样住集体宿舍，和厂里的职工一起轮班。从打扫卫生、刷瓶子到看发酵罐，他们样样都干。并且，他们还负责给厂里的技术员讲解微生物的发酵原理，反复向年轻的工人师傅强调夜间值守看发酵罐的重要性。

"发酵一罐2-KGA需要四五天的时间，水、电、气、培养基等实验成本少则几百元、多则上万元，稍有不慎，就是一大笔损失。"陶增鑫说道。

在北京制药厂的支持下，协作双方相互配合，先后开展摇瓶条件实验近60批、发酵罐和种子罐实验近100批。"厂里保存的原始记录，摞起来有几尺高。"严自正回忆道。

1971年5月，协作组的175升罐实验取得成功，在全行业引发轰动。

在1971年9月于山西太原举行的全国维生素丙学大庆经验交流会上，二步发酵法受到极大关注，很多人向协作组寻求菌种。严自正将带去的由N1197A分离纯化后得到的大小菌株，无偿提供给与会者。各地制药厂很快跟进、试行VC二步发酵法。

1972年1月，协作组进一步完成了1750升罐中试，确定了整套工艺路线。严自正一直坚守到最后一刻，是协作组最后一位回到微生物所的科学家。

仅仅用了3年，那张没有具体计划、没有具体年限、一切还是未知数的答卷，就有了一个明确可行的答案。

蜚声国际　逆袭世界

3年的协作实验落幕，VC二步发酵法的火种在国内各地被点燃。

东北制药总厂选育出"908"菌种、上海医药工业公司选育出"2980"菌种、太原药厂选育出"152"菌种……后来经过验证，这些药厂的主力工作菌种都来自N1197A的小菌。各地制药厂在小试中陆续获得合格的VC成品，菌种产酸总收率超过40%，成本略低于"莱氏法"。

那么，新工艺能否全面取代旧工艺？1973年5月，原燃料化学工业部（简称燃化部）组织全国16家单位，成立上海、北京两个科技会战组，在上海、北京、沈阳设立3个生产性中试点，对新工艺进行进一步检验、提升。

这次中试证明了二步发酵法菌株的稳定性，3个试点连续投料48批，总收率达45%，成本大幅低于旧工艺。

与"莱氏法"相较，新工艺的最大优点是安全环保，完全去除了毒性较大的苯、液氯和发烟硫酸，减少了90%的易燃易爆的丙酮。特别是，苯的去除，避免了工人中毒的危险，极大地改善了工人的劳动条件和生产安全状况。

新工艺还大幅降低了原料成本。按照沈阳、上海、北京3个厂1973年的总产量570吨计算，新工艺可以节约化工原料10 281吨，化工原料用量仅为旧工艺的59.5%。同时，当时的丙酮原料来自粮食，制取1公斤丙酮需要约4公斤粮食，新工艺可间接节约工业用粮3117吨，相当于6234亩平均亩产1000斤粮食农田的总产量。

关键生物技术的突破和生产优势，让新工艺很快在全国得到推广。

在1974年7月燃化部组织的中试鉴定会上，上海第二制药厂和上海医药工业研究院的参

严自正（左）和陶增鑫在工厂做实验　（微生物所提供）

与者笑着对严自正说道："我们吃了个现成饭！"

1976年，上海第二制药厂首先在全国扩建VC二步发酵法生产车间。微生物所协助该厂进一步研究菌种的生长规律和发酵条件，在50吨大罐中扩大试验，总收率达47%。

1979年，上海、北京、宜昌等地的制药厂也纷纷投产，发酵率达78%。当时，国际上日本武田制药厂、瑞士霍夫曼公司的生物发酵研究仍停留在实验室阶段，发酵率仅在20%上下。

至此，经过10年的持续攻关，中国VC二步发酵法已"领跑"世界。这10年微生物所科学家与合作者们的默默坚守，让中国的VC生产迈出打破国际垄断、走向国际市场的关键一步。

1980年4月，VC二步发酵法研究获得国家技术发明奖二等奖，奖金5000元。

此后，这一技术还蜚声国际。1985年9月12日，中国的VC二步发酵技术以550万美元的价格授权给行业巨头罗氏制药公司，创下当年中国最大的民口单项技术出口交易额纪录。在我国改革开放初期以"引进来"为主的阶段，VC二步发酵技术实现了以科技自主创新为支撑的"走出去"。

合同规定，这一"东方诀窍"仅授予罗氏制药公司在国外的生产、使用和销售权，国内公司仍保留制造、使用和销售的权利。这进一步为中国VC走向国外市场打开了一扇大门。

随着国内生产厂家的增加及对二步发酵法的持续改进、发展，我国VC的产量不断上升，在国际市场实现了逆袭。

2022年，我国VC的产量有近11万吨，占全球产量的90%以上，其中9万吨用于出口。华北制药厂、石家庄制药厂、东北制药总厂、江山制药厂等仍在采用二步发酵法生产VC。

每每提起VC二步发酵法，微生物所的科学家都会由衷地感到自豪。

接力棒仍在传递

今天，微生物所维生素药物产业链创新的接力棒仍在传递。针对现代企业生产中的新问题，微生物所的新一代科学家开发出新的绿色生物发酵法，替代了行业污染严重的化学法。

并且，他们还继承老一辈科学家的精神，把车间当成了家。

当前，全球VB$_5$市场需求每年约有两万吨，中国是第一大生产国，产能占全球的80%，但VB$_5$企业经常因高污染而被限产或停产。VB$_5$参与脂肪、糖类的能量转化，可以协助中枢神经系统发育，被广泛应用于动物饲料和临床治疗。采用化学方法生产VB$_5$已有80多年的历史，但需要使用甲醛、异丁醛和丙烯腈等易燃易爆原料，且生产过程中会产生剧毒的含氰废水。

在过去30多年间，荷兰、德国等的企业一直在尝试用生物发酵法取代化学法，但都未能突破一个关键技术瓶颈，即具有细胞毒性的副产物杂质的含量一直在15%以上的高水平徘徊，严重影响了提取收率和生产成本。

反观中国，微生物所的温廷益团队对野生大肠杆菌进行了近30轮代谢工程改造，将杂质含量降到2%以下。

凭借明显的技术优势，2022年4月，温廷益团队开发的VB$_5$生物发酵法，以9000万元的价格转让给国内维生素龙头企业黑龙江新和成生物科技有限公司（简称新和成）。2023年4月，该企业已建成产量达2500吨的全球首条VB$_5$生物发酵绿色生产线。

新发酵法以源于玉米的葡萄糖为原材料，目前转化率达30%以上，成本低于化学法。"与化学合成法相比，新工艺的水消耗减少了92%、能耗减少了16%，使用可再生资源作为原材料，产品质量优异。"新和成相关负责人表示。

截至2023年10月，该公司在半年间利用生物发酵法生产的VB$_5$已达1500余吨，产品出口北美、东南亚等地区，已占全球VB$_5$销售份额的10%。因为尝到了甜头，他们计划下一步将产能扩大到年产8000吨。

"未来如果把生产中发酵剩余的菌渣做成肥料或类似豆粕的培养基原料来综合循环利用，成本会更有优势，而且不会造成环境污染。"温廷益说道。

"50多年前，我们的老一辈科学家在落后的条件下，从实际产业需求出发，进驻工厂，做出领先全球的技术，反向输出给西方发达国家。从科技自立自强的角度来讲，这也是今天我们要学习的。"微生物所青年研究组组长刘树文感慨道。

为推动产业落地，刘树文在企业菌种验证和中试阶段，把行军床支在车间，值守在发酵罐旁，夜以继日地工作了35天，与企业研发团队一起解决了一系列技术问题，直到最终实现量产。

"微生物所有一句老同志传下来的话——基础研究是立足之本，应用转化是强所之道。"钱韦说道，"微生物领域的基础研究、关键技术突破都离不开企业，要始终瞄准国家的重大需求和社会经济发展的要求。"

正如半个多世纪前鼓励VC技术落地一样，今天，为鼓励科学家与企业对接，微生物所

温廷益（前中）、钱韦（后排右二）、刘树文（后排右三）等在合作企业考察指导 VB₅ 生产线运行情况 （微生物所提供）

长期坚持多维评价的方式。对于从事工业微生物转移转化的研究人员，不以论文数量和影响因子论英雄，只要转移转化额度超过200万元，就有资格参评副高级职称；额度超过3000万元，就可以参评正高级职称。

对于成果转移转化资金的分配，该所也毫不含糊：所里留三成，七成由科学家团队自行支配。

这套激励性的制度已经实施了15年，有力地促进了一大批前沿技术成果的落地。例如，借助温廷益团队转让的将玉米转化成尼龙的合成生物技术，我国在黑龙江省大庆市建成了全球第一条成功运行的万吨级生物基戊二胺生产线，有望打破国外对我国尼龙产业的垄断；陶勇团队研发的唾液酸、海藻糖等系列产品的生物合成技术，在精细化工领域打破了国际垄断，使相关产品的价格大幅降低……

"现在的科研条件比以前好太多了，中国的科研人员肯定能干出更多别人没有做过的事情！"已是耄耋之年的陶增鑫声音洪亮地说道。

回想起VC二步发酵技术走出国门的那一天，88岁的陶增鑫依然记得，当时协作组喜气洋洋地买了一个大西瓜庆祝。那个大西瓜，很甜。

微生物、高科技、大产业——无论时代如何变迁，这都是微生物所的发展愿景，也是微生物所一代代科学家矢志追求的目标。正如钱韦所说："基础研究成果不但要提炼为高水平研究论文，而且要推动核心生物技术的发展，促进产业升级换代。"

（中国科学报社记者冯丽妃撰文；原文发表在《中国科学报》2024 年 3 月 21 日第 4 版）

战胜千年蝗灾的中国攻略

　　20世纪50年代初，在美国明尼苏达大学攻读博士学位的马世骏收到了老朋友钦俊德的来信，邀请他回国加入根除蝗虫的战斗。

　　那时的中国大地蝗灾频发，与水灾、旱灾并称为"三大自然灾害"。1949年前，黄淮地区平均每隔三四年就出现一次大面积蝗灾。1943年，飞蝗仅在河南一地就吃光了7个县的庄稼。无数人背井离乡，踏上了逃荒之路。

　　新中国成立初期，各级政府积极动员，以人工为主、药械为辅，尽最大努力试图把蝗蝻（蝗虫的若虫）消灭在起飞之前。然而，人力终究有限，蝗害仍然猖獗。

　　怀着对祖国和同胞的忧心与牵挂，马世骏于1951年底从美国回到中国，加入了钦俊德所在的中国科学院实验生物研究所昆虫研究室[①]。在这里，他接受的第一个任务就是治理在中国肆虐了数千年的蝗灾，与钦俊德等科研人员一起投入了这场艰苦的战斗。

　　过去数千年间，人类在与蝗虫的战争中一直胜少败多。这一次把"科学"这个变量引入其中，结果会不会有所不同呢？

不入虎穴，焉得虎子

　　1952年春天，受马世骏指派，陈永林和郭郢两个二三十岁的小伙子，从北京出发，去到江苏的洪泽湖畔。洪泽湖一望无际的湖面，遍布着青翠的芦苇荡。

　　但是，美丽的表象下潜藏着巨大的危机。

　　连续数年，洪泽湖区都是蝗害重灾区。前一年秋蝗留下的蝗卵，一到初春就孵化出密密麻麻的蝗蝻，遍布在深苇、密草和藕塘间。等它们"翅膀硬了"，就会组成铺天盖地的飞蝗大军，给当地农业造成毁灭性破坏。

　　在两个年轻人出发前，马世骏嘱咐他们："消灭飞蝗是党中央交给我们的任务，不仅是科学任务，也是重大的政治任务。我们要研究飞蝗生态学、生物学，就得深入飞蝗的老巢。"

---

① 1953年发展为中国科学院昆虫研究所，1962年并入中国科学院动物研究所。

就这样，他们两个人在蝗虫的老巢深处扎了营。他们选中了河堤上的一间茅草牛棚，和老乡养的牛为邻。当地农业部门多次邀请他们住到镇上或农民家里，但都被婉拒了。他们时刻牢记马先生的那句话："不入虎穴，焉得虎子！"

在苍蝇飞舞、粪臭熏天的环境里，陈永林和郭郛日夜观察、记录飞蝗的点滴动向。后来，尤其儆、龙庆成等也加入其中，并与当地治蝗人员合作搭建起一个又一个工作站，通过大量实验逐步摸清了飞蝗的习性，同时记录下大气温度、土壤温度、降水等小气候，获得大量宝贵的一手资料。

1953年夏季的一天，洪泽湖区下起了倾盆大雨。陈永林等躲在湖堤上的帐篷里，心里有些不安。这一天本应该是马世骏来检查工作的日子。可是，天气这么糟糕，他大概不会来了吧？

正猜测着，伴随着一阵脚步声，一个高大清瘦的身影出现了。尽管带着雨具，马世骏还是被雨水淋透了，一步一个泥脚印。

"马先生，您真的来了？"陈永林激动地说道。

"我哪儿能失言呀，就是老天下刀子我也不能不来！"马世骏笑道。在此之前，他已经在大雨中跋涉了几十里路。

尽管对手只是"小小的蝗虫"，但由于环境复杂，当年这些治蝗者经历的艰险，不亚于龙潭虎穴。

由于饮用了没有严格消毒的人畜共用水，陈永林曾染上恶性疟疾。幸亏当时被紧急送到数百公里外的县城医院，他才捡回一条命。

还有一次，马世骏一行人与当地农业部门、治蝗站、公安部门的工作人员在洪泽湖上考察，先后遭遇了水盗追击和失锚事件，多亏警察和船长眼疾手快，一船人才幸免于难。

然而，这样凶险的经历马世骏在日记中仅用"因逆流而失锚"就一笔带过了。

八仙过海，各显神通

如果说洪泽湖区是惊心动魄的战斗前线，那么远在北京的中国科学院昆虫研究所就是运筹帷幄的大后方。

马世骏领衔的昆虫生态学研究室探究蝗虫种群行为与外界环境的关系，钦俊德领衔的生理学研究室分析蝗虫的代谢和繁殖机制，陆近仁领衔的形态学研究室识别蝗蝻发育虫态，熊尧和龚坤元领衔的毒理学研究室开发杀灭蝗虫的具体方法……

一群科学家"八仙过海"，对蝗虫发起了"立体式进攻"。

但马世骏清楚，只针对蝗虫本身可能还不能尽快解决问题。生态学是探究生物与环境之

1973年，马世骏（左四）与陈永林（右一）在微山湖畔调查蝗害情况

间关系的科学，破解飞蝗泛滥成灾的千古难题，还要考虑蝗虫之外的因素。

根据在洪泽湖、微山湖等地区获得的一手资料，马世骏等得出关键结论：在滨湖蝗区和内涝蝗区，水位的高低决定了飞蝗的繁殖数量——淤滩越大，飞蝗的产卵场所就越多；浸水多的地方，蝗卵则会死亡。

一线天光照破阴霾：治蝗须治水！

1954年，马世骏等向中央主管部门提出改治结合、根除蝗害的具体实施方案：拦洪蓄水、疏浚河道，以控制湖区的季节性水位变化，达到一定等高线后，飞蝗发生地就会长时间被水淹没，不再适合飞蝗繁殖。

那些年国家对黄河、淮河、海河三大河流实施的水利工程，为治蝗战役提供了千载难逢的契机：改变水利条件，垦荒种地，让蝗虫失去产卵环境；改变植被条件，少种禾本科植物、多种棉花等，让飞蝗断粮；改变土壤条件、深翻土地，让飞蝗再无藏身之地。

回顾这段历史时，中国科学院动物研究所（简称动物所）研究员王宪辉不禁感慨道："马世骏等老前辈充分展现出服务国家重大战略需求的高尚品质。他们能迅速融入大的时代背景、国家工程，也能扎根一个治蝗站，和农技推广员、农民群众打成一片。"

在中华大地上，肉眼可见，蝗害一年轻于一年。

1977年10月24日，《人民日报》、新华社发表文章，庄严宣告："飞蝗蔽日的时代一去不返——危害我国数千年的东亚飞蝗之灾，已被我国人民和科学工作者控制，连续十多年没有发生蝗害！"

1978年，动物所"改治结合，根除蝗害"项目荣获全国科学大会重大科技成果奖；

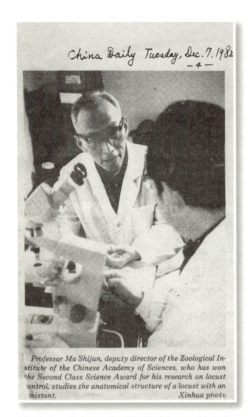

Professor Ma Shijun, deputy director of the Zoological Institute of the Chinese Academy of Sciences, who has won the Second Class Science Award for his research on locust control, studies the anatomical structure of a locust with an assistant.   *Xinhua photo*

1982 年,《中国日报》报道"东亚飞蝗生态、生理学等的理论研究及其在根除蝗害中的意义"获得国家自然科学奖二等奖

1980年,马世骏当选中国科学院学部委员(院士);1982年,"东亚飞蝗生态、生理学等的理论研究及其在根除蝗害中的意义"荣获国家自然科学奖二等奖。

治蝗项目从1951年启动,至1973年收官。20多年间,中国从数千年蝗灾频发的国家,变成了一个基本控制蝗害的国家。

然而,蝗灾就这样退出历史舞台了吗?

重新出发,不破不立

1987年,一个年轻人到马世骏的办公室报到。他叫康乐,是新入学的博士研究生。

导师马世骏对他说道:"飞蝗的问题,我们那一辈科学家已经基本解决了。你去内蒙古研究草原蝗虫吧。"

就这样,康乐在内蒙古大草原上钻研了几年,发现草原利用不平衡和过度放牧使草原蝗虫形成蝗灾。这项工作于1997年获得中国科学院自然科学奖一等奖,1999年获得国家自然科学奖三等奖。

康乐即将博士毕业时,国内蝗灾呈现死灰复燃之势:海南、西藏等地先后出现严重灾情;山东、河北等地飞蝗种群开始抬头。气候变化和农业种植制度等助推了"飞蝗大军"卷土重来。

康乐意识到,治理蝗灾不是一劳永逸的,新一代科学家有必要从更深的层面研究飞蝗。

"过去我国科学家治理蝗虫,更多的是从蝗虫与环境的关联性入手,几乎没有触及蝗虫生理生化机制的因果关系。"他说道,"老一辈科学家的研究条件有限,当初马先生留给我的最珍贵的科研仪器就是一个计算器。但世界生命科学的发展突飞猛进,我们这代人应该与国际接轨,采用最先进的研究方法,赋予蝗虫研究新的生命力。"

1999年,具有划时代意义的"人类基因组计划"启动,康乐紧扣时代脉搏,开启了蝗虫基因组研究。

蝗虫虽小,基因组却异常庞大,大约是人类的2.5倍、果蝇的30多倍。面对海量基因组信息,研究工作从何开启?

　　康乐聚焦了一个有趣的科学问题：飞蝗有两种不同的生态型——群居型和散居型，群居型背部漆黑、腹面呈棕黄色，散居型则通体碧绿。在很长一段时间里，人们以为这是两个不同物种。老百姓把前者叫作"蝗虫"，后者叫作"蚂蚱"。事实上，这是同一种蝗虫在密度不同的条件下形成的可以互变的两类生态型（简称两型）。

　　奇妙的是，把群居型蝗虫改为散养，4个小时后，它们就会变成散居型；而把散居型蝗虫聚在一起，32～64小时内，它们就会变为群居型。

　　这背后是什么原理？

　　从2004年起，康乐课题组研发出高通量蝗虫寡核苷酸脱氧核糖核酸（deoxyribonucleic acid，DNA）芯片，探究飞蝗两型转变中的基因表达调控机制。通过这种前沿技术，他们发现，数百个基因在飞蝗两型转化中发生了表达变化，而多个差异基因富集在多巴胺代谢通路中。

　　这是一个令人惊奇的发现！多巴胺是大名鼎鼎的"快乐物质"。当人们因为庆祝获胜、节日狂欢等聚在一起时，体内的多巴胺水平就会升高。

　　蝗虫也有相似反应。例如，用技术手段提高蝗虫的多巴胺水平，它们就会聚群；反之，则更倾向散居。

　　这项成果很快引发广泛关注。澳大利亚悉尼大学蝗虫学研究专家斯蒂芬·J.辛普森（Stephen J. Simpson）评价到，这是首个提供确切证据的飞蝗聚群行为分子机制研究，具有重大意义。

　　由于蝗虫只有在聚群时才会成灾，因此对蝗虫的两型变化进行干预，为防治蝗灾打开了前所未有的思路。

　　然而，多巴胺是生物体内常见的神经递质。如果针对多巴胺通路开发治蝗手段，可能会影响到自然界的其他物种。"假如你是一位喷洒多巴胺拮抗药剂的农民，那么很可能蝗虫没有聚集起来，人却抑郁了。"康乐打趣道。

　　于是，他们另辟蹊径，寻找更具物种特异性的群聚信息素。过去50多年间，学术界普遍认为蝗虫的群聚信息素是苯乙腈。康乐团队在飞蝗种群中检验了苯乙腈的功能，发现苯乙腈发挥的不是群聚功能，而是互斥、对外警戒和防御的作用。之后他们进一步验证，苯乙腈的确并非飞蝗真正的群聚信息素。

　　不破不立，走出长达半个世纪的认

散居型飞蝗雄虫

知误区后，他们终于找到了飞蝗真正的群聚信息素——4-乙烯基苯甲醚，以及它的特异性嗅觉受体。一旦把这个受体敲除，蝗虫就再也无法聚群了。

自此，新的治蝗局面一下子就打开了：可以诱捕蝗群集中灭杀；可以研发与4-乙烯基苯甲醚结构相似的竞争性化合物，干扰蝗虫，使之无法聚群；还可以不断释放基因编辑的蝗虫，逐步稀释自然种群中有聚群能力的个体占比，直至它们变为一盘散沙。

在康乐从事蝗虫生态学研究的30余年间，飞蝗的成灾机理越来越清晰。在此基础上，他们形成了一套对蝗灾进行精准控制的理念和技术体系，并通过多学科交叉、多团队联合的建制化科研范式，面向保障国家粮食安全和生态安全的需求，不断交上新的答卷。凭借蝗虫聚群分子机制及多个控害靶点的一系列突破性研究，康乐团队于2017年荣获国家自然科学奖二等奖。2020年，联合国粮农组织专门发来贺信，认为他们的最新成果是"中国科学家为国际昆虫学和蝗虫防治作出的巨大贡献，将大幅提高蝗灾的预测和控制水平，为人们开发新的蝗灾控制方法提供重要线索"。

薪火相传，再续传奇

2011年，康乐当选中国科学院院士。他领导的团队中，年轻的科研人员也快速成长起来。

"85后"动物所副研究员郭晓娇坦言，自己之前从未见过真正的蝗灾，直到加入康乐团队后，她才知道蝗灾的威胁从未远去。

"我读本科时，就熟练掌握了很多细胞和分子层面的技术。我一直希望能把这些微观技术应用在更有意义的方向上。"她说道，"来到这里后，我越来越认识到蝗虫研究对国家乃至全人类福祉的重要意义。能参与这种面向重大需求的研究工作，我感到非常幸运。"

另一位助理研究员丁丁正在参与的工作之一，是开发新型高效绿僵菌菌株，用于蝗虫生物防治。绿僵菌是包括蝗虫在内的许多害虫的克星，其孢子形成的特殊结构能穿透蝗虫体壁，最终让蝗虫像僵尸那

康乐与他研究的飞蝗实验种群

样死去。更妙的是，这种真菌还可以在蝗群中"虫传虫"，起到广泛持久的生物防治作用。动物所对绿僵菌进行了一系列遗传改造，让它们的杀虫效力增加了20%～40%。

"很多人认为，经过数十年的研究，人类已经把蝗虫'吃透'了。但在这个领域越久，我发现有越多问题亟待回答。比如，现在我们还并不完全了解绿僵菌的致病机理。"丁玎说道，"如果能把这些问题解析清楚，对开发无毒无害且更为有效的治蝗方法有很重要的意义。"

"蝗虫研究还是进行时。"王宪辉说道，"从马世骏院士到康乐院士，从一个计算器到今天的生态基因组学研究，不管时代如何发展、条件如何变化，他们始终紧紧围绕国家需求，一直站在领域的最前沿。"

蝗虫的"蝗"字，左边是一个"虫"，右边是一个"皇"。中国古人曾被它们遮天蔽日、所向披靡的恐怖气势所震慑，认为它们是当之无愧的"虫中之皇"。

如今的中国科学家们通过孜孜不倦、持之以恒的努力，让"虫皇"以另一种方式展现自身的价值和力量。今天，它们已然是一种独特的模式生物，甚至可以作为帕金森病等神经系统疾病的动物模型。

中国科学院一代代科研人员薪火相传，必将续写更多治蝗、用蝗的传奇。

（中国科学报社记者李晨阳、刘佳佳撰文；原文发表在《中国科学报》2024年8月9日第4版；文中图片由动物所提供）

为"绿色长城"筑牢科技根基

2024年6月17日是第30个世界防治荒漠化与干旱日。国家林业和草原局（简称国家林草局）发布的数据显示，目前我国"三北"防护林体系工程（简称三北工程）已累计治理退化草原12.8亿亩，森林覆盖率由1978年的5.05%提高到13.84%。

三北工程启动于1978年，工程规划期限为73年，到2050年结束。三北工程咨询专家组副组长、中国工程院院士、中国科学院沈阳应用生态研究所（简称沈阳生态所）所长朱教君指出："不管是美国还是苏联，它们的防护林工程都坚持不了这么长时间，我们是当之无愧的世界纪录保持者。"

回望这项声势浩大、旷日持久的生态工程，不得不拜服中国人"敢教日月换新天"的精神气魄。但也需铭记，这份气魄的底气来源于坚持科学规划、科学管理、科学评估。以中国科学院为例，几代科研人赓续接力，钟情一生，为这道"绿色长城"添砖加瓦。

一项前所未有的壮举

西北地区、华北地区、东北地区，简称三北地区。这里曾孕育出灿烂辉煌的华夏文明，也集中分布着八大沙漠、四大沙地，一望无垠的沙漠、戈壁形成了一条绵延万里的风沙线。

历史上，我国森林覆盖率一度高达64%，但经过数千年的开发利用，在近代又被侵略者掠夺，到新中国成立时，森林覆盖率已骤降至8%。

"生态环境是一个国家社会发展的基本盘。"朱教君介绍道。1954年，沈阳生态所的前身——中国科学院林业土壤研究所（简称林土所）正是为服务东北地区及邻近区农林生产事业而建立的，一大批农林专家从全国各地来到这片黑土地。

20世纪五六十年代，我国北方地区曾兴起植树造林的热潮，但这些局部的造林活动没能阻止环境恶化的脚步。内蒙古的沙漠戈壁由1960年的1.1亿余亩扩大到1977年的1.6亿余亩，增加了45%。

国际上，美国和苏联都曾对自然资源进行过度开发利用，导致沙尘暴等恶劣天气肆虐，经济损失严重，不得不开展生态修复工程。美国大平原林业工程持续了8年，苏联斯大林改造大自然计划防护林工程持续了15年。

然而，中国的三北工程从一开始规划即规划到73年之后，并且目标明确——使三北地区的生态环境得到根本好转，人民群众的生产生活条件得到根本改善。

出台这样宏伟的计划，从一个侧面说明摆脱三北地区的生态困境绝非一朝一夕之功。

数据显示，从20世纪60年代到70年代初，三北地区有670多万公顷的土地沙漠化，良田被毁、草场沙化，水土流失严重。据测算，每年流入黄河的16亿吨泥沙中，80%来自黄土高原丘陵沟壑区，相当于每年有2800万吨氮磷钾肥流失。因此，"三北"风沙带成为中国的贫困带，羊没草吃，人没水喝，甚至连烧饭的柴火都捡不着。

水源涵养林

防风固沙林

农田防护林

防护林的主要林型

沙进人退，何谈国富民强？

于是，一次前所未有的伟大壮举在"三北"大地上付诸实践。它不仅是一项生态工程，也是一项民生工程。

开创"沙地樟子松防沙治沙"先河

三北工程东起黑龙江、西至新疆，东西长4480公里，最初规划范围涉及13个省份，占我国国土面积的42.4%，可谓"半壁江山"。

当时，国家安排一期工程7年投入的专项资金达到5000万元。在1978年，5000万元大约相当于5万个家庭一年的总收入。这对国家财政来说已是一笔巨款，但对建防护林来说，缺口仍然巨大。

朱教君的老师、沈阳生态所研究员姜凤岐回忆道："三北工程一期的造林任务是1000万亩，相当于每亩地只有5元。如果按照农田防护林学要求的每亩166棵树计算，摊到每棵树上只有3分钱。"

可以说，从国家到基层，都是"咬着牙也要上"。

在资金有限的情况下，首先要解决种什么树的问题。

栽什么树最容易呢？姜凤岐表示，当时首先选定的是好栽易活、长势快的杨树，可在短时间内发挥较好的防护作用，群众也最为熟悉。但是，杨树的寿命较短，少则十几年，多则三五十年，单一栽种还易发生病虫害。因此，林土所提出，可将杨树作为先锋树种，再配置一定比例的其他树种。

实际上，早在1953年，林土所建所元老之一、林学家刘慎谔就率队在科尔沁沙地东南缘（现辽宁省彰武县章古台）建立了治沙工作站，并提出将天然分布在大兴安岭西麓、呼伦贝尔草原过渡带上的沙地樟子松，引入此地防沙治沙的想法。

1955年，林土所科学家将6508株2年生樟子松苗和3889株1年生樟子松苗，从它们的故乡大兴安岭"南移"8～9个纬度，引种到章古台，联合辽宁省章古台固沙造林试验站进行造林试验，一举成功，开创了我国樟子松固沙造林的先河。

如今，挺拔的樟子松扎根于科尔沁沙地，枝繁叶茂、生生不息，变"沙进人退"为"绿进沙退"，作为三北工程重点树种大面积推广，被誉为"治沙功勋树"。

然而，在朱教君心目中，樟子松不仅拥有傲人的历史，而且享有辉煌的未来。他说道："樟子松耐寒、耐旱、耐贫瘠，未来仍然是三北工程的主力树种，没有之一。"

三北工程的首本"教科书"

除了树种问题外，还要解决如何种、种在哪里的问题。

姜凤岐介绍到，由于三北地区普遍干旱，而人们生活的村庄、河堤、农田附近水土条件较好，也易于管理管护，于是三北工程一期就将突破口放在了路边、河边、农田四周，实践证明这是一项非常明智的选择。

"风沙挡了，村子美了，柴火有了。"这是老百姓对农田防护林的评价。

这一思想，林土所已实践多年。

1960年，林土所成立了由林学家曹新孙领导的我国第一个防护林课题组。此后，他们又创造了多个国内首次：建立我国第一个农田防护林试验站；组织我国第一次全国性防护林学术会议；形成"东北西部内蒙古东部四省区农田防护林营造技术试行方案"，并由原林业部作为林造防字第1号文件下达执行……

1964 年，刘慎谔骑着毛驴在西北检查治沙试验工作

　　一进林土所便加入防护林课题组的姜凤岐，幸运地成为这些"首次"的见证者。他清晰地记得，1963年清明节那天白雪飘飘，大家穿着棉大衣冒雪运送油松幼苗，并组织群众造林。为了防止人畜和野兔破坏，课题组绞尽脑汁，终于保住了这片试验林。

　　最终，按照曹新孙"中间林带"的设计思想，他们成功地营造了我国北方沙土地区第一片针叶树农田防护林。到三北工程启动时，这片林带已基本成型，曹新孙关于农田防护林学的学术思想也逐渐成形。

　　历经3年多的编写，1983年，曹新孙主编的《农田防护林学》正式出版。书中全面介绍了农田防护林规划、设计的方法和步骤，提出了各区域的树种选择和搭配，是一本名副其实的防护林学开山之作。姜凤岐认为该书在我国"首次把农田防护林研究提升到一个独立的学科水平"。

　　回忆起曹新孙，姜凤岐始终难忘恩师引石铺路、无私奉献的赤子之心。曹新孙早年留学法国，法语、英语、德语融会贯通，回国后翻译外国文献多达200余万字。但是，他却没有出版译著，而是将这些资料以内部材料、讲义等形式倾囊相授。

　　曹新孙根据自身实践编著的《农田防护林学》的初稿曾在1979～1980年印刷成册，作为他授课的林业部①三北工程（防护林）营造技术讲习班教材，分发给广大基层林业技术骨干，成为人手必备的入门教科书。

　　"当时大家只知道要造林，但普遍缺乏技术，这本书为三北工程一期建设提供了技术支撑。"朱教君说道。

_____

① 　1998年3月，林业部改为国家林业局。2018年3月，组建国家林业和草原局，不再保留国家林业局。

后来，农田防护林研究获得第三世界科学组织网络奖，表明国际社会对该研究的认可。激动之余，姜凤岐在日记里写下一首小诗："常言要为国争光，多年夙愿今日遂。前路峰高更待攀，相期口碑胜金杯！"

三代接力与三北工程共成长

1986年，三北工程进入二期工程阶段。此时，工程建设的目标发生了变化。

"一期工程主要是把树栽活，属于造林范畴，二期工程则涉及经营管理问题。"朱教君告知，所谓"造林一时、经营一世"，如何经营防护林是一门更大的学问。

但是，防护林不同于普通森林，不能只考虑木材产出，更重要的是取得生态防护效益。再加上三北地区严苛的自然环境，原有的森林经营理论基础已经无法支撑。

为此，姜凤岐连续主持国家"七五""八五""九五"科技攻关项目，历时15年专攻防护林经营研究。为了交上一份合格的答卷，他多次带领团队深入实地进行区域性考察，与多部门协作设置了百余项试验，并建立了大量试验示范林。

凝结着大家心血的《防护林经营学》于2003年正式出版。这本书将防护林经营在学科层面进行系统提炼总结，成为该领域又一本重要的教科书。"北方防护林经营理论、技术与应用"获得了2008年国家科学技术进步奖二等奖。

2017年，在三北工程即将迎来40周年之际，姜凤岐再次回到辽宁省昌图县试验基地。看着自己当年栽植的油松林带历经半个多世纪的风雨后成为一道道"绿色长城"，他不由感叹"此生足矣"！

进入21世纪，国家对防护林建设的需求更加注重从生态学视角进行系统治理。此时，学科带头人的接力棒交到了朱教君手中。一直跟随姜凤岐从事防护林学研究的他，在2023年主笔完成了《防护林生态学》。这本书成为新时代防护林学研究领域的重要教科书，入选中国科学院大学研究生教材。

朱教君说道，防护林生态学的终极目标是将防护林的生态功

1981年，曹新孙（右二）陪同瑞士林学家波斯哈特（左三）到带岭工作站考察

能和经济功能有机结合，形成"人与自然和谐共生"的生态和经济"双赢"发展模式。

"例如，我们研发了林药、林菜、林蛙复合经营范式，在大幅提升防护功能的同时，促进了林区产业发展。"朱教君说道，"经过这样的改造，森林水源涵养与固碳等生态功能大幅提高的同时，林下道地药材、山野菜和林蛙等产量也提高了20%～30%，在3年内帮助5.1万名林农脱贫——同时收获了'绿水青山'和'金山银山'。"

据悉，三北工程带动了林下经济、特色林果业等发展壮大，为全国提供了1/4的干鲜果品，助力1500万人脱贫增收。

从1983年到2003年，再到2023年，三代学人分别用20年时间赓续传承，针对不同历史时期国家对防护林生态工程建设的需求，接力走出一条科学探索之路。

科学护航 打好三北攻坚战

40多年来，三北工程的正面效益有目共睹。以世界上第一个即将消失的沙漠——毛乌素沙漠为例。1984年的卫星影像显示，那里几乎全是贫瘠荒芜的沙化土地；如今，那里80%的面积已经成为绿洲。4.22万平方公里的沙漠，就这样被中国人通过种树"消灭"了。

为了客观、准确地评价三北工程，中国科学院在2008年和2018年——三北工程启动30周年、40周年之际，开展了两次综合评估。

尤其是40周年这次评估，更像是对三北工程的一次"期中考试"。受国家林业和草原局委托，朱教君团队耗时数年，在三北地区行程7万公里，获得大量一手资料；收集整理了23万余个涉林样地的定位观测、监测和调查数据，分析了1978年以来近2000景遥感影像，对三北工程进行了全面综合评价。

2018年12月24日，国务院新闻办公室召开新闻发布会，向全世界发布《三北防护林体系建设40年综合评价报告》，郑重宣告，三北工程实施40年来，累计完成造林面积4614万公顷，占规划造林任务的118%；工程区森林覆盖率净提高5.29个百分点；水土流失面积相对减少67%。

这是40岁的三北工程向全国人民交上的一份答卷。它的背后，离不开科研工作者不断升级的科技手段。

20世纪90年代初，最早引种到科尔沁沙地东南缘的樟子松固沙林发生大面积衰退现象。朱教君团队通过实地调研、野外试验，采用同位素示踪、探地雷达等新技术进行分析，指出衰退是由于农田过度开垦导致地下水位大幅下降，而樟子松为浅根系树种所致。此后，他们提出以区域"全量水资源"平衡为依据的综合生态系统一体化构建方案。

为了对三北工程进行长期持续的碳汇监测，沈阳生态所设计建成了全球首个森林科研大装置——清原–科尔塔群，配套了基于物联网和云计算的数据信息系统，以及基于人工智能分析计算的数据中心，大幅提升了监测精度。据测算，清原–科尔塔群监测的三北工程项目区内，现有森林每年每公顷固碳量接近2吨。

"这些事说起来简单，但一做就是30年，其实也不简单。"朱教君笑着说道。

此外，朱教君对大装置还有一点"私心"：通过变革科研范式，吸引更多年轻人加入林学、生态学研究队伍，为三北工程储备后续力量。

"80后"研究员郝广友刚加入沈阳生态所时，朱教君就鼓励他到位于内蒙古通辽市的大青沟沙地生态实验站开展一线调查和研究。当地条件虽然简陋，但郝广友说道："这里对我们开展科学研究来说是个很理想的地方。"

如今，三北工程已进入第六期建设。针对北方区域生态环境仍然脆弱的问题，党中央提出力争用10年左右时间，打一场三北工程攻坚战。

如何打好这场攻坚战？

"一是让应该有且能够有植被保护的地方，都有林草；二是对已有林草植被但出现衰退的地方，进行科学修复、改造；三是在植被构建存在困难的地方，通过科技创新攻坚克难，使林草植被尽快构建起来。一句话概括，就是打造好'山水林田湖草沙'统筹发展的实践样板。"朱教君说道，"同40年前相比，现在要更加尊重科学规律、重新向大自然学习，让祖国的'绿色长城'屹立不倒。"

（中国科学报记者陈欢欢撰文；原文发表在《中国科学报》2024年8月28日第4版；文中图片由沈阳生态所提供）

没有条件，创造条件也要干！

——我国首台国产医用 B 超仪攻坚纪实

超声B型扫描成像检测（简称B超）是当前临床应用最广泛的医学影像学检查技术之一。国产医用超声仪从当初实现灰阶B超成像，到当下集彩色和频谱多普勒、四维成像、超声造影、弹性成像甚至与CT融合等多模态于一身的影像学检查技术，技术手段日新月异，设备性能显著提高。

这令85岁高龄的沈志华倍感欣慰，他说道："从造出第一台B超仪到现在，我们的医学仪器国产化能力越来越强了，这令人振奋！"

40多年前，中国科学院声学研究所（简称声学所）的医用超声研究团队，急国家之所急，想人民之所想，面对我国医疗卫生行业对B超仪的强烈需求，毅然提出要研制国产B超仪。在物质条件落后、实验资源匮乏的情况下，他们集思广益、攻坚克难，最终取得成功，迈出了国产B超仪从无到有的关键一步，为我国量产B超仪和研发医学影像设备奠定了基础。

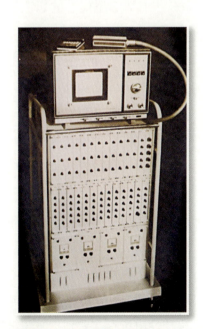

如今，声学所医用超声研究团队薪火相传、接续奋斗，在超声成像、聚焦超声、能量外科等方面陆续开展了大量的研发工作，多项研究成果已实现产业化应用，为保障人民生命健康作出了重要贡献。

初见：我们应该可以做

"明天到锦江饭店去！那里有最新的B超仪。"1979年的一天，上海市第六人民医院超声科主任周永昌告诉位于上海的声学所东海研究站（简称东海站）的副研究员沈志华。

到了现场，沈志华看到那里正在举办一场B型超声实时图像诊断仪展销会。产自日本、大小类似于普通示波器的B

1981 年，首台国产医用 B 超仪样机研制成功超仪引起了人们的注意。操作者手持一个扁平形、约手掌宽的探头在受试者的腹部滑动，小小的长方形显示器屏幕上随即出现一幅动态黑白影像，接连显示出肝、胆、肾脏的形态。看到这里，大家不禁连连称赞。

当时，我国大多数医院只配备了A型、M型超声诊断仪，仅能显示一维波形图，由医生根据波形信息和经验判断脏器的大小、分析疾病状态。只有少数医院拥有进口B超仪。它们能够直观显示人体内部组织的切面，辅助医生发现并诊断病灶。

在场的绝大多数人，包括沈志华，都是第一次见到能够直观显示人体内部组织影像的超声仪器。

对于B超仪的应用前景，国内不少超声诊断专家认为，我国作为人口大国，发展医疗卫生行业及开展人民健康事业需要大量的B超仪，但当时最新进口的台式B超仪的价格在30万元左右，而我国外汇又有限，难以承担大量设备进口的费用。于是，专家们便呼吁国内自行研制、生产B超仪。

"怎么样？咱们能不能做？做成了，就是大功一件。"周永昌问道。

"虽然没做过，但我想应该可以。"沈志华答道。

沈志华的信心源于他多年从事声呐技术研究的经验。在此之前，东海站的一批研究人员一直致力于声呐技术研究，曾成功研制出一系列渔用声呐，积累了一定的研究经验和基础。

"我们觉得B超仪也是一种声呐系统，与此前研制的仪器有很多相似之处。况且B超诊断技术又是国家急需、人民所盼，我们科研人员理应为国为民出一份力。"沈志华回忆道。

"研制B超仪"的想法得到东海站站长朱西及信号检测研究室主任向大威的支持。随即，东海站调拨科研力量，抽调实验室设备，成立了8人高分辨率声呐课题组，沈志华任组长，高级工程师朱儒良任副组长。

攻关：探头是核心

1979年8月，"B型线性电子扫描诊断系统"研制工作正式启动。

最初8个月，课题组广泛查阅了国内外有关文献和资料，参加各种超声会议，参观国外进口的超声诊断仪，听取超声诊断专家的意见和建议。完成一系列调查研究后，课题组针对电子线路、探头及理论计算，分别设计了相关研制方案。

对于医用超声仪器而言，探头承担着发射、接收超声波的功能，重要性犹如人体的心脏。进行B超检查时，探头向人体内发射一组超声波束，由于人体血液、肌肉等不同组织间声特性阻抗存在差别，当超声波束到达组织或器官的边界时，一部分超声波被反射回去并被探头中的信号接收系统捕捉。超声仪器通过将接收到反射波的时间、幅度转换成不同深度和亮度信息，最终在显示器上呈现出人体某处结构的灰阶超声图像。

探头的核心部件是晶体片。当电压作用于晶体片时，它会随电信号的变化产生振动，从而发射超声波。A型超声成像只需要一组晶体片、发射一束超声波束，因此只能显示回声时间和振幅。B超之所以能够展示二维图像，依靠的就是由依次排列的许多晶体片组成的阵列，阵列中的单组晶体片被称为"阵元"。

"当时世界上最先进的是日本厂商生产的64阵元B超仪。我们想，既然要做，就做64阵元的。阵元数越多，诊断分辨率就越高。"朱儒良说道，"但阵元数越多，难度也就越大。此前上海、武汉有研究所尝试研制18阵元、32阵元的B超仪，但进展都很缓慢。"

首要难题是材料加工。为保证探头性能，研究人员需要对晶体片进行加工、研磨，64组晶体片之间的间隔要尽可能小，要求达到丝①级别，可当时并没有相关的精密加工设备。

"没有条件，创造条件也要干！"沈志华说道，"进口的切片机价格昂贵，我们买不起，就到此前合作过的砂轮片厂，请求他们做最薄的砂轮刀片给我们。厂子里的人也没做过，但在我们的恳求下，他们进行了一遍遍的尝试。"

拿到砂轮片后，在东海站一位八级车工陈师傅的帮助下，课题组最终制造出一台能够切割凹面晶体片的切片机，可以实现精度为几丝的晶体片间隔的切割。虽然初期的成品率较低，但经过多次改进，最终效果基本达到要求。

晶体片的问题虽然解决了，但是探头的灵敏度仍然较低，这让朱儒良等感到十分头疼。"当时很想买进口探头拆开来看，可一个探头就要4万元。我们只能去翻专利、查文献，一点点推导原因。那时候大家几乎每天都工作到晚上十一二点，但没有人叫苦。"朱儒良说道。

经过一系列排查，朱儒良等将原因锁定在"匹配层"上。由于晶体片的声特性阻抗远高于人体组织，声波能量大部分在二者接触界面被反射回探头，不能进入人体组织，因此需要在探头前端增加匹配层，以便灵活调节晶体片和人体组织间的声特性阻抗差异，保证声波的有效传播。

"匹配层需要多种材料按比例混合，我们尝试了很多种材料和比例，如环氧树脂、PCT粉、铅玻璃粉等，加了两层匹配层，才使探头的灵敏度明显提高。"朱儒良说道。

诞生："雪花"变图像

在上海市小木桥路456号科研楼5楼，朱儒良带着助手在挨着楼梯口的一间实验室里研制探头。每当改进了一个部件或者提高了性能，他总会兴奋地拿着它跑到走廊尽头的那间屋子

---

① 1丝=0.01毫米。

里，与沈志华等研制的电子线路系统和信号处理系统等进行整合调试。

但调试的结果常常令人失望，显示器上时而出现条纹，时而满屏雪花，时而一团雾气，就是没有脏器的影像。

"虽然没有项目的截止日期，但国内医院对B超仪的需求与日俱增，医务人员每天都盼望着能马上使用国产B超仪，我们丝毫不敢放松。"沈志华说道。

经过认真排查后，课题组发现，虽然增加匹配层提高了探头的灵敏度，但同时也带来了新的问题——脉冲信号变差。他们在查阅文献后得知，牵一发而动全身，晶体、匹配层切割前后的系列参数需要经过严格计算，一个参数的改变往往会影响仪器整体的性能。

"由于缺少测试设备，又缺少可供进行理论计算的参数，我们只有一遍遍地试验，在试验中总结切割前后的参数变化规律，最终在不同参数之间寻找平衡。"朱儒良说道。

时间来到1980年10月的一天，课题组成员再次改进电路系统和计算方法后，又聚在一起展开调试。沈志华拿着探头，在自己的腹部来回滚动、调整角度位置，突然，灰白的显示器上出现了一片椭圆形的暗影，边界肉眼可见。

"是不是成功了？"有人喊道。随后，大家激动地挨个儿试验了一番。确认结果后，沈志华、朱儒良都长舒一口气，脸上终于露出了笑容。

随即，沈志华给周永昌打电话，请他到现场试验。随后，课题组又邀请上海市多家医院的专家到实验室指导试用，并反复征求改进意见。

"当时为了提高性能，设定的超声波声强很高，后来才知道这会给人体造成细胞水平的损伤。可当时哪里顾得了那么多，我们在自己身上反复试验了无数次。"沈志华说道。

一个小插曲是，B超试验发现朱儒良的胆囊中存在结石，帮助制造切片机的陈师傅胆囊肿大。沈志华劝他们尽早就医。后来，朱儒良做了胆结石手术并很快康复，而陈师傅没当回事儿，5年后因胆病去世了。提到这件事，沈志华总觉得很惋惜。

经过3个月的测试，1981年1月，样机总装完成，我国首台国产医用B超仪——STS-1线阵超声诊断仪诞生了！

首台国产医用 B 超仪探头

首台国产医用 B 超仪临床试用

升级：多普勒彩超也做出来了

为了检验仪器性能，在随后近半年的时间里，课题组将样机送至上海市第六人民医院、上海市第一医学院附属中山医院①、复旦大学附属肿瘤医院开展临床诊断测试。其间，超声科医生完成了362例各类疾病的临床诊断，并做了分辨率测定和失真程度试验，检测出直径不到2厘米的肝癌和直径1厘米的胆囊结石，中山医院甚至凭借其完成了超声引导下的羊膜腔穿刺试验。

根据临床诊断情况进行改进后，该B超仪的纵向分辨率小于2毫米，横向分辨率小于3毫米，10级灰阶显示的亮度信息，电子尺测距范围达200~300毫米。

"我们做出来的B超仪与当时国际上最新型号的仪器还有一定差距，但在当时缺少精密加工设备、各项条件落后的情况下，能做出让超声医学界一致认可的仪器，已经很不容易了。"朱儒良坦言道。

1981年7月14~16日，中国科学院组织召开STS-1线阵超声诊断仪成果鉴定会。经专家鉴定，该B超仪全部使用国产元件，分辨率最高可达2毫米，灵敏度高，能显示上腹部深部大血管和肝内血管及其分支或属支；近场的小斑点少，胆囊前壁边界清晰、整齐。

鉴定小组认为，该B超仪显示的图像质量在当时国内各同类产品中最佳，并可与日本1979年的产品Aloka SSD-202D仪媲美，一致认定该样机符合科研成果鉴定要求。

后来，课题组又自行生产了7台B超仪，东海站和声学所北京本部各留1台，其余以每台4万元的价格销售。他们还将科研成果转让给汕头和上海的两家仪器厂，两家厂陆续生产100多台，创造产值超400万元。

1985年，STS-1线阵超声诊断仪获国家科学技术进步奖三等奖。课题组将奖金和成果转化结余经费并用于产品的进一步研发及科研条件的改善。

1986年，经过近3年研究试验，在STS-1线阵超声诊断仪的基础上，沈志华等研制出第二代B超仪——带数字扫描转换的STS-2D线阵超声诊断仪，为其增加了数字图像存储和回放功能。

"1986年春节后，院里相关领导来电请我去北京，商谈去美国联合开发超声诊断仪的事宜。后来经过详细商讨，大家决定于当年12月赴美。"沈志华说道。

原来，1986年初，隶属于中国科学院的中国科健股份有限公司与美国Analogic公司共同成立中美合资公司——深圳安科高技术股份有限公司，从事大型医学影像设备产品的开发、生产和经营，支持国内研究人员赴Analogic公司学习医学影像仪器的研发生产。

同年底，沈志华、朱儒良等一行人前往美国。"我们最初开发了国内尚且没有的黑白相

---

① 复旦大学附属中山医院的前身。

控阵超声诊断仪，成功后又在此基础上开发了彩色多普勒相控诊断仪的核心样机。"沈志华说道，"直到1988年，我们所有的科研人员回国，继续从事彩超仪的生产工作。"

延续：医用超声方向多点开花

1985年，正当东海站的科研人员奋力研发第二代国产医用B超仪时，在与之相隔1000多公里的北京，声学所大猷楼一层的实验室内，研究员牛凤岐等正在庆祝一项相关课题——B超仪器检定测试用仿真模块（超声体模）的立项。

1994年，经过9年技术攻关，牛凤岐等最终研制出琼脂和合成凝胶型超声仿人体组织材料，并以此为核心，成功研制出B超和A、M超仪器检定测试用国家标准仿真模块，能够实现对B超仪器质量、性能的科学测试。

"超声体模作为B超仪器检定测试和质量检验的关键设备之一，确保了全国年产上万台B超产品的质量和医院近20万台在用B超仪器的有效应诊，为国家节省了大量外汇。"牛凤岐介绍道。

国家技术监督局召开的成果鉴定会的结论是，该超声体模在性能和使用寿命等方面均达到国际先进水平，经过5年推广应用，已覆盖了29个省（自治区、直辖市），产生了重大的经济和社会效益。

如今，声学所高级工程师朱承纲接过了牛凤岐的接力棒，继续进行医用超声仪器检定测试技术与设备的研究工作。目前，他们的研究范围已拓展至多普勒体模及仿血流控制系统、超声弹性仿组织体模、胎儿超声仿真体模等。

同在声学所大猷楼，研究员林伟军等也在继续着医用超声的科研与开发工作。他们正在研制的高分辨率超声CT样机，使用512阵元的环形换能器，采用全波形反演成像算法，可用于四肢、乳腺等部位的疾病诊断。

"我们采用了全新的阵列设计和成像算法，希望做出不依赖医生经验的标准成像设备，让超声的分辨率也能像X-CT和核磁共振那样高。"林伟军说道。

林伟军介绍道："目前，国际上还没有成形的同类产品，各国的研究团队都在激烈竞争。经过多年的研究积累，我们已经从'跟跑'到了'并跑'阶段，期待未来能够实现'领跑'！"

（中国科学报社记者刘如楠撰文；原文发表在《中国科学报》2024年4月8日第4版；文中图片由声学所提供）

"小药片" 书写 "大历史"

　　1993年9月1日上午，一个个子瘦高、衣着朴素的西北小伙子走进了中国科学院上海药物研究所（简称上海药物所）。他叫杨玉社，是这一年的博士新生，刚刚辞去在西安一家研究所的工作，到上海，是想要找一条和自己的专业方向——有机化学合成对口的出路。

　　完成报到手续后，杨玉社快步走进一座实验楼，在二层一间办公室门口深深地吸了一口气，然后叩响了门扉。迎接他的，是时年75岁的中国科学院院士嵇汝运，也是杨玉社的博士生导师。这次会面，嵇汝运要同他讨论未来的博士课题。

　　"老师，我想做些有实用价值的项目。" 杨玉社满腔热忱地说道。

　　嵇汝运听后，从书桌上拿起一张薄薄的信笺，微笑着递给杨玉社。只见信笺上布满了淡蓝色的字迹，页面末端写着一个简短的标题——药物的不对称合成法。

　　杨玉社当时并没想到，他的人生即将由此改变，而中国药物研发史也将书写一页重要的篇章。

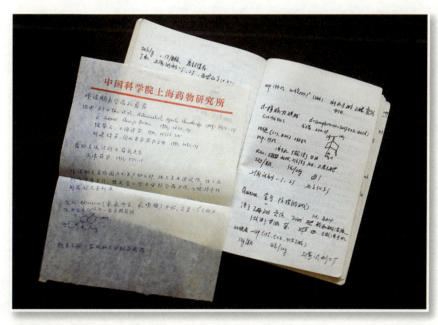

嵇汝运给杨玉社的博士研究课题手稿

千呼万唤的"中国新药"

对大多数人来说，1993年不过是平凡的一年。但对中国的药学人而言，这是一个值得铭记的转折点。

20世纪八九十年代，中国一直在为融入全球经济而努力。为了与国际接轨，我国承诺从1993年1月1日开始实施《中华人民共和国专利法（1992年修正）》（简称《专利法》）。

在此之前，我国医药行业生产的西药中，97%是仿制药。《专利法》修正后，由于药品受行政保护、专利保护等，在很多情况下，人们只能购买昂贵的进口药。

时代的发展列出了崭新的考题，需要生物医药领域的先行者来答卷。千呼万唤中，中国人自主研发的创新药物即将登上历史的舞台。

嵇汝运交给杨玉社的那个课题，原本也是一个仿制药课题。国内一家大型药企要仿制当时销量最好的氟喹诺酮抗菌药物——左氧氟沙星，但苦于合成工艺非常复杂，便委托嵇汝运课题组攻克这个难题。杨玉社来之前，研究工作已经开展了两三年，却一直没有突破。

接到这个课题，杨玉社如获至宝——这正是他最擅长的有机化学合成。仅用一年多的时间，他便解决了工艺问题，做出了符合使用要求的产品。更巧妙的是，杨玉社绕开了已申请专利的传统合成路线，构建出一种新方法，完美地满足了药企的需求。

这个项目为上海药物所"挣"了40万元，在当时堪称一笔巨款。课题组喜气洋洋地添置了不少新仪器、新设备。杨玉社这个初出茅庐的年轻人，一时间小有名气。

但他们并没有满足于此。嵇汝运问杨玉社：能不能再挑战一下，以现有化合物为基础，经过结构改造和优化，形成一个拥有自主知识产权的新化合物？

早在20世纪70年代，嵇汝运就撰文提倡对现有药物进行结构优化，以发展出更好用的新药。

对以"沙星"命名的氟喹诺酮药物来说，这种结构优化极具现实意义。它们是销量仅次于头孢菌素类药物的第二大类抗感染药物，已经发展出数十个品种，为保障人民身体健康筑起了重要防线。然而，尽管市场上各类"沙星"不断更新换代，但或多或少都存在一些问题，不尽如人意。即便卖得最好、用得最多的左氧氟沙星、莫西沙星，也难以避免光毒性、心脏毒性等副作用。此外，像"替补队员"一样，人们总是需要储备各种抗生素药物，以应对耐药菌株给临床治疗带来的挑战。

嵇汝运院士

虽然我国在1967年便成功仿制出国外第一代氟喹诺酮药物——萘啶酸，但之后的40余年间，一直没有自主研发的氟喹诺酮类新药上市。杨玉社明白嵇汝运的苦心，便为自己定下一个目标——改造出一个更安全、更有效的新"沙星"。

来之不易的神奇分子

新任务的挑战，可比最初的课题大多了。

除了有机化学合成这个老本行外，杨玉社还得从头学习药物化学等学科知识。作为一名半路转专业的博士生，他认认真真地"蹭"了一年嵇汝运讲的课，打下了扎实的理论基础。

嵇汝运是国际药物化学领域的名家，在上海药物所为研究生开设了《药物化学概论》这门课程。杨玉社至今记得嵇汝运在讲台上的风采："嵇先生授课很有风格，就像讲故事一样。再复杂的问题、再高深的知识，都能讲得浅显易懂。"

光听课还不够，杨玉社还需要阅读大量文献。在那个年代，专业文献是"奢侈品"，需要特地去图书馆借阅。

那时杨玉社的工作状态常常是这样的：白天去实验室，对反应体系进行加热、搅拌，使其回流，等它稳定下来后，就利用中间3~4小时的反应时间跑到上海药物所的图书馆查资料。通常一天要进行两三个反应，他就这么来回跑两三趟。

但所里的资料毕竟有限，所以杨玉社总是利用休息时间去上海科学技术情报研究所查阅更丰富的文献。文献是用微缩胶片保存的，如果复印带走，一页要付两三角钱，加起来比试剂还贵。杨玉社舍不得花这笔钱，就用放大镜一卷一卷地浏览胶片，再一帧一帧地抄写在笔记本上。他在上海情报所里总是一"泡"就一整天，饿了就胡乱啃点自己带的馒头。

功夫不负有心人。渐渐地，氟喹诺酮类药物分子的主要类别和改造历程在杨玉社的脑海中清晰起来，就像行军者有了一张路线图。

在这张"路线图"的指引下，一个又一个自然界本不存在的分子在实验室中诞生了。最终，杨玉社总共合成了5类62个新化合物，从中筛选出抗菌活性好的分子，再比较它们的水溶性、毒性、代谢速度……然而，大多数分子的表现还是不尽如人意。

在一个实验中，杨玉社以左氧氟沙星的化学结构为基础，在母核5-位引入氨基。然而，不管尝试多少次，这个反应体系的溶液总是无法析出晶体。

转眼间，杨玉社就快博士毕业了。他不甘心，决定再试一次，结果仍然没有成功。废弃的反应溶液在实验桌上放置了10多天，当杨玉社准备把它倒掉时，却惊讶地发现晶体析出来了。

杨玉社赶紧把这些结晶刮下来，经过一系列测试，发现它的各种性质非常优秀：具有很好的抗菌活性，与细菌作用2～4小时即可杀灭99%以上的细菌；在氟喹诺酮类药物最重要的安全性指标之一光毒性上，明显低于当时的主要产品洛美沙星、司帕沙星、氟罗沙星、环丙沙星，与诺氟沙星相仿，差别几乎可以忽略不计；心脏毒性也在当时临床上最安全的左氧氟沙星的1/10以下。

此外，这些晶体还有一个优点，那就是水溶性极强。在实验中，这个性质让它很难从溶液中析出晶体；但在临床应用上，则意味着它能被制成更多的药品剂型。

杨玉社将这个新分子命名为"YH54"。未来，这个来之不易的分子将成功上市，成为中国第一个具有新颖化学结构和自主知识产权的1.1类化学新药——盐酸安妥沙星。

新药问世的艰难历程

1997年，上海药物所申请了盐酸安妥沙星及其系列化合物的专利。

从基础研究的角度，他们已经迈出了关键一步；但从药物研发的角度，这只是万里长征的第一步。

从1997年到2001年，杨玉社团队的研发几乎陷入停滞。他先后联系的几家制药企业都拒绝了投资邀请——尽管大环境已今非昔比，但很多药企习惯了依靠仿制药生存，对周期长、投入大、风险高的新药开发并不是很有信心。

直到2001年，安徽一家本土药企接受了盐酸安妥沙星的专利转让，随后药物进入Ⅰ、Ⅱ、Ⅲ期临床研究。

众所周知，新药研发就像勇闯"死亡谷"：安全吗？有效吗？能制成合适的剂型吗？能适应扩大生产吗？对人群有普适性吗？任何一个环节出现问题，都意味着科研人员和企业可能前功尽弃。

结果不负众望，盐酸安妥沙星通过了一轮又一轮考验，表现出优异的特性和巨大的潜力。

临床研究显示，盐酸安妥沙星克服了原有氟喹诺酮类药物抗菌活性不强、代谢性质欠佳和副作用较大等缺陷。对呼吸道、泌尿道和皮肤软组织三大系统的细菌感染疾病，它的治疗总有效率超过95%，不良反应率仅1.2%，显示出优异的有效性和安全性；在相同的疗程和疗效下，其用药总量为1600毫克，比左氧氟沙星和莫西沙星少1200毫克；半衰期长达20小时，意味着每天只须服用一次，有助降低患者漏服的可能性。

然而，这个性能优异的中国首个创新药"呱呱坠地"后，迎接它的仍然是一道又一道难关。

2007年，盐酸安妥沙星开始申报生产，这是药品上市前最关键的"临门一脚"。上海药物所时任所长丁健非常关心这项工作，两次赴北京参加国家药品监督管理局药品审评中心

（CDE）组织的专家审评会。

但他很快发现，这些从全国各地邀请来的审评专家同样是"摸着石头过河"。由于缺少审评自主创新药物的经验，很多问题缺乏明确和公认的标准。有时针对同一个问题，杨玉社不得不反复介绍、讲解好几次，甚至遇到过审评会上专家对同一问题意见不同的情况。

盐酸安妥沙星新闻发布会现场

最终，经过丁健等专业的科学陈述，盐酸安妥沙星终于通过了第二次评审，并于2009年4月15日获得国家食品药品监督管理局①颁发的新药证书，成功上市。

盐酸安妥沙星上市后，很快使同类进口药降价10%～15%。后来的十几年间，盐酸安妥沙星陆续走进全国22个省份的300多家医院，先后进入11个省份的医保药品目录。经过Ⅳ期临床研究和上市后数百万人的使用证实，盐酸安妥沙星的综合性能在国际同类产品中名列前茅。

回顾这段往事时，已成为中国工程院院士的丁健感慨万千："盐酸安妥沙星的问世，就像一个孩子蹒跚学步——摇摇晃晃，走一步摔几跤，看起来没那么顺利，但这是必须经历的过程。不从走路学起，我们是跑不起来的。没有第一个创新药在跌跌撞撞中闯出一条路来，我国新药研发事业就不可能在国际赛道上奔跑。"

正是这样充满艰辛的尝试，让学术界、产业界、医院、政府等各方力量看到，要做好一个药物，需要整个生态系统的统筹和协调，需要大环境、全流程的合作和支持。

厚积薄发的历史进程

盐酸安妥沙星一路闯关的那些年，中国生物医药领域正在经历一场深刻的变革。

1995年，世界贸易组织（World Trade Organization，WTO）成立。从一开始，中国政府便在为加入WTO而积极筹划。这也意味着，我国医药行业需要更加严格地遵守有关知识产权保护的国际协定，该领域的创新发展、自立自强已经是刻不容缓的命题。

从1996年开始，国家为加强医药领域的科技创新，先后实施了3个大型计划，即"新药开发（1035）科技专项行动"、"创新药物和中药现代化"重大科技专项、国家科技重大专项"重大新药创制"（简称"新药创制专项"）。上海药物所原所长、中国科学院院士陈凯

---

① 2013年，组建国家食品药品监督管理总局，不再保留国家食品药品监督管理局。

先正是这一系列科技专项的发起者和总体专家组成员。

其中，陈凯先印象最深刻的是"新药创制专项"的诞生历程。21世纪初，国务院开始筹划制定《国家中长期科学和技术发展规划纲要（2006—2020年）》，要在诸多科技创新领域部署16个国家重大科技专项。

竞争非常激烈。当时流传着一个说法：入选的成果要像探月工程、大飞机一样让人眼前一亮、振奋民族精神，一个小小的药片凭什么进入重大专项？但药学专家们清楚，新药创制关系着人民群众的健康福祉，关系着我国医药健康产业能否不再受制于人，重要性不可小觑。

2004年，陈凯先牵头起草了一份建议书，得到100多位两院院士的署名支持，对"新药创制专项"的立项发挥了重要作用。

随着重大专项立项实施，我国新药研究和生物医药产业发展"驶入快车道"，开启了前所未有的高速发展阶段。

得益于"新药创制专项"的支持，盐酸安妥沙星项目推进得更加顺利。这个"小小的药片"也不负众望：作为我国自1993年实施修订后的《专利法》以来的第一个化学创新药物，它拿到了首张1.1类新药证书，被"新药创制专项"评为重大标志性成果，并荣获2017年度国家技术发明奖二等奖。

在学术期刊《抗生素杂志》（*The Journal of Antibiotics*）发表的一篇综述论文中，国外学者将盐酸安妥沙星列为2000～2011年全球上市的8个氟喹诺酮药物之一，表明这一新药已得到国际认可。

经过20多年的筚路蓝缕，近年来我国新药研发呈现出厚积薄发的态势，每年约有二三十种新药涌现，当前正在研发的新药数量仅次于美国，在全世界排名第二位。

以今天的标准来看，盐酸安妥沙星的"创新"级别也许并不是很高。但人们不会忘记这个"小小的药片"曾经以怎样的勇气开辟出一条前所未有的路，又如何在漫长的空白中点上浓墨重彩的第一笔。

杨玉社更忘不了，在盐酸安妥沙星上市前夕，他怀着激动的心情去见恩师嵇汝运。当时，九旬高龄的嵇先生已进入人生的最后阶段，多数时候连身边的人都认不出了。但当陈凯先和杨玉社告诉他这个好消息时，先生饱经沧桑、似乎已经遗忘了一切的脸上分明浮现出一抹微笑。

他仿佛在说"好样的"。

（中国科学报社记者李晨阳、见习记者江庆龄撰文；原文发表在《中国科学报》2024年7月17日第4版；文中图片由上海药物所提供）

一生一世　一款好药

6年过去了，听到王逸平这个名字，宣利江还是忍不住红了眼眶。他背过身去平复心情，说道："直到现在，我到他工作过的地方还是感觉很难受。每次提及这件事，我的心里就会触动一下。"

王逸平和宣利江同为中国科学院上海药物研究所（简称上海药物所）研究员，既是并肩作战超过24年的工作搭档，又是志同道合、惺惺相惜的好友。这对科研"知己"投入20多年时间研制出我国中药现代化之路上的里程碑式产品——丹参多酚酸盐及其粉针剂，实现了中药研发的升级换代。

遗憾的是，2018年4月11日，王逸平倒在了工作岗位上，享年55岁。同年11月16日，他被中宣部追授"时代楷模"称号。彼时，倾尽他半生心血的丹参多酚酸盐已进入5000多家医院，每天约有10万人使用，销售额逾百亿元。

事实上，丹参多酚酸盐的成功，既是两位科学家"父亲"坚守本心、倾尽汗水的成果，更是上海药物所一代代药学人合力"托举"的结果。

两位"父亲"

1992年，25岁的宣利江还在上海药物所攻读博士，副研究员徐亚明是他的导师之一。徐亚明让他试着做一些植物水溶性化学成分的研究。

那时，国内很少有人专注于研究植物的水溶性成分。与脂溶性成分相比，前者受分离纯化技术条件限制，在研究上更具挑战性。

但"初生牛犊不怕虎"，年轻的宣利江的头脑里没有"害怕"二字，他选择经典中药丹参作为研究对象。

我国关于丹参的最早记载可见于东汉时期的《神农本草经》。书中将丹参列为"上品"，述其"治心腹痛"。后世中医以"一味丹参，功同四物"总结其疗效，公认丹参是一味活血化瘀的良药。

宣利江最初的想法很简单，就是想彻底弄清楚丹参的水溶性成分。但随着研究的不断深

王逸平在进行硕士研究生论文答辩

人，他有了一些不同于传统认知的新发现。

此前，学界很多人认为丹参的水溶性成分主要以酸的形式存在。可宣利江却发现那不是酸，而是盐——还不止一种盐。生药材丹参中甚至包含了罕见的镁盐、二钾盐、钾铵盐等。

这个新发现就成了丹参多酚酸盐诞生的源头。天生好奇的宣利江并未止步于此。关于丹参的奥秘，他还想了解更多。

天然化合物的活性发现，需要药理学的介入。于是，宣利江找到31岁的王逸平帮忙，对从丹参中分离得到的各种水溶性成分做进一步的活性筛选。那时，王逸平已经在上海药物所工作了6年，长期从事心血管药物的药理作用机制研究及药物研发。

与宣利江的学术背景不同，王逸平出身于临床医学。1980年，王逸平考入上海第二医科大学[①]。毕业前在癌症科室的一段实习经历，彻底改变了他本将成为一名临床医生的人生轨迹。

在肿瘤病房实习期间，王逸平第一次直面那么多"生死有命"的悲剧。面对那些因为没有"对症之药"无奈放弃治疗的重症患者，王逸平被无力感折磨。

于是，在实习结束后，王逸平作出一个令人震惊的决定——改读药理学。他跨专业考取本校药理学专业硕士研究生，1988年毕业后进入上海药物所工作。

从进入上海药物所的第一天起，王逸平就是奔着做药去的。短短6年，硕士毕业、没出过国的王逸平从助理研究员升为副研究员，成为当时研究所最年轻的课题组长。曾任上海药物所所长的中国科学院院士蒋华良评价王逸平"天生就是做药之人，对药有一种敏锐的直觉"。

毫无疑问，宣利江找对人了。

下定决心，做一款好药

20世纪后半叶，丹参注射液的质量标准都是把"丹参素"或"原儿茶醛"的活性排在最前面。但宣利江和王逸平通过无数次药理活性实验发现，丹参中这两种化合物的活性并非最强，反而是丹参乙酸镁的活性最强，且天然含量最高。于是，他们大胆推测丹参乙酸镁才是丹参中最主要的药效成分。

---

① 现上海交通大学医学院。

此外，当时丹参注射液在临床上虽然取得了一定疗效，但存在不良反应多发等问题，甚至引发了媒体关注。

"何不自己做一款丹参新药？"这个念头第一次出现在宣利江的脑海中。

就在王逸平反复验证丹参不同成分的活性时，宣利江还做了一件事。当时，实验室有一台算是比较"奢侈"的高效液相色谱仪（high performance liquid chromatography，HPLC），能够更精准地分析出样品中的化合物。宣利江便从医院买回源自不同厂家的所有丹参注射液产品，对它们进行集中检测。

结果令宣利江既兴奋又失望。他发现丹参乙酸镁在这些产品中的含量并不高，在一些产品中甚至不存在。可是，天然的丹参药材中的丹参乙酸镁的含量却很高。这意味着，过去大家在有意无意中舍去了丹参中的精华。更糟糕的是，宣利江还发现，不同厂家生产的丹参注射液的质量参差不齐，根本没有遵循"安全、有效、质量可控"的制药原则。

宣利江和王逸平随即决定，做一款真正"安全、有效、质量可控"的丹参新药。

博士毕业后，宣利江留在上海药物所担任助理研究员，与王逸平一起打响了他们的新药创制之战。那一年，宣利江28岁，王逸平32岁。

两个年轻人与化学和药理学两个实验室的团队成员一起，日复一日地在实验室研讨、实验、再研讨……他们心中早已达成一种默契——做药是人命关天的大事，前期实验做得越扎实，后期风险才越小。

整整一年多，宣利江团队和王逸平团队朝夕相伴，"有问题就立即着手解决"，以极高的效率完成了新药研究的主体部分。研究明确了两个核心问题：第一，以丹参乙酸镁为主要成分的多酚酸盐类化合物，是丹参保护心脑血管的核心成分；第二，多酚酸盐类化合物保护心脑血管的途径有很多种。此外，他们还从药物代谢层面厘清了多酚酸盐类化合物在人体中是如何代谢变化的，为后续制药的安全性提供了依据。

"做药的每一步都需要慎重、再慎重，稍不留神就可能走上错误的方向。那段时间，我和逸平联系非常密切，这也是我们能够做成这款药的一个很重要的因素。"宣利江说道。

1996年8月，宣利江前往日本九州大学进行博士后阶段研究。次年，王逸平也被派往九州大学做访问学者。本就惺惺相惜的两个年轻人愈加亲厚，时常一起"泡"在实验室，下班后一起吃饭。就在那时，宣利江得知王逸平被确诊患有克罗恩病已有4年，而且已接受了肠切除手术。他不敢相信，早出晚归、恨不得整日守在实验室工作的王逸平竟患有不治之症，常常要忍受常人无法想象的病痛，"那时候我才知道，他的肠子比别人短1.1米"。宣利江说道。

正是这段在异国他乡的短暂旅居，让二人有机会更加了解彼此，找到了共同的志向和节奏："我们要做这个药，因为这是我们最想做的事情，是我们的初心。其他任何事情，包括发论文、评职称什么的，都可以缓一缓。"

1998年，宣利江博士后出站后回到上海药物所，开始筹备丹参多酚酸盐工业化大生产的工艺和质量研究。

冲锋"独木桥"

丹参多酚酸盐的第一条大工艺生产线是宣利江及其化学团队闷头"硬啃"出来的。

产业思维与实验室思维大不相同，要想将实验室的研究成果安全、准确地"复刻"到生产线上，变成符合国家标准的产品，就需要建立一套极其完备的制药工艺和严格的质量标准。对于中药原材料而言，其自身品质成了制备工艺和质量控制的难点。

"源自不同产地、不同时节的药材，质量千差万别。如何通过一种标准化的制备工艺弥补这种天然差别是最大的难点。并且，我们还要实现其有效成分的质量可控，就需要建立更严格的标准。"宣利江解释说道。

研究团队并没有被这些问题难倒。他们夜以继日地攻关，终于发明了一种集提取精制技术、质量过程控制技术、冻干粉针技术于一体，能充分富集有效成分并保留化合物盐特征的制备工艺，相关技术先后获得中国、美国发明专利，并基于此设计出丹参多酚酸盐的第一条生产线。

一款新药终于初具雏形：其80%为丹参乙酸镁，另外20%是迷迭香酸、紫草酸、丹参素等丹参乙酸镁同系物。后来，这款新药被正式命名为"丹参多酚酸盐"。

2000年9月13日，宣利江如愿接到临床申报受理通知书，那天刚好是他的生日。同年，丹参多酚酸盐相关技术转让给制药企业。

有了企业介入，丹参多酚酸盐的上市本应驶上高速路。但谁也没料到，过了整整两年，他们才拿到主管部门下发的临床批件。

那是宣利江和王逸平最焦灼的两年。宣利江回忆到，这两年内，他们参加了至少5场专家审评会，批文却迟迟不来。

其实，审评部门的审慎也不难理解。在此之前，中药制剂的质量标准较为粗糙，大多数中药注射制剂甚至是以每毫升含多少生药量来控制质量的。然而，丹参多酚酸盐则"清晰得令人害怕"，千分之一甚至万分之一含量的成分都是明确的。

这是一款真正意义上"质量可控"的中药，完全颠覆了过去大家对中药"模糊不清"的认识。

"当时，有人质疑丹参中的镁盐是否存在，甚至怀疑是我们人为加进去的。我说，确实是天然存在的。对方就问，那为什么他得不到？"宣利江说道，"按现在的说法，这应该是一个'卡脖子'的环节。"

但宣利江和王逸平的心态并没有受到影响，两个人的心里始终有一杆秤——做药，要拿证据说话。终于，丹参多酚酸盐于2002年9月正式获得临床批件，3年多后获得了新药证书。

"现在回过头看，才发觉我们是在走一座独木桥，随时都有掉下去的可能。"宣利江说道。

"10 万人"的默契

2006年，丹参多酚酸盐及其粉针剂正式上市。随后，宣利江、王逸平与制药企业合作，一起完成了Ⅳ期临床试验，总计观察2153例病例，涉及50家医院。这是我国中药注射剂历史上第一次组织如此大规模的Ⅳ期临床试验。

在临床试验中，丹参多酚酸盐的疗效及安全性得到进一步证实，不良反应发生率仅0.56%。与传统丹参注射液相比，它表现出显著的疗效和良好的安全性。宣利江和王逸平实现了他们最初的诺言——做一款"安全、有效、质量可控"的好药。

丹参多酚酸盐上市那年，在中国临床应用已有30多年的鱼腥草静脉注射液因发生多起致死事件，被国家有关部门正式叫停，传统中药注射剂的安全性受到质疑。但就在这样的敏感时期，丹参多酚酸盐及其粉针剂的推广销售却很顺利，以连续5年超过100%的年增长率不断扩大市场，并顺利进入2009版《国家基本医疗保险用药目录》。

"当一大批有问题的药被摁下去时，我们的药反而脱颖而出。"宣利江自豪地说道，"巅峰时期，每一天有将近10万名患者因用我们的药受益。"

宣利江还记得，当他告诉王逸平"10万"这个数字时，平时不苟言笑的王逸平也露出了一抹微笑。往后，"10万"便成了两个课题组之间的一种默契。想到有那么多患者受益，大家都干劲十足，同时深感责任重大。

获得新药证书后，取得阶段性胜利的王逸平和宣利江本来计划"做点儿别的"。但一款新药的研究与开发不是随着新药证书的获得而结束，而是伴随着它的整个生命周期。这个过程远比他们想象的更长——只要临床上每天在使用，他们就持续面临各种各样的挑战。

就在王逸平猝然离世前，他还在为研制丹参多酚酸盐口

2006 年，丹参多酚酸盐团队获得中国科学院"先进集体"荣誉称号

2007 年，宣利江（左）与王逸平商议科研方案

服制剂而奋战。

　　王逸平一生的梦想就是"做出医生的首选药"。为此，他与克罗恩病顽强抗争20多年，争分夺秒地把全部生命投入新药研发。他去世后，蒋华良写下一副挽联"逸韵高致，为人师表；平和处世，一生辛劳"，代表上海药物所全体职工及在药学领域勤奋耕耘的所有同行、战友，向王逸平致以深深的敬意。

药学人的"必答题"

　　赵承嘏院士于1932年创办了北平研究院药物研究所①之初，就明确了研究所做研究的宗旨——用现代科学的技术手段研究中药，使中药科学化。

　　"上海药物所一直有这种传统，把做真正解决临床需求的新药作为战略目标。但这个过程不是一蹴而就的，会面临很多困难，甚至诱惑。王逸平和宣利江选对了目标，并且孜孜不倦，一步一个脚印去实现。他们没有被浮躁的环境所影响，这是非常令人钦佩的。"上海药物所所长李佳说道。

　　中药是一座宝库，凝结着中华民族两千年的智慧。在新时代背景下，如何用现代科学的思维、手段为古老的中药文明加上新的注脚，是所有药学人面对的一道"必答题"。

　　"只有像宣利江和王逸平研究丹参那样，用一生一世把一个药做明白，弄清楚有效成分及其中的变化，搞明白为什么有效，才能实现中医药现代化。"上海药物所党委书记叶阳说道。

　　从1992年至今，32年过去了，宣利江的头发已然泛白，当年初出茅庐的小伙子如今已临近退休。回望过去，宣利江感到无比庆幸，他在冥冥之中找到了那个人，和他一起选择并蹚出了那条正确的路。

　　再翻看他与王逸平20多年前的旧照，两个稚气未脱的青年靠在一起，眼里是满满的光。

（中国科学报社记者徐可莹撰文；原文发表在《中国科学报》2024 年 8 月 12 日第 4 版；文中图片由上海药物所提供）

---

①　上海药物所的前身。

他们在"无人问津"的小岛
培育出举世瞩目的克隆猴

中国最有名的猴子，除了孙悟空外，大概就是"中中""华华"了。

2018年初，这两只小猴子睁着懵懂的大眼睛，登上了国际期刊《细胞》（Cell）的封面，成了举世瞩目的"大明星"。作为全球首例体细胞克隆猴，它们的诞生开启了实验动物的崭新时代。

在《细胞》的网站上，这篇封面论文的点击率和下载量迅速创下历史纪录。这两只小猴子的影响力就像当年的克隆羊"多莉"一样，很快就席卷了世界各地的网络、电视和报刊。

体细胞克隆猴"中中"和"华华"

那段时间，《细胞》的编辑April Pawluk从美国乘飞机到中国交流。在去波士顿机场的路上，出租车司机听说她的目的地是上海，立刻兴奋地问道："那你听说过克隆猴吗？"

在此之前，谁又能想到这样一项轰动性、爆炸性的成果，会来自一个近乎"小透明"的课题组呢？

不拘一格用人才

2009年，36岁的孙强徘徊在人生的十字路口。彼时，他是华东师范大学的一名讲师，牵头开展的"973计划"项目子课题"猴生殖生理和转基因猴构建研究"刚刚结题。为了这个项目，他在云南西双版纳过了4年与猴为伴的生活。在那里，他成功构建了中国首批试管食蟹猴，但直到离开也没有做出转基因猴。这让他感到遗憾和懊恼。

接下来该向何处去呢？

就在这时，孙强接到了一个特殊的邀请。中国科学院神经科学研究所（简称神经所）[①]的研究员罗振革邀请他前往海南三亚，参加所里举办的一场小型研讨会，并围绕他在西双版纳开展的试管猴工作作一场学术报告。

孙强的报告被安排在倒数第二个、时任神经所所长蒲慕明的报告之前。在报告开始前，孙强突然接到通知：蒲慕明的报告因故临时取消，他可以讲得久一些。

孙强没有想太多，按部就班地作完报告，进入交流环节。当时台下坐满了神经所的领导和学术骨干，他们纷纷向孙强提出问题。这个交流环节竟持续了约半个小时，甚至比他的报告时间还长。事后孙强才意识到，这哪里是报告呀，根本就是一场"面试"嘛。

对蒲慕明和在他领导下的神经所而言，2009年同样是意义重大的一年。在中国科学院的稳定支持下，神经所在建所10年后建立了神经科学国家重点实验室。也是在这一年，他们决定再向前一步，开展非人灵长类动物——主要是猴类研究。由于猴类具有与人类最接近的大脑，因此它们在脑科学发展、神经退行性疾病研究和治疗等方面将发挥至关重要的作用。

大局已经布下，谁是那个最适合被委以重任的人？蒲慕明开始在全国范围内寻找研究灵长类动物的人才。恰巧中国科学院院士、神经所研究员段树民担任了孙强参与的上述"973计划"项目的评审委员，对这位在云南扎根数年的北方汉子印象深刻，便向蒲慕明进行了推荐。

那场特殊的"面试"过去几个月后，孙强受邀来到神经所。当着神经所各位PI的面，蒲慕明阐述了他对研究所和国家重点实验室整体布局的思考，以及发展非人灵长类动物研究的计划。讲完这些后，他郑重地问孙强道："你愿不愿意在这里做猴子研究？"

孙强很是心动，因为他终于有机会继续做心心念念的灵长类动物研究了。但他还是有些顾虑：神经所对PI的考评非常严格，但猴子研究周期长、难度大，也许很长一段时间都看不到成果，短期内很难达到相应的考核标准。于是，他提出不进入研究员序列，也不当PI，而是从高级工程师做起。蒲慕明答应了他的这个请求。

一对师生的"十年之约"

2009年6月1日，孙强正式入职神经所。

但是，如果在寸土寸金的上海开展灵长类动物研究，就得从头打造实验动物养殖和实验基地，不仅要花费海量经费，还意味着要经历漫长的建设和审批。

① 现中国科学院脑科学与智能技术卓越创新中心。

孙强不想等那么久。他知道在离上海市不远的江苏省苏州市的太湖西山岛上有一家具备养猴资质的实验动物公司——苏州西山中科实验动物公司。于是，他租用这里的空间和设备，又从过去工作过的西双版纳的猴场"挖"来两名熟练的技术人员，就这样开始了新工作。

孙强至今仍然记得起步时期的艰难。2010年国庆假期的一个雨夜，他身披雨衣，骑着电瓶车，准备把一管试剂送到实验室冷藏。岛上没有路灯，四下阒然而漆黑。突然，迎面驶来的货车投来一道强光。瞬间，他就什么都看不到了，电瓶车轮底一滑，摔在了路边。

孙强忍着剧痛把试剂送到实验室，才发觉自己的左臂已经动弹不了了。第二天一早，同事把他送进市里的医院，医生诊断为锁骨骨折，需要尽快手术。

听到这个结果，孙强的第一反应却是：实验怎么办？

当时，除他之外的团队成员都是兽医，因此很多涉及精细操作的实验只能由他完成。如果打上钢板，手臂至少七八天不能活动。但是，猴子的取卵实验正在关键时刻，一刻也不能耽误。

想来想去，孙强决定先回实验室，将实验全部做完后再来住院。一个骨折手术，被硬生生地拖延了10天。

幸运的是，他后来等到了一个绝佳的帮手。山东小伙子刘真在神经所攻读硕士期间，加入了孙强带领的灵长类研究团队。他能吃苦、爱琢磨、敢想敢干，很快成长为团队里的骨干。

2013年，刘真即将硕士毕业。见刘真有继续读博的打算，孙强问他愿不愿意做一个很难的、很可能需要长期奋战的课题。

"需要干多长时间？"刘真问道。

"干到我退休！"孙强故作严肃地说道。说罢，他忍不住笑了，说道："至少也得10年。"

"10年就10年！"刘真接招了。

这个课题正是"体细胞克隆猴"。

步步惊心！"中中""华华"诞生记

那几年，孙强带着7个人左右的小团队驻守在西山岛上，仿佛成了遗世独立的"透明人"。"领域里都快忘记我们这些人的存在了。"他说道。

然而，与世隔绝的寂寞中正在暗暗酝酿传奇。

随着脑科学领域的飞速发展，科学家越来越不满足于大（小）鼠、兔子、狗等传统实验动物模型。这些动物的神经系统（特别是大脑）的复杂度，远远不能与人类相比。近几十年来，以阿尔茨海默病为代表的各类神经系统疾病药物的研发，一旦进入人体临床阶段便屡屡宣告失败。这更让人们意识到开发非人灵长类动物模型的必要性和紧迫性。

理想的实验动物模型要有清晰、统一的遗传背景。为此，人们让小鼠不断地进行近亲交配以产生稳定的纯合遗传品系。但是，对生育周期长、每胎个数很少的猴子，这么做既没效率，又不现实。科学家试图用可行的方法得到遗传背景统一的实验用猴，体细胞克隆技术就是其中之一。

对今天的人们来说，"克隆"早已不是什么新鲜词汇。自1996年克隆羊"多莉"诞生以来，世界各国已经成功打造出克隆牛、克隆猪、克隆猫等克隆动物。然而，科学家在克隆猴子的过程中却屡屡碰壁。

1999年，美国俄勒冈国家灵长类研究中心的科学家首次利用早期胚胎卵裂球细胞作为核供体，得到了胚胎细胞来源的克隆猴。但是，早期胚胎细胞与体细胞差异极大，其本身就具有发育的全能性，而且无法在体外培养扩增，在应用上非常受限。后来，俄勒冈国家灵长类研究中心的米塔利波夫团队继续挑战体细胞克隆猴技术，但一直没能攻下这座"堡垒"。

刘真接下这个课题的时候，就知道这是"一块硬骨头"。孙强和他，一个是没什么名校背景的高级工程师，一个是调剂入学的专业硕士。两个名不见经传的"小透明"真的能实现国内外领域"大牛"都没搞定的目标吗？

在实践中，刘真很快发现这项技术的关键"卡点"在于灵长类动物的胚胎非常"娇气"，对克隆中必需的细胞核移植操作的耐受性很低。再加上猴子作为实验动物非常贵重，较其他实验动物排出的卵细胞数量少，资源有限加上成功率极低，才让诸多知名团队铩羽而归。

研究人员在操作体细胞克隆猴的相关实验

仔细复盘前人的经验及教训后，刘真认为当下正是开展这项工作的最佳时期。随着人们对哺乳动物胚胎发育机制越来越了解、单细胞测序等技术越来越成熟，他们有机会用新方法解答老问题。

"最关键的是要去做。做了不一定成功，不做则根本不可能成功。"他这样想道。

刘真花了3年时间把体细胞核移植技术练得炉火纯青。他能快速且无损地将卵细胞内的细胞核移除，并促进供体细胞核与去核卵细胞融合。蒲慕明都夸赞他有一双巧手。

刘真和同伴们还总结出一系列操作要点：克隆成功率与细胞核的来源密切相关，其中来自成纤维细胞的细胞核的成功率最高；在完成细胞核移植后，需要引入表观遗传调控，适当"激活"和"关闭"影响胚胎发育的基因，以保证胚胎发育时间不早也不晚；将克隆胚胎移植进母猴子宫后，也要特别细心地呵护。

然而，即便是步步小心，依旧是步步惊心。2017年，在突破一个关键技术难点后，首批20多只母猴终于成功受孕。可是，研究人员的高兴劲儿还没有过去，这些母猴就先后流产了。虽然有两只小猴经剖宫产出生，但因为先天不足，只活了一星期便死去了。

屡战，屡败；屡败，屡战……刘真已经习惯了这样的循环。但当他"离成功已经那么近了，却还是失败"时，还是体会到了前所未有的沮丧和难过。

直到2017年底，一只健康的小猴出生了。刘真看到它的第一眼，就感到它很有活力。12天后，另一只小猴也呱呱坠地，它和"姐姐"有着完全相同的细胞核基因，外表自然也一模一样。

成了！成了！

孙强和刘真在赶写论文的时候突然意识到，这两只小猴还没有名字。他们决定向蒲慕明征求意见。

蒲慕明看着两位面露欣喜的科研骨干，说道："要不就用你俩的名字起一个，叫'强强'和'真真'？"

孙强和刘真连连摇头。

蒲慕明又想了一下，说道："'中中'和'华华'如何？"

这一次，众人齐声叫好。

"世界第一"的秘密

重大突破！世界第一！关于体细胞克隆猴的研究工作得到了学术界的高度评价。

国际细胞治疗学会主席John Rasko说道："这是许多专家认为不可能实现的重大技术突破……利用智慧的化学方法和操作技巧，中国科学家攻克了多年来导致克隆猴失败的难关。"

细胞出版社（Cell Press）首席执行官、《细胞》主编Emilie Marcus评价道："该成果是一项令人兴奋的重要工作，这是全世界科学家花了20年时间才达到的技术里程碑，有潜力引发动物研究的革命并有助于研发治疗人类疾病的新方法。"

荣誉纷至沓来，赞美源源不断。在孤岛上苦苦经营多年的"小透明"课题组，在突然之间成了全世界关注的焦点。面对蜂拥而至的媒体，孙强和刘真不得不一遍遍地讲述他们的故事。

但孙强坦言，他并不喜欢这种感觉。相比起镁光灯下的繁华纷扰，西双版纳的"猴山"、太湖之上的"猴岛"才是他的舒适区。

2018年7月，刚满30岁、毫无海外留学背景的刘真被正式聘任为神经所的研究员。他被视为本土优秀青年科研人才的典范，不断有研究机构邀请他去作报告、讲座。但是，刘真很快发现自己并不习惯"兜售"什么"成功经验"。渐渐地，他很少再接受这类邀约，只想在实验室里安心做科研。

如今，1500多只模式猴已经从苏州市的西山岛被转移到上海市松江区。经过这些年的发展，西山岛完成了使命，已不再荒凉。这些模式猴承担着针对阿尔茨海默病、癫痫、失眠、天使综合征、脆性X综合征等诸多脑部疾病的多项关键实验任务，成为我国乃至全世界科学家攻克神经生物学疑难杂症的一座重要样本库。

像大多数涉及灵长类动物的实验那样，这些研究工作从一开始就面临着国内外关于科研伦理的审视和担忧。对此，他们早已做好准备。早在2005年，神经所所在的中国科学院上海生命科学研究院，就成立了由伦理学专家、生物学专家、医学专家和社会人士组成的生命科学伦理委员会，对相关研究进行严格的审查和监督。

1999年，蒲慕明回国创建神经所时，中国在脑科学领域还比较落后，发展举步维艰。在接下来的10多年里，中国科学家逐渐从"跟跑"过渡到"并跑"。2017年，"中中"和"华华"的诞生像一匹突然闯出的黑马，宣告我国在非人灵长类研究领域实现了由国际"并跑"到"领跑"的转变。

但蒲慕明很清楚，这距离他的目标——为中国在世界脑科学界奠定"领跑"地位，依然有很长一段距离。他说道："要成为一个领域的'领跑'者，就要有更多科研无人区的'探险家'。特别是年轻人，初生牛犊不怕虎，他们有闯劲儿。"蒲慕明时常鼓励年轻人要勇于冒险，敢于瞄准最重要的科学目标。

在某一年的年会上，蒲慕明给大家讲述了一个学术故事。一位国外的科学家早年曾在一个鼎鼎大名的科研机构求学。他的导师是非常有名的学者，拥有强大的资源和平台，却迟迟没有下定决心去攻克领域内的一个经典难题。然而，故事的主人公虽然初出茅庐、白手起家，但坚定地瞄准这个他眼中最重要的科学问题，苦心孤诣，最终交出了漂亮的答卷，并凭借这一成果获得了诺贝尔奖。

听着这个故事，台下的孙强和刘真仿佛忘却了所有的艰难和疲惫，只感到未来的人生充满了无限可能。

这对师生一如既往地守着非人灵长类研究平台这块宝地，时不时再给世界抛出一些新的惊喜。

2019年，世界首批生物节律紊乱体细胞克隆猴模型诞生，标志着中国正式开启了批量化、标准化创建疾病克隆猴模型的新时代。2023年，首批高比例胚胎干细胞来源的嵌合体猴出生，为建立基于猴胚胎干细胞嵌合体的基因打靶和模型构建技术奠定了基础。

"天下事有难易乎？为之，则难者亦易矣；不为，则易者亦难矣。"成为"世界第一"的秘诀，不外如是。

（中国科学报社记者李晨阳、徐可莹撰文；原文发表在《中国科学报》2024年5月9日第4版；文中图片由中国科学院脑科学与智能技术卓越创新中心提供）

重离子治癌：
国之重器点亮生命之光

"杨主任，我现在能正常饮食，下地行走也没问题，身体感觉很好，感谢你们。今天，我终于可以安心出院了。"在甘肃省武威重离子中心，69岁的黄大爷正在向副主任医师杨乾滋描述自己的状态。

黄大爷患有晚期肺癌，因肺部肿瘤太大，且紧贴胃肠，手术无法切除。2023年9月28日，经过微创手术置入隔离器（纱垫）分开肿瘤和胃肠，再给予一次大剂量重离子治疗，他成功得到救治。

高速离子在物体中行进停止时，释放的大部分能量会形成一个尖锐的能量峰——布拉格峰。自从布拉格峰被发现以来，人类一直在探索利用质子和重离子治疗癌症的可能性。从1946年美国物理学家罗伯特·威尔逊（Robert Wilson）首次提出用质子束治疗肿瘤的设想，到1994年日本千叶建成世界上第一个重离子治癌中心，一系列进展引发全球的高度关注。

中国在这一领域毫不逊色，自主研制的重离子治癌装置已经落户多个城市。这一国之重器不仅展示了我国在重离子治癌领域的领先实力，而且代表着癌症治疗技术的巨大飞跃。重离子以其独特的优势，在癌症放射治疗领域独树一帜，被誉为当今最先进、最科学、最有效的疗法之一。

从零开始，研发装置

1988年，中国科学院近代物理研究所（简称近代物理所）建成了我国第一台大型重离子研究装置——兰州重离子加速器（Lanzhou heavy ion accelerator，HIRFL），不仅为我国中能重离子物理基础研究提供了重要的实验条件，而且标志着我国回旋加速器技术进入国际先进行列。1991年，兰州重离子加速器国家实验室成立。1992年，该装置获得国家科学技术进步奖一等奖。

正是利用该装置提供的多种不同种类和不同能量的重离子束流，科研人员完成了许多科学实验，取得了以新核素合成和研究为代表的具有国际先进水平的重要成果，也为接下来的重离子治癌奠定了基础。

1993年11月的一天，寒风呼啸，但近代物理所会议室内的气氛却异常火热。这是由于一场关于重离子大科学装置未来如何应用的研讨会正在这里举行。针对如何利用大科学装置并激发出它最大价值的问题，每位与会人员都提出了不同的看法。

此时，重离子束应用二室主任卫增泉站上了讲台。他的报告题目是"生命科学研究"，其中详细阐述了他关于开展重离子治癌研究的设想。

卫增泉的发言犹如星星之火，瞬间点燃了在场所有科研人员的热情。他们怀揣着发掘重离子生物学效应巨大潜力的梦想，纷纷提出了开展相关基础研究的构思。

作为卫增泉的学生，近代物理所生物医学中心主任李强仍然记得这项研究最初带来的意义。他说道："我们之所以决心研制重离子治癌装置，是因为重离子在加速器的赋能下，就如同精准的手术刀，能够直击病灶，释放出巨大能量，将癌细胞一举歼灭。"

重离子治癌装置不仅能有效防止癌细胞残留和复发，而且对正常组织的毒副作用较小，能减轻放疗给患者带来的痛苦。因此，重离子治癌被称为国际前沿的放疗技术。

然而，挑战与机遇并存。由于相关国际标准缺失、国内研究基础薄弱，近代物理所的科研人员面临着从零开始、追赶国际研究步伐并实现国产化的艰巨任务。

"那时候，我们虽然知道重离子治癌的巨大潜力，但作为一家科研单位来研发大型医疗器械还是头一遭。"近代物理所原所长、医用重离子加速器产业化项目负责人肖国青回忆道。但为了实现国产技术零的突破，即便困难重重，所有科研人员还是都憋着一股劲儿，誓要啃下这块"硬骨头"。

1995年6月，重离子治癌技术研究项目"核医学和放射治疗中先进技术的基础研究"入选国家攀登计划B，得到了国家和地方的支持与配合。相关部门为研究提供了各种人体肿瘤标本，使近代物理所能够建成配备尖端仪器设备的实验室，全面开展放射生物学、医学物理实验研究及动物实验。

前期探索中的一个核心问题是如何根据肿瘤深度与大小精确匹配所需要的能量。这就像一场精准的导弹打击，既要确保能量深入肿瘤，又要避免伤害健康组织。

卫增泉带领科研团队首先探究了不同肿瘤深度所需要的不同离子束能量。

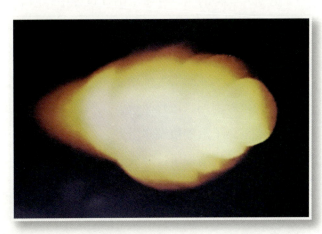

模拟重离子辐照肿瘤形状的立体剂量球　（近代物理所供图）

同时，为了解决离子束照射形状须等同于肿瘤形状的问题，他们调整光栏、调制束流，创造出符合肿瘤形状的立体剂量球。由此，人为控制重离子束能量和束流形状的方法诞生了。

经费受限让科研人员只能建造一个用于动物实验的局部屏蔽小室，以满足基本实验需求。

在诸多重离子中，哪种实验效果最好，是碳离子、氮离子还是氩离子？卫增泉团队选择动物肿瘤细胞作为实验对象，并在兰州大学生物系的支持和配合下，经过多次实验、多次总结、逐步改进，最终发现碳离子在所有重离子中的效果最好。

这个成功让卫增泉感到十分激动。这意味着，他在1993年提出的设想终于变为现实，同时也让团队信心倍增。

随后一系列令人振奋的实验结果证实，重离子治疗对人体肿瘤细胞同样有效。这些基础研究为重离子治癌临床研究积累了宝贵的基础数据，为后续治疗技术的研发奠定了坚实基础。

突破瓶颈，攻克难题

2006年3月1日，我国第一个浅层肿瘤重离子治疗装置通过专家组的鉴定验收。这意味着我国具备了浅层肿瘤重离子治疗临床试验的条件。

同年11月，研究团队首次利用重离子治疗技术对4名癌症患者进行了前期临床试验。临床试验的顺利开展，使我国成为世界上第四个成功开展重离子临床治疗的国家。

在随后的一年里，研究团队与医院紧密合作，利用碳离子束对第二批的9名患者和第三批的14名患者进行了肿瘤治疗。这27名患者涉及12种不同癌症类型，均取得显著疗效。大多数患者的肿瘤完全消失，其余患者的肿瘤有了不同程度的缩小。

更令人欣喜的是，在整个治疗过程中，所有患者未出现任何局部或全身的不良反应。这一成果充分展示了碳离子放射治疗在多种癌症治疗中的巨大潜力和安全性。2006~2009年，近代物理所共进行了103例体表肿瘤前期临床试验研究。

2007年1月24日，为推动重离子治癌的研究与应用，中国科学院兰州分院、近代物理所，相关政府部门、医疗单位，以及国内放疗专家、加速器技术和核物理专家齐聚一堂，共同组建了重离子治癌协调小组。

同时，近代物理所挂牌成立了"甘肃省重离子束治疗肿瘤临床研究基地"，重离子治癌技术研究与应用就此翻开新的篇章。

2008年7月，兰州重离子加速器冷却储存环通过国家验收。得益于中国科学院部署的重大项目，近代物理所完成了深层治疗实验终端建设，并实现了关键技术的重大突破。

医学物理师利用水箱验证重离子射线能量 （袁海博/摄）

2009年，科研人员决定利用新建的兰州重离子加速器冷却储存环提供的高能碳离子，开展深部肿瘤前期临床试验研究。

"2009～2013年，一共有110名深部肿瘤患者入组，勇敢地参与了前期临床试验研究。与此同时，我们也紧锣密鼓地进行产业化工作，致力于研发一台真正意义上的医用重离子加速器大型医疗器械。"肖国青说道。

初遇挫折，落地甘肃

2009年3月，近代物理所所长办公室里的肖国青的心里有些着急。他紧盯着墙上的一幅地图，指着地图上画圈的地方说道："好几年了，现在重离子治癌中心仍未能落地，一切计划都还处于纸上谈兵的阶段。"

技术上的信心如何变成现实中的治疗中心呢？肖国青想得很清楚。他说道："近代物理所只是一家研究单位，不可能自己投资建设一个治癌中心，这种事还是要交给企业来做。"

于是，各地闻风而动。厦门、广州、福州等城市不断与近代物理所接触，争建国内首家重离子治癌中心。

"我们的研发基地、加工基地、人才基地都在兰州，从感情上讲，我们更希望这家中心能落户甘肃。"肖国青说道。他明白，眼下最重要的事还是将重离子治癌装置的市场转化落到实处。不过，一台专用装置造价不菲，有些城市因此打起了退堂鼓。

更何况，科研装置与临床应用的大型医疗器械之间存在"鸿沟"，不仅需要技术突破及资金与人才的双重保障，而且需要医疗系统的充分信任。

"大型医疗设备不仅需要得到国家卫生健康主管部门的配置许可，而且需要考量医院资质等多方面因素。同时，这些设备必须获得国家药品监督管理部门的医疗器械注册证，才能正式投入临床治疗。为了获得这些认可，我们只能不断探索，走出一条属于自己的路。"李强说道。

重离子治疗设备的审批极其严格，再加上此前并无同等体量的国产医疗器械报批先例，使得从样机调试、设备检测到临床试验、审批注册的每一步都如履薄冰，稍有不慎就可能功亏一篑。

基于多方面原因，团队没有找一线城市的大医院做"第一个吃螃蟹的人"。眼看耗费十几年心血的研究成果无法落地，团队成员心里的那种失落和迷茫几乎让人窒息。每个人都在心里默默地问自己：做这件事到底有没有意义？

为了让首台国产医用重离子加速器成功落地，研究团队决定转换思路。

2012年5月2日，投资16亿元的重离子肿瘤治疗中心终于在甘肃省武威市荣华生化工业园区开工建设。这标志着恶性肿瘤治疗中心正式落户甘肃武威，重离子治癌技术研发也从基础研究向民生应用迈出了实质性的一步。

艰难起步，初具雏形

武威市位于甘肃省中部，地处河西走廊东端。它是丝绸之路经济带甘肃段的重要节点城市，也是国家历史文化名城。

然而，2012年武威重离子中心刚开始建设时，它还只是一座孤零零地矗立在荒漠中的大楼。除了黄沙，它的四周就是无尽的旷野。

在武威城东、腾格里沙漠南缘这片不毛之地，建设者们面临着环境恶劣、经费紧张、团队力量薄弱等诸多挑战。然而，坚韧的他们却像钉子一样，深深地扎进这片荒凉的土地，用毅力和智慧克服了一个又一个困难。

他们自创了"三级衰变凉水塔回用"技术，成功地实现了放射性污水零排放，解决了次生沙漠地带接地电阻严重超标问题，还妥善解决了风沙大、洁净度超标的难题。

那段日子让近代物理所副所长杨建成刻骨铭心。"最初的工作环境异常艰苦，我们只能挤在泡沫板上勉强休息。"他回忆道。

安装调试重离子治癌装置的团队里有几十位科研人员。调试初期，进展不尽如人意，而装置的精度要求又很高，每个细节都考验着他们的耐心和智慧。

以磁场精度为例，磁铁参数要达到万分之二的均匀度，而当时研究团队只能达到万分之三。离子在加速器中一秒大约跑300万圈，如果精度不符合要求，离子束每一圈都会跑偏，

医用重离子加速器装置 （袁海博/摄）

在300万圈之后，离子束就不能击中靶心了。

科研人员反复对部件进行调整，经过长达半年的努力，终于达标了。团队成员所有的疲惫和煎熬在那一刻都烟消云散了。平时并不喜欢拍照的杨建成，当即用照片记录下了这个历史性的突破瞬间。

我国第一台拥有自主知识产权的医用重离子加速器装置正式诞生了，科技力量在这片荒凉的土地上生根发芽。

布局全国，走向市场

2018年11月6日，医疗团队负责人轻轻按下按钮，首台国产医用重离子加速器装置正式开始治疗第一例患者。

"我们避开了国外设备的技术专利，设计了一套独特的回旋加速器与同步加速器组合结构。这种结构将整个加速器的周长缩短至56米，而同一级别的欧洲医用加速器的周长达75米，日本加速器的周长也有62米。"杨建成告诉记者道，"细节决定成败，在大型医疗器械建造中更是如此。"

2015年12月底，武威重离子医疗装置建成出束。这台装置超过95%的零部件都是国产的，不仅性能、品质与进口设备不相上下，而且价格仅为进口设备的1/3，还省去了每年高昂的维护费用。

2019年9月29日，我国首台具有完全自主知识产权的国产医用重离子加速器装置"碳离子治疗系统"正式获批并投入运营。截至2024年2月24日，武威重离子治疗装置已治疗患者1133名，效果显著。数据显示，46名临床试验受试者的3年局部控制率达到84%。

与进口设备相比，国产重离子治疗设备不仅技术先进、维护费用低、性价比高，而且能提供持续的技术升级服务。当下，自主创新的重要性日益凸显。"团队不仅要做出医用重离子加速器，而且要做得更好，走在世界前列。"李强说道。

如今，多地正在如火如荼地建设医用重离子加速器。福建莆田的项目装置整机调试已达到设计指标，正准备进行设备注册检测；湖北武汉的项目装置主设备已经安装完毕，即将开始调试；浙江杭州的项目装置主设备也已经入场安装。

重离子治疗对许多实体肿瘤都有显著疗效，尤其是那些不宜手术、对常规射线不敏感或治疗后复发的肿瘤。随着技术不断进步和研究的深入，其适应症范围将进一步扩大。

现有的设备数量已经远远不能满足我国庞大的癌症患者群体的需求。因此，医用重离子加速器的未来发展方向是小型化、低成本。

杨建成透露，他们正在研发的第二代医用重离子加速器的占地面积、耗电量都将大幅减少，价格也会更加便宜。他们的目标是，第二代产品的占地面积仅为第一代产品的1/3，耗电量减少到1/4，并融入20多项国产关键专利技术。

"下一步，我们可能采用超导方案，将医用重离子加速器缩小到一个几百平方米的房间内。"肖国青说道。他期待，未来有更多医院配备重离子加速器，实现设备造价和患者治疗费用"双低"。

李强则有更远的梦想，他说道："希望我国能成为继日本、德国之后第三个重离子治疗技术研发中心，并在这个领域制定更多国际标准。"

展望未来，他们希望持续攻关重离子治疗核心技术，在国际癌症放射治疗领域扎牢根基、行稳致远。

（中国科学报社记者叶满山撰文；原文发表在《中国科学报》2024 年 4 月 15 日第 4 版）

"点亮"肺部

——国产高端磁共振装备的攻坚路

"这样的装备，我们太需要了，能否赶紧安装到金银潭医院来？"

新冠疫情中，患者感染最多发的部位就是肺部，把肺部交换功能病变看清楚，对病毒致肺生理损伤机制研究和临床治疗非常重要。

2020年2月，正是武汉阻击新冠疫情最关键的时期，武汉市金银潭医院院长张定宇得知中国科学院精密测量科学与技术创新研究院（简称精密测量院）研制出"人体肺部多核磁共振成像系统"后，当即提出需求。

"全力支持！一台不够就想办法再多调几台过去！"收到精密测量院转达的来自武汉战"疫"最前线的请援，中国科学院党组果断指示。

中国科学院研究团队主导研发的这款国产高端医疗设备，在抗疫最前线发挥了重要作用。但很多人不知道的是，为了这台能够"点亮"肺部的设备，相关科研团队苦心研究了十多年。

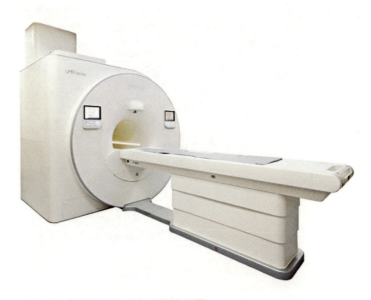

人体肺部多核磁共振成像系统外观图

"缉凶"

肺是人体的重要器官，肺部疾病严重威胁人民生命健康。

近年来，肺癌居我国恶性肿瘤发病率和死亡率首位。提高对肺部疾病的检测技术水平，及时对肺部疾病进行筛查，开展"肺里缉凶"，是事关人民生命健康的大事。

肺部常规影像学检测手段包括胸透和CT等，但这些技术都有电离辐射，并且无法实现肺部通气、气血交换功能定量检测。临床常用的磁共振成像虽然没有电离辐射，但无法对肺部空腔进行成像。

简单说就是传统的临床影像检测设备虽然能看到明显的肿瘤等病灶，但难以探测肺部疾病早期气血交换功能和微结构的变化，因此在常规磁共振成像中，肺部往往是一个无法看清的"黑洞"。

"如果我们能研制出一套更精密的设备'点亮'肺部，那么就能提高对肺部疾病的检测技术水平，有望实现肺部疾病早发现、早诊断、早治疗，挽救千千万万的生命！"十多年前，正是怀揣这个朴素的想法，精密测量院的科研人员开启了这项研究。

项目牵头人周欣彼时刚从美国访学归来，对这项前沿设备研发工作满怀憧憬。

当时能够"点亮"肺部的高端临床成像仪器，不仅中国没有，国际上也没有。但是，这并不意味着中国科学家不能做出来。周欣告诉记者，这不是个人血性使然，而是国家需求的召唤；不是一腔孤勇，而是站在巨人肩头的使命担当。中国科学院武汉物理与数学研究所（简称武汉物数所）①的核磁共振学科有半个多世纪的历史，经过中国科学院院士叶朝辉、

周欣（左二）团队在开展实验

---

① 精密测量院的前身之一。

刘买利等众多科学家的不懈努力，使中国在该学科领域走在了国际前沿。

2013年，周欣作为首席科学家，在武汉牵头启动国家自然科学基金国家重大科研仪器设备研制项目"用于人体肺部重大疾病研究的磁共振成像仪器系统研制"，开启了艰难攻关。

"点亮"

"缉凶"的关键在于"点亮"肺部"黑洞"。至于如何"点亮"肺部，研究团队一早就确立了基本的研发思路——先寻找一种安全无毒、可吸入的气体作为磁共振的信号源，再想办法将这种信号增强到仪器可以清晰接收的程度，最终让仪器"看清"肺部"黑洞"里的各个位置。

思路看似简单，但要将其变成现实却不是一件容易的事。

起初，团队根据磁共振信号衰减时长来寻找气体。他们从安全无毒的稀有气体中，筛选出磁共振信号衰减时间较长的氦-3和氙-129两种元素。但他们很快就注意到，氦-3成本高昂且不溶于血液，不能满足肺部气血交换功能的应用需求，而氙-129具有良好的生物惰性、脂溶性和化学位移敏感性，在肺部功能探测方面具有十分独特的优势。最终，团队选定氙-129气体为肺部造影剂。

有了造影剂，接下来要解决的问题就是增强氙-129的磁共振信号，让氙气"显影"。

精密测量院磁共振中心工程师谢军帅将这段研究历程称为"坐'冷板凳'的日子"。"临床磁共振成像信号来源于人体中的水质子。肺部是空腔组织，其水质子的密度仅为正常组织的千分之一，如何实现肺部空腔气体成像是困扰研究人员的一大难题。大家虽然不清楚何时能够研制成功，但都有一个共同的信念——做科研不能急，不求一鸣惊人，只求一战到底！"谢军帅说道。

在各方支持下，研究团队取得了一系列突破。

他们摸索出超极化技术，通过激光增强技术把激光角动量转移至碱金属原子电子，再由电子通过相互作用转移至稀有气体氙原子核上，将氙气体信号显著增强，解决了肺部空腔气体成像难题。

他们研发的医用氙气体发生器，在无创情况下有效解决了CT等临床常规影像存在电离辐射的难题，让肺部气体磁共振成像从"不可看"变为"可看"，截至2019年底，已将磁共振信号增强7万倍。

他们研制的可穿戴式人体肺部多核磁共振成像探头和升降频多通道射频装置，实现了从"看清"到"好看"的飞跃。

他们提出变采样率加速模式和多b值磁共振弥散加权成像图像联合重建方法，实现了快速且高质量的图像采集与重建，大大缩短了采样时间。

他们采用特殊的k空间采样轨迹填充技术和多呼吸采样策略，显著提高了氙磁共振图像的空间分辨率和时间分辨率……

在各项创新技术、装备的基础上，团队研发出"人体肺部多核磁共振成像系统"。该系统由医用氙气体发生器和多核磁共振成像系统两大核心装置组成，实现了临床单核向多核磁共振成像系统的拓展，填补了临床肺部气体交换功能无创可视化评估的空白，开辟了我国临床多核磁共振成像新领域，处于国际领跑地位。

这是全球首台气体肺部磁共振成像装备。患者只需要吸一口氙气，3.5秒后就能得到一幅人体肺部磁共振3D影像。影像中，气体抵达肺部的位置清晰可见，患者的肺部微结构、气体交换功能情况等一目了然。

中国科学院团队研发的"人体肺部多核磁共振成像系统"，有效解决了肺部结构和功能的无损、定量、可视化检测技术背后的科学难题，让肺部疾病"杀手"无处隐藏。同时，这一成果是我国高端医疗装备领域少有的原始创新，实现了自主可控。

逆行

"人体肺部多核磁共振成像系统"的临床应用比周欣预想的要快一些。

2020年1月22日，周欣正在北京推进医疗器械注册事宜。得知武汉新冠疫情加重的消息后，他坐不住了。当天晚上，周欣就从中国科学院机关搭上出租车，火急火燎地赶往机场。出租车司机听说他要赶回武汉给医院装肺部成像检测设备，一路狂飙，连车费也不要。"这时候还赶回武汉，我不能收你的车费。"司机的话令周欣颇为感动。

团队其他研究人员也不约而同地从外地往武汉赶。大家都预感一场大仗要开始了，作为"国家队""国家人"，中国科学院的科研人员不能退缩！

即将结婚的团队成员李海东悄悄给家人留下一封信后，连夜从河南自驾赶回武汉。他说道："我们不能不回去，因为我们的设备正是派上用场的时候，我们需要教会医护人员怎么用。"

武汉全城封闭，设备该如何运输？他们就打报告，申请把设备及时运送到医院。设备运行需要的氙气没有了又该怎么办？周欣决定自己开车，把座椅放倒，拉上气瓶，和团队成员一起赶往医院。这辆小车，从位于武昌的精密测量院出发，经过武汉长江大桥，在昔日车水马龙、灯火辉煌的路上，孤独而坚定地前行。

很快，在张定宇的支持下，团队将研制出的人体肺部多核磁共振成像系统安装在武汉市金银潭医院，在全球率先开展新冠患者肺功能临床评估，同期还将设备应用于武汉同济医院等抗疫一线，共计对3000余人次的新冠患者进行了肺部微结构和功能的全面评估。

在医院里，团队成员每天穿着防护服工作十六七个小时，皮肤因汗水、酒精刺激出现红肿，并且反复出现过敏症状……

他们的努力没有白费。通过研究，他们在国际上率先发现普通症出院患者肺部CT影像和吹气肺功能参数虽无异常，但其肺部多核磁共振成像设备影像显示通气功能有轻微损伤、气血交换功能明显受损，大部分普通症出院患者的通气和气血交换功能在第六个月随访时有进程性改善。

该成果在《科学》子刊发表，并得到国际同行的高度关注。周欣还应美国约翰斯·霍普金斯大学医学院邀请，作线上学术报告。英国牛津大学等机构也跟进开展相关研究，他们指出："气体磁共振成像技术能够精确定位肺部生理受损部位。"

"领跑"

国产高端磁共振装备在新冠疫情中的出色表现并非偶然。从研制伊始，周欣团队就聚焦服务人民生命健康的目标，以应用为导向，不断推动装备从实验室走向社会。

2018年4月，精密测量院与相关企业共同成立科技转化公司，负责人体肺部多核磁共振成像系统产业化，预计市场规模可达百亿元以上。

经过不懈努力，周欣团队研制出的人体肺部多核磁共振成像系统在全球率先获得同类医疗器械注册证并开展临床应用，成为全球首个可用于气体成像的临床多核磁共振成像产品。

值得一提的是，人体肺部多核磁共振成像系统的联合产业化单位——联影集团的领导人薛敏，也是当年在武汉物数所读研的年轻人之一。20世纪80年代，薛敏在武汉物数所获

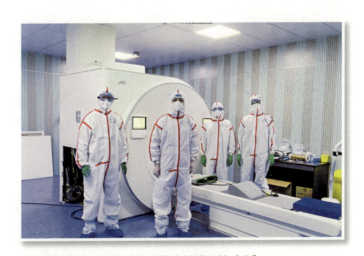

人体肺部多核磁共振成像系统支持武汉战"疫"

得硕士学位。面对全球医学影像设备被美国通用电气公司、荷兰皇家飞利浦公司（Royal Philips）、德国西门子股份公司（Siemens AG）三家跨国企业垄断的局面，薛敏41岁开始在深圳创业。近些年，他带领企业与精密测量院等研究机构合作，在多项医疗设备上填补了国内空白。

现在，中国科学院研究团队主导研制的人体肺部多核磁共振成像系统已在中国人民解放军总医院、上海长征医院、武汉金银潭医院、武汉大学中南医院等全国十余家三甲医院和科研单位开展临床应用研究。

经过优化改进，2024年2月，周欣团队攻克了肺部成像快速采样技术，将采样时间进一步缩短至3.5秒，同时使图像分辨率进一步提高，更好地为无法长时间屏气的肺部疾病患者服务。这也使得自主研发的人体肺部多核磁共振成像系统越来越易用、好用。

目前，中国科学院和湖北省正支持精密测量院与华中科技大学共建生物医学影像重大科技基础设施。该项目建成后，将为我国生物医学基础研究及高端生命科学仪器与医学影像装备的研制、应用提供更先进的实验条件，提升生物医学前沿和健康领域开展原创性研究的能力。

如今，周欣常常回想起中国科学院武汉分院时任院长叶朝辉在给研究生上专业课时讲的一句话："国产高端医疗设备一定要做出来！"当时，高端医疗设备被西方跨国企业垄断，仪器采购价格、维修成本高昂，患者就医成本极高。而随着人体肺部多核磁共振成像系统的应用与推广，这句话已经兑现。

2024年6月，"多核磁共振成像（MRI）装备研制"项目荣获国家技术发明奖二等奖。短暂的激动后，周欣更感重任在肩，他盼望着"点亮"肺部的多核磁共振成像系统尽早走进全国各地的医院，成为老百姓检查单上"看得懂""用得上""用得起"的检查工具，为解决肺部疾病诊治难题提供中国智慧。

（中国科学报记者李思辉撰文，原文发表在《中国科学报》2024年7月19日第4版；文中图片由精密测量院提供）